아
모
스
서

아
모
스
서

시온에서 사자가 부르짖을 때

류호준 · 주현규 지음

새물결플러스

이 책을 이제는 고인이 되신
존 헨리 스텍(John Henry Stek) 교수님을
기념하여 존경과 사랑의 증표로 헌정합니다.

차례

제1부 열국 심판 신탁: "역사의 주권자이신 하나님을 보라"

제2부 예언자의 불타는 메시지: "들으라, 이스라엘이여!"

초판 서문

저는 성경이 성령의 조명 없이는 결코 이해될 수 없는 책인 동시에 처음부터 그 목표가 사람들에게 이해되도록 의도된 것임을 믿습니다. 그리고 성경은 그러한 이해를 바탕으로 그리스도인들의 삶을 구성하고 형성해나가는 강력한 원동력이 된다고 믿습니다. 하나님의 말씀으로서 성경은 살아 있는 생명의 책입니다. 저는 성경이 우리의 인생관과 세계관을 근본적으로 새롭게 형성시켜주는 유일한 동인임을 믿습니다.

저는 어려서부터 성경을 사랑하고 그 뜻을 파악하며, 그로부터 나오는 강력한 하나님의 음성을 듣는 일을 커다란 특권이며 기쁨으로 여겨왔습니다. 이러한 태도는 청교도 정신과 삶에 대한 진지한 태도 그리고 순수한 성경 사랑을 가르쳤던 저의 부친의 영향이었음을 고백합니다. 이제는 더 이상 이 세상에 계시지 않는 저의 선친, 평범한 평신도였던 그분은 인생의 중년에 들어선 제가 지금까지 세상 그 어느 곳에서도 만나보지 못한 "헌신된 그리스도인"이었습니다.

그분의 성경 사랑은 때때로 자신의 어린 자녀들을 곤혹스럽게까지 했습니다. 매년 방학이 되면 성경 한 권을 읽어야만 하는 연중 의례가 그중 하나였습니다. 초등학교 시절, 매년 방학이 되면 저와 저의 동생들에게는 성경 전체를 한 자도 거르지 않고 읽어야만 하는 가장 고통스럽고 힘든 과

제가 주어졌습니다. 우리는 38일 만에 —방학 일수를 이렇게 정확하게 기억할 수 있다는 사실에 저 자신도 놀랍지만— 창세기 첫 장부터 요한계시록 마지막 장까지 읽어야만 하는 "율법"의 멍에 아래 힘겹게 살았습니다. 그러나 대부분의 고통이 그렇듯이, 이러한 고역 역시 "회고적"으로 돌이켜 보니 너무나 값진 경험이었습니다. 되돌아보면 우리는 불가능한 일을 해낸 당당한 용사들처럼 스스로 뿌듯함을 느끼지 않을 수 없었던 엄청난 임무를 해냈습니다. 좌우간 우여곡절 끝에 우리는 마침내 막중한 사명을 감당해냈습니다. 그것도 매년 여름, 겨울 방학마다 신성한 의식을 거룩하게 치러낸 것입니다! 이러한 훈련은 저로 하여금 어려서부터 성경을 사랑하는 법을 배우게 했고, 어린 소년에겐 매우 유식해 보이는 한자어도 일찍이 터득할 수 있는 기회도 제공했습니다. 그러나 그런 과정에서 어린 저의 마음속에는 또 다른 소망이 싹트고 있었습니다. 그것은 이다음에 어른이 되면, 이렇게 이해하기 힘든 성경의 의미를 좀 더 밝고 쉽게 다른 사람들에게 풀어서 전달하고픈 마음이었습니다. 그리고 이러한 소망은 성경을 계속 연구하도록 저에게 동기를 부여했으며, 결국 저를 성경학자로 만들었습니다. 이제 저는 소위 "주석"(註釋)이라 불리는 독특한 장르에 여러 가지 유보적 견해를 갖고 있지만, 그래도 기쁜 마음으로 저기 저만큼 있는 여러 독자들을 위해 주석— 저의 자녀들은 이 책을 "성경 해설서" 혹은 "성경 참고서"라 부릅니다! —을 집필하게 되었으니 그저 감사하고 감격할 뿐입니다.

본 주석에 관해 독자들에게 몇 가지 점을 상기해주고자 합니다. 본서는 전통적 의미에서의 주석서는 아닙니다. 전통적으로 주석이라는 장르는 성경의 한 절 한 절을 해석해나가는 것이 관행이었습니다. 그러나 이러한 관행은 몇 가지 면에서 약점을 지니고 있습니다. 그것은 단어 해석을 마치 본문의 의미를 발견하는 것으로 잘못 이해했습니다. 주석가나 독자들은 이러한 오해 때문에 한 단어 한 단어를 해석하고, 특히 그 단어의 어원에 집중하는 것을 주석의 목표라고 잘못 생각했습니다. 그러나 우리는 단어의 의미가 그 단어가 사용되고 있는 문맥 안에서 산출된다는 사실과, 본문의 의미는 단순히 단어들이나 한 문장에 의해 전달되는 것이 아니라 문장들의 모임이라 불릴 수 있는 "문학적 단위"(literary unit)—그것을 단락(paragraph)이라고 부르든지, 문단(pericope)이라고 부르든지 상관없이—를 통해 전달된다는 사실을 명심해야 할 것입니다.

저는 여러 계층의 사람을 염두에 두고 본서를 집필했습니다. 목회자들이나 신학도들 그리고 성경을 잘 이해하기 원하는 평신도들 역시 이 책에서 도움을 얻을 것이라고 생각합니다. 성경 원어나 신학적 훈련을 받은 독자층들, 특히 목회자들이나 신학도들은 거시적인 안목에서 아모스서의 문학적 구조를 밝혀내고 그에 따른 본문 이해에 힘쓰고 있는 저의 노력에 주의를 기울여주십시오. 저는 여러분이 넓고 높은 전망대에 서서 아모스서를 바라보기 원합니다. 성경 본문을 좀 더 진지하게 연구하기를 원하는 신학도들이나 학자들을 위해서는 참고 문헌이나 각주가 기초적인 안내자 역할을 할 것입니다. 동시에 성경 원어나 문학적 구조 양식에 익숙하지 못한 평신도들은 각주와 같은 전문적 부분들을 건너뛰면서 본문만을 읽어내려가더라도 아모스서의 메시지를 이해하는 데 별 지장이 없으리라 생각하지만, 최종적인 판단은 독자들에게 맡깁니다. 쉽게 집필하고 싶었으나 그런 바람에 미치지 못한 것 같아 아쉬울 뿐입니다.

간간이 본문의 역사비평적 문제를 다루었지만 본서의 전반적인 접근 방법은 현재 상태의 최종 본문을 출발점으로 삼아 그것의 구문법과 구조 연구를 통해 본문의 의미를 찾아내는 것이었습니다. 때때로 독자들에게는 복잡한 논의 같아 보이는 곳도 있겠지만 이것 역시 본문의 가장 좋은 의미를 추구하려는 노력이라는 점을 이해해주시기 바랍니다. 본서에 사용되고 있는 한글 번역은 저의 새로운 번역입니다. 히브리어 원문에서 직접 번역했으며, 히브리 원문의 구문법(특히 어순)을 가급적 그대로 한글 번역에 반영하려고 노력했습니다. 따라서 종종 어색한 표현이 나타날 것입니다. 그러나 저는 독자들께서 번역문을 자세히 들여다보기를 바랍니다. 왜냐하면 적지 않은 경우에 구문론을 근거로 본문을 해석하고 있기 때문입니다.

아모스서 주석을 집필하게 된 동기는 아모스서가 소위 "문서 예언서" 중 최초의 작품이기 때문이기도 하지만, 아모스서가 한국교회에 주는 강력한 메시지의 중요성 때문입니다. 특히 교회 지상주의라는 잘못된 신학에 무의식적으로 몰입해 있는 한국교회에, 교회 "안에" 계신 하나님이 아니라 교회 "위에" 계신 하나님을 볼 수 있도록 하는 예언자 아모스의 메시지는 매우 현실적이고 실제적이기도 합니다. 특히 아모스서의 "신(神)정치-신학적"(theopolitical theology) 전망은 한국교회에 많은 도움을 줄 것입니다. 하나님께서 정의와 공의로 다스리시는 사회와 교회를 열망하면서, 저는 이스라엘의 종교 환원주의와 열정주의를 질타했던 아모스의 메시지가 오늘날에도 우리의 삶과 교회 및 사회에 실제적으로 적용될 수 있는 강력한 힘을 공급한다고 믿습니다.

저는 본서를 집필하면서 수많은 아모스 학자에게 많은 빚을 졌습니다. 일일이 각주에 그들의 이름을 밝히지 않았을 경우에라도, 주의 깊은 독자라면 하퍼(W. R. Harper[ICC]), 루돌프(W. Rudolph[KAT]), 메이스(J. L. Mays[OTL]), 앤더슨과 프리드만(F. I. Andersen & D. N. Freedman[AB]), 볼프(H. Wolff[Hermeneia]), 예레미아스(J. Jeremias[ATD]), 소진(A. Soggin), 헤이스(J. H. Hayes), 폴(S. M. Paul[Hermeneia])과 같은 탁월한 주석가들의 도움과 영향력이 본서 전편에 흐르고 있음을 알 것입니다. 그리고 특정한 시대 상황(1970년대 한국)을 반영하고 있지만 김정준 교수의 주석은 아모스의 메시지를 한국적 상황에 적용시켜 해설해나간 훌륭한 저서입니다. 그리고 모든 주석가의 경탄의 대상이 되어 마지않는 종교개혁가 칼뱅(Calvin)의 주석은 여전히 그 찬란한 섬광과 광채를 잃지 않고 있습니다.

본서 안에 논문 하나를 첨부했습니다. 특히 예언서를 올바로 이해하기 위한 전망대가 여러분들에게 반드시 필요하리라 생각이 들어서, "예언서를 어떻게 이해하고 설교할 것인가?"라는 소논문을 본서의 초두에 삽입했습니다. 먼저 읽고 본서의 강해 부분으로 들어가시기를 권합니다.

이제 여러 사람들에게 감사해야 할 시간이 되었습니다. 그분들은 제가 본서를 집필하는 동안 격려와 지원을 아끼지 않은 분들입니다. 본서의 대부분은 1997년 겨울 방학과 1998년 여름 방학과 겨울 방학 기간 미국에 체류하면서 집필했습니다. 미시건주 캘빈 신학대학원의 탁월한 도서관 시설을 사용할 수 있었던 것은 커다란 행운이었습니다. 그곳 신학 도서관 담당자들에게 고마움을 표합니다. 저의 제자 김영희 전도사는 값진 시간들을 들여 원고 전체를 읽고 문체와 표현에 관한 여러 가지 조언을 아끼지 않았습니다. 이 일에 대해 깊이 고마운 마음을 전합니다. 그리고 미국 오하이오주 톨레도시의 정연훈 장로님과 김정숙 권사님은 제가 미국에 체류하는 동안 더할 나위 없는 애정과 사랑으로 마음의 편안함을 공급해주셨습니다. 그분들의 끊임없는 관심과 격려는 본서를 집필하는 데 커다란 힘이 되었습니다. 그리고 언제나 다정다감한 친절과 격려로 깊은 관심과 지원을 아끼지 않는 조동기 장로님(M.D.) 내외분에게도 고마운 마음을 전합니다. 특히 저의 어머니가 미국 방문 기간 갑작스런 수술을 받았을 때, 그리고 그분의 집에 머무르면서 회복하는 동안 그분의 부인 Mrs. 조가 보여준 헌신적인 돌봄과 애정은 두고두고 마음에 감사함으로 새기고 있습니다. 그분들과 함께 신옥순, 조경희 집사님들에게도 감사를 드립니다. "정말로 고맙습니다!"

저의 가족들을 잊을 수 없습니다. 항상 그러하듯이, 어머니와 아내 그리고 사랑스런 네 자녀는 항상 자신들의 아들이고, 남편이며 아빠인 저를 위해 때로는 자신들의 사랑이 서로 충돌하기도 했지만, 제각기 가장 좋은 기도와 사랑을 공급했습니다. 그들의 위로와 기도가 아니었으면 이 책은 빛을 보지 못했을 것입니다. 특히 큰 딸 지현은 제가 그녀와 함께 미국에 체류하는 동안 저의 가장 즐거운 대화 상대자였습니다. 그 기간 딸은 이제는 고전이 되어버린 미국의 저명한 작가인 업튼 싱클레어(Upton Sinclair)의 소설『정글』을 읽으면서 19세기 말엽의 미국 이민자와 빈민층 노동자들이 겪어야만 했던 비인간적인 생활상과 사회적 부조리, 빈곤과 착취에 대해 심각하게 도전받았으며, 한편 저는 아모스서라 불리는 책을 통해 이스라엘 사회의 정의와 공평에 관한 신학적 의미에 다시금 깊은 충격과 새로운 다짐을 경험했습니다.

마지막으로 미국 캘빈 신학대학원의 구약학 은퇴 교수이시며 현재는 영어 성경인 "새 국제 성경"(New International Version) 번역 위원회 위원장이신 존 스텍(John H. Stek) 교수에게 깊은 감사를 드립니다. 제가 풋내기 신학생이었던 시절, 그분은 저를 거대한 구약의 세계 속으로 인도해준 은사였을 뿐만 아니라 제가 네덜란드에서 구약학으로 박사학위를 하는 동안에도 정신적 보혜사 역할을 하신 분이기도 합니다. 특히 1997-98년 겨울 학기에 그분의 아모스서 강좌에 참석해 함께 토론할 수 있도록 배려해주셨으며, 저의 아모스서 주석 집필에 지대한 관심을 보여주셨습니다. 이 책 안에 스며들어 있는 모든 단견과 실수들은 전적으로 저의 것이지만, 저는 감히 보답하는 마음으로 이 졸저를 스승 되신 존 스텍 교수에게 존경의 표시로 바칩니다.

1999년 부활절에 즈음하여

류호준

20주년 개정판 서문

저는 1999년 6월에 성경신학적 강해 주석이란 이름으로 아모스서 주석을 출간했습니다. 세월이 흘러 20년이 지났습니다. 그간 많은 독자의 사랑을 받았습니다. 그동안 국제 학계의 아모스 연구에도 많은 진전이 있었습니다. 새로운 주석들이 다양한 독자층을 대상으로 출간되기도 했습니다.[1] 특히 아모스서가 속해 있는 열두 예언서 연구에 많은 진보가 있었습니다. 열두 예언서를 한 권의 책으로 읽는 방식에 관한 연구입니다(책 뒷부분에 부록으로 실린 "열두 예언서 연구의 최근 동향"이라는 두 편의 논문을 참조). 그럼에도 아모스서는 열두 예언서 중에서도 독보적 위치에 있습니다. 무엇보다 예언서 중 가장 이른 문헌이기 때문에 많은 학자가 아모스 연구에 헌신했습니다. 예언서 문체 양식의 효시를 볼 수 있었기 때문입니다. 그러나 아모스서가 한국 사회와 교회에 그 어느 때보다 더 관심을 받아야 할 이유는 "정의와 공의"에 관한 하나님의 집요한 관심사를 그 어느 예언서보다 강력하게 반영하고 있기 때문입니다.

　　예나 지금이나, 동서고금을 막론하고 인간 사회의 보편적 가치인 정

1　아모스서 연구사, 문헌 정보 및 출간된 학위 논문 등에 관한 기초적 정보는 M. Daniel Carroll R., *Amos ─ The Prophet & His Oracles: Research on the Book of Amos* (Louisville London: Westminster John Knox Press, 2002)로 출발하면 좋으리라.

의와 공의는 지속적으로 도전받아왔습니다. 인간의 끝없는 욕망과 탐욕은 공정하고 정의로워야 할 사회를 약육강식의 동물의 왕국으로 변모시켰습니다. 통제되지 않는 지배욕과 군림욕은 억울한 사람들을 변방으로 몰아냈고, 무엇보다 하나님 나라의 궁극적 목표인 샬롬을 파괴하는 무시무시한 파괴주의(반달리즘)가 난무하게 되었습니다. 특히 종교의 이름 아래 불의한 행실을 덮거나 위장하는 작태, 신앙을 일상에서 분리시키는 이원론적 행태 등은 한국교회 안에 실천적 무신론자들이 상당수를 이루고 있다는 불편한 진실의 투영입니다. 아모스서가 지금도 지속적으로 정경의 가치와 권위를 갖는 이유는 사회와 교회 내에 편만한 각종 우상숭배와 사회적 불의에 대한 하나님의 강력한 불편하심을 드러내고 있기 때문입니다. 이런 의미에서 아모스서는 다시 깊게 읽고 생각하며 반성하고 회개하게끔 하는 촉매제 역할을 하리라 믿습니다.

"변하는 세상 속에 변하지 않는 말씀"이란 문구가 저로 하여금 아모스서를 다시 개정 출간하도록 이끌었습니다. 비록 20년 전에 썼지만 다시 개정 출간하는 이유는 아모스의 메시지가 변함없이 힘차게 하나님의 정의를 외치고 있기 때문입니다. 또한 아모스서를 해석한 저의 입장도 별반 달라지지 않았다고 생각하기 때문입니다. 아모스서는 지금도 정의와 공의 위에 세워지는 샬롬의 사회를 우리가 사는 이 일그러진 세상에 대한 "대안의 세상"으로 제시합니다.

개정 작업을 하면서 표현을 새롭게 바꾸었고 이따금 새로운 서지 정보를 삽입했으나 주석 본문은 대부분 그대로 유지했습니다. 개정판에 새롭게 첨가되는 부분은 서론 부분의 "아모스서 개관"과 책 뒤에 부록으로 실린 "열두 예언서에 관한 최근 연구 동향"이라는 두 편의 논문입니다. 이 부분은 백석대학교 신학대학원에서 구약학을 가르치는 제자 주현규 박사가 집필했습니다. 아모스서를 개정하여 재출간하라는 그의 권유가 없었더라면 이 책은 빛을 보지 못했을 것입니다. 이 일로 인해 우리는 공동 저자로 함께 이름을 올리며 선생과 제자가 어깨를 나란히 하게 되었습니다. 마지막으로 아모스의 저 유명한 외침—"오직 정의를 강물처럼 흐르게 하여라. 공의를 마르지 않는 개울같이 넘쳐흐르게 하여라"(암 5:24)—이 삼천리 방방곡곡에 널리 울려 퍼지기를 소원합니다.

2020년 승천절에 즈음하여

류호준

공동 저자 서문

먼저, 은사님이신 류호준 교수님께서 20여 년 전에 출간하셨던 『아모스서 주석』이 새롭게 개정 증보되어 출간된 것을 축하드립니다. 그리고 이 뜻깊은 일에 공동 저자로 참여하게 해주신 은사님께 진심으로 감사드립니다.

아모스서는 여타의 구약 예언서들과 구별되는 매우 독특한 책입니다. 아모스의 출신 배경을 비롯해서, 그가 선포한 하나님의 신탁과 계시의 말씀과 그의 사역 전반에 걸쳐 놀라움과 충격, 수수께끼와 경이로움, 역설과 반전으로 가득하기 때문입니다. 한 가지 예를 들어볼까요? 독자 여러분들은 C. S. 루이스에 대해서 익히 잘 알고 있을 것입니다. 그는 지난 세기에 활약한 기독교 변증가이자 문학가였습니다. 2005년 크리스마스에 맞추어 개봉된 〈나니아 연대기 1: 사자, 마녀 그리고 옷장〉은 루이스의 작품을 영화화한 것입니다. 루시가 옷장 뒷벽을 통해 나니아 세계로 들어가는 장면을 시작으로, 사라진 막내 여동생을 찾기 위해 루시의 형제들(수잔, 에드먼드, 피터)이 나니아로 향하는 장면이라든지, 얼음 마녀가 준 터키쉬 딜라이트(Turkish delight)를 먹고 그녀의 편이 되었던 에드먼드가 다시 돌이켜 형제들과 나니아에 닥친 위기를 모면하게 하는 장면이 지금도 눈앞에 신비롭게 펼쳐지는 듯합니다. 하지만 그중에서도 사자 아슬란이 얼음 마녀의 계략을 물리치고 죽음에서 살아나 나니아 왕국의 왕으로 등극하는 장면은 이 영화의 압권이며 절정의 순간을 장식합니다.

흥미롭게도, 아모스서에도 사자가 등장합니다(암 3:4, 8, 12; 5:19). 무지막지한 앞다리로 사냥감을 움켜잡고, 날카로운 발톱과 사나운 이빨로 그 먹잇감을 사정없이 찢어 숨통을 끊어버리는 무서운 맹수 말입니다. 아모스서에 등장하는 그 사자는 바로 야웨 하나님을 상징적으로 표현한 은유입니다. 그런데 아모스서에 등장하는 그 사자는 하나님의 백성을 보호하고 구원하기 위해 북이스라엘의 원수들을 향해 큰 이빨을 드러내고 포효할 것이라는 통념을 사정없이 깨뜨려버립니다. 오히려 그 사자는 커다란 발톱으로 하나님의 백성을 짓누릅니다. 그리고 그 크고 날카로운 이빨로 그들을 물어뜯어 삼키려고 큰 소리로 으르렁거리며 포효합니다. 왜냐하면 북이스라엘 사람들이 하나님의 백성이라는 이름에 걸맞지 않게 언약 공동체로서의 정체성과 토라의 길을 의도적으로 무시하고 외면했기 때문입니다. 이것이 바로 본서의 부제인 "시온에서 사자가 부르짖을 때"가 의미하는 바입니다(암 3:8). 그러기에 아모스서는 우리에게 예기치 않은 여정을 선사합니다. 월터 브루그만이 즐겨 사용했던 말처럼, 아모스서는 기존의 고정 관념과 세계관을 완전히 산산조각 내버리는 "전복적이고" "창의적이며" "도발적인" 방식으로 우리를 향해 다가오시는 신실하고 진실하신 언약의 하나님과 장차 야웨의 날에 종말론적으로 성취될 하나님 나라의 속성을 일깨워줍니다.

사자가 부르짖은즉
누가 두려워하지 않을 것인가?(암 3:8)
…
너희는 살기 위하여 선을 추구하고
악을 추구하지 말지어다.

만군의 하나님 야웨께서

　　혹시 요셉의 남은 자를 긍휼히 여기시리라(5:14).

…

오직 공법을 강물같이

　　정의를 하수같이 흘릴지로다(5:24).

…

그날에 내가 다윗의 쓰러진 초막을 일으킬 것이다.

　　내가 그 깨어진 틈들을 고치며

그 무너진 잔해들을 다시 일으키고

　　그것을 옛날처럼 다시 세울 것이다(9:11).

…

내가 그들을 그 본토에 심으리니

　　그들이 내가 그들에게 준 땅에서

　　다시는 뽑히지 아니할 것이다."

　　　　　　　　　　　　　　　　- 너의 하나님 야웨의 말씀이다 -(9:15).

이처럼 우리의 고정된 세계관을 깨트리고도 남을 만큼 충격적인 메시지를 전하는 아모스서에 관한 연구에 매진하신 류호준 교수님과 스승과 제자로 만날 수 있었던 것은 저에게 큰 은혜가 아닐 수 없습니다. 제가 신대원에서 공부하던 시절 교수님은 시편을 비롯한 성문서와 예언서 과목을 가르치셨습니다. 수업 시간마다 히브리어 원어 성경(BHS)을 학생들에게 한 구절씩 읽혀가면서 원문을 주해하도록 하셨습니다. 아모스서를 강의하실 때는 우선 구약성경에 등장하는 예언자들은 어떤 사람들이며, 무슨 사역을 감당했는지, 그들이 궁극적으로 선포하고자 한 메시지는 무엇인지 그리고 그들이 선포한 신탁과 사역에 관한 기록으로 정경 공동체에 전승된 예언서를 어떻게 공부해야 하는지를 진지하게 고민하게 해주셨습니다. 그러고 나서는 한편으로 매우 냉철하고도 집요하게 역사적 자료들을 고증하는 방법을 가르쳐주시는가 하면, 또 다른 한편으로는 은유적인 표현들과 심상으로 가득한 아모스의 신탁을 유려한 시적 언어와 진중한 신학적 해석을 조화시킨 에세이로 설파하여 제자들의 감탄과 설득을 이끌어내기도 하셨습니다.

특히 스스로를 하나님의 언약 백성이라고 자부하면서도, 야웨 종교를 거짓된 정치-경제 신념으로 전락시켜버린 채, 언약 백성으로서 마땅히 삶으로 구현해야 할 사회적 공의와 정의를 서슴지 않고 왜곡시킨 북이스라엘의 기득권층들과 거기에 편승한 종교 지도자들이야 말로 우상숭배자들이며 신성모독을 일삼은 죄인이라고 성토한 아모스의 메시지를 들을 때는 온 몸에 전율이 느껴지는 듯했습니다.

공법을 쓰디쓴 독초로 변하며
정의를 땅바닥에 던지는 자들아!(암 5:7 cf. 6:12)

아모스서가 전하는 놀라움과 충격을 본격적으로 소개하는 역할은 본서에게 양보하기로 하고, 은사님께서 20여 년 전에 출간하신 이 주석이 개정 증보되어 출간된 사연을 간단히 이야기하도록 하겠습니다. 은사님께서 25년 동안 교수 사역으로 헌신하신 백석대학교 신학대학원 은퇴를 1년 정도 앞둔 2018년 이른 봄 어느 날이었던 것으로 기억합니다. 마침 오전에 수업이 없었던 터라 학교 앞 카페에서 교수님과 함께 대화를 나누던 중에 신학대학원 학창 시절 구약 예언서에 대해 저에게 너무나 큰 충격과 새로운 이해를 갖게 해주었던 은사님의 아모스 주석 이야기가 우연히 나왔습니다. 그리고는 은사님이 지금 제 나이 즈음에 쓰신 그 환상적인 책이 절판되었다는 소식을 알게 되었습니다. 그 이야기를 듣고 너무나 안타까운 나머지 교수님께 두서너 장 정도를 추가로 집필하시고 내용을 개정하여 개정증보판을 출간하시는 것이 어떻겠냐는 의견을 조심스럽게 제안했습니다.

그런데 저의 제안은 전혀 예상치 못한 방향으로 전개되었습니다. 전체 내용을 다시금 수정 및 개정하는 일은 은사님이 하시되 두 개의 장에 새로운 내용을 담아내는 저작 작업은 제가 감당해야 할 몫으로 할당되었으니 말입니다. 마침 열두 예언서의 최근 연구 동향을 정리하고 있던 터였기에 순종하는 마음으로 그렇게 따르겠노라 말씀드렸습니다만, 평생 존경해 온 은사님과 공동 저자로 본서의 원고 일부 저작을 맡게 되어 이미 은사님께서 이뤄놓으신 업적에 누를 끼치지 않을까 하는 두려움과 부담이 서문을 쓰는 지금까지도 가시지 않았습니다.

저에게 맡겨진 원고를 준비하는 지난 1년 남짓 기간을 뒤돌아보건대, 아모스가 감당했던 엄중하고도 위급한 예언 사역과 및 그의 사역과 메시지를 다시금 오늘 우리가 처한 역사적 현실로 풀어내고자 고심했던 은사님의 노고를 고스란히 느낄 수 있었던 너무나 보람되고 행복한 나날들이었습니다. 이는 분명 하나님께서 은사님을 통해 저에게 주신 선물이었습니다.

마지막으로 본서가 이렇게 개정증보판으로 새롭게 출간된 것을 다시금 축하드립니다. 교수님을 존경하는 제자로서 이 대작이 개정 증보되어 출간되는 작업에 공동 저자로 참여하게 해주신 교수님께 거듭 감사드립니다. 또한 이 개정증보판의 출간을 기꺼이 맡아주신 새물결플러스 김요한 대표님께도 깊은 감사의 마음을 전합니다. 아무쪼록 야웨 하나님께서 예언자 아모스를 통해 전하고자 하신 신탁의 말씀과 그의 역동적인 사역에 대한 새로운 인식을 바탕으로, 한국의 신학교들과 교회의 강단에 적실성 있는 예언자적 메시지가 선포되기를 간절히 염원하는 마음으로 본서를 강

아모스서

력히 추천하며 서문을 맺습니다.

2020년 초여름 어느 날

주현규

1. 예언서 이해: 에세이

"예언서를 어떻게 이해하고 설교할 것인가?"

"예언서를 설교해본 지 얼마나 되었는가?"

설교자로서 여러분은 예언서에서 본문을 선택하여 설교하신 적이 언제였는지를 기억할 수 있는가? 최근에 당신은 예언서를 본문으로 삼아 설교한 일이 있었는가? 아마 대부분의 설교자들은 이러한 질문에 대해 "글쎄요, 잘 기억이 나지 않습니다" 혹은 "불행하게도 최근에 예언서를 본문으로 설교해본 기억이 잘 나지 않는군요"라고 겸연쩍게 답변할지도 모른다. 설교 연수가 짧은 젊은 목사이든 아니면 십수 년 이상 설교한 노련한 목사이든 관계없이 이러한 대답에 동참할 것이다. 아마 한평생 동안 "나훔"이나 "스바냐" 혹은 "오바댜"나 "스가랴"를 열어보지 않고도 이 세상을 덮는(!) 설교자들도 있을 것이다. 물론 예언서 중에 무미건조한 제목과 함께 자주 주보에 올라오는 영광을 누리는 특정한 본문들이 없는 것은 아니다. 다음의 예들을 보라. "일어나 빛을 발하라"(사 60:1); "내가 여기 있나이다"(사 6:8); "내가 새 일을 행하리라"(사 43:19); "거저 와 먹으라"(사 55:1); "만물보다 부패한 인간의 마음"(렘 17:9); "내게 부르짖으라"(렘 33:3); "꿀 같은 두루마리"(겔 3:3); "일어서라, 뼈들아"(겔 37:1ff.); "우리가 여호와께 돌아가자"(호

6:1); "영적 기근"(암 8:11); "의인은 믿음으로 말미암아 살리라"(합 2:4); "성전을 건축하자!"(학 1:8), 마지막으로, 그러나 가장 중요한(!) 제목, "십일조 생활-복 받는 첩경"(말 3:8ff.) 등이 그러한 제목들이며 본문들일 것이다. 이러한 제목들이 등장하는 경우는 교회의 특별한 행사나 계획—예를 들어, 청장년 헌신 예배, 선교 촉진 헌신 예배, 신년 예배, 심령 부흥회, 전국 목사 장로 기도회 등과 같은 특별한 행사 혹은 심지어 교회 재정 확보나 교회당 건축을 위한 집회—과 무관치 않다는 것은 널리 알려진 비밀이며 관행들이다. 물론 이것은 좀 과장된 표현일 수 있다.

구약이 신약에 비해 상대적으로 "긴"(!)데도 불구하고 압도적으로 덜 설교되고 있고 특별히 예언서의 경우는 더욱 그러하다는 것이 확인되지는 않았지만 대부분의 사람이 동의하는 사실일 것이다.[1] 구약 가운데서도 특히 예언서 안에는 아직도 처녀림이 무수히 많다. 그 안에는 한 번도 사람들(설교자들)에 의해 밟히지 않은 길들(人跡未踏), 탐색되지 않은 동굴들, 정복되지 않은 정상들이 무수히 많이 있다. 그러나 그곳을 들어가 본 소수의 사람들은 그곳에서 전에는 한 번도 경험해보지 못한 일들을 만나보았다고 말한다. 그곳은 먹장구름과 함께 쏟아붓는 폭우, 온몸을 저리게 하는 가파른 절벽들, 발꿈치만 들면 잡힐 듯한 구름들, 휘몰아 내리꽂는 번개와 우레들, 한겨울의 얼음을 깨뜨리고 조용히 봄을 나르는 계곡의 시냇물들, 어디선가 들려오는 새소리 등과 같은 것들을 경험하는 신비로운 장소이기도 할 것이다. 이곳은 마치 기독교 작가 겸 영문학자인 루이스(C. S. Lewis)의 나니아(Narnia) 연대기에 등장하는 네 명의 형제가 들어갔던 옷장 속의

---

1 20세기의 위대한 신학자라고 불리는 Karl Barth의 교의학 시리즈 마지막 권에는 "설교자를 위한 부록"이 첨부되어 있다. 설교자를 위한 간략한 설교문은 모두 헤아리면 394개나 있는데 그중 28개 정도만이 예언서를 본문으로 삼아 마련된 설교문이었다! 참조. Karl Barth, *Church Dogmatics, Index Volume with Aids for the Preacher*, G.W. Bromiley & T. F. Torrance, eds. (Edinburgh: T & T Clark, 1977), 263-552.

새로운 세계와도 같다고 할 수 있을 것이다.[2] 그들은 그곳에서 위대한 사자 아슬란을 만난다. 아모스 주석의 첫 강론(포효하는 사자 야웨)과 마지막 강론의 마지막 부분을 읽어보면 이 사실이 잘 드러날 것이다.

예언서 중 어떤 책들은 마치 사람들에 의해 강제로 인봉된 비밀의 책처럼 남겨져 있다. 그래서 "누가 우리를 위하여 이 인봉된 두루마리를 열 수 있을 것인가?"(계 5:4) 하는 누군가의 탄식 소리가 들려오는 것 같다. 좌우간 예언서는 성경 가운데 가장 닫힌 책이며, 잊힌 글 중 마지막 남은 자 같다고 해도 지나친 선언은 아닐 것이다. 설령 예언서가 사용되는 경우라도 남용되거나 오용되는 경우가 적지 않은 실정이다.

왜 예언서는 설교자에게 "낯선 책"이 되었는가?

앞서 언급한 것처럼, 특별한 목적을 위해 잘못 사용되거나 혹은 특정한 본문만이 선호되어 반복적으로 강단에 등장하는 경우를 제외하고는, 예언서가 설교자에게 낯선 책(strange book)이 되어버린 데는 그 나름의 이유가 있을 것이다. 우리는 이런 이유들에 대해 다방면에서 살펴볼 수 있을 것이다. 그러나 이러할 경우 우리의 논의는 대부분 부정적이거나 소극적으로 흐를 가능성이 크다. 따라서 우리는 좀 더 긍정적이며 적극적인 길을 따라 이 질문에 답변하는 것이 교육적인 목적을 위해 훨씬 현명하다고 판단한다.

그렇다면 우리는 "왜 설교자에게 예언서는 낯선 책이 되었는가?" 하

---

2   C. S. Lewis의 나니아 연대기는 모두 일곱 이야기로 구성되어 있다. *The Lion, the Witch and the Wardrobe* (1950); *Prince Caspian: The Return to Narnia* (1951); *The Voyage of the Dawn Treader* (1952); *The Silver Chair* (1953); *The Horse and His Boy* (1954); *The Magician's Nephew* (1955); *The Last Battle* (1956). 『나니아 연대기』(시공주니어 역간).

는 질문 대신에 "예언서란 무엇인가?" 하는 본질적인 질문을 던져야 할 것이다. 예언서 전반에 대한 그리고 예언자들에 대한 올바른 이해가 선행되어야 예언서 안의 특정 본문들을 올바로 설교할 수 있을 것이다. 물론 올바른 이해(해석과 주석)가 곧바로 올바른 설교(선포와 적용)로 이어진다는 의미는 아니다.[3]

먼저, 예언서는 역사적 등고선이 분명치 않기 때문에, 탐험가로서 설교자는 예언서를 다루는 데 어려움을 겪는다. 다음과 같은 예는 여러분의 이해를 도울 것이다. 수십 년을 넘게 목회한 어떤 목사님을 한번 상상해보자. 성실하신 그분은 반드시 설교를 원고로 기록해 남겨두었다. 어느 날 그는 그동안 설교했던 원고를 모두 모으기로 작정하고 아내에게 이 일을 부탁했다. 그의 아내는 매우 현명하고 노련한 비서였다. 그러나 그녀는 원고들을 정리하면서 어려운 문제에 봉착한다. 연대적으로 설교문을 종합해 편집하려고 했지만 불가능해 보였기 때문이었다. 흔히 그렇듯이 날짜가 기록되지 않은 원고들이 상당량이 있었기 때문이었다. 분명 구체적인 상황 가운데 선포되었을 이 원고들 안에는 언제 어디서 어떠한 정황 아래서 이 설교들이 선포되었는지에 관한 시간적 기록이 담겨 있지 않았기 때문이었다. 그래서 아내는 남편의 원고들을 주제별로 묶기로 결정했고 상당한 시간을 들여 남편과 함께 다시 작업하기로 마음먹었다. 그들은 수많은 원고 중 얼마를 선택해 한 권 분량으로 내어놓기로 결정했다. 이 일을 하기 위해 그들은 먼저 책 전체에 대한 구조를 생각해보았고, 일정한 주제들에 따라 원고들을 선택했으며, 선택된 원고들을 지금의 형편에 맞추어 다시 쓰거나 재구성하여 편집했다. 그렇게 해서 그들은 한 권의 책을 출간했다.

---

3   이런 이유 때문에 설교자들은 항상 정당하고 건전한 성경 해석 원리(성경 해석학)를 소유하고 있어야 한다. 성경 해석학 책 한 권을 추천한다. 윌리엄 클라인, 크레이그 블롬버그, 로버트 하버드 (공저), 『성경 해석학 총론』(서울: 생명의 말씀사, 1997).

이제 여러분은 이 경우, 그 책에 실린 설교들에서 그 설교들이 선포되었던 특정한 시기를 가리키는 "역사적 등고선들"을 쉽게 발견할 수 있겠는가? 물론 몇몇 곳에는 명시적으로 시간을 가리키는 구(句)들이 있을 것이지만, 대부분의 경우 역사적 등고선들은 본문 속에 파묻혀 있기 때문에 여간 진지한 탐험가(독자)가 아니고서야 그 등고선들을 발굴하거나 재구성하는 일은 매우 어려운 작업이 될 것이다. 분명히 특정한 상황 속에서 긴박하게 선언되었을 예언자들의 메시지가 그 긴박했던 역사적 상황을 가리키는 그 어떠한 시간적 표지도 간직하지 않은 채 현대의 독자들 앞에 놓여 있기 때문에 우리는 당황하게 된다. 따라서 예언서 본문을 설교하는 것을 피하거나 아니면 설교해야 한다는 강박 관념에 사로잡혀 예언서를 읽을 경우 설교자들은 많은 경우 본문을 무역사적이거나 비역사적으로 혹은 탈역사적으로 설교하게 된다. 이것은 매우 역설적인 결과다. 가장 구체적인 역사적 정황 아래서 선포되었을 예언자들의 메시지를 가장 비역사적으로 혹은 탈역사적으로 다루게 되는 결과이기 때문이다. 이러한 관찰은 자연스럽게 예언자들이 누구인가 하는 질문으로 우리를 인도하게 될 것이다. 그러므로 "예언서를 어떻게 설교 할 것인가"에 앞서서 우리는 "예언자들, 그들은 누구인가?" 혹은 "예언서들, 그것들은 무엇인가?" 하는 질문부터 다루어야 할 것이다.

예언자, 그들은 누구인가? – 침묵할 수 없었던 하나님

"예언"하면, 여러분은 누구를 머리에 떠올리는가? 이장림 씨인가 아니면 류호준 목사인가? "예언"하면, 여러분은 머리에 미래를 떠올리는가 아니면 과거를 떠올리는가? 이러한 질문에 대해 전자라고 답변한다면 여러분은 예언에 대해 무엇인가 잘못된 견해를 갖고 있다고 생각해야 할지도 모른다. 예를 들어 세계정세가 지각 변동을 일으킬 때마다 성경의 예언은 특별한 주목을 받아왔었다. 특히 중동 문제가 국제 무대에 심각한 사건으로 등장할 때(예. 걸프 전쟁, 이스라엘과 시리아 간의 분쟁), 구소련의 붕괴와 동유럽 국가들의 몰락 등은 많은 점성가뿐 아니라 성경 학도들도 제철을 만난듯이 목소리들을 높이는 계기가 되었다. 한동안 미국의 보수적인 기독교인들을 흔들어놓았던 할 린제이(Hal Lindsey)의 성경 예언 해석은 수많은 순진한 평신도들의 마음을 혼란스럽게 했을 뿐만 아니라 성경의 예언에 대한 잘못된 인상을 사람들의 마음속에 깊이 각인해놓기도 했다. 한국에서도 적지 않은 목사와 신학도들이 아무런 신학적 성찰 없이 이러한 유의 성경 해석과 예언 이해를 받아들였던 것은 웃지 못할 신학적 희극이기도 하다.[4]

구약의 전통에 따르면 예언 그리고 예언자는 항상 하나님의 말씀과 관계를 맺고 있었던 사람들이었다. 예언자들의 일차적 주된 임무는 앞일을 미리 말하는 것이 아니다. 물론 그들은 앞으로 일어날 일에 대해 말하기도 했다. 그러나 그것이 그들이 부여받은 임무의 본래의 목적은 아니었다. 흔히들 예언자 혹은 예언자란 보통 사람들이 모르는 장래의 일들을 미리 말해주는 점쟁이와 같은 사람으로 연상하곤 한다.[5] 그러나 사실은 그렇지 않다. 예언자란 "대언자"(代言者), "대변인"(代辯人), "메신저"(伝令者), "사자"(使者) 혹은 "특사"(特使)라 할 수 있다.[6] 그들은 천상의 왕이신 하나님

4　Hal Lindsey, *The Late Great Planet Earth* (Grand Rapids: Zondervan Publishing House, 1970); *There's a New World Coming* (Santa Ana: Vision House Publishers, 1973).

5　예언 제도의 기원과 기능, 임무들에 관해 구체적으로 언급하고 있는 신 18:9-22은 특히 가나안의 점성, 복술, 요술, 초혼 등 신비적인 사교를 대항해 예언 제도의 목적 등을 명시하고 있다. 특히 신 18:9-14을 보라. 참조. 마이클 J. 윌리엄스, 『예언자와 그의 메시지』(서울: 대서, 2013), 33-41.

6　"예언"이란 용어를 한자어로 옮길 때, 종종 예언(予言, 미리 予, 말씀 言)으로 적는다. 그러나 왕대일 교수가 재치 있게 지적한 대로 예언(預言, 맡길 預, 말씀 言)으로 적는 것이 타당하다. 다

의 뜻을 받아 지상의 사람들에게로 보냄을 받은 대사(大使)들이라 할 수 있다. 물론 대언자들로서 예언자들은 각각 서로 다른 배경들을 지니고 있을 것이다. 출신 지역, 성격과 성품, 교육 배경, 가정 환경이 다를 것이다. 그런 이유 때문에 그들이 작성한 문체와 양식, 어휘와 문장력 그리고 전달 방법들이 다른 것이다. 그러나 그럼에도 그들은 한 가지 가장 중요한 점에 있어서는 일치한다. 그들은 자기의 뜻을 발표하는 사람들이 아니라 그들을 보낸 분의 의도와 뜻을 받들어 그대로 선포하는 사람들이다. 신명기 18:18에는 모세와 연관하여 이스라엘 안에 예언자의 출현과 그 임무 그리고 기능에 관해서 언급하고 있다.

> 내가 그들의 형제 중에 너[모세]와 같은 예언자 하나를 그들을 위하여 일으키고 내 말을 그 입에 두리니 내가 그에게 명령하는 것을 그가 무리에게 다 말하리라.

하나님이 자신의 말씀을 입에 둔 바로 그 사람들이 구약의 예언자들이었다. 그들은 자신들의 입에 부여받은 하나님의 말씀을 하나도 남김없이 모두 다 고해야 할 의무와 사명을 가진 자들이었다.

하나님의 예언자들이 옛 언약 백성인 이스라엘 사람들의 역사 가운데 특정한 시기에 출현한 것은 매우 의미 깊은 사건이었다. 직업적 예언자들이 아니라 하나님의 강권에 못 이겨 전혀 예측치 못한 방식으로 예언자로 부르심을 받아 역사의 무대 위에 우뚝 선 "하나님의 예언자들"은 더 이상

음을 보라. 왕대일, 『신앙 공동체를 위한 구약성서이해』(서울: 성서연구사, 1995), 36. "예언서는 하나님이 선포하라고 맡겨주신 말씀, 곧 예언(預言)이다. 흔히 구약성경의 예언서를 무슨 예고(予告)의 책인 양 여겨서는 안 되는 까닭이 여기에 있다. 예언서는 맡겨주신 말씀이다. 하나님이 위탁하신 말씀(神託)이다."

아모스서

하나님께서 자신의 언약 백성을 향해 침묵하실 수 없었을 때 출현했다. 물론 예언자들이 입을 열어 말할 때 "모든 이스라엘"이 항상 경청한 것은 아니었다. 그들이 입을 열어 말할 때, 이스라엘 앞에는 항상 커다란 문제들, 심각한 사건들, 해결해야 할 난관들, 넘어가야 할 장애물들이 가로놓여 있었다. 하나님이 더 이상 침묵하실 수 없을 만큼, 아니 그분이 입을 열어 소리를 발하셔야 할 만큼 이스라엘 앞에는, 이스라엘 안에는 심각한 문제들이 용암처럼 들끓고 있었다. 예언자들이 소리를 발하는 순간은 곧 하나님이 행동하시려는 시기였다! 온갖 거짓된 종교들이 발흥해 하나님의 통치를 어지럽히려고 할 때, 하나님은 참을 수 없으셨다. 야심에 가득 찬 민족주의 운동들이 우후죽순처럼 솟구쳐 올라올 때, 하나님은 침묵할 수 없으셨다. 무정하고 잔인한 비인간적 행위들이 예루살렘 거리에서, 유다의 성읍들에서 아무런 제약도 없이 자행되고 있을 때, 예언자들의 입들이 사자처럼 포효했다. 도덕적으로 타락해 있는 문화들이 유다의 안방을, 예루살렘의 거리들을 헤집고 파고들었을 때, 하나님은 그 입을 다물고 계실 수 없으셨다. 사람들이 야웨 하나님이 아니라 바알이 바람과 구름을 주관하고 땅에 풍요를 가져다준다고 믿을 때, 하나님은 견딜 수 없으셨다. 그분은 그 자리에서 일어나 외치셨다. 인간의 이러한 오만불손한 교만과 방자함이 언약 백성들의 생각과 생활 속에 편만해질 때, 하나님은 자신의 예언자들을 통해 외치셨다. 그분은 이러한 역사의 소용돌이 속에서 역사의 방향타를 움직여 나아가신다. 하나님은 역사의 수레바퀴를 이끌면서 심판을 시행하시고, 악을 반드시 점검하여 그 값을 지불케 하시며, 자기 백성들에게 징계의 채찍을 들어 그들을 치시고, 그 후에는 구속을 가져오시고 역사의 종착점이 자신의 의롭고 평화로운 왕국의 도래임을 확증하신다. 특히 그분은 자기의 언약 백성인 이스라엘의 역사를 진행시키시며 그 모습을 빚어 만들고 계셨다. 아울러 그분은 세계 역사의 방향과 그 과정 역시 만들어

가고 계셨다.

　　하나님은 예언자들의 말을 통해 이미 일하고 계셨다. 예언자들은 그들이 활동하던 당시의 정치적 조류와 전혀 무관한 "비속세적"이거나 혹은 "신령한" 사람들이 아니었다. 그들의 예언 활동은 당시의 정치와 매우 밀접한 관련을 맺고 있었다. 예를 들어 아모스가 정치와 관련을 맺었고(여로보암 2세의 악정), 이사야도 정치에 참여했으며(시리아-에브라임 전쟁, 또한 산헤립의 예루살렘 침공), 예레미야(여호야김의 실정) 역시 정치와 관련을 맺었다. 그들은 권력자들의 오만과 독선, 아집과 거만에 대해 참을 수 없었으며, 종종 그들과 심한 대립과 마찰을 일으켰다. 그러나 그들을 단순히 정치적 설교가로 혹은 정세 분석가로 간주하는 것은 잘못이다. 예언자들은 한편으로 당대의 사회적 불의와 부정에 대해 과감하게 지적하고 소리 높여 개혁을 부르짖었다. 그러나 그들은 사회 비평가는 아니었다. 그들은 영적으로 피폐해져 가는 이스라엘 백성들에게 거침없는 비난을 가했고 우상숭배에 대해 과감하게 질타했다. 그러나 단순히 그들을 종교개혁가들로 바라보는 것은 정당치 못한 일이다. 더욱이 그들은 당시의 시대 정신을 정확하게 파악하고 읽어내려가는 인물들도 아니었다. 마치 "마틴 루터 킹 목사는 이 시대의 예언자였다"는 의미의 예언자는 더더욱 아니었다. 그들은 그 이상의 사람들이었다.

예언자, 그들은 누구인가? – 천상의 왕 야웨 하나님의 지상적 특사들

구약에 나타난 표상(imagery)을 사용해 표현하자면, 그들은 "하인들"이었다. 천상의 왕이신 하나님의 지상적 특사들이라고 할 수 있다. 하나님께서는 그들 각 사람에게 독특한 임무와 사명을 주셨다. 여러분은 요나가 이 사

　　　　　　　　　　　　　　　　　　　　　　　　　　아모스서

실을 매우 힘들게 배웠다는 점을 잘 기억하고 있지 않은가!

하나님의 메시지는 그 당대의 필요에 대한 응답이었음을 먼저 기억할 필요가 있다. 하나님께서 자기의 백성들을 과거에 어떻게 다루셨는가를(그분의 구원 행위들, 그분의 약속들, 그분의 언약들, 그분의 질책들, 그분의 심판들) 백성들에게 기억케 하기를 원하셨을 때, 그분은 예언자들을 보내셨다. 그들을 보내 자기의 의지와 뜻을 백성에게 해석하도록 하셨고, 때로는 그들과 이방 열국들을 질책하며 다가오는 심판들을 선언하기도 하셨다. 예언자들을 보내어 백성들로 하여금 회개케 하기도 하셨으며, 때로는 그들의 구원과 세상의 구원을 위해 그분이 하실 일이 무엇인가를 알리기도 하셨다.

예언자들이 입을 열어 말했을 때, 그것은 마치 하나님이 자신의 "천사"를 보내신 것과 같았다. 사사기에는 하나님께서 이스라엘 백성들의 배도와 완악함을 꾸짖기 위해 세 번이나 그들에게 메신저들을 보냈다는 기록이 있다. 첫 번째 경우, 이 하나님의 대언자는 "주의 천사"(삿 2:1-3)라고 불렸고, 두 번째 경우에는 "예언자"(삿 6:8-10)라 불렸다. 마지막 세 번째 경우, 하나님의 사자가 누구인지 확실하게 나타나지는 않았지만(삿 10:11-14) 실제적으로 그 기능에 있어서는 별로 큰 차이가 없는 것 같다. 사실상 그들의 역할은 모두 동일한 것이기 때문이다. 그들의 메시지는 비슷했다. 하나님께서 자기의 메신저를 통해 자신의 백성들에게 "말씀"하셨기 때문이다.[7]

---

7   재미있는 것은 히브리어로 "천사"는 "메신저", "사자"를 의미하는데, 그것은 보내는 사람을 대신해서 행동하도록 위임된 자를 가리킨다는 점이다. 예언자 중 마지막인 말라기는 심지어 그의 이름이 "나의 메신저", "나의 사자"란 의미를 갖고 있는 것은 특기할 만한 일이다.

예언자, 그들은 누구인가? - 신비로운 사명 위임

예언자들이 예언자로서의 임무와 사명을 위임받는 방법도 여러 가지임을 알 수가 있다. 그들은 환상들을 통해서(사 6장; 겔 1-3장), "가라…"는 명령을 통해서(암 7:15; 욘 1:1), 혹은 "보인" 신탁들(사 13:1; 합 1:1)을 통해서 사명을 위탁받았다. 그러나 대부분의 경우에 예언자들의 사명 위임은 단순히 "주의 말씀이 ~에게 임하였다"는 양식을 통해 표현되고 있음을 알 수 있다. 예언자의 역할이 좀 더 자세히 묘사되는 경우, 예를 들어 예언자는 "위대한 왕"이신 하나님의 천상의 어전 회의(heavenly court)에 들려 올라가 본 경험이 있었던 인물로 묘사된다. 그곳에서 예언자는 다른 "천사들"뿐만 아니라 활동하고 계시는 하나님을 친히 보게 된다. 이에 관한 가장 좋은 예가 열왕기상 22:19-22에 기록되어 있다. 시리아(아람)에게 빼앗겼던 영토를 다시 탈환하기 위해 이스라엘의 왕 아합은 유다 왕 여호사밧과 유대 관계를 공고히 하면서 그를 시리아와의 전쟁에 끌어들이려 한다. 그때 이스라엘과 유다의 두 왕은 예언자들을 찾아 하나님의 의중을 묻는다. 이때 직업적 예언자 사백여 명과 미가야라는 이름을 가진 예언자 사이에 충돌이 발생한다. 양측 모두 "하나님의 이름"을 걸고 예언하는 자들이었기 때문에 문제는 심각했다. 좌우간 여호사밧의 권고에 마지못한 이스라엘의 왕 아합은 매우 못마땅한 어조로 미가야에게 대답을 하라고 다그친다. 바로 이러한 상황 가운데 미가야는 열왕기상 22:19-22에서 다음과 같이 대답한다.

> [미가야가 이르되] "그런즉 왕은 야웨의 말씀을 들으소서. 내가 보니 야웨께서 그의 보좌에 앉으셨고 하늘의 만군이 그의 좌우편에 모시고 서 있는데, 야웨께서 말씀하시기를 '누가 아합을 꾀어 그를 길르앗 라못에 올라가서 죽게 할꼬' 하시니. 하나는 '이렇게 하겠다' 하고 또 하나는 '저렇게 하겠다' 하였

는데, 한 영이 나아와 야웨 앞에 서서 말하되. '내가 그를 꾀이겠나이다.' 야웨
께서 그에게 이르시되 '어떻게 하겠느냐' 이르되. '내가 나가서 거짓말하는
영이 되어 그의 모든 예언자들의 입에 있겠나이다.' 야웨께서 이르시되, '너
는 꾀겠고 또 이루리라! 나가서 그리하라' 하셨은즉"

본문에서 보여주듯이, 예언자는 천상의 어전 회의에 참석해 왕 되신 하나
님께서 선언하는 칙령을 듣는다(참조. 렘 23:18-22). 물론 이러한 묘사들은
매우 생생한 은유일 것이다. 그러나 이러한 묘사들은 예언자들이 유일하
게 하나님께 접근하는 특권을 갖고 있음을 극적으로 그려주고 있다. 따라
서 예언자들이 "주[야웨]께서 이같이 말씀하시니라"고 말할 때, 백성들은
옷깃을 여미고, 하던 일을 멈추고 경청해야 한다. 하늘의 왕께서 친히 말씀
하시는 엄숙한 순간이기 때문이다. 예언자들은 이처럼 하늘의 왕에 의해
보냄을 받은 사람으로서, 그들이 말할 때 그들은 "왕적 권위"를 갖고 말하
고 있다.

예언자, 그들은 누구인가? - 글쓰는 예언자들

천상의 왕 야웨 하나님으로부터 지상에 보냄을 받은 이러한 특사들, 곧 대
언자들은 입으로 자신들의 임무들을 다 수행한 후에 자신들의 사역을 글
로 기록했다. 그들이 선포했던 메시지를 이렇게 쓰게 된 목적은 그들이 선
포하고 예언했던 사건들에 직면하게 되는 하나님의 백성들을 올바로 인도
하고 격려하기 위함이었다. 이러한 인물 중 최초의 예언자가 아모스였다
(어떤 이들은 요엘이라고 주장하고, 또 다른 이들은 아모스가 벧엘에 등장하기 몇 년 전
에 요나가 니느웨에 보냄을 받았을 것이라고 주장하지만 말이다). 하나님의 보내심

을 받은 이러한 메신저들은 이방 열국들에 대해 하나님의 심판을 선언했다. 물론 이스라엘과 유다라고 해서 하나님의 심판에서 제외되는 특권을 누리지는 못했다. 스스로를 언약 백성이라고 자부하던 유다와 이스라엘에게 하나님의 심판 선언은 예기치 못한 충격이었다. 예언자들은 백성들에게 하나님께서 그들을 아시리아와 바빌로니아 제국으로 유배 보낼 것이라고 선언했다. 이스라엘이 제국들의 흥망성쇠를 통해 그렇게 오랫동안 알아왔던 "세계"가 뒤바뀌게 되었다. 하나님의 칼이 이 땅 위를 휘갈기기 시작한 것이다. 이 하나님의 칼은 일찍이 이집트와 가나안족을 향해서 휘둘러졌고, 늦게는 역사의 "마지막 날들"에 그리스도의 왕국에 대항하는 모든 나라를 향해 다시 휘둘러질 것이다.

그러나 이것이 예언자들이 선포하도록 보냄을 받은 사명의 전부였더라면, 하나님의 백성들은 깊이 번민하고 절망했을 것이다. 마치 그들을 인도해줄 아무런 빛도 없이 "어두움 가운데 행하는 백성"처럼 아무런 소망도 없이 낙심하게 되었을지도 모른다. 그러나 하나님은 그들을 그런 식으로 내버려두지 않으셨다. 그분은 예언자들을 통해 왜 자기가 그렇게도 화를 내고 계신지, 왜 자기의 심판이 이스라엘과 유다를 포함해 온 세상 나라들을 다 휩쓸 것인지 그 이유에 대해서도 분명히 말씀하셨다. 그러나 그 동일하신 하나님은 예언자들을 통해 현재의 심판 이후 자신이 무엇을 하실 것인지에 관해서도 선언하셨다. 그렇다! 이 모든 것에도 불구하고 그분은 자비로우실 것이다. 그분은 자기의 약속과 언약들을 반드시 이루실 것이다. 그분은 인간의 반역과 배반에도 불구하고 자기의 공의롭고 평화로운 왕국을 반드시 이루실 것이다. 그분은 자신이 만드신 "온 창조세계"를 다시 새롭게 하실 것이다. 그분은 다윗의 아들, 아브라함의 아들, 약속된 메시아를 통해서 그렇게 하실 것이다.

예언자들의 다양한 메시지 – 하나님의 얼굴들

예언서를 읽는 사람들은 먼저 하나님께서 예언자들의 사역을 통해 자기 백성들에게 가까이 오고 계심을 감지할 수 있어야 한다. 무엇보다도 하나님께서 그들의 사역을 통해 자기 백성들의 가슴을 두드리고 계심을 느낄 수 있어야 한다. 그분은 다양한 예언자들, 그 예언자들의 다양한 메시지들을 통해 자기 가슴속 깊이 들어 있는 "정념"(pathos)을 보이셨다. 예언자들은 자기 백성을 위해서는 기꺼이 땅에 오신 "사람 같은" 하나님을 우리들 앞에 보여주고 있다. 그들은 살과 피를 입으시고, 희로애락으로 인해 매우 미묘하게 표출되는 수천수만 가지의 얼굴 모습으로 자기 백성에게 다가오시는 하나님을 우리에게 보여주고 있다. 이러한 "하나님의 모습"을 만나는 것은 놀라운 경험이며 잊지 못할 충격일 것이다. 우리는 이러한 하나님 안에서 우리 자신을 진정으로 찾고, 참된 안식을 얻으며, 진정한 구원을 발견할 수 있기 때문이다.

하나님은 예언자들을 통해 먹을 것을 찾아 포효하는 사자처럼 자신의 분노를 폭발하셨다. 그분은 예언자들을 통해 반역하고 대항하는 아들 때문에 남몰래 고통당하는 자애로운 아버지처럼 고뇌를 표출하셨다. 하나님은 예언자들을 통해 목자 없는 양처럼 산에 흩어진 무리들을 보시며 애처로워하셨다. 그분은 예언자들을 통해 못된 짓을 하고 가정을 파탄으로 끌며 집을 뛰쳐나간 아내를 법대로 처리하지 않고 오히려 그녀를 찾아 나가서 그녀 앞에 무릎 꿇고(?), "여보 집으로 돌아갑시다!"라고 간청하는 어떤 처량한 남편으로 자신을 표현하기도 하셨다. 하나님은 예언자들을 통해 징계의 채찍을 들고 자신의 백성들을 내리치기도 하셨다. 그분은 예언자들을 통해 밤낮으로 눈물로 음식을 삼는 "우시는 하나님"이 되기도 하셨다. 하나님은 예언자들을 통해 자기 자녀를 책망하기도, 훈계하기도, 경고하기도, 탄원하기도, 비난하기도, 낙담시키기도, 격려하기도, 재확신시키기도 하셨다.

결국 우리는 예언자들의 메시지를 들으면서 격렬하게 뛰고 있는 하나님의 심장 소리를, 그분의 맥박 운동을, 몰아쉬는 그분의 한숨 소리를, 눈물 맺힌 그분의 눈을, 분노에 일그러진 그분의 얼굴을 "듣고 볼 수" 있어야 한다. 만일 예언서를 심각하게 읽는다면, 아니 실존의 무게를 다하여 그 메시지에 귀를 기울인다면, 우리는 하나님을 "직면"하게 될 것이다. 이것은 아마 평생에 "잊지 못할 무서운 경험"으로 남을 것이다. 설교자란 바로 이러한 하나님을 "정통적"으로 제시하는 자들이라고 할 수 있다. 그러니 설교자들에게 이러한 "열정"(passion)이 없다면, 그들은 진정한 의미에서 하나님의 말씀의 대언자라고 할 수 없을 것이다.

단도직입적으로 말해, 예언자들이 선포하고 전달하며 제시하던 메시지의 중앙에는 이상과 같은 하나님이 우뚝 서 계신 것이다. 성경신학적으로 말해서, 이러한 하나님의 모습과 얼굴들은 그분의 마지막 말씀이신 예수 그리스도 안에서 최종적으로 온전히 나타나신 바 되었다. 우리는 예수 그리스도 안에서 하나님의 진정한 모습 전체를 볼 수 있게 되었다. 이것은 예언서를 설교해야 하는 모든 설교자가 반드시 기억해야 할 중요한 해석학적 전망이다.[8] 물론 모든 예언서 본문에서 억지로 예수 그리스도를 찾아내라는 말은 절대로 아니다. 그럴 경우 우리는 잘못된 성경 해석학을 사용하는 경우가 되기 때문이다.

8　이 점에 관해서는 류호준, 『히브리서: 우리와 같은 그분이 있기에』(서울: 크리스챤다이제스트, 1998)의 제1장을 보라(히 1:1-4에 관한 주석).

오늘을 위한 예언서

21세기에 살고 있는 우리가 구약의 예언서를 읽을 때 세상의 역사 속에서 활동하고 계시는 하나님을 친히 우리 눈으로 "보고 있는 것"과 같다고 말할 수 있다. 이것은 우리가 복음서나 사도행전 그리고 요한계시록을 읽을 때처럼 그렇다는 뜻이다. 왜냐하면 우리는 신약에서 죄와 반역에 대항해 싸우시고, 이 세대의 오만하고 배도적인 세력들에 대항하시며, 자신의 백성의 방탕함에 고뇌하시고, 역사에 대한 자기의 계획을 드러내시며, 자기 백성에게는 자신의 은총과 자신의 나라의 최종적인 승리를 확신시키는 우리 주 예수 그리스도의 아버지 하나님을 보는 것과 같기 때문이다.

하지만 우리는 구약의 예언자들에게서 하나님의 "옛" 백성들, 다시 말해 시내산에서 그들과 맺은 언약의 조건들 아래 있는 그분의 "옛" 백성들 가운데서 사역하시는 그분을 볼 수 있다. 우리는 예언서들을 읽기 위해 먼저 창세기부터 신명기, 여호수아에서 열왕기하 그리고 에스라를 지나 에스더까지 읽어야 한다. 아니 그 이상 읽어야 한다. 예언자들의 하나님은 베들레헴과 갈보리, 부활절과 오순절의 하나님이시기 때문이다. 우리가 예언서들을 읽기 위해서는 복음서와 사도행전도 읽어야 한다. 우리는 예수와 새 언약을 통해, 다시 말해 예수가 행하셨고 또 행하실 일 모두를 통해 하나님께서 예언자들을 통해 말씀하시고 행하신 모든 것을 성취하시고 이루셨다는 사실을 알아야 하며 또한 믿어야 한다.

그리스도께서 예언자들의 "말씀들"을 성취하셨다고 흔히들 말한다. 물론 이것은 사실이다. 하나님은 자신이 보낼 "그분" 한 분에 대해 예언자들을 통해 또한 그분을 통해 이루실 것에 대해서도 말씀하셨기 때문이다. 그러나 이것은 단지 한 가지 주제, 즉 그들의 메시지의 한 요소에 지나지 않는다. 그리고 이 주제는 여기저기에 산재해 있을 뿐이다. 앞서 말했던 것처럼, 하나님은 예언자들의 사역을 통해 자기 백성들에게 가까이 오셨으며, 하나님은 그들의 사역을 통해 자기 백성의 가슴을 두드리셨다.

특별한 사명을 맡기어 예언자들을 보내신 것은 그리스도가 이 세상에 오시기 전에 하나님이 자신의 백성들을 다루시는 자신의 "역사"의 한 부분이었다. 이 장엄한 역사 속에는 이집트에서의 탈출, 시내산에서 (옛) 언약의 수립, 약속의 땅 가나안으로 들어감, 다윗 왕 아래서 왕국을 세우심, 포로로 잡혀감 및 회복과 같은 장엄한 주제들이 들어 있다. 우리가 구약 예언자들의 "글들"을 이해하기 위해서는 하나님께서 예언자들을 통해 "행하신 것"이 무엇이었는지를 살펴보아야 할 것이다.

만일 여러분이 잠깐의 시간을 할애해서 오늘을 위한 몇 가지 산뜻하고도 단순한 "실제적인" 말씀을 얻기 위해 예언서를 읽는다면, 그리고 몇 가지 신앙적이고 교훈적인 내용을 찾아내어 설교하기 위해 예언서를 펼친다면 예언서는 여러분을 위한 책은 아닐 것이다. 그렇게 취급하기에는 예언자들이 다룬 주제들이 매우 심오하기 때문이다. 또한 우리는 글을 남긴 이 예언자들이 자신들의 글을 쓸 때 급히 서둘러 글을 쓰지 않았다는 사실을 기억해야 한다. 그들은 하나님에 관한 소식과 그분의 가르침에 목말라 하는 사람들을 위해, 하나님의 구원의 총체적 계획과 구도 그리고 전망과 파노라마 안에서 자기들의 시간과 임무, 자기들의 상황과 소명들을 바라보기를 원하는 사람들을 위해 글을 썼다.

이러한 목마름을 갖고 있다면, 아니 인내하면서 성경 전체를 당신의 손에 들고 기꺼이 읽어내려갈 정도의 준비가 되어 있다면, 여러분은 예언자들의 인도함을 받을 것이다. 여러분은 그들의 인도함을 통해 하나님의 보좌의 궁정 안까지 들어가게 될 것이다. 바로 그곳에서 여러분은 왕권을 갖고 지금 온 창조세계를 다스리고 계신 그리스도를 만나게 될 것이다. 그곳에서 당신은 하나님의 영광을 보게 될 것이다. 그분의 거룩함, 존재와 위엄, 선하심과 의로우심, 성실하심과 자비와 사랑을 경험하게 될 것이다. 당신은 그곳에서 하나님이 어떻게 이러한 성품과 행동들을 역사 속에 펼쳐 나타내셨고, 또 나타내실 것인가를 놀라운 기대와 경이로운 눈으로 바라보게 될 것이다.

시인과 예언자 그리고 설교자들

독자 여러분에게 한 가지 질문을 하고자 한다. 설교문은 산문체인가, 운문체인가? 지난 주일에 여러분이 썼거나 들었던 설교 원고를 기억하면서 이 질문에 답변해보기 바란다. 아마 모든 설교자의 원고는 산문체로 쓰였을 것이다. 설교문이 산문체로 작성된 것에 대해 문제를 제기하려는 의도는 전혀 없다. 한편, 히브리 예언자들이 당대 하나님의 언약 백성을 향해 설교한 위대한 설교자들이라고 가정해보자. 물론 이러한 가정은 매우 중요한 명제이기도 하다. 좌우간 그렇다면, 여러분은 그들의 설교들을 담고 있는 예언서들이 산문체로 쓰였다고 생각하는가 아니면 운문체로 기록되었다고 생각하는가? 대답은 후자다. 이 사실이 여러분에게 충격적으로 들리기를 바란다. 설교문이 시라니! 그렇다면 설교자들이었던 예언자들은 시인이었단 말인가?

　　원문으로 된 히브리 성경을 최소한 실제로 만져본 경험이 있는 목사들이나 신학도들이라면(신학교 다닐 때 원문 성경 과목 하나 정도는 택하였으리라 믿는다!), 그들은 히브리 성경이 적어도 산문체와 운문체로 구별되어 인쇄되었다는 사실을 인식했으리라고 믿는다(물론 신학대학원의 구약학 교수로서 나는 이 사실을 알고 있는 학생이 많지 않다는 사실에 매우 놀랐지만). 이야기체로 되어 있는 부분들, 예를 들어 모세 오경이나 역사서와 같은 부분은 대부분 산문체다. 반면에 시편이나 잠언, 전도서와 같은 부분들은 대부분 운문, 곧 시문으로 작성되었다. 그러나 예언서는 어떠할까? 앞서 말한 대로 예언자들이 당대의 백성들을 위한 하나님의 위대한 설교자들이었다면, 그리고 현대의 설교자들이 대부분 설교를 산문체로 작성한다면, 예언서는 산문체로 기록되었으리라고 추측하는 것은 매우 당연할 것이다. 그러나 사실은 이와 정반대다. 그들은 위대한 시인들이었다.[9] 예언자들이 시인들이었다는 것은 오늘날의 설교자들에게 많은 점을 시사해준다.

브루그만은 설교와 설교자에 관한 매우 자극적이고 도전적인 한 책에서 설교를 두 가지 유형으로 나눈 일이 있다. 그는 이러한 설교의 두 가지 모형론적 범주를 가리키기 위해 "산문"(prose)과 "시"(poetry)라는 은유적 용어를 사용한다.[10] 그가 "산문의 세계"(prose world)라고 부른 것은 고정된 형식에 안주하고 인습에 이끌려서 아무런 흥분과 열정, 정념과 생동감, 기대와 설렘 없이 지내는 평평하고 밋밋한 세계를 가리킨다. 따라서 목회 기도도, 주일 아침에 선포하는 설교도 "산문체"일 수 있다는 것이다. 이러한 산문의 세계 속에 사는 사람들은 아무런 기대도 없이 강단에 올라간다. 그리고 아무런 흥분 없이 밋밋하게 산문의 세계를 소개할 뿐이다. 그가 소개하는 세계는 마치 가도 가도 끝이 없는 미국의 대평원을 달리는 운전자처럼 지금 달리고 있는 길이 너무나 비슷해 끝이 보이는 것과 같다. 좌우를 보아도 항상 무미건조한 대평원일 뿐이다. 설령 그 무엇이 달리는 운전자에게 나타나더라도 이미 오래 전에 예측할 수 있다. 갑작스럽게 나타날 수

---

9   이 사실을 쉽게 점검하는 일은 히브리어 구약성경인 Biblia Hebraica Stuttgartensia(BHS)를 펴서 예언서 부분들을 살펴보는 것이다. 역사적 사건들에 대한 보고문이나 예언자 자신에 관한 이야기들은 모두 내러티브로 쓰였으나, 예언자들의 설교들로 구분할 수 있는 "신탁"(oracle)은 모두 시 형태로 배열되어 있다.

10 Walter Brueggemann, *Finally Comes The Poet*, 1-11.『마침내 시인이 온다』(서울: 성서유니온, 2018), 11-26.

아모스서

있는 것은 아무것도 없다. 왜냐하면 그는 밋밋한 대평원을 달리고 있기 때문이다. 이것이 소위 "산문의 세계"라고 불리는 곳이다. 이러한 세계에 사는 이들은 마치 내일이 없는 삶을 사는 사람들처럼 보인다. 이러한 사람들에게 세상은 단순히 매일같이 반복되는 일들이 아무런 상관 관계없이 연속적으로 일어나는 곳일 뿐이다.

그러나 "시의 세계"(world of poetry)는 그렇지 않다. 물론 "시"라는 것은 단순히 운율이나 박자 등을 가리키는 것이 아니다. 시는 함축적인 언어들을 가장 경제적으로 사용하여 세워지는 "이상한 세계"라고 말할 수 있다. 또한 시인에게 언어들은 엄청난 파괴력을 담고 있는 폭발물과 같기 때문에, 그는 언어들을 매우 조심스럽게 다룬다. 시인이 만들어낸 세계는 사람의 삶과 죽음을 결정하는 위험천만한 세계이기도 하다. 그들이 만들어낸 세계는 믿음의 도약이 없이는 건널 수 없는 세계이기도 하다. 시인의 세계는 보통 사람들이 생각하는 예측된 세계와는 전혀 다른 곳이라 할 수 있다.

시인들은 자신들의 언어를 사용해 자신들이 보여주려는 세계를 창조하고 있으며, 동시에 그들은 독자들에게, 청중들에게 바로 이 새로운 세계 속으로 들어올 것을 촉구하고 초청하는 사람들이다. 예언자들이 자신들의 메시지를 시문으로 우리에게 남겨주었다는 것은 이런 의미에서 매우 상징적이다. 아니, 그들 자신이 매우 강력한 시인들이었다는 사실 자체가 설교자들에게 매우 지시적이다. 이 점과 관련해서 브루그만의 다음과 같은 말은 음미해볼 만하다.

넓게 말해서, 성경 본문의 언어는 예언자적이다. 달리 말해 성경 본문의 언어는 우리들의 매일 매일의 인습들을 넘어서서 존재하는 실체들, 즉 우리가 모든 것을 당연시 여기며 살아가고 있는 이 세계를 초월하여 존재하는 실체들을 예기케 하며 그러한 실체를 불러낸다. 이러한 의미에서 우리는 성경 본문의 언어가 예언적이라고 부르는 것이다.…시인/예언자는 정착되고 안주된 실체를 산산조각 내는 목소리이며, 귀담아 경청하는 회중들 속에 새로운 가능성을 자극하여 불러내는 소리이기도 하다. 설교란 이러한 위험천만한 언어 습관, 그러나 반드시 필수적이어야만 하는 이러한 언어 습관을 계속하는 행위다. 본문에 대한 시적 연설(poetic speech), 설교의 시적 선포는 사람들이 모든 것을 당연시 여기는 이 세계를 넘어서는 새로운 세계를 예언자적으로 구성하는 것이다.[11]

그렇다면 우리 설교자들은 고대의 히브리 예언자들처럼 새로운 세계, 일반적인 사람들이 갖고 있는 세계가 아닌 세계, 좀 더 전문적인 용어를 사용하자면 "뒤집힌 세계"(The World Upside Down)를 선포하는 자들이다. 브루그만의 용어를 다시 빌려 표현하자면, 설교는 "대안적 세계에 대한 시적 구성(Preaching as a poetic construal of an alternative world)"[12]이라고 말할 수 있다. 예언자들의 경우, 그들의 설교의 목적은 미래에 대한 새로운 시나리오를 제시하는 것이 아니라 현재적 세계에 대한 새로운 대안을 제시하는 데 있었다.[13]

　　이제 우리의 주장은 좀 더 분명해졌다. 히브리 예언자들의 메시지는, 그리고 그들이 남겨 놓은 메시지를 담고 있는 예언서들은 매우 강력하게 새로운 세계, 즉 하나님이 통치하시는 세계를, 불의와 죄악으로 점철되어 있는 인간의 세상을 향해 본질적인 대안의 세계로 선포하고 제시한다. 그들의 선포는 하나님의 통치와 지배와는 양립할 수 없는 이 세상 나라들—

11　Ibid., 4. 『마침내 시인이 온다』, 15-16.

12　Ibid., 6. 『마침내 시인이 온다』, 18.

13　참조. N. A. Schuman, *Getuigen van tegenspraak: profetie uit de mond van Amos en Jesaja* (Baarn: Ten Have, 1981), 102-111 이 부분의 제목은 "예언의 목적: 시나리오인가 대안인가?"(Het doel van de profetie: scenario of alternatief?)이다.

　　　　　　　　　　　　　　　　　　　　　　　　　　　아모스서

그 나라들이 누구든 간에 상관없이—의 전통, 인습, 세계관, 가치관에 대한 심각한 도전이며, 따라서 그들의 전적인 포기와 항복을 집요하게 요구하는 메시지였다. 예언서에 자주 등장하는 주제들, 예를 들어 불의한 자들에 대한 사회적·정치적 비판, 오만과 독선으로 가득한 자들을 향한 사회적·정치적 비난, 야웨 하나님이 없는 이방 열국을 향한 전 세계적 비판, 제사 의식을 중심으로 모든 것을 환원하려는 종교주의자들에 대한 종교제의 비판 등과 같은 주제들은 바로 창조주이시며 구원자이신 하나님의 진정한 통치와 다스림이라는 포괄적인 예언자적 메시지의 빛 아래서 이해되고 적용되어야 할 사항들이다. 심지어 구원의 미래에 대한 선포마저도 당대의 언약 백성들의 삶에 대한 비판으로 주어졌다.[14]

설교는 예언자적·종말론적이어야 한다

예언서를 다루려는 설교자들은 바로 이 점을 깊이 명심해야 할 것이다. 예언자들의 메시지는 궁극적으로 하나님께로부터 받은 그분에 관한 메시지라 할 수 있다. 특히 그들의 메시지는 언약 백성의 현재의 삶속으로 침투해 들어오는, 다가오는 왕과 그분의 나라에 관한 것이었다.[15] 현재의 삶 속으로 들이닥치는 왕이신 하나님은 심판과 구원을 갖고 오신다. 예언자 선포의 이러한 양대 축(심판과 구원)은 하나님 나라의 도래를 가리키는 기둥들이다. 심판을 통해 인간에게 다가오시는 하나님 앞에 인간들은 머리를

---

14 참조. Ibid., 62-69. 이 부분의 제목은 "현재에 대한 비판으로서 미래의 구원"(Heilstoekomst als kritiek op het heden)이다.

15 참조. Sidney Greidanus, *The Modern Preacher and the Ancient Text* (Grand Rapids: Eerdmans, 1989), 229-38.

떨구고 그분 앞에서 자신들의 불의와 악행들, 오만과 독선을 참회하고 그분의 용서를 구해야 할 것이다. 또한 구원을 갖고 자기 백성에게 찾아오시는 하나님 앞에 인간은 무한한 감격과 보은으로 그분의 사죄의 은총을 겸허하게 받아들여야 한다. 결국 설교자는 언약 백성들 앞에 삶과 죽음의 갈림길을 제시하고, 죽음을 넘어 사역하시는 생명의 하나님을 받아들이도록 결단을 촉구하는 사람들이다. 모든 메시지는 이런 의미에서 종말론적이라고 할 수 있다. 도래하는 하나님의 다스림에 전적으로 순종할 때 새로운 삶이 가능케 될 것이며, 이것은 청중에게 새로운 존재의 시작을 가능케 하는 능력이 될 것이기 때문이다. 만일 입을 열어 말씀하시는 하나님의 말씀에 청중들이, 언약의 백성들이 진심으로 응답하지 않고 거절한다면 그에게는 아직도 하나님의 언약적 심판이 있다는 사실을 알려야 할 것이다. 그러나 이러한 선포가 단순히 협박이나 설교자의 영적 우월감에서 기인하면 안될 것이다. 오히려 그것은 영혼들에 대한 애정과 연민 그리고 긍휼에서 흘러나와야 한다. 예언자들도 그러했기 때문이며, 예언자 중 "예언자"가 되신 예수의 선포도 그러했기 때문이다.

모든 설교는 예언자적이고 시적이며 종말론적이다. 그리고 이러한 모든 설교의 노력들은 청중들로 하여금 새로운 세계에서 새로운 방법으로 그분의 다스림을 집행하는 진정한 왕이신 하나님께 모든 청중의 무릎을 꿇게 하는 초청이고 설득이며 선포다.

예언서 본문 설교에 앞서서

실제적인 제안에 앞서서 설교자들이 기억해야 할 두 가지 사항이 있다. 첫째, 앞서 언급한 것처럼 설교자들은 예언자들이 이스라엘의 구체적인 역사적 지평 위에서 출현했다는 점을 다시금 기억할 필요가 있다. 설교자는 예언서 본문에 대한 설교를 비역사적이거나 탈역사적인 설교로 만들지 않기 위해, 그리고 예언서 본문 설교를 단순히 몇몇 종교적 개념이나 신앙적 어휘(예. 사랑, 믿음, 소망, 헌신, 구속, 감사, 충성 등등)에 대한 설교로 축소시키지 않기 위해서 매우 분명한 역사의식을 갖고 본문을 연구해야 한다. 그는 이러한 오류를 밟지 않기 위해 "이스라엘의 역사"에 관한 저서를 옆에 두고 반복적으로 읽을 필요가 있다.[16] 그러나 동시에 설교자는 예언서 본문 설교가 그 본문과 관련이 있다고 가정되는 어떤 특정한 이스라엘의 역사의 사건에 너무 의존적이지 않도록 조심해야 한다.

둘째, 설교자들은 먼저 예언서 안에 다양한 유형의 문학적 양식이 사용되고 있다는 사실을 상기할 필요가 있다. 예언서 안에는 크게 세 가지 자료들이 있다. 하나는 예언자들이 하나님으로부터 받아 선포한 신탁들(하나님이 위탁하신 말씀들)이다. 물론 다양한 설교가 일정한 주제 아래 연결되어 있는 부분들이 많아 각 부분의 역사적 배경을 찾아 그 부분을 이해하는 데 많은 어려움이 있는 것이 사실이다. 좌우간 이러한 신탁들을 현대적으로 표현하자면, 그것들은 당대의 회중들을 위해 선포된 설교들이라고 말할 수 있다. 또 다른 하나는 예언자와 관련을 맺고 있는 이야기들이거나 아니면 예언자의 활동과 관련을 맺고 있었던 역사적 이야기들로 구성되어 있는 부분들이다. 세 번째로는 인간이 하나님을 향해 쏟아낸 기도문들이 예언서 안에 담겨 있다.[17]

---

16 예를 들어 존 브라이트, 『이스라엘의 역사』(서울: 크리스챤다이제스트, 1993); 유진 메릴, 『제사장의 나라: 구약 이스라엘의 역사』(서울: 기독교문서선교회, 1997); 레온 우드, 『이스라엘의 역사』(서울: 기독교문서선교회, 1994); 김의원, 『구약 역사』(서울: 개혁주의 신행협회, 1995). 이스라엘의 역사를 부족 동맹설을 중심으로 과격하게 재구성한 책으로는 마르틴 노트, 『이스라엘의 역사』(서울: 크리스챤다이제스트, 1996)가 있다.

17 예언서에서 발견되는 문학적 형식에 관한 고전적인 연구서는 다음 책들을 참조하라 Claus

예언서 안에서 예언자들의 설교문이라고 불릴 수 있는 신탁들 역시 다양한 형식으로 옷을 입고 있다. 예를 들어 예언자들은 소송(lawsuit, ריב 패턴), 탄가(woe, הוי 패턴), 약속, 비유 등과 같은 형식을 빌려 그들의 메시지를 전달했다. 따라서 이러한 형식을 찾아낼 뿐만 아니라 그러한 형식을 올바르게 이해하면, 설교자는 그런 유형의 예언서 본문을 어떻게 설교할 것인가에 관한 기본적인 입장을 수립할 수 있을 것이다. 또한 본문의 유형에 대한 적절한 이해는 설교자가 설교의 전반적인 분위기를 조성하고, 특정한 용어들을 선택하며, 적절한 예화들을 구상하는 데 많은 도움을 줄 것이다.

끝맺으면서

설교자들은 설교문을 완성해가는 동안에 자신들이 예언자/시인이라는 사실을 스스로 상기해야 할 것이다. 하나님의 말씀을 위탁받은 자들로서, 그리고 그분의 정의롭고 평화로운 통치를 불의하고 분쟁 많은 이 세상을 배경으로 분연히 선포하는 자들로서 설교자들은 예언자적일 수밖에 없다. 시인으로서 그들은 옛 히브리 예언자들이 그처럼 풍성하게 사용했던 다양한 이미지와 은유 그리고 적절한 언어 사용을 통해 청중들을 하나님의 "새로운 세계"로, 언약 백성을 하나님의 "낯선 나라"로 강력하게 초청해야 할 것이다. 그 메시지 앞에 어떤 이들은 무릎을 꿇을 것이고, 어떤 이들은 머리를 떨굴 것이며, 어떤 이들은 뭉클해진 가슴을 어루만질 것이고, 어떤 이들은 옷깃을 여밀 것이며, 어떤 이들은 한없이 흐르는 감격의 눈물을 추스

Westermann, *Grundformen prophetischer Rede* (München: Kaiser verlag, 1960); idem, *Prophetische Heilsworte im Alten Testament* (Göttingen: Vandenhoeck & Ruprecht, 1987).

르지 못할 것이다. 왜냐하면 그들 모두가 하나님을 경험할 것이고 그분의 은총과 자비를 체험할 것이기 때문이다.

설교자들이 진정으로 하나님의 말씀을 선포할 수만 있다면, 그들은 하나님의 말씀을 선포하는 자만이 가질 수 있는 "열정" 그리고 "정념"의 진정한 맛을 이해할 수 있을 것이다. 이러한 문제에 관한 엘리자베스 악트마이어(E. Achtemeier) 교수의 다음과 같은 말은 한번 음미해볼 만하다.

> 깨어진 마음의 상처에 주어질 치유가, 죄책으로 인해 죽어가는 영혼에게 안겨질 생명이, 암담한 미래 앞에서 절망하는 여인에게 주어질 희망이, 무기력한 일상생활의 답답함으로 가득 찬 한 남자에게 채워질 기쁨이, 가정과 공동체를 깨뜨리는 분단 대신 평화가, 다음 주일 우리가 좋아하는 사람들에게 설교하게 될 본문 안에 들어 있다는 것을 우리가 온몸으로 느끼는 순간, 바로 이러한 "정념"은 우리의 주석 작업에 불길을 당길 것이며, 이 불길은 다시금 "메시지"로 우리의 심장을 불태우기 시작할 것이다.[18]

예언서에서 본문을 선택하여 설교를 준비하는 여러분에게도 이러한 감격이 있기를 바라면서 주의 인도하심이 여러분의 설교 사역 위에 항상 함께 있기를 기원한다.

---

18   Elizabeth Achtemeier, *Creative Preaching: Finding the Words,* Abingdon Preacher's Library Series (Nashville: Abingdon Press, 1982), 59.

2. 아모스서

2.1. 아모스서 개관

호세아서에서 말라기서까지 12권의 짧은 예언서들의 모음집인 열두 예언서 중 아모스서는 호세아서와 요엘서 다음에 위치하고 오바댜서가 그 뒤를 따른다. 호세아서와 한 쌍을 이루는 아모스서는 독특한 형식과 내용으로 시작한다. 이른바 "열국 심판 신탁"으로 문을 열기 때문이다. 이는 기원전 8세기경 북이스라엘을 둘러싼 주변 국가들—다메섹, 가사, 두로, 에돔, 암몬, 모압—이 전쟁에서 저지른 야만적 만행과 잔악한 처사를 지탄하는 신탁이다.

> 야웨께서 다음과 같이 말씀하신다.
>> "OOO의 세 가지 죄들 때문에
>>
>> 네 가지 죄들 때문에 내가 심판 결정을 철회하지 아니할 것이다"(암 1:3, 6, 9, 13; 2:1).
>>
>> ......

> "내가 OOO의 OO에 불을 보낼 것이며"(암 1:4; 7, 10, 12; 2:2).

그러나 열방 나라들을 향한 하나님의 심판 메시지는 곧 남유다를 거쳐 북
이스라엘을 정조준한다. 다름 아닌 하나님의 백성이라고 자처하면서 정치,
종교, 사회, 경제 전 분야에 걸쳐 그들이 자행하던 우상숭배와 사회적 불의
를 신랄하게 고발하고 그에 따른 심판의 메시지를 선포하기 위해서였다.

> 야웨께서 다음과 같이 말씀하신다.
> "**유다**의 세 가지 죄들 때문에
>> 네 가지 죄들 때문에 내가 심판 결정을 철회하지 아니할 것이
>> 다"(암 2:4).
> 그러므로 내가 유다에 불을 보낼 것이다"(암 2:5).

> 야웨께서 다음과 같이 말씀하신다.
> "**이스라엘**의 세 가지 죄들 때문에
>> 네 가지 죄들 때문에 내가 심판 결정을 철회하지 아니할 것이
>> 다"(암 2:6).
> "보라, 이제 내가 너희를 밟아 누르리니,
>> 마치 곡식을 실은 수레가 흙을 누르듯이 그리할 것이다"(암 2:13).

아모스서와 예언자 아모스

아모스서를 읽는 독자들은 아모스서와 예언자 아모스를 구별할 필요가 있
다. 비록 아모스서에 예언자 아모스의 활약상이 생동감 넘치게 묘사되어
있다고 할지라도, 아모스서는 예언자 아모스의 개인적인 전기문(biography)
이 아니기 때문이다. 다시 말하자면, 아모스서는 기원전 8세기에 북이스라

엘이라는 특정 시대와 장소—즉 특정한 역사적 정황과 맥락—에서 활약한 역사적 인물인 아모스에게 임한 하나님의 신탁 말씀들과 그가 감당한 사역을 그의 생애 이후에 신학적으로 구성해놓은 책이다.

아모스서의 역사적 배경에 대한 결정적 단서는 아모스서 전체의 표제 역할을 하는 아모스 1:1에서 찾아볼 수 있다.

> 유다 왕 웃시야의 시대 곧 이스라엘 왕 요아스의 아들 여로보암의 시대에 발생한 지진 이 년에 전 드고아 출신 목자 중 아모스가 이스라엘에 대하여 본 환상 가운데 받은 말씀이다(암 1:1).

위 구절에 언급된 것과 같이, 웃시야가 남유다를 다스리고 있던 시대에 북이스라엘의 왕은 여로보암 2세였다. 그렇다면 아모스 1:1에 뒤이어 소개되는 신탁들과 역사적 사건들은 대체로 여로보암 2세가 북이스라엘을 통치하던 기원전 786-746년을 배경으로 하고 있는 셈이다. 하지만 남유다의 웃시야(기원전 783-742)가 사망하기 10여 년 전에 문둥병에 걸리는 바람에 기원전 750년경부터 그의 아들 요담이 국정에 직간접적으로 관여한 사실을 고려한다면, 아모스서의 역사적 배경은 다시 기원전 787-750년으로 좁혀진다.[1]

그런데 아모스 1:1에는 아모스가 역사의 무대에서 본격적으로 예언

---

1 여로보암 2세의 통치 기간과 웃시야 왕의 사망 연도에 대한 주석가들의 의견이 정확히 일치하는 것은 아니다. 아모스가 예언자로 활약한 기간을 추정하기 위해 나는 Hans W. Wolff 와 Jörg Jeremias 그리고 James D. Nogalski의 견해를 따랐음을 밝힌다. Wolff, *Joel and Amos: A Commentary on the Books of the Prophets Joel and Amos*, Hermeneia (Augsburg: Fortress, 1977), 89; Jeremias, *The Book of Amos: A Commentary*, OTL (tr. Douglas W. Stott; Louisville: Westminster John Knox, 1998), 1; Nogalski, *The Book of the Twelve: Hosea-Jonah*, SHBC (Macon, GA: Smith & Helwys Publishing Company, 2011), 259-61. 아모스서의 역사적 배경에 대해서는 이후에 좀 더 자세히 설명할 것이다.

52
아모스서

자 사역을 시작하기 2년 전 북이스라엘에 지진이 발생했다는 사안이 추가적으로 포함되어 있다. 그렇다면 아모스가 예언자로 활약한 시기를 북이스라엘에 지진이 발생한 때로 추정되는 기원전 760년경부터, 요담이 웃시야를 대신해서 남유다를 다스리기 시작한 기원전 750년까지로 다시 한번 한정하는 것이 적절하다.[2] 과연 이 시기에 북이스라엘과 남유다를 둘러싼 열방들의 정세와 관계는 어떠했고, 북이스라엘 내부의 정치적·경제적·종교적·사회적 양상은 어떠했을까?

성경 자체의 기록에 따르면(왕하 14:23-29), 여로보암 2세는 북이스라엘 영토를 하맛 어귀에서 아라바 바다까지 확장시켰다(왕하 14:25). 열왕기 저자는 이스라엘 왕들의 역대 지략을 언급하면서 여로보암 2세가 다메섹을 회복하고 남유다 영토였던 하맛을 이스라엘 땅으로 편입시켰다고 꽤 구체적으로 기술한다(왕하 14:28). 여로보암 2세의 치세와 업적에 대한 이러한 기술은 당시 북이스라엘이 국내외적으로 상당한 번영과 평화의 시대를 구가했음을 의미하는 듯하다(왕하 14:26-27). 실제로 해당 시기에 우라르투 왕국(kingdom of Urartu)과 대치하고 있던 아시리아 제국의 위세는 눈에 띄게 줄고 있었다. 북이스라엘 북동쪽 먼 곳에서 시리아 땅과 팔레스타인 지역을 호시탐탐 노리던 아시리아 제국의 영향력과 압력이 약화된다는 것은 북이스라엘에게는 분명 상서로운 조짐이 아닐 수 없었다. 이와 같은 대외적 정황을 틈타 여로보암 2세는 요단강 동편 지역으로도 그 세력을 확장해나갔다.

북이스라엘을 둘러싼 국가들 사이의 정세와 여로보암 2세의 성공적인 영토 팽창 사업은 북이스라엘에게 성공과 번영을 가져다주었다. 그러

---

2   대부분의 학자들은 아모스가 이 기간에 한정하여 사마리아(암 3:9-4:3; 6:1-11)와 벧엘(암 7:10-17; cf. 4:4f.; 5:4f.)을 향해 하나님의 심판 신탁을 선포했을 것으로 추측한다. 보다 자세한 논의를 위해서는 해당 구절에 대한 본서의 주석을 참고하라.

나 안타깝게도 새롭게 생성된 부와 권력은 공평하게 분배되지 못한 채 일부 기득권층의 전유물이 되었고, 북이스라엘은 정치, 경제, 종교, 사회의 모든 영역에서 급속도로 타락해갔다. 정치적 권력과 경제적 부를 손에 넣은 기득권층들은 자신들의 힘과 부를 유지하고 누리는 일에 급급했고, 나아가 법적 후견인이 없는 이들—즉 고아와 과부와 나그네와 가난한 자들—을 착취하고 유린하기에 주저하지 않았다(암 3:9-15).

설상가상으로 북이스라엘의 종교 지도자들은 하나님과 언약을 체결한 "언약 공동체"라는 이스라엘 고유의 정체성을 규정해주었던 토라를 바탕으로 정의롭고 공의로운 삶을 살아야 한다는 가르침을 외면했고 기득권층에 편승했다(암 5:4-17; 6:12-13). 그들은 야웨 하나님의 말씀과 신앙을 거짓된 호국 종교로 탈바꿈시켜버렸고(암 7:10-17), 뭇 백성을 하나님과 상관없는 맹목적인 만족감과 근거 없는 안위감으로 마취시키는 일도 서슴지 않았다. 그들의 빗나간 종교 의식과 잘못된 대중적 신념은 이스라엘의 종교 제의와 절기를 통해 더욱 공고해졌다(암 4:4-11; 5:21-27). 결과적으로, 이스라엘 언약 공동체 내에 종교적·사회적 공법과 정의는 온데간데없이 사라져버렸고(암 5:7, 15, 6:12), 힘없고 가난한 사회적 약자들은 자비와 긍휼을 토대로 한 회복을 더 이상 기대할 수 없었다. 오히려 그들은 학대와 압제의 대상으로 전락하고 말았다(암 2:6-8; 4:1).

이처럼 북이스라엘의 신학적 왜곡, 역사의 몰이해, 현실에 대한 곡해는 자기기만과 인권 침해에서 멈추지 않고 신성모독과 우상숭배로 귀결되었다. 이는 실천적 무신론자들(practical atheists)의 삶의 방식과 다를 바 없었다. 언약 백성으로서의 정체성과 그에 준하는 도덕적이고 윤리적인 삶 자체를 상실한 북이스라엘의 국운은 하나님의 임재가 머무는 약속의 땅으로부터의 추방을 향해 급속히 달음질치고 있었다(암 6:14; 7:17).[3] 이와 같은 상황에서 야웨 하나님이 북이스라엘의 지도자들과 백성을 성토하고 그들을 다시금 토라와 언약의 길로 돌이키도록 하기 위해 자신의 말씀을 위탁한 예언자가 바로 아모스였다.

예언자 아모스와 그의 메시지

예언자 아모스의 생애와 사역에 대해 알 수 있는 자료는 아모스서 외에는 전무하다. 그러나 아모스서 본문 중에 나오는 그의 출신 지역과 직업에 관한 짧은 언급(암 1:1), 아모스의 예언자 사역과 관련하여 벧엘 제단에서 발생했던 사건(7:10-17), 그리고 그 사건과 연계된 환상들(암 7:1-3; 7:4-6; 7:7-9; 8:1-3; 9:1-6)을 통해서 어림짐작해볼 수 있다.

아모스 1:1은 예언자 아모스를 예루살렘 남단으로부터 약 16km 정도 떨어진 산간 지역에 위치한 드고아 출신의 "목자"(נֹקֵד[노케드])로 소개한다(비교. רֹעִים[로임], רֹעֶה[로에]의 복수형 1:2). 게다가 아모스와 대결을 벌인 벧엘 제사장 아마샤도 아모스가 유다 출신이라는 사실을 알고 있음을 시사한다(암 7:14). 이와 더불어, 아모스 7:10-17에는 더욱 흥미로운 요소들이 몇 가지 더 있다. 우선 아마샤는 아모스를 "선견자"(חֹזֶה[호제])라고 칭한다(암 7:12). 그리고 그는 예언을 하려거든 아모스의 고향인 유다로 가 그곳에서나 예언을 하면서(נָבָא[나바]) 먹고살라고 다그친다(암 7:13).

---

3   아시리아 제국의 기세가 한동안 주춤하는 것 같았으나 기원전 745년 디글랏빌레셀 3세가 즉위하여 아시리아 제국의 옛 위상과 힘을 성공리에 재건하는 한편, 아시리아 제국을 매우 호전적이며 강력한 제국주의 민족으로 탈바꿈시켜놓는다. 급기야 기원전 722년 북이스라엘은 살만에셀 5세가 이끄는 아시리아 군대에 의해 처참히 짓밟히고 유린당한 후 멸망하고 만다.

말인즉슨, 왕의 성소와 궁궐이 있는 벧엘에서는 예언을 하지 말라는 것이다(암 7:13). 이에 대해서, 아모스 자신은 "예언자"(נָבִיא[나비])도 "예언자의 아들"(בֶּן־נָבִיא[벤-나비])도 아니며, 다만 "목자"(בּוֹקֵר[보케르])요 뽕나무를 "재배하는 자"(בּוֹלֵס[볼레스])라고 되받아친다(암 7:14). 이는 분명 그의 소명과 사명을 염두에 둔 말이다! 요컨대, 아모스는 아마샤처럼 밥벌이를 위해 하나님의 이름을 운운하는 어용(御用) 정치가도 거짓 예언자도 아니었다. 그러면서도 그는 하나님께서 친히 자신을 보내셨고, 바로 그분께서 당신의 백성 이스라엘에게 예언하라(נָבָא[나바])고 명령하셨다고 담대하게 반응한다(암 7:16). 그리고 마침내 그들을 향한 심판 신탁—야웨의 날에 북이스라엘이 약속의 땅에서 추방될 것—을 선포한다(암 7:17).[4] 이 얼마나 역설적인 모습인가!

아모스가 예언자로서 어떤 사역을 담당했는지 알려주는 또 하나의 단서가 존재한다. 아모스 3:7에 의하면, 아모스는 야웨 하나님께서 당신의 "계획"(개역개정: "비밀", סוֹד[소드])을 나타내신 야웨의 "종"(עֶבֶד[에베드])이며 "예언자"(נָבִיא[나비])였다. 이와 관련해서 아모스 7:10-17 앞과 뒤에 정교하게 배열된 다섯 개의 환상 보고문을 간략히 설명할 필요가 있다.[5] 아모스가 벧엘의 제사장 아마샤와 충돌한 사건은 북이스라엘을 향한 하나님의 강력한 심판 신탁을 촉발시키는 계기가 된다(특히 암 7:17을 보라). 아모스서에는 다섯 개의 환상 보고문이 등장하는데, 공교롭게도 이 보고문들은 아모스 7:10-17을 중심으로 그 앞과 뒤에 차례로 배열되어 있으며(암 7:1-3; 7:4-6; 7:7-9; 8:1-3; 9:1-6), 다섯 개의 환상 보고문은 모두 "주 야웨께서 내게 보이신 것이 이러하니라"와 유사한 도입 구문과 함께 시작

---

4   "야웨의 날"이라는 주제에 관해서는 부록으로 실린 "열두 예언서 최근 연구 동향(II)"를 보라.
5   본서에 소개해놓은 아모스서의 문학적 구조를 참조하라.

한다. 다시 말해, 예언자 아모스는 야웨 하나님이 주관하시는 천상의 어전 회의에 참석하여 장차 역사의 무대 위에서 이스라엘과 열방의 앞날이 어떻게 펼쳐질지에 대한 하나님의 계획과 비밀을 직접 목도한 증인이었고, 그것을 이스라엘 백성에게 전달하고 선포해야 할 사명을 받은 하나님의 대변인이었다.

예언자 아모스는 북이스라엘뿐만 아니라 남유다를 비롯해 열방 국가들에 관해서도 하나님의 심판 신탁을 맹렬한 기세로 쏟아붓는다(열방 신탁에 대해서는 암 1:3-15과 2:1-3을, 그리고 남유다와 북이스라엘을 향한 신탁에 대해서는 2:4-5과 2:6-16을 보라). 아모스는 당시 북이스라엘과 남유다 주변 국가들 사이에서 벌어진 외교적으로 중요한 사건과 문제들에 대해서도 깊이 인식하고 있었다.

그럼에도 예언자 아모스는 북이스라엘의 역사적이고 종교적인 정황에 집중적으로 천착하여 하나님의 말씀을 선포한다. 그는 아마샤가 담당하던 벧엘 제단은 물론이거니와(암 3:14; 4:4; 5:5-6; 7:10-17), 종교 지도자들이 절기를 맞이하여 성대하게 제의를 집전하던 종교 중심지들(암 2:8; 4:5; 5:21-27)과, 정치 권력가들이 기거하는 사마리아 궁궐(암 3:9-12; 6:1-8), 그리고 기득권층의 여인네들이 활보하는 거리(암 4:1-3)와 장터에서도(암 8:4-8) 거리낌이 없이 하나님의 심판 신탁을 선포했다. 정녕 아모스는 북이스라엘 전역에 위치한 요지들 도처에 하나님의 심판의 메시지가 울려 퍼지게 한 인물이었다.

이처럼 예언자 아모스가 벧엘과 사마리아를 비롯해 북이스라엘 전역에서 선포한 심판 신탁들과 그의 예언 사역은 북이스라엘의 거짓된 종교 신념과 알맹이 없는 껍데기로 전락한 야웨 종교의 민낯을 까발리는 것이었다. 또 그는 형식화된 종교적 제의와 우상화는 아랑곳하지 않고 기득권층에 빌붙어 금전적 이익과 권력 상승을 꾀하는 (허울뿐인) 이스라엘 종교 지도자들을 맹렬히 비난했다. 이런 차원에서, 아모스가 선포한 야웨의 날은 이스라엘의 구원의 날이 아니라 심판의 날이었다.

그러나 야웨 하나님께서 예언자 아모스로 하여금 북이스라엘 백성에게 선포하게 하신 신탁의 말씀들은 심판 자체로 끝나지 않는다. 아모스서의 결론에 해당하는 9:11-15은 이스라엘의 회복을 내다본다. 그 회복은 심판의 날이었던 야웨의 날이 다시금 구원의 날로 다가올 것을 시사한다. 그것은 그날에 "다윗의 쓰러진 초막"이 세움을 입을 것이고(암 9:11), "에돔의 남은 자"와 "내 이름으로 불리는 모든 나라들"로 이루어진 하나님의 백성("내 백성")으로서의 이스라엘이 회복될 것이라고 선포한다(암 9:12, 14).

지금까지 살펴본 아모스의 예언 사역을 토대로 아모스서의 최종 회복의 전망은 다음과 같이 마무리된다. 야웨의 날이 임하면 믿음의 조상 아브라함-이삭-야곱과 맺으신 언약의 기초 위에, 그리고 시내산-모압 언약과 다윗 언약에 이르기까지 하나님이 친히 제안하시고 체결해주신 언약에 입각해서 야웨 하나님의 이름으로 불리는 모든 나라와 족속들이 하나님의 존귀한 소유가 될 것이다. 안으로는 "오직 공법을 물같이, 정의를 하수같이 흐르게"(암 5:24) 하는 언약 공동체의 이상이 실현될 것이다. 그리고 밖으로는 열방을 향한 거룩한 족속이요 제사장 나라로서의 그들의 정체성과 소명 및 사명이 성취되는 하나님 나라가 성취될 것이다.

2.2. 아모스서 구성

아모스서의 전체의 메시지는 크게 세 부분으로 구성되어 있다.

(1) "열국 심판 신탁"은 절정을 향해 치닫는 듯한 문학구조(climactic arrangement)를 통해(암 1-2장) 이스라엘의 죄악의 중대성을 강화할 뿐만 아

니라 피치 못할 하나님의 심판의 당위성을 강조한다. 우주의 통치자이신 야웨께서 자신의 통치의 기준인 정의와 공의로 이방 민족들을 심문하신다면, 그분의 언약 백성인 유다와 이스라엘에게는 더욱 높은 기준으로 다루실 것이 아니겠는가!

(2) 소위 "들으라"(Hear!) 단락은 아모스서의 중심 부분을 차지하고 있는데(암 3-6장), 앞 단락에서 최종적으로 심판의 도마 위에 놓인 "이스라엘"을 향한 심판의 당위성을 "선택 개념"을 통해 강화시킨다. 즉 하나님의 선택받은 민족으로서 그들이 하나님과 맺은 특별한 언약 관계는 그들에게 언약 의무 규정들(covenantal obligations)을 지킬 것을 요청하고, 이러한 언약 의무 규정들이 지켜지지 않았기 때문에 언약적 저주로서의 심판은 당연한 결과라는 것을 반복적으로 강조한다. 마치 법정에서 피고를 고발하는 검사의 논고(論告)를 연상한다면, 아모스서는, 특히 아모스서의 중심 부분(3-6장)은 언약 소송 형식의 범주 안에서 이해하는 것이 가장 바람직할 것이다. 천상의 법정에서 고소당하고 있는 이스라엘의 죄악들은 대체로 세 가지 부류로 묶을 수 있다. (a) 가난한 자들을 압제하거나 착취함으로써 상류층들이 누리는 사치와 향락의 생활에 대한 고발, (b) 뇌물을 통해 부패한 이스라엘의 정의 제도를 폭로함, (c) 종교 제의에 대한 맹목적인 신뢰와 자기만족 등을 질타함.

(3) 마지막은 "환상 보고"(Visions) 단락이다. 이는 아모스서의 편집에 관심을 가진 학자들이 가장 많이 연구하는 부분이기도 하다. 그들은 이 부분을 아모스서에서 가장 오래된 단원으로 보기 때문이다(암 7-9장). 환상 보고문에 의하면 아모스는 처음에 이스라엘을 위해 중보의 기도를 드린다. 그리고 그에 대한 하나님의 우호적인 응답도 얻어낸다. 그러나 동시에 환상 보고문은 이러한 중보가 나중에는 더 이상 있지 않았다는 것도 함께 기록한다. 이것은 이스라엘의 죄악이 극에 달해 하나님의 심판을 피할 수

없게 되었음을 보여준다. 그러나 하나님의 파격적인 은총은 심판 후에 도래할 "새로운 나라의 건설"이다(암 9:11-15). 인간의 반역과 배반에도 불구하고 하나님은 자신의 목적을 가장 찬란한 방식으로 이루실 것이다.

아모스서의 전체적인 표면 구조[6]

아모스서는 단순히 다양한 아모스의 어록들을 취합해 모아놓은 선집(anthology)이 아니다. 자세한 본문 연구가 보여주듯이, 아모스서는 매우 탁월한 예술적 기교를 동원해 구성된 훌륭한 문학적 작품이라고 할 수 있다. 다음의 도표는 아모스서 전반을 이해하는 데 도움을 줄 것이다.

서언: 포효하는 사자 야웨
(1) 열국 심판 신탁(Oracles against the Nations[1-2장])
    1) 시리아 신탁; 2) 블레셋 신탁; 3) 두로 신탁; 4) 에돔 신탁; 5) 모압 신탁; 6) 암몬 신탁; 7) 유다 신탁; 8) 이스라엘 신탁
(2) 메시지 본문(Messages[3-6장])
    첫 번째 메시지[3-4장]: 3:1("들으라") — 백성을 향한 야웨의 말씀
    두 번째 메시지[5-6장]: 5:1("들으라") — 국가를 향한 예언자의 말씀
        A: 생명의 길을 제시함(5:5-6): "요셉의 집"(5:6)
          심각한 죄책 그리고 죽음의 형벌

---

6   아모스서의 전체적 구조에 관해 다양한 제안들이 있다. 예를 들어, Jan de Waard, W. A. Smalley, *A Translator's Handbook on Amos: Helps for Translators* (New York: United Biblical Societies, 1979), 6-7, 189-214; Paul R. Noble, "The Literary Structure of Amos: A Thematic Analysis," *JBL* 114 (1995): 209-26.

A′: 생명의 길을 제시함(5:14-15): "요셉의 남은 자"(5:15)

　　심각한 죄책 그리고 죽음의 형벌

B: "아이고"(Woe) 단락(5:18-27)

　　a: 자만한 자들을 향한 애곡(5:18-20)

　　b: 이스라엘의 행위를 치시는 하나님의 진술(5:21-24)

　　c: 질문(5:25)

　　d: 포로가 되어 갈 것을 선언함(5:27)

B′: "아이고" 단락(6장)

　　a′: 자만한 자들을 향한 애곡(6:1-7)

　　b′: 이스라엘의 행위를 치시는 하나님의 진술(6:8-11)

　　c′: 질문(6:12-13)

　　d′: 포로가 되어 갈 것을 선언함(6:14)

(3) 5개의 환상 보고문들(Visions[7-9장])

1) 메뚜기 환상

2) 불 환상

3) 다림줄 환상

[삽입: 아모스, 아마샤의 만남 기사]

4) 여름 과일 환상

5) 성소 붕괴 환상

종언: 회복된 나라의 도래

제1부

열국 심판 신탁

역사의 주권자이신 하나님을 보라

제1강

예언자 아모스, 그는 누구인가?

암 1:1

천상의 어전 회의:[1] 한 에피소드

하늘에서 이상하고도 분주한 움직임이 목격되고 있었다. 천상의 궁정 안에서 천사들이 분주하게 움직이고 있었던 것이다. 천상의 어전(heavenly court)에는 하나님의 모든 천사와 영들이 모여들었다. 천상의 궁정 회의(divine council)를 시작하려는 순간이었다. 매우 중대한 문제를 다루려는 듯이 보였다. 이제 막 어전 회의가 시작되었다. 한 천사가 천상의 왕이신 야웨 하나님의 보좌 앞쪽으로 나아와 보고를 드린다. "북이스라엘의 죄악이 극에 달하여 도저히 견디기 힘든 상태에 도달한 것 같습니다. 무슨 조치를 내리셔야 할 것 같습니다." 그러자 다른 천사가 앞으로 나와 그의 보고를 거들었다. "네, 그렇습니다. 과부들의 탄원들이 속속들이 접수되고 있습니다. 그들의 원한이 하늘까지 사무쳤습니다. 그뿐 아니라 고아들의 울부짖음이 부자들의 풍악 소리에 함께 뒤섞여 무슨 소리인지 구별이 안 될 정도입니다. 울음소리 같기도 하고 웃음소리 같기도 합니다. 아무래도 저 아래 북이스라엘 땅에는 문제가 심각한 것 같습니다. 그들을 그대로 내버려둘 수는 없을 것 같습니다. 이제는 고삐 풀린 망아지처럼 이리 뛰고 저리 뜁니다. 특히 권력층과 재벌들 그리고 고위 종교 지도자들이 야합해 백성들을 착취하고 있습니다. 죽음의 채찍으로 다스려야 할 것 같습니다." 또 다른 천사가 제안한다. "하나님의 이름을 걸고 치부하는 자들이 너무 많은 것 같습니다. 한쪽에서는 배가 터지도록 호의호식하며 살지만 또 다른 한쪽에서는 눈물로 밤을 지새우는 연약한 자들이 많이 있습니다. 더욱이 야웨 하

---

1   예언자의 권위에 관한 이해를 돕는 가장 결정적인 상징은 "천상의 어전 회의"다. 이 주제를 자세히 다루는 연구로는 다음과 같은 것이 있다. E. Theodore Mullen, *The Divine Council in Canaanite and Early Hebrew Literature* (Chico, Calif.: Scholars Press, 1980); Patrick D. Miller, "Cosmology and World Order in the Old Testament: The Divine Council as Cosmic-Political Symbol," *HBT* 9 (December 1987): 53-78.

나님만을 섬기겠다고 차려놓은 여러 곳의 성소들은 거짓과 조작, 위선과 우상숭배로 아수라장이 되어버린 지 오래되었습니다. 성소가 아니라 도둑들의 소굴이 되어버린 지 오래되었습니다." 침묵하시던 하나님께서 드디어 입을 열어 말씀하셨다. "나도 이미 잘 알고 있었던 바다. 그렇다면 그들을 어떻게 했으면 좋겠는가?" "좋은 의견들이 있으면 개진해보라."

물론 모든 천사가 동의한 사실이 있었다. 무서운 형벌을 북이스라엘에게 부과하자는 것이었다. 그러나 그 방법에 있어서는 여러 의견이 나왔다. 많은 숙의 끝에 다음과 같은 결론에 도달했다. 일련의 심판과 재앙들을 준비해서 북이스라엘 위에 쏟아붓자는 것이었다. 그럼에도 불구하고 그들이 자신들의 행실을 고치지 않고 하나님께로 돌아오기를 거절하면 마지막으로 그들을 이 땅의 지면에서 쓸어버려 다시는 한 국가로서 이 땅 위에 존재하지 못하도록 하자는 의견이었다. 이러한 단호한 심판/형벌 의견(divine absolute "No")이 하나님에 의해 최종적으로 재가되어 결정되었다.[2] 북이스라엘의 운명은 이처럼 천상에서 결정된 것이었다. 지상의 사람 중 이 사실을 아는 사람은 아무도 없었다. 천상에서 북이스라엘을 향해 쏟아부으려는 진노의 잔은 그 땅에 전대미문의 무시무시한 지진을 보내는 것이었

---

2 예언자 아모스는 "재앙의 예언자"(Prophet of Doom: Gerichtsprophet)인가 아니면 회개를 촉구한 예언자인가에 관한 학계의 의견이 분분하다. 전자의 경우(예. Rudolph Smend, "Das Nein des Amos," *EvT* 23 [1963]: 404-23) 아모스는 다가올 하나님의 "결정된 심판을 선고" 하는 역할을 했으며, 그에게 이스라엘은 이미 돌이킬 수 없는 다리를 넘은 백성으로 인식되었다. 후자일 경우(예. Gerhard H. Hasel, "The Alleged 'No' of Amos and Amos' Eschatology," *AUSS* 29 [1991]: 3-18) 선언된 심판은 이스라엘에게 회개를 촉구하기 위한 목적이며, 아모스는 그들에게 종말론적인 소망을 남겨둔 희망의 예언자이기도 하다. 따라서 후자의 주장은 궁극적으로 아모스는 이스라엘의 회개를 촉구하기 위한 예언자로서 인식되어야 한다는 것이다. 나는 여러 가지 이유로 후자의 입장을 취한다. 아모스의 절대적 "아니오"에 관한 최근의 학문적 논쟁에 관해서는 다음의 글들을 참조하라. Haroldo Reimer, *Richtet auf das Recht!: Studien zur Botschaft des Amos*, Stuttgarter Bibelstudien 149 (Stuttgart: Katholisches Bibelwerk, 1992), 11-27; Paul R. Noble, "Amos's Absolute 'No'" *VT* 47 (1997): 329-340.

다. 그렇게 지진이 일어날 시기를 정했다. 남유다에는 웃시야가 왕으로 있었고 북이스라엘에는 여로보암 2세가 통치하고 있던 어느 한 날을 "그날"(The Day)로 잡았다.

낭비된 유예 기간: 2년 그리고 그 이후

아모스서의 표제에 의하면(암 1:1) 예언자 아모스는 천상에서 결정된 이스라엘의 "그날"—우리는 잠정적으로 "그날"을 북이스라엘을 강타했던 "그 지진"으로 이해한다—이 발생하기 2년 전부터 이 사실을 목놓아 외쳐대기 시작했던 것 같다. 아마 추측하건대 예언자 아모스도 영광스럽게 천상의 어전 회의에 직접 참석해 천상의 왕 야웨 하나님의 중대한 칙령을 친히 전달받았을 가능성이 있다.[3] "환상 중에 본 아모스의 말들"(암 1:1)이란 문구가 이 점을 가리킨다고 볼 수 있다.[4] 우리는 아모스가 또한 자신의 예언활동의 정당성을 언급하면서 다음과 같이 말하고 있음을 기억한다.

주 야웨께서 자기의 비밀을 그 종 예언자들에게 보이지 아니하시고는 결코 행하심이 없으시니라….

---

3   양식비평학적으로 말해서, 이러한 "천상 어전"에 관한 전형적 구절이 있다면, 왕상 22:19-22이다(참조. 렘 23:18-22). 천상의 "어전 회의"와 "예언자의 소명"에 관해서는 본서의 초두에 실린 "에세이: 예언서를 어떻게 이해하고 설교할 것인가?"를 보라.

4   참고로, 전통적으로 예언서를 연구하는 학자들은 "원시적 예언자들"(primitive prophets)과 "고전적 예언자들"(classical prophets)로 나누려는 경향이 있다. 전자는 "영"(רוּחַ, spirit, 루아흐)에 이끌려 환각의 상태나 입신의 상태(ecstasy)에 도달하는 예언자들이고, 후자는 "말씀"(דָּבָר, word, 다바르)을 받아 전달하는 예언자들이다. 그러나 이러한 이분법적 예언자 이해는 정당치 못하다(삼상 19:20; 대하 20:14; 사 1:1; 합 1:1; 암 1:1; 겔 3:12, 14; 8:3; 11:1, 5, 24; 43:5). 참조. 조셉 블렌킨숍, 『이스라엘 예언사』(서울: 은성, 1992), 125-26.

야웨께서 말씀하신즉 누가 예언하지 아니하겠느냐?(암 3:7-8)

적어도 아모스에 의하면, 예언자란 하나님의 천상 어전 회의에 친히 참석해 그분이 계획하시고 작정하신 "비밀"을 두 눈으로 보고 두 귀로 들은 후 지상에서 그분을 대신해 말씀하는 자였다. 물론 우리는 그가 어떤 시기에 그러한 경험을 했는지에 관해서 정확하게 말할 수는 없다. 아마 예언자로 부르심을 받았을 때 그가 그러한 경험을 했을 것이라고 추측한다.

좌우지간 북이스라엘은 이미 "일차적 심판"이 시행되기 2년 전부터 계속되는 하나님의 경고의 나팔 소리를 들을 수 있는 기회를 가졌다. 하나님은 이른 아침부터 저녁 늦게까지 자신의 종 예언자를 부지런히 보내어 그들에게 권면하시고 경고하신다. 그러나 "심판 선언"이 사실상 하나님이 자기 백성을 향해 주신 "은총의 기간"이기도 하다는 사실을 옛 북이스라엘은 잘 깨닫지 못했던 것 같다. 하나님은 협박을 통해, 위협을 통해, 심판 선언을 통해 자신의 백성이 다시금 자신에게로 돌아오기를 기다리셨다.

예언자 아모스는 지진이 일어나기 2년 전부터 임박한 하나님의 심판에 대해 경고했다. 그러나 다시금 표제(암 1:1)에 의하면—아모스서의 제일 첫마디 말들(암 1:1-2)은 실제적으로 아모스서의 제목("아모스의 말씀들이라")이라 할 수 있다— 책으로서의 "아모스서"는 지진이 발생한 이후에 기록된 것임에 틀림없다.[5] 그리고 아모스서의 첫마디는 후대의 아모스서 편집자에 의해 쓰인 것처럼 보인다. 그 이유는 아모스를 3인칭으로 언급하고 있기 때문이다.

---

5 아모스서의 편집 과정에 관한 학자들의 주장들은 다양하다. 본서 제14강 뒤에 실려 있는 "부가적 설명 2: 아모스서 편집에 관한 몇몇 학자들의 견해 요약"을 보라.

유다 왕 웃시야의 시대 곧 이스라엘 왕 요아스의 아들 여로보암의 시대에 발생한 지진 이 년 전에 드고아 출신 목자 중 아모스가 이스라엘에 대하여 본 환상 가운데 받은 말씀이다. 그가 가로되 "야웨께서 시온에서부터 부르짖으시며 예루살렘에서부터 소리를 발하시리니 목자의 초장이 시들고 갈멜산 꼭대기가 마를 것이다(암 1:1-2).

다시금 "지진"에 관한 언급으로 돌아가 보자. 아모스가 다가올 큰 불행에 대해 선포한 후로 2년 뒤에 적어도 북이스라엘 전역을 강타해 수많은 비극적인 불행을 가져온 "그 지진"[6]이 발생했다. 그것이 얼마나 엄청난 재앙을 몰고온 대지진이었는지에 관해서는 2백여 년이 지난 이후의 인물인 예언자 스가랴의 기록에도 언급되어 있다는 사실에서 짐작해볼 수 있다.[7]

국가적 재앙으로 뇌리에 생생하게 기억되었을 대지진 사건이 지난 이후에 북이스라엘 백성들은 아모스의 설교를 어떻게 이해하고 받아들였을까? 궁금하지 않을 수 없다. 분명히 적지 않은 사람들이 후회와 한숨으로 자연재해를 신의 저주로, 바로 몇 해 전 남방 출신의 아모스가 그들의 성읍 벧엘의 거리에서 외쳤던, 그들의 장터에서 사자처럼 포효했던 바로 그 재앙 선언의 실현으로 기억했을 것이다. 물론 이미 때가 늦기는 했지만 말이다.

---

6   암 1:1의 지진에 관한 언급은 고고학 발굴에 의해서도 입증된 바 있다. 하솔(Hazor)지방의 6번 지층(stratum VI)에는 여로보암 2세의 시대로 추정될 수 있는 격렬한 지진 운동이 있었음을 보여주는 근거가 있다. 참조. Yigael Yadin, "Excavation at Hazor," in *The Biblical Archaeologist Reader* 2, ed. David Noel Freedman, Edward F. Campbell, Jr. (Garden City, N.Y.: Doubleday). 그리고 지진의 연대에 관해서는 다음을 보라. J. A. Soggin, "Der Erdbeben von Amos 1,1 und die Chronologie der Könige Ussia und Jotham von Judah," *ZAW* 82 (1970): 117-21.

7   "그 산골짜기는 아셀까지 이를지라! 너희가 그 산골짜기로 도망하되 유다 왕 웃시야 때에 지진을 피하여 도망하던 것 같이 하리라. 나의 하나님 야웨께서 임하실 것이요, 모든 거룩한 자들이 주와 함께하리라"(슥 14:5).

그러나 우리의 시야를 좀 더 넓혀 아모스서를 이해하려 한다면, 우리는 새로운 사실에 움츠러들지 않을 수 없을 것이다. 아모스는 자신의 또 다른 설교에서 지진이나 기근 같은 자연재해들을 하나님의 징벌이자 다가올 더 큰 재난에 대한 경고로 해석한 일이 있다(암 4:6-10; 7:1-9). 그렇다면 아모스의 설교가 있은 후 찾아온 대지진은 사실상 하나님의 심판의 전주곡에 불과한 것이라고 말할 수 있다. 그것은 아직 "이스라엘의 끝"(קֵץ, 참조. 암 8:2)이 아니었다.

그러나 우리는 안다. 아모스의 불타는 듯한 메시지 선포가 있은 후 약 30년이 지난 어느 해 북이스라엘은 "하나의 정치 공동체"로서 이 세상에서 그 종적을 감추게 된다. 아시리아에 의해서 북이스라엘 최대의 도시 사마리아가 그 최후의 날을 맞게 된 것이다(기원전 722년). 나라 없는 백성으로서, 흩어진 민족으로서 북이스라엘인들은 여러 해 전 예언자 아모스가 외쳤던 하나님의 사자후(獅子吼) "심판 선언"이 자신들의 목전에서 철저하게 실현되고 있음을 목도해야만 했다. 그렇다면 그들은 다시금 그렇게도 격렬하게 포효하는 사자처럼 부르짖던 아모스의 메시지를 이제는 변화된 환경 아래서, 아니 폐허가 된 성벽 터 위에서, 들짐승의 거처가 된 왕궁 터에서 눈물로 새롭게 다시 읽고 들었을 것임에 틀림없다. "그때 그 메시지를 경청하고 우리가 죄를 자복하며 재를 뒤집어쓰고 베옷을 입고 금식을 선포하며 이스라엘의 하나님께로 돌아갔더라면…." 물론 그때까지도 하나님의 뜻을 이해하지 못하고 고집스럽게 반역하던 사람들이 없지는 않았을 것이다. 어찌 보면 그들은 또 다른 30년의 유예 기간을 헛되이 낭비한 후에 이제 와서 다시금 눈물을 삼키고 있는지도 모른다.

한편, 아모스서의 첫 번째 독자들이 남유다 왕국의 사람들이라는 점을 감안한다면[8] 남유다 사람들에게는 아모스의 설교들이 몸서리치는 경고의 메시지가 아닐 수 없었을 것이다. 기원전 722년에 발생했던 북이스라엘의 멸망이 결코 남의 일이 아니라는 사실을 다시금 깨달아야만 했을 것이기 때문이다. 아모스서가 남북 왕들에 관한 자료를 다 포함시키고 있는 것은 아모스서의 저자가 "모든 이스라엘"을 염두에 두고 있음을 보여주는 것이다. 비록 정치적으로는 남북으로 갈렸지만 그들은 모두 하나님의 "언약 백성"으로서 한 이스라엘인이기 때문이다. 따라서 우리는 예언자 아모스가 비록 북이스라엘 왕국에 보냄을 받았지만, 책으로서 아모스서는 남유다를 포함해 온 이스라엘에 지극한 관심을 보이고 있음을 기억해야 할 것이다.[9]

한 걸음 더 나아가 우리는 최종적인 아모스서가 바빌로니아 포로기의 유대인들에게 어떻게 읽히고 이해되었을까 하는 질문을 생각해보지 않을 수 없다. 그들은 아모스서가 단순히 정치 노선과 이념의 차이 때문에 갈라진 북이스라엘 왕국에 관한 배타적인 메시지가 아니었다는 사실을 다시금 아쉬움과 자책 속에서 기억했을 것이다. 그들 역시 아모스의 선포가 있은 후로 그들이 기원전 586년 예루살렘의 함락과 함께 기나긴 심판의 어두운 밤을 시작해야 할 때까지, 그들에게도 "유예의 기간"이, 아니 언약의 하나님 야웨께로 돌아오라는 "회개 촉구의 기간", "은총의 기간"이 주어졌던

---

8   우리는 아모스서를 연구할 때 다음과 같은 사실을 기억할 필요가 있다. 예언자 아모스는 북이스라엘 왕국에 가서 야웨의 신탁들을 구두로 선포하는 사명(oral mission)을 위임받았지만, 아모스서는 북이스라엘 왕국 멸망 이후 남유다 왕국에 살고 있었던 "이스라엘"을 대상으로 한 "예언자의 메시지"(prophetic address)로 작성된 문헌이었다. 아마도 북이스라엘 벧엘 성소의 제사장 아마샤와 충돌한 후(암 7:10-17) 추방된 아모스는 남유다 왕국으로 돌아와 그가 북이스라엘에서 행했던 설교들을 체계적으로 기록한 것으로 보인다. 아모스서의 남방 기원설이 그것이다. 이 사실은 왜 아모스서가 그 표제에 남유다 왕국의 왕 웃시야에 관한 언급을 삽입하고 있는지를 설명해준다.

9   이 사실은 왜 아모스서 안에 남유다에 관한 언급이 등장하는가(예. 암 1:2; 9:11ff.)를 설명해준다.

것이다. 그러나 그들은 그러한 시간들이 결국 허망하게 낭비되었던 사실을 그발 강가에서 눈물을 흘리며 상기했을 것이다. 혹시 현대의 독자들 역시 하나님께서 자신의 예언자와 종들 그리고 최후의 통첩자인 자기 "아들"을 통해 선포하신 "말씀"을 듣고도 응답하지 않은 것은 아닌지 생각해보아야 할지 모른다. 지금 이 순간이 하나님께서 우리를 향해 주신 은총의 기간이고, 유예의 순간들임을 기억해야 한다. 역사의 종말의 커튼은 어느 순간이라도 내려질 수 있다는 사실을 기억하면서 말이다.

지상에 준비된 하나님의 메신저: 아모스

천상에서 모든 일이 잘 진행되어가고 있었을 때, 하나님은 자신의 계획을 수행할 한 사람을 주목하고 계셨다. 하나님이 사역자를 선택하시는 사건은 일반적인 관측을 넘어선 매우 충격적인 일이었다. 북이스라엘과 대립적 관계를 맺고 있던 남유다 사람을 선택하기로 작정하셨기 때문이었다.[10] 우리는 "하나님은 왜 북이스라엘에서 활동하는 예언자를 선택하지 않으셨을까?" 하는 의문을 품을 수도 있겠지만, 그 대답은 오직 하나님만 아실 것이다. 더욱더 충격적인 사실은 그분이 선택한 사람이 예언자 종단에 속하여 고도의 전문적인 사역 훈련을 받은 "직업적 예언자"가 아니었다는 점이

---

10 아모스가 남방 출신의 예언자라는 사실 때문에 학자들은 아모스서의 신학적 경향에 대해 말하기 시작한다. 다시 말해서 아모스서는 "시온주의"(Zion ideology, 예. 암 1:2) 혹은 "다윗적 경향성"(Davidic slant, 예. 암 9:11)을 강하게 반영하고 있는 책이라는 것이다. Gerhard von Rad, *Theologie des Alten Testaments*, Band II (München: Chr. Kaiser, 1975[6]). 『구약성서신학 2권: 이스라엘의 예언적 전승의 신학』(왜관: 분도출판사, 1993), 132-33. 이 문제는 아모스서의 편집 문제와 맞물려 있는 복잡한 이슈다. 참조. Robert B. Coote, *Amos Among the Prophets: Composition and Theology* (Philadelphia: Fortress Press, 1981). 『아모스서의 형성과 신학』(서울: 대한기독교서회, 2004).

다. 이에 관한 폰 라트(G. von Rad)의 지적은 매우 적절하다고 말할 수 있다.

폐쇄된 농민층의 한 사람이 예언자 그룹에 들어왔다는 것은 오로지 야웨에 의한 매우 놀라운 소명과 연결시켜 말하려는 것이었다. 그가 예언자도 아니고(또는 아니었고?) 어떤 예언자 단체에도 속하지 않았다는(암 7:14) 주장은 나비(예언자)들의 신분을 격하시키려는 의도가 아니고 오로지 농부에게 본래 허락되지 않았던 일, 즉 돌연 영감으로 말하는(הַנָּבֵא, 암 7:15) 일에 종사하게 된 기이한 일로써 설명하려는 것뿐이다. 즉 야웨가 농부층으로부터 한 사람을 물색해내야 했다는 것으로 그의 소명이 야웨의 긴급한 대책이었음을 말한다. 소명은 어떤 토론도 불허하는 하나의 사실이다![11]

남유다의 한 자그마한 고을 드고아 출신의 아모스라는 사람이 그 주인공이었다.[12] 드고아는 베들레헴으로부터 남방 10km 정도 떨어져 있으며 걸어서는 약 2시간 정도면 족히 갈 수 있는 거리다. 측정하자면, 예루살렘에서 약 16km 떨어진 지점, 해발 고도 825m 상에 위치한 마을이다.[13] 어떤 학자들은 사무엘하 14:1-3의 기록을 근거로 드고아라는 고을이 전통적으

---

11 Gerhard von Rad, 『구약성서신학 2권: 이스라엘의 예언적 전승의 신학』, 131.

12 최근에 나온 한 아모스서 연구서에서 Stanley N. Rosenbaum은 아모스의 출신지에 관해 색다른 견해를 제안한다. 그에 의하면 아모스는 북이스라엘 왕국의 정부 관료였다. 그러나 그가 이스라엘 정부에 대해 공개적으로 비판하고 나서자 반정부 활동과 이적행위로 규탄받아 유다로 추방되어 망명 생활을 하게 되었으며 예루살렘의 남쪽 작은 고을 드고아에 정착하게 되었다는 주장이다. Stanley N. Rosenbaum, *Amos of Israel: A New Interpretation* (Macon: Mercer University Press, 1990); "Northern Amos Revisited: Two Philological Suggestions," *Hebrew Studies* 18 (1977): 132-48. 또한 Koch도 아모스가 북이스라엘 출신이라고 생각한다. Klaus Koch, *The Prophets. I: The Assyrian Period*, trans. M. Kohl (Philadelphia: Fortress Press, 1983), 70.

13 "드고아"에 관해서는 "Tekoa," in *ABD*, vol 6, David Noel Freedman, ed. (New York: Doubleday, 1992): 343-44을 보라. 드고아는 르호보암 이래 군사 요새(要塞)로서 예루살렘의 위수지역(衛戍地域)으로 간주되었다(대하 11:6).

로 "지혜자들"의 마을일 것이라고 추정한다. 그래서 아마 아모스도 이러한
지역적 특성의 영향을 깊이 받았기 때문에 아모스서 안에는 지혜 전승의
흔적들이 여러 곳에서 발견된다고 주장한다(암 3:3-5, 12; 5:19 등). 물론 이
러한 주장이 가능하지만 확실한 것은 아니다. 왜냐하면 아모스서 안에는
지혜 전승[14]뿐만 아니라 다양한 전승들(예. 제의 전승,[15] 신-현현 전승,[16] 언약 전
승[17] 등)의 흔적들이 발견되기 때문이다. 아래에서 살펴볼 것처럼, 중산층

---

14 예를 들어, H. H. Schmidt, "Amos, Die Frage nach der 'geistigen Heimat' des Propheten,"
    Wort und Dienst 10 (1969): 85-103; R. N. Whybray, "Prophecy and Wisdom," in *Israel's
    Prophetic Traditions*, ed. J. J. Collins *et al.* (Cambridge: Cambridge University Press, 1982),
    181-99; H. J. Hermisson, *Studien zur israelitischen Spruchweisheit* (Neukirchen-Vluyn:
    Neukirchener Verlag, 1968); H. W. Wolff, *Amos the Prophet: The Man and his Background,*
    trans. F. R. McCurley (Philadelphia: Fortress Press, 1973); idem, *Joel and Amos,* Hermeneia
    (Philadelphia: Fortress, 1977), 123; J. L. Crenshaw, "The Influence of the Wise Upon Amos:
    The 'Doxologies of Amos' and Job 5.9-16; 9.5-10," *ZAW* 79 (1967): 203-15; S. Terrien,
    "Amos and Wisdom," *Israel's Prophetic Heritage: Essays in Honor of James Muilenburg,* ed. B. W.
    Anderson, W. Harrelson (New York: Harper & Brothers, 1962), 108-15.
15 예언자 아모스를 제의 전승과 연관시켜 그를 "제의 예언자"(cult prophet)로 보는 대표적인 견
    해로는 다음과 같은 것이 있다. E. Würthwein, "Amos-Studien," *ZAW* 62 (1950): 10-52; A.
    Bentzen, "A Ritual Background of Amos 1:2-2:16," *OTS* 8 (Leiden: Brill, 1950), 85-99; J. D.
    W. Watts, *Vision and Prophecy in Amos* (Leiden: E. J. Brill, 1958); A. Kapelrud, *Central Ideas
    in Amos* (Oslo: Univertsitetsforlaget, 1971); H. G. Reventlow, *Das Amt des Prophetenbei Amos*
    (Göttingen: Vandenhoeck und Ruprecht, 1962); G. Farr, "The Language of Amos, Popular or
    Cultic?," *VT* 16 (1966): 312-24; H. Gottlieb, "Amos und Jerusalem," *VT* 17 (1967): 430-
    63; H. M. Barstad, *The Religious Polemics of Amos,* VTSup 34 (Leiden: Brill, 1984).
16 M. Kuntz, *Ein Element der alten Theophanieüberlieferung und seine Rolle in der Prophetie des
    Amos,* diss. Tübingen, 1968; J. L. Crenshaw, "Amos and the Theophanic Tradition," *ZAW* 80
    (1968): 203-15.
17 아모스서를 언약/조약 전승과 연결시켜 이해하려는 시도로는 다음을 보라! J. Niehaus,
    "Amos," in *The Minor Prophets: An Exegetical and Expository Commentary,* ed. T. McComiskey
    (Grand Rapids: Baker, 1992), 317-26; D. Stuart, *Hosea-Jonah,* WBC (Waco: Word, 1987),
    xxxiii-xlii; John Bright, *Covenant and Promise: The Prophetic Understanding of the Future
    in Pre-exilic Israel* (Philadelphia: Westminster Press, 1976), 84; F. H. Seilhamer, "The Role
    of Covenant in the Mission and Message of Amos," *A Light unto My Path: Old Testament
    Studies in Honor of Jacob M. Myers,* ed. H. N. Bream, R. D. Heim, C. A. Moore, Gettysburg
    Theological Studies 6 (Philadelphia: Temple University, 1974): 435-51; J. Limburg, *The
    Lawsuit of God in the Eighth-Century Prophets,* diss. Union Theological Seminary, 1969;

출신의 학문과 재물을 겸비한 아모스는 자신의 메시지를 구성할 때 충분한 자료와 지식, 탁월한 문장력과 수사력 등을 보유했던 것으로 보인다.

"글 쓰는 예언자들" 혹은 "문서 예언자"(writing prophets)[18]의 효시라고 불리는 그는 다른 예언자들과는 출신이 달랐다. 예를 들어 궁정 출신의 이사야라든가, 제사장 출신의 예레미야나 에스겔과는 달리 아모스는 양을 치는 목자 출신이었다. 한글 성경은 그를 "목자"(shepherd)[19]라고 부르지만 사실은 양떼들을 대량으로 목축하는 목장과 뽕나무를 대량으로 재배하는 농원을 함께 경영하는 사람이었던 것 같다(암 1:1; 7:14-15).[20] 요즈음 말로

L. A. Sinclair, "The Courtroom Motif in the Book of Amos," *JBL* 85 (1966): 351-53; W. Brueggemann, "Amos 4:4-13 Israel's Covenant Worship," *VT* 15 (1965): 1-15; H. B. Huffmon, "The Covenant Lawsuit in the Prophets," *JBL* 78 (1959): 285-95; N. W. Porteous, "The Prophets and the Problem of Continuity," *Israel's Prophetic Heritage*, ed. B. W. Anderson W. Harrelson (New York: Harper and Brothers, 1962), 11-25.

18 일명 "고전적 예언자들"(classical prophets)이라고 불리는 이들의 출현은 기원전 8세기부터 시작되었다. 기원전 8세기에 잘 알려진 네 명의 예언자는 "아모스", "호세아", "이사야", "미가"다.

19 여기서 "목자"라고 번역된 히브리어(נקד, 노케드, sheep-raiser, sheep-dealer)는 일반적으로 사용되는 히브리어 "목자"(רעה, 로에)가 아니다. 구약성경 전체를 통틀어 왕하 3:4에 한 번 더 사용되는데, 모압 왕 메사를 가리켜 "목자"(נקד, 노케드)라고 부른 것을 보아 그가 왕실의 재정을 충당하기 위한 방편으로 상당한 목축 사업을 경영하고 있음을 보여준다. "모압 왕 메사는 '양을 치는 자'(נקד, 노케드)라, 새끼 양 십만의 털과 숫양 십만의 털을 이스라엘 왕에게 바치더니"(왕하 3:4). 참조. P. C. Craigie, "Amos the *noqed* in the Light of Ugaritic," *Studies in Religion* 11 (1982): 29-33; M. Dietrich, O. Loretz, "Die ugaritische Berufsgruppe der *NQDM* und das Amt des *RB NQDM*," *UF* 9 (1977): 336-37; S. Segert, "Zur Bedeutung des Wortes nōqēd," *Hebräische Wortforschung: Festschrift zum 80. Geburtstag von Walter Baumgartner*, ed. B. Hartmann and others, *VTSup* 16 (1967): 279-83; T. J. Wright, "Did Amos Inspect Livers?" *Australian Biblical Review* 23 (1975): 3-11; T. Yamashita, "Noqed," *Ras Shamra Parallels: The Texts from Ugarit and the Hebrew Bible, II*, ed. L. R. Fisher, Analecta Orientalia 50 (Rome: Pontifical Biblical Institute, 1975): 63-64.

20 어떤 학자는 아모스가 예루살렘 제의(cult)와 관련을 맺은 인물(cultic personnel)이라고 주장한다. 다시 말해서 그는 성전용 양떼들을 관리하고 돌보는 인물이었다는 주장이다. A. S. Kapelrud, *Central Ideas in Amos*, 2nd ed. (Oslo: Oslo University Press, 1961), 5-7, 69을 보라. 또한 이때의 경험 때문에 그는 나중에 성전/제의를 심각하게 공격하게 되었고, 가진 자가 못 가진 자에게 가하는 착취와 학대를 목격하게 되었다는 주장이다. 그러나 우리는 아모스가 그러한 제의적 인물이었다는 그 어떠한 증거도 갖고 있지 않다.

하자면, 그는 목축업을 하는 사업가 혹은 비즈니스맨(business man)이다. 그렇다면 그는 존경받는 직업과 좋은 수입을 가졌던, 상당히 부유한 사람이었을 것이다. 전원적인 환경에서 생활한 아모스의 목가적 배경은 그의 글에 상당히 많이 반영되어 있다. 특히 농업적 언급들이 그렇다. 그러나 아모스서에 사용되고 있는 고도의 수사법과 탁월한 문체 사용 및 세계정세와 역사에 관한 그의 광범위한 지식 등은 그가 결코 무식한 농부나 평범한 목자가 아니었음을 반증한다.[21]

아모스는 자신의 운명이 어느 순간 그가 예기치 못했던 방향으로 선회하리라고는 생각하지 못했다. 소위 "세속적인 직업"을 갖고 남부럽지 않게 살던 그가 어느 날 하나님의 부르심을 받아 예언자가 된다는 것은 상상을 초월하는 사건이었다. 그래서 그는 자신의 예측치 못한 "하나님의 부르심"에 관해 아모스서의 한 곳에서 다음과 같이 말한 적이 있다.

> [아모스가 아마샤에게 대답하여 가로되,] "나는 예언자가 아니며 예언자 종단의 일원도 아니요, 나는 목자요 뽕나무 열매를 배양하는 자요. 그러나 양떼를 따를 때에 야웨께서 나를 데려다가 내게 말씀하셨소이다. '가서 내 백성 이스라엘에게 예언하라' 하셨나니"(암 7:14-15).[22]

아모스는 자신이 직업적 예언자가 아니라는 사실을 매우 강한 어조로 상기시킨다. 이것은 비록 그가 "예언자 종단"에 속하지는 않았지만, 하나님이 직접 그를 예언자로 부르셨다는 주장이다.

---

21 참조. H. Weippert, "Amos-seine Bilder und ihr Milieu," in H. Weippert, K. Seybold, M. Weippert, *Beiträge zur prophetischen Bildsprache in Israel und Assyrien,* OBO 64 (Freiburg, Switzerland: Universitätsverlag, 1985): 1-29.

22 본문 속의 "아모스의 예언자 직분의 부인(否認)"에 관한 문제에 대해서는 본서의 암 7:10-17에 관한 해설 부분을 보라.

그가 하나님의 부르심을 받은 이후로 그에게는 급격한 변화가 생겼다. 그가 자신의 주위 사람들이 볼 수 없는 광경을 보게 된 것이며, 그들이 들을 수 없는 메시지를 듣게 된 것이다. 그는 천상에서 이루어졌던 일들을 친히 보았고 그곳에서 들려오는 소리들을 친히 들었다. 그의 귀는 다른 사람들이 듣지 못하는 시계 소리를 들을 수 있었고 그의 눈은 이상한 징조를 볼 수 있었다. 북이스라엘의 대다수 사람에게는 여느 날처럼 하늘은 맑고 구름 한 점 없이 청명했다. 바람은커녕 나무 잎새 하나도 흔들리지 않는 고요한 날이었다. 그러나 그의 귀에는 이상한 소리가 들려왔다. 날은 점점 어두워져 가고 하늘은 온통 검은 구름으로 덮여 있었다. 바람이 스산하게 불기 시작했다. 그는 스쳐 가는 바람 소리가 예사롭지 않다는 것을 직감했다. 미풍에 속도가 점점 붙기 시작하더니 곧 강풍으로 돌변하기 직전이었다.

그러나 이러한 이상한 변화를 친히 보고 있는 사람은 아모스라는 사람밖에는 없었다. 아니, 그가 본 것이 아니라 그에게 이러한 현상들이 분명하게 보이고 있었던 것이다. 그는 자신이 보고 있는 것을 부인하고 싶었지만 그럴 수 없었다. 너무나도 분명했기 때문이었다. 이렇게 해서 "이스라엘을 대항하는"[23] 하나님의 심판의 메시지는 그의 종 아모스를 통해 점점 그 전모를 드러내기 시작했다.

---

23 암 1:1의 한글역 "이스라엘에 대하여"(עַל־יִשְׂרָאֵל)라고 번역된 히브리 어구 중 전치사 "알"(עַל)은 아모스서의 전체적인 음조가 심판의 선언이라는 빛 아래서 볼 때, 부정적인 의미 ("대항하여")로 이해하는 것이 좋을 것이다.

아모스서의 시대적 배경[24]

정경적 순서(canonical order)가 아닌 연대기적 순서(chronological order)로 볼 때, 아모스는 히브리 문서 예언자 중 가장 먼저 활동했던 예언자다. 아모스는 호세아와 이사야와는 동시대 인물이었으나 그들보다는 훨씬 연장자였다. 그는 기원전 760-750년경 그 어느 때인가 예언 활동을 했다.

아모스서 서론 부분에 들어 있는 연대 언급은 아모스를 8세기 중반에 위치시키고 있다. 웃시야는 기원전 783-742년에, 여로보암은 기원전 786-746년에 통치했다. 후자는 일반적으로 여로보암 2세로 알려지고 있는데 이는 북이스라엘 왕국의 첫 번째 왕인 여로보암과 구별하기 위해서다. 이스라엘은 이 시기에 정치적 안정과 경제적 번영을 구가했다. 당시 북이스라엘은 하맛 어귀에서 아라바 바다에 이르기까지 광활한 영토를 장악했는데(왕하 14:25), 이것은 통일 왕국의 "황금 시대"(Golden Age)의 영토에

---

24 아모스가 예언자로 활약한 8세기 중반의 시대적 정황, 특히 남유다와 북이스라엘의 정치-경제, 사회-종교적 상황에 관해서는 다음을 보라. John Bright, *A History of Israel,* 3rd edition (Philadelphia: Westminster Press, 1981), 255-66. 『이스라엘 역사』(서울: 크리스챤 다이제스트, 1993), 352-64; H. Donner, *Geschichte des Volkes Israel und seiner Nachbarn in Grundzügen,* vol. 2, ATD (Göttingen: Vandenhoeck & Ruprecht, 1986), 282f. 한편 J. H. Hayes는 자신의 아모스서 주석에서 매우 색다른 역사적 정황을 제시한다. 여로보암 2세 말년에 즈음하여 친 아시리아 정책을 펼치고 있던 이스라엘의 왕정 안에는 그들의 종주국이었던 아시리아의 영향력이 대폭 축소되면서 반아시리아 전선이 형성되었다는 것이다. 특히 이러한 운동의 대표적인 인물이 후에 여로보암의 대적자로 왕이 된 베가(750/749년, 참조. 왕하 15:27-31)였다는 것이다. 따라서 아모스서는 베가가 자신이 통제하고 있었던 트랜스요르단 지역으로부터 여로보암 2세를 위협하고 있었던 정황의 빛 아래서 이해되고 해석되어야 한다는 것이 Hayes의 주장이다. 그러나 이것은 전통적으로 받아들여진 역사적 정황과는 매우 판이하기에 조심스럽게 증명되어야 할 여지가 남아 있다. John H. Hayes, *Amos, The Eighth-Century Prophet: His Times and His Preaching* (Nashville: Abingdon Press, 1988), 15-27. Coote는 아모스의 사역 시기를 여로보암 2세 때보다도 더 늦게 잡아, 여로보암 2세의 후계자들의 다스리는 시기로 디글랏빌레셀 3세(Tiglat-pileser III)가 아시리아의 왕위에 오른 후로 잡는다(Coote, *Amos Among the Prophets,* 19-24).

버금가는 것이었다(왕상 8:65). 어떤 학자는 이 시기를 가리켜 "이스라엘 역사의 은 시대"(Silver Age of Israelite history),[25] 다시 말해서 이스라엘 역사의 제2의 부흥기라고 특징짓고 있다. 이러한 사실은 아모스의 메시지 안에도 잘 반영되어 있다. 이스라엘을 가리켜 "열국 중 으뜸"이라고 부르는 아모스의 말 속에서(암 6:1) 우리는 자신감으로 넘쳤던 북이스라엘 왕국이 "자기만족"과 안이 속에 깊이 침잠해 있는 모습을 엿볼 수 있다.

정치적 발전과 국력의 증진은 동시에 경제적인 번영을 가져왔다. 영토의 확장과 함께 대외 교역량이 증가했으며, 다양한 교역로의 확보로 이스라엘의 경제는 전무후무한 부흥의 시기를 맞이하게 된다. 문자 그대로 "풍요한 사회"를 구가하게 된 것이다. 그야말로 신의 축복 아래 "이스라엘은 영원히!"라는 구호가 전국 도처에서 들려왔으며, 이와 같은 "무제한적 낙관주의"는 이스라엘 사회의 유행이고 열병이며 열정이었다. 그러나 불행하게도 그들의 풍요한 사회는 모든 사람을 위한 복지 사회의 모습이 아니었다. 물질적 번영과 경제적 안정 속에서 급부상한 것은 상류 계급 사회였다. 소수의 상류층에게로 막대한 부가 집중되었고, 대다수의 일반 국민은 깊은 소외감과 아울러 박탈감까지 느끼게 되었다. 물론 상류층들의 부의 축적은 부당한 이윤 추구와 착취로 얻어진 피의 열매들이었다. 인간사에서 항상 그렇듯이, 부의 축적은 자연스럽게 사치와 향락을 추구하는 "삶의 방식"(*modus vivendi*, lifestyle)으로 이어지게 되었다(참조. 암 3:15; 5:11; 6:4-6). 가진 자들은 더 많은 것을 탐하였으며 그들은 그러한 욕망을 실현하기 위해 온갖 부정한 일들을 스스럼없이 자행했다. 사회적 정의와 사법적 공평은 이미 옛 시대의 유물처럼 덩그러니 "(율)법"(Law) 속에서만 있었고, 그

---

25   Shalom M. Paul, *Amos: A Commentary on the Book of Amos*, Hermeneia (Minneapolis: Fortress Press, 1991), 1.

들의 양심에는 깊은 거미줄이 쳐진 지 오래되었다. 자기만족이라는 동굴 속에서 독점적이고 배타적인 삶을 영위하는 권력층과 부유층들은 영적 비만으로 인해 그들의 눈과 귀가 점점 둔해져 가고 있었다. 그들의 귀가 재앙의 시계추 소리를 들을 수 있을는지, 두툼해진 눈꺼풀로 덮인 그들의 눈이 흑암처럼 변해가는 북쪽 하늘을 알아볼 수 있을는지는 매우 회의적이 아닐 수 없다.

종교적 열광주의와 예전적 열심주의는 이 시대의 또 다른 특징 중 하나였다. 정교한 제사 의식과 관료주의적 종단제도, 사치스럽고 방만한 절기예식은 물질적 풍요와 영적 공허 사이를 오고가는 세계에서는 자연스러운 현상일지도 모른다. 특히 종교 지도층의 인사와 부유한 상류층 평신도들 간의 동상이몽적 합종연횡(合從連橫)은 온 나라를 부패 정국으로, 영적 타락의 극치로 몰고 갔다. 정략적 차원에서 세워진 북이스라엘 왕국 안의 여러 "성소들"(shrines) ─ 벧엘, 길갈, 브엘세바 등 ─ 은 이들의 종교적 경건성을 과시하는 전시장이 되었지만, 그 저변에는 무지와 독선으로 점철된 그들의 종교적 열정주의가 흐르고 있었다(암 4:4-5; 5:21-23).

하나님은 바로 이러한 상황 아래 놓여 있던 북이스라엘을 향해 아모스를 예언자로 불러 그를 보내셨던 것이다. 그러나 사실상 아모스가 선포했던 메시지가 북이스라엘에게만 국한된 것은 아니었다. 기록으로 남겨진 그의 메시지는 "온 이스라엘" ─ 북이스라엘과 함께 남유다도 ─ 을 위해 보존되고 전수되기 시작한 것이다. 그리고 구약의 이 "온 이스라엘"은 예수 그리스도 사건을 통해 탄생하게 된 "새로운 이스라엘" ─ 신약의 신앙 공동체, 언약 공동체 ─ 을 포함하게 된 것이다.[26] 따라서 그리스도를 통한 하나

---

26   구약과 신약의 연결성에 관한 탁월한 해석학적 시도는 다음을 보라. *David E. Holwerda, Jesus and Israel: One Covenant or Two?* (Grand Rapids: Eerdmans, 1993). 『예수와 이스라엘』(서울: 기독교문서선교회, 1995).

님의 위대한 구원 사역으로 말미암아 탄생된 새로운 언약 백성인 "새 이스라엘"은 다시금 회고적으로 옛 이스라엘의 실패와 좌절, 죄와 형벌의 이야기를 들음으로써 자신들의 미래적 이야기를 구성해 나아가야 한다.

우리는 우리에게 전해져 내려온 이야기를 귀담아 들을 뿐만 아니라 그 이야기에 의해서 공동체의 성격을 형성해 나아가는 "담론 공동체"(community of discourse)다. 지금부터 우리는 아모스서라고 불리는 책에 담겨서 우리에게 전해져 내려오는 한 예언자의 고독한 외침과 애원, 비아냥거림과 조롱, 울부짖음과 체념, 회유와 채찍의 숨 막히는 이야기들을 옷깃을 여미면서 조용히 그리고 경건하게 귀담아 들어야 할 것이다. 그럴 때만이 우리는 우리 자신의 신앙 공동체의 성격을 새롭게 형성해 나아갈 수 있을 것이다. 그리고 그러한 공동체의 성격이야말로 이 세상에서 하나님의 임재와 현존이 어떠한 모습으로 나타나는가를 극명하게 보여주는 살아 있는 증거들이 될 것이다.

제2강

야웨, 부르짖는 사자

암 1:2

포효하는 사자, 야웨 하나님[1]

아모스 1:2은 아모스서의 "주제 선언"(theme statement, motto)을 담고 있다. 아모스서의 전반적 기조를 놓는 선언이라는 말이다. 아모스서 안에서 아모스의 첫 번째 말씀에 해당하는 이 구절은 분노하고 있는 야웨를 묘사한다. 예언자 아모스를 심판의 예언자, 재앙 선언의 예언자라 특징 지우는 이유도 이러한 아모스서의 주제 선언과 무관하지 않을 것이다. 우리는 아모스서의 초두부터 매우 음산하고 어두운 그림자가 깊게 드리우고 있다는 사실을 감지해야 한다. 먹이를 움킨 이후 사자의 포효는 이제 먹이를 산산조각 내려는 서주(序奏)라고 할 수 있다. 본 절의 의미를 더 잘 이해하려면, 우리는 본 절이 명쾌한 히브리 시형으로 되어 있다는 사실에 주의를 기울일 필요가 있다. 본문을 다음과 같이 히브리 시형으로 배열해본다.[2]

> 야웨께서 시온에서부터 부르짖으시며(암 1:2Aa)
>
> 예루살렘에서부터 소리를 발하시니(1:2Ab)
>
> 목자의 초장이 시들고[3] (1:2Ba)

---

1   암 1:2에 관한 논문들로는 다음과 같은 것이 있다. A. Bertholet, "Zu Amos 1:2," *Theologische Festschrift G. Nathanael Bonwetsch zu seinem 70 Geburtstag* (Leipzig: Deichert, 1918): 1-12; K. Budde, "Amos 1:2," *ZAW* 30 (1910): 37-41; C. van Leeuwen, "Amos 1:2 – Epigraphe du livre entier ou introduction aux oracles des chapitres 1-2?" *Verkenningen in een Stroomgebied: proeven van oudtestamentisch onderzoek* (*Studies in Honor of M. A. Beek),* ed. M. Boertien (Amsterdam, 1974), 93-101; M. Weiss, "Methodologisches über die Behandlung der Metapher, dargelegt an Amos 1:2," *ThZ* 23 (1963): 1-25.

2   BHS(히브리어 성경)가 예언서 본문의 상당 부분을 시형으로 편집했다는 사실은 독자들에게 여러 점에서 지시적이다. (1) 예언서가 처음부터 문서화를 목표로 쓰였다는 점, (2) 예언자들은 시인이었다는 점(참조. Brueggemann, *Finally Comes the Poets,* 1-11), (3) 따라서 현대 독자들(목회자와 신학도들)은 히브리 시의 구성 원리와 기능에 관해 기초적인 지식을 소유하고 있어야 한다는 점.

3   개역개정은 "애통하다" 대신 "시들다", "마르다"로 번역한다. 히브리 시의 평행법을 고려해

갈멜산 꼭대기가 마를 것이다(1:2Bb).

히브리 시의 대표적 특징이라고 할 수 있는 평행법(동의적 평행법, synonymous parallelism)이 첫 번째 시행(암 1:2Aa와 1:2Ab) 안에 존재한다. "시온"과 "예루살렘"이 대구를 이루고, "부르짖다"와 "소리를 발하다"가 서로 평행을 이룬다. 히브리어 구문법에 따르면 두 개의 절(히브리 시형에서는 콜론[colon]에 해당한다)인 2Aa와 2Ab의 주어("야웨")가 맨 앞에 위치함으로써 시온에서 부르짖고 예루살렘에서 음성을 발하신 분이 다름 아닌 이스라엘의 "야웨"라는 사실을 강조한다.

특히 2Ab의 "소리를 발한다"는 문구가 무엇을 의미하는지에 관해 의견이 갈린다. 어떤 학자는 "야웨께서 음성을 발한다"(암 1:2Ab)라는 문구가 아모스가 일찍이 선포한 메시지들(암 3:7-8; 4:13; 5:17-20; 9:1)을 가리키는 것으로 이해한다. 즉 그는 그 메시지들을 하나님께서 사자처럼 공격한다는 경고로 이해한다.[4] 그러나 샬롬 폴(Shalom Paul)과 함께,[5] 우리는 본문의 전체적인 문학적 장르가 "신의 현현"(theophany)을 묘사하는 본문들과 흡사하기 때문에, 2Ab의 "음성을 발한다"는 문구를 "뇌성을 발하다"는 뜻으로 이해한다. 이럴 경우 2Aa의 "사자가 포효하는 소리"는 마치 2Ab에서

볼 때 이러한 번역이 타당하다. 더욱이 최근의 히브리어 사전은 본문에 사용되고 있는 "아발"(אָבַל)이라는 히브리어가 두 개의 서로 다른 뜻을 소유하고 있는 동음이의어라고 말한다. 따라서 אבל I("시들다", "to dry up")과 אבל II("애곡하다", "to mourn")을 혼동해서는 안 된다. *Hebräisches und Aramäisches Lexikon zum Alten Testament*, Vol 1, ed. Walter Baumgartner (Leiden: Brill, 1967), 6-7을 보라. 이러한 번역을 따르는 현대 역본으로는 NIV("dry up"), NRSV("wither") 등이 있다. 한편 최근에 시작된 새로운 히브리어 사전은 이러한 구별을 지양하고 "아발이 애곡하다"는 의미만을 지니고 있으며, 암 1:2의 경우는 가뭄으로 인해 초원이 "신음"하는 것이라고 주장한다. *The Dictionary of Classical Hebrew*, Vol. 1, ed. David J. A. Clines (Sheffield: Sheffield Academic Press, 1993), 107을 보라.

4   Cf. Smith, *Amos*, 27; Mays, *Amos*, 22; Wolff, *Amos*, 118-19.

5   Paul, *Amos*, 38.

"뇌성 치는 소리"와 좋은 평행을 이루게 된다(예. 시 18:7-15, 특히 13절, "야웨께서 하늘에서 뇌성을 발하시고 지존하신 자가 음성을 내시며").

두 번째 행에서도 평행법은 계속된다. "목자의 초장"과 "갈멜산 꼭대기"가 서로 상응함으로써 철저한 파멸이 온 땅에 임하게 될 것을 가리킨다. 아모스는 양극(two polar opposites)을 가리키는 "목자의 초장"과 "갈멜산 꼭대기"를 사용함으로써 양극을 포함한 그 가운데 모두를 가리킨다.[6] 문제는 두 문구가 각각 어떠한 종류의 양극을 가리키는가에 대해서는 학자들마다 의견이 일치하지 않는다는 데 있다. 예를 들어 "목자의 초장"과 "갈멜산 꼭대기"는 각각 "남쪽과 북쪽", "유다와 이스라엘", "저지대와 고지대", "초원지대와 산림 지역", "최소의 초지와 최대의 초지"(草地) 등을 가리키는 것으로 서로 다르게 제안되어왔다. 그럼에도 모두가 동의하는 바는 하나님의 심판이 매우 철저할 것이며 그로부터 벗어날 곳은 아무 데도 없다는 것이다. 하나님의 심판은 유다와 이스라엘 전 지역을 포함하는 모든 비옥한 지역 전체 위에 무서운 효력을 지닌다. 그리고 포효하는 사자의 음성은 마치 건조한 바람을 몰고 오는 마른천둥 번개가 되어 온 땅을 "시들게"(אָבַל)하고 "마르게"(יָבֵשׁ) 할 것이다.[7]

포효하는 사자로서 야웨 하나님을 묘사하는 아모스의 독특한 표현 방법은 아마 양을 치는 목축업자로서의 아모스 자신의 생생한 경험과 결코 무관하지 않을 것이다. 그는 하나님의 말씀이 자신의 영혼 위에 미치는 압

---

6   이러한 문학적 기교를 가리켜 "양극 대칭식"(*merismus* 혹은 polar expression)이라 부른다. 자세한 것은 W. G. E. Watson, *Classical Hebrew Poetry: A Guide to its Techniques*, JSOTSup 26 (Sheffiled: JSOT Press, 1986), 321-324을 보라.

7   두 단어는 "한 쌍의 단어군"(word-pair)을 이룬다(예. 렘 12:4; 23:10). 하나님의 진노가 한발과 가뭄으로 표현되는 경우는 특히 예언서에 많이 나타난다(예. 암 4:6-8; 7:4; 사 5:6; 19:17; 42:15; 렘 12:4). 이것은 예언자들의 심판 선언이 (시내산) 언약적 저주(covenant curse) 조항의 실현으로 이해되고 있음을 암시할 뿐만 아니라, 히브리 예언자들(특히 포로기 이전 예언자들)이 시내산 언약적 전통 위에 서 있음을 가리킨다.

도적인 중압감과 숨 막히는 영향력을 사자의 부르짖음에 비견했다. 그리고 이런 무시무시한 전율은 자신의 영혼뿐만 아니라 예루살렘으로부터 저 북단 갈멜산 정상까지 파급될 것이라는 선언이다. 이제 유다와 이스라엘의 전 지역이 하나님의 주권적 선언의 발아래 놓이게 되었다. 아모스 1:2은 아모스서의 주제 선언을 담고 있는데, 그 주제란 온 이스라엘을 향한 야웨 하나님의 무서운 심판 선언이다.

위대한 전사, 야웨 하나님

아모스 1:2의 찬미시는 "신의 현현"과 그에 따른 우주적 파급 효과를 연상케 한다. 하나님의 장엄과 권능, 압권의 능력과 위엄 앞에서 전율하지 않을 자가 누구이겠는가? 온 땅이 놀라고 하늘이 뒤집어지며 바다가 일렁거리고, 천지 안에 있는 모든 것이 떨며 엎드러질 것이다. 이러한 신의 현현을 나훔 1:3-5은 다음과 같이 생생하게 묘사한다.

> 야웨의 길은 회오리바람과 광풍에 있고 구름은 그 발의 티끌이로다. 그는 바다를 꾸짖어 그것을 말리시며 모든 강을 말리시나니 바산과 갈멜이 쇠하며 레바논의 꽃이 시드는도다. 그로 말미암아 산들이 진동하며 작은 산들이 녹고 그의 앞에서는 땅 곧 세계와 그 가운데 있는 모든 것들이 솟아오르는도다 (나 1:3-5).

무시무시하고 격렬한 자연 현상을 통해 신의 현현[8]을 묘사하고 있는 위의

---

8   "신의 현현"에 관한 고전적 연구서는 다음을 보라. J. Jeremias, *Theophanie: Die Geschichte einer*

본문은 특히 하나님을 "전사-신"(Divine Warrior)으로 부각시키고 있다. 하나님은 자신의 대적을 향해 일어나사 전쟁에 임하시고, 위대한 권능으로 적군을 대파하고 승리를 가져오는 신이시다. 이와 비슷하게, 아모스는 1:2에서 포효하는 사자의 음성을 동반하는 위대한 전사 야웨 하나님의 가공할 만한 파괴력 앞에서 모든 자연이 시들어버리게 될 것이라고 선언한다. 구름 대신에 건조한 사막의 바람을 불게 하고, 비 대신 공포의 천둥번개로 온 땅을 마르게 하시는 하나님의 나타나심에 대해 이스라엘은 숨죽여 귀를 기울여야 할 것이 아닌가!

우리는 이스라엘이 하나님을 항상 자신들을 위한 선한 목자로만 생각했고, 자신들의 원수들을 대항해서는 하나님이 위대한 전사, 공포의 사자이기를 바랐다는 것을 알고 있다. 그들은 하나님의 현현을 구원을 가져다주는 예비적 과정으로 여겼고, "하나님의 오심"을 자신들의 구원사에서 절대적 도우심으로, 곧 구원 그 자체로 이해해왔다. 그래서 그들은 "야웨의 날"을 그렇게도 기다렸나 보다!(참조. 암 5:18). 그러나 어리석게도 그들은 철저히 자신들의 이익과 편의대로 하나님을 바라다보았던 것이다. 이것은 엄청난 착각이었다. 그들의 신학과 전통이 그들 자신들을 위해 존재하는 "하나님"을 만들어냈는지는 몰라도, 이것은 실상이 아니었다. 예언자 아모스는 이에 대해 하나님을 매우 충격적으로, 그러나 역설적으로 그들에게 제시하고 있다. "하나님은 더 이상 너희들의 목자가 아니다! 너희가 너희의 목자로 생각했던 바로 그 하나님은 지금 너희를 삼키려고 그 무서운 발톱을 드러내시며 너희 앞에서 격렬하게 부르짖고 있는 공포의 사자다!" 그렇다! 육신적으로나 혈통적으로 이스라엘이 되었다는 것이 하나님의 구원을 자동적으로 보장해주지 않듯이, 우리의 신학과 전통이 하나님의 보호

---

alttestamentlichen Gattung, WMANT 10 (Neukirchen-Vluyn: Neukirchener Verlag, 1965).

하심을 자동적으로 제공해주지 않을 것이다. 하나님과 맺은 언약적 규례들을 지키는 순종적인 삶을 살지 않는다면 하나님은 더 이상 우리의 목자일 수가 없다. 그분은 언제라도 우리를 대항해서 포효하는 무서운 사자로 변할 수 있다는 사실을 우리는 가슴 깊이 기억해야 할 것이다.

제3강

열국 심판 신탁들(I): 정의로운 야웨 하나님

암 1:3-2:16

다른 예언서들과 비교해볼 때 아모스서의 시작은 매우 독특하다. 아모스서는 왜 이스라엘의 이웃 나라들에 대한 일련의 신탁들로 시작하고 있는 것일까? 그리고 나중에서야 이스라엘을 향해 심판 신탁의 칼날을 들이대는 것일까? 이것은 아모스서가 보여주려는 신학을 이해하는 데 적지 않은 중요성을 지닌다.

우리가 이러한 질문들에 대한 대답을 얻기 위해서는 먼저 아모스서를 선두로 예언서에 나타난 "열국 심판 신탁"에 대해 잠시 살펴보아야 한다.[1]

들어가는 말

소위 "열국 심판 신탁"(Oracles Against the Nations = OAN)은 거의 모든 예언서 안에서 발견된다.[2] 학자들은 포로기 이전 예언서이든지 아니면 포로기 혹은 포로기 이후의 문헌이든지 관계없이 대부분의 예언서 가운데서 열국 심판 신탁이 발견된다는 것을 매우 흥미 있는 현상으로 간주했다. 이러한 문학적 유형은 어디에서 기원했을까? 이러한 유형은 일정한 구조적 형식을 보여주는가? 예언자들이 이러한 독특한 문학적 유형을 사용한 목적은 무엇일까? 현재의 예언서 안에서 그 문학적 기능은 무엇인가? 예언자들의 전반적인 신학 구도 안에서 이러한 열국 심판 신탁들이 갖고 있는 신학적 기능은 무엇인가? 이상과 같은 질문들은 학계의 중요한 연구 과제로 등장

---

1   아모스서에 관한 학술적 입문서로서는 다음의 책을 참조하라. A. G. Auld, *Amos* (Sheffiled: JSOT Press, 1986); G. F. Hasel, *Understanding the Book of Amos: Basic Issues in Current Interpretations* (Grand Rapids: Baker Book, 1991).

2   암 1:2-2:6; 사 10:5-15; 13-23; 34; 47; 렘 25:15-38; 27:1-11; 46-51; 겔 25-32; 35; 38-39; 욜 4:1-17; 옵; 나; 합 1:5-17; 습 2:4-3:8. 비교, 미 7:16-17; 학 2:21-22; 슥 9:1-8; 말 1:1-5.

했고 제2차 세계대전 이후로 많은 연구서가 등장했다.[3] 해당 학문적인 관심을 벗어나서라도, 일반적인 목회자나 설교자들은 이러한 본문들이 도대체 어떻게 현재와 연관성이 있을 수 있을까 하는 의문을 표현하곤 했다.

열국 심판 신탁 본문들에 관한 학문적 관심과 연구는 대충 두 가지 부류로 구별할 수 있다. 첫 번째는 통시적 연구들이고 두 번째는 공시적 연구들이다. 물론 이러한 모형론적 구분이 단순히 열국 심판 신탁 연구에만 적용되는 것은 아니다. 그것은 성서학 전반에 적용될 수 있는 포괄적인 해석학적 모형론이라고 할 수 있다.[4] 좌우간 전자에 속한 학자들은 자료비평, 양식비평, 전승비평, 편집비평 등과 같은 이른바 역사-비평적 방법론을 도구로 삼으면서 다음과 같은 질문들을 던진다. 열국 심판 본문은 문학적으로 단일한 단위인가 아니면 복합적인 단위들의 합성인가? 만일 후자(복합적 단위들의 합성체)라면, 그것은 몇 개의 자료층으로 구성되어 있는가? 각각의 자료층들이 관련을 맺고 있을 것으로 추측되는 특정한 역사적 상황을 재구성할 수 있겠는가? 또한 다양한 자료층은 어떻게 해서 현재와 같은 문헌적 단일 복합체를 이루게 되었는가? 그러한 과정에 공헌한 편집자의 목적은 무엇이었을까? 편집자의 역할이 단순히 가위와 풀을 갖고서 다양한

---

3   예언서 각 권에 나타난 열국 심판 신탁에 관한 전문적 연구서들을 제외한다면, 열국 심판 신탁에 관한 일반적 개관을 위해서는 다음의 문헌들이 좋은 출발점이 될 것이다. A. Bentzen, "The Ritual Background of Amos 1:2-2:16," *OTS* 8 (1950): 85-99; John H. Hayes, *The Oracles Against the Nations in the Old Testament: Their Usage and Theological Importance*, Th.D. Dissertation (Princeton: Princeton Theological Seminary, 1964); Georg Fohrer, "Prophetie und Magie," *ZAW* 78 (1966): 242-64; Duane L. Christensen, *Transformations of the War Oracles in Old Testament Prophecy*, HDR 3 (Missoula: Scholars, 1975); David L. Petersen, "The Oracles Against the Nations: A Form-Critical Analysis," *SBLSP* (1975) I:39-61; Pancratius Cornelis Beentjes, "Oralces Against the Nations - A Central Issues in the 'Latter Prophets,'" *BTFT* 50 (1989):203-9.

4   참조. Daniel H. Ryou, *Zephaniah's Oracles Against the Nations*, *Biblical Interpretation Series* 13 (Leiden / New York / Köln: E.J. Brill, 1995), 1-7; 류호준, "차세대를 위한 성경해석, 이렇게 제안한다", 『목회와 신학』(1996년 3월호) 111-119.

자료층을 붙이는 것이었는가? 아니면 특별한 역사적 정황 때문에 특정한 방식으로 편집하여 재구성하게 되었을까? 만일 그렇다면 그에게는 얼마만큼 편집의 자유가 있었을까? 그러한 사람을 단순히 편집자라고 불러야 할까? 아니면 새로운 의미에서 "편저자"라고 불러야 할까? 각각의 자료층이 원래 사용되었던 특정한 "삶의 정황"(*Sitz im Leben*)은 무엇이었을까? 이상과 같은 질문 중 얼마는 열국 심판 신탁이 문학적으로 단일한 단위로 존재했다고 생각되는 경우에도 해당된다. 예를 들어 그것은 단일한 문학적 단위로서의 열국 심판 신탁이 원래 어떤 "삶의 정황"에서 유래했는가 하는 질문이다.[5]

작업상 우선권: 통시론에서 공시론으로

이상의 질문들이 통시적 연구 방법론과 밀접한 관계를 맺고 있다면, 공시적 연구 방법론을 사용하는 학자들은 다른 질문들을 제기한다. 그들은 우

---

5 아모스서에 관한 대표적인 통시적 연구서 및 주석서들은 다음과 같은 것이 있다. W. R. Harper, *A Critical and Exegetical Commentary on Amos and Hosea*, ICC (Edinburgh: T. & T. Clark, 1905); Reventlow, *Das Amt des Propheten bei Amos*; J. L. Mays, *Amos: A Commentary*, OTL (Philadelphia: Westminster Press, 1969); J. Vollmer, *Geschichtliche Rückblicke und Motive in der Prophetie des Amos, Hosea und Jesaja*, BZAW 119 (Berlin: De Gruyter, 1971); W. Rudolph, *Joel, Amos, Obadja, Jona* (Gütersloh: Gerd Mohn, 1971); A. Weiser, *Das Buch der zwölf kleinen Propheten I*, ATD 24 (Göttingen, [6]1974); H. W. Wolff, *Die Stunde des Amos* (München, [3]1974); idem, *Joel and Amos*; K. Koch, *Amos: Untersucht mit den Methoden einer strukturalen Formgeschichte*, AOAT 30, Part I (Neukirchen-Vluyn, 1976); R. B. Coote, *Amos among the Prophets: Composition and Theology* (Philadelphia: Fortress, 1981); W. J. Doorly, *Prophet of Justice: Understanding the Book of Amos* (New York: Paulist Press, 1981); H. M. Barstad, *The Religious Polemics of Amos: Studies in the Preaching of Am 2:7b-8, 4:1-13; 5:1-27; 6:4-7; 8:14* (Leiden: E. J. Brill, 1984); J. A. Soggin, *The Prophet Amos: A Translation and Commentary*, OTL (London: SCM, 1987); Jörg Jeremias, *The Prophet Amos*, ATD 24.2 (Göttingen: Vandenhoeck & Ruprecht, 1995).

선 우리 앞에 놓여 있는 최종적인 본문 형태에 관심을 집중한다. 물론 적지 않은 수의 학자들이 현재의 최종적인 본문이 다양한 형성 과정을 걸쳐 현재의 본문에 이르게 되었음을 인정한다. 그럼에도 공시적 방법론을 사용하는 학자들은 적어도 최종 본문 형태에서 자신들의 연구를 시작해야 한다는 점에 일반적으로 동의한다. 따라서 그들은 자연스럽게—표면 구조이든 혹은 심층 구조이든 상관없이—현재의 본문 구조에 지대한 관심을 쏟는다. 지금 본서에서 다루고 있는 "열국 심판 신탁"이 전체 본문(이 경우, 한 권의 특정한 예언서를 가리킨다) 안에서 어디에 위치하고 있고, 왜 현재의 위치에 놓이게 되었으며, 그 신학적·정경적 기능은 무엇인가, 좁게는 "열국 심판 신탁" 자체는 어떠한 구조를 가지고 있는가 하는 등의 질문들이 주된 물음이다. 다시 말해서 "열국 심판 신탁"의 "문헌 내 정황"(*Sitz im Literatur*)을 살피는 데 주안점을 둔다.[6]

우리는 먼저 두 개의 방법론이 서로 다른 목적을 갖고 출발하고 있다는 점을 인식할 필요가 있다. 공시적 방법론은 현재의 본문을 독립적인 하나의 통일된 단위로 간주하면서 본문을 다룬다. 따라서 그것은 우리 앞에 놓여 있는 "최종적 본문 형태"에 모든 관심을 집중한다. 반면에 통시적 방법론은 최종 본문 성립 이전 단계에 관심을 기울이며, 최종 본문이 어떠한

---

6   아모스서에 관한 대표적인 공시적 연구서 및 주석서들은 다음을 보라! J. H. Hayes, *Amos*; F. I. Andersen & D. N. Freedman, *Amos: A New Translation with Introduction and Commentary*, AB (New York: Doubleday, 1989); S. M. Paul, *Amos: A Commentary on the Book of Amos*, Hermeneia (Minneapolis: Fortress, 1991); M. D. Carroll, *Contexts for Amos: Prophetic Poetics in Latin American Perspective*, JSOTSup 132 (Sheffield: JSOT Press, 1992). 한편, 대부분의 복음적 주석서들 혹은 보수적인 주석서들은 본문 이해에 관한 특별한 공시적 방법론(예. 수사비평, 기호학, 구조주의, 신문학비평, 독자반응비평)들을 의식적으로 사용하지는 않는다. P. Kelley, *Amos: Prophet of Social Justice* (Grand Rapids: Baker Book, 1972); D. A. Hubbard, *Joel and Amos: An Introduction and Commentary* (Leicester: Inter-Varsity Press, 1989); G. V. Smith, *Amos: A Commentary* (Grand Rapids: Zondervan, 1989); T. J. Finley, *Joel, Amos, Obadiah* (Chicago: Moody Press, 1990); J. Niehaus, "Amos."

과정을 거치면서 현재의 상태로 형성되었는지를 살핀다. 자연히 편집 과정을 통한 본문의 형성 과정(redactional growth of the text)에 많은 노력을 투자한다. 만일 우리가 연구 결과를 분명하게 제시하기를 원한다면, 우리는 이처럼 서로 다른 목적을 가지고, 서로 다른 방향을 추구하는 두 개의 방법론을 가능하면 분명히 구별해야 한다. 현재의 본문을 "통일된 본문"으로 간주하고 살피는 일은 본문이 어떠한 방식으로 현재의 상태에 이르게 되었는가를 살피는 것보다 "작업상 우선권"[7]이 부과되어야 한다.

"열국 심판 신탁"의 표면적 구조는?

앞서 언급한 것처럼 먼저 우리의 관심은 "열국 심판 신탁"의 표면적인 구조에 있다. 아래의 번역문이 보여주듯이 "열국 심판 신탁"은 시의 형태로 기록되었고 그 구성을 위해 일정한 형식이 사용되고 있다는 사실이 분명해진다.

야웨께서 다음과 같이 말씀하신다.

다메섹의 세 가지 죄들 때문에(암 1:3Aa)

네 가지 죄들 때문에 내가 "심판 결정을"[8] 철회하지 아니할 것이다(1:3Ab).

---

7 참조. R. Polzin, *Moses and the Deuteronomist: A Literary Study of the Deuteronomic History, Part One, Deuteronomy, Joshua, Judges* (New York, 1980), 2, 6. 이곳에서 "작업상 우선권"(operational priority)이란 용어가 사용되고 있다.

8 히브리어 문장 אֲשִׁיבֶ֖נּוּ לֹ֥א ("내가 '그것을' 돌이키지 않을 것이다")의 주석은 매우 까다롭다. 특히 "그것"이 무엇을 가리키는지에 관해 학자들의 의견이 다양하다. 다양한 의견에 대해 H. W. Wolff, *Amos*, 160을 보라. 일반적으로는 "그것"을 "형벌"(punishment)이나 하나님의 심판 "결정"(decree)으로 보는 것이 가장 무난하다. 즉 하나님께서 내리기로 결정하신 형벌을 번복하지 않으시겠다는 표현이다. 한편, 최근에 한 연구에서 Ceresko는 암 1:3-2:16에 여덟 번

저희가 철 타작기를 가지고(1:3Ba)

　길르앗을 압박하였기 때문이다(1:3Bb).

내가 하사엘의 집에 불을 보낼 것이며(1:4Aa)

　벤하닷의 요새들을 불태워 삼킬 것이다(1:4Ab).

내가 다메섹의 성문 빗장을 부서뜨릴 것이며(1:5Aa)

　내가 아웬 골짜기에 앉아 있는 왕을 죽일 것이며(1:5Ab)

벧 에덴에서 왕권(지휘봉)을 잡은 자를 멸절할 것이다(1:5Ba).

그러므로 아람 백성이 키르에 사로잡혀 갈 것이다(1:5Bb).

- 야웨께서 말씀하셨다. -

야웨께서 다음과 같이 말씀하신다.

가사의 세 가지 죄들 때문에(1:6Aa)

　그리고 네 가지 죄들 때문에 내가 "심판 결정을" 철회하지 아니할 것이
다(1:6Ab).

그들이 포로 된 모든 자들을 끌어다가(1:6Ba)

　에돔에 팔아넘겼기 때문이다(1:6Bb).

그러므로 내가 가사의 성벽들에 불을 보낼 것이며(1:7Aa)

　그 요새들을 불태워 삼킬 것이다(1:7Ab).

내가 아스돗의 왕을 끊을 것이며(1:8Aa)

　아스글론에서 홀 잡은 자를 끊을 것이다(1:8Ab).

반복되어 나오는 이 구절이 "야누스 평행법"의 한 예라고 주장한다. "야누스 평행법"은 한 단어가 동시에 두 가지 의미를 나타내는 경우를 말한다. 그에 의하면, 이 구절은 용서를 구하는 반역적인 국가의 탄원을 하나님께서 거절하시는 것을 가리키는 동시에("I will not take him back"), 그것을 기다리고 계신 하나님의 불같은 심판을 연상시킨다("I shall fan the flames"). Anthony R. Ceresko, "Parallelism in Amos's 'Oracless against the Nations'(Amos 1:3-2:16)," *JBL* 113 (1994): 485-90.

내가 에글론을 향하여 나의 손을 들어 치리니(1:8Ba)

블레셋의 남은 자들이 멸망할 것이다(1:8Bb).

– 주 야웨께서 말씀하셨다. –

야웨께서 다음과 같이 말씀하신다.

두로의 세 가지 죄들 때문에(1:9Aa)

네 가지 죄들 때문에 내가 "심판 결정을" 철회하지 아니할 것이다

(1:9Ab).

그들이 포로 된 모든 자들을 에돔에 팔아넘겼으며(1:9Ba)

형제의 계약을 기억지 아니하였기 때문이다(1:9Bb).

그러므로 내가 두로의 성벽들에 불을 보낼 것이며(1:10Aa)

그러면 그 요새들을 불태워 삼킬 것이다(1:10Ab).

야웨께서 다음과 같이 말씀하신다.

에돔의 세 가지 죄들 때문에(1:11Aa)

네 가지 죄들 때문에 내가 "심판 결정을" 철회하지 아니할 것이다

(1:11Ab).

그가 칼을 들고 그 형제를 쫓아가며(1:11Ba)

그 여인들을 죽였기 때문이다[9](1:11Bb).

---

9   전통적으로 "긍휼을 버렸다"(예. 개역개정; NIV["stifling all compassion"]; NRSV["cast off all
     pity"])로 번역된 원문(שִׁחֵת רַחֲמָיו)은 해석하기 난해한 구절이다. 직역하자면, "그는 그의 자
     비를 버리다/억누르다"이다. 그러나 번역상의 문제는 이 구절(암 1:11Bb)과 평행을 이루는
     앞 구절(1:11Ba)과의 의미론적 관계 때문에 발생한다. 구체적 명사인 "형제"(11Ba)와 추상
     명사인 "자비"(1:11Bb)가 의미론적 평행을 이룰 수 없고, "쫓아가다"(11Ba)와 "버리다/억누
     르다"(1:11Bb)가 함께 의미론적으로 어울리지 못하기 때문이다. 이런 이유 때문에 우리는 다
     음과 같은 Shalom Paul의 의견에 동의하면서, 아모스 1:11Bb을 "그는 그의 여인들을 파멸시
     켰다"로 번역한다. (1) 문자적으로 여인의 자궁이라고 번역되는 רַחַם(레헴)이 환유적으로 "여

그리고 그의 노가 계속해서 맹렬하며(1:11Ca)

그의 분노가 끝없이 타오르기 때문이다(1:11Cb).

그러므로 내가 데만에 불을 보낼 것이니(1:12Aa)

그러면 보스라의 요새들이 불태워 삼킬 것이다(1:12Ab).

야웨께서 다음과 같이 말씀하신다.

암몬의 세 가지 죄들 때문에(1:13Aa)

네 가지 죄들 때문에 내가 "심판 결정을" 철회하지 아니할 것이다

(1:13Ab).

그들이 길르앗의 아이 밴 여인의 배를 갈랐으며(1:13Ba)

그들이 자기들의 국경을 넓히고자 했기 때문이다(1:13Bb).

그러므로 내가 랍바의 성벽들에 불을 놓을 것이며(1:14Aa)

그 요새들이 불태워 삼킬 것이다(1:14Ab).

전쟁의 날에 군사들의 외침 속에서(1:14Ba)

폭풍의 날에 거센 바람 속에서 그리될 것이다(1:14Bb).

그리고 그의 왕이 사로잡혀 갈 것이며(1:15Aa)

그와 그 신하들이 함께 그리될 것이다(1:15Ab).

- 야웨께서 말씀하셨다.-

야웨께서 다음과 같이 말씀하신다.

모압의 세 가지 죄들 때문에(1:1Aa)

네 가지 죄들 때문에 내가 "심판 결정을" 철회하지 아니할 것이다

인"으로 번역되는 경우가 있고(예. 삿 5:30) (2) 피엘형 동사 שחת는 인간을 파멸하거나 죽인
다는 의미로 사용된 경우가 많이 있다(예. 창 6:17; 9:15; 민 32:15; 삼상 26:15; 삼하 1:14).
자세한 논의는 Shalom Paul, *Amos*, 63-65을 보라.

(2:1Ab).

그가 에돔 왕의 뼈를(2:1Ba)

　불살라 회를 만들었기 때문이다(2:1Bb).

그러므로 내가 모압에 불을 보낼 것이니(2:2Aa)

　그러면 그리욧의 요새들이 불태워 삼킬 것이다(2:2Ab).

모압이 소요 가운데 죽을 것이며(2:2Ba)

　전쟁의 함성과 전쟁을 알리는 나팔 소리 중에서 죽을 것이다(2:2Bb).

　내가 그 중에서 재판장을 칠 것이며(2:3Aa)

　내가 모든 모압의 방백들을 그와 함께 죽일 것이다(2:3Ab).

　　　　　　　　　　　　　　　　　　– 야웨께서 말씀하셨다.–

야웨께서 다음과 같이 말씀하신다.

유다의 세 가지 죄들 때문에(2:4Aa)

　네 가지 죄들 때문에 내가 "심판 결정을" 철회하지 아니할 것이다

　(2:4Ab).

그들이 야웨의 율법을 멸시하며(2:4Ba)

　그들이 그 율례를 지키지 아니하고(2:4Bb)

거짓 것들에 미혹되었기 때문이다(2:4Ca).

　그것들은 그들의 선조들이 따라가던 것들이었다(2:4Cb).

그러므로 내가 유다에 불을 보낼 것이니(2:5Aa)

　예루살렘의 요새들이 불태워 삼킬 것이다(2:5Ab).

야웨께서 다음과 같이 말씀하신다.

이스라엘의 세 가지 죄들 때문에(2:6Aa)

　네 가지 죄들 때문에 내가 "심판 결정을" 철회하지 아니할 것이다

(2:6Ab).

그들이 의인을 은으로 팔며(2:6Ba)

　　궁핍한 자를 한 켤레 신발로 팔고(2:6Bb)

또한 그들이 가난한 자들의 머리들을(2:7Aa)

　　마치 땅의 먼지를 밟는 것 같이 밟고(2:7Ab)

　　압제받는 자들에게 부당하게 취급하였기 때문이다(2:7Ac).

아비와 자식이 한 여인에게 드나들며(2:7Ba)

　　내 거룩한 이름을 더럽혔도다(2:7Bb).

그들이 모든 제단들 옆에 누웠으니(2:8Aa)

　　저당 잡힌 옷들 위에 누웠도다(2:8Ab).

그들이 그들의 신들의 집에서(2:8Ba)

　　벌금으로 받은 술을 마시는도다(2:8Bb)

나는 그들이 보는 앞에서 아모리 사람들을 멸망시켰다(2:9Aa).

　　비록 그들의 키가 백향목같이 크고(2:9Ab)

그들의 힘은 상수리나무처럼 강하였어도 말이다(2:9Ac).

나는 위로는 저들의 열매를(2:9Ba)

　　아래로는 그 뿌리를 망하게 했다(2:9Bb).

나는 너희를 애굽 땅에서 이끌어냈고(2:10Aa)

　　사십 년 동안 광야 길로 인도하여(2:10Ab)

　　아모리 사람의 땅을 차지하게 했다(2:10Ac).

또한 나는 너희 자녀들 중에서 예언자를 세웠고(2:11Aa)

　　너희 청년들 중에서 나시르 사람을 일으켰다(2:11Ab).

오, 이스라엘 사람들이여! 이것이 사실이 아닌가?(2:11B)

- 야웨의 선언 -

그러나 너희는 나실인들로 하여금 술을 마시게 하였고(2:12Aa)

　　예언자들에게는 예언을 하지 말라고 하였도다(2:12Ab).

보라, 이제 내가 너희를 밟아 누르리니(2:13Aa)

　　마치 곡식을 실은 수레가 누르듯이 그리하리라(2:13Ab).

민첩한 자도 도피하지 못할 것이며(2:14Aa)

　　힘센 자라도 그 힘을 쓰지 못하고(2:14Ab)

　　용사라도 자신의 생명을 건질 수 없을 것이다(2:14Ac).

활을 쏘는 자도 견딜 수 없고(2:15Aa)

　　발이 빠른 보병이라도 빠져나갈 수 없고(2:15Ab)

　　마병이라도 자신의 생명을 건질 수 없을 것이다(2:16Ac).

심지어 가장 용맹한 전사들이라도(2:16Aa)

　　그날에는 벌거벗은 채로 도망칠 것이다(2:16Ab).

－ 야웨의 선언 －

아모스서의 "열국 심판 신탁"

먼저 아모스서를 거시 구조적 단위들(macro-structural units)로 나누어 조사
해본다면 첫 번째 단위는 1:3-2:16이다. 그리고 두 번째 단위로는 아모스
의 충격적인 메시지를 담고 있는 3-6장이며, 마지막 거시 구조적 단위는
아모스가 받은 환상들을 기록하고 있는 7-9장이다.

　　아모스서에 기록된 "열국 심판 신탁"은 발람의 신탁(민 23장)을 제외
하고는 구약성경에서 그러한 종류의 문학적 장르로는 최초의 예라 할 수
있다.

　　우리는 먼저 현재의 열국 심판 신탁 본문 안에 어떤 특정한 구조가 있

는가를 살펴볼 필요가 있다. 이 부분은 시리아-팔레스타인 지역의 여러 나라들에 대한 일련의 정죄형 성명문들을 담고 있다. 다음과 같은 순서는 아모스서의 최종 편집자의 절정적 배열 방법을 반영한다.[10]

(1) 시리아(다메섹: 1:3-5)

(2) 블레셋(가사, 아스돗, 아스글론, 에그론: 1:6-8)

(3) 페니키아(두로: 1:9-10)

(4) 에돔(드만, 보스라: 1:11-12)

(5) 암몬(랍바: 1:13-15)

(6) 모압(그리욧: 2:1-3)

(7) 유다(예루살렘: 2:4-5)

(8) 이스라엘(사마리아: 2:6-16)

이방 나라들을 취급하고 있는 순서들을 보면 매우 특이한 문학적 유형들을 발견해낼 수 있을 것이다. 먼저 아모스는 이스라엘과 전혀 혈통적 관계를 맺고 있지 않은 나라와 민족들을 향해 죄들을 지적하고 심판을 선고한다. 시리아, 블레셋 그리고 페니키아. 그다음 이스라엘의 먼 친척뻘이 되는 세 민족 곧 에돔, 암몬, 모압을 언급한다. 그리고 마침내 아모스는 자매국들인 유다와 이스라엘을 언급한다. 혈통적인 관계가 매우 중요한 요소로 간주되었던 문화권에서, 이러한 일련의 연결 설정(이방 나라들 3개국 → 친척뻘

---

10 "열국 심판 신탁"(OAN)의 자료들이 이집트의 저주 신탁 문헌(Egyptian excration texts) 양식에 따른 것으로서 일정한 지리적 패턴(남-북-서-동)에 따라 구성되어 있다는 학설이 종종 학계에 알려져 왔으나(참조. 예를 들어, Bentzen, "The Ritual Background of Amos 1:2-2:16," 85-99; Hayes, *The Oracles Against the Nations in the Old Testament*; Fohrer, "Prophetie und Magie,": 242-64), 내가 연구한 바에 의하면 일정한 공통된 형식이 열국 심판 신탁 본문들 안에서 발견되지 않는다(참조. Ryou, *Zephaniah's Oracles Against the Nations*, 323-24).

되는 나라들 3개국 → 자매 나라들 2개국)은 아모스가 자신의 독자나 청중들로 하여금 자신의 열국 심판 신탁이 조금도 흐트러짐 없이 매우 꽉 차게 구성 되면서 그 절정을 향해 나아가고 있음을 인식하도록 한다.

이제 예언자 아모스는 이스라엘을 건너뛰는 가운데 시리아-팔레스타 인의 여러 나라들 주위를 마치 춤을 추듯 뛰면서 위협과 힐난과 책망과 심 판을 선언한다. 다시 말해서, 이 열국 심판 신탁들은 계속해서 이스라엘의 이웃 나라 모두를 하나씩 거명하면서 하나님의 정죄를 선언한다. 특히 유 다에 대한 정죄는 아마도 이스라엘인들에게는 매우 달콤하게 들렸을 것임 에 틀림없다. 그들은 아모스의 말들을 환영했을 것이며 그로 하여금 계속 정죄하도록 했을 것이다. 이스라엘의 원수들은 마땅히 그들이 받아야 할 몫을 받아야 하지 않는가! 그런데 이것이 웬일인가? 놀랍게도 아모스는 유 다에 대한 정죄를 마친 후 이스라엘을 향한 하나님의 분노를 선언하는 것 이다. 그리고 그는 자신의 심중에 의도한 목표물, 곧 이스라엘을 최종적으 로 내리친다. 이것은 적어도 이스라엘에게는 매우 충격적이었다. 전혀 예 기치 못한 하나님의 심판 선언이 이스라엘의 죄의 심각성을 더욱 돋보이 게 한 것이다.

"열국 심판 신탁"의 신학적 기능은?

열국 심판 신탁을 담고 있는 다른 예언서들과 달리, 유독 아모스서만 "열국 심판 신탁"으로 그 서두를 연다. 이것은 매우 특이한 현상이다. 그렇다면 이러한 문학적 구조 및 배열은 어떠한 신학적 의미를 담고 있는 것일까?

첫째, 야웨께서 열국들을 다루시는 것과 그분의 언약 백성을 다루시 는 것 사이의 관계는 아모스서에서 매우 중요한 신학적 요소를 담고 있다.

예언자의 메시지는 보편적인 백성들에서 특수한 백성들을 향해 점진적으로 나아간다. 이렇게 함으로써 이스라엘을 향한 야웨의 심판은 열국을 다루시는 그분의 방법 안에 함께 놓여 있다. 이것은 아모스서의 "열국 심판 신탁"의 표면적 구조를 통해서 분명히 나타난다. 배역하고 부패한 이스라엘에 대한 심판 선언이 주위의 열국들을 향한 야웨의 심판 선언과 나란히 놓여 있다는 것은 신학적인 중요성을 드러낸다고 볼 수밖에 없다. 즉 이스라엘이 다른 나라들보다 더욱 심각한 죄책을 짊어지고 있다는 것에 초점을 맞추어 신학적 중요성을 드러내기 위함이다. 왜냐하면 이스라엘이 야웨와 맺은 특별한 언약 관계 때문이다.

우선 표면적으로 볼 때 예언자 아모스의 사역의 대상이었던 북이스라엘 왕국을 향한 정죄와 그에 따른 심판 선고는 "온전한 심판" 사이클(cycle) 밖에 놓여 있었다. 소위 "완전한 숫자" 혹은 "충만한 숫자"라고 알려진 일곱 번의 심판 선고의 마지막 대상은 유다의 심판 신탁이었다. 이스라엘은 이 사이클 속에서 제외되는 특권을 받았다고 자만했을지도 모른다. 그들은 충만한 심판 테두리의 바깥 부분에 놓여 있었기 때문이다. 그러나 이것은 커다란 착각이었다. 우리가 신약에 나오는 예수님의 비유적 용어를 원용하여 말할 수 있다면―사실상 그렇게 말할 수 있다고 본다―북이스라엘은 하나님의 "작은 아들"이 아니었던가? 그들은 다윗 집에서 떠나가 버린 탕자였다. 여로보암을 중심으로 한 패역한 족속들이었다. 그들은 금송아지 신상을 만들었으며, 수많은 산당과 성소들을 세워 백성들의 신앙을 조작하며 통제하지 않았던가! 그러나 그들은 아모스의 심판 신탁을 통해 가장 중요한 사실을 망각하고 있었다는 사실을 깨닫게 된다. 하나님께서 자신의 큰아들과 같은 유다도 아끼시지 않으시고 불을 보내어 예루살렘의 요새들을 태워 삼키기로 작정하셨다면, 하물며 탕아와 같은 그들을 어찌 아끼실 수 있을 것인가를 생각지 못한 것이다. 좌우간 남유다와 북이스라엘은 함께 그들의 언약적 정체성에 대한 마땅한 의무와 책임을 면치 못하게 된 것이다. 언약적 권리와 명예에는 그만한 의무와 책임이 따른다는 것을 우리의 옛 이스라엘들은 잊고 있었던 것이다.

한 걸음 더 나아가서, 이스라엘의 죄에 대한 지적은 매우 구체적이고 확대되어 제시된다(암 2:6-16). 이스라엘은 그들이 전혀 기대하지 않았던 심판 선고 대상 국가 명단 안에 자신의 이름이 포함되어 있다는 사실에 충격을 받아야만 했으며, 더욱이 그들에 앞서서 거명된 모든 나라의 죄 목록을 능가하는 기나긴 죄의 목록들이 자신을 기다리고 있다는 것을 알아야만 했다. 그것은 그들이 저지른 죄악이 얼마나 심각한 상태인가를, 그리고 그에 따르는 심판은 피치 못할 필연성이라는 사실을 보여준 것이다.

둘째, "열국 심판 신탁"은 하나님께서 이방 나라들을 어떠한 방식으로 다루시는가를 보여주는 좋은 예가 된다. 유다와 이스라엘을 제외한 나머지 이방 나라들의 죄의 목록들에서도 분명히 보여주듯이, 그들의 죄들은 소위 이스라엘과 유다가 알고 있는 "언약 파기"의 죄들이 아니다. 하나님이 그들을 정죄하고 있는 기준과 잣대는 이스라엘과 유다에게 주신 언약 규정들이 아니었다. 하나님께서는 그들에게는 언약의 하나님, 곧 야웨로 관계를 맺지 않으셨기 때문이었다. 그렇다면 그들의 행위가 범죄라는 것을 규정할 근거나 판단 기준은 무엇이겠는가? 이 질문은 아모스서의 전체 주제와도 밀접한 관련을 맺고 있으며, 좀 더 나아가서 구약신학의 중심 주제와도 관련을 맺고 있다. 이 주제란 다름 아닌 "정의"에 관한 것이다.

열국 심판 신탁에 등장하는 이방 나라의 죄악들은 단순히 유다와 이스라엘을 위한 언약의 책에 규정된 언약 파기의 범죄들이 아니었다. 그것들은 좁은 의미에서의 종교적인 죄들, 다시 말해 하나님과의 특수한 관계 안에서 규정된 언약들을 파기한 죄들이 아니었다. 열국 심판 신탁 속에 언급되고 있는 이방 나라의 범죄들은 보편적인 인간 역사나 국가 간의 관계

안에서 발생하는 "일반적인 범죄들"이다. 그들의 범죄 행위들은 정상적인 인간 사회의 규범에 비추어볼 때 받아들여질 수 없는 것들이었다. 예를 들어 약한 국가를 압제하고 폭력으로 그 국토를 탈취하는 비열한 행위, 전쟁 포로들을 다른 국가에 매매하는 비인간적 행위, 전쟁에서도 일정한 규범과 법칙이 있음에도 불구하고 잔인하게 살상하는 야만적 행위, 전쟁 시에 무고한 여인들을 살상하는 잔인한 행위, 죽은 자의 무덤을 파헤치는 패륜적인 행위 등이 그것들이었다. 이런 인류 보편적인 범죄들을 질타하시고 그에 대한 심판을 선언하시는 하나님은 어떠한 신인가? 왜 아모스는 이스라엘과 유다의 죄를 질타하는 자신의 선포에 이방 나라의 죄악들을 열거하고 있는 것일까? 유다를 포함한 이스라엘의 죄를 질타하시고 심판을 선언하시는 하나님은(암 2:4-9:10) 이방 나라들을 질책하시고 심판하시는 하나님(암 1:3-2:3)과 동일한 하나님이시라면, 그 하나님은 무엇보다도 자신을 "정의의 하나님"으로 나타내시려는 강한 의지가 있다고 말할 수밖에 없을 것이다. 피조물로 지음 받은 인간이, 그것도 하나님의 형상으로 창조된 인간이 그 어떠한 비인간적인 취급과 착취의 대상이 되는 것은 곧 창조주 하나님에 대한 도전이고, 하나님의 법칙, 즉 정의라 불리는 경기 법칙에 의해 인간사의 놀이가 진행되지 않음을 의미한다. 따라서 창조질서의 진행자이시고 인간사의 판단자이신 하나님께서는 자신이 만들어놓으신 "정의"라고 불리는 세계 질서 규범에 의해 인간사를 다스리시겠다고 말씀하신다. 이 법칙에서 제외될 특권층과 나라들은 없을 것이며, 이것은 하나님의 통치가 이 세상에서 가장 공평하고 정대하게 이루어지기를 바라는 그분의 강력한 의지의 표현이기도 하다.

그렇다면 아모스서에서 말하는 "정의"는 무엇인가? 단순히 인간 사회에서 발생하는 부정과 부패에 대한 "사회적 정의"로 이해되어야 할 것인가? 만일 그렇다면 이것은 풍성하고도 진정한 의미에서의 "정의"를 사회학적 의미의 정의로 축소시키는 것이거나 아니면 "정의"의 한 단면으로 환원시키는 일이 된다.

　"정의"란 하나님께서 자신의 창조 질서를 운영하시는 방법이다. 다시 말해서 정의는 창조 질서의 근간으로 이해되어야 한다.[11] 이것은 아모스서가 제시하려는 하나님이 단순히 이스라엘과 유다에만 속해 있는 민족 신이 아님을 의미한다. 이는 그분이 이스라엘과 유다의 구원주이시기 전에 우주를 창조하시고 유지하시는 창조주 하나님이시고, 인간의 역사를 주관하시는 역사의 주관자라는 선언이다. 정의라고 불리는 창조의 규범 속에는 모든 나라가—언약 백성과 비언약 백성 사이의 차별은 없어진다—창조주 하나님께 대해 응답해야 할 존재론적 의무가 있다. 이 세상에서 이루어지는 일 중 하나님의 통치와 지배의 눈길 속에서 제외될 영역들은 아무것도 없다. 소위 세속의 역사라고 불리는 일들마저도 하나님의 간섭과 다스림의 대상에서 제외될 수 없다는 것이 예언자의 가르침이며, 하나님은 자신의 우주 통치의 원리인 정의로써 이 세상을 다스리실 것이라는 것이 아모스의 선언이다.

　이제 열국 심판 신탁은 이중적인 신학적 목적을 우리에게 제시한다. 첫째, 그것은 열국 심판 신탁의 청중들인 소위 옛 언약 백성 곧 유다와 이스라엘을 향해 분명한 어조로 말한다. "당신들은 하나님에 대한 그들의 독선적인 신관(하나님은 우리 '민족의 신'이다)과 배타적인 사고방식(하나님은 '우리의' 하나님이시다) 그리고 우월 의식(우리는 그분의 '택한 백성'이다)에서 깨어나 만물을 향하신 하나님의 뜻—정의롭게 사는 일—에 따라 겸손하게 살라!" 둘째, 이방 나라들 역시 그들의 악행들을 버리고 창조주 하나님의 우

11　예언서에 등장하는 "정의"에 관한 성경신학적 논의로는 다음 글을 참조하라. 류호준, "정의와 평화가 포옹할 때까지", 『한국개혁신학회 논문집』 제1권, 한국개혁신학회 (서울: 한들 출판사, 1997), 44-86.

주적 통치에 복종해야 할 것이다! 하나님은 반드시 "정의"라는 잣대로써 그들을 판단하시고 그에 따라 심판하실 것이다. 세상의 모든 나라는 반드시 기억해야 할 것이다. 하나님은 이스라엘뿐만 아니라 이방 열국에게도 자신의 주권을 행사하는 분이시다.

"열국 심판 신탁"의 형식과 문학적 특성들

"열국 신탁집"안에 들어 있는 개별적 신탁들을 서로 비교해볼 때 우리는 서로 간에 공통의 형식이 사용되고 있다는 사실을 알게 된다. 여덟 나라를 향한 여덟 개의 신탁은 다음과 같은 공통의 유사한 문학적 특성들을 지니고 있다. 신탁들은 산문체가 아니라 시형으로 보존되어 있으며, 일정한 형식으로 구성되어 있다. 또한 마지막 신탁인 이스라엘을 향한 신탁(암 2:6-16)은 상당히 확장되어 있다. 이상의 여덟 개의 신탁은 다음과 같은 공통의 네 가지 요소를 담고 있다.[12]

(1) 서론적 메신저 양식. "야웨께서 이같이 말씀하시니라." 이 구절은 메시지의 출처를 가리킨다. 즉 열국 심판 신탁은 전적으로 야웨 하나님으로부터 온 것이다. 그러므로 지상의 모든 자들은 천상의 왕 야웨 하나님의 칙령을 반드시 귀담아 들어야 한다. 현재형으로 번역한다.

(2) 비난 및 고발. 이 부분에는 두 개의 요소가 함께 들어 있는데, 첫 번째 요소에는 "[여덟 나라들의 이름의] 세 가지 죄 때문에 그리고 네 가지

---

12   예언자들이 사용한 양식에 관해서는 이제는 고전이 된 다음의 책을 보라. Claus Westermann, *Grundformen prophetischer Rede* (München: Kaiser Verlag, 1960). *Basic Forms of Prophetic Speech* (Philadelphia: Westminster, 1967) 그리고 메신저 양식에 관해서는 S. A. Meier, *The Messenger in the Ancient Semitic World,* Harvard Semitic Monograph 45(Atlanta: Scholars Press, 1989)를 보라.

죄 때문에 내가 그것[심판 결정]을 돌이키지 않으리라"는 "후렴구"[13]가 보여주듯이 심판에 대한 정형화된 일반적인 이유가 포함되어 있다. 두 번째 요소는 거명되고 있는 민족이 저지른 범죄 행위의 구체적인 실례를 열거하는 것이다. 이 요소 역시 "이는 그들이 / 그가 [   ]을 행하였기 때문이라"는 정형화된 구절 속에 표현되어 있다.

(3) 정형화된 형벌 선언. "그러므로 내가 불을 [   ] 위에 보내리니…. 그리고 그것이 요새들을 불태워 삼키리라." 특기할 만한 사실은 암몬과 모압의 경우는 전쟁에 관한 묘사를 통해 불이 내리는 것을 표현하고 있다는 점이다. 반면에 이스라엘의 경우는 이러한 정형화된 형벌 선언이 적용되지 않는 유일한 국가다. 이것은 이스라엘이 심판의 대상인 국가 중에서 독특한 위치에 서 있음을 독자들에게 알리는 문학적 장치라고 할 수 있다.

(4) 결론적 메신저 양식.[14] "[주] 야웨께서 말씀하셨느니라." 메시지의 출처를 다시금 반복적으로 확인함으로써 신탁의 위엄과 권위를 천하에 반포하는 기능을 담당한다(두로, 에돔, 유다의 신탁의 경우는 이러한 결론적 메신저 양식이 빠져 있다). 결론적 메신저 양식은 서론적 메신저 양식을 현재형으로 번역한 것과는 달리 과거형으로 번역한다.

다음은 이상의 정형화된 문학적 특성들에 대한 몇 가지 논평이다.

(1) 서론적 메신저 양식과 결론적 메신저 양식이 보여주듯이, 예언자가 말하려는 내용은 전적으로 야웨 하나님으로부터 기원한 천상 왕의 칙령(royal decree)이라는 것이다. 따라서 예언자의 말씀 선포의 권위는 예언자에게서 시작하는 것이 아니라 천상의 왕 야웨로부터 기인함을 의미한다.

---

13   문학적 장치로서 "후렴구"에 관해서는 Watson, *Classical Hebrew Poetry*, 295-299을 참조하라.
14   이 양식은 두로, 에돔, 유다 신탁에만 나타나지 않는다. 몇몇 학자들(예를 들어, James L. Mays, Doorly, Barton, Wolff, Coote, Jeremias)은 이러한 문학적인 이유와 그 밖의 다른 이유(예. 역사적 정황 등)를 들어 이 세 가지 신탁문을 아모스가 아닌 후대 편집자(포로기)의 구성으로 돌린다.

또한 "야웨께서 이같이 말씀하신다"는 구절은 단순히 예언자가 하나님의 말씀을 문자적으로 받아 기계처럼 전달한다는 의미라기보다 자신의 선포 사역의 권위가 전적으로 야웨 하나님께로부터 유래한다는 사실을 강조하는 것으로 이해되어야 한다. 따라서 예언자 아모스가 선포하는 말씀이 하나님으로부터 유래했다면, 그 말씀은 결코 공허하지 않을 것이다. 하나님의 입에서 나온 말씀은 반드시 객관화되어 이 땅에서 실현될 것이다. 우리는 이러한 예언서의 "말씀의 신학"에 관한 가장 분명하고도 감동적인 구절을 이사야서에서 찾아볼 수 있다.

> 비와 눈이 하늘에서 내려와서는 다시 그리로 가지 않고 토지를 적시어서
> 싹이 나게 하며 열매가 맺게 하여 파종하는 자에게 종자를 주며 먹는 자에게
> 양식을 줌과 같이
> 내 입에서 나가는 말도 헛되이 내게로 돌아오지 아니하고
> 나의 뜻을 이루며 나의 명하여 보낸 일에 형통하리라(사 55:10-11).

말씀의 사역자들로 알려진 예언자들은 이처럼 자신들에게 위탁된 말씀의 권위와 그 세력에 압도되었으며, 그것에 사로잡혀 자신들의 삶 전체를 바친 자들이었다.

(2) "세 가지 혹은 네 가지 죄악"이라는 표현구는 일명 "숫자 점층법"(graded numerical sayings)으로 알려진 수사학적 장치로서 소위 "지혜 집단"(wisdom circles)에서 빌려온 문학적 양식이다(예. 잠 6:16-19; 30:15ff. 21-23, 29-31; 욥 5:19ff.; 33:14ff.; 벤 시라의 책 23:16-21; 25:7-11; 26:5f., 28; 50:25f.). 숫자에 관한 이러한 수사학적 사용은 구약성경 안에도 풍부하며, 이러한

제1부 열국 심판 신탁

관용적 표현 방식은 고대 근동의 일반적인 문학적 전통이기도 하다.[15] 아모스는 이러한 "X / X+1" 형식의 "숫자 점층법"을 사용하여 하나님의 심판 선언을 가장 효과적으로 제시하고 있다.[16] 우리가 익히 알고 있듯이 3이란 숫자와 7이란 숫자는 전통적으로 완전 숫자라고 한다. 그리고 우리는 이러한 완전 숫자에 각각 1을 추가한 숫자, 즉 4와 8이란 숫자가 아모스의 심

---

15   히브리 시의 평행법에서 숫자와 관련해서는 다음과 같은 정형화된 공식이 사용되고 있다.
     (I) 한 자리 숫자의 형태일 경우는 X // X + 1. 예를 들어, 시 62:11(하나님께서 **한 가지**를 말씀하셨고 // 내가 **두 가지**를 들었나이다); 욥 33:14(하나님은 **한 가지** 방법으로 말씀하시고, // 그리고 **두 가지**로 [말씀하시나]); 신 32:30(어찌 **한 사람**이 천을 쫓으며 // **두 사람**이 만을 도망케 하였을까?); 욥 40:5(내가 **한 번** 말하고, // 그리고 **두 번** 말하였으나); 렘 3:14(내가 너희를 성읍 중에서 **하나**를, // 그리고 가족 중에서 **둘**을 택하여); 암 1:3(다메섹의 **세 가지** 죄들, // 그리고 **네 가지** 죄들을 인하여, [또한 암 1:6, 9, 11, 13; 2:1, 4, 6을 보라]); 잠 30:15(거머리에게는 **두** 딸이 있어; // …, 결코 만족하지 못하는 것 **세 가지**가 있으니; // …, [또한 잠 30:18,21,29을 보라]); 잠 6:16(야웨께서 미워하시는 것 **여섯**이, // 그가 증오하시는 것 **일곱**이 있으니); 욥 5:19(**여섯 가지** 환난에서 너를 구원하시며 // **일곱 가지** 환난이라도 그 재앙이…); 미 5:5(우리가 **일곱** 목자와 **여덟** 군왕을 일으켜 그를 치리나); 전 11:2(**일곱**에게나 **여덟**에게 나눠줄지어다).
     (II) 두 자리 숫자의 형태일 경우는 10X // 10 [X + 1]. 예를 들어, 시 90:10(우리의 연수가 **칠십**이요 // 강건하면 **팔십**이라).
     (III) 복합적 두 자리 숫자의 형태일 경우는, 10X + X // 10 [X + 1] + X + 1. 예들은 우가리트 문헌에서 발견된다.
     (IV) 천 단위 숫자의 형태일 경우는 X // 10X. 예를 들면, 신 32:30(어찌 한 사람이 **천**을 쫓으며 // 두 사람이 **만**을 도망케 하였을까?); 삼상 18:7(사울이 죽인 자는 **천천**이요 // 다윗은 **만만**이로다); 미 6:7(야웨께서 **천천**의 숫양이나 // **만만**의 강물 같은 기름을 기뻐하실까?); 시 91:7(**천 명**이 네 곁에서 // **만 명**이 네 오른쪽에서 엎드러지나); 단 7:10(그에게 수종하는 자는 **천천**이요 // 그 앞에서 시위하는 자는 **만만**이라). 참고로 히브리어 문헌을 포함해 우가리트 문헌, 아람어 문헌, 아카드어 문헌 안에 나타난 숫자 평행법에 관한 자세한 예들과 논의를 위해서는 Stanley Gevirtz, *Patterns in the Early Poetry of Israel* (Chicago: University of Chicago Press, 1963)을 보라.
     이러한 히브리어 평행법을 알게 되면 죄의 용서에 관한 구절을 담고 있는 다음 두 개의 공관복음서 본문을 잘 이해하게 될 것이다. 마태복음(유대인을 염두에 두고): "주여 형제가 내게 죄를 범하면 몇 번이나 용서하여 주리이까? 일곱 번까지 하오리이까? 예수께서 이르시되 네게 이르노니, **일곱 번**뿐 아니라 **일곱 번**을 **일흔 번**까지 할지니라"(마 18:21f); 누가복음(이방인을 염두에 두고): "만일 하루 **일곱 번**이라도 네게 죄를 짓고 **일곱 번** 네게 돌아와 내가 회개하노라 하거든 너는 용서하라"(눅 17:4).
16   참조. Robert H. O'Connell, "Telescoping N + 1 Patterns in the Book of Amos," *VT* 46 (1996): 56-73.

판 신탁에서 적절하게 사용되고 있다는 사실에 주의를 기울일 필요가 있다. 먼저 4라는 숫자는 개별적 심판 신탁에 모두 등장한다. 이것은 각 나라의 타락과 그에 따른 형벌이 차고 넘쳐서 절정에 달했음을 암시한다. 한편 8이란 숫자는 일곱 나라의 심판 신탁 후 이스라엘의 심판 신탁에 적용되는 숫자다. 그렇다면 아모스가 언급하고 있는 일곱 나라의 죄들을 넘어선 8번째 이스라엘의 범죄는 절정을 넘어서 넘쳐흐르는 최악의 경우를 암시한다. 전체적으로 열국 심판 신탁은 역사의 주권자이신 야웨 하나님의 심판을 자초하므로 충분히 부패한 국제적인 정황을 여실히 드러내고 있는 것이다.

또한 이러한 숫자적 표현 방법은 저질러진 범죄가 극에 달했다는 것과 아주 많다는 것을 의미하기 때문에 언급되고 있는 죄의 목록이 반드시 셋 이거나 넷 이거나 혹은 일곱 개일 필요는 없다.

(3) 위에서도 언급한 것처럼 두로(암 1:9-10), 에돔(암 1:11-12), 유다(암 2:4-5) 신탁은 "야웨께서 말씀하셨다"는 결론적 메신저 양식이 생략되어 있다. 만일 몇몇 학자들의 주장대로 이 세 가지 신탁을 여러 가지 이유로 인해 후대의 삽입으로 제쳐놓는다면, 이스라엘을 제외하고 시리아, 블레셋, 암몬과 모압 신탁 등 네 가지 신탁만이 남게 된다. 이럴 경우도 이방 나라에 대한 언급 역시 네 나라가 된다. 그렇다면, 최종적인 형태로서 현재의 신탁 본문은 마치 위의 관용구처럼 세 나라와 네 나라들의 범죄들이 하나님의 심판을 초래하기에 충분할 정도로 극에 달했다는 표현일 수도 있다.

(4) 열국 심판 신탁 안에는 수사학적인 통일성을 주는 특정 단어들이 사용되고 있다. 예를 들어 "죄들"(פְּשָׁעִים, 페샤임), "불"(אֵשׁ, 에쉬), "요새"(אַרְמְנוֹת, 아르메노트) 등이 그것들이다. 그중에서 가장 열띤 학문적 논의

를 유발시키는 단어는 "죄들"(פְּשָׁעִים, 페샤임)이다.[17]

여덟 나라 모두가 한결같이 "페샤임"(죄들) 때문에 기소당하고 있다. 그렇다면 언급되고 있는 "죄들"의 본질은 무엇인가? 어떠한 근거에서 이러한 죄들이 정죄되고 있는 것일까? 어떤 의미에서 여덟 개 나라가 저지른 범죄 행위가 "페샤임"이 될 수 있을까? 존 바튼(John Barton)은 자신의 한 연구서에서 "페샤임"을 정죄하고 있는 근거에 대한 학자들의 해석을 네 가지로 크게 분류한다. 그의 연구 이후에 나오는 주장들 역시 이러한 분류 안에 집어넣을 수 있기 때문에 그의 분류법을 사용하면서 새로운 나의 견해를 하나 첨가하려고 한다.[18] 물론 아래의 주장들은 그 논의와 전개에 있어 서로 간에 상당히 겹치기 때문에 단순히 몇 개의 그룹으로 축소할 수는 없다는 점을 기억할 필요가 있다.

(a) 민족주의와 언약(Nationalism and Covenant). 이것은 열국 심판 신탁에 등장하는 이방 민족들은 야웨가 선택하신 언약 백성인 이스라엘을 대적했기 때문에 죄를 저질렀다는 주장이다. 이러한 주장은 열국 심판 신탁이 유래하게 된 "원래의 정황"(Sitz im Leben)과 밀접한 연관을 맺고 있다. 즉 이러한 열국 심판 신탁은 제의적 기원(cultic origin)을 갖고 있는데, 특히 이스라엘이 이방 민족과 전쟁하기 위해 출정할 때, 전쟁에 나가는 왕은 성전에 가서 먼저 야웨 하나님께 출정을 위한 제사를 지내게 되고, 예언자는 이러한 제사 의식 중에 일어나서 적국을 향한 심판 신탁을 발설하게 된다는 것이다(Kriegsansprache, "전투에 임하는 왕에게 승리를 확신시켜주는 신탁"). 이러

---

17   H. W. Wolff, *Dodekapropheton 2: Joel und Amos,* Biblischer Kommentar 14/2 (Neukirchen-Vluyn: Neukirchener Verlag, 1969), 185-86을 참조하라. 그곳에는 "פֶּשַׁע, 페샤"에 관한 자세한 설명(Exkurs)이 있다. 한 가지만 지적한다면, "죄들"로 번역된 히브리어 명사(פֶּשַׁע, 페샤)는 전적으로 사람에 대해 저질러진 반인륜적·반인류적 범죄 행위를 가리키는 데만 사용된다.

18   John Barton, *Amos's Oracles against the Nations: A Study of Amos 1:3-2:5,* SOTSMS 6 (Cambridge: Cambridge University Press, 1980), 39-45.

한 주장 뒤에는 예언자들의 열국 심판 신탁이 "거룩한 전쟁 전승" 안에 깊이 뿌리를 내리고 있었다는 생각이 깔려 있다. 이것은 동시에 아모스가 "제의 예언자"(cultic prophet)로서 기능했음을 의미하기도 한다.[19] 하여간 바튼은 이러한 입장을 "민족주의적"이라고 규정한다.

같은 범주 안에 묶어볼 수 있으면서도 색다른 방향으로 주장을 펼치는 학자도 있다. 예를 들어, 최근에 폴리(Max Polley)는 "페샤임"이란 단어를 정치적 "반역 행위"를 가리키는 것으로 추정한다. 그는 예언자 아모스가 매우 강렬한 유대 민족주의적 예언자였으며, 다윗 왕국이야말로 이스라엘의 진정한 운명과 미래를 대표하는 나라로 믿었다고 주장한다. 따라서 유다를 제외한 나머지 일곱 개 나라는 모두 다윗 왕국에 대한 정치적 반역 행위를 한 나라들이었기 때문에 아모스가 그 나라들을 정죄한다는 것이다.[20]

요약하자면, 이러한 주장들의 근거에는 여덟 나라가 저지른 범죄들은 다윗 제국을 통해 자신의 주권을 확립하신 야웨에 대한 "반역 행위"라는 전제가 있다. 이 경우 범죄 행위는 유대와 이스라엘과 관련을 맺는다는 의미에서 "언약" 파기의 행위로 환원 및 축소되는 결과를 초래한다. 그러나 문제는 이방 국가들에게도 이스라엘이나 유다에게 부과된 언약과 그에 따른 상벌 조항(예. 언약적 축복과 저주)을 적용할 수 있을지가 매우 의심스럽다는 점이다. 하나님께서 그들에게 언약의 하나님 야웨로 자신을 소개하신 일이 없을 뿐만 아니라, 그들에게 주지도 않은 것(만일 그것이 "언약"이라고 한

---

19 참조. Duane L. Christensen(*Transformations of the War Oracle in Old Testament Prophecy*, HDR 3 [Missoula: Scholars Press, 1975])은 열국 심판 신탁이 "거룩한 전쟁"의 정황으로부터 유래하여 변형된 신탁 형식이라고 주장한다. 이러한 주장은 특별히 하버드 대학교의 F. M. Cross 교수를 중심으로 한 하버드 학파의 주제, 즉 "전사로서의 신"(Divine Warrior)에 대한 강조와 맞물려 있다.

20 참조. Max G. Polley, *Amos and the Davidic Empire* (Oxford: Oxford University Press, 1989). 그러나 이러한 주장은 아모스서 편집에 관한 그의 주장과 맞물려 있으며, 적어도 절정을 향해 배열된 열국 심판 신탁을 설득력 있게 설명하지 못한다.

다면)을 되돌려 찾으시는 분이 되므로, 그것은 하나님의 본성에도 맞지 않는 일이 된다.

(b) 논리적 추론(Logical Extension). 이것은 야웨 하나님께서 이스라엘에게 알려주신 도덕적 의무 조항들이 다른 이방 국가들에게도 적용된다고 추론하는 것이 당연한 논리적인 귀결이라는 주장이다. 이 주장은 앞의 주장인(a)와도 연관되는 것으로, 야웨 하나님께서 선택하신 민족인 이스라엘이 그분에게 특별한 도덕적 의무를 빚지고 있다면, 이스라엘 바깥에서 구속력이 있는 도덕적 원리들(즉 이방 나라들에게 적용되는 원리들) 역시 이스라엘과 야웨 하나님 사이에 체결된 언약의 관계성 안에서 알려진 도덕적 원칙에서 유래되었을 것이라고 생각하는 것은 자연스러운 일이라는 주장이다. 다시 말해 이스라엘에 주어진 윤리적 규정들은 이방 나라들에게도 구속력이 있는 것으로 생각해야 한다는 것이다. 이것은 이방 나라들에 적용되는 보편적인 도덕성이 언약 백성에게 요구되는 특별한 도덕적 원리들에서 유래했다는 주장이다. 이러한 주장 역시 앞서 주장된 제의 중심적 견해처럼 기본적으로 "이스라엘 중심적인" 강조점을 지니고 있다.

(c) 보편적 법(Universal Law). 이것은 아모스의 신탁에 나오는 "범죄들"(페샤임)이 모든 인류 안에 공통적으로 내재하고 있다고 여겨지는 "보편적 법"을 파괴하는 행위를 가리킨다는 주장이다. 이 보편적 법은 인간이 받아들이든 그렇지 않든 상관없이 모든 인류가 반드시 지켜야 할 신의 계시된 법을 말한다. 바튼의 논박에 의하면, 이 주장의 약점은 보편법이 어떤 의미에서 모든 인류에게 "계시"되었다고 말할 수 있는지 의문이라는 것이다. 또한 아모스가 이방 나라들을 정죄하는 것은 그들이 자신들에게 계시된 야웨의 보편법을 파기했기 때문이라기보다는 그들이 인식해야만 했던 도덕적 원리들을 위반했기 때문이다.

(d) 국제적 관례법(International Customary Law). 이것은 존 바튼이 가장

힘들여 세우려는 주장으로서, 하나님은 열국이 각종 잔인한 행위들을 저지름으로써 보편적인 도덕 규범들을 깨뜨렸기 때문에 그들을 심판하신다는 주장이다. 물론 이러한 주장은 앞의 (c)를 연장, 수정하는 의견이기도 하다. 이러한 보편적인 도덕 규범은 인간이 소유하고 있는 공통의 인간성을 파괴하는 행위들을 금지하고 있다. 그러나 바튼은 한 걸음 더 나아가 그가 말하는 보편적인 도덕 규범은 특별히 "국제적 관례법"을 가리킨다고 주장하는데, 이를 "관례"라고 부르는 이유는 이러한 관습들이 구체적으로 제정된 법률들이 아니기 때문이며(물론 바튼은 구체적 증거라고 제시될 수도 있는, 전쟁 시의 국제 조약 자료들을 언급하고 있기는 하다), "국제적"이라고 부른 이유는 독립 국가들이 서로 간의 전쟁 시에 지켜야 하는 행위이기 때문이다.

(e) 창조 질서(Creation Order). 이상의 주장들과 달리 나는 아모스의 열국 심판 신탁 안에 사용되고 있는 "심판 규범"은 하나님의 창조 질서에 근거를 두고 있다고 생각한다. 그 근거는 다음과 같이 진술될 수 있다. 열국 심판 신탁 안에서 "범죄들"은 언약 백성으로 알려진 이스라엘과 유다를 비언약 백성인 나머지 여섯 나라와 함께 묶고 있다. 그렇다면 이 죄들을 정죄하고 있는 규범과 기준은 두 그룹(언약 국가 대 비언약 국가)을 하나로 묶을 수 있는 포괄적인 것이어야 한다. 먼저 이스라엘에게만 알려진 야웨의 "언약"에 의해 이방 나라들을 심판하고 정죄한다는 것은 비언약 국가들에게 무리한 요구일 뿐만 아니라 비상식적이다. 언약의 요구 사항과 그에 대한 책임의 요구는 언약 당사국들에게는 타당한 것이다. 그런 이유 때문에 유다의 신탁(암 2:4BC)과 이스라엘의 신탁(암 2:10-12) 안에는 언약과 관계된 구절들이 등장한다. 그러나 이방 열국 신탁 안에는 전문적인 용어로서의 "언약"을 상기시켜주는 그 어떠한 용어도 발견되지 않는다. 이방 열국 심판 신탁의 주된 관심은 전쟁 시의 비인도적이고 야만적인 행위들에 대한 비난과 정죄들이다.

물론 열국 심판 신탁을 두 가지 규범으로 나누어 이원론적으로 적용하면 쉬울지도 모른다. 하나는 언약 백성인 유다와 이스라엘에 적용되는 "언약 규범"이고, 또 다른 하나는 이방 열국에 적용되는 "보편적인 법"이나 혹은 그것에 기반을 두면서도 특정한 전쟁 상황에 적용되는 "국제 관례법"으로 양분하는 일이다. 그러나 이스라엘을 향한 신탁(암 2:6-16)이 보여주듯이, 이스라엘의 범죄들(페샤임)을 단순히 언약 파기 행위들이라고 부르기에는 미흡한 점이 있다. 그렇다고 그들의 범죄 행위가 이방 열국들에게서 발견되는 "비인간적 잔인성"에 해당하는 것으로 판단하는 것도 적절치 않다.

그렇다면 아모스의 열국 심판 신탁 안에서 제기되는 "범죄들"(페샤임)의 본질을 포괄적으로 묶을 수 있는 규범이 있다면 "야웨 하나님의 정의"라고 말할 수 있다. 이 정의는 창조세계를 규정하고 유지하며 운영하는 우주적 법으로서 이 법 안에서 제외될 창조세계의 영역은 아무것도 없다. 정의는 창조 질서의 근본적인 틀이기 때문에 인간사의 모든 영역—제의, 종교, 윤리, 정치, 교육, 국제, 사회, 문화 등—의 기초로서 근거하고 있다. 따라서 그것은 모든 인류가 지켜야 할 포괄적인 규범이다.[21]

열국 심판 신탁 안에서 지적되고 있는 반인간적 행위는 그것이 국제적·국내적 차원의 문제이든 아니면 사회적·가정적 차원의 문제이든 간에 창조 질서에 위배되는 범죄 행위로 규정되며, 궁극적으로 창조주 하나님께 대한 도전이 된다. 이방 열국 심판(유다와 이스라엘을 제외한)에 열거된 반인간적·비인도적 인종 말살과 같은 잔혹 행위들은 그것들이 스스로 적어도 그러한 범죄 행위를 저지른 자들에 대해 고소하며, 심지어 그들이 그 범

---

21   나의 논문 "정의와 평화가 포옹할 때까지", 『한국개혁신학회 논문집』 제1권, 한국개혁신학회 (서울: 한들 출판사, 1997), 44-86을 참조하라.

죄 행위를 인식하건 그렇지 못하건 상관없이 창조주 하나님에 의해 정죄된다. 특히 아모스의 열국 심판 신탁의 일차 청중이 열국 심판 신탁의 직접적인 대상국들이 아니라 언약 백성들(아모스의 경우는 이스라엘과 유다)이라면 그들은 "정의"의 문제가 단순히 좁은 의미에서 사회적 정의로 축소될 수 없는, "우주적 정의", "창조 질서의 규범"으로서의 정의라는 사실을 인식해야 한다. 정의에 대한 이러한 우주적·보편적 인식은 아모스서의 중심 주제로서 정의를 올바른 전망 가운데서 바라볼 수 있도록 우리를 인도해 줄 것이다.

제4강

열국 심판 신탁들⑾: 정의로운 야웨 하나님

암 1:3-10

다메섹을 향한 심판 신탁

야웨께서 다음과 같이 말씀하신다.

다메섹의 세 가지 "죄들" 때문에(암 1:3Aa)

네 가지 죄들 때문에 내가 심판 결정을 철회하지 아니할 것이다(1:3Ab).

그들이 철 타작기를 가지고(1:3Ba)

길르앗을 압박하였기 때문이다(1:3Bb).

내가 하사엘의 집에 불을 보낼 것이며(1:4Aa)

벤하닷의 요새들을 불태워 삼킬 것이다(1:4Ab).

내가 다메섹의 성문 빗장을 부서뜨릴 것이며(1:5Aa)

내가 아웬 골짜기에 앉아 있는 왕[1]을 죽일 것이며(1:5Ab)

벧 에덴에서 왕권(지휘봉)을 잡은 자를 멸할 것이다(1:5Ba).

그러므로 아람 백성이 키르에 사로잡혀 갈 것이다(1:5Bb).

- 야웨께서 말씀하셨다. -

국가 이름 대신 그 나라의 수도인 다메섹을 거명하는 것은 사물의 일부로 전체를, 특수로 일반을 나타내는 문학 기법인 제유법(synecdoche)에 해당한다. 마치 "서울"을 "한국"을 대신하는 대명사로 사용하는 것과 비슷하다. 시리아의 수도인 다메섹이 열국 심판의 첫 번째 대상국이 된 이유는 분명치 않다. 그러나 이스라엘의 북동쪽에 위치한 시리아는 이스라엘과 오래된 악연이 있다. 이스라엘을 향한 그들의 적대적 관계는 다윗 시대까지

---

1   복수 의미의 "거민"으로 번역된 히브리어(יושב)는 사실상 복수형이 아니라 단수형이며 그 문자적 의미는 "앉은 자"다. 이 단어는 "보좌에 앉은 자"(יושב על כסא)라는 구에서 "보좌"라는 단어가 생략되어 종종 홀로 사용된다. 더욱이 이 단어는 그다음의 평행구인 "홀을 잡은 자"와 대칭이 되고 있다. 따라서 이 단어를 "거민"이라고 번역하는 대신에 "왕"으로 번역하는 것이 타당한 것 같다.

소급된다. 아람족(시리아의 또 다른 이름)이 암몬족과 연합하여 다윗과 전쟁을 벌인 경우가 있었으며(삼하 10장), 기원전 9세기 중반 벤하닷이 시리아의 왕으로 있었을 때 예언자 엘리야는 벤하닷을 몰아내고 벤하닷의 신복 중 하나인 하사엘을 옹립하여 시리아의 왕으로 세우려 했다(왕상 19:15). 얼마 후에 벤하닷은 이스라엘의 수도 사마리아를 포위하여 공격했으나 실패로 돌아간다(왕하 6:24ff.). 엘리야의 후계자인 엘리사는 훗날 다메섹의 하사엘을 다시 찾아가서 벤하닷을 살해할 것을 권하였고, 그 일이 성취된다(왕하 8장, 기원전 843년경). 이스라엘을 향한 시리아의 잔인성과 포악성은 하사엘을 향한 예언자 엘리사의 적나라한 예언 속에 잘 반영되어 있다. "네가 이스라엘 자손에게 행할 모든 악을 내가 앎이라. 네가 그들의 성에 불을 지르며 장정을 칼로 죽이며 어린아이를 메치며 아이 밴 부녀를 가르리라 하니"(왕하 8:12). 이러한 예언된 잔혹성은 그 후 이스라엘 왕 예후(기원전 843-816년)의 통치 말기에 현실로 드러난다(왕하 10:32-33).

본 단락에서 하사엘과 벤하닷에 대한 언급이 평행법적으로 사용되는 것을 볼 때(암 1:4Aa // 4Ab), 앞의 사건이 발생한 지 100년이 다 되어가는 아모스 당시(기원전 760-750년경)에도 시리아에는 이 두 사람의 이름으로 불리는 시리아 왕조가 계속되고 있었던 것 같다. 좌우지간 두 사람의 이름이 함께 거명된 이유는 이스라엘과의 관계 역사 안에서 그들의 시대가 이스라엘을 향해 가장 적대적이고 긴장 관계에 놓여 있었던 대표적인 시기였기 때문일 것이다.

다메섹이 하나님의 심판 대상 국가 명단에 올라선 이유는 무엇인가? "이는 저희가 철 타작기를 가지고 길르앗을 압박하였음이라"(암 1:3B). 나무로 만든 각종 타작 기구들 — 예를 들어 도리깨, 작대기, 막대기 — 이 있겠지만, 여기에 등장하는 철 타작기란 나무로 만든 평평한 널빤지 위에 송곳같이 날카로운 칼들을 달아놓은 기구로, 이 기구를 가축에 달아 펼쳐놓은 곡식 단들 위로 끌고 가 곡식의 줄기로부터 곡식들을 철저하게 훑어냈다. 철 타작기에 관한 언급은 은유적인 표현으로서 길르앗 부족에 대한 시리아 군대의 잔인하고도 가혹한 찬탈 행위를 가리키는 것으로 보인다. 아람족의 잔인성을 타작기와 연관해서 묘사하는 대목은 열왕기하 13:7에 기록되어 있다. "아람 왕이 여호아하스의 백성을 멸절하여 타작마당의 티끌 같이 되게 했다."[2]

길르앗족은 시리아의 남쪽 경계와 요단강의 동쪽 지역에 위치하고 있었던 부족으로, 본문에서 시리아가 길르앗을 잔인하게 압박했던 사건은 아마 열왕기하 10:32ff에 기록된 사건이 아닌가 생각된다. 이 사건의 보도에 의하면 아합 정부를 쿠데타로 무너뜨리고 집권한 예후가 이스라엘을 다스리고 있었던 시기에 시리아의 통치자인 하사엘이 길르앗 지역을 포함한 요단 동편 지역을 재탈환하려고 전쟁을 일으킨 일이 있었다. 아마 이 전쟁 당시 시리아군들이 길르앗 부족을 잔인하게 다루지 않았는가 생각된다. 열왕기하 14:25, 27에 의하면 아모스가 활동하던 당시 이스라엘의 왕이었던 여로보암 2세는 시리아로부터 다메섹을 재탈환했고 길르앗 지역도 수복했다.

비인간적인 잔인한 행위에 대한 하나님의 심판 역시 철저할 것이다. 그분은 반드시 피의 값을 갚으실 것이다. 이러한 응보적 정의는 정의로우신 하나님의 특성 중 하나다. 만일 악행이 점검되지도 체포되지도 않은 사회와 세상이라면, 약한 나라가 강대국에 의해 무력하게 착취되고 압제된다면, 오로지 정글의 법칙만 있는 사회와 국가라면, 이러한 세상은 사람이 사는 곳이 아니라 잔악한 짐승들만이 살 수 있는 곳일 것이다. 하나님은 이러한 일들을 눈감거나 방관하지 않으실 것이다. 그분은 영원히 약자의 편

---

2   여호아하스는 북이스라엘 왕국의 11대 왕으로서 통치 기간은 기원전 816-800년에 해당한다.

에 서 계시기 때문이다. 그분의 혈관 속에 흐르는 하나님의 본성이 이러한 일들을 용납하지 않으시기 때문이다. 하나님에 의해 창조된 세상은 정의와 공의로 다스려지도록 의도된 세계이며, 이러한 창조의 계획이 인간의 반역에 의해 계속적으로 유린당하고 깨진다고 하여도 그분은 집요하게 자신의 나라와 세계를 회복하실 것이다. 그분은 자신의 세계가 더러운 인간의 욕심과 야심에 의해 형편없이 파괴되고 유린되는 것을 허락치 않으실 것이다.

아모스는 하나님이 다메섹으로 시작되는 일곱 개의 열국들에 한결같이 "불을 보내어"(암 1:4Aa) 심판하실 것이라고 기록하고 있다.[3] 은유적 표현으로서의 "불"은 태워버리는 무시무시한 화마를 연상케 하며, 아마 전쟁시에 적국의 성채나 궁궐들을 유린한 다음 불을 놓는 관례를 가리키는 것으로 보인다. 이제 하나님은 심판을 통해 시리아의 왕조를 끊어놓으실 것이며(하사엘의 "집"은 시리아 왕이 거하는 "왕궁"이거나 아니면 "왕조"를 가리킨다), 그들이 자랑스럽게 생각하는 난공불락의 "요새들"을 파괴하실 것이다. 왕조의 영원성은 모든 인간 왕들이 꿈꾸는 이상이며 희망이 아닌가! 요새화된 궁궐들은 위대한 왕들의 힘과 세력의 상징이 아니던가! 집과 요새는 인간이 구축해놓은 안전함을 상징하는 용어들이다. 그러나 하나님은 인간의 헛된 영화와 힘의 자랑을 비웃으실 것이다. 적어도 인간이 하나님의 법, 그분의 정의에 의해 살지 않는 한 그럴 것이다.

고대 사회에서는 한 국가의 힘이 성문에 있었다. 따라서 성문의 빗장을 부서뜨린다는 것은 보호막이 무너지고 도시 전체가 함락되었다는 것

---

3   "보내다"(שָׁלַח, 샬라흐)라는 이 동사는 심판의 도구와 함께 쓰이는 경우가 종종 있다. 예를 들어 구약성경에는 기근이나 전염병 혹은 불이 보내졌다고 종종 기록된 경우가 있다. 이 경우는 대부분 하나님께서 심판 가운데 오시는 것을 묘사하는 관습적 용례다(호 8:14; 렘 17:27; 21:14; 겔 20:47; 39:6).

의 또 다른 표현이다(암 1:5Aa). 도시 전체의 함락은 궁극적으로 그 도시를 다스리는 권력자인 왕의 죽음을 의미한다. 달리 말하자면, 하나님의 분노의 불은 도시와 국가를 지탱하는 도덕적 힘의 상징인 시리아의 왕과 권력자를 멸할 것이다.[4] 아모스의 재치 있는 심판 신탁은 그의 용어 사용에서 다시 한번 빛을 발한다. 그는 아웬 골짜기와 벧 에덴에 있는 시리아의 왕과 권력자를 하나님께서 치실 것이라고 말한다. 이들 지역이 정확하게 어느 곳인지는 지금도 잘 알려지지 않고 있지만, 이 명칭들이 지니는 의미는 매우 지시적이며 냉소적이다.[5] 아웬(אָוֶן)이란 히브리어는 다양한 의미로 사용된다. 예를 들어 "악함", "사악" 등으로 사용될 뿐만 아니라 그 외에도 "슬픔", "애곡"(신 26:14), "고통", "괴로움"(욥 5:6), "공허", "허무"(욥 15:34), "어려움", "고민", "해"(害, 잠 12:12) 등의 뜻으로 사용된다.[6] 한편 두 번째 지명인 "벧 에덴"의 "에덴"(עֶדֶן)은 "즐거움", "향락", "쾌락"을 의미한다. 그렇다면 적어도 예언자 아모스는 "언어유희"(wordplay)를 통해 시리아 권력

---

4   암 1:5의 문장 순서에 관해서 BHS는 다음과 같이 제안한다. 즉 현재의 암 1:5Aa를 5Ba 다음
     으로 이전시킬 것을 제안한다. 아래와 같은 배열이 보여주듯이 이러한 제안에 따른 배열은 히
     브리 시형의 대구법(평행법)을 살리는 이점을 지니고 있다.

     내가 아웬 골짜기에 앉아 있는 왕을 죽일 것이며(암 1:5Ab)
     벧 에덴에서 왕권(지휘봉)을 잡은 자를 멸절할 것이라(1:5Ba).
     내가 다메섹의 성문 빗장을 부서뜨릴 것이며(1:5Aa)
     그러므로 아람 백성이 키르에 사로잡혀 갈 것이다(1:5Bb).

     한편 현재의 본문대로 읽을 경우 우리는 구문법상 그리고 시 형태상 5Ab와 5Ba를 하나의 평
     행구로 읽어야 한다. 이 경우 위에서처럼 다음과 같은 평행구들이 가능하게 된다. [아웬 골짜
     기 // 벧 에덴]; [왕 // 홀 잡은 자].
5   두 지명에 관한 고대 역본(70인역, 아퀼라, 심마쿠스, 테오도시온, 시리아 역본, 타르굼)을 비
     롯한 어원학적 논의에 관해서는 중요한 주석서들을 참조하라(Cf. Budde, Wolff, Paul, Jeremias
     등).
6   예언자 호세아는 "벧엘"을 가리켜 "벧아웬" 즉 "하나님의 집"이 "사악의 집", "우상의 집"이 되
     었다고 냉소적으로 말한 적이 있다(호 10:5).

자들의 도덕적 특성과 욕망 등을 나타내고 있는지도 모른다. 언어유희는 그들이 사악(邪惡)이라고 불리는 평원에 살면서 쾌락을 추구했던 자들이라는 것을 의미한다.

그러나 이제 그들의 자랑거리였던 궁궐과 요새들은 폐허가 될 것이며, 사악을 통해 얻은 인간적 쾌락들은 슬픔으로 변하고 고통으로 바뀔 것이다. 우리는 역사를 통해서 하사엘의 궁궐과 그의 요새들이 어떻게 파괴되었는지를 잘 알고 있다. 기원전 732년 그러니까 북이스라엘이 멸망하기 10년 전 아시리아의 군대가 노도처럼 다메섹을 침공했을 때 위의 신탁에서 예언되었던 대로 다메섹 성문의 빗장이 깨지고 시리아의 자랑이었던 하사엘의 궁궐들과 요새들은 폐허가 되었으며 하사엘을 비롯한 그의 가족과 신하들은 비참하게 처형당했다.

그러나 여기서 끝나지 않는다. 아모스는 시리아의 운명이 머나먼 타지로 사로잡혀 가는 일이라고 예언한다. 그것도 키르(Kir) 지방으로 사로잡혀 가는 일이다. 키르는 시리아인들이 원래 그곳으로부터 유래했던 지역이었다(암 9:7). 왜 그들을 키르로 사로잡혀 가게 한단 말인가? 그렇다! 그것은 심판을 통해 시리아가 지금까지 쌓아왔던 그들의 찬란한 역사 전체를 다시 원점으로 돌려보내시겠다는 하나님의 무서운 의지의 표현이다. 그들의 전체 역사를 철저하게 "무"(nothing)로 돌이킬 것이라는 위협이기도 하다.[7] 이처럼 하나님의 심판은 창조주 하나님의 주권에 반하여 행동한 인간의 역사를 철저하게 지워버릴 것이다. 이것은 한 번도 시리아 땅에 살아본적이 없었던, 아니 다메섹 지역에 한 번도 존재해본 일이 없었던 "무의 존재들"처럼 그들을 만들어버리겠다는 선언인 것이다. "결론적 메신저 양

---

7   참조. Wolff, *Amos*, 190–91 ("Dann bedeutet die Drohung, daß die stolze Reichsgeschichte der Aramäer gänzlich rückgängig gemacht wird").

식구"가 암시하듯이, 천상의 왕이신 야웨 하나님의 최후 심판 선고의 직인이 마침내 내리 찍힌다. "야웨께서 말씀하셨다!" 그러므로 그대로 이루어질지어다!

가사를 향한 심판 신탁

> 야웨께서 다음과 같이 말씀하신다.
> **가사**의 세 가지 죄들 때문에(암 1:6Aa)
>> 네 가지 죄들 때문에 내가 심판 결정을 철회하지 아니할 것이다 (1:6Ab).
>
> 그들이 포로 된 모든 자들을 끌어다가(1:6Ba)
>> 에돔에 팔아넘겼기 때문이다(1:6Bb).
>
> 그러므로 내가 가사의 성벽들에 불을 보낼 것이며(1:7Aa)
>> 그 요새들을 불태워 삼킬 것이다(1:7Ab).
>
> 내가 아스돗의 왕을 끊을 것이며(1:8Aa)
>> 아스글론에서 홀 잡은 자를 끊을 것이다(1:8Ab).
>
> 내가 에글론을 향하여 나의 손을 들어 치리니(1:8Ba)
>> 블레셋의 남은 자들이 멸망할 것이다(1:8Bb).
>
>> — 주 야웨께서 말씀하셨다. —

"가사"는 블레셋인들의 5대 부족 도시 국가 중 하나였다.[8] 선두로 "가사"

---

8   유다의 남서 지역 지중해 해변에 자리 잡고 있는 블레셋의 "5대 도시 국가"(pentapolis)의 명단은 "가사", "아스돗", "아스글론", "에글론", "가드"다. 본 신탁에는 "가드"의 이름이 빠져 있으나 암 6:2에는 등장한다.

가 블레셋 지역의 도시로서 거명되고 있지만 본 신탁문 안에는 "가드"를 제외한 나머지 도시 국가의 이름 역시 등장한다(아스돗, 아스글론, 에글론). 블레셋과 이스라엘 사이의 악연은 사무엘과 사울의 시대로 거슬러 올라간다. 그 당시 블레셋은 이스라엘을 가장 괴롭혔던 부족으로 악명이 높았으나, 다윗과 골리앗의 일화가 보여주듯이 다윗 시대에 이르러 블레셋 부족은 평정되었고 그 후에는 그렇게 커다란 갈등의 원인이 되지 못했다.

"가사"를 대표로 한 블레셋인들이 저지른 반인륜적인 범죄 행위는 "포로 된 모든 자들을 끌어다가 에돔에 팔아넘긴"(암 1:6B) 일이었다. 물론 전쟁 포로가 (자연스럽게) 승전국의 노예가 되는 일은 고대 사회에서는 일반적인 관행이었다. 따라서 본 신탁은 노예 매매 사건만을 가지고 블레셋인들을 심판하는 것 같지 않다. 오히려 노예 매매 이상의 의미가 담겨 있을 것으로 보아야 한다. 왜냐하면 가사의 행위를 가리켜 하나님의 엄청난 보복을 초래하게 될 "범죄"라고 부르고 있기 때문이다.

아모스는 그들의 행위를 "범죄"로 만든 이유에 대해 그들이 "공동체 전부를 포로로 끌고 갔기 때문이라"고 설명한다. 이것은 여러 마을을 약탈하고 그 지역 사람들 전부를 강제적으로 끌고 가서 노예로 팔아넘겼다는 의미다. 물론 "공동체 전부"가 누구를 가리키는지에 관해서는 의견이 분분하다. 블레셋인들이 이스라엘인들을 그렇게 했다는 설도 있지만 이것 역시 증거가 강한 것은 아니다(예. 대하 21:16ff.; 왕하 9:27ff.; 왕하 8:20ff.). 좌우지간 지중해 해변에 위치한 블레셋인들은 처음에 "해양 사람들"(The Sea People)로 알려진 매우 전투적이고 호전적인 족속들이었다. 그들의 지형적인 위치가 말해주듯이, 그들은 남방으로는 이집트와 북방으로는 시리아로 통하는 교통의 요지에 자리 잡고 있었으며, 대상(隊商, 카라반)을 중심으로 한 무역과 상업에 익숙해 있었다. 따라서 자연스럽게 인신매매도 번창했던 곳으로 알려져 있다. 그들의 잔인성과 포학성은 그들로 하여금 이스라엘을 포함한 인근 타 종족들의 부락들을 급습하여 온갖 만행을 저지르게 할 뿐만 아니라, 부락민 전체를 사로잡아 노예 시장에 팔게 했다. 그러나 본문의 의도는 단순히 포로들을 노예로 상거래 했다는 사실에 초점을 맞추고 있지 않고 그들이 포로민들에게 저지른 폭행과 비인간적인 행위들에 초점을 맞추고 있다. 만일 포로민들이 이스라엘인들이나 유대인들이었다면 그들을 에돔에 팔아버린 블레셋인들의 비열성과 잔악성이 더욱 강도 높게 폭로되고 있는 격이 된다. 후대의 역사 특히 유다의 멸망 시에 에돔이 보여주었던 비열하고도 자극적인 행위(예. 시 137:7)는 에돔과 유다 사이의 적대감이 얼마나 깊고 오래된 것이었는가를 반증해준다(예. 민 20:14-21; 삼하 8:14; 왕하 14:7; 대하 28:17; 사 34:5; 렘 49:7-22; 겔 25:12-14; 욜 3:19).

이제 그들이 받아야 할 형벌은 그들이 자랑하고 뽐내었던 성채와 궁궐들 및 막강한 요새들의 완전한 파멸이었다(암 1:7A). 요새와 궁궐들로 상징되는 왕과 권력자가 끊어짐을 당할 것이다(암 1:8A).[9] 어떠한 형벌에 의해 이러한 재앙이 찾아올는지 정확하게 콕 집어 말할 수는 없다. 물론 정형화된 "불"에 관한 언급은 열국 심판 신탁 안에서 문학적 관용어로 사용되고 있음에 틀림없지만, 만일 이것이 실제적인 상황이라면 "불"에 관한 언급은 전쟁 후의 방화와 약탈이 아닌가 생각된다. 그러나 아모스의 예언은 좀 더 계속된다. 설령 이러한 재앙 아래서 살아남은 자가 있다 하더라도 하나님께서는 반드시 그들을 집요하게 추적해 멸절시키신다는 것이다. 모든 열국 심판 신탁의 경우처럼, 신탁 문장의 주어는 지속적으로 심판의 주체가 하나님 자신임을 밝힌다. "내가 불을 보내리라!" "내가 끊을 것이라!" "내가 내 손을 들어 치리라!" 행동하시는 하나님의 면전에서 그 어떤 인간

---

9   위의 암 1:5Ab와 1:5Ba의 경우처럼 1:8Aa와 1:8Ab의 경우도 히브리 시의 평행법을 구성하고 있으므로, 1:8Aa의 히브리어 단어를 "주민"(예. 개역개정) 대신에 "왕"으로 번역해 1:8Ab의 "홀 잡은 자"와 대칭이 되게 하는 것이 좋을 듯하다.

이, 민족이, 국가가 감히 그분의 분노를 견디어낼 수 있단 말인가!

앞의 신탁에서와 마찬가지로, 우리는 하나님의 통치가 선택받은 한 국가나 한 개인 혹은 종교 공동체에만 한정되거나 제한되지 않는다는 사실을 기억해야 한다. 예언자의 열국 심판은 인간 역사는 인간 자신에 의해 운영되거나 지배되지 아니하고 역사의 배후에서 역사의 방향타를 움켜잡고 계신 주권자 하나님에 의해 다스려진다는 것을 강력하게 증거하고 있다. 하나님은 자신의 세계 질서를 저항하는 그 어떠한 세력과도 결코 타협하지 않으실 것이고, 오히려 끝까지 그 세력들과 대결하여 그것들을 철저히 부수실 것이며, 그들의 계획을 짓밟아 버리실 것이다. 그렇다! 세상의 역사는 단순히 강대국들 간의 정치적 협약이나 인간적 구도에 의해 구성되거나 진행되는 것이 아니다. 그것은 온 세상 만물을 창조하시고 지탱하시는 "세계의 창조자" 하나님에 의해 구성되고 진행된다는 사실을 우리 인간들은 겸허하게 기억해야 할 것이다.

두로를 향한 심판 신탁

야웨께서 다음과 같이 말씀하신다.

두로의 세 가지 죄들 때문에(암 1:9Aa)

네 가지 죄들 때문에 내가 심판 결정을 철회하지 아니할 것이다(1:9Ab).

그들이 포로 된 모든 자들을 에돔에 팔아넘겼으며(1:9Ba)

형제의 계약을 기억지 아니하였기 때문이다(1:9Bb).

그러므로 내가 두로의 성벽들에 불을 보낼 것이며(1:10Aa)

그 요새들을 불태워 삼킬 것이다(1:10Ab).

두로는 페니키아의 대표적인 도시로서 이스라엘의 북서쪽 해변에 위치하고 있다. 두로와 이스라엘간의 관계는 매우 우호적이었다. 두 나라 사이의 정치적 조약은 이스라엘 왕 솔로몬과 페니키아의 왕 히람 사이에 수립되었고 이때 솔로몬은 성전을 건축하면서 두로 출신의 장인과 노동자들을 고용했다(왕상 5:1,12; 9:11-14). 후에 북이스라엘 왕국의 왕 오므리는 자신의 왕자 아합을 두로 출신의 공주 이세벨과 정략적으로 결혼시킴으로써 두 나라 간의 관계는 가장 우호적인 상태에 돌입한다(왕상 16:23f.).

위의 "가사" 신탁에서처럼, 두로의 범죄 행위 역시 "마을 공동체 전원"을 포로로 잡아 에돔에 팔아넘겼다(암 1:9Ba)는 사실로 구성된다. 물론 "마을 공동체 전원"이 누구를 가리키는지, 즉 이스라엘을 가리키는지 아니면 다른 종족을 가리키는지는 정확히 알 수도 없고 또한 알려진 바도 없다. 물론 이 점에 관해서 학자들의 의견 역시 양분된다. 한편 페니키아가 전형적인 상업 도시인 두로를 중심으로 노예 매매를 했다는 증거는 있지만, 그렇다고 노예를 대량으로 얻기 위해 타국을 공격하여 그곳 주민들을 대거 다른 나라에 노예로 팔았다는 역사적 증거가 충분치 않다는 것 역시 사실이다.

한편 "형제의 언약[10]을 지키지 아니하였다"(암 1:9Bb)라는 언급이 실제적으로 특정한 역사적 사건을 가리킨다면, 가장 근접한 시나리오는 예후가 아합 가문을 숙청할 당시 발생한 이세벨의 살해가 아닌가 추측할 수 있다(왕하 9:36). 이세벨의 살해로 인해 페니키아가 군대를 이끌고 이스라엘을 침공한 경우를 상정할 수 있다. 이 경우 이스라엘과 페니키아 간의

---

10 "형제의 언약"의 "형제"는 혈연적 관계를 의미하기보다는 "조약 당사자"(treaty partner)를 가리키는 전문 용어라는 설명이 개진되어왔다. 이 경우 두로는 다른 국가와 맺은 조약을 파기하고 그 국가의 국민을 사로잡아 노예로 팔았다는 의미가 된다. 따라서 이 문구("형제의 언약")는 국가 간의 조약을 가리키는 것으로 보는 것이 가장 무난할 것이다. Cf. John Barton, *Oracles against the Nations*, 20

"상호 불가침 조약"을 깨뜨린 경우로 간주될 수 있기 때문이다. 그러나 문제는 이 시기에 페니키아가 이스라엘을 침공했다는 역사적 기록이 없다는 점이다.[11] 두로에 관한 비난과 적대적 언급은 다른 예언서의 열국 심판 신탁에도 등장한다(사 23; 겔 26-28). 그러나 그것은 본문의 역사적 정황을 재구성해줄 만한 단서를 제공하지 못한다. 따라서 우리는 앞서 언급한 두로의 범죄 행위의 구체적인 역사적 정황을 알 수 없다고 결론짓는 것으로 만족해야 할 것이다.[12] 더욱이 "형제의 언약"이 암시하듯이 두로가 다른 나라와 조약을 체결했다면, 그 상대가 누구인지에 대해서도 확실하게 알려진 바가 없다. 다양한 국가 간의 조약 문서가 이미 오래 전부터 존재해왔다는 사실을 염두에 둔다면, 우리는 1:9의 "형제의 언약"을 단순히 두로와 이스라엘 간의 조약으로 볼 수 없을 것이다.

우리는 다시금 역사의 주재자 되시는 야웨 하나님에 대해 생각해볼 필요가 있다. 지구상의 한 모퉁이에서 벌어지는 민족과 민족 간의 분쟁과 다툼도, 조약과 약속들도 하나님의 눈을 벗어날 수 없는 법이다. 열국들이 자신들의 궁궐이나 밀실에서 정해놓은 정책과 조약이라도 하나님의 인준과 통제 속에 있다는 사실을 배워야 한다. 비록 그들이 야웨 하나님을 알지는 못한다 하더라도, 그들은 인류 역사 속에 현존하시면서 그들의 일거수일투족을 관찰하시는 역사의 주인, 그리고 자신의 법칙에 의해 그들의 생각과 행위가 결정되고 집행되기를 추구하시는 정의의 신이 있다는 사실을

---

11   Cf. Harry Mowvley, *The Books of Amos and Hosea*, Epworth Commentary Series (London: Epworth Press, 1991), 22-23.

12   두로 신탁은 여러 면에서 정규적인 다른 신탁들과는 형식적인 차이점을 보인다. (1) 결론적 메신저 양식구가 생략되었다. (2) 다른 정규적인 심판 신탁의 경우 "불"의 위협 이후로 언급되고 있는 "확장된 심판 내용"이 두로 신탁에는 생략되어 있다. (3) "포로 된 모든 자들을 에돔에 팔아넘겼다"는 "가사" 심판 신탁 안의 구절(암 1:6b)이 문자 그대로 반복적으로 사용되고 있다(암 1:9Ba). 첫 번째와 두 번째는 에돔과 유다 신탁에도 그대로 적용된다. 많은 학자가 이러한 문체상의 근거와 역사적 정황을 들어 그것을 후대의 가필로 보지만 설득력이 약하다.

기억해야만 할 것이다. 메이스 교수가 잘 지적하고 있듯이, 국제 역사에 대해 그의 선포의 초두를 시작하는 아모스의 예언은 우리에게 다음과 같은 점을 지적해준다.

(그것은) 인간 역사가 하나님의 통치의 드라마 속에 있다는 것을 알리며 또한 그 역사가 땅 위에서 자신의 행동의 표현이라는 것을 알리고 있다. 그 예언은 야웨 자신이 적극적인 의미에서 역사를 만들어가시며 이 하나님에 대한 반역 행위를 통해서 만들어가는 모든 인간의 역사를 거부하고 계신다는 것을 지적해준다.[13]

---

13   Mays, *Amos*, 31.

제5강

열국 심판 신탁들(III): 정의로운 야웨 하나님

암 1:11-2:3

에돔을 향한 심판 신탁

야웨께서 다음과 같이 말씀하신다.

에돔의 세 가지 죄들 때문에(1:11Aa)

　　네 가지 죄들 때문에 내가 심판 결정을 철회하지 아니할 것이다(1:11Ab).

그가 칼을 들고 그 형제를 쫓아가며(1:11Ba)

　　그 여인들을 죽였기 때문이다(1:11Bb).

그리고 그의 노가 계속해서 맹렬하며(1:11Ca)

　　그의 분노가 끝없이 타오르기 때문이다(1:11Cb).

그러므로 내가 데만에 불을 보낼 것이니(1:12Aa)

　　보스라의 요새들이 불태워 삼킬 것이다(1:12Ab).

에돔은 사해의 남쪽 지역을 감싸고 누워 있는 형세를 한 국가다. 사해 동편으로 에돔은 모압과 북쪽 국경을 나누고 있었으며, 사해 서편의 북쪽 방향으로는 유다와 국경을 맞대고 있었다. 에돔의 남쪽 지역은 거친 들판이었으며 사람이 살기에 적당치 않다. 에돔의 중요한 도시로는 데만과 보스라가 있었다.

에돔은 본래 이스라엘과 피를 나눈 형제국이었다(암 1:11Ba). 창세기에 기록된 에서와 야곱의 이야기는 매우 전형적인 일화임에 틀림없다(창 25:19ff.). 태어날 때부터 운명적으로 경쟁자가 되어야만 했던 이 두 민족의 이야기는 인류의 가장 슬픈 이야기 중 하나로 아직도 남아 있다. 야곱과 에서의 갈등은 야곱이 하란에서 돌아오면서 어느 정도 해소되기는 했지만(창 32장), 출생 시부터 운명적으로 대립했던 두 사람의 관계는 그들의 자손들을 통해 누적된 적개심 안에서 해소될 줄 몰랐다. 그리고 그들의 관계는 유다의 멸망 시에 가장 극적으로 표출되었다. 예루살렘이 함락된 후(기원전

586년) 유다와 그의 지도자들이 바빌로니아 제국에 강제 이주되어 치욕적인 세월을 보내는 동안 에돔 사람들은 유다의 지도자들이 없는 기회를 이용해 유다의 영토를 넘보기 시작했고, 심지어 한때는 이스라엘의 영토였던 지경을 침범하기까지 했다(예. 겔 35장; 옵 1장). 그리하여 유다를 향해 저지른 에돔의 반인륜적이고 잔인한 죄악들을 조목조목 지적하면서 그들의 피치 못할 멸망을 선언한 예언자 오바댜의 신탁은 결코 우연한 것이 아니었다. 에돔을 향한 유다의 적개심과 증오가 가장 잘 표현되어 있는 곳이 있다. 바빌로니아 포로기에 지어진 것으로 알려진 시편 안에 다음과 같은 구절이 담겨 있다.

> 야웨여, 예루살렘이 해 받던 날을 기억하시고 에돔 자손을 치소서.
> 저희 말이 "훼파하라 훼파하라 그 기초까지 훼파하라" 하였나이다(시 137:7).

에돔의 잔인성과 인종 말살 같은 반인륜적 행동은 아모스 시행 1:11Bab에 잘 반영되어 있다. 에돔 사람들은 자신의 적대국의 남자와 여자를 칼로 잔인하게 모두 진멸했다.[1] 불행한 에돔이여! 우리는 운명처럼 그들의 뒤를 따르던 이삭의 유언("너는 칼을 믿고 생활할 것이로다." 창 27:40)이 이제 아모스에 의해 다시금 재확인되고 있는 것을 보고 있다. 그러나 그들의 잔인성은 그다음 시행(암 1:11Cab)에 의해 더욱 선명하게 드러난다. 그들은 마치 피에 대한 영원한 목마름을 해갈하지 못한 잔인한 짐승과 같다는 것이다. 그들의 코에서는 분노의 기운이 불기둥처럼 치솟고, 죽음처럼 차디찬 그들의 눈매는 상대국을 영원한 한파로 얼려놓았던 것이다. 불행한 에돔

---

1   한 시행의 두 부분인 1:11Ba와 1:11Bb에서 각각 "형제"와 "여인들"을 언급함으로써 시인/예언자 아모스는 "양극 대칭적 표현 방식"(*merismus* 혹은 polar expression)을 통해 "인구 전체"가 잔인한 공격의 희생물이 되었음을 드러낸다.

이여! 그들은 자신들의 조상의 어머니인 리브가가 야곱을 위해 가진 애절한 소망("에서의 분노는 잠시뿐이리라." 창 27:44-45)이 단순히 실현될 수 없는 연약한 바람으로 끝났음을 입증한 자들이 되었다. 아모스는 선언한다. 에돔의 노가 지속적으로 맹렬하며, 그의 분노가 끝없이 타오르고 있다고!(암 1:11Cab)

하나님께서 가만히 계실 수 있을 것인가? 정의로 특징지어지는 하나님의 성품이 이 광경을 그대로 방치하실 것인가? 분노의 코 기운을 내뿜는 자들, 그 심장에는 인간성이 전혀 들어 있지 않은 민족, 잔인성과 무자비로 가득 찬 인면수심의 사람들에게 하나님의 긍휼은 사치스러운 것이다! 살려달라고 애원하는 여인들, 자비와 긍휼을 구걸하던 아낙네들을 무참히 살해했던 그들에게[2] 피가 끓어오르는 하나님의 분노가 드디어 폭발하고야 말 것이다. "그러므로 내가 데만에 불을 보낼 것이니, 보스라의 요새들이 불태워 삼킬 것이다"(암 1:12). 데만은 에돔 지역을 가리키는 대명사이거나 아니면 에돔의 한 도시를 지칭하는 도시 이름이다. 한편 보스라는 사해의 남동쪽 50km 지점에 위치한 북쪽 에돔의 대표적인 도시였다. 데만과 보스라를 언급함으로써 하나님의 심판이 에돔 전 지역에 이르게 될 것이라고 선언하는 것이다. 우리는 하나님께서 어떠한 방식으로 에돔 위에 불을 보내셨는지 정확하게 알 수는 없다. 그러나 반항하는 에돔의 잔인성과 열화같이 치밀어 오르는 에돔의 분노의 불꽃에 대해 하나님께서 보내신 철저

---

2   흥미로운 점은, 잔인하게 "여인들"(רַחֲמִים, 라하밈)을 살해한 그들은 사실상 일말의 "자비심"(רַחֲמִים, 라하밈)마저도 철저히 짓밟아버린 자들이었다는 것이다. 자비를 호소하고 살려달라고 애원하는 여인들의 부르짖음(즉 여인들의 자비심 호소)을 "무자비"(불쌍히 여김 없이, 무정하게)하게 짓밟고, 그 여인들(רַחֲמִים)을 죽였다는 것이다. 여기서 아모스는 매우 드문 히브리어를 사용함으로써 이중적 의미(double entendre) 혹은 야누스 평행법(Janus parallelism)을 보여주고 있다. 참조. Paul, *Amos*, 65. 야누스 평행법의 좋은 예로는 창 49:26; 욥 9:25; 아 2:12; 렘 2:14-15이 있다.

하게 태우는 불보다 더 적절한 심판이 또 어디 있겠는가?

하나님은 인종적 편견이나 종족적인 편애를 지니고 계신 장애인이 아니다. 그분은 모든 인류가 정의와 공의 아래 걷기를 원하신다. 인간애를 상실하고, 인종 말살의 끔찍한 살생을 저지르는 나라나 민족 위에 하나님의 저주가 임할 것이다. 우리 인류의 역사는 부끄러운 오점을 안은 채로, 지금도 잔혹한 행위들이 동료 인간을 향해 자행되고 있는 현실을 품고 고통하고 있다. 우리는 아직도 생존자들의 절규와 비명과 악몽이 옹어리진 채로 기억되는 "유대인 대학살"(Holocaust)을 기억한다. 육백만 명 이상의 유대인을 단순히 그들이 유대인이라는 인종적 이유 때문에 이 지구상에서 제거하려고 했던 나치의 흉악무도한 인종 말살 정책이나 폴란드의 아우슈비츠(Auschwitz) 포로수용소 혹은 독일의 다카(Dacha) 수용소를 기억하는가! 아니면 암스테르담의 한 은밀한 피난처에서 숨을 죽여가며 살아야만 했던 어린 소녀 안네 프랑크(Anne Frank)와 그녀의 일기를 기억하는가! 아니면 이백만 명의 무고한 양민들을 가장 잔인한 방법으로 죽였던 캄보디아의 히틀러인 폴 포트(Pol Pot)의 잔인성이나 영화 〈킬링 필드〉(Killing Field, 살육의 평야)를 기억하는가!, 아니면 동남아 전쟁 당시 잔인무도한 일본인들이 저지른 중국 난징(南京) 대학살 사건이나, 일제 강점기 한민족을 향해 저질렀던 일본인들의 반인륜적인 잔악한 행위들(예. 제암리 교회 방화 사건, 종군 위안부 사건 등), 아니면 1990년대 발칸 반도의 보스니아에서 발생한 인종 말살 행위(러시아 정교회 계통의 세르비아인들이[이전 유고 연방] 대부분 모슬렘인들로 구성된 보스니아인들을 향해 저지른 잔혹한 행위들 등등)를 기억하는가? 만일 이러한 사실들이 우리의 마음속에 아무런 반향이나 죄책감, 아니면 어떤 무력감과 도덕적 의분을 불러일으키지 않는다면, 우리는 스스로 자신의 영적 상태를 다시금 점검해야 할 것이다.

암몬을 향한 심판 신탁

야웨께서 다음과 같이 말씀하신다.

암몬의 세 가지 죄들 때문에(암 1:13Aa)

네 가지 죄들 때문에 내가 심판 결정을 철회하지 아니할 것이다(1:13Ab).

그들이 길르앗의 아이 밴 여인의 배를 갈랐으며(1:13Ba)

그들이 자기들의 국경을 넓히고자 했기 때문이다(1:13Bb).

그러므로 내가 랍바의 성벽들에 불을 놓을 것이며(1:14Aa)

그 요새들이 불태워 삼킬 것이다(1:14Ab).

전쟁의 날에 군사들의 외침 속에서(1:14Ba)

폭풍의 날에 거센 바람 속에서 그리될 것이다(1:14Bb).

그리고 그의 왕이 사로잡혀 갈 것이며(1:15Aa)

그와 그 신하들이 함께 그리될 것이다(1:15Ab).

　　　　　　　　　　　　　　　　　　　　　- 야웨께서 말씀하셨다. -

암몬 민족의 기원은 아브라함의 조카 롯에게로 거슬러 올라간다(창 19장). 소돔과 고모라가 멸망하던 그때 롯의 아내는 불행하게도 재난을 피하지 못하고 도중에 죽는다. "롯의 처를 기억하라"(눅 17:32)는 유명한 문구가 그녀의 불행한 마지막 순간을 연상케 해준다. 롯의 두 딸 중 작은딸이 그녀의 아비 롯에게 술을 먹여 취하게 한 후 그와 동침해 낳은 아들이 후일 암몬 족속의 조상이 된다. 그 후 암몬 부족은 요단 동편, 모압의 북쪽 지역에 자리를 잡는다. 북쪽으로는 이스라엘의 길르앗 부족이, 남쪽으로는 모압족이, 그리고 동쪽으로는 사막의 부족들이 거주하고 있었으며, 암몬인들로서는 숨 쉴 여유가 없을 정도로 사방이 다른 민족에 의해 둘러싸여 있었다. 그들이 살아남을 수 있는 길이란 오직 영토를 팽창하는 것밖에는 다른 길이 없었고 이러한 영토 확장 계획이 그들로 하여금 잔인한 살생을 감행하게 만든 것이다. 물론 고대에 영토 확장을 위한 부족들 간의 전쟁은 흔히 있는 일이었다. 그러나 적어도 민족이나 부족 간에 전쟁을 수행할 때도 불문율의 전쟁 법칙은 있었다. 전쟁에 참여한 전사들 간의 살육은 자연스런 현상이다. 그러나 적어도 비인간적인 살육, 다시 말해서 전쟁 시에 아무런 힘이 없는 연약한 아이들이나 여인들을 살육하는 일은 지금도 그렇지만, 옛날에도 허용될 수 없는 일이었다. 전쟁의 직접적인 무력한 희생자들이 항상 여인들이나 어린아이들이라는 것은 우리 인류가 배워온 가장 상식적인 경험들이 아닌가!

영토 확장을 위해 암몬인들은 북쪽으로 길르앗을 침공했고 그곳에서 도저히 있을 수 없는 잔혹한 행위를 자행했다. 그것은 임신한 여인들의 배를 갈라 태아를 끄집어내어 죽이는 야만적인 살상 행위였다.[3] 태어나 후에 성년이 된 다음 자신의 민족을 위해 일할 수 있는 장래의 원수들을 처음부터 막아보겠다는 악독한 행위였다. 타락한 세상에서 전쟁은 피치 못할 불행이겠지만, 전쟁의 법칙은 엄연히 존재한다. 무죄한 시민들을 인질로 잡거나 연약한 아녀자들을 살해하는 일들이 용서받을 수 없는 잔혹한 행위라는 것은 인간의 양심을 가진 모든 사람이 인정하는 사실이 아닌가! 아낙네의 임신한 배를 가르면서 짜릿한 쾌감을 느꼈을 그자들은 도대체 사람

---

3   임신한 여인의 배를 가르는 잔혹성은 성경의 여러 곳에 언급된 일이 있다. (1) 엘리사는 하사엘이 시리아의 왕이 될 뿐만 아니라 그가 후에 잔인한 행위를 할 것을 예언하면서 그의 불행한 처지를 슬퍼하며 운다. "네가 이스라엘 자손에게 행할 모든 악을 내가 앎이라. 네가 그들의 성에 불을 지르며 장정을 칼로 죽이며 어린아이를 땅에 메치며, 아이 밴 부녀의 배를 가를 것이다"(왕하 8:12). (2) 이스라엘 역사의 말기에, 이스라엘의 왕 므나헴이 쿠데타를 일으키면서 자신의 대적들을 치고 임신한 여인들의 배를 가른 사건이 기록되어 있다(왕하 15:16). (3) 예언자 호세아는 이스라엘의 심판을 선언하면서 그들이 당할 불행을 매우 사실적으로 묘사하고 있다("사마리아가 그들의 하나님을 배반하였으므로 형벌을 당하여 칼에 엎드러질 것이요 그 어린아이는 부서뜨려지며 아이 밴 여인은 배가 갈라지리라." 호 13:16). 아마도 훗날 아시리아에 의해 이스라엘이 당하게 될 불행을 묘사한 말인 듯하다.

인가, 짐승인가? 그들은 아내도, 누나도, 어머니도 없는 인면수심의 존재들인가! 역시 그들은 근친상간의 후예들임을 입증하기라도 하듯이 그렇게 잔악한 일들을 거침없이 행했나 보다. 하늘이 보고 있고, 땅이 경악하는 만행을 자행하면서까지 영토 확장을 이루려 했다면, 그 죄는 엄중히 국문(鞫問)되어야 하고, 그 형벌은 무거워야 하지 않을 것인가! 근친상간의 후예들은 이처럼 영토 확장의 탐욕에 눈이 어두워져서 비인간적이고 반인륜적인 만행을 거침없이 자행했다. 그들은 짐승이었지 결코 사람일수 없는 자들이었다.[4]

그렇다! 입에도 담기 어려운 이러한 잔인한 성품들이 어찌 옛 암몬인들에게만 국한되어 있으랴? 사실상 우리는 우리의 삶의 영역과 영토를 확장하기 위해 얼마나 부단히 노력하고 계획하는가! 그러나 우리는 그러한 이면에, 즉 삶의 터전을 좀 더 확장하고 넓히려는 모든 인간의 마음 이면에는 이와 같이 짐승처럼 잔인한 죄의 성품이 깊이 자리 잡고 있다는 사실을 망각하지 말아야 할 것이다. 다른 사람들을 잔인하게 취급하고 자신들의 이익과 세력 확장을 위해 포학한 일들을 은밀하게 획책하고 있는 자들이 있다면 그들은 암몬을 향한 하나님의 심판 선언에 귀를 기울여야 할 것이다.

이제 암몬을 향한 하나님의 심판 선언은 이전의 다른 열국 심판의 내용과는 다를 뿐만 아니라 좀 더 구체적으로 특이하게 확대되었다.

그러므로 내가 랍바의 성벽들에 불을 놓을 것이며

---

4   "(배를) 갈라 열다"(to rip open)라는 의미를 지닌 "바카"(בָּקַע)라는 히브리어의 피엘형(piel)
     은 곰이나(왕하 2:24) 다른 들짐승들이 사람을 찢어 가르는 행동들을(호 13:8) 묘사하는 데
     사용되고 있다. 참조. Paul, *Amos*, 68. 그렇다면 암몬인들의 행위는 짐승에 견줄 만한 야만적이
     고 잔인한 것이다.

그 요새들이 불태워 삼킬 것이다.

전쟁의 날에 군사들의 외침 속에서

폭풍의 날에 거센 바람 속에서 그리될 것이다.

그리고 그의 왕이 사로잡혀 갈 것이며

그와 그 신하들이 함께 그리될 것이다(암 1:14-15).

다른 나머지 심판 신탁들 안에는, 야웨 하나님께서 형벌 받을 나라들을 심판하신다는 표현으로 "내가 불을 보낼 것이다"라는 문구가 획일적으로 사용되고 있다. 그러나 암몬의 경우 "내가 불을 놓을 것이다"라는 구절이 사용되고 있다. 물론 그것은 아모스가 용어를 자유롭게 사용한 것이며, 이러한 변화에 많은 의미를 둘 필요는 없을 것 같다. 그럼에도 암몬을 향한 하나님의 심판 선언과 다른 것들을 비교해서 좀 더 다른 것은 심판의 묘사가 매우 사실적이고 회화적이라는 점이다. 친히 불을 지펴 암몬이 자랑스럽게 생각하는 도시 랍바를 불태우시는 하나님의 모습, 전쟁터의 아수라장, 전쟁의 방화와 화재로 인해 들려오는 백성들의 절규와 침공하는 군사들의 외침, 폭풍이 휩쓸고 간 듯한 격전장, 그 어느 것 하나라도 견디어 내기 힘들 정도의 치열한 전투 그리고 마침내 패배해서 사슬에 묶여 포로가 된 모습, 포승줄에 묶인 긴 행렬이 다시 돌아올 수 없는 긴 유배의 길을 떠나는 모습 등은 암몬의 심각한 죄악의 결과가 무엇인가를 적나라하게 보여준다.

영토를 확장했다고 자만하던 암몬이 하나님의 정의로운 목전에서 벗어날 수 있을까? "위대함"이란 뜻을 지닌 암몬의 수도 "랍바"[5]의 성

---

5   성경 시대의 랍바는 암몬의 수도였고(삼하 11:1; 삼하 12:27, 29) 얍복강 상류에 위치했다(삼하 12:27). 현재는 요르단의 수도인 암만이다.

과 요새들이 하나님의 칼날을 피할 수 있을까? 아니다! 그것들은 돌 위에 돌 하나 남지 않고 초토화될 것이다. 아모스 1:14B에 사용된 "전쟁의 함성"[6], "나팔 소리", "폭풍과 회오리바람" 등과 같은 표현들은 모두 "야웨의 날"(Day of the Lord)[7]에 대한 다양한 표현구들이다. 군사적 용어와 "신-현현"(theophany)의 용어로 특징된 이러한 표현구들은 그의 대적자들을 향해 "전쟁의 용사"(Divine Warrior)로서 임하시는 야웨 하나님의 격렬한 공격을 가리킨다. 위대한 전사 하나님이 오시는데 누가 감히 그 길을 막아서리요!

암몬 왕국에 임한 최후의 재앙과 저주는 그들의 왕과 고위 관료들이 멀고도 먼 유형(流刑)의 길을 떠나야 한다는 것이다. 열국 심판 신탁들을 대조해보면 드러나듯이, 적국의 포로가 되어 끌려가는 형벌은 다메섹(암 1:5)과 암몬(암 1:15)에게만 선언되었다. 두 나라 모두 이스라엘 영토인 길르앗을 향해 야만적인 행위를 저지르는 죄를 지었기 때문이다. 물론 타국으로 강제 이주되는 형벌은 전쟁의 패배로 인한 것이었지만, 포로의 대상은 다메섹과 암몬의 경우가 서로 달랐다. 다메섹의 경우 포로로 끌려간 것은 백성들이었지만, 암몬의 경우 그들의 왕과 고위 관료들이 포로로 끌려갈 것을 말하고 있다. 그들은 누구였던가? 이웃 나라의 국경을 넘보고 자신들의 영토를 늘리기 위해 온갖 야만적 만행을 자행하던 자들이 아니던가? 그렇다면 그들이 자신들의 영토로부터 쫓겨남을 당해 타국으로 포로로 끌려가게 된다는 것은 응분의 값을 지불하는 것이 아니겠는가? 폭력과 잔인함으로 그들이 새롭게 장만한 자랑스러운 영토에 그들의 산업들을 시

6　일명 "전투 함성"(battle cry)으로 알려진 행위는 적군을 향한 공격을 시작하기 전, 진군하는 군사들이 자신들의 사기(morale)를 드높이기 위해 지르는 함성을 말한다.

7　"야웨의 날"은 예언서 문헌 안에서 전문적인 용어가 되었다. 그것은 심판과 구원의 목적을 이루기 위한 하나님의 긴박한 도래를 가리키는 날이다. 즉 하나님을 대적하는 무리에게는 심판으로, 하나님의 변호를 받을 자들에게는 구원으로 임하는 하나님의 날이다(예. 암 5:18, 20; 사 13:6, 9; 34:8; 63:4; 겔 30:3; 욜 2:1; 습 1:7-9).

작하고 저택들을 세워 영구한 안전과 행복을 얻기를 그처럼 갈구했지만 그들은 다 내어놔야 했고 마지막에는 원치 않은 포승줄에 묶여 기약 없는 포로 생활을 위해 강제로 고국을 떠나야만 했다. 정의롭고 공평한 심판의 형량이로다![8]

모압을 향한 심판 신탁

야웨께서 다음과 같이 말씀하신다.

모압의 세 가지 죄들 때문에(암 2:1Aa)

네 가지 죄들 때문에 내가 심판 결정을 철회하지 않을 것이다(2:1Ab).

그가 에돔 왕의 뼈를(2:1Ba)

불살라 회를 만들었기 때문이다(2:1Bb)

그러므로 내가 모압에 불을 보낼 것이니(2:2Aa)

그리욧의 요새들이 불태워 삼킬 것이다(2:2Ab).

모압이 소요 가운데 죽을 것이며(2:2Ba)

전쟁의 함성과 전쟁을 알리는 나팔 소리 중에서 죽을 것이다(2:2Bb).

내가 그중에서 재판장을 칠 것이며(2:3Aa)

내가 모든 모압의 방백들을 그와 함께 죽일 것이다(2:3Ab).

– 야웨께서 말씀하셨다. –

창세기의 기록에 의하면 모압은 롯이 그의 맏딸과 맺은 근친상간 관계에

---

8 포로로 끌려갈 대상으로 왕과 고위 관료들을 언급한 아모스에게 있어서, "왕"(말캄, מַלְכָּם)이 란 히브리어 단어의 사용은 의도적으로 매우 미묘한 이중적 의미를 생산하고 있는 듯하다. 즉 "말캄"(왕)이란 히브리어 단어는 암몬의 국가 신인 "밀콤"(מִלְכֹּם)을 연상케 하는 단어다.

제1부 열국 심판 신탁

서 얻은 첫 아들이었다(창 19:30-38). 암몬과 함께 모압은 이스라엘의 먼 친척 나라이지만 전통적으로 이스라엘과 적대 관계를 이루어왔다.[9]

암몬을 향한 심판 신탁을 선언했던 예언자 아모스는 이제 자신의 시선을 모압으로 돌려 신랄한 비난과 함께 그들이 받아야 할 형벌을 선언한다. 무엇이 모압의 범죄인가? 이상하게도, 모압이 저지른 범죄는 "에돔 왕의 뼈를 불태워 회(灰)를 만들었다"[10]는 것이다. 어떤 학자들은 아모스가 비난하고 있는 야만적인 행위가 열왕기하 3:4-27에 기록된 사건 안에 포함되었을 것이라고 추측하지만, 우리는 구체적인 역사적 사건을 재구성할 수 없다. 그럼에도 모압과 에돔 사이의 적대 관계는 매우 오래되었을 뿐 아니라 지속적이었기 때문에, 아모스가 말하는 사건이 아모스의 기억에도 생생하게 기억될 만큼 잘 알려진 것이라고 추정하는 것은 자연스러운 일이다.

물론 현대의 독자들, 특히 서구인들에게는 이러한 고발과 비난이 매우 생소하고 이상하게 들릴지도 모른다. 그러나 동양인들, 특히 유교 전통에 있는 한국인들에게는 이 말의 의미가 매우 실질적으로 다가올 것이다. 동양적 사고방식에 의하면 죽은 자에 대한 예우는 자식이 갖추어야 할 중요한 덕목 중 하나였다. 자식이 돌아가신 부모나 선조들의 기일을 기념하고 그들의 묘소를 돌보는 것은 그들을 향한 존경과 애정의 표현이기도 하다. 따라서 사람들은 버려진 무덤이나 잘 가꾸지 않은 묘소에 대해 효성이 없는 무정한 자식이라고 비난하거나, 아니면 부모도 모르는 배은망덕한

---

9 모압 역사에 관한 개관으로는 다음의 책을 보라. A. H. van Zyl, *The Moabites* (Leiden: Brill, 1960); J. R. Bartlett, "The Moabites and Edomites," *Peoples of Old Testament Times*, ed. D. J. Wiseman (Oxford: Clarendon, 1977): 229-58.

10 참조. Shalom Paul(*Amos*, 72)은 "뼈를 불태워 재를 만들었다"는 일반적 의미보다는 "뼈를 불살라 회를 만들었다"고 이해해야 한다고 주장한다. 집이나 돌에 흰색을 덧칠하기 위해 횟가루를 바르는 일이 종종 있는데, 횟가루를 얻기 위해 뼈를 불살랐다는 주장이다.

자식이라고 욕했다. 국가적 차원에서도 이러한 전통은 그대로 반영된다. 한 국가의 주권자인 임금의 무덤의 위용은 그 사람의 업적과 밀접한 관계를 맺고 있으며, 후세들에 의해 잘 보존된다. 무덤을 관리하고 보존하려는 노력은 그들에 대한 존경을 표하는 예식의 일부이기도 하다.

이와 같은 문화적 요인을 배경으로 삼아볼 때, 모압을 향한 비난은 충분히 이해할 만한 것이다. 모압을 향한 비난은 그들의 탐욕이나 폭력을 문제 삼는 것이 아니라 다른 사람들을 향한 그들의 모욕적인 태도를 지칭하는 것이다. 조상과 죽은 자들을 공경하고 받드는 사회에서 다른 사람의 시신을 함부로 다루거나 무덤을 파헤치는 행위는 가장 피해야 할 행위이며, 가증스러운 혐오의 대상이다(예. 왕하 23:16). 만일 당신의 대적자가 당신이 모르는 사이에 당신의 돌아가신 부모의 무덤을 파헤쳤다고 가정해보자. 당신의 감정은 어떠할 것인가? 당신 부모에 대한 모욕일 뿐만 아니라 당신 가문 전체에 대한 경멸이 아니겠는가! 이와 같이 적국의 왕의 무덤을 파헤친 후 그 뼈들을 불에 태워 회를 만드는 야만스러운 행위는 그 나라 전체에 대한 모욕이고 도전이다. 왕은 그 나라를 대표하는 주권자이기 때문이다.

모압을 향한 아모스의 비난은 독특한 점을 포함하고 있다. 그것은 모압이 저지른 죄가 이스라엘을 향한 것이 아니라 또 다른 이방 민족인 에돔을 향한 것이라는 데 있다. 다시 말해 예언자의 신랄한 공격과 비난의 대상이었던 에돔, 그리고 역사적으로 이스라엘의 오래된 원수국이기도 한 바로 이 에돔을 향해 모압이 취했던 행동이 아모스의 비난의 표적이었다. 이스라엘의 영원한 라이벌 에돔을 손대었기로서니 그것이 무슨 크나큰 죄악이 된다고 이처럼 아모스는 야단스럽게 모압을 성토하고 비난하는가? 그러나 우리는 기억해야만 한다. 아모스는 편협한 민족주의자나 배타적 인종주의자가 아니었다. 다시 말해서 하나님은 인종적 편견이나 민족적 차별을 하는 신이 아니시다.[11] 그렇다! 그분 앞에서 모든 민족은 공평하게 취급받으며, 그분의 "정의의 법" 아래서 모든 민족과 인종은 공평한 경기를 하고 있다. 따라서 하나님은 인간의 가장 기본적인 명예와 수치감을 짓밟아버리는 행위를 묵과할 수 없으시다. 그분의 날카로운 눈동자는 모압의 이러한 혐오스러운 행위들을 그대로 간과하거나 방치하지 않으실 것이다.

모압 심판 신탁에 열거된 잔인한 행위는 한 이방 국가가 또 다른 이방 국가에 대해 저지른 일이며, 이스라엘이나 유다에 대해 저지른 범죄 행위가 아니었다. 그렇다면 이 사실이 신학적으로 어떠한 중요성을 지니는가? 이 질문에 대한 샬롬 폴의 대답은 명쾌하다.

> 이 사실은 아모스의 열국 심판 신탁이 비인간적인 야만 행위 그 자체를 엄중히 비난하기 위해 의도된 것이라는 최상의 증거다. 누가 이러한 비인간적이며 야만적인 행위를 저질렀는가, 그리고 그것이 누구에게 가해졌는가 하는 문제는 아모스의 열국 심판 신탁의 본질적 의도와는 전혀 상관이 없다. 그러한 범죄는 야웨에 대한 직접적인 범죄 행위다. 야웨의 도덕법들은 국가들 간에 작동할 뿐만 아니라 구속력도 있다. 이스라엘의 하나님의 뜻을 조롱하는 자는 열국의 "재판장"에 의해 직접적으로 처벌받게 될 것이다.[12]

그들이 에돔 왕의 뼈들을 불살랐듯이 하나님의 분노의 불꽃은 모압을 불태울 것이다. 그들이 그렇게도 자랑했고 자부했던 성채와 요새들, 궁궐과 성벽들이 하루아침에 초토화될 것이다. 모압의 자존심이며 자랑이었던 그리

11　최근의 나온 범퍼 스티커(bumper sticker)의 문구는 하나님의 공평성(특히 인종에 대한)을 다음과 같이 익살스럽게 표현한다. "하나님은 색맹이십니다!"(God is color-blind)

12　Paul, *Amos*, 72.

욥[13]의 성과 요새는 허무하게 함락될 것이다. 그들의 신 그모스가 그들을 야웨의 심판으로부터 보호해주지 못할 것이다. 그리고 수많은 세월 동안 세워진 그들의 모든 것이 일순간에 한 줌의 연기로 치솟아 오를 것이다. 모압이 에돔 왕의 뼈를 불태워 횟가루를 만들었다면, 이제 하나님은 모압을 불태워 잿가루로 만드실 것이다. 하나님의 정확한 보복에 전율할 뿐이다.

하나님이 보내신 불(암 2:2Aa)은 아마도 모압을 치러 들어오는 외국 군대의 침공을 상징하는 관용구일 것이다(암 2:2Bab). 전쟁의 소문에 온 성읍과 거리와 도시들이 혼돈 속에 요동할 것이며, 기선을 제압하기 위해 부르짖는 침략국 전사들의 함성은 모압 국토 전부를 촛물 녹이듯 녹여버릴 것이다. 사방에서 들려오는 전투 나팔 소리들은 모압의 거리들을 혼미와 무질서, 아우성과 비명으로 채울 것이다. 하늘은 불, 연기, 소란과 비명, 혼돈으로 가득할 것이고, 전쟁의 참상은 모압을 시체 더미로 만들 것이다. 모압이 그들 이웃 나라의 감정을 무시하고 시체를 파내 불살라 그들의 위엄을 짓밟은 것처럼 모압의 시체들이 길거리에 너절하게 널려 있게 될 것이다.

하나님의 심판은 이러한 불행을 가져온 모압의 정치 지도자들인 재판장과 관리들에게 그 일차적 형벌을 시행할 것이다(암 2:3Aab). 한 국가가 지도자를 잘못 만나면 그 불행이 그들뿐만 아니라 백성들에게까지 미친다는 사실이 새삼 소름끼치게 느껴진다.

재앙의 날이 모압에 찾아들었을 때, 그리고 소수의 생존자들이 아모스의 예언을 기억했을 때, 그들은 이 모든 재난의 배후에 이스라엘의 주권자의 손이 있다는 사실을 뼈저리게 알게 되었을 것이다. 비록 때가 너무 늦기는 했지만!

---

13   모압의 메사 석판(Mesha inscription) 12-13행은 그리욧이 모압 민족의 주신(主神)인 그모스의 신전이 있는 장소라고 말한다.

열국 심판 신탁에 나타난 하나님은 어떤 분이신가?

적어도 지금까지 아모스는 이스라엘 주변 국가들을 하나씩 거명하면서 그들이 저지른 전형적 범죄들을 지적하며 그에 대한 하나님의 공의로운 심판을 선언했다. 우리는 이 시점에서 열국 심판 신탁의 신학적 중요성을 종합적으로 살펴볼 필요가 있다. 우리는 열국 심판 신탁에서 무엇을 배울 수 있을까? 왜 하나님은 이방 나라들의 행동에 관심을 가지실까? 지적한 죄들은 어떠한 것들인가? 언급된 죄들을 포괄할 수 있는 범주가 있는가? 그런 범죄들은 종교적 죄들과 어떠한 관계가 있을까? 어떤 특정한 종류의 죄들은 다른 종류의 죄들보다 더욱 심각하게 취급될까? 나라들 간의 국제법의 파기와 하나님은 무슨 관계인가? 이러한 질문들에 대한 대답은 상당한 양의 또 다른 지면을 할애해야 하는 중요한 질문들이다. 하지만 우리는 우리의 논의에 초점을 맞추기 위해 다음과 같이 문제를 종합해서 그에 대한 잠정적인 대답을 제시해보고자 한다.

첫째, 하나님의 전 세계적 통치 사상이다. 열국 심판 신탁, 특히 하나님의 언약 백성으로 알려진 유다와 이스라엘을 제외한 열국 심판 신탁(여섯 나라, 곧 시리아, 블레셋, 페니키아, 에돔, 암몬, 모압)의 저변에는 "만국의 주권자로서 하나님은 지금도 이 세상 나라들의 역사를 점검하고 다스리고 계신다!"는 신학적 선언이 담겨 있다. 이것은 하나님은 자신의 언약 백성들에게만 주권자가 아니시라는 가르침이다. 그분이 천지만물의 창조자시라면 그분의 통치의 영역은 전 세계적이며 우주적이다. 성경은 성과 속을 구별하고, 하나님 나라와 세상 나라를 구별하는 일에 대해 아는 바가 없다. 세상의 그 어떤 신들이나 강력한 나라도 하나님의 권능과 위엄 앞에서 견딜 수 없다는 것이 성경의 신앙이 강력하게 보여주는 메시지가 아니던가! 열국의 신들, 그것이 메소포타미아든, 이집트든 혹은 가나안의 신들이든, 그 어떤 신들보다 위대하고 장엄한 참 신이 계신다는 선언이 구약성경의 중심 사상이지 않은가! 말씀 한마디로 온 세상을 존재케 하신 하나님, 메소포타미아의 신들로부터 아브라함을 불러내신 하나님, 이집트의 신들을 무력화시키고 그곳의 잔혹한 권력으로부터 이스라엘을 구출하셨던 하나님, 가나안의 바알과 아세라를 부끄럽게 하셨던 하나님, 바로 이 하나님은 이스라엘의 영토에만 국한되어 있는 민족신이 아니라는 사실에 관해 이스라엘을 포함한 모든 나라와 민족들이 알아야 할 것이다(예언자 요나는 이 사실을 얼마나 힘들여 값비싸게 배웠던가!).[14] 역사의 주재자시며 만물의 창조자이신 하나님은 자신의 정의와 공의로 이 세상을 다스리고 운행해나가신다. 그분에게는 사사로운 민족주의나, 배타적 인종주의나, 편협한 선택주의는 설자리가 없다. 오직 그분의 정의(justice)와 의로움(righteousness)만이 세계 질서를 유지하는 원리이고, 인간 삶의 질을 구성하는 기본적인 규범이다. 하나님의 창조 규범으로서 이러한 공의와 정의가 실현될 때 하나님의 창조 세계―인류 역사와 민족과 개인의 삶 전체를 포괄하는 세계―에는 비로소 하나님의 샬롬이 찾아들 것이다.[15]

둘째, 악이란 단순히 좁은 의미에서 종교적이거나 개인적인 성격을 지닌 것이 아니다. 열국 심판 신탁이 강력하게 보여주는 것은 한 개인만이 악을 저지르는 도구가 될 수 있는 것이 아니라, 국가와 민족들의 정책과 기관들도 악을 이루는 도구가 될 수 있다는 가르침이다.[16] 소위 "구조

14 　"야웨 하나님만이 참 신이시다"(야웨 후 하엘로힘)는 이스라엘의 신앙고백을 이방 민족의 다른 신들과의 관계 속에서 조명한 훌륭한 논문으로는 김이곤, "야웨 후 하엘로힘", 『하나님의 말씀은 영원히 서리라: 주토 최의원 박사 기념논문집』(서울: 크리스챤다이제스트, 1997), 67-90을 보라.

15 　이와 관련하여 다음의 글을 읽어보라. 류호준 "정의와 평화가 함께 포옹할 때까지", 『한국개혁신학회 논문집 1』(서울: 한들 출판사, 1997), 44-86.

16 　특히 복음주의적이라고 자부하는 한국교회가 개인의 경건성을 강조하면서도 왜 사회적 개혁과 구조악에 대한 지적에 약했는가를 생각해볼 대목이다. 또한 신학대학원의 교과 과목에

악"(structural evil)이라 불리는 것들은 우리가 타락한 세계 안에 살고 있다는 가현적인 증거물이다. 악의 세력은 단순히 한 개인의 성향, 예를 들어 악한 생각, 미움, 거짓 증거, 훼방, 음란 등에서 멈추지 않는다. 악은 매우 미묘할 뿐만 아니라 분별해내기 어려울 정도의 위장을 통해 인간의 삶 속에, 사회 구조와 국가의 기관들 속에 깊이 침투해 있다. 그것은 한 집단이 다른 집단을 향해 가하는 조직적인 학대나 비인간적인 처우, 부정과 부패로 찌든 국가 기관들, 선진국 안에 편만한 황금만능주의, 독재 권력의 횡포, 성도덕의 타락, 집단적 이기주의의 발흥, 인간의 맹목적인 이익 추구로 인해 황폐되어가는 자연 생태계, 우리 사회에 편만한 계급주의나 성차별주의, 국가 간에 존재하는 인종차별주의, 인간 삶을 오직 경제적인 측면으로만 환원시키려는 시장 경제주의의 단견, 인간을 오직 노동력 생산의 도구로만 인식하려는 유물론적 사고방식, 약한 자들의 노동력을 착취하는 잔인성, 정신적·신체적 고문과 같은 인권 유린, 정신적 폭력, 세계 도처에서 발생하는 인종 말살 정책, 대중 매체에 의한 인격 살해, 약소국에 대한 강대국의 주권 침해와 경제적 유린, 한 문화의 다른 문화에 대한 문화적 우월주의와 가치관의 강요 등등 다양한 모습과 형태를 띤 채 하나님의 통치를 혼란스럽게 만든다. 우리는 이미 인류 역사에 대한 관찰을 통해 이러한 악들이 잔인한 순환을 계속해오고 있다는 사실을 인식하고 있다.[17] 따라서 우리는 죄를 좁은 의미에서 종교적 문제─예를 들어 성수주일, 십일조와 같은 문

서도 윤리 과목으로서 "개인 윤리"뿐만 아니라 "사회 윤리" 과목도 반드시 함께 가르쳐야 한다는 것이 신학 교육에 종사하는 나의 관찰이다. 성경과 사회 윤리에 관한 좋은 입문서는 E. Clinton Gardner, *Biblical Faith and Social Ethics*(New York: Harper & Row, 1960)를, 복음주의자들의 사회 윤리적 전망에 관해서는 Perry C. Cotham (ed.), *Christian Social Ethics: Perspectives and Problems*(Grand Rapids: Baker, 1979)를 읽어보라.

17　참조. 탁월한 기독교 철학자인 Nicholas Wolterstorff의 *Until Justice and Peace Embrace*(Grand Rapids: Eerdmans, 1983)는 "하나님의 우주적 통치"라는 관점에서 이러한 문제들을 비평적으로 다룬 철학적·신학적 저서다. 『정의와 평화가 입맞출 때까지』(IVP 역간).

제一로만 국한하거나 축소하려는 신학적 사시(斜視)라는 병에서 치유를 받아야 할 것이다. 우리는 아직 온전히 회복되지 않은 이 세상이 보여주는 세계관 및 죄로 오염되어 있는 이 세상이 우리에게 은연중 강요하는 도덕관에 대항해서 성경의 세계관, 도덕과 가치를 담대하게 선포하고 그에 따라 살아야 하는 책임과 의무를 지니고 있는 무리들이다.[18] 이 세상 나라들을 향해 제사장의 나라로 부르심을 받은 자들이 그리스도인들이 아니던가! 이 세상에 빛과 소금으로 자신들의 정체성을 드러내야 하는 자들이 참 "이스라엘"이 아니던가! 하나님의 우주적 다스림을 종교적 측면으로만 환원시키려는 것은 그것이 의도적이든 아니면 무지에서 기인한 것이든 상관없이 성경의 하나님을 정당하게 취급하는 일이 아니다.

셋째, 하나님의 심판은 임의적이거나 일시적이지 않다는 것이 열국 심판 신탁이 보여주는 가르침이다. 하나님은 열국이 범한 첫 번째 죄악에 대해 아무런 인내 없이 심판을 집행하시는 분이 아니시라는 것이다. 오히려 그들의 죄악이 충만하게 성숙할 때까지, 아니 역으로 말하자면 그들이 그러한 죄악들로부터 돌이키기를 기다리는 분이 하나님이시다. 열국 심판은 그들이 일정한 패턴을 형성하면서 반복적으로 범죄 행위를 저질렀다는 것을 보여준다. "그들의 세 가지, 네 가지 죄들을 인하여"라는 문구가 암시적으로 보여주듯이, 하나님은 반복되는 죄의 습관과 행위들에 대해 더 이상 인내하실 수 없으시다. 그분은 자신의 "정원"(하나님이 창조한 이 세상 전체)이 부정한 행위들로 더럽혀지기를 원치 않으신다.

---

18   사회 변혁을 위한 제안으로, 특히 두 가지 모델을 중심으로 논의를 펼치고 있는 고신대 신학대학원의 신원하 교수의 학위 논문은 우리의 논의를 위한 좋은 출발점을 제공해줄 것이다. Won Ha Shin, "Two Models of Social Transformation: A Critical Comparison of Theological Ethics of John H. Yoder and Richard J. Mouw" (Ph.D. dissertation, Boston University, 1996). 아울러 이제는 그리스도인들에게 고전이 된 H. Richard Niebuhr의 명저인 *Christ and Culture* (New York: Harper & Brothers, 1951)의 일독을 권한다. 『그리스도와 문화』(IVP 역간).

마지막으로, 인간 삶의 모든 측면과 차원에 깊은 관심을 지니신 하나님은 특히 약한 자, 압제받는 자, 억눌린 자, 소외된 자들—그들이 누구이든 상관없이—을 위한 마지막 보호자이자 최후의 변호자시다. 그들의 눈물과 고통의 소리는 결코 하나님의 귀를 지나치지 않을 것이다. 하나님은 영원히 "약자의 하나님"(God of the weak)으로 남기를 원하시고, 그러하기를 자랑스럽게 생각하실 것이다.[19] 그분은 고아와 과부와 나그네 된 자의 하나님으로 자신을 드러내셨기 때문이다. 그들의 원한과 눈물과 비통함을 귀담아 들으실 것이고, 그분의 "정의의 책"속에 기록하실 것이며, 그들을 위해 우주의 법정에 서서 최후의 변호와 심판을 선고하실 것이다. 성경이 주어지지 아니했던 이방 백성들, 명문화된 하나님의 계명과 율법들을 소유하지 않았던 열국들도 국제 간의 관습과 도덕법 및 자연 속에 담겨 있는 정의의 법에 의해 검증되고 처벌되었다면, 하물며 자신들을 하나님의 백성으로 자부하는 자들에게는 얼마나 더 큰 책임이 주어지겠는가! 타락한 세상 안에 존재하는 하나님의 백성들은 자신의 존재 자체를 통해 그들이 하나님의 백성이며 하나님의 윤리적 규범 아래 살고 있다는 탁월한 도덕성과 세계관을 드러내야 할 것이다.

만일 언젠가 하나님이 주재할 최후의 법정에 우리가 서게 될 것이라는 사실을 생각한다면, 이 세상에서 우리의 행동 양식과 삶의 태도가 근본적으로 달라져야 하리라. 우리는 이 시점에서 최후 심판에 관한 묵시론적 환상을 담고 있는 예수님의 강론을 기억할 필요가 있다. 곧 "양과 염소"를 통한 비유적 강론이다(마 25:31-46). "종말론적 재판장"(eschatological Judge)으로서 예수님은 최후의 심판대 앞에 서실 것이다. 그분은 모든 민족을 자

---

19 참조. John Timmer, *God of Weakness: How God Works Through the Weak Things of the World* (Grand Rapids: CRC Publications, 1996).

신 앞에 모아 두 부류로 분류해서 한쪽은 오른편에, 다른 한쪽은 왼편에 세 우실 것이다. 이는 전 세계의 모든 민족을 두 부류로 나눈다는 선언이다. 그 기준이 무엇인가? 어떤 기준으로 민족들을 양분한단 말인가? 이에 대한 대답은 재판장의 엄숙한 선고 이유 안에 잘 드러나 있다.

> [오른편에 있는 자들을 향해], "내가 주릴 때에 너희가 먹을 것을 주었고, 목 마를 때에 마시게 하였고 나그네 되었을 때에 영접하였고, 벗을 때에 옷을 입 혔고 병들었을 때에 돌보았고, 옥에 갇혔을 때에 와서 보았느니라"(마 25:35- 36).
> [왼편에 있는 자들을 향해], "내가 주릴 때에 너희가 먹을 것을 주지 아니하였 고, 목마를 때에 마시게 하지 아니하였고, 나그네 되었을 때에 영접하지 아니 하였고, 헐벗었을 때에 옷 입히지 아니하였고, 병들었을 때와 옥에 갇혔을 때 에 돌보지 아니하였느니라"(마 25:42-43).

이들을 향한 최후의 선고를 들어보라! 전자를 향해서는 "내 아버지께 복 받을 자들이여, 나아와 창세로부터 너희를 위하여 예비된 나라를 상속받 으라"(마 25:34), 그러나 후자를 향해서는 "저주를 받은 자들아, 나를 떠나 마귀와 그 사자들을 위하여 예비된 영원한 불에 들어가라"(마 25:41)는 선 고가 내려진다. 첫 번째 부류는 영생에, 다른 한 부류는 영벌에 들어가도록 운명지어진 것이다! 하나님의 심판의 손에 빨려 들어가는 것이 얼마나 무 서운 일인가! "우리 하나님은 소멸하는 불이심이라"(히 12:29).

제6강

열국 심판 신탁들(IV): 정의로운 야웨 하나님

암 2:4-16

유다를 향한 심판 신탁

야웨께서 다음과 같이 말씀하신다.

유다의 세 가지 죄들 때문에(암 2:4Aa)

　　네 가지 죄들 때문에 내가 심판 결정을 철회하지 아니할 것이다(2:4Ab).

그들이 야웨의 율법을 멸시하며(2:4Ba)

　　그 율례를 지키지 아니하고(2:4Bb)

거짓 것들에 미혹되었기 때문이다(2:4Ca).

　　그것들은 그들의 선조들이 따라가던 것들이었다(2:4Cb).

그러므로 내가 유다에 불을 보낼 것이니(2:5Aa)

　　예루살렘의 요새들이 불태워 삼킬 것이다(2:5Ab).

이제 예언자 아모스는 열국 심판 신탁의 마지막 대상(?)으로—적어도 북이스라엘의 청중들은 그렇게 생각했을 것이다. 일곱 번째라면 마지막이 아니겠는가? 하나님의 충만한 숫자는 "일곱"이 아니었던가!—남유다 왕국을 거명하고 있다. 북이스라엘의 영원한 대적자인 동시에 동반자인 유다, 그야말로 "가깝고도 먼 나라"인 유다에 대한 심판 신탁은 북이스라엘인들에게 흥분과 기대, 만족과 즐거움을 가져다주었을 것이다.[1] 물론 우리는 이러한 기대가 얼마나 어리석은 것이며, 자신들을 향해 내리꽂힐 최후의 비수를 생각지 못하는 이스라엘인들의 바보스러운 즐거움이 얼마나 허망한 것인가를 잘 알고 있다. 그러나 적어도 이 순간까지 이스라엘 사람들

1　W. Rudolph(KAT, 121)의 말을 들어보자. "에브라임의 청중들[북이스라엘인들]은 유다를 향한 아모스의 비난과 위협적인 형벌을 들었을 때 그들이 이방 나라를 향한 아모스의 심판 신탁을 들었을 때처럼 동일한 만족감을 가지고 경청했을 것임에 틀림없다"(die ephraimitische Hörerschaft die Bescheltung und drohende Bestrafung Judas sicher mit derselben Genugtuung vernahm wie die Worte gegen die Fremdvölker).

은 이 사실을 인식하지 못한 채 아모스의 심판 메시지를 듣고 있다.

일반적으로 받아들여진 보편적인 도덕법 혹은 국제적 관례법 또는 우리가 앞서서 주장했듯이, 창조 질서에 근거한 정의에 의해 이방 나라들의 행동들이 점검되고 그에 따른 심판이 확정되었다면 유다와 이스라엘의 경우는 어떨 것인가? 유다의 "범죄들"(페샤임)은 무엇인가? 왜 그들은 하나님의 심판을 피할 수 없는 것일까? 하나님은 어떤 기준으로 유다의 죄들을 드러내실 것인가? 그들의 반인륜적 행위인가? 잔인하고 포학스런 행위들인가? 아니면 야만적인 집단 행동인가?

예언자 아모스가 지적한 유다의 죄들은 그들이 소유하고 있었던 "언약의 책" 안에 이미 명시적으로 기록되어 있던 하나님의 율법들을 멸시하고 저버린 것이었다. "저희가 야웨의 율법을 멸시하고 그의 규례들을 지키지 아니하였다"(암 2:4Bab). "또한 거짓 것들(거짓 신들)에 미혹되어 곁길로 나갔는데, 이러한 거짓 신들은 그들의 조상들이 따라가던 것들이었다"(암 2:4Cab). 이는 신명기적 색채—신명기의 용어나 사상—가 짙게 풍기는 고발이다.[2] 유다의 죄에 대한 처벌은 어떻게 이루어질 것인가? 아모스에 의하면, 그들은 자신들이 소유하고 있던 바로 그 율법에 의해 점검될 것이며, 그들이 자신들의 하나님과 맺은 언약 규정들에 의해 심판받게 된다는 것이다.

---

2 몇몇 학자들은 이러한 신명기적 용어 사용을 근거로, 유다 신탁이 후대(바빌로니아 포로기 이후)에 첨가되었다고 주장한다. 이들에 의하면, 유다 신탁은 예루살렘 함락 이후 아모스의 독자들에게 유다의 멸망은 그들이 하나님의 율법을 저버리고 다른 신들을 좇았기 때문이라는 신학적 이유를 제공한다. 예. Jeremias, *Amos*, 44. 그러나 언어학적 자료를 근거로 삼은 설득력 있는 반론으로는 Smith, *Amos*, 77-78을 보라. 한편 최근의 한 학자(Eberhard Bons, "das Denotat von כזביהם 'ihre Lügen' im Judaspruch Am 2:4-5," *ZAW* 108 [1996]: 201-13)는 본 절에서 유다의 죄로 지적하고 있는 "율법을 저버림"과 "다른 신을 좇아감"은 신명기의 율법과 이방신을 추구하는 것을 가리키는 것이 아니라 각각 "예언자들의 가르침"(prophetische Tora)과 거짓 예언자들을 따라가는 것(Orientierung an falschen Propheten)을 가리키는 것이라고 주장한다. 이 경우 본 절을 후대의 삽입으로 보지 않고 아모스의 말로 간주한다.

그들은 하나님의 언약 백성들이었다. 오래 전 출애굽 당시 광야에서 체결한 시내산 언약 규정들에 의해 그들의 삶을 영위하도록 의도된 백성들이었다. 그들의 삶을 특징짓고, 그들의 삶의 경계선을 그어놓은 것은 다름 아닌 그들의 수중에 있었던 율법이었다. 날마다 그 말씀에 의해 삶을 유지하고, 그 율법에 의해 삶을 구성해나가도록 한 바로 그 "토라", 그 토라는 그들 삶의 기초이자 구성 원리였다.[3] 따라서 율법을 저버리는 행위는 하나님께 대한 도전이요, 그분과의 관계를 "무"로 돌려놓는 어리석음인 것이다. 신명기적 전승(토라 전승 혹은 야웨의 율법 전승)에 익숙해 있던 아모스의 후대 독자들, 특히 남방 유다인들은 그들을 향한 아모스의 심각한 죄 지적과 심판 선언을 귀담아 들어야만 했었다. 더욱이 아모스의 선포가 있은 뒤 한 세대가 가기 전 발생했던 북이스라엘 왕국의 멸망(기원전 722년) 이후 유다인들은 아모스의 메시지가 단순히 북이스라엘 왕국에게만 해당되지 않을 것이라는 경각심을 가져야만 했다. 이는 그들이 북이스라엘의 멸망을 타산지석으로 삼아야만 했었다는 말이다. 그러나 그들은 그렇게 하지 않았던 것 같다. 북이스라엘 왕국과 그 성소들이 초토화되었을 때 남방 유다인들은 회심의 미소를 지었다. 그들의 대적자이며 경쟁자였던 북이스라엘 왕국의 멸망은 남방 유다인들에게 잘못된 확신과 안전감을 가져다주었다. 그들만이 하나님의 정통 후손들이며 백성들이라는 잘못된 자부심과 호도된 구원관 그리고 굴절된 선택 사상을 갖게 된 것이다. 특히 그들 가운데 우뚝 서 있던 시온산과 예루살렘 성은 하나님의 임재와 현존을 보장해주는 가시적인 보증물이었다. 그러나 하나님의 율법을 무시하고 야웨 외에 다른 거짓 신들을 따르는 자들에게 외형적인 종교 제의와 예루살렘 성은

---

3   참조. 신명기의 "들으라"(שְׁמַע, 쉐마) 구절들을 기억하라(예. 신 4:1; 5:1; 6:3-4; 9:1; 20:3). 대부분의 8세기 예언자들이 그렇듯이, 예언자 아모스 역시 "야웨의 율법"(암 2:4)을 포함한 다양한 고대 전승들(예. 출애굽 전승, 광야 전승, 가나안 정복 전승)에 대해 잘 알고 있었다.

단지 부적에 불과할 뿐이다. 이에 하나님은 다음과 같이 선언하신다. "내가 유다에 불을 보내리니 예루살렘의 요새들이 불타버리리라!" 그 어떠한 난공불락의 성이라도 하나님의 공격을 막아낼 수는 없다.

우리는 아모스의 유다 심판 신탁을 들었던 유다인들이 그러한 심각한 비난과 질타에 대해 눈물로 응답하고 돌아오지 않았다는 사실을 역사를 통해 잘 알고 있다. 그들은 자신들의 조상들이 그랬던 것처럼 계속해서 하나님의 율법을 무시하고 이방신들을 따라갔던 음행의 자손들이었다. 유다 왕국의 역사가 이것을 웅변적으로 증거해주고 있지 않은가?

언제까지 그러했다는 말인가? 바빌로니아 제국으로의 강제 이주가 온몸으로 처절하게 실감 날 때까지가 아니었던가! 다시 말해서, 바빌로니아 포로기의 유다인들은 이 메시지를 들으면서 가슴 깊이 고통을 느꼈을 것이다. 그러나 그때는 이미 늦은 시간이 아니었던가! 되돌아가기에는 너무나 늦은 시간이었던 것이다. 귀가 있는 사람들은 들을지로다.

이제 우리는 잠시 멈추어서 일곱 개의 열국 심판 신탁을 종합적으로 뒤돌아볼 위치에 서 있다. 예언자 아모스의 일차 청중이었던 북이스라엘인들의 반응은 어떠했을 것인가? 지금까지 아모스의 직설적인 열국 심판 메시지를 들었던 북이스라엘인들은 아마도 흥분을 감추지 못했을 것이다. 유다에서 온 한 예언자가 이스라엘을 위해 열국을 향한 하나님의 심판을 선언하는 것이 아닌가? 아모스라 불리는 유다 출신의 예언자가—물론 유다를 포함해서—이스라엘의 지속적인 원수국에 저주와 불행을 선언하는 일이 어찌 즐겁게 들어야 할 일이 아니란 말인가? 더욱 충격적인 것은 예언자가 마치 북쪽으로 귀순한 이적자처럼 자신의 고국인 유다를 향한 최종 심판을 선언하고 있다는 사실이었다. 어찌 이보다 더 좋을 수 있겠는가? 북이스라엘인들은 지금 자신들의 귀에 들려오고 있는 예언자의 열국 심판 신탁을 충격과 만족, 확신과 환희 가운데 음미하고 있다. 그러나 이것이 전부인가? 이렇게 아모스의 설교는 끝맺고 말 것인가? 일곱이라는 완전 숫자처럼 그의 열국 심판 신탁도 북이스라엘의 "일곱" 주변 국가를 모두 거명함으로써 그 종지부를 찍게 될 것인가?

이스라엘을 향한 심판 신탁

야웨께서 다음과 같이 말씀하신다.

"**이스라엘**의 세 가지 죄들 때문에(암 2:6Aa)

　　네 가지 죄들 때문에 내가 심판 결정을 철회하지 아니할 것이다(2:6Ab).

그들이 결백한 자들을 은(銀)때문에 팔며(2:6Ba)

　　궁핍한 자를 한 켤레 신발로 팔고(2:6Bb)

또한 그들이 가난한 자들의 머리들을(2:7Aa)

　　마치 땅의 먼지를 밟는 것 같이 밟고(2:7Ab)

　　그들이 궁핍한 자들을 길에서 밀쳐내기 때문이다(2:7Ac).

아비와 자식이 한 여인에게 드나들며(2:7Ba)

　　내 거룩한 이름을 더럽혔도다(2:7Bb).

그들이 모든 제단들 옆에 누웠으니(2:8Aa)

　　저당 잡힌 옷들 위에 누웠다(2:8Ab).

그들이 그들의 신들의 집에서(2:8Ba)

　　벌금으로 받은 술을 마시는도다"(2:8Bb).

"나는 그들이 보는 앞에서 아모리 사람들을 멸망시켰다(2:9Aa).

　　비록 그들의 키가 백향목같이 크고(2:9Ab)

　　그들의 힘은 상수리나무처럼 강하였어도 말이다(2:9Ac).

나는 위로는 그들의 열매를(2:9Ba)

　　아래로는 그 뿌리를 망하게 했다"(2:9Bb).

"나는 너희를 애굽 땅에서 이끌어냈고(2:10Aa)

　　사십 년 동안 광야 길로 인도하여(2:10Ab)

　　아모리 사람의 땅을 차지하게 했다(2:10Ac).

또한 나는 너희 자녀들 중에서 예언자를 세웠고(2:11Aa)

　　너희 청년들 중에서 나시르 사람을 일으켰다(2:11Ab).

오, 이스라엘 사람들이여! 이것이 사실이 아닌가?"(2:11B)

　　　　　　　　　　　　　　　　　　　– 야웨의 선언 –

"그러나 너희는 나실인들로 하여금 술을 마시게 하였고(2:12Aa)

　　예언자들에게는 예언을 하지 말라 하였도다"(2:12Ab).

"보라, 이제 내가 너희를 밟아 누르리니(2:13Aa)

　　마치 곡식을 실은 수레가 누르듯이 그리할 것이다(2:13Ab).

민첩한 자도 도피하지 못할 것이며(2:14Aa)

　　힘센 자라도 그 힘을 쓰지 못하고(2:14Ab)

　　용사라도 자신의 생명을 건질 수 없을 것이다(2:14Ac).

활을 쏘는 자도 견딜 수 없고(2:15Aa)

　　발이 빠른 보병이라도 빠져나갈 수 없고(2:15Ab)

　　마병이라도 자신의 생명을 건질 수 없을 것이다(2:16Ac).

심지어 가장 용맹한 전사들이라도(2:16Aa)

　　그날에는 벌거벗은 채로 도망칠 것이다"(2:16Ab).

　　　　　　　　　　　　　　　　　　　– 야웨의 선언 –

만족스런 웃음과 동의의 표정을 아모스에게 보냈던 북이스라엘인들의 얼굴이 일그러지기 시작했다. 도저히 기대하지 않았던 소리가 지금 그들의 귀에 들려오고 있기 때문이었다. 이스라엘인들이라고 하나님의 특별한 호의와 배타적 은총의 수혜자들일 수는 없다는 것이다. 이제 아모스는 엄숙한 목소리로 이스라엘의 죄들을 지적하기 시작한다. 그러나 이전과는 다른 어조다. 지금까지 선포한 일곱 나라들에 대한 심판 신탁은 그들의 총체적인 죄목 한 가지만을 지목해왔다. 비록 그들의 세 가지 혹은 네 가지 범죄들을 지적하겠다고 말했지만 실제적으로는 한 가지 죄목만을 부각시켰다. 그러나 이번 경우는 전혀 다르다. 예언자 아모스는 이스라엘의 여러 가지 죄목을 구체적으로 조목조목 열거하기 시작한다. 철저하게 자기중심적인 사회의 도덕적 부패상과 윤리적 파산 상태를 하나씩 폭로한다.[4] 그는 숨겨져 있는 부분들을 마치 송곳으로 예리하게 찔러대듯이 에브라임 자손들의 썩어 곪은 부분들을 들쑤신다. 예언자 아모스는 이스라엘 안의 다양한 범죄 집단들을 등장시킬 뿐만 아니라 그들의 윤리적 죄악들을 만천하에 남김없이 드러냄으로써 이스라엘이 얼마나 철저하게 부패했으며, 이에 대해 그들이 치러야 할 죗값이 얼마나 큰가를 말하고 있다. 무엇이 그들의

---

4   이스라엘의 범죄 목록을 기술하고 있는 2:6Ba-8Bb까지의 히브리 구문법은 일관성이 없는 것처럼 보인다. 특히 동사 문장들을 연속적으로 나열해보면 이 점이 분명해진다. 다음의 번역문을 참조하라. "이는 저희가 의인을 은으로 '팔며'(부정사) 궁핍한 자를 한 켤레 신발로 '판다'(부정사 생략법). 그들은 가난한 자들의 머리들을 마치 땅의 먼지처럼 '밟는 자들이며'(분사) 그들은 압제받는 자들의 길들을 '굽게 한다'(미완료형 동사). 아비와 자식이 한 여인에게 '가서'(미완료형 동사) 내 거룩한 이름을 더럽히도다. 저희들이 모든 제단들 옆, 저당 잡힌 옷들 위에 '누웠으며'(미완료형 동사) 그들이 벌금으로 받은 술을 그들 신(神)들의 집에서 '마시는도다'(미완료형 동사). 보다시피, 부정사("팔다") → 분사("밟는자들") → 미완료형 동사("굽게하다") → 미완료형 동사("가다") → 미완료형 동사("눕다") → 미완료형 동사("마시다")의 순으로 동사 문장들이 연결되어 있다. 이러한 구문론적 연결에 관해 Jeremias (*Amos*, 35)는 다음과 같이 말한다. "부정사와 분사는 그 동사의 동작 상태에 대해 구체적이지 않다. 그러나 이와 대조적으로 미완료형 동사는 특별하거나 예외적이거나 단회적인 행동들을 묘사하는 것이 아니라, 오히려 이스라엘 주민들의 전형적이고 지속적인 행위들을 묘사한다."

죄악들이었는가? 무엇이 이스라엘 사회를 그처럼 오염시키고 부패시켰는 가? 무엇이 하나님의 심판 결정을 번복시킬 수 없을 만큼 중대한 범죄들이었단 말인가?[5] 아모스의 비난과 고발이 시의 형태로 되어 있기 때문에, 평행하는 문장들을 함께 종합해보면 다음과 같은 네 가지 죄악을 추출해낼 수 있다. (1) 2:6Ba//2:6Bb; (2) 2:7Aab//2:7Ac; (3) 2:7Ba//2:7Bb; (4) 2:8Aab//2:8Bab.

이스라엘의 충만한 범죄

첫 번째로 지적된 범죄 행위(암 2:6Ba//2:6Bb)는 아무런 이유 없이 무고한 사람을 잡아 억울하게 죄를 뒤집어씌워 돈을 갈취하는 횡포였다. 물론 이것으로 끝나는 것이 아니었다. 이처럼 억울하게 잡혀온 사람이 자신의 석방을 위한 속전(贖錢)이나 보석금(保釈金)을 지불하지 못할 경우 이스라엘 사람들은 그를 팔아넘기는 일까지 자행했다. 이러한 문제로 인한 인신매매는 이스라엘 사회 안에서 흔한 일이 되어버렸다. 돈 때문에 사람을 파는 일은 오늘날 우리 사회에도 있지 않은가? 돈 때문에 부모를 죽이고, 재산 때문에 형제 간에 살인을 저지르고, 일순간의 향락을 위해 몸을 파는 행위

---

5 아모스가 지적하고 있는 이스라엘의 범죄 숫자에 대해 두 가지 의견이 있다. 네 가지로 나누는 학자들(예. A. Weiser, *Die Profetie des Amos*, BZAW 53 [Giessen: Töpelmann, 1929], 106; N. K. Gottwald, *All the Kingdoms of the Earth: Israelite Prophecy and International Relations in the Ancient Near East* [New York / London: Harper & Row, 1964], 113; H. Gese, "Komposition bei Amos," VTSup 23 [Leiden: Brill, 1981], 89-90; Jeremias, *Amos*, 34-38; Mowvley, *Amos*, 29)과 7가지로 나누는 학자들(예. Hayes, *Amos*, 107; Paul, *Amos*, 76)이 있다. 서로 다른 숫자의 범죄 목록표를 갖게 되는 것은 시 형태를 취하고 있는 아모스의 비난문에서 한 쌍을 이루는 평행구를 하나로 취급하는가 아니면 서로 다른 두 개의 범죄로 취급하는가에 달려 있기 때문이다. 우리는 전자의 입장을 취한다.

들은 타락한 인류 사회의 끊이지 않는 잔인한 윤회가 되어버렸다.

우리는 "저희가 결백한 자[6]를 은 때문에 팔며"(암 2:6Ba)의 의미를 좀 더 분명하게 파악하기 위해 그 당시의 사회적 풍속을 고려해볼 필요가 있다. 어떤 농부가 여러 가지 이유 때문에 커다란 빚더미에 올라앉게 되었다고 하자. 그러나 그는 자신이 가진 재산을 팔아도 그 빚을 갚지 못할 경우에 자신이나 자신의 가족 중 한 사람을 빚 갚는 노예로 팔아야만 했다(예. 출 21:2ff.; 레 25:39ff.; 신 15:12ff.). 물론 이런 제도의 의도는 빈털터리인 사람으로 하여금 얼마간 다른 사람에게 의존해 살면서 다시금 독립할 수 있는 기회를 주기 위함이었다. 그러나 이스라엘 내의 도덕적 상태는 이러한 인간적 의도를 가진 제도를 악용해 인신매매가 이루어지는 상황으로까지 악화되었다. 사소한 빚이라 할지라도 채무자가 정해진 시간 내에 갚지 못할 경우, 채주는 채무자의 이유나 사연들을 무시한 채 돈에 눈이 어두워 그들을 노예로 팔아버리는 것이었다. 그들은 피도 눈물도, 부모나 형제도 없는 냉혈 인간들이었다. 셰익스피어의 『베니스의 상인』은 이미 이스라엘 사회에 그들의 완벽한 조상들을 두고 있었던 것이다. 아니면 현대 자본주의 사회를 단적으로 묘사해주는 풍자 문구인 "돈이 말한다"(money talks!)라는 자조 섞인 말을 생각해보면, 우리가 얼마나 철저하게 유물론적 사고를 지닌 인종으로 변해가고 있는가를 상기시켜준다. 그러나 우리는 생각한다. 금전상의 이익을 위해 무고한 사람들을 파는 일들이 다반사였던 사회가 어찌 옛날 이스라엘에게만 국한되었다고 말할 수 있을 것인가! 그러나 기억해야 한다. 사람이 물건 취급받는 사회, 돈이라면 무슨 행위든지 할 수 있다

---

6   암 2:6Ba에 "결백한 자"로 번역된 히브리어 "차디크"(צַדִּיק)는 일반적으로 "의인"(義人)으로 번역된다. 그러나 여기서는 문맥상 "무고(無辜)한 자", "죄 없는 자", "양민(良民)이란 뜻을 지니고 있다. 이러한 주장은 그다음 평행절(암 2:6Bb)의 상응 단어인 "에브욘"(אֶבְיוֹן)이 "궁핍한 자", "가난한 자", "힘없는 자"라는 뜻을 갖고 있다는 점에서 설득력이 있다. 참조. Paul, *Amos*, 77; Rudolph, KAT, 138.

는 금전만능주의 사회, 물질을 신처럼 생각하고 인간의 배(腹)를 신처럼 섬기는 사회에서 하나님의 심판의 시계추는 점점 그 속도를 높여가고 있다는 사실을!

계속해서 지적된 이스라엘의 범죄 행위는 "궁핍한 자를 한 켤레 신발로 파는 것"(암 2:6Bb)이었다. 아모스 2:6Ba과 평행을 이루는 2:6Bb 역시 이스라엘 내의 도덕적 수위가 얼마나 최하위 수준이었는가를 반영해주고 있다. "한 켤레 신발 때문에 궁핍한 자를 판다"라는 문구가 무엇을 의미하는지에 대해 다양한 의견들이 제기된다.[7] 예를 들어, 어떤 사람이 가난하여 많은 빚을 졌을 경우 그는 자신의 채주에게 빚을 반드시 갚겠다는 약정으로 신발을 건네주는 풍습이 있었다. 그런데 그 사람이 빚을 갚지 못할 경우 채주는 건네받은 신발 한 켤레를 근거로 하여 채무자를 제 삼자에게 노예로 팔아 불의한 이득을 챙긴다는 것이다.[8] 다른 해석에 의하면 "신발 한 켤레"는 매우 적은 양의 빚진 돈을 가리키는 관용어로서, 2:6Bb은 기본적인 생존을 위해 최소한의 도움이 필요한 선량한 시민들이 이스라엘의 세력가들에게 무정하게 취급받고 있음을 의미한다는 것이다.[9] 어쨌든 한 가지 분

---

7 참조. 최근에 매우 흥미로운 의견이 제안되었다. "한 켤레의 신발"이라는 히브리어는 נַעֲלָיִם(나 알라임)인데, Paul(*Amos*, 77-79)은 이 단어의 모음 표기가 잘못되었다고 주장한다. 그의 주장에 따르면, 원래 이 단어의 명사형(נעלים)은 전통적으로 생각하는 것처럼 어근 נעל(묶다)에서 온 것이 아니라, 원래 단 한 번밖에는 나타나지 않는 단수 명사로(*hapax legomenon*) עלם(숨기다)이라는 어근에서 유래했다. 그리고 그는 현재 마소라 본문(MT)의 모음 표기처럼 נַעֲלָיִם(나 알라임, "신발 한 켤레")으로 읽을 것이 아니라 נַעֲלָם(나알람), נֶעֱלָם(네엘람) 혹은 נַעֲלֹם(나알롬) 등으로 읽어야 한다. 이 경우, 이 단어의 뜻은 "숨겨진 것", "은밀한 선물", "숨겨진 이익"이 된다. 2:6Bb에 대한 그의 번역은 "그들이 은밀한 이익을 위하여 궁핍한 자들을 팔았다"(And [they have sold] the needy for a hidden gain)이다.

8 신발을 법률적 효력을 지닌 약정물로 간주하려는 의견으로는 E. A. Speiser, "Of Shoes and Shekels: I Samuel 12:3; 13:21," *BASOR* 77 (1940): 18; R. de Vaux, *Ancient Israel: Its Life and Institutions* (New York: McGraw-Hill, 1961), 169; Mays, *Amos*, 45. 그리고 *NIV Study Bible*의 암 2:6 해설란을 참조하라(Alan R. Millard & John H. Stek).

9 예. Harper, ICC, 49; Mays, *Amos*, 47; Cripps, *Amos*, 140; Rudolph, KAT, 141; G. A. Smith, *Amos*, 82-83.

명한 것은 당시 억울한 일을 당해도 아무런 힘이 없어서 정당한 법적 보호를 받지 못한 채 억눌려 살고 있던 사람들이 너무나 많았다는 사실이다. 세력가들, 권력가들, 재력가들은 아무런 저항 없이 자신들의 힘을 휘둘렀을 뿐만 아니라 항상 약하고 가난한 자들을 농락의 대상으로 여겼다는 것이다. 하나님의 백성이라고 자부하던 이스라엘은 이처럼 무서운 범죄 소굴로 전락하기 시작했으며, 부패의 속도는 늦춰질 줄 몰랐다. 이스라엘 사회는 위로부터 아래까지 한결같이 부패하고 오염되었던 것이다. 사실상 이러한 일들이 그 당시 사법 기관의 묵인이나 방조, 심지어 동조 없이는 가능치 않았을 것이라는 점은 삼척동자도 알고 있을 것이다. 사람으로서 갖는 위엄성을 경멸하던 사람들, 마음속엔 한 자락의 긍휼과 연민도 남아 있지 않은 무자비한 사람들만이 득세하고 활보하던 사회가 이스라엘이었다.

첫 번째 비난과 고발이 이스라엘의 과거의 범죄 행위에 초점을 맞추고 있다면(암 2:6Ba//6Bb), 2:7Aa로 시작되는 나머지 세 개의 비난은 아모스 당시의 사회적 상태를 반영해주는 지속적인 범죄 행태들을 부각시킨다.[10] 우선 세 가지 목록을 열거하자면, (1) 가난한 자들의 머리들을 마치 땅의 먼지를 밟는 것 같이 짓밟는 일(암 2:7Aab)과 가난한 자들을 길에서 밀쳐내는 행위(암 2:7Ac), (2) 아비와 자식이 한 여인에게 드나들면서 성행위를 갖는 부도덕한 일과 수치감의 상실(암 2:7Bab), (3) 모든 제단 옆에, 부당하게 저당 잡은 옷들 위에 눕는 강포한 일(암 2:8Aab)과 가난한 자와 선량한

---

10 (1) 또한 저희가 가난한 자들의 머리들을 마치 땅의 먼지를 밟는 것 같이 <u>밟는 일</u>; (2) 압제받는 자들을 <u>부당하게 취급하는 일</u>; (3) 아비와 자식이 한 여인에게 <u>드나드는 일</u>; (4) 저희들이 모든 제단들 옆(암 2:8Aa), 저당 잡힌 옷들 위에 <u>눕는 일</u>; (5) 저희들이 그들의 신들의 집에서 벌금으로 받은 술을 <u>마시는 일</u>. 밑줄 그은 다섯 개의 동사는 모두 미완료형인데, Jeremias(*Amos*, 35)에 의하면 "미완료형 동사는 이스라엘 거주민들의 전형적이고 지속적인 행위를 보여준다"(the imperfects show that the typical, enduring behavior of the inhabitants is being portrayed).

양민들로부터 부당하게 징수한 벌금으로 받은 술을 자신들이 찾아가는 성소에서 마시는 일(암 2:8Bab) 등이다.

두 번째 고발 내용(암 2:7Aab//2:7Ac)은 이스라엘 가운데 힘이 있고, 재력이 있으며, 권력이 있는 자들, 곧 소위 기득권층 사람들의 오만스럽고 방자한 자기과시를 극명하게 보여준다. 그들은 힘 없는 자와 가난한 자들을 비참하게 착취하고 모질게 학대하고 있었다. 우리가 기억하는 바대로, 가난한 자들은 가진 자들에게 무시당할 때 비참함을 느낀다. 가난은 사람을 불편하게 만들어도 반드시 비참하게 만들지는 않는다. 없는 사람을 비참하게 만드는 것은 가진 자들의 무시와 멸시다. 사람은 자신이 다른 사람에게 인격적인 대우를 받고 있다고 생각하는 한 삶의 가치와 존재 이유를 느낀다. 그러나 다른 사람에게 버림받거나 무시당할 때 그는 삶이 얼마나 비참하고 비극적인가를 온몸으로 안다. 이스라엘을 향한 아모스의 비난은 사람의 고귀한 인격을 마치 알곡을 맷돌에 돌려 가루로 만들듯이, 아니면 토기나 그릇을 땅에 던져 으스러뜨리듯이, 아니면 먼지 이는 땅을 발로 밟고 다니듯이, 그처럼 무가치하게 심하게 다룬다는 것이다. "약한 자들"(דַלִּים, 달림)의 머리를 짓밟아 으스러뜨린다"[11]는 말은 매우 섬뜩한 고발이다.

연대적으로 약간 후배이지만, 아모스처럼 유다의 심각한 부패상과 도덕적 타락상을 질타한 이사야도 비슷한 고발을 한 적이 있다(사 3:14-15).

[야웨께서 그 백성의 장로들과 방백들을 국문하시되](사 3:14Aab)

---

11 암 2:7Ab에 사용된 분사(שֹׁאֲפִים, 쇼아핌)의 어근은 שָׁאַף("헐떡거리다", "숨이 차다", "열망하다")이 아니라 שׁוּף("부스러뜨리다", "짓밟다")이다(참조. 창 3:15; 욥 9:17). א(알렙)이라는 자음이 유지된 현상에 대해서는 Paul, *Amos*, 79를 보라. 그는 "쇼아핌"(שֹׁאֲפִים)이라고 읽는 대신 "하쇼핌"(הַשֹּׁפִים)으로 읽을 것을 제안한다(예를 들어 겔 36:3; 시 56:2,3; 57:4에서 שָׁאַף형태가 나오지만, 이것을 שׁוּף형으로 이해해야 한다는 주장이다).

포도원을 삼킨 자는 너희며(3:14Ba)

가난한 자(עָנִי, 아니)에게서 탈취한 물건은 너희 집에 있도다(3:14Bb).

어찌하여 너희가 내 백성(עַמִּי, 암미)을 짓밟으며(3:15Aa)

가난한 자들(עֲנִיִּים, 아니임)의 얼굴에 맷돌질하느뇨?(3:15Ab)

진정한 삶을 위한 지혜를 가르치는 잠언도 비슷한 훈계를 주고 있다. "약한 자"(דָּל, 달)를 그가 약하다고 탈취하지 말며 곤고한 자(עָנִי, 아니)를 성문에서 압제하지 말라"(잠 22:22). 저항할 수 없을 만큼 약하고 가난한 자들을 위협하여 그들이 소유한 것을 탈취하는 일은 가장 저열하고 비열한 짓이다. 옛날이나 지금이나 약한 자는 또한 가난한 자이기 마련이다. 가난하기 때문에 힘이 없고, 아무도 그의 편을 들어주지 않는다. 돈이면 모든 것을 해결할 수 있다는 생각이나, 권력은 봉사하는 도구가 아니라 자신의 번영을 위해 휘두르는 무기라고 생각하는 사람들이 우리 사회에 있는 한, 억울한 자들의 고통과 눈물은 계속될 것이다. 그러나 우리는 그 어떠한 종류의 "인격 살해"(character assassination)도 궁극적으로 하나님을 향한 도전이며 신성 모독이라는 사실을 기억해야 할 것이다. 우리는 종종 몇몇 종교적 규례―예. 성수주일, 십일조 생활 등등―를 어기는 일들을 심각한 죄들이라고 생각하면서도 정작 우리 옆에 있는 동료 인간을 그가 소유한 재물이나 사회적 지위에 따라 차별하고 무시하는 일이 매우 무서운 범죄라는 사실을 잊고 있는 것은 아닌지! 하나님께서 심각하게 문제 삼는 내용은 단순히 좁은 의미에서의 종교적 규례에 관한 것이 아니다. 그분은 소위 종교적 일들이나 교회의 각종 규례들―각종 집회에 참석하는 일, 십일조 및 각종 헌금, 각종 기도(새벽 기도, 철야 기도, 금식 기도 등등) 참석, 교회의 직분을 맡는 일―에 대한 우리의 열심이나 참여를 점검하고 신앙의 성적을 산출하는 분이 아니시다. 물론 그런 일들이 필요 없다는 말은 아니다. 문제는 그러한 종교적 열정과 신앙적 헌신이 있다고 자부하는 사람일수록 종교 외적인 일들, 다시 말해 월요일부터 토요일에 이르는 일상의 삶 속에서 하나님의 정의와 공의를 무시하는 행동들을 자행한다는 충격적인 사실이다. 그들은 참된 인간성을 상실한 채로 종교적 위선자의 길을 걷고 있는 것이다. 그들은 "주여! 주여! 주여!" 라고 주여 삼창은 외치면서도 가난하거나, 배우지 못했거나, 직업이 변변치 않은 사람들에 대해서는 업신여기는 태도나 경멸하는 마음을 품고 있는 자들이다. 우리는 모든 인간을 하나님의 형상으로 만드신 하나님의 창조 질서에 반하는 그 어떠한 행동과 태도—예. 인종차별, 계급주의, 성차별 등—는 하나님의 심판의 숯불을 자기 머리 위에 쌓아가는 것임을 기억해야 할 것이다. 우리는 하나님께서 그러한 태도와 행동에 대해 반드시 책임을 물을 것이라는 사실을 기억해야 할 것이다.

계속해서 예언자 아모스는 가난한 자들을 땅에 짓밟아버리고 그들의 자존심(머리)마저 짓이겨버리는 반인간적 행위를 서슴지 않는 자들(암 2:7Aab)과 함께, 이제는 그들을 길에서 밀쳐버려 쓰러뜨리는 불량배들로 가득 찬 이스라엘의 사회적 폭력과 도덕적 부패를 폭로한다. "그들이 가난한 자들을 길에서 밀쳐낸다"(암 2:7Ac). 이것은 길을 걸어가는 사람을 길 바깥으로 밀쳐버림을 의미한다.[12] 그것은 문자적으로는 박해와 압제에 대한 일반적인 비난을 표현한 말이지만,[13] 상징적으로는 압제받는 사람들이 자신들의 누명과 억울한 사정을 법에 호소하려는 데 그 길을 막아버린다는 뜻이기도 하다(참조. 암 5:12; 사 10:2; 잠 17:23).[14] 성읍의 장로들이나 마을의 법정에 억울함을 호소하려 해도(예. 출 23:6) 사전에 차단되어 입도 열지 못

12　히브리어 원문(יַשֹׁ עֲנָוִים דֶּרֶךְ)의 문자적 번역은 "그들이 가난한 자들을 길에서 밀쳐내다"이다. 욥 24:4에도 거의 동일한 문구가 다음과 같이 나온다. "그들이 빈궁한 자들을 길에서 밀쳐내다"(יַשֹּׁוּ אֶבְיוֹנִים מִדָּרֶךְ). 참조. 욥 23:11; 사 30:11; 말 3:5.

13　Driver, *Amos*, 152; Harper, ICC, 51; Rudolph, KAT, 139; Smith, *Amos*, 84.

14　Mays, *Amos*, 46; Wolff, *Amos*, 166.

하게 한다는 말이다. 약한 자들이 걷는 길에 온갖 장애물과 난관들을 놓음으로써 그들을 괴롭히고 좌절케 만들었던 것이다. 그렇다! 사회의 구성원 중 별 볼 일 없는 계층의 사람들을 경멸하고 학대하는 행위가 만연되어 있는 이스라엘 사회가 하나님의 특별한 호의와 선택의 특권을 향유할 수 있다고 믿는 사람들이 아직도 우리 가운데 있지는 않은지!

세 번째 고발은 성적 타락에 관한 내용을 담고 있다. "아비와 자식이 한 여인에게 드나들며 하나님의 거룩한 이름을 더럽힌다"는 것이다 (암 2:7Bb). 아비와 자식이 한 여인에게 다닌다는 의미가 무엇인지에 관해서는 의견이 다양하다. 어떤 학자들은 이것이 제의적 매춘 행위(cultic prostitution)를 염두에 둔 발언이라고 말한다. 이 주장에 따르면 이스라엘의 종교는 그들이 살고 있었던 주변 국가들, 특히 가나안 종교의 영향을 많이 받게 되었는데, 가나안 종교의 예배에는 땅의 풍요로운 번성과 수확(fertility cult)을 확신시켜주는 가르침, 특히 신의 영역에서 성관계가 이루어진 결과로 이 땅에 풍성한 수확을 가져온다는 가르침이 있었다. 이러한 영향은 그들의 제사 의식에도 반영된다. 다양한 성소와 신전들에는 풍산(豊産)을 목적으로 구별된 "제의 창녀"(קְדֵשָׁה, 크데샤)가 있어서 제사장들이나 다른 남자들과 성적인 관계를 맺게 되는 일이 있는데, 그 일은 일종의 종교 의식이었다는 것이다.[15]

그러나 본문에서 말하는 여인은 "제의 창녀"를 가리키는 것이 아니라 일반적인 "젊은 여인"(נַעֲרָה, 나아라)을 가리키는 용어이므로 아모스가 지적

---

15 예. Weiser, *Profetie*, 141; Cripps, *Amos*, 142; Hammershaimb, *Amos*, 48-49; Barstad, *The Religious Polemics of Amos*, 11-36. 어떤 사람들은 모든 처녀에게 처음 맺는 성관계는 예배 의식이라는 맥락에서 이루어졌다고 생각한다. 물론 이것은 지나친 확대 해석이지만, 이스라엘 종교가 인근 가나안의 풍산 종교의 영향을 받았다는 흔적은 많이 있다(예. 민 25장; 호 4:10). 그래서 이스라엘의 예언자들은 누누이 이러한 가나안 풍산 종교의 영향에 대해 질타했다(호 9:10).

하는 죄악은 이스라엘 안의 성적 도덕감의 결핍이다. 이것은 아버지가 자신의 부인을 두고 한 젊은 여성에게 성적인 만족을 얻기 위해 정규적으로 다닐 뿐만 아니라 그 아들도 동일한 여자와 성관계를 맺기 위해 다닐 정도로 이스라엘의 도덕이 타락했음을 의미한다.[16] 여기서 젊은 여인이 누구를 가리키는지에 관해서는 정확히 알 수 없다. 그녀는 아마 집안일을 돕는 하녀로 여겨진다.[17] 따라서 여기에 언급된 죄목은 힘이 없고 저항할 수 없는 처지에 있는 연약한 자를 성적으로 남용하고 학대하는 파렴치한 행위다. 한 여인에게 두 남자가, 그것도 아들과 아버지가 지속적으로 들락거린다는 것은 수치감도 인륜도 이미 사라진 지 오래된 사회가 되었다는 의미다. 혼외정사(婚外情事)를 즐기는 부자지간의 행태로 미루어볼 때, 그들의 가정이 정상적일 수는 없을 것이다. 그 가정의 아내는 철저하게 기만당하고 있거나, 아니면 남편에 의해 버림받은 채로 동물적 목숨만을 지탱하고 있는지도 모를 일이다. 아들과 아버지의 심장은 한 치의 수치심도 찾아볼 수 없을 만큼 화인 맞았으며, 그들의 도덕심은 짐승의 수준으로 전락했다. 물론 그들이 그렇게 행동하고도 주일에는 정장을 하고 각종 집회에는 빠짐없이 참석하는 겉만 번지르르한 그리스도인일 줄 누가 알겠는가!

이러한 성적 타락과 수치감의 상실이라는 것이 더더욱 심각하고 치명적인 죄가 되는 이유는 그것이 단순히 율법을 어겼다는 데 있는 것이 아니라 야웨의 거룩한 이름을 더럽혔다는 데 있다. 예언자 아모스는 성적 타락과 도덕과 윤리의 붕괴 현상을 단순히 인간 사회에서 일어나는 불행으로만 간주하지 않는다. 그것들은 단순히 윤리적 현상이 아니라 매우 종교적

---

16   "다닌다"는 용어는 종종 성관계를 맺는다는 의미로 사용된다. 특히 본문을 근친상간에 관한 것으로 이해하려는 시도는 Mowvley, *Amos*, 33을 보라. 그는 본문에 언급된 젊은 여인이 아들의 약혼한 아내라고 생각한다.

17   사용된 נַעֲרָה(나아라)라는 히브리어는 노예가 아니라 하녀를 가리키는 용어다(룻 2:5, 8, 22, 23; 삼상 25:42; 4:4, 16).

성격을 띠고 있다. 이스라엘의 성적 타락과 도덕적 몰락은 그들이 경배하고 예배하는 하나님을 부인하는 행동이다. 그것은 하나님 자신을 더럽히는 부정한 일이다. 돈으로 사람의 몸을 사서 즐기는 행위는 단순히 혼외정사와 같은 불륜의 차원이 아니라 근본적으로 하나님의 명예와 위엄을 더럽히는 신성모독이다. 그러한 행동은 성을 사고 팔 수 있는 물건으로 전락시킬 뿐만 아니라, 결혼의 신성함과 가정의 성스러움을 파괴하여 하나님의 창조 질서의 근본을 무너뜨리려는 행위일 수밖에 없다. 오늘날 성(性)을 더 이상 성(聖)스럽게 생각하지 않거나, 아니면 결혼 이외의 상황에서 다른 사람과 성관계를 맺는 것을 대수롭지 않은 사적인 일로 치부해버리는 풍조가 만연해 있다는 것은 경악해마지않을 수 없는 말세적 비극이다. 우리는 성에 관한 문제가 더 이상 금기의 대상이 아닌 사회에서 살고 있다. 성에 관한 이야기는 이제 대중 매체의 헤드라인을 장식하고, 상업 광고의 가장 잘 팔리는 필수 품목으로 자리를 잡기 시작했다. 순결은 더 이상 "덕"일 수 없고, 처녀성(處女性)과 동정(童貞)은 사전에서만 찾을 수 있는 고대어가 되어버린 지 오래되었다. 우리는 이러한 시대정신, 즉 제7계명("간음하지 말지니라")을 고대의 한 민족인 이스라엘의 유물로 간주하려는 시대정신에 대해 깊은 우려를 금치 않을 수 없다. 하나님은 이러한 일들에 대해 결코 좌시하거나 가볍게 넘기지 아니하실 것이다. 왜냐하면 그분은 그러한 일로 인해 자신이 더럽혀지거나 자신의 이름이 땅에 떨어지기를 원치 않으시기 때문이다. 그분은 자신의 세계가 "더러움"으로 얼룩지는 것을 결코 허용하지 않으실 것이다. 하나님의 거룩한 이름을 더럽히는 일은 그분의 본질 자체를 부인하는 무서운 범죄다. 하나님은 거룩하시기 때문이다.

이스라엘을 향한 아모스의 마지막 네 번째 고발을 들어보자. "저희들이 모든 제단들 옆에 누웠으니, 저당 잡힌 옷들 위에 누웠다. 저희들이 그들의 신들의 집에서 벌금으로 받은 술을 마시는 도다." 두 가지 종류의 비난이 서로 시적 평행을 이루고 있기 때문에, 그것은 동일한 한 가지 범죄 현상에 대한 두 가지 측면의 비난으로 이해될 수 있다. 가난한 사람이 빚을 지게 되자 그가 채권자에게 빚을 갚겠다는 보증으로 자신의 겉옷을 저당 잡히는 경우가 있었다.[18] 아니면 가난한 사람이 자신이 진 빚이나 부채를 갚지 못할 경우 벌금을 무는 일이 있는데, 본문에 의하면 포도주로 벌금을 무는 경우가 있었던 것 같다.[19] 그런데 채주는 그렇게 받아낸 겉옷이나 포도주를 종교적 장소에서 사용하고 있다. 고대 이스라엘 사회에서 겉옷은 종종 덮는 이불로도 사용되었다. 그래서 가난한 자가 빚을 갚지 못해 겉옷을 저당 잡혔을 경우에라도, 저녁이 되면 그 겉옷을 돌려주도록 율법은 규정했다. 왜냐하면 하나님은 옷을 저당 잡힌 사람이 저녁에 덮고 잘 이불이 없어 떨며 잠자리에 있는 것이 걱정스러워 그러한 법을 제정하셨기 때문이다. 그런데 악랄하고 잔인한 사람들은 이러한 최소한의 인정과 연민도 없이 잔인하게 옷을 빼앗을 뿐만 아니라 뻔뻔하게도 그 옷을 종교 행사장에 갖고 가서 깔고 예배를 드리고 있다. 아니면 가난한 자들이나 연약한 자들을 착취해서 얻어낸 포도주를 성소에 가지고 가서 예배 후 친교 시간에 희희낙락하면서 마시는 일이 흔했다. 가난한 자들을 착취할 뿐만 아니라 종교적 위선까지 보이고 있다.

물론 이스라엘 사회와 우리가 살고 있는 현대 사회가 상당히 다른 특

---

18 다음의 구절을 읽어보자. "네가 만일 너와 함께한 내 백성 중에서 가난한 자에게 돈을 꾸어주면 너는 그에게 채권자 같이 하지 말며 이자를 받지 말 것이며 네가 만일 이웃의 옷을 전당 잡거든 해가 지기 전에 그에게 돌려보내라. 그것이 유일한 옷이라. 그것이 그의 알몸을 가릴 옷인즉 그가 무엇을 입고 자겠느냐? 그가 내게 부르짖으면 내가 들으리니 나는 자비로운 자임이니라"(출 22:25-27). 또한 신 24:12-13을 보라.

19 최근 연구에 의하면, "벌금으로 물은 포도주"는 "국고의 포도주"(wine of treasury)를 가리키는 것으로, 아모스는 국고에 거두어들인 돈으로 열고 있는 연회를 비난하고 있다. Delbert R. Hillers, "Palmyrene Aramaic Inscriptions and the Old Testament, Especially Amos 2:8," *Zeitschrift für Althebraistik* 8 (1995): 55-62을 보라.

성들을 지니고 있는 것은 사실이다. 그러나 혹시 오늘날에도 법을 이용해 가난한 사람이나 힘이 없는 약자들을 착취하고 거기서 나오는 피의 돈들로 종교적 위선에 참여하는 사람들은 없는지 생각해볼 일이다. 우리 사회는 말할 것도 없거니와 혹시 교회 안은 어떠한가? 부와 명예와 권력을 누리고 있는 교인 중 그들의 상업적 거래나 직업을 통한 권력 행사나 아니면 지위를 이용한 인간관계를 잘못된 부의 축적과 인간 차별 행위로 이어지게 하고 있는 사람들이 없는지 생각해보아야 할 것이다.

특히 종교 지도자들은 자신들이 섬기는 교회의 구성원 중 사회적 지위와 권력이 있는 사람들 혹은 돈 많은 부자들이 교회에 출석한다는 사실로 인해 자만심과 교만심에 빠질 것이 아니라—영적 지도자로서 이와 같은 자랑에 빠지는 것처럼 어리석고 정신 나간 일이 또 어디에 있겠는가!—그들의 생활 전체가 하나님의 정의와 공의의 기준에 합당한가에 대해 깊은 관심을 갖고 지도해 나아가야 할 것이다. 그들이 내는 십일조나 그들이 교회 지도자들에게 표시하는 물질적 관심과 도움에 지도자들의 귀와 눈이 집중된다면, 그런 지도자는 매우 어리석고 불행한 사람임에 틀림없다. 그런 사람은 생계 유지를 위해 사역하는 아마샤일지언정, 하나님의 말씀을 전하도록 부르심을 받은 아모스는 될 수 없다![20]

이스라엘을 향한 아모스의 비난을 종합해보면 이스라엘의 범죄가 얼마나 중대하고 심각한지를 잘 알 수 있다. 이스라엘은 머리부터 발끝까지 성한 곳이 없을 정도로 철저히 죄악으로 멍들고 병든 사회였다. 이전의 이방 민족들과 달리 이스라엘의 범죄는 매우 다양하고 실제적이며 교묘하고 치졸한 모습이었다. 우리가 앞서 보았듯이, 하나님의 심판 신탁을 들어

---

20   하나님의 대언자 아모스와 북이스라엘 왕국의 성소 벧엘의 제사장 아마샤 사이의 대결을 그려주고 있는 암 7:10-17을 읽어보고, 그에 대한 본서의 해설을 참조하라.

야만 했던 이방 민족들의 죄들은 대부분 전쟁 범죄에 관한 것들이었다. 그러나 이스라엘의 범죄들은 다른 민족을 향한 전쟁 범죄가 아니라 자기 동족을 향한 저열한 행위들이었다. 경제적 착취부터 물리적 협박, 정신적 압제부터 성적 착취, 종교적 위선부터 비인간적 행위에 이르기까지 천태만상이었다: 빚을 갚지 못하는 가난한 사람들을 노예로 팔아넘기는 인신 매매 행위(암 2:6Ba), 힘없는 자들을 협박과 위협으로 돈을 갈취하는 행위(암 2:6Bb), 궁핍한 자를 압제하고 무시하는 일들(암 2:7Aabc), 힘없는 소녀나 여인들을 성적 노리개로 남용하거나 학대하는 일(암 2:7Bab), 종교적인 정당성을 확보하면서까지 가난한 자를 불의하게 다루는 위선들(암 2:8AB).

그렇다! 하나님을 향한 반역이든 아니면 사람을 향한 못된 짓이든 상관없이 죄가 있는 한 모든 예배는 무익하고 헛된 일일 뿐만 아니라 그에 따른 각종 종교 행위 역시 위선이며 무익한 일이다. 하나님의 백성이라고 자부하던 이스라엘은 자신의 모든 영역—상업과 무역, 법률 제도, 결혼과 가족, 종교 기관 등—에서 하나님의 뜻을 실현하는 일에 실패했으며, 오히려 그분의 뜻을 왜곡시켜버렸다. 인간적 품성들, 연민과 긍휼, 정의와 공평, 질서와 공의, 사랑이나 도움과 같은 덕성들은 그 어느 곳에서도, 심지어 종교 기관들과 신앙 센터들 안에서도 찾아볼 수 없었다. 이들에게 헌신된 종교 행위와 선택 사상은 허울 좋은 위선의 도구들로 전락되어버렸다. 그들에게 하나님의 심판 이외에 무엇이 남아 있겠는가!

기억력을 상실한 백성들이여!

벧엘의 한 성문 앞에서 수많은 이스라엘 청중들을 앞에 놓고 열방 심판 신탁을 외치고 있었을 아모스는 이스라엘을 향해 죄에 대한 숨 막히는 질타와 더러운 범죄 행위에 대한 날카로운 비난을 아끼지 않았다. 그는 자신이 지금 선언하는 심판 설교가 그에게 어떠한 결과를 초래할지 잘 알고 있었을 것이다. 그는 자신이 살아남아 고향으로 돌아갈 수 있는지를 놓고 걱정했을지 모른다. 그러나 그는 하나님이 자기 입에 담아 주신 메시지를 선포하지 않으면 안 되었다. 이것을 위해 멀고도 먼 북방 길을 선택하지 않았던가! 이스라엘의 추악한 죄악들을 폭로하고 있었던 아모스는 다시금 이스라엘 청중을 향해 애절하게 부르짖는다.

앞서 열국 심판 신탁들에서는 발견되지 않는 특별한 부분이 이스라엘을 향한 심판 신탁 안에 나타난다. 그것은 하나님이 자신의 백성 이스라엘과 맺었던 특별한 관계를 언급하는 부분이다(암 2:9-11). 예언자 아모스는 이스라엘의 과거를 회상하면서 특히 세 가지 역사적 사건을 부각시킨다. (1) 위대한 전사가 되신 야웨 하나님께서 이스라엘을 대신해 아모리 족속을 물리치신 일(암 2:9), (2) 이스라엘을 바로의 절대 권력으로부터 해방시키시고 인도하여 낸 후 40년의 광야 생활을 거쳐 가나안 땅에 정착하게 하신 일(암 2:10), (3) 이스라엘 안에 예언자들과 지도자들을 세워 인도하셨던 일(암 2:11).

먼저 예언자 아모스는 이스라엘을 위해 하나님께서 베푸셨던 출애굽 당시의 놀라운 일들과 구원을 회상시킨다.[21] 그는 이스라엘의 기억력을 자극해서 하나님과 그들이 맺었던 특별한 관계를 떠올려준다. 그러나 이러한 기억 회상은 그들이 하나님께로 돌아오도록 하기 위함이 아니라, 이제는 그러한 관계를 망각한 채로 멀리 떨어져 나간 탕자와 같은 이스라엘의

---

21 예언자 아모스가 출애굽 전승 및 광야 전승에 대해 잘 알고 있었다는 증거로는 암 2:10; 4:10; 5:25; 8:9-10을 보라. 아모스서에는 여러 곳에 걸쳐 이스라엘의 과거 역사를 회고하는 구절들이 나온다. 대부분 이스라엘의 심판을 정당화하는 근거로 사용되고 있다(암 4:4-12; 2:6-16; 3:1-2; 9:7; 5:2). 자세한 논의는 Vollmer, *Geschichtliche Rückblicke und Motive in der Prophetie des Amos, Hosea und Jesaja*, 8-54을 보라.

죄악상이 얼마나 심각하고 중대한가를 만천하에 드러내기 위함이었다. 우리가 상상력을 발휘해서 다음과 같은 시나리오를 만들어보자. 이스라엘이 피고가 되어 우주적 법정에 섰고, 검사로서 예언자 아모스가 야웨 하나님의 법정 대리인이 되어 이스라엘의 죄들을 논고하기 시작했다고 상상해보자. 아모스가 하나님과 이스라엘의 아름답고 순결했던 과거의 관계성을 부각시켜 이스라엘을 향한 하나님의 헌신적인 노력과 돌봄과 구원을 법정의 모든 사람에게 구구절절이 이야기했다고 하자. 이것보다 이스라엘의 현재의 반역과 배반에 대한 설득력 있는 폭로가 어디 있겠는가? 한때는 그렇게도 좋았던 둘 사이의 관계가 이제는 한쪽의 불륜과 배신으로 깨어졌다면 그 책임은 누가 져야 한단 말인가? 아마 법정에 참석한 모든 배심원은 이스라엘의 유죄 판결에 손을 들어 동의하지 않을 수 없을 것이다. 아모스가 애써 보여주려는 사실은 하나님이 이스라엘을 위해 행하신 자비로운 일들과 이스라엘이 그것들에 대해 어떻게 부정과 배반으로 반응하고 응답했는지를 날카롭게 대조하는 것이었다.

이스라엘의 과거 역사를 다시금 상기시키는 이러한 역사 회고는 이스라엘이 하나님의 은혜와 구원을 경험했던 축복된 자손이며 민족이었음을 기억나게 함으로써 그들이 저지르고 있는 현재의 죄악들이 얼마나 위중하고, 하나님의 마음을 얼마나 고통스럽게 그리고 분노하게 만들고 있는지를 알려주려 함이었다. 그것은 하나님이 얼마나 철저하게 배반당하고 배신되고 있는가를 보여주기 위함이다. 동시에 이스라엘에 내려질 심판이 정당할 수밖에 없다는 점을 만천하에 드러내기 위함이기도 하다. 믿었던 사람에게 배신당해보고, 사랑했던 사람에게 배반당해본 일이 있는 사람들은 하나님의 분노와 좌절을 어느 정도 이해할 수 있으리라!

a. 위대한 전사 야웨 하나님(암 2:9)

우리도 알고 이스라엘의 청중들도 알고 있었듯이, 그들의 조상은 이집트를 탈출해 시내 광야를 지나 가나안 땅에 들어가면서 수많은 어려움과 난관들에 직면했다. 그중 하나가 강하고 무서운 민족 아모리 족속과의 전투였다(민 13:28-29; 신 1:18-20).[22] 가나안 땅에 살고 있었던 아모리 족속은 매우 잘 훈련된 군사들을 보유하고 있었으며, 무서운 마병들을 소유하고 있었다. 그들의 체구는 마치 상수리나무나 백향목처럼 장대하고 강했다.[23] 그들은 사막을 종횡무진으로 달리면서 자신들의 용맹과 잔혹성을 만천하에 알린 민족이었다. 창과 칼도, 잘 훈련된 군사도 없었던 이스라엘 민족은 그들 앞에서 마치 메뚜기 떼와 다를 바가 없었다. 전쟁의 승패는 불보듯 뻔했다. 그러나 우리는 이스라엘 민족사의 유명한 신앙고백이 되어버린 문구를 잘 기억한다. 전쟁의 승패는 창과 칼의 많고 적음에 달려 있지 않다는 사실을 말이다. "전쟁은 오직 야웨 하나님께 속했다!"라는 신앙고백을 지금도 우리는 되뇌지 않는가! 이스라엘은 자신들의 두 눈으로 친히 목격하게 된다. 그들은 자신들 앞에서 아모리 족속이 무기력하게 멸망당하는 모습을 본 것이다. 그들은 아모리 족속을 철저하게 파멸시킨 것("위로는 저들의 열매를, 아래로는 그 뿌리를 망하게 했다"[암 2:9Bab], 참조. 호 9:16; 욥 18:16; 말 4:1)이[24] 이스라엘의 탁월한 전쟁 기술이나 군사력 혹은 지도력이 아니었다는 것을 잘 알았다. 그렇다면 도저히 이길 수 없는 전쟁에서의 승리를 이

---

22 아모리인에 관해서는 M. Liverani, "Amorites," in *Peoples From Old Testament Times*(Oxford University Press: Oxford, 1966)를 참조하라.

23 "백향목처럼 크고 상수리나무처럼 강하다"는 표현은 끝이 보이지 않는 교만과 강성한 세력을 자랑하는 것을 가리키는 은유적 표현이다(예. 사 2:10-18; 14:8).

24 H. L. Ginsberg, "'Roots Below and Fruit Above' and Related Matters," *Hebrew and Semitic Studies Presented to G. R. Driver,* ed. D. W. Thomas and W. D. McHardy (Oxford: Clarendon, 1963), 59-71.

스라엘의 품 안에 안겨준 사람은 누구였단 말인가? 이스라엘은 자신들의 긴박한 역사적 위기 때마다 고백하지 않았던가? 그분은 다름이 아닌 "전쟁에 능한 용사, 야웨다!"라고.[25]

b. 출애굽의 하나님 야웨(암 2:10)

이스라엘은 누구였던가? 그들은 자신의 신앙 역사 가운데 우뚝 서 계신 하나님, 바로 이 하나님을 자신들의 종교 제의를 통해 반복적으로 기억하고, 그분의 간섭과 인도와 구원이 오늘에도 재현되기를 갈구하도록 요청된 민족이 아니었던가![26] 그들은 해방과 지속적인 인도의 이야기로 점철된 자신들의 구원 역사가 하나님의 은총을 경험하는 역사였다는 사실을 인식해야만 했었다. 또한 이스라엘은 그러한 방식으로 하나님의 언약 백성이 되지 않았던가? 그런데 이제는 이방 나라들보다도 더욱더 하나님께 혐오감을 주는 부패한 민족이 되어버렸다. 그들은 기억을 상실한 나라가 된 것이다. 위대한 신전과 막강한 군대를 지닌 이집트를 상대로 기적적으로 탈출했던 출애굽 사건, 갈대 바다(홍해)를 마른땅처럼 건넜던 기적, 길이 없는

---

25 "전쟁의 용사"(divine warrior)로서 하나님에 관한 논의는 매우 풍부하다. 특히 하버드 대학교의 F. M. Cross 교수와 그의 제자들을 중심으로 "전사로서의 하나님"에 관한 줄기찬 연구서들이 나오고 있다. 전사로서의 야웨에 관한 참고 문헌으로는 다음의 책을 보라. H. Fredriksson, *Jahwe als Krieger* (Lund: C. W. K. Gleerup, 1945); G. von Rad, *Der heilige Krieg im alten Israel* (Zürich: Zwingli, 1951); F. Stolz, *Jahwes und Israel's Kriege: Kriegtheorien und Kriegserfahrungen im Glauben des alten Israels* (Zürich: Theologischer Verlag, 1972); F. M. Cross, *Canaanite Myth and Hebrew Epic* (Cambridge, MA: Harvard, 1973); M. Weippert, "'Heiliger Kriege' in Israel und Assyrien," *ZAW* 84 (1972): 460-93; P. D. Miller, *The Divine Warrior in Early Israel*, HSM 5 (Cambridge, MA: Harvard, 1973); M. C. Lind, *Yahweh is a Warrior* (Cambridge, MA: Harvard, 1980); S.-M. Kang, *Divine War in the Old Testament and in the Ancient Near East*, BZAW 177 (Berlin, New York: Walter de Gruyter, 1989). 이 주제에 관한 복음주의적이면서도 기초적인 성경신학적 저서로는 Tremper Longman III & Daniel Reid, *God is Warrior* (Grand Rapids: Zondervan, 1995)을 보라. 『거룩한 용사』(솔로몬 역간).
26 하나님의 위대한 구원 행동들을 낭송하는 것은 국가적 신앙고백이거나 찬양의 노래였다(출 15장; 20:1-2; 신 32장; 수 24:3-13).

망망한 광야에서 낮에는 구름기둥과 밤에는 불기둥으로 인도함을 받고 살았던 추억, 먹을 것이 없는 척박한 광야에서 기적의 만나와 메추라기를 먹었고, 물이 없는 사막에서 기적의 생수를 마시며 살았던 그들의 과거 이야기, 창과 칼이 없이도 막강한 족속 아모리 민족을 물리쳤던 위대한 승리의 추억들, 그들을 위한 하나님의 이러한 장엄한 구원사는 이스라엘 민족 신앙의 대동맥을 형성하고 있지 않은가? 그들에게 신앙의 살과 피를 공급해 주었던 바로 그 "이야기"를 구원 공동체로서 이스라엘은 기억하고 자녀들에게 부지런히 전수해야 하지 않았었는가? 그런데 불행하게도 이스라엘은 불치의 "기억 상실증"(memory loss)에 걸린 것이다. 죽음에 이르는 무서운 병에 걸린 것이다. 그들은 자신들의 역사가 "구원으로 특징되는 신앙 이야기"라는 사실을 철저히 망각하고 있었다.

우리는 잠시 멈추어서 왜 예언자 아모스가 출애굽 사건을 아모리 족속을 물리친 사건과 연관시켜 언급하고 있는지에 대해 질문할 필요가 있다. 하나님은 연약한 민족 이스라엘을 무력으로 멸하려 들었던 거만한 아모리 민족으로부터 이스라엘의 보호자가 되어 그들을 구원하셨다. 그분은 약자를 압제하고 잔인하게 대우하는 민족을 약자의 편이 되어 물리치셨다. 그런데 그렇게 구원받고 인도된 이스라엘이 이제는 자신들 가운데 있는 가난한 자들, 힘 없는 자들, 선량한 양민들, 연약한 과부와 고아들을 압제하고 착취하는 당사자가 되었으니 얼마나 어처구니없는 역설인가? 하나님은 선포하신다. 그분은 세력과 권력 앞에서, 거룩한 종교심과 외형적 신앙 행위 앞에서 불끈 일어나 그들에 의해 압제받고 불이익을 당하는 연약하며 가난한 사람들을 위해 대신 싸우실 것이며 그들을 멸하실 것이다. 어떤 학자가 이를 다음과 같이 잘 지적했다.

이스라엘인과 아모리인들은 북이스라엘 안에서 일종의 "삶에 대한 비유"가

되었다. 출애굽 사건의 경우, 아모리인들은 압제자들이었고 이스라엘인들은 압제받는 피해자들이었다. 부자와 가난한 자, 세력 있는 자들과 약한 자들에 대한 비유라고 할 수 있다.[27]

그런데 이제는 피해자가 가해자로 돌변했으니, 이스라엘은 자신들의 비참한 환경에서 보호자가 되시고, 그들을 대신하여 싸워주신 하나님의 은혜를 망각한 자들이 된 것이다. 어찌 그들이 하나님의 진노의 잔을 피할 수 있겠는가? 그들이 하나님이 죽음의 채찍을 든다고 해서 그분에게 불공평하다고 대들 수 있을 것인가? 그럴 수는 없으리라! 그들은 자신들의 머리 위에 심판의 숯불을 더 이상 쌓을 곳이 없도록 가득 쌓은 것이다. 머리 위에 이고 있는 숯불이 쏟아질 날이 점점 가까이 오고 있지만 아무도 그날이 오는 것을 볼 수 없으니 답답할 뿐이로구나!

c. 예언자들의 하나님(암 2:11)

이스라엘을 위한 하나님의 배려와 돌보심은 그들의 반역과 배반에도 불구하고 계속되었다. 하나님은 곁길로 나가는 민족을 위해 자신의 대언자와 신실한 지도자들을 세우셨다(암 2:11-12). 그분이 예언자들을 세우신 것(참조. 신 18:14-22)은 병든 그들을 고치시고, 길을 잃고 방황하는 그들을 인도하시며, 반항하는 그들을 질타해 돌이키시기 위함이었다. 집을 떠난 그들로 하여금 다시금 하나님과 맺은 옛 언약을 기억함으로써 집으로 돌아오게 하기 위함이었다.[28] 또한 하나님이 나실인들을 세우려고 하셨던 것은

---

27   Allen R. Guenther, *Hosea, Amos,* Believers Church Bible Commentary (Scottdale, PA; Waterloo, Ontario: Herald Press, 1998), 263.

28   "예언자들은 누구인가?", "하나님은 언제 그들을 보내셨는가?", "그들은 어떠한 메시지를 가지고 왔는가?" 등과 같은 질문에 대한 간략한 대답으로는 본서 초두에 실린 "예언서 이해: 에세이"를 읽어보라.

헌신되고 희생적으로 주님의 길을 따르는 자들에게 어떠한 특별한 축복들이 오는가를 만방에 보여주기 위함이었다.[29] 나실인들은 그들의 헌신과 충성, 일편단심의 신앙심과 정결한 생활을 통해 이스라엘 사회 안에 신선한 청량제 역할을 할 뿐만 아니라, 그들의 성결한 삶에서 우러나오는 빛은 모든 사람의 열망과 존경의 대상이 되었다. 이런 자들은 혼탁한 사회 안에 사는 우리에게도 절실하게 필요로 하는 사람들이 아닌가! 세속적인 유혹과 시대정신에 대항하면서 하나님의 말씀과 뜻에 따라 순결하고 정결한 삶을 유지할 수 있는 자들이 우리 주위에 있다면 얼마나 좋을 것인가! 참된 예언자들, 나실인들과 같은 신실한 구도자들이 우리의 영적 지도자들로 세우심을 받았으면 하는 마음 간절하다.

성경의 이스라엘은 이야기 공동체(community of story)로, 담론 공동체(community of discourse)로 우리에게 알려져 있다. 그들의 정체성은 그들의 조상으로부터 내려온 이야기들에 의해 확인되고 전수되었다. 모든 이스라엘은 자신들을 위해 일하시고 그들을 존재케 하신 하나님에 관한 이야기들을 듣고 자랐다. 이스라엘의 어린이들은 모두 출애굽의 이야기를 들으면서 양육받았다. 이집트에 내렸던 열 가지 재앙 이야기, 유월절의 이야기, 갈대 바다(홍해)를 건너던 이야기, 이집트의 철 병거와 군대들을 갈대 바다(홍해)에 수장시키던 이야기, 광야에서 만나와 메추라기를 먹던 이야기, 사막의 반석에서 기적적으로 물을 내어 먹었던 이야기, 막강한 이민족의 면전에서 기적적인 승리를 얻어냈던 이야기 등등…. 따라서 이스라엘이 된다는 것은 하나님을 떠나서는 상상할 수 없는 일이었다. 이스라엘이라는 존재는 처음부터 하나님의 태중에서 시작되었고, 그분의 긍휼 안에서 잉

---

29 나실인에 관해서는 민 6장을 보라. 아마 아모스는 이스라엘의 대표적 나실인들인 사무엘(삼상 1장)과 삼손(삿 13장)을 염두에 두었을 것이다. 렘 35장에 등장하는 레갑족이 포도주 마시기를 거절함으로써 유다 민족에게 좋은 모범을 보여주고 있는 사례도 기억할 만하다.

태된 것이다. 그렇게 해서 이스라엘은 하나님의 언약 백성이 된 것이다. 따라서 이스라엘은 하나님과 맺은 언약을 떠나서는 달리 자신들을 생각할 수 없었다. 이런 이유 때문에 훗날 이스라엘의 예언자들은 하나님과 맺은 언약을 기억하라고 권고한 것이다.

하나님과 그들 사이에 있었던 수많은 사건들 그리고 이 사건들에 대한 이야기들은 이스라엘의 신앙에 뼈와 살이 되었다. 이스라엘은 이러한 이야기들을 듣고, 또다시 자신들의 자손들에게 전수해줌으로써 이야기 공동체 혹은 담론 공동체가 된 것이다. 그러나 "이야기"를 말하기를 멈출 때, 신앙의 전수는 멈추게 되었고, 사람들은 곁길로 나가기 시작했다. 앞서 말했듯이, "기억 상실"에 걸렸을 때 이스라엘 안에는 방종과 배도, 부패와 타락이 우후죽순처럼 일어나기 시작한 것이다. 그렇다! 하나님께서 행하신 일과 그분이 우리와 맺은 언약적 관계들을 망각할 때, 아니면 우리의 기억이 희미하게 될 때, 아니면 하나님이 누구시며, 하나님과 맺은 관계가 무엇을 요구하는가에 대해 말해주는 "이야기들"을 잊어버리기 시작할 때, 우리의 종교적 관습과 신앙의 습관들은 우리가 이미 택해서 살고 있는 삶의 방식을 지원하는 방편으로 전락하게 될 것이다. 길들여진 하나님을 섬기는 종교 생활과 조작된 신을 만족시키려는 신앙 행태는 우리가 생생한 "이야기들"을 망각하기 시작할 때부터 시작된다는 것을 기억해야 할 것이다. 반대로 우리가 하나님의 은총과 구원의 이야기를 기억할 때, 우리의 삶 가운데 오시어 위대한 구원과 은혜를 베푸신 사실을 생생하게 기억할 때, 우리는 그 이야기들을 많은 사람에게 담대하게 증거하고 간증할 것이다. 그리고 우리에게 요구하시는 하나님의 뜻을 분명히 깨달아 책임 있게 살게 된다. 도덕과 윤리는 추상적인 요구 조건들이 아니다. 정의롭고 공의로운 삶, 윤리적이며 도덕적인 순결한 삶은 우리가 이미 알고 경험한 하나님의 사랑과 은총으로부터 자연스럽게 흘러나온다는 사실을 기억해야 할 것이다.

예언자 아모스는 이스라엘에게 하나님과 향유했던 아름답고 영광스러운 과거 역사를 다시금 들려준다. 그리고 그는 그들을 향해 외친다. "오, 이스라엘 사람들이여! 이것이 사실이 아닌가?"(암 2:12) 이 외침에 대해 듣고 있던 사람들 모두 "그렇습니다. 맞습니다. 그것은 모두 사실입니다"라고 속으로 동의했을 것이다. 그들은 자신들의 구원 역사를 정통적으로 알고 있었다. 그들은 자신들의 양심 속에서 자신들의 부끄러운 죄악들이 확인되는 순간을 경험하고 있다. 아모스는 이제 부끄러워 고개를 떨구고 있는—글쎄, 그들이 정말로 부끄러워 할 줄 알았던 사람들이었는지는 매우 회의적이지만—청중을 향해 마지막 비수를 꽂듯이 그들의 죄악을 확인한다. "그러나 너희는 나실인들로 하여금 술을 마시게 하였고 예언자들에게는 예언을 하지 말라 하였도다"(암 2:12). 그것은 하나님의 가르침과 인도하심에 맞서 정면으로 도전하는 행위였다. 그들의 삶이 하나님의 율법과 가르침에 의해 시작되고 양육되었는데 이제 와서는 목을 꼿꼿이 세우고 그 하나님을 향해 대적하고 있는 것이다. 우리는 그들이 이스라엘의 역사에서 하나님의 예언자들을 대적하고 배척했던 수많은 사례들을 알고 있다.[30] 특히 우리는 아모스 7장에서 이스라엘의 대표적 종교 지도자인 벧엘의 제사장 아마샤를 통해 이러한 반역의 소리를 듣게 된다. 그는 하나님의 예언자 아모스를 향해 "너는 여기서 예언하지 말라! 네 고향에 가서 거기서 예언하고 떡이나 먹으라!"고 말한다. 우리는 아마샤를 통해 온 이스라엘의 영적 상태를 본다. 이렇듯 하나님의 말씀을 거절하고 그분의 가르침을 저항하는 자들에게 무엇이 기다리고 있을까?

---

30   예. 왕상 13:4; 18:4; 19:2; 22:8; 사 30:11f.; 렘 11:21; 20:7-10; 미 2:6.

피할 수 없는 처절한 심판(암 2:13-16)

무엇이 이스라엘을 기다리고 있을까? 심판과 처절한 형벌 이외에 무엇이 있으리요! 죄와 벌, 그것은 하나님의 정의가 요구하는 당연한 원인과 결과가 아닌가! 사람들은 하나님의 인내에도 한계가 있다는 사실을 아는가 모르는가? 분노하시는 하나님의 목소리는 부르짖는 사자처럼 들려온다.

> 보라, 이제 내가 너희를 밟아 누르리니
>> 마치 곡식을 실은 수레가 누르듯이 그러할 것이다.
> 민첩한 자도 도피하지 못할 것이며
>> 힘센 자라도 그 힘을 쓰지 못하고
>> 용사라도 자신의 생명을 건질 수 없을 것이다.
> 활을 쏘는 자도 견딜 수 없고
>> 발이 빠른 보병이라도 빠져나갈 수 없고
>> 마병이라도 자신의 생명을 건질 수 없을 것이다.
> 심지어 가장 용맹한 전사들이라도
>> 그날에는 벌거벗은 채로 도망칠 것이다(암 2:13-16).

다시는 돌이킬 수 없을 만큼 철저히 부패하고 악해진 이스라엘에게 하나님의 전무후무한 심판이 실행될 것이다. 한때는 그들을 위해 일어섰던 야웨께서 이제는 그들을 대항해 일어서시겠다는 뜻이다. 농사에 대해 잘 알고 있었던 예언자 아모스는 하나님을 곡식을 가득 실은 수레에 비유하는 은유를 사용한다. "수레가 눌러지다"라는 동작이 무엇을 의미하는지에 관해서는 다양한 의견들이 개진되었다. 특히 "누르다"로 번역된 히브리어(מֵעִיק, 마이크)는 사용 빈도가 매우 드문 동사로, 그것의 정확한 의미에 대

　　　　　　　　　　　　　　　　　　　　　　　　　제1부 열국 심판 신탁

해서 학자들 사이에 의견이 다양하기 때문이다.[31] 이에 관한 다양한 주장
은 크게 두 가지로 분류될 수 있다. 하나는 단순히 "억제하다", "방해하다"
는 의미로 이해하는 것이다.[32] 이 경우 마차에 곡식을 너무 많이 실어 수레
가 굴러가지 못하고 멈추어 서듯이, 하나님께서 이스라엘의 군대를 눌러
서 움직이지 못하게 하겠다는 뜻이 된다. 이는 이스라엘 군대를 무력화시
키겠다는 선언이다. 이러한 표상은 매우 역설적인 의미를 우리에게 전해
준다. 마차가 멈춰 서게 된 것은 곡식을 너무 많이 실었기 때문이다. 이것
은 비난받고 있는 자들이 착취와 압제를 통해 부유하게 되었다는 것을 보
여줌으로써, 바로 그들의 번성과 풍요 자체가 그들을 무력화시키는 원인
이 된다는 뜻이다. 그렇다! 우리는 때때로 정상적인 방식이 아닌 부정하고
부당한 방법으로 물질적 풍요를 누리는 사람들이 자신들의 불의한 소유
때문에 불행해지는 것을 종종 목격하지 않는가!

　한편, 본문에 대한 또 다른 이해는 본문의 의미가 지진과 관련을 맺고
있다고 생각하는 것이다.[33] 이러한 해석에 따르면, 짐을 가득 실은 수레가
그 바퀴로 부드러운 지면을 눌러 쪼개는 것처럼, 하나님께서 지진으로 땅
을 가르신다는 뜻일 것이다. 즉 아모스가 사용하고 있는 표상은 지진을 가

31　(1) 어근 עוק에서 나온 "방해하다", "억제하다", "지체시키다"("곡식을 실은 마차가 그 무게 때
　　문에 속도가 느려지다가 멈추듯이 내가 너희들의 움직임[군사 행동]을 방해하고 지체케 할 것
　　이다"); (2) 어근 קקק에서 나온 "산산조각 내다"("곡식 실은 마차가 땅을 짓눌러 조각내듯이,
　　내가 너희를 산산조각 낼 것이다" — 지진에 의한 갈라짐을 암시한다); (3) 어근 עוק에서 유래
　　한 "신음하다"("곡식 실은 마차가 소리를 내듯이 내가 너로 신음하게 할 것이다" — 여기서도
　　지진에 의한 암시가 있다); (4) 어근 עוק을 צוק(누르다)의 아람어적 표현구로 이해하는 경우
　　("내가 너를 눌러 버릴 것이다"); (5) 어근 עוק를 (1)의 경우와는 달리 "갈라짐", "구덩이"에 해
　　당하는 단어라고 주장하는 경우. 이런 의미 역시 지진을 암시하는 단어일 것이다. 자세한 내용
　　은 Paul, *Amos,* 94을 보라.

32　Paul, *Amos,* 94.

33　Mays, *Amos,* 54; Rudolph, KAT, 148-49; Wolff, *Amos,* 171; Smith, *Amos,* 91; H. Gese, "Kleine
　　Beiträge zum Verständnis des Amosbuches," *VT* 12 (1962): 417-24. 이들에 의하면, 번역된
　　히브리어 동사는 "가르다", "열다", "쪼개다"는 의미를 갖고 있는 것으로 이해한다.

리키는 것으로, 이스라엘의 요새와 성채들을 뒤흔들어 끔찍한 상태로 파멸시키겠다는 것이다. 추수와 심판을 연관시키고(암 8:1-2) 지진을 하나님의 심판으로 여러 번 언급하고(암 1:1; 4:11; 6:11; 8:8; 9:1, 5) 있는 아모스가 여기서도 지진을 하나님의 심판의 표상으로 사용한다고 추정하는 것은 자연스러운 일이다. 아모스의 메시지를 선포한 후 이 년 뒤에 이스라엘 전역을 강타한 전무후무한 대지진을 경험한 사람들은 본문의 말씀을 두렵고 떨리는 마음으로 새롭게 이해했을 것이다. 하나님의 분노한 두 손이 북이스라엘의 기반을 흔들어놓았고, 그들이 자랑하던 모든 요새와 성채들 그리고 삶의 모든 안전장치들을 철저하게 무너뜨려 땅속에 매몰시켰기 때문이다. 본문은 이스라엘 군대가 철저하게 무력화되거나 불구가 된 상태를 묘사하고 있다는 점에서 이상의 두 가지 의견 중 하나를 선택하는 것은 어려워 보인다. 하나님께서 지진을 포함한 그 어떠한 방법들을 동원해서라도 이스라엘을 심판하시겠다는 의지를 단호하게 천명하신 것에는 두 의견 모두 동의하지 않을 수 없기 때문이다.

이스라엘이 하나님의 심판을 피할 수 있을 것인가? 그분의 진노로부터 도망칠 수 있을 것인가? 예언자 아모스는 이스라엘의 보병들, 화살과 특수 무기로 무장한 군사들, 마병들을 언급하면서 치열한 전쟁 장면을 그리고 있다. 그러나 이스라엘과 싸우는 적군은 등장하지 않는다. 야웨 하나님이 자신의 백성 이스라엘의 대적자로 나타나시기 때문이다. 이스라엘을 위해 이스라엘의 원수 국가들을 치시고 싸우시던 "전쟁의 위대한 전사"(Divine Warrior) 야웨가 이제는 친히 나서서 이스라엘에 대항해 처절한 파멸을 가져오는 전쟁을 하신다는 것이다. 그분을 감당할 군대가 어디 있으며, 그분의 칼을 피할 자가 누구리오. 이스라엘 중 가장 민첩하고 날렵한 부대라 할지라도 야웨 하나님의 심판의 칼날을 피하지 못할 것이며, 가장 용감하고 용맹스러운 군사들이라도 죽음의 파도로부터 도망할 수 없을 것이다. 아모스가 그리고 있는 "야웨의 날"(יום יהוה, 욤 야웨)에 대해 한 세기 후의 예언자 스바냐(1:15-16)는 다음과 같은 스타카토적 언어로 표현하고 있다.

> 그날은 분노의 날(יום)이요,
>> 환난과 고통의 날(יום)이요, 황무와 패괴의 날(יום)이요,
>> 암흑과 어두움의 날(יום)이요, 구름과 흑운(黑雲)의 날(יום)이요,
> 나팔 소리와 전쟁 함성의 날(יום)이라.
>> 견고한 성읍과 높은 망대를 치는구나!

스바냐처럼 아모스도 히브리 시의 평행법을 반복적으로 사용함으로써 약한 자들과 가난한자들, 연약한 여인들과 힘없는 고아들을 압제하고 착취했던 이스라엘의 오만 방자한 자들, 거드럭대는 자들, 힘센 자들, 권력자들위에 휘몰아치는 하나님의 무시무시한 위력을 강조하고 있다. 그는 단순히 이스라엘의 군사적 패배를 말하는 것이 아니다. 그는 한 민족의 끝, 한국가의 종말(קץ, 케츠, 암 8:2)을 선언하고 있다.

하나님의 언약 백성에게는 더 큰 책임을 물을 것이라

유다와 이스라엘을 향한 예언자 아모스의 심판 신탁은 그들이 야웨 하나님의 율법을 알았으며 또한 받아들였다는 데 근거를 두고 있다. 참 예언자들의 가르침과 권고, 책망과 훈계를 받았음에도 불구하고 그들은 스스로 미혹되어 하나님의 말씀에 귀를 막고 예언자들을 거절했다. 오히려 그들은 거짓 예언자들의 가르침을 따르고 잘못된 가르침에 귀를 기울였다. 언

약 백성들은 "많이 맡긴 자에게 많은 것을 찾으신다"는 주님의 정의로운 원칙을 심각하게 생각지 않았다. 그들은 자신들이 하나님과 맺은 관계가 다른 민족보다 가까울수록 하나님에 대한 자신들의 의무와 책임 역시 더욱 중하다는 것을 왜 잊었던 것일까?

　한 걸음 더 나아가 그들이 자신의 백성을 위해 행하신 하나님의 주권적 행동들에 대한 옛 전승들을 알고 있었다는 점에서 그들을 향한 정죄의 심각성은 더해간다. 그들은 이방 나라들의 범죄와는 달리 더욱 중대한 결과를 치러야만 한다. 이방 민족들은 그들의 양심을 통해 갖고 있었던 보편적 도덕성이란 기준에 근거해서 정죄되었다. 그러나 유다와 이스라엘의 경우는 그렇지 않았다. 그들은 하나님의 계시 및 그들을 대신한 하나님의 행동들과 행위들을 배척하고 거절했기 때문에 정죄받았다. 하나님의 심판이 양심에 반(反)하여 저지른 행동들에 근거해 결정되었다면, 하물며 어떻게 살아야 하는가에 관한 구체적인 하나님의 계시를 받았던 백성들에게 주어진 책임성은 얼마나 더욱 컸겠는가?

　열국 심판 신탁의 절정인 이스라엘의 경우는 더욱 그러하다! 이스라엘이 하나님의 선택된 자손이라고 해서 그들에게 무조건적으로 미래가 보장된 것은 아니다. 하나님이 이스라엘에게 베푸셨던 위대한 출애굽의 은총이 그들의 미래의 심판을 유보하거나 취소하지 않는다. 언약적 요구 사항에 대해 책임 있게 살지 못할 때, 그들이 아무리 열정적 종교심을 앞세워 하나님을 기쁘게 해드리려고 아첨한다 할지라도 하나님은 눈감고 계실 분이 아니시다. 그분은 정의로운 분이시다. 그분은 언약 자손들에게 책임 있는 삶 전체를 요구하신다. 하나님의 심판에서 열외 될 특수한 부류는 존재하지 않는다. 예언자 아모스가 선포한 심판 신탁 안에는 일말의 희망도, 소망의 빛도 보이질 않는다. 하나님이 완고하시기 때문이 아니라 이스라엘이 완악하기 때문이다. 악인은 자신의 죄악 때문에 자신이 응분의 보상을 받는 줄을 기억해야 할 것이다. 우리의 조상이 신 포도를 먹었기 때문에 우리의 이가 신 것이 아니라, 우리가 신 포도를 먹었기 때문에 우리의 이가 신 것이다(참조. 렘 31:29; 겔 18:2-3).

우리는 열국 심판 신탁을 마무리하면서 아모스서가 북이스라엘의 멸망 후 그리고 2세기 후의 남유다의 멸망 후 그리고 그 이후의 세대들에게 아모스가 외친 열국 심판 신탁 본문이 얼마나 중요한 영향을 끼치게 되었는가를 생각해야 할 것이다. 이 점에 관한 예레미아스 교수의 명쾌한 통찰은 음미해볼 만하다.

> 아모스서가 후대에 미친 지속적인 무게와 탁월한 중요성이 있다면, 예루살렘 함락이 보여주듯이, 이스라엘은 예언자들이 없이는 자신들의 모든 죄—죄들은 상존(常存)하지 않는가!—안에서 절망적으로 잃어버림을 받는다는 사실이다. 그리고 예언자들에 의한 죄들의 폭로와 돌아오라(회개)는 그들의 절규만이 이스라엘을 구원할 수 있다는 사실이다.[34]

---

34   J. Jeremias, *Amos,* 42.

예언자의 불타는 메시지

들으라, 이스라엘이여!

제7강

들으라, 이스라엘이여!

암 3:1-8

3:1 이스라엘 자손들아! 야웨께서 애굽 땅에서 인도하여 올리신 온 족속, 즉
너희들을 쳐서 이르시는 이 말씀을 들으라. 그가 말씀하시기를,

2 오직 너희만을 내가 알았나니
　　땅의 모든 족속 중에서로다.
그러므로 내가 너희를 "방문"(심판)하리니
　　너희 모든 죄악을 들고 찾아가리라.

3 어찌 두 사람이 함께 동행할 수 있겠는가?
　　서로가 뜻을 합하지 않는다면.

4 어찌 그가 수풀에서 부르짖겠는가?
　　사자가 움킨 것이 없다면.
어찌 그가 굴속에서 소리를 지르겠는가?
　　젊은 사자가 잡은 것이 없다면.

5 어찌 새가 땅위의 "덫"에 내리 덮치겠는가?
　　덫에 놓인 "미끼"가 없는데.[1]
어찌 덫이 땅에서 뛰어오르겠는가?
　　정말로 아무 것도 잡을 것이 없다면.

6 만일 뿔 나팔 소리가 성읍 안에 울려 퍼진다면
　　사람들이 놀라지 않겠는가?
만일 재앙이 성읍에 임한다면
　　야웨께서 그렇게 만드신 것이 아니겠는가?

7 정녕코 주 야웨는 일을 행하시지 않으신다.

---

1 "덫"과 "미끼"에 해당하는 히브리어는 "파흐"(פַּח)와 "모케쉬"(מוֹקֵשׁ)로, 대부분의 학자는 후
자를 전자와 같은 덫의 일종으로 번역한다. 예를 들어, Wolff(*Amos*, 185; 동일저자, 『예언과 저
항』, 100-103)는 "나무 창살"(throwing stick)이나 부메랑(boomerang)으로 생각한다. 우리가
선택한 번역에 대한 논의는 Paul, *Amos*, 110-11을 보라.

자신의 계획을 나타내시지 않고는

그의 종들인 예언자들에게.

8   사자(獅子)가 부르짖은즉

누가 두려워하지 않을 것인가?

주 야웨께서 말씀하신즉

누가 예언하지 않겠는가?

아모스 3-6장에 관한 서론

아모스서의 문학적 구조에 관한 논의는 매우 활발하게 이루어져왔다. 아모스서에 관한 다양한 구조들이 제시되었는데 그러한 제안들 저변에는 개별적인 학자들의 독특한 주석 방법론들이 사용되었음은 말할 것도 없다.[2] 프리드만과 앤더슨은 자신들의 방대한 아모스서 주석에서 문학적 근거 위에 아모스서를 "저주의 책"(Book of Doom, 암 1:1-4:13), "애곡의 책"(Book of Woes, 암 5:1-6:14) 그리고 "환상들의 책"(Book of Visions, 암 7:1-9:6) 등 3부로 나눈다.[3] 다른 학자들 역시 본문의 문학적 장치에 근거해 "5중적 연속 구성"[4] 혹은 "7중적 구성"[5] 혹은 "대칭적 구성"[6] 등을 제안하기도 한다. 물

---

2   예를 들어 구조양식비평학에 대한 연구는 Koch, *Amos*를 보라. 한편 아모스서의 표면 구조 분석론에 대한 연구는 다음을 보라. A. van der Wal, "The Structure of Amos," *JSOT* 26 (1983): 107-13; Jan de Waard & W. A. Smalley, *A Translator's Handbook on the Book of Amos: Helps for Translators* (New York: United Bible Societies, 1979), 189-214.

3   F. I. Andersen, D. N. Freedman, *Amos,* AB 24 (Garden City: Doubleday, 1980).

4   Gese, "Komposition bei Amos," 74-95.

5   J. Limburg, "Sevenfold Structures in the Book of Amos," *JBL* 106 (1987): 217-22. Cf. S. M. Rosenbaum, *Amos of Israel: A New Interpretation* (Macon, GA: Mercer University Press, 1990), 77-79.

6   Waard, W. A. Smalley, *A Translator's Handbook on Amos*, 189-214.

론 이러한 학문적 제안과 연구들은 그것들 나름대로 아모스서를 이해하는 데 적지 않은 공헌을 해왔다고 말할 수 있다. 그러나 그러한 형식적 뼈대에 대한 지나친 강조는 종종 본문의 흐름과 일치하지 않을 뿐만 아니라 형식이 본문의 내용을 강제로 조절하려는 느낌을 면치 못한다. 따라서 우리는 형식과 내용의 조화와 일치에 관심을 두면서 본문을 이해해야 한다. 본문 안에 실려 있는 내용이 무엇인가를 찾아내는 일뿐 아니라 그러한 내용이 어떠한 식으로 포장되어 전달되고 있는가도 살펴야 한다. 후자의 경우 본문 안에 사용되고 있는 독특한 용어, 인습적 관용구, 전체 구조, 사용되고 있는 각종 문학적 장치들ㅡ 예. 수미쌍관, 평행법, 이미지 사용, 후렴 사용, 수사학적 질문들, 대칭 구조법, 반복법, 반의법, 형식구 등ㅡ에 민감하게 주의를 기울일 뿐만 아니라, 그러한 문학적 장치들과 구조를 통해 내용이 어떻게 효과적으로 전달되고 있는가도 살펴야 한다.[7]

먼저 우리는 다시금 아모스서의 전체 구조에 대해 잠시 논의를 한 후 소위 "메시지" 단락으로 알려져 있는 아모스 3-6장에 대한 자세한 신학적 해설로 들어갈 것이다. 학자들의 전문적인 연구에 의존하지 않는다고 하더라도 우리는 아모스서가 자연스럽게 세 개의 커다란 단락들로 나뉘고 있다는 사실을 알아차릴 수 있다. 열국 심판 신탁(암 1-2장), 아모스의 메시지(암 3-6장), 아모스의 환상들(암 7-9장). 우리의 관심의 대상인 "아모스의 말씀들"(암 3-6장)은 다시금 "이 말씀을 들으라"는 삼중적 반복 형식구(암 3:1; 4:1; 5:1)와 아모스 5장과 6장에 등장하는 두 번의 "애곡 영탄사"(개역개정은 "화 있을진저!"로 번역함, 암 5:18; 6:1)에 의해 통일체를 이루고 있다.[8]

---

7 히브리 시의 문학적 장치와 기교들에 관한 참고서는 다음을 보라. W. G. E. Watson, *Classical Hebrew Poetry*; idem, *Traditional Techniques in Classical Hebrew Verse*, JSOTSup 170 (Sheffield: Sheffield Academic Press, 1994); Luis Alonso-Schökel, *A Manual of Hebrew Poetics*, SuBib 11 (Rome: Biblical Institute Press, 1988).

8 물론 "이 말을 들으라"는 표현은 암 8:4에도 등장하지만, 이 구절은 소위 "환상 보고문" 안

아모스는 3장부터 자신이 앞서 열국 심판 신탁에서 절정의 목표물로 삼았던 이스라엘을 다시금 심판과 정죄의 무대 위에 올려놓고 매우 심각하고도 강렬하게 그들의 "범죄들"(페샤임)을 집중적으로 드러내기 시작한다. 독자와 청중들은 앞서서 포괄적으로 제시되었던 이스라엘의 범죄들을 다시금 현미경을 가지고 자세히 들여다볼 수 있는 기회를 갖는다. 이제 이스라엘은 하나님의 말씀 앞에서 철저히 벌거벗김을 당하게 된다.[9]

들으라, 이스라엘들이여!(암 3:1-8)

아모스 3:1-8의 단락은 다시금 서로 긴밀하게 연결되는 두 개의 소 단락으로 나뉜다. 3:1-2과 3:3-8.

A. "아니 그럴 수가"(암 3:1-2)

이스라엘 자손들아, 야웨께서 애굽 땅에서 인도하여 올리신 온 족속, 즉 너희들을 쳐서 이르시는 이 말씀을 들으라! 이르시기를,

"오직 너희만을 내가 '알았나니'(יָדַעְתִּי, 3:2Aa)

땅의 모든 족속 중에서로다(3:2Ab).

에 자리 잡고 있기 때문에 앞서 세 번의 경우와는 다르다. 많은 학자가 암 3-6장을 일관성 있는 개념적으로 통일된 단위로 간주한다. 예. J. Jeremias, "Amos 3-6: Beobachtungen zur Entstehungsgeschichte eines Prophetenbuches," *ZAW* 100 (1988): 123-38; R. Coote, *Amos among the Prophets,* 73-76.

9 참조. "하나님의 말씀은 살아 있고 활력이 있어 좌우에 날선 어떤 검보다도 예리하여 혼과 영과 및 관절과 골수를 찔러 쪼개기까지 하며 또 마음의 생각과 뜻을 판단하나니 지으신 것이 하나도 그 앞에 나타나지 않음이 없고 우리의 결산을 받으실 이의 눈앞에 만물이 벌거벗은 것 같이 드러나느니라(히 4:12-13)."

그러므로 내가 너희를 향하여 '방문'(7주의)[10]하리니(3:2Ba),

너희 모든 죄악을 가지고 방문하리라"(3:2Bb).

예언자 아모스는 이스라엘의 범죄를 고발하기 위해 독특한 논법을 사용한다. 그는 먼저 말씀을 들어야 할 대상인 이스라엘 자손을 부른다. 그러나 그가 부른 이스라엘은 단순히 북이스라엘 국민들만이 아니다. 아모스가 북이스라엘을 향해 외쳤던 메시지를 훗날 유다에 돌아가 글로써 남기려 했을 때—이것이 아모스서의 기원이라 할 수 있다—그의 대상은 북이스라엘뿐만 아니라 남유다 왕국을 포함한 "온" 이스라엘이었다. 남쪽 유다백성들도 이 말씀을 들어야만 했기 때문이었다. 예언자 아모스는 이러한의도 때문에 "온 이스라엘"의 죄책을 지적하기 위한 목적으로 두 나라—북이스라엘과 남유다—공동의 기원인 출애굽에 대해 언급한다(참조. 암 5:25; 9:7).

아모스는 먼저 이스라엘을 출애굽 구원 사건과 연결시켜 부르고 있다. 이것은 그에게 새로운 일은 아니다. 그는 이미 앞 단락, 즉 열국 심판 신탁의 절정 부분인 이스라엘을 향한 심판 신탁(암 2:6-16)에서 이스라엘의죄책을 지적하고 그것을 돋보이도록 하기 위해 출애굽 사건을 회상시킨일이 있었다(특히 암 2:9-10).[11] 예언자 아모스는 이와 같은 방식으로 다시

---

10 사용된 "파카드"(7주의)라는 히브리 단어는 문자적으로 "방문하다", "찾아오다"는 중립적 의미를 가지고 있으며, 하나님이 주어로 사용되는 경우 이 단어는 문맥에 따라 부정적("심판하다", "벌을 내리다")으로 혹은 긍정적("돌아보다", "위로하다")으로 사용된다. 부정적인 의미로사용된 경우는 야웨의 열국 심판(렘 9:24; 46:25; 49:7f.; 50:18, 31), 악인 심판(호 4:9; 9:9; 12:3; 암 3:2,14), 예루살렘 심판(렘 5:9; 6:15; 21:14), 야웨의 백성 심판(렘 5:29; 14:10), 오만한 왕들에 대한 심판(사 10:14; 렘 25:12; 36:31)이 있다. 한편 긍정적인 의미로는 창 21:1; 50:24, 25; 출 3:16; 4:31; 13:19; 삼상 2:21; 룻 1:6; 욥 10:12; 사 23:15,17; 렘 15:15; 27:22; 29:10; 32:5; 습 2:7; 슥 10:3b이 있다. "파카드"(7주의)에 관한 자세한 자료들로는 Ryou, *Zephaniah's Oracles against the Nations*, 219의 각주 145을 참조하라.
11 본 단락의 아모스의 이스라엘 역사 회고(Geschichtliche Rückblicke)와 그 기능, 아모스와 전

금 이스라엘의 독특성, 하나님께서 세상 모든 민족 가운데 유독 이스라엘을 선택하여 특별한 관계를 맺게 된 경위, 즉 출애굽 사건을 언급함으로써 그들의 죄책을 더욱 돋보이게 한다. 다시 말해서 그는 하나님께서 이스라엘과 매우 독특한 관계를 맺었음을 온 천하에 그리고 이스라엘 백성들의 양심에 알린다. 이스라엘과 하나님 간의 특별한 "언약적 관계"는 아모스의 독특한 단어 사용과 구문법을 통해서도 더욱 분명해진다. 하나님께서 이스라엘을 "알았다"(יָדַע, 야다)는 것이다.[12] 그리고 이스라엘을 알되 "오로지"(רַק, 라크) "너희 이스라엘만" 알았다는 것이다.[13] 그리고 이스라엘 족속 "모두"(כֹּל, 콜)는 땅의 민족 "모두"(כֹּל, 콜)보다도 하나님에게 좀 더 특별한 존재였다는 것이다. 이스라엘을 향한 하나님의 애정은 지나치리만큼 각별했다. 이미 열국 심판 신탁에서도 하나님은 이스라엘을 향해 자신과 그들 사이에 각별한 과거의 인연이 있었음을 밝힌 바가 있지 않았던가!(암 2:9-11). 곧 그들을 이집트에서 인도하여 올리셨고, 길이 없는 바다에 길을 내셨으며, 유리방황하기에 적합한 광야에서 그들을 "인도"하셨고, 막강한 적국으로부터 보호하셨으며, 가나안 땅에 들어와서는 그들을 참다운 삶으로

승의 문제 등에 관해서는 J. Vollmer, *Geschichtliche Rückblicke und Motive,* 29-33을 참조하라. Shalom Paul(*Amos,* 100)은 본 단락(암 3:1-2)을 앞 단락인 "이스라엘 심판 신탁"에 대한 "간단한 요약문"(minirecapitulation)이라고 부른다.

12 이 단어(יָדַע, 야다)는 그 의미의 범위가 넓고 다양하다. 남녀 간의 성적인 관계를 묘사하는 것("동침하다")에서 시작해서 "친숙해지다", "인정하다", "선택하다", "사랑하다" 등으로 번역된다. 출애굽을 언급하는 본문에서는 특히 "언약적" 색깔을 띠고 있다. 예. H. B. Huffmon, "The Treaty Background of Hebrew *Yāda'*," *BASOR* 181 (1966): 31-37; H. B. Huffmon, S. Parker, "A Further Note on the Treaty Background of Hebrew *Yāda'*," *BASOR* 184 (1966): 36-38; L. A. Sinclair, "The Courtroom Motif in the Book of Amos," *JBL* 85 (1966): 351-53; D. R. Hillers, *Covenant: The History of a Biblical Idea* (Baltimore: Johns Hopkins University, 1969), 121-22. "야다"에 관한 다양한 현대역을 참조하라. 예. NIV("choose"); NRSV("know").

13 위의 번역문이 반영하듯이, 암 3:2Aa의 히브리어 구문은 "부사 + 직접목적어 + 동사"의 어순으로 되어 있다. 일반적으로 이러한 어순은 강조 형식을 나타낸다. 이 경우 "너만을"이라는 직접 목적어에 대한 강조다(참조. GKC, *Gesenius's Hebrew Grammar,* §117e).

인도하기 위해 예언자들을 세우기도 하셨다.

출애굽에 관한 언급으로 시작해서 이스라엘을 정죄하고 고발하려는 예언자 아모스의 의도는 자신의 심판 메시지를 이해하는 데 있어 중요한 전망을 제공해준다. 이스라엘의 존재가 언제부터 시작되었으며, 누구로 말미암았는가를 지적해주는 부분이다. 이제는 하나님의 심판의 대상자들이 되어버린 불쌍한 이스라엘, 그들은 도대체 누구인가? 그들은 왜 이 지경까지 왔는가? 그들은 왜 더 이상 하나님의 무릎에 앉아서 그분의 총애를 한 몸에 받을 수 없는 처지로 추락하게 되었단 말인가? 그들은 다른 민족과는 달리 하나님의 사랑과 은총의 유일한 대상이 아니었던가! 이스라엘, 그들은 하나님의 위대한 구원의 은총을 몸소 경험한 선택받은 민족이 아니었던가! 하나님의 강한 손과 편 팔에 안겨 죽음의 바다 홍해를 건넌 자들이 아니었던가! 심지어 어떤 학자들이 주장하듯이, 이스라엘이 자랑스럽게 그리고 확신 있게 외쳐댔던 구호, 즉 "하나님께서는 모든 민족 가운데서 오직 우리만을 아신다!"는 구호가 이스라엘의 대중 가운데 정말로 회자되었다면 그들은 진작 자신들의 잘못된 "선택 신앙"을 포기했어야만 했을 것이다.[14] 사실상 출애굽 사건에 대한 북이스라엘인들의 강한 애착은 위기의 때에 하나님께서 자신의 백성을 구원하실 것이라는 확신을 강화시켰으며, 동시에 그러한 구원에 대한 "보장"으로 이해되기도 했다(예. 민 24:8; 삿 6:13; 왕상 8:51-53). 그리고 그들은 그러한 잘못된 확신과 자기기만적인 신념 안에서 안일과 자만(self-complacence)을 즐기고 있었다(예. 암 5:14; 6:1; 9:10). 그러나 예언자 아모스는 북이스라엘 안에 만연해 있는 출애굽 신앙에 대한 잘못된 확신을 거절하고, 선택 신앙에 대한 그들의 잘못된 이해를

---

14   예. Mays, *Amos*, 56-57; S. H. Blank, "Irony by way of Attribution," *Semitics* 1 (1970): 5. 우리는 암 3:2Aab이 이스라엘 민족 안에 회자되었던 대중적 신념을 반영하는 구절들로부터 인용되었다는 학자들의 주장에 대해 분명하게 그 진위를 확인할 수는 없다.

근본적으로 뒤엎어버린다.

사랑이 깊을수록 배신감도 깊고 애정이 클수록 좌절도 큰 법이라고 하지 않았던가! 이스라엘을 향한 하나님의 사랑과 애정이 너무나도 컸기 때문에 이제 하나님의 실망과 좌절 그리고 분노 역시 더욱 깊어질 수밖에 없다. 아모스 3:3-8에 나타난 구체적이고 특정한 이스라엘의 죄목들은 바로 이러한 "야웨와 이스라엘 사이의 특별한 관계", 다시 말해서 "언약 관계"라는 맥락 안에서만 잘 이해될 수 있는 성질의 것들이다.[15] 이렇게 해서 거절된 야웨의 이스라엘 사랑, 배척된 하나님의 야곱의 집에 대한 호의는 하나님을 포효하는 사자로 바꾸어놓는다. 그들은 이제 하나님의 "방문"을, 사자의 "찾아옴"을 기대해야 할 것이다. 그들은 출애굽 당시 이집트를 방문하셨던 하나님의 "방문"이 무엇이었는지를 잘 알지 않았던가! 그들의 하나님은 이집트 전역을 죽음의 사자로서 방문하셨으나, 그들의 집만은 "넘어가셨다." 그러나 그들에게 더 이상 이러한 "넘어가심", 다시 말해서 "유월(passover)의 은총"이 주어지지 않을 것이다. 하나님의 방문으로 인해 새로운 삶을 살게 되었던 그들이 이제는 하나님의 방문으로 인해 죽게되었으니 이 어찌 무서운 역설이 아닌가! 하나님은 이스라엘 가운데 "심판자"로 뿐만 아니라 형의 "집행자"(Executioner)로 찾아오신다.[16] 아모스는 다시금 꼬는 역설로 이스라엘을 질타한다. 그는 이스라엘을 향해 다음과 같이 말한다. 너희가 말하기를 "하나님이 우리와 함께 계신다!", "우리가 만국 중에서 유일하게 선택받은 민족이다!"라고 외치느냐? "좋다, 내가 너희만을 유독 내 손 위에 놓고 너의 모든 죄악을 철저하게 조사해서 그 죄

---

15 암 3:1-2에서는, 이스라엘을 향한 하나님의 구원사 자체가 이스라엘의 언약 파기와 배반으로 인해 심판의 근거가 되고 있음을 보여주는 두 개의 독특한 "언약적 동사"를 통해 전개되고 있다(구원사에 관련된 동사는 "알다"[יָדַע]; 심판과 관련된 동사는 "방문하다"[פָּקַד]이다).

16 아모스는 자신의 독자/청중들에게 그들이 전혀 예기치 않은 충격적인 결론을 제시하곤 한다. 이러한 문학적 기법은 여러 곳에서 발견된다. 예. 5:18-20; 9:7을 보라.

를 물을 것이다!" 언약이 가져다주는 특권이 있다면 동시에 의무와 책임이 있다는 사실을 이스라엘은 왜 몰랐을까? 하나님과 맺은 언약은 일방적이 아니라 상호적이라는 사실을 기억해야 할 것이 아닌가? 오늘날도 하나님의 언약적 요구 사항들에 대해 가볍게 생각하거나 그것을 옛 언약의 율법적 조항들로 간주해버리는 사람들이 있는지 모른다. "복음과 율법"이라는 잘못된 이원론적 사고방식에 깊이 빠져 있는 현대 그리스도인들이나, 갈라디아서에 등장하는 잘못된 "율법 무용론자"(antinomist)나, 선택론이나 예정론에 대한 잘못된 이해에 세뇌된 그리스도인들은 이 말씀을 다시금 귀담아 들어야 할 것이다. 하나님의 선택과 값없이 주어진 구원과 은총은 우리에게 책임 있는 응답을 요구한다. 하나님이 이스라엘과 맺은 "하나님의 언약"은 그들에게 각종 축복들을 약속하는 동시에 저주들도 명시하고 있다는 사실을 기억할 필요가 있다. 다시 말해서 언약적 요구들이 지켜지고 수행될 때 언약적 축복들이 주어지지만, 그렇지 않을 경우에는 형벌만이 응분의 대가로 주어진다. 아모스가 선언하려는 하나님의 형벌과 심판은 어떤 종류인가? 그는 의도적으로 형벌 내용을 구체적으로 밝히지 않는다. 심판의 법정 앞에 선 피고자 이스라엘의 심장은 더욱더 두려움으로 떨리기 시작한다. 어떤 선고가 구체적으로 내려질지에 대해 전혀 밝히지 않음으로써 이스라엘의 청중들 가운데는 긴장과 공포가 더욱 가중되기 시작한다.

B. 부르짖는 사자, 포효하는 야웨(암 3:3-8)[17]

아모스 3:1-2이 다음의 3:3-8을 인도하는 서론 격으로 기능한다면, 3:3-8은 하나님이 심판을 가지고 이스라엘을 찾아오실 수밖에 없는 절대적 당

---

17   본 단락에 대한 자세한 주석으로는 B. Holwerda, *De Exegese van Amos 3:3-8* (Kampen: Kok,

위성을 아홉 개의 수사학적 질문을 통해 독자들에게 강력하게 제시한다. 예언자 아모스는 특히 3:3-6에 등장하는 일곱 개의 "수사학적 질문"[18]을 통해 나머지 두 개의 수사학적 질문을 중심으로 3:7-8에 담겨 있는 진술, 즉 왜 그가 사자의 포효와 같은 야웨의 심판의 메시지를 선포하지 않으면 안 되었는지를 설명한다. 이제 아모스가 사용하고 있는 수사학적 질문들의 문체적 간결성과 문법적 일관성을 살펴 보기 위해 한글 번역 문장 구조가 좀 어색해 보인다 하더라도 히브리어 구문을 그대로 반영하는 번역문을 다음과 같이 시형으로 배열해보자.

(1) "어찌"(הַ) 두 사람이 함께 동행할 수 있겠는가?(암 3:3Aa)

　　서로가 뜻을 합하지 않는다면[19](בִּלְתִּי אִם, 3:3Ab)

(2) "어찌"(הַ) 그가 수풀에서 부르짖겠는가?(3:4Aa)

　　사자가 움킨 것이 없다면(אֵין, 3:4Ab)

(3) "어찌"(הַ) 그가 굴속에서 소리를 지르겠는가?(3:4Ba)

　　젊은 사자가 잡은 것이 없다면(בִּלְתִּי אִם, 3:4Bb)

1948).

18 "수사학적 질문"에 대한 논의로는 다음을 보라. R. Gordis, "A Rhetorical Use of Interrogative Sentences in Biblical Hebrew," *AJSL* 49 (1933): 212-17; M. Held, "Rhetorical Questions in Ugaritic and Biblical Hebrew," *Eretz Israel* 9 [*Festschrift for W.F. Albright*], ed. A. Malamat (Jerusalem: Israel Exploration Society, 1969): 71-79; Watson, *Classical Hebrew Poetry*, 338-42. 아모스서에는 여러 번에 걸쳐 수사학적 질문이 "문학적 기교"로서 사용되고 있다. 암 3:3-8; 5:20; 6:2,12; 8:8; 9:7.

19 한편, Shalom Paul(*Amos*, 109)은 여기에 사용되고 있는 "야아드"(יָעַד)라는 동사가 아무런 사전 약속이나 동의 없이 그냥 자연스럽게 만나는 것을 가리킨다고 주장한다. 아래의 나머지 질문들이 "원인-결과"의 패턴이기 때문에, 여기서도 두 사람이 먼저 만나는 일이 있어야(원인) 함께 동행할 수 있게 된다(결과)는 평이한 사실을 언급하기 때문이다. 자세한 논의는 S. Paul, "Amos 3:3-8: The Irresistable Sequence of Cause and Effect," *Biblical and other Studies in Honor of Robert Gordis,* ed. R. Ahroni, *Hebrew Annual Review* 7(Columbus: The Ohio State University, 1983), 203-20을 보라.

(4) "어찌"(הֲ) 새가 땅위의 덫을 내리 덮치겠는가?(3:5Aa)

　　덫에 놓인 미끼가 없는데(אֵין, 3:5Ab)

(5) "어찌"(הֲ) 덫이 땅에서 뛰어오르겠는가?(3:5Ba)

　　"정말로" 아무 것도 잡을 것이 없다면(3:5Bb)

(6) "만일"(אִם) 뿔 나팔 소리가 성읍 안에 울려 퍼진다면(3:6Aa)

　　사람들이 놀라지 않겠는가?(3:6Ab)

(7) "만일"(אִם) 재앙이 성읍에 임한다면(3:6Ba)

　　야웨께서 그렇게 만드신 것이 아니겠는가?(3:6Bb)

　　왜냐하면[20] 주 야웨는 일을 행하시지 않기 때문이다(3:7Aa).

　　　자신의 계획을 나타내시지 않고는(3:7Ab)

　　　그의 종들인 예언자들에게(3:7Ac).

(8) 사자가 부르짖은즉(3:8Aa)

　　누가(מִי) 두려워하지 않을 것인가?(3:8Ab)

(9) 주 야웨께서 말씀하신즉(3:8Ba)

　　누가(מִי) 예언하지 않겠는가?(3:8Bb)

이상의 번역문을 통해서도 볼 수 있듯이, 본 단락은 매우 명쾌한 문장 구조와 일관성 있는 구문론을 보여준다. 전체적으로 "어찌-질문"(암 3:3-5)에

20　"키"(כִּי)라는 히브리어 불변화사는 일반적으로 이유절을 이끄는 접속사로 사용된다. 따라서 암 3:7은 3:6B에 대한 이유를 제공하는 절로 읽힌다. 예. Mays, *Amos*, 59. 한편 학자들 가운데 일부는 "키"라는 히브리어가 시형 본문 안에서는 종종 강조를 나타내는 불변화사로 사용된다고 주장한다. 예. 개역개정("결코"); NIV("surely"); NRSV("surely"). 참조. Paul, *Amos*, 112; Jeremias, *Amos*, 47. "키"라는 강조형 불변화사의 존재에 대한 대표적인 논문으로는 James Muilenburg, "The Linguistic and Rhetorical Usages of the Particle כי in the Old Testament," *HUCA* 32 (1961): 135-60을 보라. 본문 문법 이론(text-grammar 혹은 discourse grammar)에 근거하여 "키"의 강조 용법 사용을 강력하게 반대하는 입장으로는 B. L. Bandstra, *The Syntax of the Particle KY in Biblical Hebrew and Ugaritic*, diss. Yale University, 1982을 보라.

서 "만일-질문"(암 3:6)으로 그리고 "누가-질문"(암 3:8)으로 점층적으로 전개되어가고 있으며, 3:7이 특정한 목적을 나타내기 위해 이러한 흐름을 잠시 중단시키고 있다. 아홉 개의 수사학적 질문 중 처음 다섯 개의 "어찌-질문"은 각각의 시행의 첫 번째 콜론을 동일한 구문으로[21] 시작하고 있으며 두 번째 콜론은 교차적으로 구성하고 있다.[22] 아모스는 이러한 문체의 사용을 통해 죽음의 필연성과 당위성을 스타카토식으로 발전시켜나간다. 그러나 두 번째 콜론들에서 발견되는 교차적 구성법의 패턴은 마지막 다섯 번째 수사학적 질문의 두 번째 콜론(암 3:5Bb)의 갑작스러운 강조 형식의 구문법을 통해[23] 멈추게 된다. 이렇게 함으로써 심판의 희생물이 반드시 있을 것이라는 사실을 역설적으로 강조하고 있는 것이다. "정말로 잡을 것이 있으니까 덫이 땅에서 뛰어오른 것이다!"

다섯 개의 수사학적 질문은 한결같이 "결과 – 원인"의 그림을 보여준다. 그러나 이러한 순서는 "만일"(אִם)이라는 접속사로 시작되는 두 개의 후속적인 수사학적 질문(암 3:6A / 3:6B)에서는 그 순서가 뒤바뀐다. 즉 "원인-결과"의 그림이 나타난다.

"만일"(אִם) 나팔 소리가 성읍 안에 울려 퍼진다면(암 3:6Aa)	원인(A)
백성이 두려워하지 않겠는가?(3:6Ab)	결과(B)
"만일"(אִם) 재앙이 성읍에 임한다면(3:6Ba)	결과(B′)
야웨께서 그렇게 시킴이 아니겠는가?(3:6Bb)	원인(A′)

---

21 다섯 개 시행의 첫 번째 콜론들(암 3:3Aa, 3:4Aa, 3:4Ba, 3:5Aa, 3:5Ba)은 한결같이 "의문사 (ה) + 미완료형 동사" 구문 형식으로 구성되어 있다.

22 다음의 교차적 배열을 보라. a: 3:3Ab(בִּלְתִּי אִם, "만일…하지 않는다면") / b: 3:4Ab(אַיִן, "없다") / a′: 3:4Bb(בִּלְתִּי אִם, "만일…하지 않는다면") / b′: 3:5Ab(אַיִן, "없다").

23 절대 부정사(infinitive absolute) + 부정사(negative particle) + 미완료 동사(imperfect). 이러한 구문법은 의미의 강조를 위한 것이다.

그렇다면 아모스 3:6의 "만일-질문" 형식은 매우 흥미로운 사실을 보여준다. 3:6A은 "원인-결과"라는 구도를 사용함으로써 앞의 다섯 개의 수사학적 질문이 보여주었던 동일한 구도인 "원인-결과"를 반복한다. 그러나 이러한 구도는 3:6B에 가서 대칭적으로 뒤바뀌게 된다(A-B-B′-A′). 즉 결과(B′)를 먼저 진술하고 그 결과에 대한 원인(A′)을 나중에 놓음으로써 독자들로 하여금 지금까지 언급되었던 모든 재앙과 불행의 원인이 어디에 있는가를 추적하게 만든다. 우리는 여기서 수사학적 질문들을 담고 있는 3:3-6이 그 앞의 3:2과 어떻게 의미론적으로 연결되고 있는가를 살펴볼 필요가 있다. 그것은 "원인-결과"에 관한 연속적 질문들이 3:2에 진술되고 있는 아모스의 근본적인 지적, 즉 하나님의 심판과 형벌의 결정은 바로 그분이 이스라엘을 사랑하고 보호했다는 사실에 그 원인이 있음을 강조하고 지원하기 위해 사용되고 있다는 점이다. 아모스는 하나님이 이스라엘을 유별나게 사랑하셨기 때문에(원인), 배척된 사랑은 결과적으로 형벌과 심판을 가져오지 않을 수 없음을 강조하기 위해 일곱 개의 연속적인 수사학적 질문들을 제기했다.

자, 재앙이 이스라엘이 그토록 자랑스럽게 생각했던 성읍에, 그들이 그렇게도 자만했던 도시에 임하게 된 것이다. 이제 사람들은 전쟁을 알리는 나팔 소리에 응답해야만 한다. 무기력한 희생물들처럼 이스라엘 백성들은 죽음에 직면해야 한다. 그렇다면 그들은 이러한 불행이 어디로부터, 왜 시작되었는가를 물어야 할 것이 아닌가?

따라서 아모스 3:6B은 수사학적 질문들의 절정일 뿐만 아니라 자명한 질문들에 대한 "신학적 대답"이기도 하다. 이 구절은 아모스 당시의 사람들이 가졌던 대중적인 신념들에 대한 철퇴라고 할 수 있다. 그 당시 많은 사람이 야웨께서 자신들에게 그 어떠한 불행이나 재난도 내리지 않을 것이라고 철저하게 믿었다. 하나님에 의해 선택받은 민족으로서 그들은 하나님이 다름 아닌 자신들의 하나님이시며 만군의 야훼라고 믿었다. 그들은 하나님을 자신들을 위해 전쟁의 날에 대신 싸워 주실 분으로서 그들과 함께하시는 분으로 믿었다(참조. 암 5:14, 18; 9:10). 그러나 이제 아모스는 자신의 청중들에게 알린다. 재앙과 불행이 닥칠 것이다. 그리고 이스라엘은 그 불행이 궁극적으로 하나님으로부터 온 것이라는 사실을 분명히 인식해야 한다. 하나님은 그들 앞에 법의 심판자로, 형의 집행자로 서 계신 것이다. 당신은 그분을 직면하는 것이 두렵지 않은가?(참조. 암 4:12)

그러나 아모스의 본문은 3:6에서 끝나지 않는다. 3:7-8은 3:3-6에서 보여주려는 형벌의 당위성을 넘어서서 그 형벌이 누구로 말미암아 유래했는가를 입증하려고 힘쓰고 있다. 이 점은 3:6B의 의미 전환 형식, 즉 앞 절들의 "원인-결과"의 패턴이 3:6B에서 "결과-원인" 패턴으로 변화되고 있는 사실에서 이미 암시되었다. 재앙은 야훼 하나님께서 유발하시기 때문이라는 선언이다. 여기서 잠시 아모스는 자신의 논평을 통해 "예언의 본질"에 관해 언급한다.[24] "정녕코 주 야훼는 자신의 종들인 예언자들에게 자신의 계획을 나타내시지 않고는 일을 행하지 않으신다"(암 3:7).

아모스 3:6B에서 이미 암시되었고 3:7에서 분명하게 서술되었던 "예언의 본질"에 관한 주제가 마지막 나머지 두 개의 "누가-질문"(3:8)을 통해 수정처럼 분명하게 드러난다. 두 개의 수사학적 "누가-질문"은 아모스가 자신의 예언 동기, 특히 재앙/심판 선고 사명이 야훼 하나님으로부터 온 불가항력적인 위임이라는 것을 변증하고 있다(참조. 암 7:10-17).[25] 마치 예언

---

24 히브리어 성경(BHS)은 3:7을 나머지 부분들과는 달리 산문체로 배열하고 있다. 이러한 이유로 적지 않은 학자들이 3:7을 아모스서의 후대 편집자의 "논평" 부분이라고 주장한다. 그러나 시형체와 산문체로 본 구절의 진정성을 판단하는 것은 적절치 못하다.

25 Shalom Paul(*Amos*, 104)은 "아모스가 여기서 자신의 (그리고 모든 예언자의) 소명에 대한 '변증'을 제시하고 있다"고 말한다. 본 단락을 예언자 직에 관한 연구 본문 중 하나로 삼고 있는 Henning Graf Reventlow, *Das Amt des Propheten bei Amos*, 24-30을 참조하라.

자 직에 대한 변증처럼 들리는 3:8은 아모스가 예언자로 사역하면서, 특히 하나님의 심판 선언자로 사역하면서 자신의 청중들로부터 받은 반발과 적대감들을 연상케 한다. 특히 3:2에 포함되어 있는 심판 선언은 그러한 반발과 비난을 보장했을 것이다. "누가 당신더러 그러한 저주와 형벌을 우리에게 선포하도록 위임했는가?" "당신은 진정으로 하나님으로부터 온 예언자인가?" "무슨 권위로 이러한 재앙을 선포하는가?" "당신은 남방 유다 출신이 아닌가? 어찌하여 남의 나라에 와서 불행을 전파하고 다니는가?" 이러한 방식으로 예언자 아모스는 예언자로서의 권위와 사명에 심각한 도전을 받았으리라고 생각된다.

따라서 3:8은 3:2B에 언급된 하나님의 심판 결정 선언에 대한 각종 도전과 의문에 대해 최종적인 선언을 내린다. 하나님이 아모스에게 사자가 부르짖는 것처럼 부르짖도록 시키셨기 때문에 예언자는 예언(預言)하는 것이다![26] 김정준은 3:3-8의 제목을 "예언 동기"라고 붙이고 있는데 이것은 예언자는 야웨께서 주시는 말씀 때문에 예언 활동을 한다는 것을 가리킨다.[27] 이러한 제안은 매우 적절한 것으로서 3:3-7은 결국 "예언 동기"를 강화하고 입증하기 위해 제시된 것이며, 이 예언은 다시금 3:2에서 선포된 말씀이 심판 예언임을 확증하는 것이라고 말할 수 있다.

본 단락(암 3:3-8)은 마치 하나님이 이스라엘과 논쟁하는 듯한 어조 (disputation, Streitgespräch)를 담고 있다. 야웨 하나님은 이스라엘을 향해 모두 아홉 개의 수사학적 질문을 던지면서 이스라엘을 향한 자신의 분노와 심판의 정당성을 점층적으로 확보해나가시며, 최종적으로 그러한 분노와

---

26   3:3-8과 3:2 사이의 의미론적·문맥적 관계에 대해서는 Mowvley, *The Books of Amos and Hosea*, 38-39을 참조하라.

27   김정준, 『정의의 예언자』 126-28을 보라. "3:3-7까지 나타난 모든 질문은 3:8의 내용을 그의 청중에게 강하게 인식시켜 주기 위함이다."

심판의 정당성을 외치는 예언 활동의 권위와 정당성마저도 확보하고 계신다. 첫 일곱 개의 질문은 모두 일상적인 경험을 통해서 얻어낼 수 있는 쉬운 대답을 요구한다. 그것은 삼척동자도 다 대답할 수 있는 자명한 질문들이다. (1) 마음이 맞아야 두 사람이 함께 동행하지 않겠는가? (2) 먹이를 움켜잡았기 때문에 사자가 부르짖는 것이 아니겠는가? (3) 젊은 사자가 굴속에서 으르렁대는 것은 사냥감을 먹어치웠기 때문이 아니겠는가? (4) 미끼를 놓았으니까 새가 미끼 놓은 덫을 향해 내려오는 것이 아니겠는가? (5) 무엇인가 걸린 것이 있으니까 덫이 튀어 오르는 것이 아니겠는가? (6) 사람들이 두려워 떠는 것은 전쟁을 알리는 나팔 소리가 도시에 울려 퍼졌기 때문이 아니겠는가? (7) 재난과 불행이 성읍에 닥치는 것은 야웨께서 그렇게 계획하셨기 때문이다! (8) 사자가 부르짖으면 두려워하지 않을 것인가? (9) 주 야웨께서 말씀하라고 강권하시는데 누가 거절할 수 있겠는가?

앞에서도 언급했지만 수사학적 질문은 사실상 청중들로 하여금 질문자와 함께 긍정적인 대답인, "그렇습니다!"에 합창하게 하기 위한 문학적 장치다. 이는 일반인들의 상식에 호소하면서 자명한 대답을 요구하는 대화법의 기술이기도 하다. 그리고 이러한 연속적인 의문문 안에 사용된 소재들은 이스라엘의 일상생활 어디서나 관찰될 수 있는 실제적인 예화들이기도 하다. "함께 길가는 나그네", "사자", "젊은 사자", "덫", "미끼", "나팔 소리" 등이 그것들이다. 그러나 자명한 것처럼 보이는 위의 질문들이 모두 자명한 것은 아니라는 사실은 첫 번째 질문을 들여다보면 분명해진다.

함께 뜻을 맞추어 걸어야(암 3:3)

이를 첫 번째 수사학적 질문은 "여행-표상"(journey imagery)을 소재로 삼고 있다. 다시금 시형으로 배열해보면 다음과 같다.

> 어찌 두 사람이 함께 동행할 수 있겠는가?(암 3:3Aa)
>
> 서로가 뜻을 합하지 않는다면(3:3Ab).

아모스는 "여행-표상"을 통해 독자/청중들에게 사막이나 광야를 여행하는 두 나그네의 모습을 연상시킨다. 이 구절은 3:2의 출애굽에 관한 언급이 있는 것과 매우 잘 어울리는 격언이다. 이스라엘은 광야 40년 동안 하나님과 동행하는 것을 배웠으며 서로 뜻이 맞지 않을 경우 여행이 얼마나 힘들고 고달팠는가를 매우 값비싸게 배우지 않았던가! 서로가 친숙하고 잘 아는 사이가 아니고서야 머나먼 길을 함께 떠날 수는 없는 법이다. 무슨 일을 만날는지 모르는 여행길에서는 서로가 서로를 믿고 의지해도 힘든 일이다. 그런데 만일 함께 길을 가는 두 사람이 친밀한 사이가 아니라면 그 여행길은 오히려 괴로울 수 있다. 길을 가는 도중 두 사람 간의 관계가 악화될 경우 사태는 매우 위험천만한 지경에 이를지도 모른다.

그 의미가 자명해 보이는 듯한 이 "지혜 문구"안에 등장하는 "두 사람"은 누구를 가리키는 것일까? 아무런 의미론적 지시 대상 없이 평이하게 사용된 격언일까?[28] 아니면 이 격언은 야웨 하나님과 예언자 아모스를 가리키는 것일까?[29] 아니면 야웨 하나님과 이스라엘 백성을 가리키는 것일

---

28 대부분의 주석가가 이러한 견해를 피력한다. 그들에게 있어 본 구절은 단순히 격언일 뿐이다.

29 예. Weiser, *Das Buch der Zwölf kleinen Propheten*, 145. 칼뱅도 이러한 견해를 피력한다. John Calvin, *Twelve Minor Prophets, Volume 2: Joel, Amos, Obadiah,* trans. John Owen (Grand

까?[30] 분명하게 대답을 내릴 수는 없을 것 같다. 아래에서 보겠지만 두 번째 의견(하나님과 예언자)도 함축적으로 내포되어 있다고 볼 수 있다. 그러나 마지막 견해(하나님과 이스라엘)가 가장 자연스러운 것 같다.

물론 일반적인 경험이 말해주듯이 두 사람이 서로 의합(意合)해야만 함께 길을 즐겁게 걸어갈 수 있다. 하지만 이스라엘은 이러한 일반적인 격언 속에서 자신들의 과거 역사를 바라다 볼 수 있는 기회를 가졌는지도 모른다. 그것은 그들이 야웨 하나님과 함께 지금까지 걸어왔던 길에 대한 회상이었다. 3:2에서 예언자 아모스가 이스라엘 백성에게 출애굽의 역사를 상기시키고 있는 사실을 염두에 둔다면, 본 격언은 출애굽 이후의 역사가 하나님과 이스라엘 백성 간의 동행의 기간이었음을 상기시켜주는 적절한 기능을 하고 있다. 물론 이스라엘은 하나님과 의합하지 못하고 동행할 수 없었던 쓰라린 경험들을 자신들의 역사를 통해서 생생하게 알고 있었다. 동시에 그들은 진정한 믿음이란 하나님과 함께 동행하는 것이라는 것 역시 잘 알고 있었다.[31] "아모스는 자기 당대의 다른 사람들이 보지 못했던 것, 즉 야웨와 이스라엘 간의 언약 관계가 소멸해가는 것을 보았던 것이다."[32]

한편 하나님과 이스라엘의 관계가 이스라엘의 반역과 불순종으로 파기되어 두 당사자가 의합하지 못한 상태로 함께 걸어오지 못했던 반면에,

---

Rapids: Eerdmans), 204-206.

30   예. Harper, ICC, 67; Cripps; Smith; Hayes.

31   암 3:3Aa에 사용되고 있는 "걷다"(הָלַךְ, 할라크)라는 히브리어 동사는 하나님과의 관계에서 사용될 경우 "신뢰하다", "순종하다", "믿다"라는 의미를 지닌다(예. 레 26장에 사용되고 있는 "할라크" 동사를 살펴보라). 성경은 죽음을 경험하지 않은 최초의 인물인 에녹이 하나님과 "동행했다"(הָלַךְ)고 말한다(창 5:24).

32   Harper, ICC, 67("The prophet sees, what other men of his times do not see, viz. the dissoultion of the covenant relationship which has hitherto existed between Israel and Yahweh").

예언자들은 하나님의 계획과 뜻을 받들어 그분이 시키시는 일들을 성실하게 수행해왔던 사람들이었다. 참 예언자들의 출현과 그들의 사역은 그들이 하나님과 함께 동행했던 모습을 잘 보여준 예들이라 할 수 있다. 그들은 하나님의 "천상 어전 회의"에 하나님과 함께 동행해서 참석했던 자들이었기 때문이다(암 3:7).[33] 그들은 심한 박해와 유혹 앞에서도 하나님이 보여주신 길(뜻)로 걸어갔던 사람들이었다. 이런 의미에서 예언자들은 이스라엘 백성들과는 매우 대조적인 모형들이라 할 수 있다. 칼뱅은 격언에 등장하는 두 사람을 야웨 하나님과 그분의 예언자로 보는데, 그는 아모스가 다음과 같은 뜻으로 자신의 청중들에게 말한 것으로 이해하고 해석한다. 칼뱅의 말을 직접 들어보자.

> 당신들은 마치 내가 하나님과 아무런 의논도 없이 혼자인 줄로 잘못 판단하고 있는 것 같은데 그것은 오산이오. 당신들이 그렇게 생각하는 것은 내가 목자이기 때문인 것 같소이다. 그렇소이다. 나는 목자요. 그러나 그것이 전부가 아니란 말이오! 나는 하나님이 보내셨고 또한 예언하는 은사를 부여받았소. 그 후로부터 나는 하나님의 영에 따라 말하고 나 홀로 행하는 법이 없소이다. 왜냐하면 하나님이 항상 내 앞에 행하시고 나는 그분을 따르는 동반자이기 때문이오. 그렇다면 당신들은 내가 말하는 것은 무엇이든지 나로부터 나온 것이 아니라는 사실을 알아야만 할 것이오! 내가 선포하는 것의 저자는 하나님이라는 사실을 기억하시오![34]

---

33   암 3:7에 언급되고 있는 "예언자들"이라는 복수형은 2:11-12에 암시되어 있는 "야웨의 종들"과 동일한 사람들이라 할 수 있다. 한편, 예언자들과 천상 어전 회의 관련에 대해서는 본서의 제1강을 보라.

34   Calvin, *Twelve Minor Prophets: Amos*, 205-206.

충실치 못한 하나님의 동행자로서 그분과의 언약을 파기한 이스라엘 백성에게 무엇이 기다리고 있을 것인가? 남은 것이라고는 언약 규정이 정하는 형벌만이 기다리고 있을 뿐이다. 이 사실은 다음에 이어지는 질문들이 모두 심판과 연관을 맺고 있는 표상들을 제공하고 있다는 점으로 인해 더욱 강화될 수 있다. 맹렬한 사자의 발톱에 잡혀 있는 사냥감(두 번째, 세 번째 질문), 덫에 걸린 새(네 번째, 다섯 번째 질문), 전쟁을 맞이하는 사람들(여섯 번째, 일곱 번째 질문) 등에 관한 표상들은 모두 "죽음"과 관련을 맺고 있다.[35]

포효하는 사자 앞에서(암 3:4)

사냥감을 포착한 사자가 달려들어 강력한 앞발로 먹이의 목을 강타한다. 사자가 무력하게 죽어가는 사냥감을 앞에 두고 포효하기 시작한다. 잠시 후 먹이를 갈기갈기 찢어 포식한 뒤에 다시금 사자가 부르짖는다. 온 숲이 전율하고 야생 짐승들이 몸을 움츠린다. 야수의 왕이라 불리는 사자 앞에서 땅의 모든 짐승은 두려워할 뿐이다.

　　예언자를 통한 야웨 하나님의 부르짖음도 이와 같은 무서운 결과를 가져올 것이다. 이미 아모스 1:2에서 보여주었듯이, 하나님의 말씀이 포효하기 시작하자 이스라엘의 온 국토가 메마르고 그 거주민들이 사시나무 떨듯이 떨게 될 것이다. 목자였던 아모스는 양들이 맹수들에 의해 잔혹하게 죽어가는 것을 잘 알고 있었다. 그는 야웨 하나님이 더 이상 이스라엘을

35　첫 번째 질문이 인도적 기능을 가지면서 나머지 6개의 질문이 각각 둘씩 한 쌍으로 묶여 세 쌍을 이루는 것은 본 단락의 독특한 문학적 현상이다. 3:3A의 진정성을 변호하면서 Shalom Paul(*Amos*, 109)은 다음과 같이 관찰한다. "일곱이란 숫자는 짝수가 아니라 홀수이기 때문에, 한 절(암 3:3A)은 필연적으로 두 개의 질문이 아니라 하나의 질문만을 담고 있어야만 한다."

사자와 같은 맹수로부터 구출하는 목자가 아니라 하나님 자신이 그들에게 사자가 될 것이라는 충격적인 소식을 이스라엘에게 알리고 있는 것이다(암 1:2; 5:8; 사 31:4; 렘 25:38; 호 5:14; 11:10). 여기서도 아모스는 3:2에서 언급한 심판을 다시금 생생한 표상을 통해 알릴 뿐만 아니라 자신의 예언이 구원의 예언이 아니라 불행의 선포임을 알리고 있다. 그는 이스라엘이 이미 사자의 발톱 안에 잡혀 있는 사냥감처럼 하나님의 심판의 손안에 이미 들어왔음을 강조한다. 옛 이스라엘 사람들은 종말이 장차 다가오는 것이 아니라 이미 그들의 코앞에 와 있다는 사실을 깨닫지 못했다.

심판의 덫은 이미 작동했는데(암 3:5)

새는 그물 곁에 놓여 있는 먹이를 보고 하강하다가 결국 그물에 잡히고 만다. 빠져나가려고 발버둥을 치지만 더욱 그물에 깊이 얽히기 시작하면서 결국 온몸이 상처투성이가 된 채로 죽어간다. 농부 출신의 아모스는 자연 현상의 관찰을 통해 어리석은 새, 곧 이스라엘의 운명이 어떻게 될 것인가를 적절하게 보여준다. 그는 그물은 보지 못하고 먹이에만 정신이 팔려 그것을 얻기 위해 자신의 목숨마저 바꾸는 어리석음을 이스라엘 안에서 본 것이다. 아모스가 그토록 공들여 비판하고 있는 사치와 향락, 탐욕과 자만은 그 당시 이스라엘이 얼마나 감각적이고 물질 지향적이었는가를 반영한다. 그들에게는 볼 수 있고, 만질 수 있으며, 먹을 수 있고, 즐길 수 있는 것들만이 가치 있는 것이었다. 신약의 용어로 표현하자면, 그들은 육신의 정욕과 육체의 안목 그리고 이생의 자랑을 추구하는 자들이었다. 죽음이 그들을 기다리고 있었지만 그것이 그들에게 보일 리가 없었고 들릴 리도 없었다. 그들은 다른 것을 보고 다른 것을 듣고 있었기 때문이었다. 남은 것이라고는 심판의 선언밖에 무엇이 있겠는가!

이렇기 때문에 하나님의 탄식은 더욱 깊어만 간 것이다. 우리는 다시금 기억해야 한다. 그물에 걸린 새는 그 속에서 벗어나려고 안간힘을 다하지만 그럴수록 그물은 새를 점점 옭아맬 것이다. 하나님의 심판의 그물에 걸리면 결코 벗어날 수 없다는 사실을 기억해야 할 것이 아닌가! 하나님의 심판의 손안에 끌려 들어가는 것이 얼마나 무서운지!

우리의 삶 속에 아무런 일도 없는데, 우리 눈으로 볼 때 모든 것이 잘되어가는데도, 하나님께서는 괜스레 목청을 높여 부르짖으시는 것이 아니다. 그분이 애절하게 부르짖으실 때 이스라엘은 들어야 한다. 만일 그렇지 않으면 그분의 부르짖음은 또 다른 부르짖음이 될 것이다. 즉 사자의 부르짖음이 될 것이다. 그러나 그때는 반환점을 이미 돌고 난 후가 될 것이다. 이스라엘은 하나님의 천상 어전 회의에 직접 참석해 "보고", "들었던" 예언자들의 외침에 대해 무감각했다. 예언자 아모스는 포효하는 사자(암 3:4)와 지상에 놓인 덫(암 3:5)이라는 표상을 통해 청력과 시력을 함께 상실한 이스라엘의 절망적인 상태를 절실하게 드러내고 있다.[36]

나팔 소리가 들리리니(암 3:6)

성벽 위의 경계병들이 뿔 나팔을 길게 불어댄다. 적군의 침입을 알리는 비상 나팔 소리다(호 5:8; 8:1; 욜 2:15; 렘 6:1; 겔 33:3). 전쟁이 시작되었음을 알리는 나팔 소리다. 고대의 전쟁은 매우 참혹했다. 특히 아녀자와 어린아이

---

36 참조. Harper, ICC, 68 ("Israel as nation has long been *deaf* to the roaring of the lion, and *blind* to the hunter and his snare. Only the prophet hears and sees"). 강조는 덧붙여진 것임.

들은 전쟁의 가장 큰 희생자들이 되었다.

하지만 이스라엘은 자신들의 안녕과 안전을 보장해줄 수 있는 온갖 종류의 종교적 장치들을 보유하고 있었다. 선택 신앙, 출애굽 신앙, 성전, 종교 지도자들, 각종 제의 등이 그것들이었다. 그들은 자신들의 종교적 기관 속에서 하나님의 임재와 보호를 확신하고 살아왔다. 그들은 하나님께서 자신들 가운데 계시므로 결코 불행이나 적군의 침입이 있을 수 없다고 확신했던 자들이었다. 그러나 아모스는 이러한 대중적 신념과 신학에 대해 정면으로 항거하고 도전한다. 그는 나팔 소리가 이스라엘 땅과 성읍에 크게 들릴 것이라고 선언한다. 나팔 소리는 전쟁이 임박했음을 알리는 신호다. 아모스는 이 전쟁은 그전의 전쟁과는 전혀 다른 종류의 전쟁이 될 것이라고 소리친다. 하나님이 적국에 맞서는 전쟁의 용사로서 출정하는 전쟁이 아니라는 것이다. "전쟁은 하나님께 속하였은즉 너희는 가만히 있어 하나님의 구원과 승리를 보라"는 옛 신앙고백문은 더 이상 유효하지 않게 된 것이다. 오히려 하나님이 친히 이스라엘의 대적자가 되어 그들을 대항해서 전쟁에 임하신 것이다. 그렇다. 이스라엘은 국제적 힘의 균형이 상실되었기 때문에 전쟁이 일어나는 것이 아니라는 점을 알아야만 한다. 하나님의 백성들은 한 국가의 침략 욕심 때문에 전쟁이 발발하게 된 것도 아니라는 점을 알아야 한다. 그것은 야웨 하나님께서 계획하신 전쟁, 그것도 자신의 백성이라고 불리는 이스라엘을 향해 정면으로 일으킨 무서운 "하나님의 전쟁"인 것이다. 누가 감히 하나님 앞에 대항하여 설 수 있으리요! 불행한 것은 하나님께서 예언자들을 통해 수없이 경고하시고 경종을 울리셨지만 이스라엘이 그것을 들을 수 있는 청력을 상실했다는 사실이다. 하나님의 큰 나팔 소리를, 부르짖는 사자의 소리를 들을 수 없다면, 그들은 얼마나 심하게 귀가 먹었겠는가! 청력을 상실한 사람들이 옛 이스라엘 백성들에게만 국한된다고 말할 수 있는 사람들이 지금도 있을는지! 혹시 당신의 귀가 하나님의 예민한 음성뿐만 아니라 심지어 천둥 번개와 같은 소리 마저 듣지 못하는 중병에 걸렸는지 모를 일이다. 예언자 아모스는 다시금 강조한다. 이스라엘 위에 재앙과 불행(רָעָה)이 임한다면 그것은 야웨 하나 님께서 그렇게 만드신 것이다!(암 3:6B)[37] 이는 하나님께서 그들과 함께 계 시고, 그들을 위해 계시며, 영원히 그들의 하나님으로 남아 계신다고 믿었 던 이스라엘의 대중적 신념이 얼마나 어리석은 것이었는가를 충격적으로 지적하는 대목이다. 예언자 아모스는 자기기만 속에서 하나님의 보호를 당연한 것으로 간주하고, 잘못된 선택 사상에 대한 이해 안에서 근거 없는 자기 확신 속에 안주하며, 우리에게는 결코 "재앙과 불행(הָרָעָה)이 임하지 않을 것이라"(암 9:10, 참조. 미 3:11; 렘 5:12)고 큰 소리쳤던 사람들, 그리고 그러한 허약한 안전감 안에서 온갖 더럽고 추악한 짓들을 마음 놓고 저질 렀던 자들에게 그러한 신념과 확신이 얼마나 우둔하고 헛된 것인가를 만 천하에 드러낸다.[38]

야웨 하나님과 특별한 관계를 맺고 시작된 민족, 언약의 축복과 특권 을 향유할 수 있었던 이스라엘은 이제 주인 되신 하나님을 향한 그들의 배 은망덕한 행위와 언약 파기 행위들—온갖 종류의 비인간적이고 부도덕한 행위들, 정의가 상실되고 폭력과 압제가 만연된 사회 등—로 인해 그들의 죄과와 그에 대응하는 형벌이 더욱 가중된 것이다. 그들은 무서운 하나님 의 심판을 기다려야만 한다.

---

37 "불행" 혹은 "재앙"으로 번역된 히브리어(רָעָה, 라아)는 암 3:6; 6:3; 9:4, 10에서도 사용된다.
38 대중적 신념을 뒤집어엎은 이러한 수사학적 효과에 관해서는 Y. Gitay, "A Study of Amos 3:1-15," *CBQ* 42 (1980): 293-309, 특히 296-97을 보라.

예언자의 말씀이 하나님의 말씀이라(암 3:7)

예언자 아모스는 심판 선언을 위한 이러한 고도의 수사학적인 논쟁조의 질문들 끝에 자신의 심판 선언과 형벌 결정이 자신의 판단에 근거한 것이 아님을 밝힌다. "주 야웨께서는 자기의 비밀을 그 종 예언자들에게 보이지 아니하시고는 결코 행하심이 없으시리라"(암 3:7). 심판 선언의 예언자로서 자신의 예언 직무의 정당성과 권위를 분명하게 보여주는 이 구절은 "예언자 직분"에 관한 정의처럼 들린다. 예언자들은 자신들의 영감이나 통찰력을 말하는 사람들이 아니었다. 그들은 하나님의 대변자로서의 역할을 성실하게 감당하는 자들이었다. 사람이 예언자가 되기 위해서는 정규적인 훈련이나 예언 연습 혹은 황홀 체험을 인위적으로 해야 하는 것이 아니다. 예언자가 되기 위해 사람이 해야 할 일은 하나도 없었다. 다시 말해서 예언자는 전적으로 하나님에 의해 선택되고, 하나님에 의해 임무가 맡겨지는 사람이었다. 하나님이 예언자를 "세우셨다!" 선택된 예언자는 먼저 천상의 궁정 회의에 참석하는 특권을 얻고, 그곳에서 여러 가지 일을 "보며", 그곳에서 논의되는 하나님의 계획들을 "듣는" 영광을 누리게 된다. 그리고 그가 지상에서 사역해야 할 사명을 그곳에서 위임받는다.

예언자에 대한 이러한 이해는 "예언자가 누구인가?" 하는 질문과 "예언이란 무엇인가?" 하는 물음에 대한 가장 적절한 대답을 제공해준다. 예언은 근본적으로 하나님으로부터 기원한다. 예언자는 하나님의 천상 궁정 회의에 참석한 사람들이다. 예언서에 등장하는 "환상"이란 단어는 그가 친히 천상의 어전 회의에서 보았다는 것을 가리키는 의미로 이해해야 한다. 예언자의 역할은 철저하게 하나님의 대언자가 되는 것이다. 예언자의 말씀이 권위를 갖는 것은 그것이 하나님으로부터 유래했기 때문이다. 예언자가 선포한 내용이 훗날 이루어졌다면, 사람들은 그것이 임의적이거나 갑작스럽게 이루어진 것이 아니라는 사실을 기억해야 할 것이다. 왜냐하면 후대에 성취된 사건은 이미 예언자를 통해 미리 전달되었기 때문이다. 하나님의 말씀은 반드시 실현된다. 헛되이 돌아오는 하나님의 말씀은 없기 때문이다. 하나님께 있어서 "말씀"과 "사건"(행위, 일)은 동일하기 때문이다.

본문 3:7과 연관해서 예언자들에게 보여주시는 하나님의 "비밀" 혹은 "계획"은 야웨의 손으로부터 시작되는 임박한 "재앙", "불행", "재난"(암 3:6Ba)에 대한 메시지일 것이다. 그 불행의 구체적인 성취가 아모스의 선포 후 얼마 뒤에 발생한 "대지진"일 수도, 사마리아의 함락으로 최종화된 이스라엘의 멸망일 수도, 그리고 남유다 사람들에게는 예루살렘의 함락으로 함축될 수 있는 유다의 멸망일 수도 있다. 본문을 읽고 있는 "신앙 공동체"는 이 사실을 두려운 마음으로 간직해야 할 것이다.

오래 참으신 하나님의 심판은 공평하시도다(암 3:7)

또한 본 절은 하나님의 심판 선언과 형벌의 결정이 갑작스럽게 된 것이 아님을 밝힌다. "주 야웨께서는 자기의 비밀을 그 종 예언자들에게 보이지 아니하시고는 결코 행하심이 없으시리라"(암 3:7). 이 구절은 하나님의 심판 행위가 갑작스럽게 이루어지는 일이 아니며, 또한 하나님의 진노가 임의적인 결정도 아님을 강력하게 변증한다.

그렇다! 하나님은 자신의 종 이스라엘이 잘못을 행하고 언약 백성 야곱의 집이 곁길로 나갈 때마다 자신의 종인 예언자들을 보내셨다. 그리고 그분은 그들로 하여금 옛적에 야웨 하나님과 맺은 "언약"으로 돌아올 것을 호소하셨다. 그분은 이른 아침부터 저녁 늦게까지 부지런히 자신의 종 예언자들을 보내셨고 또 보내셨다.[39] 이러한 끊임없는 하나님의 집념은 야웨 하나님의 은총에 대한 또 다른 표현이었다. 아니 메이스가 잘 지적해주고 있듯이, "야웨 하나님이 죄와 끊임없이 갈등하고 씨름하신 것은 결국 야웨 하나님이 자신의 자녀 이스라엘을 향해 보여주셨던 '은총'이었다. 죄에 대한 심판의 선언이 곧 구약적 복음의 선포였던 것이다."[40] 그러나 불행하게도 그들은 올바로 응답하지 아니하고 야웨의 옛 길로 돌아오지 않았다. 하나님의 은총은 거절이라는 반역으로 응답되었고, 이제 하나님은 더 이상 참을 수 없게 되셨다. 심판은 피할 수 없는 이스라엘의 운명이 된 것이다. 아모스는 이 사실을 천하에 선포하기라도 하듯이 다시금 두 개의 수사학적 질문을 최종적으로 첨가한다.

> 사자(獅子)가 부르짖은즉(암 3:8Aa)
>
>   누가(מִי) 두려워하지 않을 것인가?(3:8Ab)
>
> 주 야웨께서 말씀하신즉(3:8Ba)
>
>   누가(מִי) 예언하지 않겠는가?(3:8Bb)

예언이란 무엇인가?

특히 아모스 3:7-8은 예언 사역의 본질에 관해 여러 가지 빛을 던져준다. "자기의 비밀을 그의 종 예언자에게 말씀하시지 않고서는 주 야웨는 아무

---

39 참조. "너희 열조가 애굽 땅에서 나온 날부터 오늘까지 내가 내 종 예언자들을 너희에게 보내었으되 부지런히 보내었으나 너희가 나를 청종치 아니하며 귀를 기울이지 아니하고 목을 굳게 하여 너희 열조보다 악을 더 행하였느니라"(렘 7:25-26).

40 Mays, *Amos*, 58.

일도 하시지 않으신다. 사자가 부르짖을 때 어느 누가 두려워하지 않겠는가, 주 야웨가 말씀하실 때 어느 누가 예언하지 않고 배기겠는가"(암 3:7-8).

김정준이 잘 지적하고 있듯이,[41] 본문은 세 가지 중요한 이슈를 다루고 있다. 첫째는 예언의 기원에 관한 것이고, 둘째는 예언의 의미에 관한 것이며, 그리고 마지막으로는 예언의 전달에 관한 것이다. 첫째로 예언은 탁월한 분석력을 가진 어떤 종교적인 천재가 자신의 창조적인 통찰력을 통해 신의 이름을 빌려 이 세상에 관해 말하는 담론(談論, discourse)이 아니다. 또한 자신의 명철한 분석에 의해 그린 미래상을 시나리오로 만들어 대중들에게 제시하는 것도 아니다. 혹은 예언은 "자기나 자신이 관계하는 조직이나 사상 체계에 근거해서 만들어진" 대중 연설 혹은 설교문도 아니다. 예언이란 단어의 문자적 의미가 잘 보여주듯이, 그것은 "위탁된 말씀"이다. 예언은 신의 강권적인 권고에 따라 이 세상을 향해 선포하라고 인간 예언자에게 위탁된 말씀이다. 따라서 그것은 철저하게 신적 기원을 갖고 있다.

둘째로 예언은 하나님께 속한 하나님의 비밀을 열어 보여주는 행위다. 그분의 절대적인 비밀 속에, 그분의 깊고 오묘한 경륜 속에 들어 있던 그분의 뜻이 그분이 지정하신 한 인간 예언자를 통해 드러나는("계시되는") 행위가 예언자의 예언 행위다.

마지막으로 예언자는 두려움 가운데 예언 선포 사역을 하도록 되어 있다. 이것은 예언자가 방자히, 마치 자신이 하나님이나 된 듯한 오만한 모습으로 예언 사역을 하는 것을 금한다는 의미다. 특히 아모스서는 주 야웨의 말씀을 가리켜 사자의 포효라고 은유적으로 표현하고 있다. 잡아먹을 사냥감을 이미 두 발톱 사이에 움켜쥐고 으르렁대는 사자의 모습은 적어

---

41   김정준, 『정의의 예언자』, 53-54.

도 아모스의 예언 선포가 죽음과 재앙의 심판 선고를 의미하고 있음을 가리킨다. 그는 온몸으로 전율할 수밖에 없는 하나님의 이러한 무시무시한 심판 선포를 접한 예언자로서 두려워하지 않을 수가 없었다. 그리고 이러한 재앙 선포가 예언자 자신의 성격이나 취향과는 설령 맞지 않는다고 하더라도 그는 하나님의 위엄에 압도되어 예언하지 않을 수 없게 된 것이다. 따라서 예언자는 어떠한 내부적 혹은 외부적인 박해와 저지, 그리고 회유와 유혹을 받더라도 자신이 위탁받은 말씀을 전할 수밖에 없는 신성한 의무를 지닌다.

종합적 고찰(암 3:1-8)

아모스 3:1과 3:8에서 동일하게 "말씀"(דָּבָר, 다바르)이란 단어를 사용함으로써 "수미쌍관법"을 통해 본 구절이 하나의 문학적 단위를 구성하고 있음을 보여준다. 야웨의 말씀이 범죄한 자신의 백성들을 치기 위해 선포되었으며 그분의 심판은 집행되기 일보 직전에 있다. 심판은 적군의 공격으로 실현될지도 모른다. 예언자의 말씀 선포는 무시무시한 재앙을 담고 있다. 이는 죽음의 말씀이며, 피할 수 없는 재난 선언이기도 하다. 본 단락이 채찍의 선언으로 시작했다면 그 끝은 형벌의 냉혹한 임박성에 대한 계시로 마무리한다. 따라서 3:1-8은 3:9-4:3로 들어가는 총체적 서론이라고 할 수 있다. 아직 본 단락에는 심판의 대상에 대한 초점은 맞추어지지 않고 있다. 단순히 그들을 "이스라엘 자손"이라고 말할 뿐이다(암 3:1). 우리는 이스라엘 자손이 구체적으로 누구인지, 어떠한 종류의 사람들이었는지, 어떤 삶을 살고 있었던 사람들이었는지, 그리고 그들이 저지른 범죄들이 구체적으로 어떤 것이었는지에 관해 좀 더 기다려야 한다.

이 서론 단락은 야웨 하나님으로부터 온 "말씀"을 중앙에 세워놓고 있으며, 그 말씀은 반드시 실현될 메시지라는 것과 그 누구도 피할 수 없는 심판의 메시지라는 것을 강조한다. 전편에 흐르는 목소리의 주인공은 야웨 하나님일 뿐이다. 그분이 입을 열어 말씀하신다. 그분이 손을 들어 치려 하신다. 그분의 계획에 따라 모든 것이 진행될 뿐이다. 이미 그분의 심중은 이스라엘을 심판하기로 결심한 상태다.

제8강

사마리아의 죄와 그 형벌

암 3:9-15

3:9 너희는 아스돗의 궁궐들에 알려라.

애굽 땅의 궁들에 널리 알려라.

말하기를,

"너희는 사마리아의 산에 모이라.

그리고 그 성중에서 얼마나 큰 요란과 학대가 있나 보라."

10 그들은 옳은 일을 행할 줄 알지 못하노라.

– 야웨의 선언 –

그들은 자기 궁궐들에서 포악과 겁탈을 쌓는 자들이라.

11 그러므로 주 야웨께서 이같이 말씀하신다.

"원수가 이 땅을 짓밟을 것이라.

그가 너의 성채들을 무너뜨릴 것이요,

너의 요새들을 약탈할 것이다."

12 야웨께서 이같이 말씀하신다.

"마치 목자가 사자 입에서 양의 두 다리나 귀 조각을 건져냄과 같이

이스라엘 자손이 건져냄을 받을 것이다."

즉 사마리아의 침대 머리나 침대 다리 몇 개가 건져냄을 받는 것과 같으

리라."

13 너희는 들으라!

그리고 야곱의 집에 증거하라 !

– 주 야웨 만군의 하나님의 말씀이다. –

14 "내가 이스라엘의 모든 죄들 때문에 '방문'하는 날에

내가 벧엘의 단들을 '방문'할 것이니

그 제단의 뿔들이 잘림을 당할 것이니

땅 바닥에 굴러 떨어질 것이다.

15   내가 겨울 궁을 칠 것이며,

여름 궁을 칠 것이다.

상아로 치장된 집들이 파괴될 것이며,

저택들이 무너질 것이다."

- 야웨의 선언 -

심판의 대상자, 그들은 도대체 어떤 종류의 사람들인가?

본 단락이 앞의 부분과 매우 긴밀하게 연결되어 있는 하나의 수사학적 단
위라는 것은 아래의 논의를 통해 자명해질 것이다.[1] 먼저 앞의 단락, 특히
아모스 3:1-2에 기술되어 있는 기본적인 구도(이스라엘을 향한 하나님의 언약
적 관계에 대한 언급과 그 언약적 관계가 이스라엘의 심판의 근거가 되었다는 논조)가
본 단락에서 확대되어 제시되고 있다. 3:1-2에서 하나님께서 이스라엘을
사랑하고 선택하며 "아셨지만"(암 3:2a, יָדַע, 야다) 이스라엘이 하나님을 향
해 그분과 맺은 언약을 깨뜨렸기 때문에 하나님께서 그들을 심판으로 "방
문"(암 3:2b, פָּקַד, 파카드)하겠다고 말씀하신다. 이와는 대조적으로 3:9-15
에서는 이스라엘은 옳은 것이 무엇인지 "알지"(암 3:10a, יָדַע) 못하기 때문
에 하나님께서 심판으로 "방문"(3:14a,b, פָּקַד)하실 것이라고 진술한다.

본 단락에 대한 아래의 문학적 구조가 보여주듯이 아모스는 이스라

---

[1]   참고로, 3장을 단순히 이스라엘을 향한 여러 개의 독립적인 심판 신탁들의 모음집 정도로
이해하는 학자들에 대항해서 3장의 주제적·문학적 통일성에 대해 변호하는 주장이 있다.
Stephen G. Dempster, "Amos 3: Apologia of A Prophet," *Baptist Review of Theology* 5 (1995):
35-51.

엘이 저지른 죄들의 심각성을 드러내기 위해 먼저 공개적인 고발(public indictment)을 하고 그다음에 이스라엘에게 내려질 형벌과 심판을 선언한다. 본 단락은 다음과 같은 중앙 집중형 구조(concentric structure)를 보여준다.[2] 첫 번째 도표는 번역문을 통해 그 내용을 알고자 함이고, 두 번째 도표는 양식비평적 내용 구분을 보여주기 위함이다.

[표 1]

너희는 아스돗의 궁궐들과 애굽 땅의 궁들에 널리 알려라!

[A] (말하기를), "너희는 사마리아의 산에 모이라. 그리고 그 성중에서 얼마나 큰 요란과 학대가 있나 보라.

　[B] 그들은 옳은 일을 행할 줄 알지(עָדָ) 못하노라"(야웨의 말씀). 그들은 자기 궁궐들에서 포악과 겁탈을 쌓는 자들이라.

　　(그러므로 주 야웨께서 이같이 말씀하신다.)

　　[C] "원수가 이 땅을 짓밟을 것이라. 그가 너의 성채들을 무너뜨릴 것이요, 너의 요새들을 약탈하리라."

　　(야웨께서 이같이 말씀하신다.)

　　[C′] "마치 목자가 사자 입에서 양의 두 다리나 귀 조각을 건져냄과 같이 이스라엘 자손이 건져냄을 입으리라.

　[B′] 즉 사마리아에서 침상 모퉁이에나 걸상에 비단 방석에 앉은 자들이 건져냄을 입으리라."

[A′] 너희는 들으라. 그리고 야곱의 집에 증거하라. 주 야웨 만군의 하나님의 말씀이다. "내가 이스라엘의 모든 죄들 때문에 '방문'(פָּקַד)하는 날에 내가 벧엘의 단들을 '방문'(פָּקַד)할 것이니 그 제단의 뿔들이 잘림을 당할

2　여기에 제시된 3:9-15의 중앙 집중형 구조분석은 John Stek 교수에게 빚지고 있다.

것이니, 땅 바닥에 굴러 떨어질 것이라. 내가 겨울 궁을 칠 것이며 여름 궁을 칠 것이다. 상아로 치장된 집들이 파괴될 것이며 저택들이 무너지리라."

－ 야웨의 말씀 －

[표 2]

A(3:9)"모여라", "보라"는 명령형이 사용 ― 대상은 아스돗과 이집트 사람들

    B(3:10) 이스라엘의 죄에 대한 고발(3:2의 "알다"라는 동사가 여기서도 한 번 더 사용됨)

        C(3:11) 심판 선언

        C′(3:12a) 심판 선언(비유)

    B′(3:12b) 이스라엘의 죄에 대한 고발

A′(3:13-15) "들으라", "증언하라"는 명령형이 사용 ― 대상은 아스돗과 이집트 사람들(3:2의 "방문하다"는 동사가 여기서도 두 번 반복적으로 사용됨)

예언자 아모스는 이스라엘의 죄악이 얼마나 심각하고 극에 달했는가를 보여주기 위해 이웃 나라들을 불러들여 증인 노릇을 해주기를 요청한다(A). 그리고 그는 사마리아의 모든 죄악을 친히 목격한 그들에게 다시금 그들이 본 것에 대해 증언하라고 요청한다(A′). 가운데 포함되어 있는 B와 B′는 이스라엘의 죄에 대한 고발을 담고 있다. 그리고 그들의 죄는 마땅히 죽음에 처하는 형벌로 갚아야 한다는 심판 선언이 중심 부분(C와 C′)에 위치한다. 이러한 구조는 처절한 심판의 당위성을 드러낸다.

사마리아의 죄와 그 형벌(암 3:9-15)

앞 절까지는 수사학적 질문으로 일관했던 문장이 3:9부터 명령형으로 바뀐다. 질문형에서 명령형으로의 전환은 새로운 단락의 시작을 알린다. 또한 사용되고 있는 표상 역시 바뀌고 있다. 앞에서 사용되었던 동물의 세계, 경고의 나팔 소리, 잔인한 사냥 등과 같은 표상들이 이제는 한 "도시"에 초점을 맞추기 시작한다. 도시의 이름이 밝혀질 뿐만 아니라 그들이 저지른 죄악들에 대한 법정적 묘사가 전편에 흐른다. 증인들이 호출될 뿐만 아니라 죄에 대한 형량도 선언된다. 이제 예언자 아모스는 적극적으로 자신의 피고인 이스라엘을 법정에 세워놓고 검사의 논고를 시작하는 모습을 보인다. 심판의 대상자 이스라엘은 도대체 어떤 종류의 사람들인가? 이 질문에 대해 결정적인 자료와 증거들을 제시함으로써 이스라엘의 죄악과 형벌의 정당성을 확보하려는 것이 예언자 아모스의 목적이다. 이것은 언약을 파기한 이스라엘에 대항해서 법정에 선 소송자(covenant lawsuit agent)로서 예언자의 역할을 보여주는 좋은 예라 할 수 있다.

A. 이방인도 경악한 사마리아의 타락과 부패(암 3:9-10)

아모스 3:9-15을 "선적"(linear reading)으로 읽어내려가면, 그것은 다시 3:9-10과 3:11-12 그리고 3:13-15로 나뉜다.[3] 첫 부분은 이스라엘이 저지른 죄들의 심각성을 만천하에 알리고 두 번째 부분은 형벌의 선언과 그 심각성을 비유적인 묘사를 통해 독자들에게 알린다. 그리고 마지막 부분은 형벌의 목표물들을 구체적으로 지적함으로써 하나님의 결연한 심판 의

---

3   "선적"으로 본문을 읽어내려간다(linear reading)는 뜻은 본문의 사상적 흐름에 따라 해석해서 "내려간다"는 뜻이다.

지를 밝힌다.

3:9 너희는 아스돗의 궁궐들에 알려라.

애굽 땅의 궁들에 널리 알려라.

말하기를,

너희는 사마리아의 산에 모이라.

그리고 그 성중에서 얼마나 큰 요란과 학대가 있나 보라.

10 그들은 옳은 일을 행할 줄 알지 못하노라.

- 야웨의 선언 -

그들은 자기 궁궐들에서 포악과 겁탈을 쌓는 자들이라.

이스라엘이 포효하는 사자인 야웨의 이빨에 처절하게 물어뜯겨 죽게 될 이유는 무엇인가? 그들은 무엇 때문에 하나님의 무서운 형벌을 받아 멸망해야만 하는가? 아모스는 이 이유를 만천하에 드러내기 위해 이스라엘의 이웃 나라들에 공식적인 초청장을 보낸다. 그것도 국빈 자격으로 방문해 달라는 초청장이었다. 하나님께서 자신의 자녀와 같은 언약 백성의 죄와 그 치부를 만천하에 드러내려고 하신다는 것은 매우 충격적인 계획이 아닐 수 없다. 그것도 이스라엘과 적대적 관계나 아니면 불편한 관계를 맺고 있었던 블레셋인들과 이집트인들에게 이스라엘의 부패와 포악한 사회상을 보여주려 하시다니! 심지어 하나님이 얼마나 속상했으면 그러하셨을 것인가 이해가 간다.

우리는 누가 초청장을 가지고 간 특사들이었는지 잘 알지 못한다.[4] 그

---

4 메신저의 정체에 관해 다양한 의견들이 제시되었다. 아모스, 예언자들, 다른 나라들, 사마리아

것은 그리 중요한 문제가 아니다. 초청된 나라는 이스라엘과 국경을 나누고 있는 적국 블레셋의 도시 국가 아스돗과 남방의 강대국 이집트였다.[5] 우리는 많은 주변 국가 중 왜 이 두 나라가 대표로 선택되었는지에 관해서도 생각해볼 필요가 있다. 첫 번째 국가인 아스돗은 블레셋인들의 대표적 다섯 도시 중 하나로서 이미 열국 심판 신탁에 거명되어 하나님의 심판을 받은 나라였다(암 1:8). 아모스가 아스돗을 거명한 이유는 아마도 언어유희를 통한 이스라엘의 죄를 지적하려는 데 있는 것 같다. 다시 말해서 "아스돗"(אַשְׁדּוֹד, 아슈도드)은 사마리아의 "쇼드"(שֹׁד, 폭행, 암 3:10)를 두 눈으로 직접 보게 될 것이다. 아스돗 사람들이 사마리아 도시 안에서 벌어지고 있는 온갖 종류의 "겁탈"과 "폭행"(쇼드)을 두 눈으로 똑바로 보게 될 것이라는 의미다. 이제 사마리아인들은 자신들의 불의와 포악을 숨길 수 없게 된 것이다. 한편 이집트는 이스라엘이 결코 잊지 못할 압제국의 상징이었다. 이스라엘인들에게 이집트라는 나라는 영원한 압제국, 치를 떨면서 기억하는 착취의 나라였다. 그러나 이제는 그들로부터 "해방된" 이스라엘 자손들이 폭력과 불의로 다른 사람들을 "압제하는" 당사자가 되고 있는 현실을 보게 된 것이다. 얼마나 씁쓸한 역사의 아이러니인가! 압제받았던 자가 이제는 압제하는 자로 변했다니 말이다. 자기 조상들의 신음과 고통 소리를 결코 잊지 못하고 역사의 한을 품었던 바로 그 당사자들이 이제는 다른 사람들을 억압하고 수탈하는 악랄한 압제자가 되었으니, 이 얼마나 기가 막힌 노

의 사람들 등이 거명된다. 그러나 우리는 아모스가 두 나라에게 요청한 "와서 보라"(암 3:9)는 명령형을 단순히 수사학적 장치에 불과한 것으로 보아야 한다고 생각한다.

5 아스돗이 이집트와 함께 짝을 이루어 사용된 곳은 성경에서 이곳이 유일하다. 이런 이유로 고대 그리스어 성경은 어색하게 들리는 "아스돗-이집트" 짝 대신에 성경에 자주 등장하는 "아시리아-이집트" 짝(사 7:18; 호 11:5)으로 바꾸어 읽는다. 히브리어로 아스돗(אַשְׁדּוֹד)과 아시리아(אַשּׁוּר)가 비슷한 모양이기 때문에 필사자가 잘못 보고 번역했을 가능성이 높거나 아니면 이스라엘을 중심으로 북쪽의 대표적 나라를 아시리아로, 남쪽의 대표적 나라를 이집트로 삼으려는 의도 때문에 "아시리아"로 읽혔을 가능성이 높다.

룻인가!

한번 상상해보라. 이집트인과 블레셋인들이 사마리아를 둘러싸고 있는 산들을 원형 극장 삼아 관객석에 자리를 잡고 앉아 있다. 그리고 사마리아 도시가 원형 극장 중앙의 무대 위에 자리를 잡고 있다. 관람객들은 비아냥거림과 조롱, 찬사와 웃음을 머금고 무대 위에서 벌어지고 있는 일들을 바라보고 있다. 이제 이스라엘은 피할 수 없는 유죄 판결에 근접하고 있고 사마리아는 무대에서 집중적인 조명을 받고 있다.

이 두 국가는 위대한 신전과 호사스런 궁궐들로 유명한 나라들이었다. 그들의 지도자들은 국민을 착취하고 정치가들은 백성을 괴롭혔을 뿐만 아니라 권력을 도구로 삼아 개인적 치부를 일삼는 데 빠른 자들이었다. 그 사회에는 부정과 부패, 폭력과 착취가 난무했다. 그들이 세운 "궁궐들"과 "요새들"(אַרְמְנוֹת, 아르메노트)은 바로 이러한 부패와 폭력, 착취와 압제의 상징물들이었다. 그런데 아모스는 이러한 나라들의 지도자들을 국빈 자격으로 초청하고 있다. 어찌된 일인가? 그들을 "증인"들로 세우기 위함이었다. 예언자 아모스는 이스라엘의 범죄와 악행 그리고 부정과 부패를 천하에 증거하기 위해 인근의 두 나라를 증인으로 세우고자 초청한 것이다.[6]

이집트인과 블레셋인들은 이스라엘과 그의 수도 사마리아를 둘러보았을 때 경악과 충격을 금치 못했다. 사마리아의 지도자들은 그들보다 더 심한 자들이 아닌가! 사마리아의 요새화된 궁궐들(אַרְמְנוֹת)은 그들이 이 지구상 어느 곳에서도 볼 수 없었던 위대한 건축물들이었다. 자신들의 궁궐들을 무색케 하는 호사함과 위용이 이곳 사마리아에 있는 것이 아닌가!

---

6 구약성경의 진술에 따르면, 고대 법정에서는 적어도 두 명의 증인이 있어야 사형 언도를 위한 증거의 효력이 있다. 이런 이유 때문에 아모스도 "두 민족"을 호출하고 있다(예. 민 35:30; 신 17:6; 19:5; 왕상 21:10).

자신들처럼 부패한 자들의 시선으로 볼 때도 이스라엘과 사마리아의 불의
와 부정은 도를 넘어선 것이었다. 그들은 이스라엘 안에는 소요와 소란
이 있었고, 사마리아 성 안에는 압제의 소리가 하늘까지 사무치고 있었음
을 보았다. 압제와 협박의 목소리가 정부 기관의 밀실들에서 들려왔고, 부
패의 썩은 냄새가 종교의 성소들 가운데서 진동했다. 고아와 과부의 울부
짖음이, 외국인 체류자들의 비통한 한숨 소리가 사마리아 성 주위에 맴돌
고 있었다. 그러나 사실상 이와 같은 현실을 직접 본 사람은 다름 아닌 아
모스였다. 그래서 그는 아모스 3:10 전반부에서 사마리아의 죄악을 다음
과 같이 표현한다. "그들은 옳은 일을 행할 줄 알지 못한다!" 아니, 그들은
옳은 것이 무엇인지를 알았을 것이다. 그러나 그것을 행하기를 거절한 것
이었다.[7] 이것보다 더욱 부패하고 타락한 상태가 어디에 있겠는가? 그리
고 3:10 후반부는 "그들이" 도대체 어떠한 종류의 인간들인지를 구체적으
로 묘사한다. 그들은 자신들의 "요새와 같은 궁궐들" 속에서 포악과 겁탈
의 곡식들을 차곡차곡 쌓는 자들이다![8] 정치 권력자들, 군대의 장성들 등
힘 있는 자들의 포악스러운 행위들이 한없이 쌓여 하늘까지 치솟게 된 것
이다. 높이 쌓이는 것들은 반드시 무너질 날이 있다는 것을, 그것도 자신들
의 머리 위로 무너져 내릴 날들이 있다는 사실을 왜 그들은 몰랐을까! 어리
석은 사람들이여!

　　이제 아모스가 이방 민족의 눈을 통해서 바라본 이스라엘과 사마리아

7　참조. 바울은 인간의 부패를 다음과 같이 표현한다. "하나님을 '알되' 하나님을 영화롭게도 아
　　니하며 감사치도 아니한다"(롬 1:21).

8　"사마리아의 궁궐들 안에 포악과 범죄의 곡식 단을 차곡차곡 쌓다"는 표현 안에 사용된
　　"쌓다"라는 히브리어 동사는 "오츠림"(אוֹצְרִים)으로서 이는 "이집트"를 뜻하는 "미츠라
　　임"(מִצְרַיִם)이라는 히브리어를 연상시킨다. 즉 포악과 강포로 유명했던 이집트인들, 특히 이스
　　라엘을 향해 그런 강포를 쏟아부었던 이집트(미츠라임)가 이제는 산더미처럼 쌓인 이스라엘
　　의 죄악과 강포의 무더기(오츠림)를 목격하게 되는 역설을 나타낸다.

의 죄악들은 결코 부인할 수 없는 사실들이었고, 누구도 이 사실을 부인할 수 없게 되었다. 법정에 출석한 두 명의 증인의 증거는 일치하게 된 것이다. 그들은 죄가 없다고 할 수 없다! 그들은 유죄를 증언한 것이다.

B. 참을 수 없는 하나님(암 3:11-12)

3:11 그러므로 주 야웨께서 이같이 말씀하신다.
　　"원수가 이 땅을 짓밟을 것이라.
　　　　그가 너의 성채들을 무너뜨릴 것이요,
　　　　너의 요새들을 약탈할 것이다."
12　야웨께서 이같이 말씀하신다.
　　"마치 목자가 사자 입에서 양의 두 다리나 귀 조각을 건져냄과 같이
　　이스라엘 자손이 건져냄을 받을 것이다.
　　즉 사마리아의 침대 머리나 침대 다리 몇 개가 건져냄을 받는 것과 같으
　　리라."

이제 정의로우신 하나님, 공법의 신 야웨는 더 이상 참을 수 없으셨다. "그러므로…"(לָכֵן, 라켄)로 시작하는 주권자 야웨 하나님의 심판 선언[9]은 하나님의 인내에도 끝이 있음을 알리는 진혼곡(*requiem*)의 서주처럼 들려온다.

　　[그러므로] 주 야웨께서 이같이 말씀하신다.
　　"원수가 이 땅을 짓밟을 것이라.

9　"그러므로"(לָכֵן, 라켄)라는 불변사는 종종 심판과 형벌을 인도(소개)하는 기능을 지닌다. 암 5:11,16; 6:7; 7:17을 보라.

그가 너의 성채들을 무너뜨릴 것이요,

너의 요새들을 약탈할 것이다"(암 3:11).

그들이 그렇게도 자랑했던 궁궐들이 이제 폐허가 될 것이다. 아무도 더 이상 그곳을 찾아오지 않을 것이다. 그들이 그처럼 믿었던 방어 시설물들, 군사 기지들도 아무런 쓸모가 없게 될 것이다. 찬란했던 옛 영화는 모두가 소멸되고 이제는 들짐승이 기숙하고 올빼미가 둥지를 트는 폐허의 돌무더기가 될 것이다. 내적인 압제와 겁탈은 외부로부터의 약탈을 불러들이게 된 것이다. 하나님께서 이방 나라와 원수 나라들을[10] 심판의 도구로 삼아 칼을 들고 이스라엘을 대적해 일어서시기 때문이다. 야웨께서 일어서시는 날, 그날은 전무후무한 "야웨의 날"(יום יהוה, 욤 야웨)이 될 것이다. 그날이 점점 다가오기 시작하지만 우리의 불쌍한 이스라엘은 그날이 오고 있는 소리를 들을 수 없었다. 그들은 모두 허영과 방종, 불의와 폭력으로 얼룩진 소란 속에서 그 시계추 소리를 들을 수 없었다. "자만"과 "안이"라는 영적 비만(spiritual fatness) 속에서는 하나님의 종말론적 시계 침 소리를 들을 수 없었던 것이다. 우리는 엘리와 사무엘의 일화를 기억하고 있지 않은가! 이스라엘은 눈이 어두워가고 귀는 점점 들을 수 없었던 엘리의 모습 안에서 자신들의 자화상을 보아야만 했던 것이다(삼상 3장).

하나님은 아모스의 입을 통해 자신이 사마리아 위에 내린 치명적인 심판의 결과에 대해 "비유"(מָשָׁל, 마샬)를 들어 설명하신다(암 3:12). 사자의 입에서 건져낸 양의 두 다리 뼛조각이나 귀 한 조각이 무슨 소용이 있겠는가!(참조. 호 13:7f.; 5:14) 이 구절은 "남은 자"가 있음을 알려주는 약속이 아

---

10 암 3:11a의 "원수"(צַר, 차르)는 이집트(מִצְרַיִם, 미츠라임)을 연상케 하는 언어유희로 사용되었다. 그리고 도시를 공략하기 위한 "포위"에 해당하는 "마초르"(מָצוֹר)라는 히브리어에 의해 "차르"(원수)라는 단어가 선택되었을 가능성도 배제할 수 없다. 참조. Paul, *Amos,* 118.

니다. 도리어 구출은 곧 죽음을 입증할 뿐이라는 처절한 미래를 말하고 있을 뿐이다. 한 걸음 더 나아가 예언자 아모스는 사마리아에 임할 비참한 지경을 다음과 같이 직설적으로 묘사한다. 사마리아에서 침상 모퉁이나 걸상의 비단 방석에 앉은 자들이 건져냄을 입으리라(암 3:12b). 히브리어 본문은 매우 불분명하기 때문에 이해하기가 어렵다. 원문을 그대로 의역한다면, "사마리아에 사는 자들로서 그들의 침대 모서리에 앉아 있는 자들과 다메섹에 사는 자들로서 그들의 소파에 앉아 있는 자들이 마치 사자의 입에서 건져낸 양의 두 다리 뼛조각이나 귀 한 조각처럼 구출될 것이다." 문제는 다메섹에 관한 언급이 전혀 본문에 어울리지 않는다는 데 있다.[11] 지금 우리가 할 수 있는 최선은 본문이 침대의 머리 부분과 아래 부분에 대해 말하는 것으로 이해하는 것이다.[12] 즉 본문이 그리려는 상황은 침대의 머리 부분과 다리 부분만이 남아 있을 정도로 폐허가 된 어떤 침실인 듯하다. 이는 호사스러운 침실을 꾸미며 그 안에서 육체의 정욕을 불사르는 사마리아의 상류층 사람들과 부당한 방법으로 축재하여 아방궁을 지어놓은 부정한 부자들 위에 가차 없이 내릴 형벌의 중대함을 회화적으로 그린 선언이다. 폐허가 된 집안에서 끄집어내어봤자, 고작 침대 머리맡이나 침대 다리 조각 정도일 것이라는 말이다.

이러한 엄중한 심판과 죽음의 선고는 특별히 사치와 향락을 누리고 있던 특권층들을 향한 것이었다(참조. 암 6:4-8을 보라). 무책임하고 부도덕한 부와 정의롭지 못한 방법을 사용해서 축적한 재물의 사용이 이처럼 치명적인 심판의 원인이 된다는 사실을 들을 귀 있는 자들은 들어야 할 것이

---

11 암 3:12에 관한 *NIV Study Bible*의 각주를 보라. 아모스 당시에 이스라엘이 다메섹까지 영향력을 미치고 있었기 때문에 사마리아의 부유한 상인들이 다메섹에서 사업을 하면서 그곳에 사치스러운 저택들을 소유하고 있었을 것이라고 추측한다(참조. 왕상 20:34).
12 불투명한 본문에 관한 자세한 설명은 Paul, *Amos*, 120-22를 보라. Paul 역시 3:12 하반부는 "히브리어 원문이 불확실하다"는 판정을 내린다.

다. 그것은 하나님께서 한 사회가 의로움과 정의에 의해 유지되고, 국가 공동체가 공평과 공법에 의해 평화를 이루어나가기를 얼마나 고대하고 계신가를 반증한다.

C. 야곱의 족속이여!(암 3:13–15)

3:13　너희는 들으라!

그리고 야곱의 집에 증언하라!

– 주 야웨 만군의 하나님의 말씀이다. –

14　내가 이스라엘의 모든 죄들 때문에 "방문"하는 날에

내가 벧엘의 단들을 "방문"할 것이니

그 제단의 뿔들이 잘림을 당할 것이니

땅 바닥에 굴러 떨어질 것이라.

15　내가 겨울 궁을 칠 것이며

여름 궁을 칠 것이다.

상아로 치장된 집들이 파괴될 것이며

저택들이 무너질 것이다.

– 야웨의 선언 –

하나님은 이 어처구니없는 죄악들이 하나라도 숨겨지기를 원치 않으셨다. 그분은 모든 사람이 증인으로 나서기를 요구하신다. 마치 법정에 "야곱의 집"을 소환하여 피고로 세우고 그의 범죄를 논고하는 검사처럼 야웨 하나님은 세상 모든 사람(여기서는 아스돗과 이집트인으로 대표된다)이 야곱의 집인 이스라엘에 대해 부정적인 증언을 해주기를 바라고 계신 것이다. "들으라!

너희 아스돗과 이집트인들이여, 그리고 본 바에 대해 증언하라."[13] 물론 이 것은 이스라엘의 죄를 만천하에 드러내려는 아모스의 수사학적인 묘사다 (암 3:13).

사마리아가 범한 죄들은 무엇인가? 이스라엘의 지도층들—정치, 경제, 사회, 종교, 군사, 문화 등 모든 방면의 지도층들—이 저지른 악행의 목록은 무엇인가? 이 대답은 하나님이 심판하시는 과정 가운데 드러났다. 하나님은 벧엘의 제단들 그리고 상아로 치장된 겨울 궁, 여름 궁들이 이스라엘의 죄들을 가리키는 증거들이라고 선언하신다. 종교적 부패와 정치적·사회적 불의로 상징될 수 있는 대표적인 건축물들("성소"와 "궁궐과 요새들")은 정의로운 하나님께는 혐오스런 물건들이 되었다. 사마리아는 회칠한 무덤처럼 겉으로는 깨끗해 보였고 수많은 연회와 만찬 등이 열렸으나 실상 그 안에는 온갖 더러운 냄새와 볼썽사나운 작태들이 연출되는 죽음의 도시였다. 하나님의 집이라 불리던 곳(벧엘)은 오랜 전통과 명성을 등에 업고 사람들의 영혼을 혼란스럽게 만들며, 종교적 미명 아래 그들의 영혼과 육체들을 착취했다. 권력가들 역시 예외가 아니었다. 그들은 단순히 왕족들만을 가리키는 것은 아니었다. 고대 판 졸부들의 탐욕스런 삶은 그들로 하여금 왕들만이 누릴 수 있었던 호사스런 저택들을 소유하도록 했다. 거대한 궁궐과 개인적인 저택들을 팔레스타인 지방에서는 생산되지도 않는 상아로 장식한다는 것은 그들의 삶이 얼마나 향락과 사치, 허세와 자만

---

13 "들으라"는 명령형의 대상은 누구인가? 누가 들으라는 말인가? 문제의 핵심은 두 번째 명령구인 וְהָעִידוּ를 어떻게 이해하는가에 달려 있다. 이 명령구를 "…에 대항하여 증언하다"(예. 신 4:26; 30:19)로 이해할 경우 명령의 대상자들은 3:9에 언급된 이방 국가들이 된다. 그리고 3:14-15은 "증거하다"라는 동사의 목적절을 구성한다. 다른 한편 이 명령구를 "경고하다"(예. 창 43:3; 출 19:23; 왕하 17:13; 렘 11:7)로 이해할 경우, "경고하라"는 명령의 대상은 법정의 전령자라고 학자들은 주장한다. 이 경우 3:14-15 역시 그러한 경고의 내용을 구성하는 절들이 된다. 3:9-15의 구조 분석을 통해서 밝히듯이 본서에서는 전자의 주장을 취한다.

을 탐닉했는가를 단적으로 보여주는 증거였다. 여름철에 지낼 수 있는 별장들, 겨울을 나기 위해 지어진 겨울 궁들은 불쌍한 백성들의 피와 땀 위에 건축되지 않고는 불가능한 것들이었다.

우리는 궁궐 안에서 벌어지는 각종 향연과 파티를 보면서 춘향전의 암행어사 이몽룡이 지방 탐관오리(貪官汚吏)의 전형인 변 사또를 향해 던진 구절을 상기할 수 있으리라. "금 술잔에 담긴 아름다운 술은 천인의 피요, 옥쟁반에 담긴 극상품 고기는 만백성의 기름이로다. 향연장의 촛농이 녹아내릴 적에 백성들의 눈물도 역시 흘러내리고, 가무단의 노랫소리 드높을 때 백성들의 원한 역시 높구나!"[14] 그들은 불의한 압제와 착취를 통해 얻어낸 더러운 이득으로 자신들의 배를 불려갔고, 자기 부인들의 살찐 몸매는 탐욕과 사치, 권력 남용과 부패를 가리키는 살아 있는 증거물들이었다(참조. 암 4:1ff.). 아, 어찌 공의로우신 하나님께서 침묵하실 수 있겠는가! 그분이 이스라엘의 모든 죄를 보응할 날이 다가오고 있는 것이다. 그것이 곧 "야웨의 날"이었다(본문 3:14의 "보응의 날"은 암 5:18-20의 고전적인 "야웨의 날"을 예기케 한다).

하나님의 방문

그날은 하나님이 이스라엘을 방문하시는 날이기도 하다. 야곱의 집들과 이스라엘의 모든 사람은 하나님이 방문하시는 날이 어떤 날이 될는지 들어야만 한다. 전통적으로 하나님이 이스라엘을 방문하시는 날은 구원을 의미하는 날이었다. 창세기의 마지막 장면을 기억하는가? 이집트에서 인

---

14   金樽美酒 千人血 玉盤佳肴 萬姓膏, 燭淚落時 民淚落 歌聲高處 怨聲高.

생의 마지막을 보낸 요셉의 시신이 입관되는 장면 말이다. 그러나 그는 죽음의 문턱에서 모든 이스라엘인이 고백해야 할 위대한 신앙고백을 하지 않았던가? 무엇이 위대한 신앙고백이란 말인가? 그는 자신의 자녀들 그리고 이스라엘 자손들을 앞에 세워놓고 신앙의 희망을 고백한다. "나는 여기 이집트 땅에서 죽는다. 그러나 하나님께서 장차 너희를 방문하실 것이니 그때에 너희는 나와 내 아버지 야곱의 유해를 메고 고향으로 갈 수 있을 것이다!" 이 얼마나 위대한 신앙고백인가! 모든 이스라엘인이라면 반드시 간직해야 할 명언이 아닌가? 그렇다! 하나님의 방문은 미래에 대한 희망이 없이 이집트의 폭정 아래 신음하던 이스라엘에게 새로운 미래를 의미했다. 하나님께서 이스라엘을 방문하신 것은 그분이 출애굽이라는 전무후무한 "구원의 전형"(paradigm of salvation)을 창조하신 것이다.

이스라엘의 신앙사에서 하나님의 방문은 이처럼 오래된 신앙고백문이기도 했다. 그러나 고백은 시간이 흐를수록 생명력을 잃어갔으며 점점 화석화되기 시작했다. 그것은 이스라엘의 삶을 지배하고 움직이는 원동력이 아니라 성소에 안치되어 있는 유물들처럼 우상화된 것이다. "하나님의 방문"은 그들의 교회당에 붙인 부적(符籍)이 되었고, 주일마다 외워대는 주문(呪文)이 되어버렸다. "하나님은 반드시 찾아오실 것입니다. 그분이 여러분을 찾아오실 때 축복을 가지고 오실 것입니다. 여러분이 교회에 많은 물질을 바치고, 주의 종들을 잘 받들면 만복이 차고 넘칠 것입니다!" 이것이 당시 벧엘의 종교 지도자들이 선포했던 메시지이기도 했다. 그러나 그들의 메시지는 이스라엘의 삶 전체와는 관계가 없었다. 오로지 종교적 측면, 그것도 외형적인 종교성과 경건성을 자극했지만, 그리고 대중들은 그런 것에 만족하고 즐거워했지만, 실상은 하나님과는 전혀 관계가 없는 또 다른 종교일 뿐이었다. 삶의 근본적인 변화가 없고, 하나님의 율법에 따라 살려는 진지한 경건성, 소위 "토라-경건"(예. 시 1편, 119편)이 없는 이스라엘에게는 내일에 대한 희망이 있을 수 없다.

하나님은 이스라엘을 찾아오실 것이다. 그러나 이번의 방문은 그전에 그들이 예측하고 기대하는 방문과는 전혀 다른 방문이 될 것이다. 칼과 재앙을 가지고 찾아오시는 "하나님의 심방"이 될 것이다. 하나님의 첫 번째 방문지는 어디인가? "벧엘"이다! 벧엘은 말 그대로 하나님의 집, 이스라엘의 국가 성소가 있는 곳이다. 이스라엘이 재앙과 형벌을 당하게 될 이유는 하나님의 성소가 있는 벧엘에서 찾아야 한다. 제사장들, 예언자들, 소위 영적 지도자들, 신학자들, 목사들, 장로들이 있는 곳이 아닌가? 각종 대규모 전도 집회와 총회들이 열리는 곳이 아닌가? 각종 유수한 신학교와 교단 본부들이 자리 잡고 있는 곳이 아닌가? 어수룩한 민중들을 위해 각종 기도 집회를 인도하던 거룩한 종교인들이 있던 곳이 아닌가? 그들은 누구인가? 야웨의 이름을 팔면서 제단의 뿔들을 부여잡고 "주여! 주여! 주여!"라고 외치던 자들이 아닌가? 그러나 그들의 심장 속에는 하나님에 대한 경외는 눈곱만치도 없고, 그들의 휘날리는 예복 속에는 부정한 돈과 뇌물들로 가득 차 있었다. 벧엘의 부패는 곧 이스라엘의 종말을 의미한다. 하나님을 조작하는 벧엘은 더 이상 "하나님의 집"(벧엘)일 수 없다. 하나님은 이스라엘의 모든 죄에 대한 근본적인 책임 소재가 벧엘에 있다고 말씀하신다. 그분은 이스라엘의 모든 죄 때문에 벧엘의 단들을 치실 것이다. 돌 위에 돌 하나도 남김없이 무너질 날이 그곳에 올 것이다. 우리는 팔백 년 후 이스라엘의 위선적인 종교 지도자들을 향해 칼날 같은 질타와 더불어 연민의 심정으로 탄식하시던 예수님의 음성을 기억하게 된다. 소위 "일곱-탄식문"(seven woes)으로 알려진 마태복음 23:13-36이 그것이다.

⑴ 화 있을진저 (아이고) 외식하는 서기관들과 바리새인들이여! 너희는 천국문을 사람들 앞에서 닫고 너희도 들어가지 않고 들어가려 하는 자도 들어가

지 못하게 하는도다.

(2) 화 있을진저 (아이고) 외식하는 서기관들과 바리새인들이여! 너희는 교인 한 사람을 얻기 위하여 바다와 육지를 두루 다니다가 생기면 너희보다 배나 더 지옥 자식이 되게 하는도다.

(3) 화 있을진저 (아이고) 눈먼 인도자여! 너희가 말하되, "누구든지 성전으로 맹세하면 아무 일 없거니와 성전의 금으로 맹세하면 지킬지라" 하는도다. 어리석은 맹인들이여, 어느 것이 크냐? 그 금이냐 그 금을 거룩하게 하는 성전이냐? 너희가 또 이르되, "누구든지 제단으로 맹세하면 아무 일 없거니와 그 위에 있는 예물로 맹세하면 지킬지라" 하는도다. 맹인들이여, 어느 것이 크냐 그 예물이냐 예물을 거룩하게 하는 제단이냐? 그러므로 제단으로 맹세하는 자는 제단과 그 위에 있는 모든 것으로 맹세함이요. 또 성전으로 맹세하는 자는 성전과 그 안에 계신 이로 맹세함이요, 또 하늘로 맹세하는 자는 하나님의 보좌와 그 위에 앉으신 이로 맹세함이니라.

(4) 화 있을진저 (아이고) 외식하는 서기관들과 바리새인들이여! 너희가 박하와 회향과 근채의 십일조를 드리되 율법의 더 중한 바 정의와 긍휼과 믿음은 버렸도다. 그러나 이것도 행하고 저것도 버리지 말아야 할지니라. 맹인 된 인도자여, 하루살이는 걸러내고 낙타는 삼키는도다.

(5) 화 있을진저 (아이고) 외식하는 서기관들과 바리새인들이여! 잔과 대접의 겉은 깨끗이 하되 그 안에는 탐욕과 방탕으로 가득하게 하는도다. 눈먼 바리새인이여, 너는 먼저 안을 깨끗이 하라. 그리하면 겉도 깨끗하리라.

(6) 화 있을진저 (아이고) 외식하는 서기관들과 바리새인들이여! 회칠한 무덤 같으니 겉으로는 아름답게 보이나 그 안에는 죽은 사람의 뼈와 모든 더러운 것이 가득하도다. 이와 같이 너희도 겉으로는 사람에게 옳게 보이되 안으로는 외식과 불법이 가득하도다.

(7) 화 있을진저 (아이고) 외식하는 서기관들과 바리새인들이여! 너희는 예언

자들의 무덤을 만들고 의인들의 비석을 꾸미며 이르되, "만일 우리가 조상 때에 있었더라면 우리는 그들이 예언자의 피를 흘리는 데 참예하지 아니하였으리라" 하니, 그러면 너희가 예언자를 죽인 자의 자손임을 스스로 증명함이로다. 너희가 너희 조상의 분량을 채우라. 뱀들아! 독사들의 새끼들아! 너희가 어떻게 지옥의 판결을 피하겠느냐? 그러므로 내가 너희에게 예언자들과 지혜 있는 자들과 서기관들을 보내매 너희가 그중에서 더러는 죽이거나 십자가에 못 박고 그중에서 더러는 너희 회당에서 채찍질하고 이 동네에서 저 동네로 따라다니며 박해하리라. 그러므로 의인 아벨의 피로부터 성전과 제단 사이에서 너희가 죽인 바라갸의 아들 사가랴의 피까지 땅 위에서 흘린 의로운 피가 다 너희에게 돌아가리라. 내가 진실로 너희에게 이르노니 이것이 다 이 세대에게 돌아가리라.

소위 종교 지도자들의 부패와 탈선, 위선과 허식은 이스라엘 전체를 병들게 하고 그들을 재앙의 내리막길로 몰아갔다. 이들과 단짝을 이루었던 또 다른 부류의 사람들이 있었으니 부유층 인사들이었다. 그들 대부분은 불의한 방법으로 부를 축적한 자들이었다. 약하거나 가난한 자들, 힘없는 자들은 그들이 즐겨 찾는 먹잇감들이었다. 이들은 권력을 행사하든지 아니면 약자들의 무지를 교묘히 악용하든지, 아니면 폭력으로 위협을 하든지, 온갖 수단과 방법을 가리지 않고 개인적 부를 축적하는 데 혈안이 되었던 자들이다. 부의 사회 환원이란 문구는 그들의 머릿속에 존재하지 않았으며, 단지 오만스러운 연민에서 던져진 몇 푼의 허접한 돈이 가난한 사람들의 무릎에 차갑게 떨어질 뿐이었다. 물론 그들은 자신들의 이름들을 실어주는 신문 지상이나 교회의 주보를 위해서는 기꺼이 헌금했다. 그러나 그들의 재산은 피를 묻힌 포학한 수입이었으며, 과부들의 원성과 고아들의 눈물이 함께 섞인 부이기도 했다. 여름 궁과 겨울 궁은 바로 약자들의 피와 눈물 위에 세워진 강포의 상징물들이었던 것이다. 하나님의 두 번째 방문지는 바로 이곳들일 것이다. "내가 겨울 궁을 칠 것이며 여름 궁을 칠 것이다. 상아로 치장된 집들이 파괴될 것이며 저택들이 무너지리라!"(암 3:15)

"성소"와 "궁궐"로 대변되는 이스라엘 사회의 무질서와 불의는 하나님의 "오래 참으심"이라는 다리를 건너간 것이다. 이제 하나님은 이스라엘이 전혀 예측하지 못한 방식으로 이스라엘을 찾아오실 것이다. 야웨께서 선언하신다.

들으라, 이스라엘이여!

암 4:1-13

아모스 4장의 구조

문학적 단위를 나누는 데 있어 아모스 4:1-3이 앞의 단락에 종속된다는 주장이 있지만(암 3:9-4:3),[1] 아모스 4장은 그 전체가 중앙 집중형 대칭 구조를 통한 일정한 의미론적 체계를 지니고 있다. 먼저 전체적인 표면 구조를 살펴보고 그에 대한 설명을 첨부하겠다.

> A "분사 구문"을 통한 이스라엘 귀부인 묘사(고소, 암 4:1)
>> B 심판 묘사(4:2-3)
>>> C 야웨를 향한 이스라엘의 거짓된 호소를 묘사함(4:4-5)
>>> C′ 이스라엘을 향한 하나님의 실패한 호소를 묘사함(4:6-11)
>> B′ 심판 묘사(4:12)
> A′ "분사 구문"을 통한 이스라엘의 하나님 묘사(doxology, 4:13)

A와 A′는 본 단락의 바깥 틀을 구성한다. A는 마치 찬미시처럼 보이는 세 개의 분사 구문 구성법을 통해 사마리아의 귀부인들에 대해 묘사한다.[2] 예

---

1 예. Jeremias, *Amos,* 55ff. esp. 57; Waard & Smalley, *A Translator's Handbook of the Book of Amos,* 67-68. Jan de Waard는 3:9-4:3이 다음과 같이 서로 상응하는 두 쪽으로 나뉜다고 주장한다.

3:9-10 선포하라.…	3:13 들으라, 그리고 증거하라.…
야웨께서 말씀하시니라.	만군의 주 야웨 하나님의 말씀이라.
3:11 야웨 하나님이 이같이 말씀하시니라.	3:14-15
주제: 형벌에 의한 파멸	주제: 형벌에 의한 파멸
	야웨께서 말씀하시니라.
3:12 야웨께서 이같이 말씀하시니라.	4:1-3
주제: 사마리아인들의 멸망	주제: 사마리아 여인들의 멸망
그림: 두 다리들	그림: 바산의 암소들
	야웨께서 말씀하시니라.

2 사마리아의 산에 사는 귀부인들(바산의 암소들)을 묘사하고 있는 세 가지 분사 구문은 (1) 가

언자 아모스는 그녀들의 행실 묘사를 통해 이스라엘의 죄악을 폭로하고 있다. 한편 그와 상응하는 A′는 고발과 심판의 어조로 말씀하시는 야웨 하나님을 묘사하는데, 이 부분 역시 분사 구문법을 사용해서 하나님을 묘사하는 찬미시의 흔적을 보여준다.[3]

B와 B′는 모두 임박한 심판을 선언하고 있다. B는 "낚시/갈고리 표상"을 통해 임박한 심판의 절박성을 그려주고 있는 반면에 B′에서는 심판의 구체적인 내용을 모호하게 말함으로써 독자들로 하여금 다가오는 심판의 공포를 두려운 마음으로 기대하게 한다.

본문의 중앙 부분을 구성하는 C와 C′는 이중적 호소를 담고 있다. 하나는 하나님을 향한 이스라엘의 호소이며 다른 하나는 이스라엘을 향한 하나님의 호소다. 먼저 C는 이스라엘이 자신들의 종교 제의를 통해 야웨께 호소하고 있는 잘못된 관행들을 상기시키고 있으며 그것이 얼마나 무익하고 가증스러운 행위들이었는가를 냉소적 언어로 기술하고 있다. 반면에 C′는 야웨께서 이스라엘을 그들의 죄악과 반역에서 돌이키기 위해 수없이 노력하시고 그들에게 호소하셨지만 번번이 거절당했던 과거의 역사들을 상기시킨다. 이러한 이중적 호소는 결국 이스라엘에게는 하나님의 최종적 심판 이외에 다른 길이 없음을 보여준다.

난한 자를 "압제하는 자"(עֹשְׁקוֹת); (2) 피폐한 자들을 짓밟는 자(הָרֹצְצוֹת); (3) 남편들에게 술을 가져오라 "명령하는 자"(הָאֹמְרֹת)이다.

3 하나님을 묘사하는 네 개의 분사 구문들은, (1) 산들을 "빚어 만드는자"(יוֹצֵר, 요체르); (2) 바람을 "창조하는자"(בֹּרֵא, 보레); (3) 흑암을 새벽녘(黎明)으로 "만드는자"(עֹשֶׂה, 오세); (4) 땅의 높은 곳들을 "밟는자"(דֹּרֵךְ, 도레크)이다.

기가 막힌 사마리아 귀부인들의 행태: 하나의 실례(암 4:1-3)

4:1 이 말을 들으라.

  사마리아 산에 거하는 바산의 암소들아,

  너희는 가난한 자들을 학대하며

  궁핍한 자를 압제하는 자들이다.

  그리고 너희 남편들에게 말하기를,

  "술을 가져오시오, 우리가 마시려 합니다" 하는구나.

2 주 야웨께서 자기의 거룩함을 가리켜 맹세하시되,

  "때가 반드시 너희에게 임할 것이다.

  사람이 갈고리로 너희를 끌어가며

  낚시로 너희의 남은 자들을 그리할 것이다.

3 너희가 성 무너진 곳을 통과하여

  각기 앞으로 바로 나갈 것이며

  하르몬에 던지울 것이다."

  − 이는 야웨의 말씀이니라. −

이스라엘의 죄를 지적하는 아모스의 날카로운 언사는 이제 이스라엘 사회의 어두운 한 측면에 초점을 맞추고 있다. 아모스는 이스라엘 성읍의 불의와 부정, 이를 통해 얻어진 사치와 향락을 만천하에 폭로하기 위해 매우 냉소적인 언어로 "사마리아의 여인들"("바산의 암소들"[4])을 지목한다. 이것은

---

4 트랜스요르단에 위치한 지역 이름인 "바산"은 풍부한 삼림과 목초지로 유명했으며 특히 양질의 목축 산업으로 잘 알려져 있던 곳이다(신 32:14; 시 22:12; 겔 39:18). 따라서 "바산"이란 우리말로 KS 마크라는 의미를 지닌다. "바산"에 관해서는 다음을 보라. S. Cohen, "Bashan," *Interpreter's Dictionary of the Bible*, Vol. 1, 363-64; Joel C. Slayton, "Bashan," *Anchor Bible Dictionary*, Vol. 1, 623-24.

예기치 못한 매우 충격적인 폭로였다. 고대 사회에서 여성의 제한적인 역할을 감안한다면, 본문이 묘사하고 있는 부녀들은 우리에게 매우 큰 충격이 아닐 수 없다.[5]

본문은 세 가지 분사 구문을 통해 바산의 암소들로 불리는 사마리아 귀부인들의 행동을 특징짓고 있다. 첫째로 그들은 가난한 자들을 압제하는 자들이고, 둘째로 그들은 불쌍한 자들을 짓누르는 자들이며, 셋째로, 그들은 자신들의 남편들에게 술을 가져오라고 말하는 자들이다.[6] 그들은 남편의 권력과 사회적 지위를 남용해 사회의 약한 자들, 예를 들어 과부나 고아 혹은 이국인들을 압제하거나 협박해서 부당한 재물을 축적한다. 한마디로 그들이 축적한 부는 힘이 없고 약한 자들의 고통과 눈물 위에 세워진 것들이었다(참조. 사 3:16-4:1). 그들은 탐욕스럽고 향락적인 삶을 유지할 뿐만 아니라 오히려 탐닉하기 위해 안방에서 남편들을 조정해 사회적 부패를 가속화시키기도 했다. 이러한 과정에서 희생되는 부류는 말할 것도 없이 무력한 가난한 자들이었다. 부패한 사법 기관의 뒷무대에는 이러한 바산의 암소들이 있었고, 폭리를 취하는 부정한 상거래의 큰손들은 사마리아의 복부인들이었다.

예언자 아모스는 이러한 사회에 대해 다시금 "야웨의 날"이 임박했음을 알린다. "보라, 때[날들]가 너희에게 임할지라"(암 4:2a). 그날은 어떤 날

---

5 암 4:1의 "소"에 관한 언급을 가나안 바알 종교 예식과 연결 지으려는 시도(예. H. M. Barstad, *The Religious Polemics of Amos,* 37ff.)나 아니면 사마리아에 세운 금송아지 상과 연결 지으려는 시도들(예. K. Koch, *The Prophets* [Philadelphia: Fortress, 1983], 46; P. F. Jacobs, "'Cows of Bashan' - A Note on the Interpretation of Amos 4:1," *JBL* 104 [1985]: 109-10)이 있지만, 본문은 매우 분명하게 사마리아의 엘리트급 귀부인들을 가리킨다.

6 암 4:1에 사용되고 있는 세 개의 분사 구문 중 첫 번째와 두 번째 분사 구문은 서로 평행법을 구성하고 있으며(הָעֹשְׁקוֹת[압제하는 자] // הָרֹצְצוֹת[짓누르는 자]), 세 번째 분사 구문(הָאֹמְרֹת[말하는 자])은 앞의 두 개의 분사가 보여주는 행위에 의해 발생하게 된 결과를 보여준다.

인가? 아모스는 두 개의 표상을 통해 그날을 묘사한다. 하나는 낚시에 걸린 물고기의 표상이나 코를 고리에 꿴 송아지에 대한 묘사이고(암 4:2b), 또 다른 하나는 파괴된 성벽의 묘사다(암 4:3). 범죄한 이스라엘은 결국 마치 "낚시 바늘"에 걸려든 물고기나 "고리"에 코를 꿴 소처럼 될 것이다.[7] 그리고 심판의 와중에 "남은 자"가 있지 않게 될 것이다. 철저한 심판이 있을 것이다(암 4:2b). 아모스가 4:2에서 사용하는 표상이 낚시 바늘에 걸린 물고기인지 아니면 고리로 코를 꿴 소인지 정확하게 말하기는 어렵다.

어찌 보면 이스라엘은 물을 떠난 물고기였다. 그들은 자신들에게 진정으로 자유를 줄 수 있는 생수를 버리고 죽음을 택한 어리석음을 범한 자들이었다. 역설적으로 말해서, 물을 떠난 고기는 결국 하나님의 심판의 도구인 "낚시"에 걸리게 되어 있는 법이다. 이방 민족을 심판의 도구로 사용하시는 하나님께서는 이스라엘로 하여금 그들이 경멸하고 저주했던 이방 민족에 의해 수모와 수치를 당하게 하신 것이다. 낚시에 걸려 자루에 담긴 물고기의 운명은 무엇인가? 우리는 그것을 잘 알고 있다![8]

한편 이스라엘의 방탕하고 안일한 귀부인들을 바산의 암소들이라고 불렀다면, 그들의 운명은 마치 코에 고리를 낀 채 한 줄로 서서 도살장으로 끌려가는 소들에 비견될 수도 있을 것이다.[9] 사마리아의 상류층 귀부인들

---

7   암 4:2에 나오는 צִנּוֹת와 סִירוֹת라는 두 개의 평행적 히브리어 명사가 정확하게 무엇을 가리키는지에 관해 다양한 의견들이 제시되어왔다. Shalom Paul은 첫 번째 단어에 대해 다섯 가지 가능성([1] 방패들, [2] 밧줄들, [3] 가시 혹은 바늘, [4] 바구니 혹은 그릇, [5] 작은 배, 보트)을 제시하고, 두 번째 단어의 의미에 대해 세 가지([1] 가시 혹은 바늘, [2] 작은 배, 보트, [3] 항아리)를 제시한다. 자세한 논의는 Paul, *Amos*, 130-35을 보라. 그는 "바구니" 혹은 "그릇"이 원어의 뜻에 가장 가깝다고 결론짓는다.

8   Shalom Paul(*Amos*, 128; idem, "Fishing Imagery in Amos 4:2," *JBL* 97 [1978]: 183-90)은 물고기 표상을 선호하면서, 이스라엘이 마치 낚시 바늘에 걸린 물고기처럼 어부의 낚시 바구니(fishermen's pots) 속에 담겨 옮겨질 것이라고 해석한다.

9   암 4:1-3에는 두 개의 은유(소와 물고기)가 아니라 단일한 은유(소)가 사용되었다는 강력한 주장이 제기되었다. Terence Kleven, "The Cows of Bashan: A Single Metaphor at Amos 4:1-3,"

을 마치 살이 찐 암소에 비견하면서 냉소적으로 그들의 자족과 거만을 꼬집었던 아모스는 그들의 운명이 매우 대조적일 수밖에 없다는 사실을 보여준다. 도살장에서 가장 환영받을(?) 소가 있다면 살찐 암소들일 것이다. 식도락가들의 군침을 흘리게 하는 부드러운 부위를 제공하는 암소, 그것도 살이 통통하게 찐 암소라면 더할 나위 없이 좋은 상품이 아닌가! 그들은 바로 도살의 날, 야웨의 날을 위해 잘 먹어둔 격이 되었다. 그들은 자신들의 즐거움과 향락을 위해 술을 마시고, 자신들을 위해 기름진 음식을 먹었겠지만, 결국 도살의 날에 잡혀 죽을 최상의 상품으로 스스로를 가꾸고 있었다. 얼마나 어처구니없는 역설인가! 그들은 "야웨의 날"이 살육의 날이며 도살의 시간이라는 사실을 전혀 몰랐던 것이다.[10]

예언자 아모스는 심판의 철저성을 강화하기 위해 두 번째 표상을 사용한다. 그는 이스라엘의 성채와 요새들이 무참히 파괴된 모습을 그려준다. 이스라엘이 그렇게도 자랑했던 철벽같은 성벽들이 이제는 적군의 침공으로 인해 사방이 수없이 뚫리게 되었다. 사람들이 힘들이지 않고도 아무 곳으로나 거침없이 들어갈 수 있을 정도로 성벽에 구멍들이 커다랗게 뚫린 것이다(암 4:3).

한편 우리는 자신의 안녕과 안전을 보장해줄 것이라고 믿었던 이스라엘의 "요새들"을 하나님께서 철저히 깨뜨려 부수신다는 사실을 기억할 필요가 있다. 자신들이 세운 안전과 안보 안에서 자만하고 자족하는 사람들에게는 하나님이 필요할 이유가 없을 것이다. 그러나 기억하시라. 하나님은 우리가 세운 "성채들"과 "요새들"을 철저하게 부수실 것이다. 그분

CBQ 58 (1996): 215-27.

10 야웨의 날을 도살의 날, 희생제물을 잡는 날로 표현하고 있는 예언자 스바냐의 말을 들어보자.
    "야웨의 날이 가까이 왔기 때문에 야웨께서 희생제사를 준비하시고 그 제사 식사에 참석할 손
    님들을 초청하셨다"(습 1:7).

제2부 예언자의 불타는 메시지

이 일어서시는 날 누가 감히 그분을 대항해 싸울 수 있겠는가? 일단 그분의 "날"이 도래하면 이스라엘이 아무리 발버둥 친다 하더라도 무익한 일이 될 것이다. 하나님은 성 안에서 자족하고 자만하던 자들을 끌어내실 것이고 파괴된 성채의 커다란 구멍을 통해 그들을 끌고 가실 것이다. 마치 고리로 코를 꿴 소들처럼 그들을 일렬로 세워 적군의 침입으로 크게 뚫어진 성벽으로 나가 어디론가 끌고 가실 것이다.[11] 어디로 끌고 간단 말인가? 예언자 아모스는 커다란 목소리로 선포한다. "오 압제의 산이여!(사마리아를 가리키는 칭호임, 참조. 1절의 '사마리아 산') 너희들이 그렇게도 자랑했던 바산 지역(참조. 4:1의 '바산의 암소들')을 넘어 북쪽으로 멀고도 기나긴 유형의 길을 떠나게 될 것이다!"[12]

흥, 열심 있는 신자들이로군!(암 4:4-5)

4:4 "너희는 벧엘에 가서 범죄하며

길갈에 가서 죄를 더 범하라!

아침마다 너희 희생제사를 드리고

---

11 Kleven, "The Cows of Bashan," 226.

12 암 4:3에 언급된 "하르몬"의 정확한 위치에 대해 학자들 간에 논란이 많다. "헤르몬"으로 바꾸어 읽을 것을 제안하는 학자가 있는가 하면, 다메섹 너머의 북쪽 지역을 가리킨다고 주장하는 학자도 있다. 만일 후자라면 4:3은 이스라엘이 바산 지역을 거쳐 북쪽으로 유배될 것을 말하는 구절이다. 한편, 3절 끝의 הַהַרְמוֹנָה를 מוֹנָה הָהָר로 읽을 경우 그 의미는 "압제하는 산이여!"이다. 이럴 경우 히브리어 הָהָר(산)는 4:1-3 단락의 수미쌍관을 구성하는 기능을 담당한다. מוֹנָה 는 동사 원형 יָנָה의 히필 분사형으로 "압박하다", "압제하다", "짓누르다"(예. 사 49:26)이다. 다음의 구절을 참조하라. 렘 46:16; 50:16; 습 3:1. 한편, יָנָה와 같은 의미를 지니고 있는 동사 שָׁחַת도 분사로 사용되면서 다음과 같은 숙어를 형성한다. "오, 파괴하는 산이여"(렘 51:25); "파괴하는 바람"(렘 51:1); "파멸시키는 사자처럼"(렘 2:30).

삼 일마다[13] 너희 십일조를 바치라.

5   누룩 넣은 떡을 불살라 감사제사를 드리며

자발적 제사에 대해 자랑하라!

그것들에 대해 선전하고 다녀라, 너 이스라엘 자손들아!

이것이 너희가 즐겨하는 일이 아닌가!"

— 이는 주 야웨의 말씀이니라. —

아마 예언서 중 종교와 그 제의에 대해 가장 냉소적으로 비난하는 곳이 있다면 아모스 4:4-5이 아닌가 생각한다. 실제적으로 비아냥대는 문구들만 제외하고 읽어보면 4:4-5은 예언자의 교육적인 경고처럼 들린다. 벧엘로 오라, 길갈로 순례하러 가라, 성소에 예배하러 오라, 이런 것들은 제사장들이 교인들에게 마땅히 권해야 할 신앙적 교훈과 권고들이 아닌가? 벧엘로 "오라"는 말은 구약에서 제사장들이 하나님의 이름을 걸고 사람들에게 성소를 찾아가 순례하라고 권고하는 전문 용어이기도 하다(예. 시 95:6; 96:8; 100:2, 4; 사 1:12). 그렇다. 목사와 영적 지도자들은 마땅히 교인들에게 예배에 참석할 것을 권하고 신앙의 열심을 촉구해야 하는 자들이 아닌가? 이러한 권고가 무엇이 나쁜가? 그리고 제사장들은 사람들이 예배에 참석할 뿐만 아니라 그들이 성소에 와서 순례하는 동안 무엇을 해야 할 것인가에 관해 가르치고 지도해야만 했다. 마치 본문에 기록되어 있는 것처럼 벧엘이

---

13   NIV는 "삼 일"대신에 "삼 년"으로 읽는다. 이는 신 14:28; 26:12에 근거해 삼 년마다 드리는 특별한 십일조를 염두에 둔 번역이다. 또한 "날들"이라는 히브리어는 종종 "년(年)들"을 의미하기도 한다. 암 4:4에 대한 *NIV Study Bible* Note를 보라. 이러한 입장을 주창하는 학자들은 다음과 같다. Alan R. Milard & J. H. Stek, "Amos," in *NIV Study Bible*; J. Ridderbos, *De Kleine Profeten, Eerste Deel: Hosea, Joel, Amos* (Kampen: Kok, 1932); D. Deden, *De Kleine Profeten mit de Grondtekst vertaald en uitgelegd*, 2 vols. (Roermond en Maaseik: Romen & Zonen, 1953); T. H. Robinson & F. Horst, HAT (Tübingen, Mohr, [3]1964).

나 길갈의 성소에 온 사람들은 마땅히 희생제물을 바쳐야 한다. 하나님이 이것을 율법에 규정하고 우리에게 요구하지 않으셨는가? 또한 십일조를 드리는 일은 마땅히 이스라엘 시민으로서 지켜야 할 의무가 아니었는가?[14] 예언자 아모스는 종교 규례들에 대해 반골적 태도를 가진 예언자가 아니었다. 이런 일을 행하는 것이 잘못되었다고 말하는 것이 아니다. 혹시라도 본문에 근거해서 모든 신앙 형식과 규정들을 무시하는 자들이 있다면 그들은 본문의 의미를 잘못 이해하는 어리석음을 범하는 자들이다. 예언자 아모스가 격렬하게 비난하고 정죄하는 대상은 "제의" 자체가 아니다. 그는 왜곡된 종교 행태에 대해 심각한 도전과 책망을 하는 것이지, 신앙의 규정과 행위들 자체를 거부하는 것은 아니다.

왜곡된 예배, 굴절된 신앙 형태, 오해된 제의, 미신화된 종교, 자기중심적 교회 생활 등이 아모스의 일차 공격 대상이다. 그리고 아모스는 그러한 행태들을 가리켜 "범죄 행위들"(פֶּשַׁע, 파샤)이라 부른다. 그는 자신이 열국 심판 신탁(암 1:3 이하)에서 반복적으로 사용했던 단어, 곧 "범죄"(파샤)를 여기서 다시금 사용한다. 그는 반인륜적이고 잔혹한 행위를 가리키는 가장 심한 단어를 사용함으로써 "범죄"가 예배의 실질적인 목표이자 목적이었다고 말하는 것이다. 예레미아스 교수가 잘 지적해주고 있듯이, "아모스가 예배 의식 자체나 예배 의식의 각 순서들을 '범죄들'이라 부르기 위해서 이런 특수한 법률적 용어를 사용하고 있는 것은 아니다. 오히려 그는 순례를 통해 얻어지는 양심의 만족과 안심을 갖고 사람들이 일상생활에서 좀 더 교묘하게 자기이익을 추구하면서 행동하고 있는 모습을 가리켜 '범죄'라고 부른다."[15]

---

14 성지순례 제3일째 되는 날에 십일조를 드리는 것이 그 당시 규례였다는 주장(Wolff, 『예언과 저항』, 174)은 성경적 근거가 없다.

15 Jeremias, *Amos*, 68.

입으로 씹어대는 듯한 비아냥거림이 아모스의 종교 제의 비난 가운데 깊숙이 스며들어 있다. 아모스의 냉소는 불경건한 신성모독처럼 들리기까지 한다. "벧엘에 가서 범죄하며, 길갈에 가서 죄를 더하며…"(암 4:4). 이 구절을 다음과 같이 현대적으로 개작해서 읽어보면 훨씬 이해하기가 쉬울 것이다. "당신들은 교회당에 가서 죄를 저지르며, 기도원에 가서 반복적으로 반역하시오. 새벽기도회 때마다 각종 헌금을 드리고, 삼 일마다 십일조를 드리시구려. 총회에서 제정한 형식에 따라 예배를 드리고, 당신들이 드리는 감사 헌금에 대해 널리 광고하시오. 당신들이 드리는 자원 헌금에 대해서는 자랑하고 다니시오. 여보시오, 교인들이여! 당신들이 바친 헌금들에 대해 떠벌려 자랑하고 다니시란 말이오. 그렇게 하는 것을 당신들은 너무나도 좋아하지 않습니까!"

아모스의 냉소는 특히 그의 언어 사용에도 잘 나타난다. "그렇게도 열심이 있다면, 아침마다 제사를 드려보시지 그래! 삼 일마다 십일조를 드리지 그래! 얼마나 훌륭한 신자들인가! 하나님께서 너희들의 창고에 쌓을 곳이 없도록 터지게 복을 주실 것이야! 안 그런가?" 벧엘이나 길갈의 성소에 도착하자마자 그다음 날 일찍이 제사를 지낼 정도라면 얼마나 열심 있고 경건한 신자이겠는가?[16] 그러나 아모스는 그들의 마음을 꿰뚫고 있었다. 그들의 신앙 행위는 철저히 자신을 위한 것이었다. 자신의 영적 만족감, 종교적 규율에 대한 성취감, 조작된 종교를 운영하는 즐거움, 다른 사람에게 자랑하고픈 과시욕, 아니면 무지에서 나온 광적 열심 등이 그들로 하여금 폐쇄된 세계 안에서 종교 행위를 즐기게 한 것이다. 아모스는 이스라엘의

---

16 학자들은 이러한 규정(먼 길을 걸어 성소에 도착한 후 다음날 아침 일찍이 제사를 드리는 풍습)은 없었다고 말한다. 예. Weiser, *Profetie*, 162; Hammershaimb, *The Book of Amos*, 67; Wolff, *Amos*, 219; Rudolph, KAT, 176. 그렇다면 아모스는 광적일 정도로 열정적인 신자를 비아냥대고 있다.

제2부 예언자의 불타는 메시지

이러한 자아 중심적 열심을 냉소적으로 표현한다. 그들이 드리는 제사와 십일조를 가리켜 "너희의 희생제사", "너희의 십일조"라고 부른다. 즉 "자신의 이익과 만족을 위해 조작된 종교 행위를 너희가 드리고 있는 것이지 나와는 전혀 상관이 없는 일"이라고 하나님께서 풍자적으로 말씀하시는 것이다. 그렇다! 누군가가 함축적으로 잘 표현했듯이, "제의는 인간 중심적 삶의 지팡이였지만 신 중심적으로 볼 때 그것은 실질적 내용물들이 없는 텅 빈 지팡이였다."[17]

예언자의 종교 제의 비판은 "예언자-제사장" 사이의 갈등으로 잘못 비칠는지 모른다. 마치 이스라엘 종교 안에서 벌어지는 양대 산맥 간의 갈등이나 세력 다툼인 양 오해할 소지가 있다.[18] 그러나 위에서도 말했듯이, 예언자들은 종교 제의 자체에 대해 무효화를 선언한 사람들이 아니다. 그들은 종교 제의에 대한 공격을 통해 이스라엘 종교 안에 새로운 차원을 소개하고 있는 것이다. 이 문제에 관한 샬롬 폴의 말은 우리의 이해를 분명하게 해준다.

> 예언자들의 전망에 따르면, 하나님께서 요구하시는 본질은 제의 안에서 발견되는 것이 아니라 삶의 도덕적·윤리적 영역에서 발견된다. 사무엘이 희생제사에 대해서 "순종의 우선권"을 요구한 것처럼(삼상 15:22) 아모스와 그 밖에 다른 많은 고전적 예언자들도 "도덕성의 우선권"을 강조했다. 그들에게 예배와 의식들은 도구요 수단일 뿐이며 공의와 정의가 그 목적이었다. 하나님은 "헌신"(devotion)을 요구하지 "의식들"(devotions)을 요구하지 않으신다. "옳음"

---

17 Paul, *Amos,* 140 ("The cult has become an anthropocentric staff of life, but theocentrically it is void of all substance").

18 예언자와 제사장 사이의 문제에 관한 논문은 다음을 보라. M. H. Woudstra, "The Religious Problem-Complex of Prophet and Priest in Contempoary Thought," *CTJ* 1 (1966): 39-66.

을 원하지 "의례"를 원하지 않으신다. 제사 의례가 도덕적 행위들의 대치품이 되었을 때, 제의는 정죄되었다.…예언자들은 그들의 이념을 한 걸음 앞서나갔다. 그들에게 궁극적으로 중요했던 도덕성이 이스라엘의 국가적 운명을 결정하는 데 결정적인 요인이 되었던 것이다. 바로 이 점에 중대한 전환점이 있다. 즉 토라 문헌과 고전적 예언자들 이전의 예언자들의 글들 속에 표현된 옛 전승들, 다시 말해서 한 국가의 궁극적 운명을 결정짓는 근본적 범죄는 우상숭배의 죄라고 강조한 옛 전승들과 달리 고전적 예언자들의 등장과 함께 한 국가의 운명을 결정짓는 새로운 기준이 나타나게 되었다. 새로운 기준이란 "도덕적 청렴"(moral rectitude)이었다. 이스라엘의 장래와 운명은 본래적으로 그들의 근본적인 도덕적 자세에 의해 결정되었다. 부도덕과 비윤리적 행위들은 궁극적으로 한 국가를 파멸로 인도할 것이다.[19]

하나님의 뜻을 떠난 종교와 예배가 무슨 소용이 있겠는가! 하나님의 마음을 슬프게 하는 각종 집회와 종교 의례가 무슨 의미가 있는가! 한편으로는 부정직하고, 탐욕스러우며, 사치를 추구하고, 명예에 목말라하면서 또 한편으로는 각종 예배와 수많은 교회 행사들로 하나님의 마음을 기쁘게 해드릴 수 있다고 믿는 자들이 우리 가운데 적지 않다는 사실은 매우 큰 불행이다. 헌금을 많이 바치는 사람만이 대접받는 교회가 있는 한, 자신이 드린 헌금에 대해 자랑하는 사람이 많은 한, 소위 사회적 유명 인사가 아무런 신앙의 검증도 없이 교회에 영입되어 "높은 직분"(?)에 앉게 되는 한, 그리고 자신이 행하는 알량한 "선들"을 은근히 교묘하게 자랑하려는 사람들이 많이 있는 한, 억울한 사람들의 호소가 들리지 않는 한, 가난한 사람들을 향한 도움의 손길들이 외면되는 한, 그들이 드리는 모든 예배는 살아 계신 하

---

19   Paul, *Amos*, 139.

제2부 예언자의 불타는 메시지

나님을 향한 도전이며 반역이다. 그것은 스스로를 속이는 행위다.

예언자 아모스보다는 연대적으로 약간 후배인 유다의 예언자 이사야 역시 하나님의 정의와 공의를 무시한 채 종교 제의에 몰입하면서 자기중심적 위안과 만족을 얻는 자들을 얼마나 심하게 질타했던가! 윤리와 도덕을 상실한 종교와 제의의 허구성을 맹렬히 공격하고 있는 그의 말 한마디를 들어보자.

> 야웨께서 말씀하시되, "너희의 무수한 제물이 내게 무엇이 유익하뇨? 나는 숫양의 번제와 살진 짐승의 기름에 배불렀고, 나는 수송아지나 어린양이나 숫염소의 피를 기뻐하지 아니하노라.…헛된 제물을 다시 가져오지 말라. 분향은 내가 가증히 여기는 바요, 월삭과 안식일과 대회로 모이는 것도 그러하니 성회와 아울러 악을 행하는 것을 내가 견디지 못하겠노라. 내 마음이 너희의 월삭과 정한 절기를 싫어하나니 그것이 내게 무거운 짐이라. 내가 지기에 곤비하였느니라"(사 1:11, 13-14).

경건을 추구하는 것이 진실된 예배이며, 정의와 정직을 실천하는 것이 진정한 제사이건만, 이스라엘 백성의 예배는 도리어 하나님을 향한 반역이 되었고, 그들의 신앙 행위는 야웨의 가장 혐오하는 위선이 되었다. 하나님과 관계없는 종교, 예배, 각종 행사는 자기만족이자 자기 영광의 추구일 뿐이다. 그런 것들은 기껏해야 종교성에 대한 자신들의 애정과 관심을 표현한 것에 지나지 않는다. 예배의 중앙에 자리 잡고 있는 실체가 하나님이 아니라 인간 자신들이기 때문이다.

지독스럽게도 고집스런 이스라엘이여!(암 4:6-11)

4:6　"또 내가 너희 모든 성읍에서 너희 이를 한가하게 하며

　　　너희 각처에서 양식이 떨어지게 하였으나

　　　너희가 내게로 돌아오지 아니하였다."

　　　　　　　　　　　　　　　　　　　　　- 이는 야웨의 말씀이니라. -

7　　"또 추수하기 석 달 전에

　　　내가 너희에게 비를 멈추어

　　어떤 성읍에는 내리고

　　　어떤 성읍에는 내리지 않게 하였더니,

　　땅 한 부분은 비를 얻고

　　　다른 한 부분은 비를 얻지 못하여 말랐더니,

8　　사람들이 물을 얻기 위해 이 성읍 저 성읍으로 비틀거리지만

　　　만족히 마시지 못하였으나

　　　너희가 내게로 돌아오지 아니하였다."

　　　　　　　　　　　　　　　　　　　　　- 이는 야웨의 말씀이니라. -

9　　"여러 번 내가 너희의 정원들과 포도원들을 쳤다.

　　　내가 풍재와 깜부기 재앙으로 그것들을 쳤다.

　　메뚜기가 너희의 무화과나무 열매와 감람나무를 다 먹게 하였으나

　　　너희가 내게로 돌아오지 아니하였다."

　　　　　　　　　　　　　　　　　　　　　- 이는 야웨의 말씀이니라. -

10　"내가 너희 중에 염병이 임하게 하기를

　　　　　　　　　　　　　　제2부 예언자의 불타는 메시지

애굽에서 한 것처럼 하였으며

내가 칼로 너희 청년들을 죽였으며

너희의 노략한 말들을 함께 죽였다.

내가 너희 군대 막사의 악취로 코를 찌르게 하였으나

너희가 내게로 돌아오지 아니하였다."

- 이는 야웨의 말씀이니라. -

11 "내가 너희 중의 성읍 무너뜨리기를

하나님 내가 소돔과 고모라를 무너뜨림과 같이하였다.

너희가 불붙는 가운데서 빼낸 나무 조각같이 되었으나

너희가 내게로 돌아오지 아니하였다."

- 이는 야웨의 말씀이니라. -

위의 번역문이 보여주듯이 본 단락은 거의 동일한 후렴구가 있는 다섯 개의 소 단락으로 나뉜다. 그 후렴구란 다음과 같다. "그러나 너희는 내게로 돌아오지 아니하였느니라"(암 4:6, 8, 9, 10, 11). 예언자 아모스는 문학적 기교로서 "후렴구"[20]를 사용함으로써 이스라엘에게 임했던 이전의 다양한 심판과 재앙들이 이스라엘을 그들의 야웨 하나님께로 돌아오도록 하는 데 아무런 효력이 없었음을 강하게 강조한다. 동시에 반복적으로 등장하는 이 후렴구는 이스라엘을 향한 야웨 하나님의 좌절감과 실망감을 적나라하게 드러내고 있는 탄식이기도 하다. 아버지 하나님은 사랑하는 자녀인 이스라엘을 자기에게 돌이키기 위해 온갖 노력들을 다 쏟으셨다. 그분

---

20 문학적 장치로서의 "후렴구"에 관해서는 Watson, *Classical Hebrew Poetry*, 295-99을 참조하라.

은 심판의 매와 재앙의 채찍을 들고 자신의 자녀들을 치셨지만, 그들은 그 의미를 깨닫지 못하고 오히려 더욱 고집스러워졌다. 하나님은 기근과 굶주림(암 4:6), 한발과 가뭄으로(암 4:7-8) 이스라엘을 위협하셨고, 흉작으로(암 4:9), 전염병과 전쟁의 패배로(암 4:10) 야곱의 집을 협박하셨으며, 소돔과 고모라의 멸망에 비견될 만한 각종 재난과 자연재해로(암 4:11) 언약 백성을 치셨으나 그들은 갈수록 더욱 반역적인 모습으로 바뀌었다. 아모스는 하나님께서 이스라엘을 향해 내리셨던 저주의 목록을 작성함에 있어 매우 치밀하고 의도적이었던 것 같다. 그는 소위 "언약적 저주"의 형태를 가리키는 재앙들을 열거함에 있어 점층적인 문학적 방법, 즉 그가 즐겨 사용하는 숫자 일곱을 사용해서 과거에 일어났던 일곱 가지 "재앙 목록"(*catalogus calamitatum*)을 제시한다. 그 목록표는 다음과 같다. (1) 기근 재난(암 4:6), (2) 가뭄 재난(암 4:7-8), (3) 곡물 재해(암 4:9a), (4) 황충 재난(암 4:9b), (5) 전염병(암 4:10a), (6) 칼의 재난, 즉 전쟁에서의 패배(암 4:10b), (7) 지진(암 4:11). 그리고 아모스는 각 목록표 끝에 앞서 언급한 "후렴구"를 사용함으로써 이스라엘의 고집과 하나님의 끈질긴 애정을 대조적으로 그려낸다.[21]

---

21 암 4:4-13에 기록된 일곱 가지 재앙 목록을 언약적 측면에서 관찰하는 연구로는 다음을 보라. R. Bach, "Gottesrecht und weltliches Recht in der Verkündigung des Propheten Amos," *Festschrift für Günther Dehn*, ed. W. Schneemelcher (Neukirchen-Vluyn: Verlag der Erziehungsvereins, 1957), 23-34; W. Brueggemann, "Amos 4:4-13 and Israel's Covenant Worship," *VT* 15 (1965): 1-15; M. O'Rourke-Boyle, "The Covenant Lawsuit of the Prophet Amos 3:1-4:13," *VT* 21 (1971): 338-62; F. H. Seilhamer, "The Role of Covenant in the Mission and Message of Amos," in *A Light unto My Path: Old Testament Studies in Honor of Jacob M. Myers*, ed. H. N. Bream, R. D. Heim, C. A. Moore, *Gettysburg Theological Studies 6* (Philadelphia: Temple University, 1974), 435-52; L. A. Sinclair, "The Courtroom Motif in the Book of Amos," *JBL* 85 (1966): 351-53; W. Zimmerli, "Das Gottesrecht bei den Propheten Amos, Hosea, und Jesaja," in *Werden und Wirken des Alten Testament: Festschrift für Claus Westermann*, ed. R. Albertz, H.-P. Müller, H. W. Wolff W. Zimmerli (Göttingen: Vandenhoeck & Ruprecht, 1980), 235-66.

언약적 저주

본 단락은 이스라엘과 맺은 하나님의 언약, 특히 시내산 언약을 배경으로 이해되는 본문이다. 이스라엘의 존재는 하나님과 맺은 언약이란 용어 안에서 설명되고 그 의미를 찾을 수 있다. 하나님은 이스라엘과 언약을 체결하시기 전에 먼저 위대한 구원 행동을 통해 이스라엘 백성을 이집트의 학정에서 건져내셨다. 크신 능력의 손으로 이집트를 치시고 권능의 펴신 팔로 홍해를 가르신 하나님은 한 민족의 옛 조상인 아브라함과 맺은 약속을 기억하고 그들을 종 되었던 이집트에서 해방시키신다. 그리고 이러한 하나님의 위대한 구원 행동을 경험한 이스라엘 백성은 시내산에서 그들의 중보자 모세를 통해 야웨 하나님과 언약을 맺는다. 그것은 일명 모세 언약이라고도 불리는 시내산 언약의 체결이었다(출 19-24, 특히 "언약의 책"이라 불리는 출 20:22-23:33). 시내산 언약은 고대 근동에서 통용되었던 종주 계약 문서(suzerain-vassal treaty)의 패턴과 유사한 점이 있는데 대충 다음과 같은 요소들을 포함한다.[22]

(1) 전문(Preamble: 하나님의 "자기 선언 형식"[self introductory formula]으로, "나는 너희의 하나님 야웨다"), (2) 역사적 회고(언약의 두 당사자가 서로 간에 관계를 맺게 된 역사적 사건을 천명한다. "너희를 종 되었던 애굽에서 구원하여 내었다"), (3) 규정들(야웨 하나님이 언약 체결의 대상자인 이스라엘에게 요구하는 각종 규정들; 예를 들어 레위기, 민수기 안의 각종 규례들 그리고 특히 신명기는 이러한 규정들의 결집이라 할 수 있다), (4) 축복과 저주(이상의 규정들을 충실히 지킬 경우 오는 축복과

---

22 언약에 관한 기본적인 연구서는 다음을 보라. D. R. Hillers, *Covenant: The History of a Biblical Idea* (Baltimore: Johns Hopkins University, 1969); D. J. McCarthy, *Treaty and Covenant: A Study in Form in the Ancient Oriental Documents and the Old Testament,* AnBib 21a (Rome: Pontifical Biblical Institute, 1978).

혜택들, 그리고 언약을 파기했을 경우 따라올 저주와 불행들에 관한 조항, 예를 들어 신 28장), (5) 증인(언약 체결에 대한 증인; 예를 들어 예언서에서 예언자들이 언약의 백성들을 질타할 때 종종 "하늘"과 "땅"을 언급하는 경우가 있다. 이는 언약적 관점에서의 소송 양식이며 우주적 법정에서 증인을 호출하는 기능을 갖는다. 예. 신 32:1; 사 1:2), (6) 문서 보관(체결된 언약 문서를 보관하는 절차에 관한 사항).

　　보다시피 이스라엘은 하나님과 맺은 언약 관계 안에서 행동하며 삶의 반경을 유지하도록 요구되었다. 이스라엘의 예언자들, 특히 포로기 이전 예언자들은 이러한 시내산 언약의 전통에 서서 언약 백성들의 언약 파기 행위들에 대한 개인적·사회적·종교적·정치적 비판을 가했다.[23] 그들이 하나님과 맺은 언약의 규정들에 충실할 때 정당한 상급과 축복들이 그들의 성실함과 충성에 대한 보답으로 주어졌다. 그러나 언약을 파기할 경우 언약 체결 시 부과된 저주들("언약적 저주들")이 치명적인 각종 재앙의 형태로 임하게 될 것이다.

　　아모스는 이스라엘의 역사가 하나님의 "구원 역사"(Heilsgeschichte)였음에도 불구하고 그들의 반역과 불순종으로 인해 철저하게 "재앙의 역사"(Unheilsgeschichte)로 뒤바뀐 불행한 과거를 상기시킨다. 그러한 "전복"(顚覆)은 언약 파기라는 근본적 원인에 있었음을 예언자는 독자들에게 상기시킨다. 누군가 잘 표현했듯이,[24] 아모스는 이스라엘의 과거 역사를 단순히 역사적 사실이라는 측면에서 되뇌는 일반적 역사가가 아니라 오히려 과거 역사를 하나님의 주권과 이스라엘의 응답이라는 관점으로 바라보

23　다음을 보라. Reventlow, *Das Amt des Propheten bei Amos,* 75-90; R. Mayer, "Sünde und Gericht in der Bildersprache der vorexilischen Prophetie," *BN* 8 (1964): 22-44.

24　J. Vollmer, *Geschichtliche Rückblicke und Motive in der Prophetie des Amos, Hosea und Jesaja,* 19 ("Er ist nicht Historiker, der ein Interesse an der Geschichte als solcher hätte, sondern eher Geschichtstheologe"). Vollmer는 암 4:4-12을 가리켜 "모범적인 역사 회고"(eine exemplarische Geschichtsbetrachtung)라 부른다.

는 역사신학자다.

돌이키기 위한 매질

이스라엘을 향해 내리셨던 일곱 가지 재앙들을 살펴보면, 먼저 하나님은
자신을 떠나버린 이스라엘에게 진정한 삶의 의미와 존재 의의(意義)를 일
깨워주기 위해 그들이 의지하던 가장 필수적이고 기본적인 것들을 하나씩
제거해나가셨다.

　"먹는 일", "마시는 일"은 인간의 생존을 위해 가장 필수적인 문제다.
양식과 음료로 대변될 수 있는 먹는 일과 마시는 일은 사람의 생명과 건강
을 위해 반드시 있어야 할 것들이다. 농경 문화권에 살고 있었던 이스라엘
은 적어도 누가 비를 내리고, 누가 바람을 불게 하며, 누가 태양을 주어 곡
식을 자라게 하고, 누가 일용할 양식을 주는가에 관해 잘 알고 있어야만 했
다. 아니 그들은 옛적 광야 시절에 이 사실을 잘 배우지 않았던가! 그러나
이제 와서는 사정이 달라졌다. 그들은 바알 문화권 안에 살기 시작하면서
사막의 신, 광야의 하나님을 잃어버린 것이다. 누가 그들의 삶을 지탱시켜
주고 유지시켜주는 신인가? 누가 우리에게 풍성한 추수를 가져다주는가?
비와 바람과 구름의 신으로 알려진 바알인가 아니면 하늘과 땅을 지으신
창조주 야웨 하나님이신가? 그들은 오직 야웨만이 비(암 4:7, 8)와 곡물(암
4:6, 9)과 번영과 평화(암 4:10-11)를 줄 수 있다는 사실을 알아야만 했다.[25]
그러나 그들은 사실을 아는 일에 실패했다. 아니 하나님은 사람의 "삶/생

---

[25]　본문(암 4:1-13)을 바알 종교와 야웨 종교 사이의 대비로 이해하려는 노력으로는 Barstad,
*The Religious Polemics of Amos*가 있다.

명 유지 장치"를 끊어놓음으로써 생명의 진정한 유지 장치가 창조주 하나님 자신이라는 사실을 알려주려 하셨다. 그러나 그들은 예레미야의 말을 인용해 말하자면 "생수의 근원 되신 야웨를 버리고 스스로 웅덩이[무덤]를 판 것이다"(렘 2:13).

이제 아버지의 깨어진 가슴은 깊은 탄식과 좌절로 무너져내렸다. 거절된 사랑의 매는 심각한 좌절과 실망을 가져왔으며, 이제 하나님은 마음을 추스르시고 최후의 결정을 내리시게 된다. 남은 것이라고는 최후의 형벌밖에 무엇이 있을 것인가! 이처럼 이스라엘을 돌이키기 위한 하나님의 집요한 사랑은 사랑하는 자식에게 매를 들어야만 했던 아버지의 심정에 비견될 수 있을 것이다. 그러나 그러한 집요한 사랑과 끈질긴 애정이 거절되었을 때, 그들은 하나님의 무한한 인내에도 끝이 있음을 알았어야만 했다. 아! 우리의 불쌍한 옛 언약 백성들이여!

여기서 우리의 관심을 끄는 것은 아모스가 이스라엘의 옛 역사를 하나님의 심판과 회유의 역사로 바라보고 있다는 사실이다. 이것은 당시 대부분의 성소에서 선포되었던 메시지와는 매우 대조적인 것이 아닐 수 없다. 당시 제의에서는 전통적으로 이스라엘의 구원 역사가 선포되거나 낭송되곤 했다. 제사장들은 야웨 하나님께서 자신들의 조상을 위해 위대한 구원의 일들을 행하셨다는 구원 역사를 힘주어 선포했을 뿐 아니라 그러한 구원이 제의에 참석한 이스라엘에게도 있을 것이라는 희망찬 구원의 메시지를 외쳐댔다. 물론 수많은 백성과 제의 참석자들은 그러한 격려와 소망의 메시지에 "아멘"으로 응답했을 것이다. 이스라엘 백성은 "하나님은 구원의 주님이시다"라는 외침 안에서 안전과 안위를 얻었다. 따라서 누가 감히 이러한 복음에 은혜받지 않겠으며, 아멘으로 응답하지 않겠는가! 아! 우리의 불쌍한 옛 언약 백성들이여!

그러나 아모스는 이스라엘 백성에게 대부분의 직업 예언자들이나 세

습 제사장들처럼 구원의 메시지나 평화의 복음을 선언할 수 없었다. 오히려 그가 바라본 이스라엘의 역사는 반역과 배반 그리고 이로 인한 하나님의 징계와 채찍의 역사였다. 적어도 아모스가 볼 때 이스라엘에게 닥쳤던 수많은 불행은 우연히 발생한 사건들이 아니라 하나님의 직접적인 간섭에 의해 일어난 섭리적 사건들이다. 이스라엘의 불행했던 역사는 이유와 근거가 있는 역사라는 의미다. 하나님께서 이스라엘을 자신에게로 돌이키기 위해서 재앙과 재난들을 보내셨다는 것이다. 이스라엘은 역사의 주권자이신 하나님을 알지 못한 것이다. 그들은 역사로부터, 자신들의 일상적인 삶의 경험으로부터 아무런 가르침도 받지 못했다. 그들의 시야는 매우 제한되어 있었고, 그들의 하나님은 종교 안에만 묶여 있었다. 그들의 하나님은 뇌물성 예물에 배부르고 만족하는 그런 신(神)에 불과했다. 그들은 인간 역사의 거대한 흐름을 주관하시고, 인생의 다양한 경험과 사건들 속에 그리고 그 뒤에 서 계신 하나님의 모습을 바라볼 수 없었다.

우리는 아모스가 열거한 수많은 재난과 불행들이 특히 "언약적 저주"와 밀접한 관계를 맺고 있다는 사실을 기억할 필요가 있다. "기근", "굶주림", "한발", "가뭄", "흉작", "전염병", "패전", "재난", "자연재해" 등은 모두 야웨의 언약 상대자인 이스라엘이 지켜야 할 "언약적 의무 조항들"을 파기하거나 이행하지 않을 때 발생할 것이라고 명시된 "언약적 저주들"이었다(참조. 레 26:14-39; 신 4:15-28; 28:15-32, 42). 이것은 대부분의 예언자들이 고대 이스라엘의 언약적 전통 가운데 서서 언약의 재강화자 혹은 언약의 시행자 역할을 감당했음을 의미한다.[26]

---

26 Gordon D. Fee, Douglas Stuart, 『성경을 어떻게 읽을 것인가: 성경해석 지침서』(서울: 성서유니온, 1995), 232-35을 보라.

일곱 가지 언약적 저주

이스라엘을 향한 하나님의 집요한 사랑은 그분이 보이신 심판의 채찍질 안에 잘 나타나 있다. 우리는 "주께서 그 사랑하시는 자를 징계하시고 그가 받아들이시는 아들마다 채찍질하심이라"는 말을 기억한다. 그리고 "징계가⋯없으면 사생자요 친아들이 아니다"라고 말한 히브리서 저자를 기억한다(히 12:6, 8). 이스라엘을 향한 과거의 언약적 심판이 결코 그들을 죽이기 위함이 아니라 회개시켜 돌아오게 하려 함이었다는 것이 예언자의 주장이다. 예언자 아모스는 완고하고 패역한 자신의 청중들에게 하나님께서 얼마나 집요하게 이스라엘을 돌이키기 위해 매를 드셨는지를 기억시킨다. 소위 "언약적 저주"라고 불리는 일곱 가지 재앙을 언급하고 있는 것이다.

(1) 기근(암 4:6)은 고대 농경 사회에서 가장 큰 재난이었다. 아모스는 매우 해학적인 용어로 기근을 묘사한다. "이(齒)가 한가롭다"로 번역된 히브리어 문장은 문자적으로 "이가 깨끗하다", "이가 정결하다"라는 뜻이다. 먹을 양식이 없었으므로 이가 "깨끗하다"는 것이다. 기근이 발생하면 이스라엘 백성들은 우선 그것이 하나님으로부터 온 언약적 저주가 아닌가 곰곰이 생각해보아야만 했다. 그러나 그들은 반복해서 그렇게 생각하는 데 실패했다. 그들은 어떻게 하면 기근 가운데 살아남을 수 있을 것인가 하면서 온갖 궁리를 다 했겠지만, 그리고 수단과 방법을 가리지 않고 자신의 목숨을 유지하기 위해 애를 썼겠지만 가장 중요한 일, 즉 하나님을 찾고 죄를 자복하며 구원을 요청하는 데는 실패했던 것이다. 환난과 곤고가 찾아오면 피할 길을 찾기에 앞서서 다시금 하나님과의 관계를 되짚어보아야 할 것이다.

(2) 가뭄(암 4:7-8) 역시 농경 사회에서는 하늘이 내리는 재앙이다. 이스라엘 지역에는 일 년에 두 번 수확 기간이 돌아오는데, 한 번은 보리를

수확하는 기간이고 그다음은 밀을 수확하는 기간이다. 보통 오월과 유월에 해당한다. 통상 늦은 비로 알려진 삼사월의 비가 내리지 않으면 그해의 추수는 흉년으로 마감하게 된다. 아모스는 가뭄 재앙을 표현함에 있어서 예사롭지 않은 초자연적 현상을 말한다. 한쪽 지역에는 비가 내리는데 다른 한쪽 지역에는 비가 전혀 내리지 않는다는 것이다. 다시 말해서 그가 말하는 가뭄 재앙은 하나님의 특별한 목적 가운데 이뤄지는 초자연적 현상임을 강조하는 것이다. 만일 일반적인 가뭄이 찾아왔는데 이스라엘 백성들이 그 가뭄 현상을 하나님의 형벌이나 심판의 채찍으로 받아들이지 않았다고 하자. 그들은 단지 그런 한발과 가뭄을 재수 없이 발생한 자연적 현상으로 지나칠 수 있을 것이다. 그리고 그런 재앙 때문에 자신들의 죄들을 회개하지 않았다고 해도 어느 정도 변명의 여지가 있을 수 있을 것이다. 그것이 하나님이 특별히 보내신 재앙인줄 어떻게 알았겠는가? 그러나 지금 예언자 아모스가 말하고 있는 가뭄 재앙은 매우 특이하고 초자연적인 현상이다.

출애굽을 경험한 사람들, 아니 적어도 출애굽 역사를 정기적으로 성소와 집에서 낭송하고 회상하는 이스라엘 백성들은 그러한 특이한 재앙을 올바로 인식하고 해석해야만 하지 않았는가? 그들의 조상들이 이집트에서 나올 때 하나님께서 이집트 전역에 내린 재앙들이 고센 지역에는 전혀 영향을 미치지 않았던 사실을 잊었다는 말인가? 그것을 기억하고 있었다면, 그들은 목격하고 있던 가뭄 재앙이 하나님의 특별한 간섭에 의한 재앙으로, 아니 "회개로의 초청"으로 받아들여야 하지 않았을까?(참조. 렘 14장) 자신들의 죄로 인해 임한 하나님의 언약적 저주라는 것으로 인식해야만 하지 않았을까? 그리고 더 이상 때가 늦기 전에 "집"으로 돌아가야 하지 않았을까? 그러나 이스라엘은 그러한 재앙의 경험으로부터 아무것도 배우지 못했다(참조. 호 7:9).

(3) 사우디 사막에서 불어오는 열풍이 한창 익어가는 곡식들을 바싹 말려버린다. 설상가상으로 곡물들이 황달기로 인해 누렇다 못해 검게 쭈그러든다(암 4:9a). 하나님께서 다시금 자연재해를 통해 이스라엘의 잠든 영혼을 깨우려고 했지만 화인 맞은 양심처럼 아무런 감각이 없어져 버린 그들은 하나님을 볼 수 없었다. 영적 시력과 청력을 모두 상실한 중환자였던 것이다.

(4) 앞서 언급한 농작물들뿐만 아니라 포도원을 덮치고 무화과나무 열매나 감람나무들을 모조리 먹어치우는 황충 재난(암 4:9b)이 찾아온다(참조. 욜 1:4-7). 그러나 이스라엘은 여전히 정신 차리지 못하고 더욱 마음이 완악해져서 하나님의 치시는 손길을 볼 수 없다. 이것보다 불행한 일이 또 어디 있을까?

(5) 전염병(암 4:10a)은 이스라엘을 향해 내리치시는 하나님의 전통적인 형벌 수단이었다(레 26:25; 민 14:12; 신 28:21; 삼하 24:15; 겔 14:19). 이스라엘이 이집트에서 체류하고 있었을 때, 이집트의 가축과 사람들을 치신 하나님의 심판 도구가 전염병이었다는 사실을(출 9:3-7, 15) 아모스 당시의 이스라엘 백성들은 잘 알고 있었다. 그들은 성소에 갈 때마다 출애굽의 위대한 이야기들을 반복적으로 낭송했고, 설교자들로부터 자주 출애굽 설교를 듣지 않았던가? 그러나 정작 그러한 전염병이 자기들에게 닥치자 아무도 그것이 자신들의 언약 파기에 대한 하나님의 징벌이라고 생각한 사람은 없었던 것 같다. 전염병에 걸려 죽은 자식을 위해 통곡은 했으나 베옷을 입고 재 가운데 앉아 진정으로 통회하고 자복하는 자는 아무도 없었다.

(6) 하나님은 온갖 방편을 동원해서 이스라엘을 돌이키고자 노력하셨지만 번번이 실패하셨다. 곁길로 나가는 자식을 영원히 잃어버릴 수 없어서 그를 때리기도 하고 위협하기도 하시지만 고집스럽고 완고한 자식은 돌아오기를 거절한다. 하나님은 다시금 외국 군대를 동원해서 이스라엘을

치신다. 칼의 재난, 즉 전쟁에서의 패배(암 4:10b)를 맛보게 하신 것이다. 이스라엘에서 가장 잘 훈련된 엘리트 부대가 적군의 칼에 쓰러진다. 이스라엘이 자랑하는 마병 부대가 전멸당한다. 잔인한 살육이 시작된다. 연약한 여인들이 유린당하고 노인들과 어린아이들의 시체들이 쓰러져 죽어가는 말들과 뒤엉켜 차마 눈뜨고 볼 수 없는 형편이다. 사방에 시체 썩는 냄새가 진동한다. 죽음의 그림자가 이스라엘 전역에 깊이 드리웠다. 하나님은 자신의 모든 기력을 다해 이스라엘을 돌이키려고 노력하시지만 또 헛수고일 뿐이다. 그분은 좌절과 허탈 가운데 말씀하신다 "너희가 내게로 돌아오지 않았노라!"

(7) 모든 재앙 가운데서 가장 무섭고 처절한 재난으로 지진이 언급된다(암 4:11). 소돔과 고모라를 순식간에 삼켜버린 파멸을 연상시키는 재난이다(창 19:25, 29). 소돔과 고모라의 멸망을 언급하는 목적은 하나님의 경고에도 불구하고 그것을 가볍게 여기거나 농담 정도로 여겼던 이스라엘의 무감각을 드러내기 위한 것이다. 그들은 하나님의 경고가 단순히 위협으로 지나가는 일과성 협박이 아니라 반드시 이루어진다는 사실을 다시금 기억해야만 했다. 마치 내일이 있는 것처럼 생각하고 살았던 소돔과 고모라 사람들은 역사에 대한 진화론적 사고방식에 깊이 물들어 있던 사람들이었다. 세상의 일은 갑작스럽게 임하는 것이 없다는 생각을 갖고 살았던 사람들이었다. 소돔과 고모라가 멸망하기 바로 전날 밤에 찾아온 전령들은 내일이면 종말이 올 것이라고 외쳤다. "내일이면 모든 것이 끝이요!"라고 소리쳤지만 아무도 귀담아 듣지 않았다. 소돔과 고모라 사람들은 전령들의 외침을 어떤 미치광이의 외마디 정도로 간주했다. 아니면 전령들은 평화로운 소돔과 고모라, 마치 야웨의 동산과도 같은 평온하고 살기 좋은 마을에 공포를 조성하고 치안을 어지럽히는 자로 찍혀 체포되어야 할 사람들이었다. 이 사실을 염두에 두고 다음의 상황을 연상해보라. 지금 예언

자 아모스는 이스라엘의 성과 도시들이 지진으로 무너졌던 과거의 이야기를 언급하고 있다. 그럼에도 그는 이스라엘이 하나님께로 돌아오지 않았던 과거 역사를 자신의 청중들에게 말하고 있는 중이다. 그러나 이런 내용을 훗날 유다의 땅에서 글로 남기고 있었을 때는 이미 이스라엘을 강타했던 전무후무한 대지진(암 1:1)이 지나간 이후였다. 그리고 "그 지진"이 지난 후 폐허가 된 들판과 무너진 성벽 터 위에서 유랑 전도자 아모스를 기억하면서 그의 이름이 붙여진 아모스서를 읽어야 했던 사람들을 연상해보라. 지진이 일어나기 전 아모스가 벧엘의 거리에서 하나님의 심판을 외쳤을 때, 그리고 이스라엘의 종말의 시간이 도래한다고 소리 높였을 때, 그들은 예언자 아모스를 어떻게 생각했던가? 그들은 마치 소돔과 고모라를 찾아온 심판의 전령들을 한낱 소란을 피우는 자, 낯선 침입자로 취급했던 것처럼 아모스 역시 평온한 사마리아를 소란케 하는 선동자로 여겼던 장본인들이 아니었던가? 적어도 그들은 지진이 일어나기 전 하나님께 돌아와야만 했었다. 그러나 그들은 돌아오지 않았다. 불행하게도 하나님께 돌아오기를 거절하는 반항과 고집은 그 후 이스라엘의 역사를 통해 계속되었다. 기원전 722년(사마리아 함락과 북이스라엘의 멸망)이 지난 후에도, 586년(예루살렘 함락과 남유다 왕국의 멸망)이 지난 후에도, 아니 아직까지도 하나님의 백성 "이스라엘"은 하나님께 돌아오지 않고 있는지도 모른다! 하나님은 더 이상 반복된 좌절을 경험할 수 없을 만큼 인내의 한계선에 서 계셨다. 그분은 일곱 번에 걸친 채찍으로 이스라엘을 치셨다. 그리고 그들이 돌아오기를 고통스럽게 기다리셨다. 더 이상 다른 길이 없었다. 이스라엘은 하나님의 인내에도 한계가 있다는 사실을 알아야 한다. 아니, 가장 고통스런 방법으로 그 사실을 배우게 될 것이다.

그렇다면 내가 누구인지 보여주리라!(암 4:12-13)

4:12 "그러므로 이스라엘아, 내가 이와 같이 네게 행하리라.

내가 이것을 네게 행하리니

이스라엘아, 네 하나님 만나기를 예비하라."

13 산들을 지으신 자

바람을 창조하신 자

자기 뜻을 사람에게 보이시는 자

아침을 어둡게 하는 자

땅의 높은 데를 밟는 자

만군의 하나님 야웨가 그의 이름이라.

고집스럽기로 타의 추종을 불허하는 언약 백성의 강퍅함은 언약적 재앙과 화를 자초하는 자충수가 되었다. 예언자 아모스는 그들에게 "너희 하나님을 만날 준비를 하라"고 소리친다. 이는 회개를 촉구하는 권고가 아니다. 언약을 새롭게 하자고 권고하는 "언약 갱신 초청"은 더더욱 아니다.[27] 더 이상 인내하실 수 없는 하나님의 부르짖음이다. 삼킬 희생물을 발톱에 움켜잡은 채로 부르짖고 있는 사자의 포효다. 하나님 자신이 직접 이스라엘을 내리치실 것이다. 이스라엘은 하나님을 만날 각오를 해야 한다. 하나님을 만나는 날은 어떤 날인가? 그날은 "야웨의 날"이다. 설레는 기대와 부푼 희망으로 맞이할 하나님과의 "만남의 날"이 아니다. 그날은 야웨께서 이스라엘을 대항해 "일어서는"(קום) 날이고, 그분이 우주적 법정에 이스

---

27 본 문구를 "언약 갱신 예식"(covenant renewal ceremony) 초청을 담고 있는 "예전적 양식"(liturgical formula)으로 이해하면서 회개를 촉구하는 권면으로 해석하는 학자가 있다. 예. W. Brueggemann, "Amos 4:4-13 and Israel's Covenant Worship," *VT* 15 (1965): 1-15.

라엘을 고소하는 재판의 날이며, 멸망을 선고하기 위한 최후의 날이다. 아모스는 그날에 대해 구체적인 언급을 유보하고 있다. 다만 "너희 하나님을 만날 날을 준비하라"는 말로써 긴박한 미래의 도래를 압축시키고 있다. 그렇다면 이스라엘이 만나게 될 그 하나님은 어떤 분이신가? 이에 대해 현재 우리 앞에 놓여 있는 아모스서에는 "야웨의 현현" 혹은 "야웨의 나타나심"(theophany)에 관한 소위 "단편적 찬송 시구"(hymnic fragment)가 대답해 줄 것이다. 그분은 누구신가?[28]

> 산들을 지으신 자
>> 바람을 창조하신 자
>> 자기 뜻을 사람에게 보이시는 자
> 아침을 어둡게 하는 자
>> 땅의 높은 데를 밟는 자
>> 만군의 하나님 야웨가 그의 이름이라(암 4:13).

이스라엘이 만나게 될 하나님은 "만군의 하나님, 야웨"라고 불리는 주권자이며 전능자시다. 그분은 자신의 창조 능력으로 우주와 인류를 다스리는 진정한 "창조자-통치자"(Creator-Ruler)시다. 이스라엘은 전통적으로 긍정적인 창조신학을 유지해왔다. 이스라엘은 자연 만물을 창조하시고 그 가운데 있는 것들을 질서와 법으로 유지하시는 창조주 하나님에 대해 노래하고 찬양했다. 그러나 아모스가 전하고 있는 창조신학은 이러한 대중적 인식과는 전혀 다른 충격적인 것이었다. 예언자는 하나님이 이스라엘의

---

28 본 절에 관한 자세한 주석과 내용분해는 Werner Berg, *Die sogenannten Hymnenfragmente im Amosbuch*, Europäische Hochschulschriften Reihe 23, Band 45(Frankfurt am Main, Bern, and Cirencester: Herbert Lang, 1974), 271-93을 보라.

죄악 때문에 자신의 창조세계를 뒤집어 엎어버리실 것이라고 외친다. 그분은 자신의 창조세계를 보존하고 충만케 하는 대신에 철저하게 파멸시키는 하나님이시다. 어둠을 새벽으로 바꾸실 뿐만 아니라 흑암을 대낮으로 변하게 하시는 하나님을 믿는다는 것은 매우 충격적인 역설이 아닐 수 없다. 그분은 혼돈과 악을 정복하실 뿐만 아니라 오히려 그것들을 사용해서 자신의 목적을 이루는 하나님이시기 때문이다.[29]

하나님이 오실 때 모든 인간은 두려움과 떨림을 견딜 수 없을 것이다. 그분은 그들이 지녔던 창조신학의 하나님이 아니시다. 그분은 그들의 전통과 생각을 뛰어넘어 자신의 창조까지 뒤엎어버리는 하나님이시다. 이스라엘은 "예기치 못한 하나님"을 만나야 한다. 그날에 번뜩이는 번개가 하늘로부터 땅을 향해 무섭게 내리꽂히고, 광란의 바람이 휘몰아치며, 찬란한 이른 아침의 광명을 공포의 흑암으로 바꾸어놓고, 높고 낮은 산들과 언덕들 위에 검은 구름들이 깊이 드리우며, 지진과 천둥이 지축을 흔들어놓을 것이다. 천지에 우뚝 솟아 계신 이러한 전능자 하나님을 만날 자 누구랴! 언약의 파기자, 야웨를 저버린 백성, 불의와 불법을 일삼는 민족이 만날 대상은 바로 이러한 하나님, 그분의 이름이 높이 들린 "만군의 하나님 야웨"(암 4:13)인 것이다. 언약의 백성들이여, 당신들은 "하나님의 오심", "야웨의 나타나심"을 기다리고 있는가?

---

29 Suan Gillingham, "'Who Makes the Morning Darkness': God and Creation in the Book of Amos," *SJT* 45 (1992): 165–84.

[부가적 설명 1: 아모스서에 등장하는 "야웨 찬미시"에 관하여][30]

학계의 일반적 의견에 따르면, 아모스서 안에는 소위 야웨 하나님에 대한 "단편적 찬미시" 혹은 "송영"이 여러 곳에서 발견된다. 그러나 아모스서 안에 몇 번에 걸쳐 송영이 등장하는지, 개별적인 송영이 정확히 어느 곳에 위치하고 있는지, 그리고 개별적인 송영이 아모스 이전부터 있었던 오래된 찬미시인지, 아니면 아모스 자신의 작품인지, 아니면 후대의 작품으로 첨가된 것인지에 관해서는 학계의 의견이 다양하다. 또한 송영이 생겨나게 된 원래의 "삶의 정황"이 무엇이었는지, 그리고 그에 따른 송영의 목적이 무엇이었는지에 관해서도 다양한 의견이 개진되어왔다. 예를 들어, 찬미시의 "삶의 정황"이 신년 축제일에 성소에 입장하는 행진 노래(ein Prozessionsgesang am Neujahrsfest),[31] 혹은 엘리야 시대로부터 유래한 고대 찬미가(ein alter Hymnus aus der Zeit des Propheten Elija),[32] 혹은 가을철 신년 축제일에 불리는 변증적 찬미시(Polemical Hymn in Harvest Fallfestival),[33] 혹은 심판 송영(Judgement doxology),[34] 혹은 이스라엘을 주변 국가들의 신들로부터 구별짓기 위

---

30   아모스서에는 야웨의 현현에 관한 "단편적 찬송 시구들"이 세 곳에서 발견된다(암 4:13; 5:8-9; 9:5-6). 이에 관한 대표적 연구서로는 다음과 같은 것이 있다. Werner Berg, *Die sogenannten Hymnenfragmente im Amosbuch*, Europäische Hochschulschriften Reihe 23, Band 45 (Frankfurt am Main, Bern, and Cirencester: Herbert Lang, 1974); K. Koch, "Die Rolle der Hymnischen Abschnitte in der Komposition des Amos Buches," *ZAW* 86 (1974): 504-34; James L. Crenshaw, *Hymnic Affirmation of Divine Justice: The Doxologies of Amos and Related Texts in the Old Testament* (Missoula: Scholars Press, 1975); Siegfried Bergler, *Die hymnischen Passagen und die Mitte des Amosbuches: Ein Forschungsbericht* (Th.D. dissertation, University of Tübingen, 1979).

31   H. Schmidt, *Thronfahrt Jahves am Fest der Jahreswende im Alten Israel* (Tübingen, 1927); idem, *Der Mythos vom widerkehrenden König im Alten Testament* (Giessen, [2]1933)

32   A. Vaccari, "Hymnus propheticus in Deum Creatorem," *Verbum Domini* 9 (1929): 184-88.

33   J. D. W. Watts, *Vision and Prophecy in Amos* (Grand Rapids: Eerdmans, 1958).

34   James L. Crenshaw, *The Doxologies of Amos: A Form-Critical Study in the History of the Text of Amos,* diss. Vanderbilt University, 1964; idem, *Hymnic Affirmation of Divine Justice: The Doxologies of Amos and Related Texts in the Old Testament* (Missoula: Scholars Press, 1975).

한 "분사 구문 찬미시"(Partizipialer Hymnus)[35] 등이 제안되었다.

먼저 "송영" 혹은 "야웨 찬미시"가 발견되는 곳으로는 일반적으로 세 곳을 지목한다. 아모스 4:13, 5:8-9, 9:5-6. 많은 학자가 아모스서에서 발견되는 소위 야웨 찬미시가 아모스의 것이 아니라 후대의 삽입이라고 주장한다. 그들이 제안한 근거들은 대충 세 가지로 요약될 수 있다. 첫째로 송영들은 그것이 위치하고 있는 현재의 전후 문맥에 부자연스럽게 연결되어 있다는 주장이다. 둘째로 송영 안에는 나머지 아모스서 안에서 볼 수 있는 신학과는 다른 종류의 신학이 발견되고 있으며, 이 신학은 매우 고양된 신학을 보여준다. 예를 들어 송영 가운데 묘사되고 있는 하나님은 포로기 혹은 제2이사야서 혹은 욥기에서 보여주는 하나님이라는 것이다. 우주를 지으신 창조주 하나님에 대한 강조는 소위 기원전 8세기경 야웨 문서의 저술로 알려진 창조 기사(창 2:4ff.)에도 등장하지 않는 독특한 신학이기 때문에 자연스럽게 포로기의 구성으로 보아야 한다는 주장이다. 셋째로 언어학적 근거에서 볼 때도 후대의 삽입으로 보아야 한다는 주장이다. 고양된 문체, 분사형으로 시작되는 송영의 문체적 특징들, "창조하다"는 동사의 사용, 특히 제2이사야서에 자주 등장하는 것으로 추정되는 "야웨, 만군의 하나님은 그의 이름이라"는 문구 등은 송영이 후대(포로기나 포로 후기)의 산물임을 입증하는 증거로 언급된다. 그러나 우리의 해설이 보여주듯이 소위 야웨 찬미시가 이스라엘을 향한 심판의 문맥에서 매우 자연스럽게 기능하고 있다. 그것은 하나님의 창조의 능력을 노래하는 송영이 아니라, 창조에 나타난 권능과 위엄을 선포함으로써 이스라엘을 창조의 원초적 지점, 즉 혼돈과 암흑의 상태로까지 돌려보낼 수 있는 능력을 가진 무서운 하나님이심을 과시하는 기능을 담당하고 있다. 그러므로 야웨 찬미시 단편이 아모스의 직접적인 구성이 아니라고 한다면ー이 가능성도 배제할 수 없다ー적어도 아모스가 사역하던 당시에 회자되던

---

35 Fr. Crüsemann, *Studien zur Formgeschichte von Hymnus und Danklied in Israel,* WMANT 32 (Neukirchen-Vluyn: Neukirchener Verlag, 1969), 59-106. "Die Form des 'partizipialen Hymnus' entstammt der Auseinandersetzung Israels mit den Göttern der Umwelt" (106).

제9강 들으라, 이스라엘이여! • 암 4:1-13

노래 중 일부분일 가능성이 높다. 따라서 예언자 아모스가 자신의 메시지를 글로 적어 내려가는 도중 차용해 삽입했다고 볼 수 있다.

이스라엘을 위한 애가

암 5:1-17

아모스 5장에 관한 서론

아모스서에서 "이 말을 들으라"는 명령형 문장은 아모스 3:1, 4:1과 5:1에서만 사용된다.[1] 그리고 7장에서 "환상 보고문"이 시작한다는 점을 고려한다면 5:1의 "들으라"로 시작하는 문맥은 5장과 6장을 함께 포함하는 것으로 보아야 할 것이다. 특히 다음과 같은 사실을 염두에 두면 이 점이 더욱 분명해질 것이다. (1) 5:1 이하가 장례식장의 "애곡"으로 시작하면서 5:1-17을 하나의 문학적 단위로 구성한다. (2) 그다음에 바로 두 개의 "아이고-신탁들"(암 5:18-24; 6:1-14)이 나란히 이어져나온다. 이와 같은 사실은 5:1의 "들으라-신탁"이 5장과 6장을 함께 포함하고 있는 문맥임을 뒷받침해준다.[2] 따라서 아모스서의 중앙 부분에 해당하는 5-6장은 "죽음"이라는 주제로 가득 차 있음을 알게 된다. 흥미로운 사실은 죽음이란 주제에 다양하게 접근하고 있는 이 부분에 "생명의 가능성"에 대한 언급이 들어 있다는 사실이다(암 5:4-6, 14-15). 이러한 사실은 죽음 안에서 어떻게 새로운 생명이 가능할 것인가와 같은 신학적이고 실존적인 질문에 대해 중요한 대답을 제시해주고 있다.

---

[1]   특히 암 3:1("이스라엘 자손들아, 야웨께서 너희를 쳐서 이르시는 이 말을 들으라")과 5:1("이스라엘 족속아, 내가 너희에게 대하여 애가로 지은 이 말을 들으라")의 구문론적 유사성과 상이점을 보라. (1) 암 3:1의 주체는 야웨, 5:1의 주체는 예언자; (2) 3:1에서 "야웨께서 말씀하셨다"(과거형), 5:1에서 내(예언자)가 말하고 있다(현재형 분사); (3) 3:1의 호격은 "이스라엘 백성", 5:1의 호격은 "이스라엘 족속"; (4) 3:1은 일반적 심판 신탁, 5:1은 장례적 애곡. 이러한 관찰과 그에 대한 함의에 관해서는 Jeremias, *Amos*, 85를 보라.

[2]   Jeremias, *Amos*, 85.

아모스 5장의 구조

아모스 5장은 크게 두 단락(5:1-17과 5:18ff.)으로 나뉠 수 있다. 특히 5:1-17의 구조에 대해 여러 유용한 제안이 제시되었다.[3] 우리는 아래서 대표적인 세 개의 제안을 중심으로 본문의 구조를 살펴보고자 한다. 먼저 얀 데 바르드(Jan de Waard)는 다음과 같은 중앙 집중형 구조를 제안한다.

A(암 5:1-3) 이스라엘을 위한 애곡

  B(5:4-6) 야웨를 찾으라, 그러면 살리라.

    C(5:7) 이스라엘을 향한 경고

      D(5:8a, b, c) 야웨의 창조하시는 능력

        E(5:8d) "야웨는 그의 이름"

      D′(5:9) 야웨의 파괴하시는 능력

    C′(5:10-13) 세력가를 향한 경고

  B′(5:14-15) 야웨를 찾으라, 그러면 살리라.

A′(5:16-17) 이스라엘을 위한 애곡

이러한 제안에 대한 비평은 본서의 목적을 넘는 것이기 때문에 더 이상 깊이 다룰 수 없지만, 한 가지 가장 큰 약점은 D와 D′사이 시행의 숫자가 불균형하다는 데 있다. 다시 말해서, D는 세 개의 시행으로 구성되어 있는 반면에 D′는 한 개의 시행으로 구성되어 있다. 이러한 불균형은 히브리 시의

---

3   예. J. De Waard, "The Chiastic Structure of Amos V 1-17," *VT* 27 (1977): 170-77; N. J. Tromp, "Amos V 1-17: Towards a Stylistic and Rhetorical Analysis," *OTS* 23 (1984): 56-84; D. W. Wicke, "Two Perspectives (Amos 5.1-17)," *CurTM* 13 (1986): 89-96; John Stek, "Amos 5:1-17," unpublished paper at Calvin Theological Seminary, Grand Rapids, n.d.; Paul, *Amos*, 158-59.

대칭 구조(chiastic structure)를 추구하는 그의 논의에서는 매우 커다란 약점이 아닐수 없다.[4]

한편 예레미아스는 "아모스 5:1-17은 아모스서 그 어느 곳에 있는 단락에도 비견될 수 없는 형식상의 예술적 패션으로 구성되어 있다"[5]고 찬사를 아끼지 않는다. 그리고 그는 전대의 학자들은 이러한 예술적 구조를 올바로 이해하지 못했기 때문에 본 단락 안에 들어 있는 여러 개의 단위들을 재배열하는 실수를 저질렀다고까지 말한다. 그는 다음과 같은 구조를 제안한다.

A(암 5:1-3) 이스라엘의 죽음에 대한 애곡

　B(5:4-6) 야웨를 찾으라, 그러면 살리라.

　　C(5:7) 정의를 굽게 하는 이스라엘 백성들

　　　D(5:8-9) 생사의 주관자인 하나님 찬양

　　C'(5:10-13) 정의를 굽게 하는 이스라엘 백성들

　B'(5:14-15) 야웨를 찾으라, 그러면 살리라.

A'(5:16-17) 이스라엘의 죽음에 대한 애곡

A와 A'는 모두 이스라엘의 죽음을 슬퍼하는 애곡이다. C와 C'는 A와 A'에서 피력된 이스라엘의 죽음이 왜 피치 못할 결과였는가를 설명해준다. 즉 이스라엘이 자신들의 삶 속에서 정의를 실현하지 못하고 오히려 정의를 짓밟았기 때문에 죽는다는 것이다. 그리고 A/A'와 C/C'사이에 삽입되어 있는 B와 B', 즉 애곡과 애곡의 정당성을 설명하고 있는 부분 사이에 끼어

4　Shalom Paul(*Amos*, 158-59)도 거의 동일한 구조를 제안한다. a(5:1-3); b(5:4-6); c(5:7,10-12,13); b'(5:14-15); a'(5:16-17).

5　Jeremias, *Amos*, 84.

있는 B와 B′는 하나님을 찾으라는 권고와 그에 대한 생명의 약속을 담고 있다. 그리고 중앙 집중형 구조의 중앙에 놓인 D는 사람을 살리고 죽이는 권세가 하나님께만 있음을 노래하고 있다.[6]

마지막으로 존 스텍은 히브리 시의 대칭 구조적 균형성을 살피면서 우리에게 좀 더 설득력 있는 중앙 집중형 구조를 제시한다. 그가 제시한 본 단락의 구조는 다음과 같다.

산문체 서론(암 5:1): 이스라엘 족속아, 내가 너희에게 대하여 애가로 지은 이 말을 들으라.

A 5:2-3(이스라엘을 위한 애곡)

5:2 "처녀 이스라엘이 엎드러졌음이여, 다시 일어나지 못하리로다. 자기 땅에 던지움이여, 일으킬 자 없으리로다." 3 주 야웨께서 가라사대 "이스라엘 중에 서 천 명이 나가던 성읍에는 백 명만 남고 백 명이 나가던 성읍에는 열 명만 남으리라" 하셨느니라.

B 5:4-6(야웨를 찾으라는 권고)

5:4 야웨께서 이스라엘 족속에게 이르시기를 "너희는 나를 찾으라, 그 리하면 살리라. 5 벧엘을 찾지 말며, 길갈로 들어가지 말며, 브엘세바로 도 나아가지 말라. 길갈은 정녕 사로잡히겠고, 벧엘은 허무하게 될 것임 이라" 하셨나니 6 너희는 야웨를 찾으라, 그리하면 살리라. 염려컨대 저

---

6 Jeremias, *Amos*, 84-85. Jeremias는 5:1-17의 전반적 대칭 구조가 아모스의 측근들에 의해 구 성되었다고 말하면서, 5:1-17을 이루고 있는 소단락들이 원래는 독립된 어구들(sayings)이 었다고 말한다(그가 전통적인 양식비평학의 전통에 서 있는 독일 학자라는 것을 생각하면 된 다!). 그리고 그는 이 어구 중 5:6, 8, 9, 13은 포로기나 포로기 이후에 첨부되었다고 가정한다.

가 불같이 요셉의 집에 내리사 멸하시리니 벧엘에서 그 불들을 끌 자가 없을까 하노라.

묵시적 고발(I) (암 5:7): 3인칭 남성 복수형 사용(분사형)
5:7 공법을 쓰디쓴 독초로 변케하며 정의를 땅바닥에 던지는 자들아!

C 5:8-9(찬미시 단편 [5:8] + 적용 [5:9])
5:8 묘성과 삼성을 만드시며 사망의 그늘로 아침이 되게 하시며 백주로 어두운 밤이 되게 하시며 바닷물을 불러 지면에 쏟으시는 자, 그 이름이 야웨시니라. 9 저가 갑작스러운 패망을 요새 위에 임하게 하시며 철저한 파멸을 산성에까지 미치게 하시느니라.

묵시적 고발(II) (5:10): 3인칭 남성 복수형 사용(정동사형)
5:10 그들이 성문에서 책망하는 자를 미워하며 정직히 말하는 자를 싫어하는도다.

C' 5:11-12a(2인칭 남성 복수형을 사용하면서 이스라엘을 부름)
5:11 너희가 가난한 자를 밟고 저에게서 밀의 부당한 세를 취하였은즉 너희가 비록 다듬은 돌로 집을 건축하였으나 거기 거하지 못할 것이요, 아름다운 포도원을 심었으나 그 포도주를 마시지 못하리라. 12a 이는 너희의 허물이 많고 죄악이 중함을 내가 알기 때문이라.

묵시적 고발(III) (5:12b-13): 3인칭 남성 복수형 사용(분사형 및 정동사형)

12b 의인을 학대하며 뇌물을 받는 자들아! 바로 그들이 성문에서 궁핍한 자를 억울하게 하도다 13 그러므로 이런 때에 지혜자가 잠 잠하나니 이는 악한 때임이니라

B′ 5:14-15(야웨를 찾으라는 권고)

5:14 너희는 살기 위하여 선을 구하고 악을 구하지 말지어다. 만군의 하 나님 야웨께서 너희의 말과 같이 너희와 함께 하시리라. 15 너희는 악 을 미워하고 선을 사랑하며 성문에서 공의를 세울지어다. 만군의 하 나님 야웨께서 혹시 요셉의 남은 자를 긍휼히 여기시리라.

A′ 5:16-17(이스라엘을 위한 애곡)

5:16 그러므로 주 만군의 하나님 야웨께서 말씀하시기를 "사람이 모든 광장에 서 울겠고 모든 거리에서 '아이고! 아이고!' 하겠으며 농부를 불러다가 애곡 하게 하며 울음꾼을 불러다가 울게 할 것이며 17 모든 포도원에서도 울리니, 이는 내가 너희 가운데로 지나갈 것임이니라." 이는 야웨의 말씀이니라.

위의 구조가 보여주듯이 본문 5:1-17은 중앙 집중적으로 구성되어 있다. 바깥 둘레를 구성하는 A와 A′는 이스라엘 위에 내려진 심판을 묘사하고 있 다. 양쪽 부분 모두에서 아모스는 5:1에서 표제처럼 사용되는 이스라엘을 위한 "애곡"(암 5:1, קִינָה, 키나)이라는 주제를 통해 심판의 내용에 대한 묘 사를 담고 있다. A가 애곡의 내용 자체(암 5:2)와 애곡에 대한 동기를 묘사 (암 5:3)하고 있는 반면에, A′는 애곡의 범위(암 5:16-17a)와 애곡의 이유(암 5:17b)에 관해 언급하고 있다.

B와 B′는 주제적으로나 언어학적으로나 서로 분명하게 상응하고 있 다. B가 임박한 심판과 돌이킬 수 없는 재앙의 도래 앞에서 종교 제의적 출

구가 얼마나 허망하고 무익한 것인가를 경고하면서 하나님을 찾는 일만이 진정으로 생명을 보존하는 길임을 제시하는 반면에, B′는 B에서 언급하고 있는 하나님을 추구하고 그분을 찾는 일이 구체적으로 무엇인가를 제시한다. 즉 공의와 정의를 세우고 지켜나가는 일만이 다가오는 심판 가운데서 혹시 몇몇 소수의 사람이라도 살아남을 수 있도록 해줄 것이라는 경고다. 흥미롭게도 B와 B′에서 각각 "요셉의 집"(암 5:6)과 "요셉의 남은 자"(암 5:15)라는 구절들이 언어학적으로 서로 상응하고 있다.

비록 C와 C′는 그 문학적 유형에서는 다르지만—전자는 찬미시 단편, 후자는 고발 양식—다루고 있는 내용에 관해서는 매우 유사한 점을 드러내 보이고 있다. C 단락은 심판을 행하시는 하나님에 대한 묘사와 그분의 위엄에 대한 찬미를 담고 있으며(암 5:8), 특히 그분의 심판의 대상으로서 인간의 자만과 교만의 상징인 "요새"와 "산성"(암 5:9)을 지적하는 반면에, C′는 압제와 불의를 이스라엘의 구체적인 죄로 지목하면서(암 5:11a), 특히 그러한 불의와 압제를 통해 얻는 이익으로 세워진 "견고한 집"과 "포도원"에 대해 언급한다(암 5:11b). 창조세계와 역사세계의 주인되신 하나님께서 (암 5:8) 이스라엘 사회에서 벌어지는 각종 불의와 악행들의 중대함을 "아시고"(יָדַע, 야다, 암 5:12a) 반드시 심판하시겠다는 것이다.

이제 나머지 세 가지 "묵시적 고발문"(implicit indictment)을 살펴보자. 이들 세 가지 고발문은 언어학적으로 모두 3인칭 남성 복수형을 사용하고 있다는 공통점을 지니고 있다. 첫 번째 고발문(I)에는 두 개의 분사가 사용되고 있는데("변하게 하다", "던지다"), 5:2-3이 "애곡"(키나)의 기조음을 놓고 있다는 사실을 고려해보면, 그리고 히브리어로 그러한 애곡을 인도하는 불변사가 "아이고!"에 해당하는 단어(הוֹי, 호이)임을 기억한다면, 그리고 히브리어 영탄사 "호이" 다음에는 항상 분사형이 사용되면서 그 분사형의 동사를 통해 죽은 자의 비행과 잘못들을 묘사하고 있다는 사실을 기억한다면,[7] 첫 번째 고발문(암 5:7)에 사용되고 있는 두 개의 분사 앞에는 아마도 "호이"라는 영탄사(애곡사, Mourning Cry, Leichenklageruf)가 생략되지 않았을까 하는 추측이 가능하다. "아이고! 공법을 쓰디쓴 독초로 변하게 하는 자들이여!, 아이고! 정의를 땅바닥에 던지는 자들이여!"[8]

두 번째 고발문(II)은 정동사 두 개를 사용한 내향적 평행법(inverted parallelism)을 통해 이스라엘의 죄악상을 드러낸다(암 5:10).

사람들이 미워한다(שָׂנְאוּ).   성문에서 책망하는 자들을, (동사 + 부사구 + 목적어) A - B
정직하게 말하는 자들을   사람들이 싫어한다(יְתָעֵבוּ).   (목적어 + 부사구 + 동사) B´ - A´

한편, 마지막 세 번째 고발문(III)은 두 개의 분사("압박하다"[צֹרְרֵי], "취하다"[לֹקְחֵי])와 한 개의 정동사("압제하다"[נָטָה])를 사용하면서(암 5:12b) 이스라엘의 죄악과 사회적 불의를 강조하고 폭로한다. 다음과 같은 번역은 이러한 구문론적 관계를 통한 의미를 잘 드러내 보여준다.

의인을 짓누르는 자, 뇌물을 갈취하는 자들아! 바로 그들이 성문에서 가난한 자들을 압제하도다.

---

7   영탄사 "아이고"(הוֹי, 호이)에 관한 연구로는 류호준, "구약성서의 '호이'-부르짖음", 『하나님의 말씀은 영원히 서리라: 주토 최의원 박사 신학교육 40년 기념논문집』(서울: 크리스챤다이제스트, 1997), 138-57을 참조하라.

8   예. Ludwig Markert, *Struktur und Bezeichnung des Scheltworts: Eine gattungskritische Studie anhand des Amosbuches*, BZAW 140 (Berlin, New York: Walter de Gruyter, 1977), 140-43; K. Koch, et al., *Amos: Untersucht mit den Methoden einer strukturalen Formgeschichte*, AOAT 30 (Neukirchen-Vluyn: Neukirchener Verlag, 1976), 109-10; F. I. Andersen & D. N. Freedman, *Amos*, AB (Garden City: Doubleday, 1980), 462-65.

위의 번역문이 보여주듯이, 첫 번째 두 개의 분사는 묵시적 고발(I)에 등장하는 두 개의 분사처럼 애곡사 "아이고!"(호이)를 삽입해서 읽을 것을 제안한다. 그렇다면 우리는 세 개의 묵시적 고발문을 연속적으로 읽어내려가면서 일정한 구문론(두 개의 분사 구문 - 두 개의 정동사 구문 - 두 개의 분사 구문 - 한 개의 정동사 구문)을 통한 의미의 강화를 발견하게 된다.

> [아이고!] 공법을 쓰디쓴 독초로 변하게 하는 자, 정의를 땅바닥에 던지는 자들아!(두 개의 분사)
>> 그들이 성문에서 책망하는 자들을 미워하며, 정직하게 말하는 자들을 싫어하도다(두 개의 분사).
> [아이고!] 의인을 짓누르는 자, 뇌물을 갈취하는 자들아!(두 개의 분사)
>> 바로 그들이 성문에서 가난한 자들을 압제하도다(한 개의 정동사).

예언자 아모스는 이러한 시대를 가리켜 "악한 때"(문자적 번역은 "사악의 때")라고 부른다. 그들은 "악한 때"가 하나님의 "심판의 때"를 불러들이고 있다는 사실을 모르고 있다.

우리의 본문 해석은 앞서 제시한 구조 분석을 중심으로 진행하고자 한다. 먼저 이스라엘을 향한 애곡을 담고 있는 A와 A′를 살피고, 그다음으로 임박한 심판 가운데서 피할 수 있는 길을 제시하는 B와 B′를 살핀 다음, 이스라엘이 죽음에 처할 수밖에 없게 된 이유들을 고발 형식의 논조를 통해 제시하는 세 개의 묵시적 고발문(암 5:7, 10, 12b-13)과 C를 조사할 것이다. 마지막으로 소위 야웨 찬미시 단편으로 알려진 C′를 살피면서 그것이 현재의 본문 위치에서 어떠한 기능을 하는가를 살필 것이다.

A. 아이고! 처녀 이스라엘이여(암 5:1-3)

5:1   이스라엘 족속아, 내가 너희에게 대하여 애가로 지은 이 말을 들으라.

2   "처녀 이스라엘이 엎드러졌음이여

        다시 일어나지 못하리로다.

    자기 땅에 던지움이여

        일으킬 자 없으리로다."

3   주 야웨께서 이스라엘 민족에게 말씀하신다:

    "천 명이 나가던 성읍에는

        백 명만 남고

    백 명이 나가던 성읍에는

        열 명만 남으리라."

아모스 4:12에서 이스라엘이 만나기를 기대해야만 했던 "하나님의 오심"은 곧 이스라엘의 죽음을 의미했다. 하늘과 땅을 지으신 전능하신 창조주 하나님, 그러나 자신의 창조를 뒤집어엎듯이 아침을 어둠으로 변하게 하는 무서운 하나님의 오심(신의 현현)은 이스라엘에게는 곧 파멸을 의미한다. 그분이 오시는 날은 "야웨의 날"이다. 그날은 대중적 신학이 주장하고, 직업적인 예언자들이 전파했던 그런 행운의 날이 아니다(암 5:18ff.). 하나님이 심판주로서 파멸과 재앙을 가지고 오시는 소리를 들었던 예언자 아모스는 이제 애곡하지 않을 수 없었다. "이스라엘 족속아, 이 말을 들으라. 아니 너에 대해 곡하는 이 "애곡 소리"(קִינָה)를 들어보라"(암 5:1). 멀쩡하게 살아 있는 사람을 앞에 놓고 그를 위해 애곡한다는 것은 매우 충격적인 일이 아닐 수 없다. 아모스는 처녀 이스라엘의 시신을 앞에 두고 그녀를 위해 만가/애가(輓歌/哀歌, dirge, lament, mourning song)를 부르고 있다.[9] 그는 때아닌 장례식을 거행하고 있는 것이다. 한창 때, 아직 꽃도 피기 전에 처녀가 쓰러져 죽었다는 것이다. 이스라엘의 경제적 번성, 정치적 활력과 군사적 힘이 아직도 한창일 때 갑작스럽게 몰락하게 된다는 것이다. 누가 알았으리요! 그들이 믿고 있었던 것은 단지 환영(幻影)에 지나지 않았던 것들이었다. 사실 그렇지 않은가? 젊음과 미모를 자랑하는 자, 쌓아놓은 재물과 명예를 신뢰하는 자, 권세와 학식을 의지하는 자, 그들은 그것들이 자신의 미래와 운명을 보장할 수 있다고 믿는 한, 언제라도 하나님께서 그들의 생명을 불러가실 수 있다는 사실을 기억해야 할 것이다. 생사화복(生死禍福)의 주관자가 누구인가? 이스라엘은 자신의 인생이 절정에 이르렀을 때 하나님께서 그들을 불러가실 수 있다는 사실을 인식하지 못했던 것이다. "처녀 이스라엘"이 비통하게도 젊은 나이에 세상을 떠난 것이다. 그것도 잔인하게 유린된 상태로 말이다.[10]

이스라엘은 자신의 장례식에 초청받아 애곡하도록 권함을 받고 있다. 예언자 아모스가 이스라엘의 미래의 멸망을 마치 이미 이루진 것처럼 말하는 것은 청중들에게 혼란스런 충격을 주었음에 틀림없다.[11] 추측하건대 예언자 아모스는 이스라엘 백성들이 종교적 축제일에 성소에 모였을 때 이러한 애곡의 메시지를 소리 높여 외쳤을 가능성이 높다. 우리가 이스라엘 백성들이 종교적 축제일들에 야웨 하나님의 보호하심을 즐거워하며 함께 모여 축하의 공동 식사를 했다는 사실을 기억한다면 아모스의 애곡은

---

9   "애곡"(קִינָה, "키나")은 가족, 친척, 친구의 죽음을 애도해 부르는 곡소리다. 히브리 시의 박자 (meter)에도—박자가 있다면—"키나 박자"(qînāh meter)라는 것이 있다. 보통 하나의 시행이 3＋2 박자로 구성되어 있다. 가장 감동적이고 목이 메는 애곡이 있다면 삼하 1:17-27에 기록된 사울과 요나단을 위한 다윗의 애곡일 것이다.

10   국가 이스라엘을 "처녀 이스라엘"로 의인화한 예는 성경에서 이곳이 처음이다.

11   E. Sellin & G. Fohrer, *Introduction to the Old Testament* (Nashville: Abingdon, 1968), 276.

매우 충격적인 외침임에 틀림없다. 축제일은 얼마나 즐거운 절기인가! 그것은 예배, 찬양과 춤, 노래와 식사, 포도주와 교제가 풍성한 절기가 아닌가? 그러나 예언자 아모스는 이런 기회를 사용해 "너희 하나님 만나기를 준비하라!"는 일성(一声)으로 그의 메시지를 시작했고, 이러한 만남이 결국 이스라엘의 장례식을 위한 계기가 될 것이라고 선언했다. 축제일에 얼마나 날벼락과 같은 폭탄 선언인가![12]

이스라엘은 자신도 모르는 사이에 자신의 부음(訃音) 소식을 접한 것이다. 이 얼마나 충격적인 사건인가! 전쟁터에서 적군에 의해 처절하게 유린당한 처녀가 이제는 시체로 길거리에 던져진 것처럼, 처녀 이스라엘의 형편이 그럴 것이라는 선언인 것이다. 이러한 은유는 훗날 예레미야에게서도 발견된다. 그 역시 몰락해가는 남유다를 향해 눈물로 호소하면서 하나님의 언약으로 돌아오라고 권고한다. 그리고 그는 그들이 듣지 아니할 경우 임하게 될 하나님의 심판을 "처녀-예루살렘" 은유를 통해 적나라하게 묘사한다.

> 내가 소리를 들은즉 여인의 해산하는 소리 같고 초산하는 자의 고통하는 소리 같으니, 이는 딸 시온의 소리라. 그녀가 숨을 헐떡이며 그 손을 쭉 펼치면서 "아이고! 나에게 화로다(הוי, 호이)! 살해하는 자 앞에서 내가 정신을 잃어가는구나" 하는도다(렘 4:31).

그렇다! 하나님의 심판은 집요하고 철저할 것이다. 번성하던 도시가 초토화되어 인적이 끊길 것이며, 이방 나라들은 마음대로 하나님의 백성을 유린할 것이다(암 5:3). 그 성중에는 통곡만, 그 도시에는 죽음의 그림자만

---

12   Hammershaimb, *The Book of Amos,* 76; Rudolph, KAT, 187.

깃들이게 될 것이다. 그분의 심판은 언약의 파기로 인해 이스라엘이 자초하게 된, 토라의 요구를 짓밟아버린 이스라엘이 불러들인 "언약적 저주"였던 것이다. "아이고! 처녀 이스라엘이여, 이제는 너를 위해 애곡할 사람마저도 없게 되었구나!" 그러나 불행하게도 기존의 관료 체제 안에서 이 통곡을 들을 수 있는 사람들은 없었다. 그들의 귀와 눈은 이미 닫히고 감긴 지가 오래되었다. 아니, 왕정에 의해 시행되던 죽음의 정치 행위를 인정하는 사람이 아무도 없었다. 설령 있었다 하더라도 이미 기득권을 행사하던 사람들에 의해 철저히 부인되었다. 이보다 더 불행한 사회가 어디 있을 것인가!

A'. 아이고! 아이고! 야웨의 날이로다(암 5:16-17)

> 5:16 그러므로 주 만군의 하나님 야웨께서 말씀하신다.
> "사람이 모든 광장에서 울겠고,
>> 모든 거리에서 '아이고! 아이고!' 하겠으며
> 농부를 불러다가 애곡하게 하며
>> 울음꾼을 불러다가 울게 할 것이며
> 17 모든 포도원에서도 울리니.
>> 이는 내가 너희 가운데로 지나갈 것임이니라."
>
>> – 이는 야웨의 말씀이니라. –

아래의 B와 B'에 대한 해설과 묵시적 고발문들에 대한 해설에서 분명하게 드러나듯이, 이스라엘의 멸망은 크게 두 가지 측면에서 그 원인을 살펴볼 수 있다. 하나는 종교적 측면이고 또 다른 하나는 소위 세속적 측면, 즉 사회적 측면이다. 물론 많은 그리스도인이 이 두 가지 측면을 서로 연결시켜 생각하지 않는 단견과 어리석음을 보여주지만, 우리는 이 두 가지 측면 ("성"과 "속"이라고 편의상 부르는 영역들)이 예언자들의 신학 세계 안에서 매우 밀접하게 연결되어 있다는 사실을 명심해야 한다.

종교/제의 안에서 스스로 만족하며 잘못된 안전 의식을 갖고 있었던 이스라엘을 향해 애곡의 날이 점점 다가오기 시작한다(B와 B′). 약자를 압제하고 불의한 돈으로 치부해 향락을 일삼던 사마리아에 통곡의 때가 가까이 다가오기 시작한다(묵시적[implicit] 고발문들). 그러나 불행하게도 그날이 다가오고 있다는 사실을 아는 사람은 이스라엘 안에 아무도 없었다. 사람들은 한결같이 좌우로 치우쳤으며 그 누구도 올바른 방향 감각을 지니고 있지 못했다. 지위나 권세가 큰 자부터 작은 자에 이르기까지 모두 불치의 영적 불감증에 걸려 있었다. 이스라엘은 심하게 병든 민족이었다. 이제는 육체적 목숨들만이 이스라엘의 거리를 배회하고 있어서 이미 죽음의 악취가 사회 구석구석에서 진동하기 시작했다. 대규모의 민족 장례식을 치러야 할 비운의 날이 다가오기 시작한 것이다. "그러므로"(לָכֵן, 라켄)로 시작하는 하나님의 심판 선언은 자유분방하던 도시에 통곡이, 평화롭던 마을에 애곡의 부르짖음이 퍼지게 될 날이 임박한 것을 알리고 있다.[13] 풍년가를 부르던 논두렁에 상여가 지나갈 것이고, 추수의 축배를 들던 포도원에는 피를 토하는 절규가 자지러질 것이다. 역설적인 것은 압제당하던 소작 농민들이 지주들의 시체를 묻도록 요청을 받게 된다는 점과 천대의 대상이었던 포도원의 일일 노동자가 포도원 주인의 장례식에서 애곡하도록 청함을 받게 된다는 점이다. 그러나 너무나도 많은 장례식이 동시다발적으로 사방에서 열리자 사람들은 전문적인 울음꾼을 불러와야 할 지경

---

13 "라켄"(그러므로)이라는 접속사는 종종 심판 선언문을 인도한다(암 3:11; 4:12; 5:11; 6:7; 7:17).

이 되었다.[14]

왜 이 지경이 되었는가? 당신들은 그 이유를 아는가? 이제 전능자 하나님, 정의로우신 야웨가 분명한 어조로 말씀하신다. 이렇게 된 이유는 "내가 너희 가운데로 지나갈 것이기 때문이다"(암 5:17). 우리는 민족적 재앙 앞에서 이스라엘을 생각해보아야 한다. 민족적 재앙이 전쟁을 통한 재앙인지, 아니면 자연적 재해든지, 아니면 농산물의 흉년 때문인지는 상관없다! 만일 당신들이 민족적 재앙에 대해 인간적인 계산과 파악으로만 마친다면 이것보다 더 큰 불행은 없을 것이다. 예언자 아모스는 단호하게 민족적 재난에 대한 신학적 이유를 선언한다. "하나님께서 너희 가운데로 지나가시기 때문이다!" "하나님의 방문"은 곧 하나님의 심판을 의미했다. 죽음의 사자가 이스라엘 방방곡곡을 지나갈 때 각처에서 "아이고! 아이고!" 하는 비탄의 부르짖음이 들릴 것이다. "하나님을 만나기를 준비하라"(암 4:12b)던 아모스의 경고가 이제 친히 야웨의 음성으로 변한다. "내가 너희 가운데로 지나갈 것이라"(참조. 암 7:8; 8:2). 이스라엘은 그녀의 구원사를 통해 하나님의 "지나가심"(유월, Passover)이 곧 구원을 의미한다는 사실을 너무나도 잘 알고 있었다(출 12:12, 23). 그러나 이번은 전혀 다른 하나님의 "지나가심"이다. 하나님의 "유월"이 곧 죽음을 의미하게 된 것이다. 그 날은 곧 야웨의 날이다. 이렇게 해서 우리는 아모스서의 중심 주제 중 하나에 도착한다. 다시 말해서 암 5:18ff.안에 가장 명료하게 들어 있는 "야웨의 날"[15]에 관한 논의에 접어들게 된 것이다.

14　전문적인 울음꾼들은 고대 근동 지방뿐만 아니라 우리나라를 포함한 동양 문화권에도 있다. 성경에도 이러한 울음꾼에 대해 언급하고 있다. 전문적으로 곡하는 남자(전 12:5; 대하 35:25)와 곡하는 여자(렘 9:16-17; 겔 8:140 32:16)가 있었다.

15　구약의 예언서 안에 "야웨의 날"에 관한 본문들이 산재해 있다. 사 2:12; 13:6, 9; 22:5; 34:8; 렘 46:10; 겔 7:19; 13:5; 30:3; 욜 1:15; 2:1,11; 2:31; 3:14; 옵 1:15; 습 1:7,14-18; 슥 14:1; 말 4:5. 참조. 애 2:22.

B. 종교 예식이 무슨 소용이 있는가! 찾을 분을 찾아야지!(암 5:4-6)

5:4　야웨께서 이스라엘 민족에게 말씀하신다.

"너희는 나를 찾으라,

그리하면 살리라.

5　벧엘을 찾지 말며

길갈로 들어가지 말며

브엘세바로도 나아가지 말라.

길갈은 정녕 사로잡히겠고

벧엘은 허무하게 될 것임이라."

6　너희는 야웨를 찾으라,

그리하면 살리라.

그렇지 않으면 그가 불같이 요셉의 집을 멸하시리니,

벧엘에서 그 불들을 끌 자가 없을까 한다.

본 단락은 "야웨를 찾으라"는 두 개의 반복적인 권고문을 중심으로 직전 (암 5:1-3)의 애곡 단락과 극적인 대조를 이룬다. 그것은 "생명"과 "죽음"의 대칭이다. 동시에 본 단락은 내부적으로 중앙 집중형 대칭 구조를 형성하고 있다.[16]

a 너희는 나를 찾으라, 그리하면 살리라(암 5:4).

b 너희는 벧엘을 찾지 말라(5:5).

c 너희는 길갈로 가지 말라(5:5).

16　Paul, *Amos,* 158; Waard & Smalley, *A Translator's Handbook on the Book of Amos,* 196.

d 너희는 브엘세바로 건너가지 말라(5:5).

c′ 길갈은 정녕 사로잡히겠고(5:5),

b′ 벧엘은 허무하게 될 것임이라(5:5).

a′ 너희는 야웨를 찾으라, 그리하면 살리라(5:6).

이상의 구조가 보여주듯이, 본문은 야웨를 찾는 일과 성소를 찾는 일을 대조적으로 놓고 있을 뿐만 아니라 성소가 곧 하나님의 임재 장소라는 잘못된 신학을 배격한다. 또한 구조의 중심 부분에 브엘세바에 대한 언급을 위치시킴으로써 북이스라엘 성소(벧엘과 길갈)가 아닌 남유다의 성소까지 찾아가는 종교적 열심이 야웨를 찾는 것과는 전혀 관계가 없는 일이라는 점을 극명하게 보여준다. 이스라엘은 자신의 잘못된 신학과 그릇된 신앙적 열정에서 벗어나야 할 것이다. 하나님을 찾아야 한다. 그리고 그분이 누구이신지, 무엇을 원하시는지를 알아야만 한다. 호세아가 자기의 민족을 향해 애절하게 부르짖었던 것처럼 이스라엘이 하나님을 아는 지식이 없어 망한다고 탄식하지 않았던가! 하나님이 누구신지, 어떤 분이신지, 그분이 무엇을 좋아하시는지를 배우고 실행하는 것이 그분의 백성들의 마땅한 본분이 아닌가? 종교적 센터들—교회든지, 신학교든지, 총회든지—은 하나님에 대해 가르쳐주는 곳이 아닌가? 우리는 종교적 전통을 고집하고, 형식에 집착하며, 기관 운영과 직책에만 신경을 쓰는 교회와 성소라면 그곳은 생명의 하나님과는 전혀 관계가 없다는 사실을 기억해야만 할 것이다.

아모스 4:4에 등장한 벧엘과 길갈에 대한 언급이 다시금 본 단락에서 반복된다. 북이스라엘의 대표적 성소로 알려진 곳, 벧엘과 길갈, 그곳은 이스라엘이 자신의 안녕과 안전을 보장받을 수 있다고 생각했던 성스러운 곳이었다. 이스라엘 백성은 그곳을 찾기만 하면 불확실한 미래가 보장되고, 그곳에서 기도만 드리면 어려운 난국을 타개해나갈 수 있다고 믿었다. 아니, 그들의 종교적 지도자들이 그렇게 믿도록 조작하고 가르쳤다. 대중들은 어리석게도 그러한 잘못된 신학에 중독되었고, 본질보다 형식을 추구하게 되었다. 종교는 이제 우상숭배가 된 것이다. 그것은 자기들이 원하는 "하나님들"을 만들어놓고 숭배하는 배도의 소굴이 된 것이다. 예배란 무엇인가? 살아 계신 하나님을 만나는 일이 아니던가! 그분의 위엄과 거룩성 앞에 전율하며, 자신들의 죄와 악행들을 회개하는 것이 아닌가? 진정한 구원이 살아 계신 하나님으로부터 온다는 것을 고백하는 행위가 아닌가? 거룩한 하나님이 떠나버린 벧엘은 더 이상 "하나님의 집"(벧엘)이 아니었고, 그들이 찾아간 길갈은 돌로 지은 건축물에 불과했다. 심지어 북이스라엘 백성 중 어떤 이들의 종교적 열심은 그들로 하여금 국경을 넘어 남방 유다 지방에 있는 또 다른 성소인 브엘세바까지 종교적 순례를 하도록 했다(참조. 암 8:14).[17] 그러나 우리는 기억해야 할 것이다. 인간이 자기 욕심을 따라 조작하는 그 어떠한 종교 센터들도 더 이상 그들에게 구원을 제공하지 못한다는 사실을.

그렇다. 성지를 순례한다고 해서 당신들의 신앙이 깊어지는가? 종교적 절기들을 잘 지킨다고 해서 구원이 주어지는가? 십일조를 잘 바친다고 해서 생명을 얻을 수 있는가? 성수주일 한다고 해서 하나님의 심판을 면할 수 있을 것인가? 천만의 말씀이로소이다! "길갈은 잡혀갈 것이고,[18] 벧엘은 허무하게 될 것이다."[19] 자! 들으시오, 야웨 하나님을 찾으시오, 그래야

---

17 브엘세바는 이스라엘의 족장들(특히 아브라함, 이삭)을 기념한 성소들이 있었던 것으로 추정된다. 창 21:14, 32-33; 22:19; 26:23-25,31-33; 28:10; 46:1을 보라. 브엘세바와 관련된 전승에 관해서는 다음을 보라. W. Zimmerli, *Geschichte und Tradition von Beersheba im Alten Testament* (Giessen: Töpelmann, 1932).

18 "길갈은 사로잡힐 것이라"는 히브리어 문장을 한글 음역으로 기록해보면 "하길갈 갈로 이글레"(*haggilgāl gālōh yigleh*)다. 보다시피, 소리와 단어를 통한 유희가 돋보인다. "포로 형벌"은 아모스서의 반복되는 주제다(암 4:2-3; 5:27; 6:7; 7:11,17).

19 벧엘의 별명은 "벧아웬"이며, 그 뜻은 "우상의 집", "헛된 것의 집"이다(참조. 호 4:15, 5:8,

제2부 예언자의 불타는 메시지

만 살 것이다.

우리는 바로 이 시점에서 아모스가 하나님의 "절대적 '아니오'" (absolute No!)만을 외친 재앙과 불행의 예언자(prophet of doom)였다는 주장에 대해 이의를 제기해야 할 것이다. 물론 우리가 지금까지 보아왔듯이 예언자 아모스는 예언자 중 가장 음산한 예언자로 알려져 있다. 그는 하나님의 철저한 심판을 지속적으로 외쳐왔다. 그리고 본 장의 초반부(암 5:1-3)에서도 처녀 이스라엘의 몰락을 장례적으로 선언한다. 그러나 이러한 절대적 심판 선고의 와중에서도 그는 실낱같은 희망의 빛줄기를 암시하는 일을 잊지 않고 있다. "야웨를 찾으라, 그리하면 살리라!"(암 5:6) 이 말은 어떤 이들이 생각하듯이, 예언자가 역설적으로 말하고 있는 것이 아니다. 즉 "야웨를 찾아보아라, 그러면 살 것이다. 그런데 너희는 야웨를 찾지 않았다. 그러므로 살 수도 없을 것이다!"[20] 그렇다고 종교 지도자들이나 정치 지도자들에 의해 어리석게 조종당하는 불쌍한 이스라엘 대중들을 향한 권고도 아니다.[21] 예언자 아모스는 하나님을 대신해 진지하고 심각하게 이스라엘에게 살 기회를 제시하고 있다. 야웨 하나님을 찾으라는 것이다. 잘못된 종교와 신학의 굴레에서 벗어나 참 하나님을 진정으로 추구하라는 것이다. 그는 엄중한 심판 선언의 메신저로 부르심을 받았지만, 동시에 자식을 향한 하나님 아버지의 대변자로도 보내심을 받았다.

여기서 우리는 분명 "심판 선언"과 "심판 선언의 목적"을 조심스럽게 구별해야 한다고 지적한 시드니 그레이다누스(Sidney Greidanus)의 충고에

10:5). 그렇다면 "하나님의 집"(벧엘)이라 불린 바로 그곳이 실상은 "허무의 집", "우상의 집"(벧아웬)이라는 냉소가 깔려 있다.

20 예. Weiser, *Die Profetie des Amos,* 190-92; T. M. Raitt, "The Prophetic Summons to Repentance," *ZAW* 83 (1971): 30-49, esp. 35 n. 16.

21 A. Alt, *Kleine Schriften zur Geschichte des Volkes Israel,* 3 Vols. (München: Beck, 1953-59), 2:269.

귀를 기울일 필요가 있다. "심판 선언의 메시지는 임박한 재앙이다. 그러나 그 '목적'은 이스라엘로 하여금 회개에 이르게 하여 메시지의 바로 그 내용 자체를 취소시키는 것이다."[22] 그러나 이것만으로 충분하지 않다. 결정된 하나님의 심판이 이스라엘의 회개를 통해서 취소되거나 유산될 수 있다고 주장하는 것은 아모스의 외침의 힘과 기조의 빛 아래서 볼 때 너무도 약하다. 오히려 우리는 다음과 같이 말하는 편이 나을 것이다. 이스라엘의 죄악들이 너무나도 중대해서 하나님의 심판은 절대 불변의 사실이 되었다. 그 누구도 하나님의 엄청난 결심을 번복할 수 없게 되었다. 예언자의 중보도 힘을 상실할 만큼(예. 암 7:1-9) 이스라엘의 죄악들은 하늘을 찔렀다. 그러므로 하나님의 심각한 재앙 심판은 피치 못할 이스라엘의 운명이 된 것이다. 따라서 다가오는 심판을 번복시키거나 취소시킬 수 없다는 것이 예언자의 외침이었다.

그러나 여기서 그의 외침이 끝난 것이 아니다. 놀랍게도 그는 그러한 전대미문(前代未聞)의 심판 속에서도 "살아남을 수 있는 길"을 제시하고 있기 때문이다. 물론 이러한 희망의 빛은 너무나도 희미해서 인간으로서는 도저히 기대를 할 수 없어 보인다. 그럼에도 아모스서 안의 심판 속에서도 피할 수 있는 길이 제공되고 있다는 것은 커다란 충격이 아닐 수 없다. 통시적 방법론을 사용하면서 아모스서의 여러 부분들을 후대의 편집자의 작품으로 돌리는 메이스마저도 이 사실을 놀라움 속에서 잘 설명하고 있다. 5:6에 관한 그의 주석을 보자.

야웨의 진노의 폭발을 임박한 "가능성"이라고 경고하고 있는 본문[암 5:6]은

---

22 Sidney Greidanus, *The Modern Preacher and the Ancient Text*, 235. 또한, Ryou, *Zephaniah's Oracles Against the Nations*, 331-35.

하나님의 심판을 거두어들일 수 없는 신의 칙령으로 선언했던 아모스의 일반적인 입장과는 매우 대조적이다. 아모스서의 네 곳의 권고문(암 5:4, 6, 14f., 그리고 5:24의 단축형)은 심판과 죽음에 대한 대안을 분명히 제시하고 있다. 권면은 아모스의 예언 중에 난외적 요소이긴 하지만, 그러나 그것[권면]은 아모스서 안에 들어 있으며, 그 교훈을 순종할 이스라엘인들에게 대안을 제시하고 있다. 야웨께로 나가는 길이 죽음으로부터 피하는 길이기 때문이다!…아마도 이 둘[절대적 심판과 구원의 가능성] 사이에는 그 어떠한 논리적 일관성도 없을지 모른다. 그러나 이 권고/권면들은 야웨가 심지어 자신의 백성이 마땅히 죽음의 선고에 해당한다고 여기는 상황 안에서도 자기 백성의 생명으로 남아 계신다는 것을 증거하고 있다.[23]

하나님께서는 인간의 가장 비참한 순간에도 구원을 베풀 수 있는 능력의 신임을 보여주시는 것이다. 하나님의 은총이야말로 인간의 불행과 재앙의 밑바탕에서도 새로운 삶과 구원을 가능케 하는 능력이 된다는 말이다. 동시에 이러한 "소망 제공"의 약속은 진노 중에서라도 긍휼을 잊지 않고 인내하신 아버지 하나님의 자식 사랑의 마음이 아니고 무엇이겠는가!

B′. 악을 버리고 선을 추구하라, 그것이 생명의 길이로다(암 5:14-15)

5:14 너희는 살기 위하여 선을 추구하고
       악을 추구하지 말지어다.
       만군의 하나님 야웨께서 너희의 말과 같이 너희와 함께하시리라.
15   너희는 악을 미워하고 선을 사랑하며,

---

23   Mays, *Amos*, 89-90.

성문에서 공의를 세울지어다.

만군의 하나님 야웨께서 혹시 요셉의 남은 자를 긍휼이 여기시리라.

앞서의 본문 구조 연구에서 보았듯이, 야웨를 찾으라는 첫 번째 권고 단락 (B)은 다시금 몇 절 후에 나오는 두 번째 권고 단락(B′)에서 계속된다. 곧 "착함"(טוֹב, 토브)을 추구하라는 권면이다. 앞에서는 "야웨를 찾으라"(암 5:4, 6)고 권고한 아모스는 이번에는 "선"을 추구하라고 권면한다. 그는 이 것만이 사는 길이라고 외친다. 예언자는 야웨를 찾는 것의 진정한 의미는 선을 추구하는 것이라고 말한다. 종교와 윤리, 신앙과 도덕은 함께 가는 것 이라고 말하는 것이다. 교회에 열심히 다니면서도 비윤리적인 사업이나 생활을 계속할 수 있다고 생각하는 사람은 종교인이며, 교회라는 단체의 충성스런 일원은 될 수 있어도 하나님과는 상관이 없는 자들이다. 신앙은 구체적인 삶으로 열매를 맺어야 한다. 하나님 사랑이 이웃 사랑으로 표현 되기 전까지는 진정한 하나님 사랑이 아니다. 교회는 교회와 세상이라는 이원론적 사고방식을 깨뜨리고, 하나님의 주 되심과 왕권 사상을 널리 선 포해야 할 것이다. 부모를 공경하지 못하는 자가 하나님을 섬긴다고 교회 일에 몰두하는 것은 죄악이다. 이웃의 불행에 대해 무관심하면서도 십일 조를 잘 드린다고 칭찬받는다면 그는 거지 나사로의 비유에 나오는 어리 석은 부자와 같은 이다. 하나님을 진정으로 섬기는 예배란 경건하게 사는 것이자, 도덕적 뒷받침이 있는 삶을 사는 일이다.

무엇이 "선"인가? 예언자는 이스라엘 백성을 향해 구체적으로 말한 다. 이스라엘의 성문에 "공의/공법"(מִשְׁפָּט, 미슈파트)을 회복하는 것이 선 이라고 규정한다.[24] 뇌물을 받고 판결을 굽게 하는 일, 부당한 처우를 받고

---

24 이스라엘의 성문에서 종종 "법정"(court)이 개정되곤 했다(예. 신 21:19-20; 22:15; 25:7; 욥

도 호소할 곳이 없는 약자들의 자괴감, 억울한 일을 당해도 눈물로 밤을 지새울 수밖에 없는 고아와 과부들의 처절한 무력감, 온갖 신체적 폭력과 정신적 압박 속에서 비천한 삶을 영위해야 하는 연약한 자들, 돈이 없어 정당한 재판을 기대할 수 없는 가난한 자들의 한숨 등은 이스라엘 사회에서 정의와 공법이 어느 수준이었는가를 반영해주는 예들이었다. 하나님의 다스림이 전혀 반영되지 않는 곳에, 야웨의 정의가 시행되지 않는 곳에 "진정한 삶"(authentic life)이 가능할 수 없는 법이다. 이스라엘의 "성문"은 사람이 사람으로서 대접받는 사회, 하나님의 형상으로 지음 받은 인간이 "왕관을 쓴 존재"(시 8장)로 인정받는 사회를 유지하기 위해 그 존재 가치가 있었던 것이 아닌가!

적극적으로 선을 행하고 정의가 중단되지 않도록 힘쓰는 것만이 이스라엘이 자신에게 임박한 극렬한 심판의 때에 살아남을 수 있는 길이며, "야웨의 날"에 피신해 구원을 얻을 수 있는 방법이다. 선언된 심판을 전적으로 유산시키지는 않는다 하더라도, 적어도 "그날"이 그들 위로 넘어갈 수(유월) 있도록 할 수는 있기 때문이다. "선을 추구하고 악을 미워하라"는 권면에 진심으로 응답해 순종하게 되면, 하나님께서 그처럼 순종하는 자들에게만 "혹시" 구원을 제공하실지도 모른다는 것이 아모스의 제안이다. 아모스의 유명한 "혹시"(אוּלַי, 울라이, 암 5:15b, 참조. 습 2:3)[25]는 암울한 심판 선언 속에 한줄기 희망의 광선처럼 드리운다. 다시금 우리는 진노 중에서라도 자식을 돌이키시려는 단장(斷腸)의 부성적(父性的) 권면의 소리를 듣게 된다.

"하나님이 우리와 함께하실 것이다"(암 5:14)라는 문구는 이스라엘 백

29:7; 잠 24:7; 룻 4:1, 10f.; 삼하 15:2; 18:4; 19:8; 시 127:5; 암 5:12, 15).

25 "혹시"(אוּלַי)라는 단어는 구약에 모두 45번 등장한다. 이 단어가 지니고 있는 희망적인 뉘앙스는 소돔과 고모라를 위한 아브라함의 중보 기도문 안에 발견되는 "6번에 걸친 일련의 '혹시 문장'(perhaps sentence)"에서 잘 드러난다(창 18:24-32).

성들이 종종 벧엘에서, 길갈에서, 자신들의 성소에서 부르짖었던 구호이기도 했다. 그들은 제의와 종교 행위를 통해 하나님의 구원이 보장된다고 어리석게 믿었던 자들이었다. 아니 그렇게 잘못 인도되었고 교육받았으며, 조작되었던 백성들이기도 했다. 그러나 예언자 아모스는 말한다. 성전이 "하나님의 함께하심"과 "하나님의 구원"을 자동적으로 보장하지 않는다! 당신들이 그렇게도 입에 담아 외우고 외쳐댔던 "선택 신앙"의 구호인 "하나님이 우리와 함께하실 것이다"라는 기도는 당신들이 선을 추구하고 악을 증오할 때만 실현될 수 있다!

그렇다. 하나님의 선택은 우리에게 자동적인 구원을 보장하는 열쇠가 아니다. 오히려 그것은 우리에게 언약적 의무들을 요구하며, 겸손히 그분의 뜻을 추구하기를 요청한다. 아모스와 함께 같은 세기를 살았던 한 예언자는 이 점을 다음과 같이 표현한다.

> 사람아, 주께서 선한 것이 무엇임을 네게 보이셨다. 야웨께서 네게 요구하는 것이 오직 정의롭게 행동하고 변함없는 사랑(헤세드)을 사랑하며 겸손히 네 하나님과 함께 동행하는 것이 아니더냐!"(미 6:8)

다시금 우리는 아모스의 "혹시"에 귀를 기울일 필요가 있다. 하나님의 최후 통첩에 귀를 기울이고 그 행위를 고친 사람들은 "야웨의 날" 속에서도 보호함을 받아 "요셉의 남은 자"가 될 것이다. 더욱이 그들이 그러한 엄청난 재난과 심판의 날 속에서도 살아남아 있다는 것 자체가 하나님의 살아 계신 은총의 표지가 될 것이다. 눈물겨운 그들의 "남아 있음" 자체 속에 새로운 미래와 생명이 태동하고 있기 때문이다. 지진이 지나간 곳에 솟구치는 샘물과 폭풍이 스쳐간 곳에 움트는 새싹은 은총의 살아 있는 실체들이 아닐 수 없기 때문이다.

그러나 우리는 잊지 말아야 할 것이다. 우리가 선을 행한다 하더라도 얼마나 하겠으며, 공의를 행한다 하더라도 얼마나 행하겠는가? 사람의 의는 더러운 옷이라고 그 누군가 말하지 않았던가? 최선을 다해 선을 행한 후에 우리는 겸허하게 그분의 처분만을 기다릴 뿐이다. 심판과 형벌의 때에 구원을 베푸시는 하나님이 은총과 호의가 "혹시라도" 주어질지 누가 알겠는가! 구원받는 것은 전적으로 그분의 호의와 은총에 달려 있기 때문이 아닌가! 다시금 메이스의 말을 들어보자.

아모스의 명령들[선을 사랑하고, 악을 미워하라, 공의를 세우라]은 다음과 같은 예언자의 신앙을 표현한다. 심지어 형벌의 선언과 그 집행 사이의 마지막 긴박한 순간에서마저도, 이스라엘의 하나님이 되시겠다는 야웨의 의지는 여전히 존재하고 있으며, 한 걸음 더 나아가 그러한 야웨의 의지는 아주 지극히 적은 소수를 위해서 희망의 기반을 제공할 수도 있을 것이라는 믿음이다.[26]

마지막까지 온 세상이로다!(암 5:7, 10, 12b-13; 5:11-12a)

5:7　　공법을 쓰디쓴 독초로 변하며
　　　　　정의를 땅바닥에 던지는 자들아!

10　　　그들이 성문에서 책망하는 자를 미워하며
　　　　　정직히 말하는 자를 싫어하는도다.

12b　　의인을 학대하며 뇌물을 받는 자들아!
　　　　　바로 그들이 성문에서 궁핍한 자를 억울하게 하도다.

26　　Mays, *Amos*, 102.

13 그러므로 이런 때에 지혜자가 잠잠하나니,

이는 악한 때임이니라.

11 그러므로 너희가 가난한 자를 밟고

저에게서 밀의 부당한 세를 취하였은즉

너희가 비록 다듬은 돌로 집을 건축하였으나

거기 거하지 못할 것이요.

아름다운 포도원을 심었으나

그 포도주를 마시지 못하리라.

12a 왜냐하면 내가 너희의 허물이 많은 것을 알고

너희의 죄악이 중함을 알기 때문이다.

위의 본문은 먼저 3인칭 남성 복수형을 사용하고 있는 세 개의 묵시적 고
발문(암 5:7, 10, 12b-13)과 2인칭 남성 복수형을 사용하고 있는 C′(암 5:11-
12a)를 함께 보여준다. 두 부분은 모두 이스라엘의 죄악들을 열거함으로써
그들을 위한 최종 선고가 죽음과 파멸일 수밖에 없음을 드러낸다. 이것은
언약 집행의 강화자(reinforcer of covenant)인 예언자 아모스가 언약 파기자
로서 야웨의 법정에 선 이스라엘이 받아야 할 형량이 얼마나 중대하고 치
명적일지를 매우 설득력 있게 논고하는 부분이기도 하다.

B와 B′에서 진노 중에라도 "혹시" 긍휼을 베풀지도 모른다는 희미한
희망을 전한 예언자 아모스는 다시금 이스라엘의 죄들을 지적하며, 심판
선고의 정당성을 역설하기 시작한다. 그는 먼저 이스라엘 국가와 사회 안
에 "공의"(מִשְׁפָּט, 미슈파트)와 "정의"(צְדָקָה, 체다카)[27]가 실종되었음을 고발

---

27 히브리 시에서 두 단어("공의과 정의")는 종종 한 쌍으로 사용된다. 아모스서의 경우 5:7;
5:24; 6:12b에서 그렇다. 두 단어 사이에 약간의 의미 차이가 있다고 하지만 우리가 그 의미들
을 이해하는 데 커다란 걸림돌이 되지는 않는다. 예언서에서 공법과 정의에 대한 예언 신학적

한다. 특히 본 단락들이 구조적으로 앞 단락들(B와 B′)에 둘러싸여 있다는 것은 매우 중요한 메시지를 우리에게 제공한다. 다시 말해서 앞 단락들이 "제의 비판"(Kultkritik)이란 점을 기억한다면, 정의와 공법의 부재 현상에 대해 고발하는 본 단락들은 제의 집착 현상이 밀접한 관계를 맺고 있을 뿐만 아니라 제의와 종교 생활을 배경으로 해서 이해되어야 함을 의미한다.

　　이스라엘의 백성을 포함해 특히 지도층들의 종교성은 매우 규칙적일 뿐만 아니라 열정적이었고, 그들의 경건과 영성은 매우 엄격하고 깊은 것처럼 보였다. 그들은 전통과 규례에 따라 각종 종교 절기를 빠뜨림 없이 잘 준수했다. 그러나 그들의 종교는 윤리를 전혀 포함하고 있지 않았다. 개인 윤리는 말할 것도 없고 사회 윤리가 전무한 상태였다. 각종 불법이 난무하고 부정이 횡행하며, 압제와 착취, 사기와 사치, 폭력과 협박이 장터에서, 법정에서, 성소의 내실에서, 가정에서, 들판에서 가릴 것 없이 일어났다. 그렇다면 우리는 다음과 같이 질문해야 한다. 공의와 정의가 부재한 곳에 각종 종교 행사와 예식은 무슨 소용이 있는가? 정의롭고 공의로운 하나님, 고아와 과부의 보호자로 알려지기를 원하셨던 하나님은 불법을 자행하고도 종교의 이름으로, 경건의 모습으로 그분 앞에 나아와 열정적으로 "주여 삼창"을 부르짖는 자들을 용납하실 것인가? 그분은 그들이 바치는 각종 뇌물성 예물 앞에서 자신의 판단력을 상실하신 분인가? 천만의 말씀이다!

　　한편, 그들은 누구인가? 공의를 쓰디쓴 독초로 변하게 해서 사람들을 죽이고, 정의를 무가치하고 쓸모없는 들풀처럼 생각해 땅에 던져버리는 사람들이었다(암 5:7, 참조. 6:12). 한 걸음 더 나아가 그들은 법제도 자체를 무시했으며, 정직과 진실은 그들의 법정에서 발붙일 곳을 찾지 못했다

이해에 관해서는 류호준, "정의와 평화가 포옹할 때까지", 『한국개혁신학회 논문집』 제1권(서울: 한국개혁신학회, 1997), 44-86을 보라.

(암 5:10). 특히 농촌의 소작농들은 도시의 지주들, 아마도 권력을 잡고 있는 관리나 세력가들의 착취의 대상이 되곤 했다. 그들이 힘들여 거둬들인 소출의 상당 부분은 과다하게 책정된 토지 사용료 명목으로 힘 있는 자들의 수중으로 들어갔으나 힘이 없는 소작인들은 무기력하게 보고만 있어야 했다(암 5:11a). 성문 앞에서 열리는 법정도 그들에게 아무런 도움이 되지 못했다. 이미 그곳도 돈과 권력에 의해 심하게 썩었기 때문이었다(암 5:12). 가난한 자들은 계속해서 제도적 착취의 대상이 되었으며 그들의 인권은 휴지 조각처럼 무시되거나 짓밟혔다. 야웨는 약자와 가난한 자와 과부와 고아의 권리를 보호해주는 하나님이 아니었던가!(신 10:18; 시 68:5; 82:3f.; 146:9)

이스라엘 안에서 하나님의 의지의 핵심인 공의와 정의는 사회 질서의 근간으로 더 이상 기능하지 못했다. 한마디로 하나님의 백성이라 자처했던 이스라엘 안에서 그들의 왕이었던 하나님의 다스림을 더 이상 찾아볼 수 없었다. 마치 사사 시대를 특징지었던 문구처럼, 그 땅에는 왕이 없었으므로 백성들이 각각 그 소견에 옳은 대로 행하는 무법(lawlessness)과 무정부(anarchy) 상태였다. 과부의 억울한 호소가, 고아의 힘없는 절규가, 의로운 자들의 피 흘리는 소리가 하늘 법정까지 사무치게 되었다. 천상의 왕, 의로운 재판장 야웨께서 어찌 사무친 한을 모르시겠는가! 하나님은 예언자를 통해 분명히 말씀하신다. "나는 아노라(יָדַע), 너희 범죄들이 많고 죄악들이 중함을!"(암 5:12a) 그분이 알고 계신 죄가 단순히 종교적 죄만을 가리키는 것은 아니다. 그분이 불쾌하게 생각하실 뿐만 아니라 참을 수 없다고 생각하시는 죄들은 정치, 경제, 사회, 문화, 윤리 등 인간사에서 행해지는 모든 종류의 죄들을 포함한다. 하나님의 통치에서 제외될 인간사의 영역은 한 치도 없기 때문이다.

법정은 부패가 가득 쌓여가고 권력자들은 아무런 제약 없이 불의한 부를 축적해나가는 것을 보고 있던 당대의 분별력 있던 사람("지혜자", 암 5:13)은 결국 입을 다물고 침묵할 뿐이다. 하나님의 정의를 기다리는 수밖에 달리 길이 없기 때문이었다. 지혜자가, 슬기로운 자들이, 분별력 있는 사람들이 입을 굳게 닫을 정도로 그 시대는 "사악의 때"(עֵת רָעָה, 에트 라아)였다. "사악의 때"는 "종말의 때" 곧 "심판의 때"를 초래한다는 사실을 이스라엘 백성들은 왜 몰랐을까? 아니, 지금의 사람들도 모르고 있는지 모른다. 불행한 이 시대여!

C. 하나님의 왕국은(암 5:8-9)

> 5:8 묘성과 삼성을 만드시는 자,
>
> 사망의 그늘로 아침이 되게 하시는 자,
>
> 백주로 어두운 밤이 되게 하시는 자,
>
> 바닷물을 부르시는 자,
>
> 그것을 지면에 쏟으시는 자,
>
> 그 이름이 야웨시니라.
>
> 9 그가 갑작스러운 패망을 요새 위에 임하게 하시며,
>
> 철저한 파멸을 산성에까지 미치게 하시느니라.

소위 두 번째 "찬미시 단편"으로 알려진 본 단락의 현재의 자리는 피상적으로 볼 때 문맥의 흐름상 어색한 것처럼 보인다.[28] 불의를 지적하고 부정을 고발하는 문맥 안에(암 5:7, 10 이하) 끼어 있는 본 찬미시는 전혀 다른 주

---

28   참조. 영어 성경인 NIV(New International Version)는 암 5:8-9을 괄호로 묶음으로써 본 단락이 특별한 성격을 지니고 있다는 사실을 독자들에게 알려준다.

제처럼 보이는 야웨 하나님 왕국의 광대함과 권능을 노래하고 있기 때문이다. 그러나 이 단편 찬미시는 위에서 제시된 구조를 통해 보여주듯이 본 단락(암 5:1-17)의 중앙에 위치하고 있다. 5:8은 찬미시 단편이며 5:9은 현재의 아모스 본문의 흐름 속에 5:8의 실제적 의미를 적용하는 구절이다. 다른 곳에서 발견되는 찬미시들과 마찬가지로 이 찬미시 역시 분사 구문을 통해 야웨 하나님에 대한 스타카토식 묘사를 보여준다. 다음의 번역문이 이 사실을 어느 정도 반영해주리라 믿는다.

(a) 묘성과 삼성을 만드신 분(암 5:8Aa),

     (b) 흑암을 새벽으로 바꾸는 분(5:8Ba),   낮을 밤으로 어둡게 하는 분(5:8Bb)

     (c) 바다의 물을 불러내는 분(8Ca) ,   그것을 지면에 쏟아붓는 분(5:8Cb),

(a′) 야웨가 그분의 이름이다(5:8Ab).

위의 히브리 시형 배열이 보여주듯이 (b)행과 (c)행은 전형적인 동의적 평행법을 보여준다. 그러나 (a)와 (a′)는 히브리 시에서 종종 사용된 "시행 분단 사용법"(breakup of poetic line)의 한 예라 할 수 있다.[29] 즉 묘성과 삼성을 만드시는 분이 누구인가라는 (a)의 질문을 (a′)는 "야웨라고 불리는 그분이다!"라는 선언으로 대답한다.

    그렇다면 본 찬미시는 현재의 문맥에서 어떤 기능을 담당하고 있는 것일까?[30] 찬미시는 하나님을 권능의 창조자로, 이 세상에서 일어나는 모

---

[29] "시행 분단 사용법"이란 하나의 시행을 두 부분(두 개의 콜론)으로 나눈 상태에서 그 사이에 다른 시행들을 삽입시키는 시적 기교를 가리킨다. 본문의 경우 원래는 "묘성과 삼성을 만드신 분, 그분의 이름이 야웨시다"라는 하나의 시행을 두 부분(암 5:8Aa과 5:8Ab)으로 나누어 그 사이에 두 개의 시행인 5:8Ba/8Bb행과 5:8Ca/8Cb행을 삽입시켰다. "시행 분단 사용법"에 관해서는 Watson, *Classical Hebrew Poetry*, 328-32을 참조하라.

[30] 본 절에 관한 자세한 주석과 내용 분해는 Berg, *Die sogenannten Hymnenfragmente im*

든 일을 관장하고 유지하는 분으로 묘사한다. 그분은 인간의 생사화복을 주관하는 분이시다(암 5:8). 그러므로 창조세계에 산다는 것은 곧 창조주에게 의존해야 함을 의미한다. 그분의 뜻과 의지, 통치와 유지에 의존적이어야 한다는 말이다. 한 걸음 더 나아가 창조세계를 다스리는 그분의 지팡이는 정의이며, 자연 만물의 질서를 유지하는 그분의 막대기는 공법이다. 그렇다면 세계 질서의 근간으로서 하나님의 정의와 공법은 이스라엘을 포함한 모든 나라와 민족들이 받아들여야 할 것들이었다. 그럴 때만이 진정한 조화와 평화 그리고 삶의 기쁨을 가져온다. 그러나 이스라엘은 창조주 하나님께 대해 의존적이지 못했을 뿐만 아니라 하나님의 정의와 공법을 철저하게 무시했고 적극적으로 그것들을 짓밟았다.

아모스는 본 찬미시를 통해 부각된 야웨 하나님의 위엄과 능력과 권세가 얼마나 무섭게 이스라엘을 향해 심판의 위력으로 작동하게 될 것인가를 증거한다. 좀 더 구체적으로 이 찬미시는 이스라엘 앞에 서 계신 하나님을 적대자의 요새와 성벽을 무너뜨리는 전쟁의 하나님으로 그려준다. 그분은 인간 역사에서 발생하는 전쟁을 통해 자신의 능력과 힘을 온 천하에 두렵게 드러내는 신이시다. 이 찬미시는 이처럼 하나님을 역사의 한가운데 서서 행동하는 신으로 묘사함으로써 이스라엘로 하여금 하나님의 역사의 다스림에 굴복하고 복종할 것을 지시하고 있다. 역사 안에 존재한다는 것은 역사의 주인 되신 하나님의 능력에 복종함을 의미하기 때문이다. 살고 죽는 일은 전적으로 하나님께 달려 있다. 살기를 원하는가? 야웨를 찾으라! 죽으려면 야웨를 찾지 마라! 이스라엘은 자신들의 미래와 운명이 마술적인 성지 순례나, 미신적인 예배 의식과 열성적인 종교 행위에 있지 않다는 사실을 기억해야만 했다. 진정한 경건은 무엇인가? 무엇이 참된 예

Amosbuch, 294-301을 보라.

배인가? 잘 꾸며진 예배당, 찬란한 조명과 무대 장치, 일류급 성가대와 오케스트라, 감동적인 설교자, 세련된 찬양과 경배 팀, 훌륭한 주일학교 시설들이 우리를 영생으로 인도하는가? 천만의 말씀이로소이다! 하나님의 마음에 합당하게 생활하는 것, 성령의 인도하심을 받아 사는 것, 삶에 있어서 정직과 진실을 추구하는 것, 가난한 과부나 고아들, 소외된 사람들과 장애자들과 같은 "우리의 이웃들"을 돕고 사는 것이 하나님이 기뻐하시는 예배다. 교회당을 찾지 말고 야웨 하나님을 찾으라는 예언자의 권고를 다시금 귀담아 들어야 할 것이다.

제11강

야웨의 날을 기다리는 자들이여!

암 5:18-27

아모스 5:18-27은 앞의 단락인 5:1-17과 구조적으로 분리되는 수사학적 단락(rhetorical unit)이다. 몇몇 학자들은 본 단락의 통일성에 대해 의구심을 품으면서 본 단락을 다시금 여러 개의 독립된 소단위들로 나누어 바라보지만,[1] 아래에서 살펴보게 될 것처럼 본 단락은 하나의 구조적 통일성을 보여준다. 따라서 전체를 구성하고 있는 각각의 단위들은 의미론적인 통일체를 이루고 있는 본 단락 안에서 각각의 독특한 역할을 담당하고 있다고 보아야 한다.[2] 캐롤(M. D. Carroll)은 본 단락의 중앙 집중형 구조를 다음과 같이 제시한다.[3]

A(암 5:18-20) 야웨의 날을 기다림

    B(5:21-23) 경멸된 제사 의식: 현재의 상태

        C(5:24) 의를 요구하시는 하나님

    B'(5:25) 경멸된 제사 의식: 과거를 연상함

A'(5:26-27) 포로가 되어 타국으로 강제 이주됨

그의 제안은 매우 매력적이지만 시형적 구조 분석에 의한 결과라기보다는 주제에 의한 구조다. 이러한 구조는 히브리 원문을 놓고 비교해보면 각 부분들이 서로 불균형스런 시행들을 지니고 있음이 쉽게 드러난다. A는 4행, B는 3행, C는 1행, B'는 1행, A'는 3행으로 구성되어 있다.

---

1   예. Mays, *Amos* (5:18-20, 21-24, 25-27); Soggin, *Amos* (5:18-20, 21-27); Wolff, *Amos*; Rudolph, *Amos*, KAT; Markert, *Struktur und Bezeichnung* (5:18-20, 21-24. Cf. [25-27절] 은 이차적 자료로 돌려버림); Jeremias, *Amos* (5:18-20, 21-24, 27. Cf. 5:26은 후대 삽입으로 간주); Paul, *Amos* (18-20; 21-27).

2   본 단락의 시작인 암 5:18이 "아이고"(הוֹי, 호이)로 시작하고, 6:1 역시 "아이고"(הוֹי, 호이)로 시작한다. 이것은 첫 번째 "예언자 애곡 신탁"(암 5:18-27)이 두 번째 "예언자 애곡 신탁"(암 6:1-7)과 평행을 이루고 있음을 암시한다.

3   Carroll, *Contexts for Amos,* 241.

한편 존 스텍의 연구에 의하면, 본 단락은 모두 3연(聯, strophe)으로 구성되어 있으며, 각 연은 각각 4개의 시행(詩行, poetic line)을 갖추고 있다. 아래의 배열이 그것을 반영한다.

제1연

아이고! 야웨의 날을 사모하는 자여!(암 5:18Aa)

    너희가 어찌하여 야웨의 날을 사모하느뇨?(5:18Ab)

    그날은 어두움이요 빛이 아니다(5:18Ac).

마치 사람이 사자를 피하다가(5:19Aa)

    곰을 만나거나(5:19Ab)

혹 집에 들어가서 손을 벽에 대었다가(5:19Ba)

    뱀에게 물림 같도다(5:19Bb).

야웨의 날이 어찌 어두워서 빛이 없음이 아니며(5:20Aa)

    캄캄하여 빛남이 없음이 아니냐?(5:20Ab)

제2연

내가 너희 절기를 미워하여 멸시하며(5:21Aa)

    너희 성회들을 기뻐하지 아니하나니(5:21Ab)

    너희가 내게 번제나 드릴지라도 그렇도다(5:22Ac).

내가 너희의 소제를 받지 아니할 것이요(5:22Ba)

    너희 살진 희생의 화목제도 내가 돌아보지 아니하리라(5:22Bb).

네 노랫소리를 내 앞에서 그칠지어다(5:23Aa).

    네 비파 소리도 내가 듣지 아니하리라(5:23Ab).

오직 공법을 물같이(5:24Aa)

    정의를 하수같이 흘릴지로다(5:24Ab).

제3연

"너희가 내게 희생과 소제물을 드렸느냐?(5:25Aa)

　　이스라엘 족속아, 사십 년 동안 광야에서 말이다(5:25Ab).

너희가 너희 왕 식굿과(5:26Aa)

　　너희 우상 기윤을 지고 가리라(5:26Ab).

곧 너희 신들의 별 형상을(5:26Ba)

　　즉 너희가 너희를 위하여 만든 것을 지고 가리라(5:26Bb).

내가 너희를 다메섹 밖으로 사로잡혀 가게 하리라"(5:27Aa).

　　이는 만군의 하나님이라 일컫는 야웨의 말씀이니라(5:27Ab).

제1연은 예언자의 애곡을 시작으로 하여 그 당시에 편만했던 잘못된 "야웨의 날"에 대한 기대를 철저하게 뒤집어 엎어버린다. 제2연은 "야웨의 날"에 대한 잘못된 이해를 대중들에게 심어준 제의를 공격한다. 마지막 연은 본질을 잊어버린 종교 제의를 질타하면서 그로 인한 불행한 결과를 이스라엘에게 선언한다.

제1연: 야웨의 날을 기다리는 어리석은 사람들아!(암 5:18-20)

5:18　아이고! 너, 야웨의 날을 사모하는 자여!

　　　너희가 어찌하여 야웨의 날을 사모하느뇨?

　　　그날은 어두움이요 빛이 아니다.

19　　마치 사람이 사자를 피하다가

　　　곰을 만나거나

　　　혹 집에 들어가서 손을 벽에 대었다가

뱀에게 물림 같도다.

20   야웨의 날이 어찌 어두워서 빛이 없음이 아니며
       캄캄하여 빛남이 없음이 아니냐?

본 단락은 "야웨의 날"에 대한 가장 고전적인 구절이다. 문서 예언자들의 효시인 아모스가 이 용어를 처음으로 사용했기 때문에, 그리고 그를 이은 후속 예언자들의 글 가운데서 "야웨의 날"에 관한 언급들이 반복적으로 나타났기 때문에 "야웨의 날"은 많은 학자들에게 관심을 불러일으키기에 충분했다. "야웨의 날"의 기원은 무엇인가? 이 용어가 사용되었을 것이라고 추측되는 원래의 정황은 무엇이었을까? 사람들은 이 용어를 어떤 식으로 사용하며 이해하고 있었을까? 그리고 이 용어는 신학적인 "전문 용어"(terminus technicus)로 사용되었을까? 이상과 같은 질문들과 함께 "야웨의 날"은 아모스서의 종말론을 이해하는 데 필수적인 주제가 되었다.[4] 이 용어는 아모스서에서 본 단락에서만 두 번 사용되고 있고, 아모스서에서 사용되는 이와 비슷한 다른 용어들도 "야웨의 날"을 가리키는 듯하다. 예를 들어 "그날"(암 2:16; 3:14; 8:3, 9-10, 13-14; 9:11-12), "흉한 날"(암 6:3), "비탄의 날"(암 8:10), "오고 있는 날들"(암 4:2-3; 8:11-12; 9:13-15)이 그것들이다.[5]

---

4   Raymond C. van Leeuwen, "The Prophecy of the Yom YHVH in Amos 5:18-20," *OTS* 19 (1974): 113-34을 참조하라. 저자는 "야웨 날"에 대한 해석사를 조사하고 학자들의 의견들을 종합한 후, 야웨의 날의 기원은 "신의 현현"이라고 주장한다.

5   "야웨의 날"에 관한 중요한 연구서는 다음을 보라. J. M. P. Smith, "The Day of Yahweh," *AJT* 4 (1901): 505-33; Ladislav Cerny, *The Day of Yahweh and Some Relevant Problems* (Praze: Nakladem Filosoficke Fakulty University Karlovy, 1948); P. Verhoef, *Die Dag van die Here* (Den Haag: Keulen, 1956); G. von Rad, "The Origin of the Concept of the Day of Yahweh," *JSS* 4 (1959): 97-108; Meir Weiss, The Origin of the 'Day of the Lord' - Reconsidered," *HUCA* 37 (1966): 29-72; F. C. Fensham, "A Possible Origin of the Concept of the Day of the Lord," *Die Ou Testamentiese Werkgemeenskap in Suid-Afrika: Biblical Essays* (Potchefstroom,

우리가 본 단락을 통해 추측할 수 있는 것은 이스라엘이 "야웨의 날"을 기다리고 있었다는 점이다. 그러나 우리를 놀라게 하는 것은 이스라엘이 그처럼 완고하고 반역적이며, 불의로 음식을 삼고 압제로 음료를 삼는 구제 불능의 민족이었으면서도, 야웨의 날을 축복과 번영을 가져다줄 때로 이해하고 그날을 기다렸다는 점이다(암 5:18-20). 그들은 무엇을 몰라도 한참 모르는 철없는 어린아이였다고 하는 편이 나을까 아니면 아집과 독선으로 찌든 종교적 전통주의자들이라고 하는 편이 나을까? 아마 두 가지 요소 전부가 그들에게 있을지 모른다. 한 가지 분명한 사실은 자신들만이 하나님의 선택을 받은 민족이라고 생각하는 독선은 자신의 편의에 맞추어 하나님을 조작한다는 점이다. 그들은 하나님이 자신들을 위해 적국과 대항해 싸우실 전쟁의 용사라고 고백했고, 이러한 신앙은 그들에게 "야웨의 날"이라는 독특한 대중적 신학을 발전시켰다. 그날은 적군에게는 암흑과 불행과 저주의 날을 의미했지만, 이스라엘에게는 광명과 구원과 승리의 날을 의미했다. 이스라엘은 자신들의 삶이 어떠하든지 상관없이 하나님이 자신의 하나님이라는 분명한 확신(!)을 갖고서 자신들만이 그분의 선택받은 민족이라는 철저한 신앙(!)으로 무장했으며, 야웨 하나님의 구원과 승리를 허황되게 기대했다. 그러나 그들은 꿈에서 깨어나야만 했다. 아모스의 부르짖음은 자명종 소리이자 기상 나팔 소리였다. 야웨의 날은 구원

1967), 90-97; K. D. Schunck, "Strukturlinien in der Entwicklung der Vorstellung vom 'Tag Jahwehs,'" *VT* 14 (1964): 319ff.; idem, "Der 'Tag Jahwes' in der Verk"ndigung der Propheten," *Kairos* 11 (1969): 14-21; G. W. Ahlstrom, *Joel and the Temple Cult of Jerusalem*, VTSup 21 (Leiden: Brill, 1971), 62-97; J. Gray, "The Day of Yahweh in Cultic Experience and Eschatological Prospect," *SEÅ* 39 (1974): 5-37; Douglas Stuart, "Sovereign's Day of Conquest," *BASOR* 221 (1976): 159-64; Y. Hoffmann, "The Day of the Lord as a Concept and a Term in the Prophetic Literature," *ZAW* 93 (1981): 37-50; K. J. Cathcart, "Day of Yahweh," in *ABD* II, 84-85. "야웨의 날" 및 그와 연관된 어구는 다음 논문을 보라. H. W. Wolff's excursus on "The Day of Yahweh," in *Joel and Amos* (Philadelphia: Fortress, 1977), 33-34.

의 날이 아니라 멸망의 날이다. 당연히 구원받을 것이라고 생각했던 자들에게 야웨의 날은 슬피 울며 애곡하는 장례식 날이 될 것이다.[6]

그렇다! 하나님은 아브라함의 육체적 자손을 폐하시고 길거리의 돌들을 들어서라도 아브라함 자손이 되게 하실 수 있기 때문이다. 선택과 출애굽 그리고 구원사에 대한 잘못된 이해는 이스라엘로 하여금 치명적인 착각에 빠지게 했다. 그들은 자신들이 매일같이 낭송하고 고백하는 "신앙 조항들"(articles of faith)을 심각하게 다시 이해해야만 했다. 아니 신앙 공동체는 자신들의 신앙고백들, 예를 들어 하나님의 선택, 하나님의 구원, 하나님의 인도 등이 자신들에게 무엇을 의미하며 무엇을 요구하고 있는지에 대해 철저하게 이해하고 있어야 한다. 옛 이스라엘은 불행하게도 야웨 하나님이 누구신지, 그들 자신이 누구인지를 알지 못했다. "야웨의 날"을 고대하는 자들이여, "그리스도의 오심"을 갈망하는 자들이여, 그날이 당신들에게 어떠한 날이 될 것인가를 생각해보라. 장례식장이 될는지 아니면 잔칫집이 될는지를!

제2연: 하나님의 소원 – 참된 예배(암 5:21-24)

5:21 "내가 너희 절기를 미워하여 멸시하며

너희 성회들을 기뻐하지 아니하나니

22 너희가 내게 번제나 드릴지라도 그렇도다.

내가 너희의 소제를 받지 아니할 것이요,

---

6 "화 있을진저"(암 5:18)로 번역된 (호이)라는 히브리어는 "슬프다" 혹은 "아이고" 등으로 번역하는 것이 훨씬 더 적합할 것이다. 류호준, "구약성서의 '호이'-부르짖음", 138-157을 참조하라.

너희 살진 희생제물의 화목제도 내가 돌아보지 아니하리라.

23   네 노랫소리를 내 앞에서 그칠지어다.

네 비파 소리도 내가 듣지 아니하리라.

24   오직 공법을 물같이

정의를 하수같이 흘릴지로다."

예배란 무엇인가? 살아 계신 하나님의 존귀한 면전으로 나아오는 행위다. 더러운 인간이 거룩하신 하나님 앞에 나아가는 것은 불가능하다. 그런 이유 때문에 구약에서는 각종 제사 의식이 제정되었다. 제사와 제의를 담당하는 제사장들의 역할은 불의하고 부정한 인간이 거룩하고 정의로운 하나님 앞에 나아가는 길을 열어놓는 것이었다. 제사는 하나님과 진정한 사귐과 교제를 가능케 하는 방편일 뿐이다. 제의는 정의로우신 하나님께 나아가 그분의 뜻을 받들어 살아가도록 인도하는 기능을 담당할 뿐이다. 따라서 하나님께 나아가는 자들은 정결해야 했고, 모든 불의를 씻고 나아가야만 했다. 그러나 옛 이스라엘은 이러한 예배의 본질, 종교/제의의 정신을 상실했다.

삶은 부정과 불의로 형편없이 오염되어갔으며, 생활은 탐욕과 거짓으로 거침없이 더럽혀졌다. 그러나 그들은 열성적인 종교 행위로써 하나님의 호의를 얻어낼 수 있다고 생각했고, 열정적인 헌금으로 하나님의 마음을 살 수 있다고 믿었다. 이러한 형태의 예배와 신앙생활이 어찌 옛 이스라엘에게만, 벧엘에게만 국한되었다고 말할 수 있으랴! 성가대의 아름다운 합창과 저명한 성악가들의 독창이 청중들의 마음은 감동시킬 수 있으나 하나님은 그런 식으로 예배받기를 원치 않으신다. 앞을 다투어 교회당에 수준급 오케스트라를 내세워 성가를 연주하지만, 현란한 몸동작으로 찬양과 경배를 드리지만, 신디사이저, 드럼, 전자 오르간 등 각종 악기들을 동원해 사람의 마음을 사로잡지만, 슬프게도 그것들은 하나님의 귀에는 공허한 메아리처럼, 시끄러운 소음처럼 들릴 뿐이다. 수많은 집회들, 일일이 이름을 알 수 없는 각종 헌금들, 흥청망청하는 각 교회 기관들의 소비들, 잘 짜인 예배 의식들, 알량한 겉치레 인사들, 부질없는 자기과시들은 모두 하나님이 혐오하시는 위선들로 가득 차 있을 뿐이다. 만일 신자들 가운데, 그들의 가정 가운데, 그들의 교회 가운데 공법과 정의의 하나님이 계시지 않는 한 그렇다는 말이다.

자기의 백성이 드리는 예배에 대해 혐오하시고 경멸하시는 하나님의 증오는 매우 놀랄 만한 일이다. 장터에서 정직성이 상실되었고, 재판정에서 정의가 실종되었다면 성소에서 드리는 격조 높은 예배 의식과 감미로운 기도 그리고 각종 헌금과 예물들이 무슨 소용이 있는가? 예배 의식이 정의를 대신할 수 없고, 종교적 열정이 공법을 대치할 수 없다(참조. 사 1:10-17).

우리는 특별히 종교적이며 신성한 영역에 속한다고 믿는 "제의" 혹은 "예배"가 하나님에 의해 철저히 배척당하고 오히려 일반적으로 비종교적이며 세속적인 개념으로 알려져 있는 "정의"와 "공의"가 하나님의 일차적 관심사라는 사실에 대해 깊이 생각해볼 필요가 있다. 우리는 일주일의 하루(소위 우리가 "주일"이라 부르는 날)에 하나님을 가두어놓고는 나머지 날들을 하나님 없이 사는 대중 신학과 현대 편의주의 신앙 흐름에 대해 경악해 마지않는다. 우리는 모든 것을 종교적인 것으로 환원시키거나 축소시켜 하나님의 통치를 왜곡하는 교회 지상주의의 악성 신학적 시야에 대해 슬픔을 금치 못한다. 하나님의 다스림, 야웨의 왕국은 구약성경과 신약성경의 가장 강력한 주제가 아닌가! "하나님이 다스리신다!" "하나님은 공의와 정의로 자신의 창조세계 전체를 다스리신다!" 이것들은 성경의 핵심 선포다. 천국이 가까이 도래했다고 외치시던 예수님은 하나님의 통치에 복종하고 자신 앞에 나아와 진정한 구원을 얻을 것을 촉구하는 하나님의 말씀 그 자체였다. "당신은 하나님의 통치 안에서 살고 계십니까?"

그리스도인뿐만 아니라 비그리스도인들 사이에서도 널리 회자되는 아모스의 외침, 곧 "공법을 물같이 정의를 하수같이 흘릴지로다!"라는 절 규에 가까운 하나님의 부르짖음은 옛적 이스라엘의 벧엘 거리에서처럼 오 늘날 서울 거리에서도 새롭게 그리고 절실하게 들려야 한다.[7] 에덴동산 이 편에 살고 있는 모든 인류는 공법 대신 불의를, 정의 대신 부정을 모국어처 럼 말하는 사람들이다. 하나님의 다스림에 거역하고 반역하는 인간은 결 국 하나님의 샬롬을 깨뜨렸다.[8] 평화로웠던 에덴은 깨진 유리 조각들처럼 산산조각이 나버렸다. 에덴동산 한가운데를 유유히 흘렀던 하나님의 공법 (מִשְׁפָּט, 미슈파트)은 일그러진 인간사회 안에서 포악(מִשְׂפָּח, 미스파흐)으로 변해버렸고, 에덴 계곡을 따라 쏟아져 내리던 하나님의 정의(צְדָקָה, 체다카) 는 타락한 세상 안에서 외마디 비명(צְעָקָה, 체아카)으로 탈바꿈했다(참조. 사 5:7).[9]

이제 하나님은 언약 백성들에게 하나님의 정의와 공법을 그들의 삶의 근간으로, 예배의 초석으로 삼으라고 말씀하신다. 겨울비가 내린 후 강물 이 불어 급류를 이루며 흘러내려 가듯이 정의와 공평이 그렇게 언약 백성 의 삶 속에, 그들의 공동체 속에, 사회 속에 흘러야만 한다. 그뿐 아니라 여

---

7   내가 찾아본 주석가 중 본 절의 뉘앙스를 비아냥대는 역설(sarcasm)로 이해해서 번역하는 학 자가 한국인 김정준이다(『정의의 예언자』, 249, 254). 암 5:24에 대한 그의 번역은 다음과 같 다. "공의는 물처럼 쏟아버리고 정의는 냇물처럼 흘러가게 하고 있구나!" 전통적인 입장에 서 서 김정준의 번역을 문법적으로 잘 비판하는 글은 다음을 보라. 민영진, "만수(晩穗)의 아모 스 번역 고찰: 5장 24절의 번역 문제를 중심으로", 『히브리어에서 우리말로』(서울: 두란노, 1996), 397-414.

8   현대적 감각을 가지고 "죄"에 대해 다룬 훌륭한 저서로는 다음을 보라. Cornelius Plantinga, Jr., *Not the Way It's Supposed to Be: A Breviary of Sin* (Grand Rapids: Eerdmans, 1995).

9   사 5장의 "포도원의 노래"에 대한 해설은 류호준, 『이사야서 I』(서울: 새물결플러스, 2016)의 해당 부분을 참조하라.

름의 가뭄에도 불구하고 지속적으로 흐르는 사막의 시냇물(wadi)처럼 공의와 정의 역시 어떠한 악조건 아래서도 끊임없이 지속되어야 할 것이다. 이러한 삶이야말로 하나님이 받으시는 예배이자 종교다. 왜냐하면 그리스도인들에게는 삶이 곧 예배 행위요, 인생이 경배 행위이기 때문이다.

제3연: 먼길을 떠나야 하리라(암 5:25-27)

5:25 "너희가 내게 희생과 소제물을 드렸느냐?

　　　　이스라엘 족속아, 사십 년 동안 광야에서 말이다.

26 너희가 너희 왕 식굿과

　　　　너희 우상 기윤을 지고 가리라![10]

곧 너희 신들의 별 형상을,

　　　　즉 너희가 너희를 위하여 만든 것을 지고 가리라!

27 내가 너희를 다메섹 밖으로 사로잡혀 가게 하리라."

　　　　이는 만군의 하나님이라 일컫는 야웨의 말씀이니라.

---

10 암 5:25을 포함해 26절과 27절의 구문법적 관계는 아모스서 전체에서 가장 어려운 수수께끼와 같다. 5:26("지고 가다", וּנְשָׂאתֶם)과 27절("사로잡혀 가다", וְהִגְלֵיתִי)의 히브리어 동사는 "접속사 와우[1] + 완료형"이다. 영어역본(NIV, NASB, KJV), 독일어역본(Martin Luther) 등은 26절을 과거형으로 번역한다. 문법적·문맥적 이유들이 제시되었다. 예를 들어 E. König(*Geschichte der Alttestamentlichen Religion*, [1915], 42ff.)는 "접속사 와우[1] + 완료형"을 "이야기 시상"(Tempus der Erzählung)으로 이해한다. 이런 문법적 이해에 따르면 "완료형"은 내레이터가 말하는 입장을 기준으로 과거의 정보를 제시한다. 따라서 "…만들어 섬겼다"로 번역한다(김정준, 『정의의 예언자』 251에서 재인용). 그러나 우리는 "접속사 와우[1] + 완료형"을 미래로 간주한다(perfect consecutive future). 이러한 문법적 이해에 관해서는 *GKC*, 112x를 보라. 개역개정, 한글표준역 그리고 다른 영어역본(NRSV)과 많은 주석가들 (예. Andersen & Freedman; Mays; Soggin; Paul)은 26절의 동사를 미래형으로 번역한다.

다시금 야웨 하나님은 예언자 아모스의 입을 빌려 이스라엘의 옛적 광야 시절을 수사학적 질문을 통해 언급하신다("이스라엘 족속아, 너희가 사십 년 동안 광야에서 희생과 소제물을 내게 드렸느냐?"[암 5:25]).[11] 물론 기대되는 대답은 "아닙니다!"이다. 기대되는 "아니오"의 숨은 뜻은 무엇일까? 우리가 알다시피, 광야 사십 년 동안 이스라엘에게는 분명히 제의나 희생제도가 있었다. 그들은 광야에서 희생제물과 소제물들을 드렸다. 그렇다면 야웨께서 던진 수사학적 질문에 대해 기대되는 "아니오"는 광야 시절에 제사 의식이 있었음을 부인한다는 의미가 아닌 것이다. 오히려 기대되는 대답은 "아닙니다. 우리가 제사 의식을 통해서 드린 것은 희생이나 소제물이 아니라 당신에 대한 순종이었습니다. 그 순종은 공의와 정의를 행하는 것이었습니다."[12] 다시 말해서, 광야 사십 년 시절 동안 이스라엘이 야웨 하나님과 맺은 관계는 희생제사나 예물 혹은 제의에 의해 결정되거나 특징지어지지 않았다는 선언이다. 앞부분(암 5:21-24)에서 종교/제의에 대한 야웨 하나님의 증오를 극명하게 보여주고 있었다는 사실을 기억한다면, 5:25의 수사학적 질문("이스라엘 족속아, 너희가 사십 년 동안 광야에서 희생과 소제물을 내게 드렸느냐?")은 이스라엘이 야웨의 언약 백성으로 출생하고 양육 받았던 광야의 때에, 야웨의 행동이 이스라엘이 가야 할 길과 생활을 규정해주었던 광야 시절에 그들이 하나님께 드렸던 것은 단순히 종교 제의나 형식적 예배 혹은 희생제사나 각종 제물들이 아니었다는 것이다. 그들이 예배 시에 하나님께 가지고 나갔던 것은 짐승의 피나 기름이 아니라 삶의 구체적 옷들,

---

11   이스라엘의 광야 시절을 언급하고 있는 5:25의 소위 "역사 회고록"에 관해서는 Vollmer, *Geschichtliche Rückblicke und Motive,* 37-43을 참조하라.

12   렘 7:21-23에서도 마치 이스라엘의 광야 시절 동안 희생제사 제도가 없었던 것처럼 말한다. 암 5:25이나 렘 7:21-23에 사용되고 있는 이러한 히브리어 관용어법은 "기대되는 '부정'(No!)"이 "이것이 아니라 저것이다"라는 비교를 나타내기 위한 기능을 지니고 있음을 보여준다. 참조. Francis I. Andersen & David N. Freedman, *Amos,* 532; Mays, *Amos,* 110-11.

곧 순종, 정의, 공평 등으로 특징지어진 옷이었다는 것이다. 그들은 광야의 학교에서 예배의 본질을 배웠다. 그들은 정의롭고 거룩하신 하나님 앞에 나아가야 하는 방법, 곧 공의를 사랑하시고 성결을 좋아하시는 야웨 하나님께 무엇을 가지고 나아가야 하는가를 배웠다. 그것은 하나님의 뜻에 대한 순종의 삶(obedient life, Gehorsam)을 사는 것이었다. 여기서 다시금 삶 자체가 하나님을 향한 예배임을 보여준다.

수사학적 질문은 묵시적 비난이었다. "너희가 광야 시절 제의를 통해 내게 가지고 온 것은 실제로 공의와 정의 그리고 순종이 아니었느냐! 내가 그것을 원하고 요구하지 않았었는가! 그러나 지금은 어떠한가?" 하는 우회적 질타였다. 이제 더 이상 대답이 필요 없게 되었다. 기다리고 있는 것은 하나님의 심판 선언뿐이다. 이제 이스라엘은 자신들이 섬기던 이방 신들을 등에 짊어진 채 그 신들의 땅으로 끌려가게 될 것이다(암 5:26). 이것은 쓰디쓴 역설이다. 그들에게 자유와 번영을, 그리고 행복한 미래를 가져다줄 것이라고 생각했던 이방의 신들("식굿", "기윤")[13]은 이제 그들로 하여금 불행한 유수("포로 됨")의 무거운 고초를 짊어지게 해줄 것이며, 그들이 왕으로 섬겼던 이방의 우상들은 이제 압제와 불행으로 그들을 다스릴 것이다.

냉소적인 언어 사용을 통해 이스라엘을 질타하는 아모스는 여기서도 다시금 특유의 비아냥거림으로 이스라엘의 어리석음을 드러낸다. 히브리어에서 "식굿"과 "쉬쿠츠"는 유사하게 발음이 되는 단어다. 아모스는 이러

---

13 어떤 학자들은 아모스서에는 굴절되고 왜곡된 야웨 종교에 대한 비판은 있지만 이방신 숭배에 관한 언급이 없다는 이유(아시리아에서 섬기는 신들의 이름으로 이스라엘이 멸망 후에 접하게 된 신들이라는 역사적 이유)로 "식굿"과 "기윤"을 후대의 삽입으로 돌리거나 아니면 그와 비슷한 다른 글자들로 바꾸자고 제안한다. 그러나 Paul(*Amos*, 194-98)은 여로보암 2세가 북시리아의 다메섹과 하맛을 정벌하러 갔을 때(왕하 14:28), 이스라엘인들이 이전에 메소포타미아의 문화에 영향을 받았던 그곳에서 이러한 이방신들을 접했을 가능성을 제안한다.

제2부 예언자의 불타는 메시지

한 언어유희(cacophony, dysphemism)를 통해 "식굿"(סכּות)이라 불리는 이방 신은 결국 "쉬쿠츠"(שׁקּוּץ, "혐오스런 물건") 외에 아무것도 아니라는 점을 보 여준다! 이스라엘 백성들에게 이방신은 하늘 신이었지만 하나님의 눈에는 가증스러운 물건이라는 것이다. 아모스의 빈정댐은 여기서 끝나지 않는다. 이스라엘인들은 종교 축제일 때 자신들이 섬겼던 이방신들("식굿"과 "기윤") 을 기리는 우상들을 들고 행진했다. 그러나 이제 그것은 예전처럼 즐거운 행진이 아닐 것이다. 그들은 자신들이 섬겼던 하늘 신들의 우상들을 머리 위로 들고 멀고도 먼 이방 땅으로 행진해갈 것이다. 누구에 의해서 그럴 것 인가? 그들은 만군의 하나님, 다시 말해서 자신들이 섬기던 하늘의 신들의 "신"이신 만군의 하나님에 의해 일렬로 끌려 사로잡혀 갈 것이다! 그들은 끌려가면서 하나님이 하늘의 신들의 신이라는 사실을 알게 될 것이다. 물 론 이미 때는 늦었지만 말이다![14]

하나님을 왕으로 모시기를 거절한 백성들의 운명은 이제 결정되었다. 이스라엘의 북쪽, 다메섹 너머로—아모스의 선포가 있은 후 북이스라엘 은 기원전 722년에 아시리아에 의해 멸망당했다는 사실을 기억하시오— 언약 백성 이스라엘은 조상 대대로 살아왔던 약속의 땅을 떠나 무거운 형 벌의 짐을 지고 다시는 돌아올 수 없는 멀고 먼 길을 떠나게 되었다. 아! 슬 프도다, 우리의 가련한 이스라엘 백성들이여! 우리는 이 역사적 사실을 뼈 저리게 배우는 데 얼마나 더 긴 세월을 보내야만 하는가? 아! 불쌍한 우리 의 이스라엘이여!

---

14   Paul, *Amos*, 196-98.

제12강

은밀한 미소를 짓는 안일한 자들이여!

잠 6:1-7

본 단락이 포함되어 있는 6장의 전체 구조에 관해 여러 가지 제안이 제출되었지만,[1] 문학적 장르가 보여주듯이 아모스 6:1-7은 앞의 5:18-27과 한 쌍을 이루는 "예언자 애곡 신탁문"으로 구별될 수 있다. 따라서 6:1-7을 문학적 단위로 간주하는 것이 적절하다. 앞 단락인 5:18-27이 이스라엘의 왜곡되고 삐뚤어진 종교 행위에 대한 탄식과 애곡이라면, 본 단락은 이스라엘 전역에 걸쳐 만연되어 있는 영적 자만과 안일에 대한 예언자의 탄식과 애곡이다. 두 단락 모두 애곡 영탄사인 "아이고!"(הוֹי, 호이)로 시작한다.[2] 그리고 두 단락 모두 위협적인 심판 선고인 "포로"로 결론짓는다(암 5:27; 6:7).[3]

---

1   예를 들어, Carroll(*Context for Amos*, 254-73)은 다음과 같은 대칭형 구조(chiastic structure)를 제안한다.
         a(암 6:1-3): 헛된 자만과 안이
              b(6:4-7): 불의
                   c(6:8): 신의 맹세와 칙령
                        d(6:9-10): 죽음
                   c′(6:11): 신의 명령
              b′(6:12): 불의
         a′(6:13-14): 근거 없는 자만과 안이
    그럴듯한 제안이지만, 6장이 두 개의 서로 다른 문학적 양식, 즉 "예언자의 '아이고!' 탄식"(암 6:1-7)과 "야웨의 신탁"(암 6:8-14)으로 구성되어 있다는 분명한 구조와 조화를 이루지 못한다.
2   히브리어 영탄사 "호이"를 개역개정은 "화있을진저"로, 한글표준역은 "너희는 망한다"라고 번역한다. 영어나 독일어 번역은 의성어적 표현인 각각 "woe"와 "weh"로 번역한다.
3   두 단락 사이의 언어학적 연결점은 다음과 같은 동일 단어나 유사구의 사용을 통해 이루어진다. "거문고"(נֶבֶל), "노래"(שִׁיר)라는 용어가 암 5:23과 6:5에 사용되고 있다.

온 이스라엘은 들을지어다

본 단락이 시온[4]과 사마리아에 관한 언급으로 시작한다는 사실은 아모스서 해석에서 매우 중요한 해석학적 전망을 요청한다. 아모스가 후대에 아모스서라 불리는 글을 쓰고 있었을 때 그는 이미 북이스라엘의 벧엘에서 추방된 후(참조. 암 7:10-17) 남유다로 돌아와 있었을 때였다. 그가 자신의 메시지를 글로 남기려고 한 목적은 단순히 북이스라엘 백성들만을 위한 것이 아니었다. 그는 남유다를 포함한 "온 이스라엘"[5], 좀 더 확대해서 말하자면, 앞으로 올 모든 이스라엘 백성 즉 하나님의 백성을 위해 그것을 기록했다. 좌우간 아모스 6:1에 기록된 것처럼, 아모스서는 시온과 사마리아로 대변되는 남유다와 북이스라엘 백성 모두에게 선포하는 말씀이다. 그리고 이 글을 읽고 있는 지금의 모든 영적 이스라엘인들 역시 귀담아 들어야 할 것이다.

이스라엘 사람 중 그 누구도 자신들이 영적으로 죽었다는 사실을 인식한 사람은 없었다. 모든 일이 잘 풀리고, 국력은 강해지며, 경제 성장 지표는 매년 높아지고, 시장은 사람들로 항상 번잡하며, 교회당의 종탑은 높아만 갔고, 각종 전도 집회와 부흥회들은 연중 끊임없이 열렸지만 이스라엘의 정치 지도자부터 종교 지도자에 이르기까지 아무도 자신들의 사회

---

4 아모스가 북이스라엘에서 예언 활동한 사실에 비추어 "시온"에 관한 언급은 적절치 못하다고 생각하는 학자들이 있다. 그래서 그들은 시온이란 단어를 후대의 삽입으로 간주하든지(K. Marti, KAT, H. E. W. Fosbroke, IB, Wolff, Hermeneia) 아니면 "시온"과 한 쌍을 이루는 "사마리아"와 더 좋은 시적 평행어를 찾아 다른 단어로 "시온"을 대치한다. 자세한 논의는 Shalom Paul, *Amos*, 119, no. 2를 보라. 시온과 사마리아에 관한 시구가 보여주는 문학적 특이점은 각운(assonance)이다. "하샤아나님 베치온 / 하보트힘 베하르 쇼메론"(בְּצִיּוֹן וְהַבֹּטְחִים בְּהַר שֹׁמְרוֹן הַשַּׁאֲנַנִּים). 문학적 기법으로서의 "각운"에 관해서는 Watson, *Classical Hebrew Poetry*, 222-25 을 참조하라.

5 아모스의 열국 심판 신탁(암 1:3-2:16) 안에 "유다 신탁"(암 2:4-5)이 포함되어 있다는 사실을 기억할 필요가 있다.

속에서 시체 썩는 냄새가 진동하고 있다는 사실을 느끼는 사람들은 없었다. 그들은 이미 영적 사망 선고를 받아 죽은 지 오래되었지만, 부고가 자신들의 것임을 인식한 사람들 역시 없었다(참조. 암 5:1이하). 그러나 하나님의 사람 아모스는 이스라엘이 다시는 돌이킬 수 없을 만큼 불치병이 들어 있음을 직시할 수 있었다. 그는 육신적으로는 멀쩡하게 살아 있는 그들을 향해 "아이고!" 하면서 탄식하기 시작한다. 예언자 아모스는 그들이 아무리 종교 절기들을 잘 지키고 세속의 축제일들을 즐긴다 하더라도 삶을 뒷받침할 만한 윤리와 도덕성이 뒤따르지 않으면 하나님께 혐오의 대상이 된다는 사실을 외치고 있다.

6:1 아이고! 시온에서 스스로 만족하고 있는 자들이여,

사마리아 산에서 마음에 안일함을 느끼고 있는 자들이여,

곧 열국 중에서 으뜸(רֵאשִׁית)이 되어 유명한 자들이여,

이스라엘 족속이 따르는 자들이여,

2 너희는 갈레에 건너가서 보라.

거기서 대 하맛으로 가고

또 블레셋 사람의 가드로 내려가 보라.

그곳들이 이 나라들 보다 나으냐?

그 토지가 너희 토지보다 넓으냐?

3 너희는 재앙의 날이 멀다 하면서

강포한 자리로 가깝게 가는 자들이로다.

4 너희는 상아 상에 누우며

침상에서 기지개 켜며

양떼에서 어린양을 취하여 먹고

우리에서 송아지를 잡아먹고

5 비파에 맞추어 헛된 노래를 지절거리며

다윗처럼 자기를 위하여 악기를 제조하며

6 대접으로 포도주를 마시며

최상(ראשית)의 향유를 몸에 바르면서

요셉의 파멸을 인하여는 근심치 아니하는도다.

7 그러므로 그들이 포로된 자들 중에 우두머리(ראש)가 되어 사로잡혀 가리니

길게 누운 자들의 흥청대는 주연(酒宴)이 그치리라.

실질적 무신론자들이여(암 6:1)

소위 "호이(הוי)-부르짖음"으로 알려진 본 단락은 이스라엘이 지은 죄의 목록을 자세히 열거하면서(암 6:1-6) 그 죄에 상응하는 형벌로서 멸망과 포로 됨을 선언한다(암 6:7). 특히 예언자 아모스는 이스라엘을 향해 그들이 이미 사형 선고를 받아 형장의 이슬로 사라져버린 죽은 자처럼 간주하고 그 앞에서 애곡하는 어조로 본 단락을 시작한다. "아이고!…자들이여!" 히브리어 문학의 독특한 장르인 "호이" 구문법은 이스라엘의 죄가 무엇인지, 하나님께서 죽음으로 심판할 정도로 심각한 그들의 죄들이 어떤 것인지에 관해 빛을 제공해준다. 일반적으로 "아이고!"(호이)라는 영탄사 다음에는 히브리어 분사가 나오는데, 분사는 일종의 동사이면서 명사형이다. "호이" 다음에 나오는 분사 속에 담겨 있는 행동의 묘사 내용은 하나님이 보실 때 죽어 마땅한 죄를 가리키는 것이다. 따라서 예언자는 아모스 6:1에서 시온과 사마리아의 죄, 즉 하나님의 백성으로서 이스라엘이 저지른 죄악이 "안일"과 "자만"이었음을 지적할 뿐만 아니라 그러한 죄 때문에 이스

라엘에 죽음과 멸망이 찾아옴도 선언한다. "시온에서 안일한 자와 사마리아 산에서 마음이 든든한 자."[6] 그들은 은밀한 가운데서, 아무도 보지 않는 곳에서 숨어지내며, 세상이야 어떻게 돌아가든 상관없이 자기 혼자만의 만족을 누리며 살고 있었던 철저한 이기주의자들이었다. 그들은 적어도 온 세상이 자신을 중심으로 돌아가고 있다고 생각하던 자들이었다. 그들은 착취와 거짓, 부정과 불의로 쌓아놓은 개인적 명예와 재물들을 마음껏 즐기면서 스스로의 업적에 대해 마음 든든하게 생각하던 자들이었다. 이들은 이스라엘 사회의 지도급 인사들이었으며 상류층 사람들이었다. 문제는 그들이 무신론자나 반신론자(反神論者)가 아니었다는 사실이다. 그들 가운데는 사회 지도급 인사뿐만 아니라 야웨 종교의 지도자들도 상당수 끼어 있었다. 요즘 말로 하자면, 대교회의 부유한 성직자를 포함해—물론 모든 대형 교회 성직자나 재력가 장로들을 일괄적으로 매도하는 것은 아니다—돈 많은 장로와 사회적으로 권세 있는 집사들이 이러한 변태적 이중 신앙생활을 하고 있었다. 그러나 대부분의 평신도나 백성들은 이 사실을 알 수 없었다. 철저하게 가려진 그들의 위선과 그 속마음을 어찌 알 수 있었으리요! 놀랍게도 이스라엘 백성들은 그러한 이중적 양심을 지닌 사회 지도급 인사들과 위선적인 종교인들에게 존경과 함께 부러움을 표하기까지 했다. 아모스는 그들을 가리켜 "열국 중에서 탁월하여 유명한 자들이여"(암 6:1Ba)라고 비아냥대면서 부르고 있지 않은가? 놀랍게도 "이스라엘 백성은 찬사와 존경을 아끼지 않으면서 그들을 따르고 있었던 것이다"(암 6:1Bb). 도대체 그들은 누구인가? 하나님이 분노하시는 그들은 누구란 말인가? 일반 백성과 평신도들의 부러움과 존경을 한 몸에 받을 정도로 철저

---

6 암 6:1Aa에 사용되고 있는 "안일하다"(שַׁאֲנַן)와 "신뢰하다" 혹은 "든든히 여기다"(בָּטַח)라는 두 개의 동사는 종종 평행적 한 쌍으로 사용된다. 예. 사 32:9, 11, 18.

하게 속였던 그들은 누구였던 말인가? 어떤 형태의 신앙을 가지고 있던 자들인가?

그들은 부익부 빈익빈의 속도가 점차 가속화되고 있었던 기원전 8세기경, 특정 집단과 계층에 부의 이동이 집중되고 있었을 때 주로 권력을 남용하거나 뇌물을 앞세워 판결을 굽게 함으로써 축재한 사람들이었다. 아니면 부도덕한 상거래나 불법 유통을 통한 치부를 일삼던 졸부들이었다. 물론 그들은 명목상 종교인들이었고 허울 좋은 교인들이었다. 각종 절기나 집회에 화환을 보내거나 이름을 큰 글씨로 쓴 헌금을 선뜻 내곤 했던 순박한(?) 평신도 지도자들이기도 했다. 하지만 그들의 사생활은 전혀 달랐다. 그들은 시온산 위에, 사마리아의 언덕 위에 호사스러운 저택을 지었으며, 며칠이 멀다 하고 각종 파티와 무도회를 열었다. 시온과 사마리아로 대변되는 남유다와 북이스라엘 안에는 이와 같은 불한당들이 사회적 유명 인사의 탈을 쓰고 거리를 누볐으며, 각종 종교 행사장에, 법정에, 사회 공공 기관에 높은 자리를 잡고 근엄하게 앉아 있었다. 그러나 이스라엘의 도시들에 살고 있었던 이러한 상류 계층 사람들의 사치와 향락, 호의호식이 가난하고 빈궁한 사람들의 피와 땀 위에 세워졌다는 것은 공공연한 비밀이었다. 배가 부르고 권력이 있으며 누릴 부가 있으니 그들의 삶 속에는 하나님의 자리가 있을 리 없었다. 그들은 "안일했고" 마음에 "안전"을 느꼈다(암 6:1A). 외형적으로는 "주여! 주여!" 하고 부르짖었지만, 골방에 들어가서는 음흉한 미소를 지으면서 "하나님이 어디 있는가? 그는 아마 휴가를 떠나신 모양이지? 으흠⋯인생은 살 만한 것이야!" 하며 모아둔 금은보화들을 세어보는 자들이었다. 그들의 자기만족은 볼썽사나울 뿐 아니라 가관이었다. 그들은 "실질적 무신론자들"의 전형이었다. 입으로는 하나님이 있다고 말하고, 주일이면 사도신경으로 신앙고백을 하며, 기도 시간에는 주기도문을 주문처럼 외우지만, 그들의 삶 속에는 하나님이 계시지 않는

제2부 예언자의 불타는 메시지

자들이었다. 그들은 하나님의 주권을 인정하지 않을 뿐만 아니라 그분을 무시하고 사는 사람들이었다. 그들은 입으로는 하나님이 계신다고 말하지만 마음속으로는 하나님이 없다고 하는 자들이다. 시편의 시인은 이들을 가리켜 "어리석은 자"라고 부른다(시 14:1ff.).

기원전 7세기의 대표적 예언자 중 하나인 스바냐는 자기만족 안에 깊이 침잠해 살고 있는 자들을 포도원의 술틀 속에 가라앉아 있는 술 찌꺼기로 비유한 일이 있다. 술 찌꺼기가 가라앉아 있는 한 포도주 통 안은 매우 맑아 보인다. 그러나 막대기로 휘젓는 순간 포도주 통은 온통 찌꺼기로 혼탁하게 될 것이다. 이렇게 자기만족 안에 가라앉아 사는 자들은 혼자 중얼거리기를 "야웨께서는 복도 내리지 아니하시며 화도 내리지 아니하신다!"고 한다(습 1:12). 그들은 하나님을 가리켜 무능력한 신이라고 속으로 중얼거리며 비아냥댄다. 그들의 신론에 의하면, 하나님은 저기 멀리 천상에 계시는 분이지, 이 세상 안의 인간 역사 안에서는 아무런 힘을 쓰지 못하는 무기력한 신이다. 오늘날에도 이러한 종류의 실질적 무신론자들이 교회 안에 얼마나 많은지!

유다의 자만과 이스라엘의 교만의 한 예(암 6:2)

아모스 6:1과 6:3 사이에 끼어 있는 2절은 문맥상 그 뜻을 올바로 파악하기가 힘든 구절이다. 여러 학자가 이러한 해석상의 어려움을 피하기 위해 본문을 수정할 것을 제안했다. 예를 들어 다음과 같은 번역을 보라.

> 너희는 갈레에 건너가고(암 6:2Aa)
>> 거기서 대(大) 하맛으로 가고(6:2Ab)

또 블레셋 사람의 가드로 내려가 보라(6:2Ac).

너희가 이 나라들보다 더 나으냐?(6:2Ba)

너희의 토지가 그들의 토지보다 넓으냐?(6:2Bb)

보다시피 6:2Ba의 2인칭 복수 "너희"는 6:1에서 언급되고 있는 이스라엘과 유다를 가리키며, "이 나라들"은 6:2A에서 언급되고 있는 이방 나라들이다.[7] 이와 같은 수사학적 질문에 대해 기대되는 대답은 "아니오!"다. 그렇다면 아모스는 다음과 같이 조롱 섞인 지탄을 하는 것이다. "너희는 이 나라들보다 별로 나은 것도 없으며, 그렇다고 너희의 영토가 그들의 땅보다 큰 것도 아니지 않는가! 그런데 별로 잘난 것도 없는 너희들이 어찌하여 그렇게 거만하고 건방지게 구는가!"[8]

　　본문의 의미를 자연스럽게 하기 위해 제출된 또 다른 제안으로는 히브리어 원문의 수사학적 질문에 부정사가 생략되어 있는 것으로 간주하는 것이다.[9] 이럴 경우의 번역을 실어 보면 다음과 같다.

7　6:2Ba의 "너희"는 히브리어 본문(MT)이나 개역한글의 "그곳들"을 수정한 것이고, 6:2Bb는 두 개의 접미형 대명사인 "그들의 토지"와 "너희의 토지"를 뒤바꾼 것이다. 자세한 논의는 Rudolph, *Joel-Amos-Obadja-Jona*의 아모스서 주석 해당 부분을 보라.

8　이들 나라들(갈레와 대 하맛)에 대한 역사적 배경을 염두에 두고 이렇게 해석하는 학자들이 있다. 예를 들어 Shalom Paul(*Amos*, 201-204)은 아모스가 자신보다 1세기 앞선 9세기경 아시리아의 살만에셀 3세(Shalmaneser III)가 이들 나라를 침공하여 파멸했던 사실(기원전 858, 857, 853년의 갈레 정복; 853, 849, 848, 845년도의 대 하맛 정벌), 그리고 8세기 초엽에 하사엘의 아들인 벤하닷의 지도 아래 북시리아 연합 왕조들이 하맛의 왕인 자키르(Zakir)를 침공한 사건을 언급하고 있는 것으로 추정한다. 6:2Aab에 대한 그의 해석은 다음과 같다. "이 위대한 왕국들[갈레와 대 하맛]은 이스라엘보다 더 강한 강대국이었지만 아직도 옛적 패배의 후유증을 깊이 앓고 있다. 그렇다면 너, 이스라엘은 더욱더 그러하지 않을 것인가!"(203).

9　R. Gordis, "Studies in the Book of Amos," *Proceedings of the American Academy for Jewish Research* 46-47 (1979-80): 237-42; idem, "A Rhetorical Use of Interrogative Sentences in Biblical Hebrew," *AJSL* 49 (1933): 212-17; Hayes, *Amos The Eighth-Century Prophet*, 184-85.

그곳들이 이 나라들보다 낫지 아니하냐?(암 6:2Ba)

그 토지가 너희 토지보다 넓지 아니하냐?(6:2Bb)

이러한 제안을 따를 경우에도 뜻에 있어서 근본적으로 위에서 제안한 수정 번역의 경우와 크게 다르지 않다. 수사학적 질문에 대해 기대되는 대답은 역시 긍정이다. 다시 말해서 아모스는 자신의 청중들인 이스라엘을 향해 다음과 같이 말한다. "이방 나라들이 너희 나라보다 더 좋고, 그들의 영토가 너희 것보다 더 넓다는 사실을 너희들도 다 아는 바다. 그런데 어찌해서 너희가 이처럼 교만하고 방자하게 행동하는가?" 이 말은 이스라엘을 향한 질타가 된다.

하지만 이러한 수정들을 하지 않고도 현재 본문의 의미를 살려내는 길은 없을까? 최근에 한 저자는 매우 흥미로운 해석을 제안한다. 현재의 6:2B을 그대로 수용하면서 그것을 좀 더 넓은 문맥 안에서 이해할 것을 제안한 것이다. 이스라엘의 지도자들에게 던져진 수사학적 질문에 대해 기대되는 대답은 분명히 "아니오!"다. 아모스는 청중들이 다음과 같은 말에 절대적으로 찬성하고 있음을 분명히 밝히려고 한다. "이방 나라들은 유다와 이스라엘보다 낫지도 않고 그렇다고 더 좋은 것도 아니다. 그리고 그들의 토지와 영토가 유다와 이스라엘의 영토보다 넓지도 않다." 그렇다면 아모스는 이러한 사실을 천명함으로써 이스라엘이 지니고 있던 신념, 즉 6:1에서 지적하고 있는 이스라엘의 민족적 자만심과 교만을 다시 한번 폭로하고 있다는 주장이다.[10]

하지만 우리는 전후 문맥 안에서 6:2을 좀 더 자연스럽게 이해하기 위해서 2절이 아모스의 말이기보다는 이스라엘 지도자들의 말이라고 이

---

10   자세한 논의는 Carroll, *Context for Amos*, 255-57을 보라.

해해야 한다.[11] 다시 말해서 아모스가 이스라엘 지도층의 말을 인용하고 있는 것으로 간주하는 것이다. 아모스는 자신만만한 귀족층들의 자만을—그가 보냄을 받았던 북이스라엘이든 혹은 그의 고향인 남유다이든 상관없이(암 6:2)—그들의 방자한 말에 담아 표현한다. 그들이 말하기를 "자, 우리 주위에 있는 다른 나라들의 도시들(갈레, 하맛, 가드)에 가보라. 그곳들이 우리가 살고 있는 이스라엘이나 유다처럼 살기 좋거나 넓거나 크던가?"(암 6:2) "아니지!"라는 답변을 자연스럽게 요구하는 이러한 수사학적 질문은 결국 이스라엘의 자만과 유다의 교만이 얼마나 극에 달했는지를 보여준다.

그날은 다가오는데(암 6:3)

이러한 자만과 자기 확신 속에서 살고 있던 이스라엘의 상류층들에게는 하나님이 안중에 있을 리 없었다. 그들의 영적 시력은 시계(視界) 제로였다. 그들의 영적 청력 역시 마찬가지였다. 예언자 아모스의 애곡 소리("호이"[부르짖음]; 만가[dirge])가 귀에 들릴 리 없었다. "흉한 날"(암 6:3), "재앙의 날", 곧 "야웨의 날"(참조. 암 5:18, 20; 8:10)이 다가오는 소리를 들을 수 없었다. 오히려 그들은 재앙의 날이 결코 오지 않을 것이라고 확신했다. 아니, 다가오는 재앙의 날을 의도적으로 멀리 밀쳐버리는 어리석음을 범하고 있었다. "부인"(否認)은 하늘을 손으로 가리는 어리석은 행위였다. 마치 죽음이라는 현실을 받아들일 수 없어서 강력하게 그것을 부인하려는 불치병

---

11   예. Sellin, *Das Zwölfprophetenbuch*, KAT, 242; Mays, *Amos*, 115.

환자들처럼[12] 이스라엘은 그러한 태도로 다가오는 "야웨의 날", "재앙의 날"을 부인하고 있었다. 아니, 그들은 자신들이 누리는 부와 영화를 마치 하나님의 임재의 증표들로, 그분이 주신 선물과 축복으로 잘못 해석했는지도 모른다. 좌우간 불행하게도 그들은 재앙의 날이 오고 있다는 외침을 무시하면서 점점 더 강포의 자리로 나아갔다(암 6:3Ab). 그러나 역설적으로 말해서, 그들이 약자와 궁핍한 자를 향해 온갖 유형의 폭력(חָמָס, 하마스)을 행사하면 할수록, 하나님은 그들을 향해 자신의 무시무시한 심판을 행사하기로 마음을 굳히신다.

점입가경의 사치와 광란(암 6:4-6)

예언자 아모스는 풍요로운 상류층들이 보여주었던 극에 달한 향락과 사치를 조목조목 지적하기 시작한다(암 6:4-6). 상아로 만든 침대를 비롯한 값비싼 외제 가구들, 산해진미(山海珍味)로 휘청거리는 식탁, 게걸스러운 포식, 소파에 비스듬히 누워 있는 무료한 평안, 현란한 풍악 소리들—심지어 어떤 자들은 마치 다윗처럼 악기 반주에 맞추어 노래를 만들어 부르기까지 했다!(암 6:5Ab)—호사스런 탐닉 등은 상상을 초월하는 방종한 사회상을 그려준다. 이전에는 오로지 왕족에게만 가능했던 이러한 사치스런 삶이 이제는 소위 중산층이라고 스스로를 겸허하게 부르는 이스라엘의 "불의한 범죄 집단"의 생활 양식이 된 것이다.

---

12 이 구절은 이제는 고전이 된 Elisabeth Kubler-Ross 박사의 *On Death and Dying*(New York: Collier Books, 1969)을 상기시킬 것이다. 그녀는 죽음에 직면한 불치병 환자들이 겪는 심적인 단계를 다섯 단계로 구분한다. (1) 부정과 고립(denial & isolation); (2) 분노(anger); (3) 협상(bargaining); (4) 침체(depression); (5) 받아들임(acceptance).

방탕한 향락주의는 이스라엘 사회의 살과 피가 되어버린 지 이미 오래되었고, 철저한 자기중심주의, 비정한 개인주의는 사회 지도층의 피부색이 되었다. 나라가 남과 북, 동과 서로 갈라지고 사회 계층 간의 괴리는 점점 깊어만 가지만 아모스의 질타를 받고 있었던 사람들은 무감각할 뿐만 아니라 비정하기까지 했다. 그들은 은행 구좌로 입금되는 뇌물과 떡값에는 관심이 있었고, 몇 평짜리 호화 빌라에 살 것인가, 어느 차종(車種)을 타고 다녀야 할 것인가에 관해서는 무척이나 신경을 곤두세웠지만, 자신이 살고 있는 조국 이스라엘의 운명에는 손톱만큼의 관심도 없었다. 예언자 아모스는 이렇게 개탄한다. 너희는 요셉의 파멸에 대해서는 전혀 근심조차 하지 않는도다!(암 6:6Ac) 아모스는 이러한 무관심을 극명하게 보여주기 위해 매우 대조적인 구문법을 사용한다. 즉 7개의 분사와 3개의 정동사를 사용하면서 이스라엘 상류층 사람들의 적극적인 방종과 사치를 묘사하고, 단 한 개의 정동사만을 사용하면서 이스라엘의 안일과 무관심을 그려준다. 먼저 7개의 분사가 사용된 문장들을 보면, 이스라엘 상류층 사람들은 (1) 재앙의 날을 뒤로 멀리 "밀쳐내는 자"(מְנַדִּים), (2) 상아 상에 "눕는 자"(שֹׁכְבִים), (3) 침상에서 "기지개를 켜는 자"(סְרֻחִים), (4) 양떼에서 어린 양을 "취하는 자"(אֹכְלִים), (5) 우리에서 송아지를 "잡아먹는 자"(עֲגָלִים), (6) 비파에 맞추어 헛된 노래를 "지절거리는 자"(פֹּרְטִים), (7) 대접으로 포도주를 "마시는 자"(שֹׁתִים)였다. 나머지 3개의 정동사 역시 그들의 행동 양식을 묘사하고 있다. 그들은 (1) 강포한 자리로 "가깝게 가는 자들"(וַתַּגִּישׁוּן)이고, (2) 다윗처럼 자기를 위하여 악기를 "제조하는 자들"(חָשְׁבוּ)이며, (3) 귀한 향유를 몸에 "바르는 자들"(יִמְשְׁחוּ)이었다. 그들은 이렇게 자신의 향락을 위해서는 분주했지만 "요셉의 파멸"을 인해서는 근심치 아니하는 자들이었다. 보라, 아모스가 모두 10개의 긍정문을 사용하여 그들의 방만한 삶을 그리고 있는 반면, 조국의 미래에 대해서는 전혀 관심도 없는 그들의 관심에 대해서는 오직 한 개의 부정문("그들은 요셉의 파멸을 인하여는 근심치 아니했다." 암 6:6Ac)을 사용하는 점은 역설이 아닌가!

압제받는 사람들과 억울한 일을 당하는 사람들의 고통과 환난은 이스라엘 상류층 사람들의 마음에 아무런 영향을 미치지 못했다. 그들은 눈물도 피도 없는 냉혈 동물처럼 비정했다. 예배 의식의 소란함을 역겨워 하면서 증오까지 하신 하나님이 이제는 불의 위에 세워진 유흥과 폭력으로 얻어진 향락의 소란스러움에 치를 떠신다.

그렇다면…(암 6:7)

"그러므로"(לָכֵן, 라켄)로 시작하는 형벌의 선언(암 6:7)은 이스라엘 상류층 사람들의 허세와 허영, 방종과 타락이 하나님의 인내의 한계를 넘어선 극한 지점까지 왔음을 보여준다. 아모스는 그들이 적국에 포로가 되어 머나먼 이국으로 끌려갈 것이라고 선언한다. 그것도 포로로 끌려 가는 사람들의 긴 행렬의 맨 앞에 서서 갈 것이라는 선언이다. 아모스는 특유의 냉소적 해학(sardonic parody)으로 다시금 그들을 아연실색하게 한다. 재앙의 날이 너희들에게 임할 것이며, 그때 적국의 포로가 될 것이라는 것이다. 그러나 이것은 그리 냉소적이 아니지 않은가? 무엇이 아모스의 차가운 비아냥거림인가? 그것은 "그들이 포로된 자들 중에 우두머리(רֹאשׁ)가 되어 사로잡혀 가리라"(암 6:7Aa)는 말 속에 담겨 있다. 그들은 누구였던가? 열국 중에서 스스로를 "으뜸"(רֵאשִׁית, 직역하면 "머리")이라고 자랑하던 자들이 아닌가?(암 6:1Ba) 그들은 누구였던가? "최상"(רֵאשִׁית, 직역하면 "머리")의 향유를 몸에 바르면서 거들먹거리며 살던 자들이 아니던가?(암 6:6Ab) 그들이 항상 최고의 삶, 일류 생활을 추구하고 살았다면, 예언자 아모스는 그들의 최후의 순간도 가장 영광스럽게 장식해주겠노라고 약속한다. 삶을 마감하는 최후의 날에도 영광스럽게 해주겠다니 무슨 말인가? 포로 된 자들의 "우두머리"(로쉬[שׁאֹר]의 직역)가 되는 영광(?)을 얻게 된다는 것이다. 이는 최상을 추구했던 그들에게 너무나도 적절하고 좋은 보상이 아닌가! 하나님의 냉소적인 유머와 탁월한 보상 능력에 대해서 의심을 품고 있는 자들이 있다면 이 구절을 기억해보라. 각종 축제일에 잔칫집에 길게 누워 흥청대는 주연(酒宴)들이 그칠 것이다(암 6:7Ab).[13] 좋았던 "옛 시절", 절기마다 성소에 가서 종교 행위를 즐기던 시절, 사마리아 거리를 다니노라면 수많은 사람의 존경과 찬사를 한 몸에 받았던 그 좋은 시절, 같은 유의 사람들을 초청해서 벌였던 각종 파티와 모임들이 이제는 아득한 옛 추억으로 지나가게 된 것이다(암 6:4-6).

이제 그들은 약속의 땅에서 추방당하는 수모를 당할 것이다. 고향을 떠나 먼 이국에 강제로 옮겨지는 수난을 겪어본 민족은 고통 속에서 이 구절을 읽었을 것이다. 그곳이 아시리아든지 아니면 바빌로니아 제국이든지 상관없다. 그러나 더욱 큰 고통이 있다면 하나님의 면전에서 추방당하는 것이다. 하나님의 면전에서 추방당하는 것, 그것이 "포로 됨", "사로잡혀감"(exile)의 진정한 의미가 아니고 무엇이겠는가?(암 6:7) 아이고! 우리의 불쌍한 옛 이스라엘이여! "그날"은 점점 다가오는데….

---

13 암 6:7Ab의 "잔칫집에 길게 누워 흥청대는 주연들이 그칠 것이다"라는 문구 중 "주연"으로 번역된 "미르자흐"(מַרְזֵחַ)라는 히브리어가 정확하게 무엇을 가리키는지는 분명치 않다. 일종의 "종교적 제도"를 가리키는 전문적인 용어로서 절기 행사를 가리키는 것으로 추정된다. 이 예식 안에는 기대어 눕고, 먹으며, 마시고, 향유를 바르는 일이 포함된다. 자세한 논의는 Shalom Paul, *Amos*, 210-212을 보라.

제2부 예언자의 불타는 메시지

제13강

분노의 포도주 잔을 들이키라!

암 6:8-14

분노의 포도주 잔(암 6:8-11)

6:8　주 야웨가 자기를 가리켜 맹세하였노라.

　　　만군의 하나님 야웨의 선언이라!

　　"내가 야곱의 자랑을 혐오하며,

　　　그 궁궐들을 싫어하므로

　　　이 성읍과 그 안에 있는 모든 것들을 대적에게 넘길 것이다.

9　한 집에 열 사람이 남는다 하여도 다 죽을 것이다.

10　죽은 사람의 친척 곧 그 시체를 불사를 자가 그 뼈를 집 밖으로 가져갈 때 그 집 내실에 있는 자에게 묻기를 '아직 너와 함께한 자가 있느냐?' 하는데 그가 대답하기를, '아무도 없소이다!' 하면 그가 또 말하기를 '쉿! 조용히 하시오! 우리가 야웨의 이름을 불러내어서는 안 된다' 할 것이다."

11　보라! 야웨께서 명령하신다.

　　그가 큰 집을 쳐서 산산조각 낼 것이며

　　　작은 집을 내리쳐 가루로 만들 것이다.

하나님의 분노의 잔은 이미 사마리아의 언덕을 향해 기울기 시작했다. 이스라엘이 세워놓은 수많은 군사 요새들은 하나님의 보호 없이도 살 수 있다는, 야곱의 집이 갖고 있던 자만의 표상들이었고, 그들의 저택들은 하나님의 정의를 무시한 채 약자들의 피와 땀 위에 세워진 폭력의 증표들이었다. 그들은 그것들이 하나님의 분노를 촉발시키는 뇌관이라는 것을 알지 못했다. 하나님은 "야곱의 자랑"(참조. 암 8:7)과 긍지를 혐오하신다. 무엇이 야곱의 자랑이고 긍지였던가? 여로보암 2세의 치세 아래에서 이스라엘이 누리고 있는 경제적 번영, 막강한 군사력, 사회적 안정 등이었다. 난공불락의 성채들, 최첨단의 군사 무기들, 24시간 돌아가는 공장들, 하늘을 찌를 듯한 교회당의 첨탑들, 위용을 자랑하는 웅장한 성전 건축물들, 이 모든 것이 야곱의 집이 자랑하던 것들이었다. 더욱이 그들은 잘못된 신앙심 안에서 허약한 안전감을 쌓아가고 있었다. 그것은 만국 중에서 자신들만이 선택받았기 때문에(암 3:2; 6:1) 결코 재앙이나 불행이 덮치지 않을 것이라는 확신이었다(암 9:10). 물론 이러한 잘못된 확신을 강화시켰던 자들이 "떡을 위해 사역했던 성직자들"이었음은 두말 할 필요도 없었다. 그리고 이스라엘 사회 안에는 "자만"과 "안이"라는 치명적인 전염병이 소리 없이 돌기 시작했다.

그들은 자신들이 누리는 번영과 건강이 스스로 이룩한 위대한 업적이라고까지 자만하기에 이르렀다. 그러나 빛이 강할수록 어둠의 그림자 역시 더욱 짙은 법이 아닌가? 국가적 번영과 사회적·물질적 번창은 또 다른 어두운 부산물들을 생산해냈다. 아니, 그러한 번영은 정직과 정의에 의해 이루어진 것이 아니었다. 향락 산업의 발달, 성적 타락, 경제적 착취, 사회 저변에 깔려 있는 자만과 안일, 흥청망청하는 소비문화, 빈익빈 부익부의 심화, 사회 계층 간의 괴리 현상, 날을 잃어버린 강단의 메시지 등은 장미빛 번영 속에서 피어난 독초들이었다.

하나님은 자기 이름을 걸고 그들 위에 진노의 잔을 쏟을 것이라고 엄숙하게 맹세하신다(암 4:2; 6:8; 8:7). 이스라엘의 교만은 그들의 존재의 근거이신 야웨 하나님을 버리는 것을 의미했다. 그들은 민족으로서의 출생시부터 지금에 이르기까지 자신들의 존재 자체를 야웨 하나님께 절대적으로 의존했다. 그들을 긍휼 가운데 잉태하고 새 생명으로 출생시킨 분이 야웨 하나님이었기 때문이다. 하지만 그들은 자신들의 성채와 요새 그리고 호사스런 저택이 어떠한 적군의 침공으로부터도 안전한 난공불락의 피난처가 될 수 있다고 확신했다. 물론 그것은 어리석은 확신과 안심이었다. 그러나 우리는 기억해야만 한다. 교만은 모든 죄악의 원형이라고 누군가가 지적했듯이, 하나님 없이도 생존할 수 있다는 인간의 오만은 결국 자신의 존재의 뿌리를 뽑아 작렬하는 사막의 태양 아래 드러내놓게 할 것이다.

아모스는 비극의 도래를 다음과 같이 묘사한다. 적군의 침공으로 인해 열 사람의 도망자가 한 집 안에 숨어 있다 하더라도 그 남은 자들마저도 비극적인 최후를 맞이하게 될 것이다. 물론 우리는 그들이 어떤 방식으로 죽게 되는지 추측할 뿐이다. 어쩌면 전쟁 후 발생한 전염성이 강한 흑사병으로 죽을지도 모른다(참조. 암 4:10). 아모스는 한 걸음 더 나아가 한 가지 일화를 전한다. 두 사람의 친척이 죽은 가족들의 시체를 끌어내어 장례를 치르려고 집 안에 들어갔다. 첫 번째 친척이 다른 친척에게 아직도 집 안에 남아 있는 시신이 있느냐고 묻는다. 그가 없다고 대답하자, 첫 번째 친척이 그에게 다시 말하기를 "쉿! 조용히 하시오.[1] 우리가 여기서 야웨의 이름을 언급해서는 안 될 것이요!"(암 6:10) 사마리아의 도시 위에 내려진 파괴와 멸망의 공포 속에서 야웨의 날이 도래했다는 사실을 인식한 그는 죽은 자를 기억하면서 야웨의 이름을 언급하는 것이 오히려 끔찍한 저주를 새롭게 해주는 역할을 할 것이라는 생각 때문에 같이 간 다른 친척에게 입을 다물라고 말하는 것이다. 하나님의 저주로 인해 비극을 맞이한 심판의 현장에서 야웨의 이름을 부른다는 것이 무슨 의미가 있겠는가! 오히려 끔찍한 비극만을 심화시킬 뿐이기 때문이다.

이제 우리에게 한 가지 분명한 사실이 드러났다. 하나님의 심판은 철저할 것이다. 큰 집이 부서져 깨어지며 작은 집이 산산조각 날 것이다(암 6:11).[2] 하나님의 분노는 집요하게 이스라엘의 죄들을 추적할 것이고 그들

---

1 "쉿, 조용히!"로 번역된 히브리어는 의성어인 "하스"(הַס)다. 이 단어는 종종 "신의 현현"을 가리키는 "야웨의 날"을 묘사하는 문맥 가운데서 사용된다(합 2:20; 습 1:7; 슥 2:17).

2 암 6:11의 "큰 집"과 "작은 집"에 관한 언급은 심판의 철저성을 묘사하는 "양극 대칭법"이다.

로 하여금 매우 비싼 값을 지불하도록 할 것이다. 인간의 자만과 교만, 불의와 부정에 대한 하나님의 값비싼 청구서는 반드시 되갚아야 한다. 만일 인간이 지불하기를 거절하면 그분은 집달리(심판의 도구로서 이방 나라들)를 동원해서라도 이스라엘의 마지막 목숨까지 거두어 가실 것이다(암 6:11). 미국의 대각성 운동을 주도한 조나단 에드워즈의 유명한 설교 제목처럼 "살아 계신 하나님의 [심판의] 손에 빠져 들어가는 것이 얼마나 무서운지요!"(히 10:31). 하나님의 분노의 포도주 잔은 이미 이스라엘을 향해 기울기 시작했다. 그분의 술잔을 받아들게 될 이스라엘은 혼비백산해서 심판의 술에 취할 것이며 다시는 깨어나지 못할 영원한 잠을 잘 것이다.

미친 사회, 판단력을 상실한 이스라엘(암 6:12-14)

6:12 말들이 바위 위를 달리는 것을 보았는가?

    사람이 소로 바다를 가는 것을 본 일이 있는가?

  그런데 너희는 공법을 쓸개로 변하게 하며

    정의의 열매를 쓰디쓴 쑥으로 바꾸었도다.

13 너희는 "로-다바르" 정복을 기뻐하는 자들이며,

    "우리 힘으로 '카르나임'을 취하지 아니하였느냐?" 하는 자로다.

14 만군의 하나님 야웨께서 말씀하신다.

  "이스라엘 족속아,

    내가 한 나라를 일으켜 너희를 칠 것이다.

  그들이 '레보 하맛'에서부터 아라바 계곡까지

"큰"(גָּדוֹל, 가돌)-"작은"(קָטֹן, 카톤)의 평행적 사용법은 창 19:11; 에 1:5,20; 욘 3:5을 보라.

너희를 학대하리라."

이스라엘은 분별력과 판단력을 상실한 자들이었다. 아니, 상식 이하의 행동을 자연스럽게 받아들이는 변태적 집단이었다. 한마디로 거꾸로 가는 세상, 뒤집힌 세상이었다. 일상의 경험과 상식의 눈으로 볼 때도 이해가 되지 않는 기괴한 일들이 자연스럽게 받아들여진 사회였다. 신관, 인간관, 정치관, 사회-문화관, 윤리-가치관, 재물관, 출세관 등등 근본적인 "세계관"이 전복된 미친 사회였다. 도저히 믿기 어려운 괴이한 일들이 일반 대중의 삶 속에서 발생했다.

　예언자 아모스는 다시금 잠언 같은 수사학적 질문을 동원해서 이스라엘의 우매와 광란을 만천하에 드러낸다. "말들이 바위 위를 달리는 것을 보았는가? 아니면 사람이 소로 바다를 가는 것을 본 일이 있는가?"(암 6:12a)[3] 이는 부정적인 대답을 기대하는 질문이다. "그런 일은 도저히 있을 수 없다!" 그렇다면 예언자 아모스의 논점은 더욱 힘을 얻게 된다. 있을 수 없는 불가능한 사건들이 이스라엘 사회 안에서 일어난다! 예언자 아모스보다 1세기 후에 사역했던 또 다른 예언자는 다른 뉘앙스로 유다가 저지른 죄의 심각성을 지적한 일이 있다.

3　암 6:12 첫 행의 두 번째 콜론을 마소라 본문(MT)을 그대로 직역하자면 "소가 어찌 밭을 갈겠느냐"다. 의미가 어색하기 때문에 첫 번째 콜론의 "바위"가 두 번째 콜론에서 생략된 것으로 간주해 번역에 삽입할 수는 있다(예. 개역개정의 "거기"; NIV; Finley, *Amos*, 276-77). 참고로 이러한 현상들을 흔히 히브리 시 연구에서는 일명 "이중 의무 부담"(double duty) 혹은 "생략법"(ellipsis)이라 부른다. 히브리 시에서의 "생략법"에 대해서는 Watson, *Classical Hebrew Poetry*, 303-306을 보라.
　한편 히브리어 본문(MT) 중 한 단어로 표기된 "소들"(בַּבְּקָרִים)을 두 단어로 나누어 읽으면 "소로 바다를"(בַּבָּקָר יָם)이 된다. 후자의 경우 어처구니없는 현상이 더욱 돋보인다. 후자의 입장을 취하는 그룹으로는 BHS; NRSV; E. Hammershaimb; Cripps; Mays; Andersen & Freedman; Soggin; Paul 등이 있다.

에티오피아인(흑인)이 그 피부색을 바꿀 수 있겠는가?

혹은 표범이 그 반점을 바꿀 수 있겠는가?(렘 13:23)

없다! 천지가 개벽하는 일이 있어도 그러한 일들은 불가능하다. 이처럼 유다는 선을 행할 수 없는 불치병, 악행에만 익숙해진 중병을 앓고 있다는 것이 예레미야의 진단이며 비난이다. 아모스에 의하면, 가장 부자연스러운 것을 밥 먹듯이 가장 자연스럽게 하는 "미친" 삶의 형태가 이스라엘을 특징짓는다. 이것은 매우 어리석은 일이며 위험천만한 일이기도 하다. 바위를 달리는 말이 어찌 성할 수가 있겠으며, 바다에서 소를 몰겠다는 것은 죽는다는 것 외에 달리 무슨 뜻이 있겠는가! 모두가 한결같이 미쳤기 때문에 미친 일이 정상적인 일이 되어버렸다. 지혜자가 침묵하고 슬기로운 자가 침묵하는 것에서 탄식하는 때가 된 것이다(암 5:13). 공법을 바꾸어 악법을 만들고, 정의는 사람을 죽이는 독초로 탈바꿈하게 되었다.

이스라엘의 광란은 그들로 하여금 환각 증세에 빠지게 만들었다. "허무", "공허", "비어 있음", "아무것도 아님"이란 의미를 지닌 도시 "로-다바르"[4]에는 싸워야 할 대상이 전혀 없었는데도 불구하고 이스라엘은 마치 그 도시와 대규모 전쟁을 치른 후 그 성읍을 얻은 것처럼 착각하고 크게 즐거워한다는 것이 이스라엘을 향한 아모스의 비아냥거림이다. 그들은 "뿔들"이란 의미를 가진 "카르나임"[5]이란 도시를 정복했을 때에도 마치 자신들의 "뿔들"(힘, 세력)로 승리를 얻은 양 자만했다. 그들의 자화자찬의 언어에는 반복적으로 "우리가⋯우리가⋯"가 등장한다. 그들이 사용하는 문장 속

---

4 "로 다바르"(דָּבָר לֹא [no-thing], 개역개정은 "로-드발" 혹은 "로-데발"로 음역함[삼하 9:4; 17:27])는 길르앗 북쪽 암몬의 영토인 얍복강 북쪽에 위치한 가드의 성읍 "드빌"이 아닌가 추정된다(참조. 수 13:26).

5 "카르나임"(קַרְנַיִם [horns])은 야르묵강 북동쪽에 위치한 길르앗의 도시로서 아스다롯시와 자매 도시다(창 14:5). 그 단어의 의미는 "뿔들"이며 종종 "힘"을 상징한다.

의 주어는 항상 "우리"였다. 그들의 생각과 삶 속에는 도무지 하나님의 자리가 없었다. 그들은 하나님의 통치권을 박탈한 것이다. 하나님의 주권이 존중되고 그분의 통치권이 행사되지 않는 사회에는 오직 오만한 인간 군상만이 있을 뿐이다. 아모스는 미친 사회가 이제는 심각한 환각과 환청 가운데 빠져 돈키호테적 승리감에 도취되었다며 특유의 씹어대는 냉소적 유머를 사용해서 그 사죄를 빈정대고 있다.[6]

　　이스라엘의 운명은 이미 결정되었다. 야곱의 집의 미래는 다시는 돌이킬 수 없는 무저갱 속으로 한없이 떨어지고 있었다. 역사의 주 되신 야웨 하나님은 이제 이방 민족을 심판의 도구로 삼아 자기 백성을 치시기로 작정하셨기 때문이다. 그들이 그렇게 군사력을 뽐내면서 자만했지만, 하나님의 도우심이나 간섭 없이도 전쟁에서 승리했다고 자축했지만, 예언자의 눈으로 볼 때 그러한 업적과 성취는 "아무것도 아니었다." 그들의 거만한 코와 오만한 목소리들, 뻣뻣한 목들을 하나님께서 그대로 놔두실 것인가? 천만의 말씀이다. 막강한 군대의 장군, 만군의 하나님이 친히 그들을 향해 칼을 들고 치러 일어나실 것이다. 하나님께서는 더 이상 앉아 계시거나 침묵하지 않으실 것이다. 어리석은 자들의 방자한 말을 그냥 넘기지 않으실 것이다. 그분이 자리에서 일어나는 날은 적군을 파멸하기 위해 출전하는 날이다. 누가 그분을 당하리요! 누가 그분을 대적하여 일어날 자가 있으리요! 그분이 한 나라를 일으켜 이스라엘을 치실 것이다. 이스라엘은 북쪽 "카르나임"과 벌이는 전투와 남쪽 "로-다바르"와 벌이는 전투에서 승리했다고 자랑하지 않았던가?(암 6:13) 그러나 이제는 하나님이 바로 교만을 꺾어버리실 것이다. 전쟁의 용사이신 만군의 하나님께서 심판의 도구로 한

6　암 6:13의 역사적 배경은 여로보암 2세가 요단 동편 지역을 정벌하러 나선 때인 듯하다(왕하 14:25).

나라를 들어서 이스라엘의 북쪽("레보 하맛") 국경으로부터 남쪽("아라바 계곡") 국경에 이르기까지 이스라엘 전역을 유린하고 강탈하실 것이다.[7]

다시 들어야 할 말씀

이스라엘에게는 미래가 없는가? 그들에게는 죽음과 멸망만이 "마지막 말"인가? 아직은 그러할 것이다! 구원의 하나님은 어디에 계시는가? 아브라함과 이삭과 야곱의 하나님은 어디에 계시는가? 아직은 그분의 이름을 부를 수 없다! "그날"이 지나가기 전에는, 곧 "야웨의 날"이 지나가기 전에는 그럴 것이다. 적어도 옛 언약 가운데서는 그렇다는 말이다.

아모스의 불타는 메시지는 지금도 수많은 언약 백성들에게, 우리 조국의 교회들에게 들려야 한다. 우리는 옷깃을 여미고 두려운 마음으로 귀를 기울여야 한다. 삶의 행실을 고치고, 하나님의 전적인 통치 아래 자신의 삶과 가정과 교회와 사회를 내어 맡겨야 할 것이다. 불의한 자들을 향한 비난, 오만한 자들을 향한 질타, 대중을 향한 질책, 하나님께로 나가는 길에 바리케이드가 되어버린 종교/제의 및 예배에 대한 철퇴, 하나님의 통치에 복종하라는 긴박한 왕의 칙령 등은 우리가 귀담아 듣고 순종해야 할 것들이다.

그러나 우리가 잊지 말아야 할 매우 중요한 성경 해석적 전망이 있다. 지금 우리는 옛 아모스의 말씀들을 부활의 언덕 이편에 서서 읽고 있다는

---

7   "레보 하맛"(개역개정은 "하맛 어귀"라고 번역)은 종종 이스라엘의 북쪽 국경을 지칭하는 데 사용되었다(민 13:21; 34:8; 수 13:5; 삿 3:3; 왕상 8:65; 왕하 14:25; 대상 13:5). "아라바 계곡"은 사해의 북쪽 끝 지경을 가리킨다. 종종 "아라바 바다"라고도 불린다(신 3:17; 4:49; 수 3:16; 12:3; 왕하 14:25).

사실이다. 우리는 "야웨의 날"이 지나간 이후의 시대에 살고 있다. 따라서 우리는 "그날"을 회고적으로 바라보고 있다. 또한 우리는 우리의 연약함을 몸소 겪으신 대제사장을 통해서 하나님의 진노의 잔을 바라다본다. 우리는 "야웨의 날", "분노의 날"에 옛 이스라엘의 불의와 죄악들을 어깨에 짊어지고 골고다 언덕을 오르셨던 "참 이스라엘"을 알고 있다. 우리는 예수 그리스도가 계시기에 아모스의 불타는 메시지를 새롭게 듣는다. 두려움과 공포의 메시지가 아닌 구원과 은총의 메시지로 읽을 수 있게 된 것이다. 우리는 옛 이스라엘의 뒷이야기를 잘 안다. 또한 우리는 예수 그리스도를 통해 이루어진 새 이스라엘의 이야기를 알고 있다. 그래서 우리는 감격과 두려움, 감사와 결단의 건강한 긴장 속에서 옛 이야기를 새롭게 듣는다.

그렇다! 불행했던 옛 이스라엘의 이야기는 새로운 이스라엘인들에게 새롭게 들려야 할 것이다. 임박한 재난에 대한 경고의 나팔 소리로, 가슴 치는 어머니의 탄식 소리로, 집나간 아들을 향한 아버지의 기다림으로, 아내를 향해 새로운 삶을 살자고 간청하는 남편의 호소로 들려야 할 것이다. 하나님의 부르짖음에 대한 우리의 진정한 응답은 하나님의 샬롬을 가져올 것이다. 온전한 샬롬의 나라가 도래할 때까지 우리는 이 세상에서 정의와 공법의 수행자로 위촉받았다. "공법을 강물같이, 정의를 계곡의 시냇물처럼 끊임없이 흐르게 하라!"

환상 보고문

주께서 내게 보여주신 것이 이러하니

제14강

아모스의 환상 보고문

암 7-9장

환상에 관한 책[1]

아모스의 환상 경험에 관한 기사는 아모스 7-9장에 포함되어 있다. 좀 더
구체적으로 말하자면, 예언자 아모스와 벧엘의 제사장 아마샤 간의 대결
을 매우 객관적으로 그려주고 있는 3인칭 내러티브인 7:10-17을 제외한
나머지 7:1-9:15 안에 기록되어 있다. 모두 5개의 환상 보고문을 담고 있
는 이 부분은 아모스의 메시지를 이해하는 데 매우 중요한 열쇠를 지니고
있다.

아모스 7-9장에 실려 있는 5개의 환상 보고문들은 단락 간의 경계들
이 서로 잘 구별된다. 첫 번째 두 개의 환상 보고문들은 서로 한 쌍의 짝을
이루고 있으며, 예언자는 이 환상 속에서 어떤 특정한 자연적 현상이 일
어나고 있는 것을 보았고 그 사건을 통해 전달되고 있는 깊은 의미를 인
식한다. 학자들은 이 환상들을 "사건 환상"(event vision)이라 부른다. 첫 번
째 환상은 7:1-3에 포함되어 있고 두 번째 환상은 7:4-6에 포함되어 있
다. 두 번째로 한 쌍의 짝을 이루고 있는 세 번째 환상과 네 번째 환상은 각
각 7:7-8과 8:1-2에 포함되어 있는데 일명 "대상 환상", "물건 환상"(object
vision) 혹은 "언어유희 환상"이라 불린다. 예언자는 이 환상 속에서 어떤 특
정한 물건 혹은 대상을 보게 되고, 또한 그 물건의 이름과 비슷한 단어(언어
유희)를 통해 전달되는 의미를 인식하게 된다. 그리고 9:1-15에 포함되어
있는 마지막 다섯 번째 환상은 형식과 성격에 있어서 그 앞의 네 개의 환상
과는 매우 다르다.

---

[1] 환상 보고문에 관한 가장 방대하고도 자세한 연구는 다음을 보라. Günter Bartczek, *Prophetie
und Vermittlung: Zur literarischen Analyse und theologischen Interpretation der Visionsberichte
des Amos,* Europäische Hochschulschriften 23/120 (Frankfurt am Main, Bern: Peter D. Lang,
1980). Günter는 전통적인 문서비평, 양식비평(구문론, 문체론, 의미론연구 포함), 장르비평
을 사용하고 있으며 마지막으로 신학적 해설을 제공한다.

시형 문체로 기록된 아모스의 메시지 단락(암 3-6장)과는 달리 환상 보고문은 묘사적인 산문체(descriptive narrative)로 기록되어 있다. 그럼에도 문학적 형식과 문체에 관한 한, 환상 보고문들은 탁월하고도 함축된 표현을 통해 매우 고급화된 형식을 보여준다. 특히 4개의 환상들은 문체상 서로 밀접하게 연관을 맺고 있을 뿐만 아니라 마지막 다섯 번째 환상과도 긴밀하게 연관되어 있다.[2]

환상 기록의 의미

환상 보고문에 대한 학자들의 평가는 크게 두 가지로 구별할 수 있다. 첫째 부류는 환상 보고문을 통해 아모스의 예언 활동의 단계를 추출하려는 노력들이다. 그들에 의하면, 환상들이 기록되어 보존된 이유는 아모스의 독특한 메시지가 역사적으로 어떻게 형성되었는가를 보여주기 위함이며, 또한 그의 극적이고도 숨 막히는 심판 예언 사역을 정당화하기 위함이다.[3] 이 환상들은 이미 앞서서 이스라엘에게 선포되었던 메시지들(특히 3-6장)에 대해 이스라엘이 어떻게 반응했는가를 보여주는 흔적을 제공할 뿐만 아니

---

2 문학적 장르로서 구약성경에 나타난 "상징적 환상"(symbolic vision)에 관한 연구로는 다음을 보라. M. Sister, "Die Typen der prophetischen Visionen in der Bibel," *MGWJ* 78 (1934): 399-430; F. Horst, "Die Visionsschilderungen der alttestamentlichen Propheten," *EvT* 20 (1960): 193-205; B. Long, "Reports of Visions Among the Prophets," *JBL* 95 (1976): 353-65; Susan Niditch, *The Symbolic Vision in Biblical Tradition*, HSM 30 (Chico: Scholars Press, 1983). 특히 S. Niditch는 "상징적 환상"에 관한 통시적 연구(아모스 → 예레미야 → 스가랴 → 다니엘)를 통해 "환상"이란 문학적 장르가 어떻게 발전해가고 있는가를 추적한다.

3 환상 보고문이 아모스서 안에서 가장 오래된 자료이며, 이 환상 보고문은 아모스의 예언 활동의 과정에 대해, 그리고 아모스서의 형성에 열쇠를 제공하고 있다고 믿는 학자들이 있다. 예. E. Würthwein, "Amos-Studien," *ZAW* 62 (1950): 10ff.; Jeremias, *The Prophet Amos*); J.D.W. Watts, *Vision and Prophecy in Amos* (Leiden: E.J. Brill, 1958), 27-50을 참조하라.

라 그러한 반응에 대해 하나님께서 어떻게 응답하실 것인가에 관해서도 점진적인 방법으로 보여준다. 예를 들어 첫 번째 두 개의 환상 보고문에는 예언자 아모스의 중보가 기록되어 있고 그에 대한 하나님의 긍정적인 응답이 기록되어 있는 것으로 미루어보아, 하나님께서 처음에는 아모스 예언자의 중보 간청을 듣고 심판의 집행을 유보하려고 했던 것처럼 보인다. 따라서 아모스는 처음에 회개를 촉구하는 예언자로 활동했다. 그러나 세 번째 환상 다음부터는 그러한 예언자의 중보에 대한 기록이나 혹은 하나님께서 마음을 바꾸셨다는 내용이 없는 것으로 보아 이스라엘의 완고하고도 지속적인 반역이 "죽음에 이르는 치명적인 죄"임을 알게 되고 그 이후로는 심판과 재앙의 예언자가 되었다는 주장이다.[4]

환상 보고문은 소명 환상인가?

이와 연관해서, 어떤 학자들은 환상 보고문이 사실은 아모스가 예언자로 부르심을 받는 내용을 담고 있는 "소명 환상"(call vision)을 가리킨다고 주장한다. 그리고 아모스의 소명 환상이 아모스서의 서두에 있지 않고 후반부에 놓여 있는 것은 아모스서 편집 과정에서 기인된 것으로 본다. 그들은 논란이 많은 이사야의 소명 설화가—이사야 6장의 환상 보고문이 "소명 환상/설화"(call vision, narrative)인가 아니면 예언자로서의 사명을 다시금 확인하고 "재위임하는 환상/설화"(recommission vision, narrative)인가에 관해서는 많은 논란이 있다—이사야서의 초두에 있지 않고 6장에서 기록된 것과 같다는 데 호소한다. 그러나 우리는 아모스서의 환상 보고문을 아모스의 소

---

4   이에 관한 상세한 설명은 암 7:10-17에 관한 주석 부분을 참조하라.

명 환상이라고 부르는 일에 대해 회의적이다. 환상은 아모스가 예언자로 이미 부르심을 받았을 때, 좀 더 구체적으로 말하자면 북이스라엘 왕국에서 선포 활동을 하기 바로 직전에 주어졌다고 생각하는 것이 자연스럽다.[5]

환상 보고문에 대한 두 번째 입장은 일련의 환상 시리즈가 시간적으로 각기 다른 시기에 따로 주어졌을 뿐만 아니라 제각기 연관되어 있는 특정한 역사적 상황이나 사건들과 관련을 맺고 있다고 주장하는 사람들에 대해 반대 의견을 취하는 입장이다. 이들에 따르면, 환상 보고문으로부터 예언자에 관한 연대기적 혹은 자서전적 증거를 찾아내는 일은 거의 불가능하다. 왜냐하면 환상 보고문은 실제로 그러한 사건들이 발생한 연대와 장소에 대해 아무런 단서도 제공하지 않기 때문이다. 더욱이 환상이라는 장르를 문자 그대로 받아들일 경우 더욱 그렇다고 할 수 있다.[6] 따라서 우리는 잠정적으로 메이스의 다음과 같은 결론에 동의하는 편이 나을 것 같다. "만일 여기에 기록된 환상들이 아모스의 예언 사역을 출범시키는 소명 환상이 아니라고 한다면, 이 환상들은 적어도 아모스가 이스라엘에 가서 선포 사역을 시작하기 바로 직전에 그에게 임했을 것이라고 생각해야 한다."[7]

좌우간 우리는 환상 보고문을 통해 하나님의 심판 메시지와 그에 대한 예언자의 중보 간의 관련성에 대해 그리고 하나님의 심판 메시지와 이스라엘의 반응 간의 관련성에 대해 어렴풋한 그림을 그려볼 수 있다(예. 암

---

5   한편, J. Jeremias(*Amos*, 3)는 환상 보고문이 아모스서에서 가장 오래된 자료라는 전제 아래 "환상 보고문들은 아모스가 이미 이전에 예언자로 활동했다는 것을 전제로 하고 있기 때문에 본 환상 보고문이 예언자 직분으로 부르심을 받는 소명 사건이나 혹은 메시지를 선포하도록 위임받는 사건을 보여주는 기사로 생각될 수 없다"고 주장한다.

6   예.. Mays, *Amos*, 126-27.

7   Mays, *Amos*, 126("If the visions are not inaugural, they must have come at the latest before the beginning of his proclamation in Israel").

5:15). 그리고 더욱 중요한 사실은 아모스 사명의 중요성과 그가 전해야 하는 메시지의 심각성이 환상 보고문을 통해 분명하게 드러난다는 것이다.

환상 보고문에 들어가면서

예언자 아모스는 자신의 이름이 제목으로 붙은 서책(書冊)의 제3장부터 이스라엘을 위해, 그리고 이스라엘에 대항해서 심판의 말씀을 구체적으로 선포했다. "이 말씀을 들으라"(암 3:1; 4:1; 5:1)로 시작하는 그의 불타는 메시지는 이스라엘의 삶과 생활의 중심부들을 날카롭게 말씀의 칼로 헤집으면서 그들의 깊은 죄책과 치료할 수 없는 죄악들을 드러냈다. 돌이킬 수 없는 죄악의 중대성과 심각성, 이스라엘 사회 전반에 걸쳐 만연되어 있는 불의와 부정의의 불치성 등은 상식으로도 수용될 수 없는 그들의 우매와 불가항력적 완고함, 잘못된 구원관에 근거한 헛된 안전감과 오해된 선택 사상에서 비롯된 오만한 신념 등으로 더욱 심화되었다(암 3-6장). 그리고 그들에게 운명 지어진 임박한 죽음을 선고할 수밖에 없었던 예언자 아모스는 또한 그들이 처하게 된 이러한 불행한 운명에 대해 애곡하지 않을 수 없었다(암 5:18; 6:1).[8] 물론 그들은 자신들에게 임박한 심판과 죽음의 때를 되돌이킬 수는 없다 하더라도 최소한 그것들이 자신들 위로 넘어갈 수는 있을 것이라는 "유월의 은총"을, 아니 아모스의 언어를 그대로 빌려 사용한다면 "혹시의 은총"(grace of perhaps, 암 5:15)을 잊지는 않았다.

　이제 우리는 "말씀 사역자"로 등장한 예언자 아모스가 아모스 7장부

8　5:18과 6:1은 모두 히브리어 불변사인 הוֹי(호이)로 시작한다. 이 불변사는 의미론적으로 장례적 애곡의 영탄사(exclamation), "아이고!"로 이해하면 가장 좋을 것이다.

터 "환상 사역자"로 전환된다는 사실에 주의를 기울일 필요가 있다. 우리는 앞서 예언자의 정체성, 즉 예언자가 누구인가라는 질문에 대해 길게 논한 바 있다. 예언자란 야웨의 천상 어전 회의에 직접 참석하는 영광을 얻어, 그곳에서 일어나는 일들을 "직접 보고" 그곳에서 결정된 사항들을 "직접 들어" 그 내용을 지상의 사람들에게 천상의 왕의 권위를 가지고 "선포하는" 사람이라고 정의 내린 바 있었다. 그는 천상 왕 야웨의 지상적 대변인이다.

환상 사역자로서 그가 본 환상들은 그가 입으로 선포했던 이스라엘의 죄와 그 형벌의 내용과 매우 밀접한 관련성을 지니고 있다. 다시 말해서 환상 보고문은 아모스의 메시지의 본질과 성격을 조명해줄 뿐만 아니라 아모스서의 문헌적 발전 과정에 관해 어느 정도의 이해를 더해준다. 더욱이 환상 보고문들은 이스라엘의 죄와 그 결과 그리고 그들의 죽음에 관한 새로운 사실들을 제시한다.

아모스서의 후반부를 형성하는 환상 보고문은 서로 관련을 맺고 있지만 그 내용에 있어서는 개별적이면서도 점진적인 다섯 개의 환상들을 담고 있다. 앞서 세 개의 "들으라-설교문"처럼 다섯 개의 환상 보고문 역시 유사한 문구인 "내가 보니"(암 7:1,4,7; 8:1; 9:1)로 시작한다. 다섯 개의 환상 보고문들은 다음과 같이 문학적 단위로 나뉠 수 있다.

(1) 7:1-3   메뚜기 재난 환상

　　　　　　사건 환상

(2) 7:4-6   불 환상

(3) 7:7-9   다림줄 환상

　　　　　　물건 환상(언어유희 환상)

(4) 8:1-3   과일 광주리 환상

　　　　　　　　　　　　　　　　　제3부 환상 보고문

(5) 9:1-4 성소 붕괴와 민족 전멸 환상

이 가운데 "사건 환상"으로 분류될 수 있는 첫 번째 쌍의 환상(메뚜기 환상과
불 환상)은 형식상 여러 면에서 유사하다.

(1) 환상에 대한 서론:

"주 야웨께서 내게 보이신 것이 이러하니라, 보라!"(암 7:1a과 7:4a)

(2) 예언자의 중보적 호소:

"주 야웨여! 청하오니 용서하여주소서. 야곱이 미약하오니 어떻게 견딜
수 있겠나이까?"(7:2b과 7:5)

(3) 중보에 대한 하나님의 허락:

"야웨께서 이에 대해 뜻을 돌이켜 가라사대 '이것이 이루지 아니하리
라'"(7:3과 7:6).

사건 환상은 이스라엘을 향해 다가오는 심판에 대한 경고들을 담고 있으
며, 동일한 양식인 "주 야웨께서 내게 보이신 것이 이러하니라, 보라!"(암
7:1a과 7:4a)로 시작한다. 두 환상 모두 하나님께서 이스라엘을 멸하시겠다
는 결정을 상징하는 자연 현상과 관련을 맺고 있다. 즉 그것은 이스라엘 전
국토의 농작물을 갉아 먹어버릴 메뚜기 떼와 강과 호수와 연못들 그리고
온 땅을 모두 태워버릴 가공할 만한 화마에 관한 것이다. 두 개의 환상 모
두 아모스의 농업적·목축적 직업 배경에 잘 어울리는 것들이었다. 메뚜기
떼들은 매년 연례행사처럼 이스라엘의 국토를 휩쓸고 지나가는 위협이었
고, 화재는 일반적으로 건조한 여름 동안 들판에서 종종 발생하는 것이었
기 때문이다. 사건 환상의 경우, 예언자는 야곱(즉, 이스라엘)이 하나님의 심
판을 견디어내기에 너무도 미약하기 때문에 심판을 거두어달라고 탄원함

으로써 이스라엘을 멸하시려는 야웨의 의도를 막는다. 그리고 하나님은 예언자의 탄원에 동의해서 심판을 거둬들이신다.

한편, "물건 환상"(object vision) 혹은 "언어유희 환상"(wordplay vision)으로 불리는 두 번째 쌍의 환상들 역시 형식상 여러 면에서 공통점을 지니고 있다.

(1) 환상에 대한 서론:

"아모스야, 네가 무엇을 보느냐?"(암 7:8a과 8:2a)

(2) 예언자의 중보가 없음

(3) 심판에 관한 하나님의 최종적 결정:

"내가 다시는 용서치 않으리라"(7:8b과 8:2b).

다림줄 환상(암 7:7-17)과 여름 과일을 담은 광주리 환상(암 8:1-14)으로 구성된 두 번째 한 쌍의 환상은 이스라엘을 향한 야웨의 심판이 불가피하다는 것을 말한다. 역시 아모스가 목축업과 농업에 대한 경험을 가지고 있었음을 전제로 하는 듯한 이 환상들은 다가오는 형벌과 심판을 상징화하고 있다. 건물의 벽이 곧게 올라가는지를 점검하는 도구가 다림줄이다. 다림줄은 무거운 추를 달아맨 줄로 벽을 똑바로 세우기 위해 목수나 미장이들이 사용하는 도구다. 야웨께서 다림줄을 들고 계신 것을 보았던 아모스는 야웨께서 이스라엘을 이미 그것으로 재셨고, 야웨께서 이스라엘이 도덕적으로 굽었으며 윤리적으로 붕괴 직전에 있는 나라라는 것을 알고 계셨다고 결론짓는다. 부실하게 올라간 담벼락처럼 이스라엘은 자신들의 부실과 오류의 무게를 견디지 못해 결국 붕괴될 것이다. 한편 여름 과일 바구니는 추수 기간 동안에 흔히 볼 수 있는 물건이다. 이 환상은 "여름 과일 바구니"에 해당하는 "켈루브 카이츠"(כְּלוּב קַיִץ)라는 히브리어를 사용해서 언어유희를 하고 있다. 아모스가 과일 광주리를 보았을 때, 그는 야웨께서 자신에게 "종말"(케츠, קֵץ)이 이스라엘 백성 위에 임했음을 보여주고 계시다는 사실을 알게 된다. "카이츠"(קַיִץ)와 "케츠"(קֵץ)는 동일한 히브리어 자음을 사용하고 있다. 이렇게 함으로써 이 두 단어는 해당 환상의 기본을 이루고 있는 언어유희를 형성한다. 이 두 가지 환상의 경우 아모스는 이전처럼 하나님의 결정에 대해 반대 의견을 피력하지 않는다. 네 번째 환상(암 8:1-3) 후에 아모스는 자신이 열국 심판 신탁에서 이스라엘을 향한 긴 고발과 형벌을 선언했듯이(암 2:6-16), 다시금 이스라엘의 잘못에 대한 긴 고발과 질책의 말을 내뱉는다(암 8:4-14).[9]

마지막 환상(9:1-15)은 벧엘 성소의 파괴[10]와 무너진 다윗 왕가의 복원에 관한 것으로서 이전 두 쌍의 환상들과는 달리 그 구성이 독특하다.

(1) 위의 네 편의 환상은 모두 하나님께서 아모스에게 "보여주신" 것으로 기록되어 있는 반면에 마지막 환상에서는 아모스가 주도적으로 환상을 "보고" 있는 것으로 기록되어 있다. "내가 보니"(암 9:1). 위의 환상들 가운데 담겨 있는 심판의 묘사가 비교적 짧고 그 내용이 일반적인 것이라면, 마지막 환상 보고문에 담겨 있는 심판은 상대적으로 확대된 묘사를 통해 야웨 하나님의 강력한 심판의 최종성을 드러낸다.

---

9   열국 심판 신탁(암 1:3-2:16)과 환상 보고문(암 7:1-9:6)이 각각 이스라엘에 대한 언급으로 그 절정(암 2:6-16; 9:1-6)을 이룰 뿐만 아니라 이스라엘에 대한 그러한 신탁과 환상 보고가 그것들에 앞서서 등장하는 심판 신탁들과 환상 보고문들에 대한 의도적이고 의식적인 확대와 심화의 결과라는 사실을 기억할 필요가 있다. 예. J. Jeremias, "Völkerspruche und Visionsberichte im Amosbuch" in *Hosea und Amos: Studien zu den Anfängen des Dodekapropheton,* FAT 13 (Tübingen: Mohr [Siebeck], 1995), 157ff.; idem, *Amos,* 155ff.; H. Gese, "Komposition bei Amos," 74-95.

10   벧엘이라는 이름이 직접적으로 거명되지는 않았어도, 야웨에 의해 파괴되는 것으로 본문 안에 묘사되고 있는 것이 벧엘 성소라는 것은 거의 의심되지 않는다. 예. Wolff, *Amos,* 111f.; idem, "Das Ende des Heiligtums in Bethel," *Archäologie und Altes Testament: FS K. Galling,* ed. A. Kuschke and E. Kutsch (Tübingen: Mohr [Siebeck], 1970), 287-98.

(2) 마지막 환상 보고문은 청중과 독자들에게 "그림언어"(Bildwort)를 통해 심판의 우주적 측면을 강력하게 제시함으로써 "환상 시리즈"(series of visions) 안에서 절정의 위치를 차지한다(암 9:1-10).

(3) 그러나 마지막 환상은 벧엘 성소의 임박한 파괴에 관한 것으로 끝나지 않는다. 적어도 현재의 아모스서에 의하면—다시 말해서 공시적으로 아모스서의 본문을 볼 때—아모스서의 저자는 다윗 왕가의 복원을 다루고 있는 부분도 마지막 환상 안에 포함시킨다. 이것은 아모스서를 이해하는 데 매우 중요한 해석학적인 전망을 제공해준다. 곧 하나님의 심판이 끝나면 야웨께서 다윗의 무너진 장막, 즉 다윗 왕가와 이스라엘 백성을 다시금 그들의 땅으로 돌려보내 회복시킬 것이라는 환상이다. 특히 환상 속에 등장하는 벧엘 성소의 멸망은 아모스의 사역의 빛 아래서 볼 때 매우 적절한 것이다. 그는 벧엘에서 심판의 메시지를 선포하지 않았던가!(암 7:10-17)[11]

---

11 참조. Marvin A. Sweeney, "Formation and Form in Prophetic Literature," in *Old Testament Interpretation: Past, Present, and Future, Essays in Honor of Gene M. Tucker,* eds. James L. Mays, David L. Petersen & Kent H. Richards (Nashville: Abingdon Press, 1995), 121-25. 벧엘 성소로 대표되는 북이스라엘 왕국의 멸망과 다윗의 무너진 장막으로 상징되는 다윗 왕조의 복원의 관계에 대해서는 해당 본문에 대한 강해 부분을 보라.

[부가적 설명 2: 아모스서의 편집에 관한 몇몇 학자들의 견해 요약]

한스 볼프(Hans W. Wolff, *Joel and Amos: A Commentary on the Books of the Prophets Joel and Amos*, Hermeneia Series [Philadelphia: Fortress, 1977], 106-113)는 아모스서 안에서 6개의 서로 다른 자료층을 발견했다고 주장한다.

(1) 아모스 3-6장에 들어 있는 "드고아 출신 아모스의 말씀들"; (2) 7-9장의 환상 보고문과 1:3-2:16 안의 열국 심판 신탁(두로, 에돔, 유다 신탁은 제외) 안에서 발견되는 "일정한 문학적 형식들"(The Literary Fixation of the Cycles); (3) "아모스 옛 학파"(The Old School of Amos)의 활동에 의한 편집층들(예. 암 7:10-17; 5:13-15; 8:4-14; 9:7-10); (4) 요시야 시대에 벧엘에서 행해진 강론 부분들(예. 암 3:14ba; 4:6-12; 5:6; 9:5-6); (5) 신명기 학파에 의한 편집(예. 암 2:10; 3:1b; 5:25 그리고 두로, 에돔, 유다 신탁); (6) 바빌로니아 포로 후기에 첨부된 종말론적 구원 신탁(예. 암 9:11-15).

로버트 쿠테(Robert B. Coote, *Amos Among the Prophets: Composition and Theology* [Philadelphia: Fortress, 1981]) 역시 아모스서가 일련의 개정 및 확대 과정을 거친 것으로 주장한다.[12] 그의 아모스서 편집 과정 이론은 볼프의 6개 자료층을 3개로 축소시켜 설명한다.

(1) 첫 번째 단계. 일명 Stage A라고 부르는 이 단계는 아모스가 선포한 말씀들을 문서로 담는 단계다. 물론 첫 번째 단계에서의 기록자가 예언자 아모스 자신인지 아니면 다른 사람인지는 확실하게 단언하기는 어렵다. 문서 구성 시기는 아무리 늦어도 기원전 722년에 아시리아에 의해 사마리아가 함락되기 이전으로 보인다. 이 단계에서의 메시지들은 실력을 행사하는 엘리트 그룹과 그들에 의해 착취당하는 농민층 간의 괴리 현상을 부각시킴으로써 사마리아의 사회적·경제적 죄들을 지적하고 그에 따른 재앙을 선언하는 데 그 역점을 두고 있다. 이 단계에 해당되는 구

---

12   이와 비슷한 주장으로는 W. J. Doorly, *Prophet of Justice*가 있다.

절들로서는 아모스 2:6-8, 13-16; 3:9-13; 4:1-3; 5:1-2, 11, 16-17, 18-20; 6:1-7, 11; 8:4-10; 9:1-4이 추정된다. 이 단계에 구성된 메시지들(신탁)은 다음과 같은 특징들을 지니고 있다. (a) 특정한 장소와 시기에 위치한 특정한 부류의 사람들에게 선포되었다. (b) 모두 분명하고도 단일한 메시지를 담고 있다. 힘 있는 자들이 힘없는 자들을 압제하고 있다는 주제. (c) 다른 후기의 단계에 속하는 신탁들과는 구별되는 문체적 특징들을 공유하고 있다. 특히 이 신탁들은 시의 형태를 띠고 있으며, 시의 특징으로서는 일관된 평행법, 일정한 길이, 생생한 언어의 사용과 구체적인 영상들의 사용 등이 있다. (d) 구두로 선포된 특징이 있다. (e) 직설적으로 청중들에게 선포되었다. (f) 짤막한 형태의 제한된 문학적 장르들을 담고 있다. 심판 선언, 맹세, 전쟁 선언, 만가 등. (g) 하나의 신탁의 의미는 독립적이며 결코 그 신탁이 다른 신탁들과 어울려서 의미를 만들어내지 않는다. (h) 피치 못할 재앙을 선언하고 있다. (i) 이 신탁들은 성취될 수 있는 신탁들로서 기원전 722년에 모두 성취되었다.

(2) 두 번째 단계. 일명 Stage B라고 부르는데, 쿠테는 이 시기의 편집자를 가리켜 "벧엘 편집자"라고 부른다. 아모스서 안에서 Stage B에 해당하는 단락은 주로 종교적·정치적 문제를 다루고 있으며 이 문제는 대부분 북이스라엘의 성소인 벧엘 및 가을철 절기인 장막절과 관련이 있는 전국적 순례 기간과 밀접한 연관을 맺고 있다. 물론 이 단계에 구성된 자료 전승들 역시 8세기의 아모스와 관련될 수 있지만, 이것을 Stage A에 돌리지 않고 Stage B에 돌리는 이유는 이 자료들이 아모스와 직접적인 연관을 맺는다고 생각되는 단서가 분명하지 않기 때문이다. 이 단락이 구성된 시기는 기원전 7세기경으로 히스기야와 요시야 사이일 것으로 추정된다. 이 시기는 신명기적 신학이 재발견된 시기와 맞물려 있기 때문에 이 시기에 편찬된 아모스 자료들은 권고를 통해 생명의 길을 선택하도록 제시한다. 이 단계에 해당하는 부분으로는 아모스 1:1-2, 1:3-3:8, 3:9-6:14, 7:1-9:6이 있다.

(3) 세 번째 단계. 일명 Stage C라고 부른다. 마지막 편집자의 작업의 산물로서 기원전 6세기경, 즉 포로기 말기나 아니면 바로 직후일 것으로 추정된다. 메시지

의 핵심은 회복을 약속하는 데 있다. 이에 해당하는 자료로는 아모스 1:9-12(두로와 에돔에 관한 심판 신탁), 2:4-5(유다에 관한 신탁)과 9:7-15(다윗집의 회복)이 있다. 물론 현재의 아모스서의 구성은 마지막 편집자의 작업으로 생각된다.

외르크 예레미아스(Jörg Jeremias, *The Prophet Amos*, ATD 24.2. [Göttingen: Vandenhoeck & Ruprecht, 1995])는 아모스서가 일련의 개정 및 확대 과정을 거친 것으로 주장한다. 그의 아모스서 편집 과정 이론은 다음과 같다.

(1) 아모스서에 담겨 있는 대부분의 메시지는 예언자 아모스의 말씀으로 돌릴 수 있으며, 아모스의 메시지는 그다음 한 세기(기원전 7세기)에 걸쳐 확대되고 강조되었는데 아모스 3:3-8, 6:8-10, 8:3-5, 4-7, 9-10, 2:8, 7:9, 10-17 등의 구절들이 이 시기에 삽입된 자료들이라 할 수 있다.

(2) 예루살렘 함락 이후(포로기), 두 개의 서로 관련이 있는 자료층이 아모스서에 첨부되었다. 첫 번째 자료층은 이스라엘 백성들의 죄책을 "구원사" 속에 정초시킴으로써 신명기적 신학을 반영하고 있다(암 2:4, 10; 3:1b, 14; 5:6, 26; 8:14). 또한 이 자료층은 예언자들이 선포한 말씀들의 가치를 매우 높이 평가한다(암 2:11-12; 3:7; 8:11-12). 두 번째 자료층은 포로기의 참회 예배를 통해 영향을 받은 것으로 여겨지고(암 4:6-13) 또한 아모스서의 바깥틀(암 1:2; 9:5-6)과 중심부를 구성하는(4:13; 5:8-9) 단편적 찬미시들(hymnic fragments)을 포함한다.

(3) 포로기 이후에는 이스라엘에게 내린 형벌 이후에 구원은 어떻게 올 것인가 하는 문제가 대두되었으며, 이에 대한 응답으로 아모스 9:7-10, 11-15이 구성되었을 것으로 판단된다.

제15강

첫 번째 환상: 메뚜기

암 7:1-3

7:1 주 야웨께서 내게 보이신 것이 이러하니라. 왕이 풀을 벤 후 풀이 다시 움돋기 시작할 때에 주께서 메뚜기를 지으시매,

2 메뚜기가 땅의 풀을 다 먹은 지라. 내가 부르짖기를 "주 야웨여, 청컨대 용서하옵소서! 야곱이 미약하오니 어떻게 견딜 수 있으리이까?" 하매

3 야웨께서 이에 대하여 뜻을 돌이키시고, 말씀하시기를 "이것이 이루지 아니하리라" 하시니라.

메뚜기 떼의 습격을 통해 하나님의 심판을 묘사하는 것은 예언자들의 문학적 관습인 것처럼 보인다(예. 욜 1:4). 우리는 아모스가 실제적으로 메뚜기 떼를 보았는지에 대해서는 잘 알 수 없다. 메뚜기 떼가 이스라엘 전역을 휩쓰는 자연적 재앙에 관해 보도하고 있는 이 환상 보고문은 이 환상의 내용이 시간적으로 일순간에 이루어진 사건이 아닌 것처럼 보여준다. 즉 재앙이 시작되었을 때 아모스는 이것이 하나님의 심판이라는 사실을 직시했고, 좀 더 기다리면서 백성들의 반응을 주시했다. 그리고 그 재앙의 파괴적인 영향력이 이스라엘 국토 전역에 미치게 될 때에 비로소 이스라엘의 죄를 위한 용서를 구한다. 그렇다면 예언자 아모스가 이러한 사건들을 경험한 것은 한순간이 아니라 상당한 시간이 흘러갔음을 의미한다. 왓츠(J. D. W. Watts) 교수가 주장한 것처럼, 우리가 아모스가 경험한 이 환상 사건을 실질적으로 발생한 것으로 받아들인다면,[1] 이 환상 보고문은 상당한 시간에 걸쳐 발생한 사건을 매우 짧은 기사로 함축해 기록한 것이라고 말할 수 있다. 따라서 이 기간 동안 예언자의 메시지는 메뚜기 재앙을 통해 하나님의 심판이 임하고 있음을 알리고 백성들로 하여금 회개하도록 탄원했던 기간이었을 것이다. 그러나 이를 실제적으로 발생한 사건으로 보는 것보

---

1 Watts, *Vision and Prophecy in Amos*, 27-50.

다는 메이스 교수의 의견처럼 일종의 시사회적 성격의 환상으로 보는 것이 좀 더 자연스럽다.[2] 다시 말해 선견자로서 아모스는(참조. 암 7:12) 천상의 어전 회의에서 상영되고 있는 특종 뉴스를 미리 보고 있었던 것이다. 즉 하나님께서 앞으로 이스라엘에 일어날 하나님의 형벌 집행에 관한 전모를 그에게 미리 보여주고 계신다.

예언자 아모스는 자신의 환상에서 그 누군가가 엄청난 떼의 메뚜기들을 모으고 있음을 보게 된다. 히브리어 성경을 직역하자면, "보라! 메뚜기 떼를 불러 모으고 있는 자가 있도다!" 예언자 아모스는 메뚜기 떼를 모으고 있는 자의 정체를 숨기고 있다. 무시무시한 자연재해를 일으키는 장본인을 베일에 감춤으로써 환상의 신비로움을 가속화시키는 것이다. 물론 청중들은 두려움 가운데서 그가 야웨 하나님인 것을 알아차릴 수 있었을 것이다.

이스라엘은 메뚜기 재앙에 관한 유서 깊은 이야기를 간직하고 있었다. 그들은 출애굽 당시 하나님께서 이집트를 향해 내리신 열 가지 재앙 중 하나가 메뚜기 재앙이었음을 잘 알고 있지 않은가! 그들은 하나님께서 자신의 편에 서서 그들의 대적들을 치시는 구원의 하나님이셨음을 가슴 깊이 새기고 있었을 것이다. 그러나 그들은 하나님의 구원과 선택이 어떠한 경우에라도 자동적으로 자신들의 구원을 보장해주는 마술적 주문이 될 수는 없다는 사실을 알아야만 했다. 비록 메뚜기의 출현을 "본" 사람은 예언자 아모스밖에 없었지만, 이스라엘은 자신에게 임했던 여러 가지 재앙들(암 4:6-11), 특히 풍재와 깜부기, 팟종이 등과 같은 곤충 재앙들(암 4:9)을 통해 하나님의 "돌아오라!"는 메시지를 친히 보고 들을 수 있지 않았던가! 그러나 불행하게도 그들은 그 메시지를 보고 듣는 데 실패했다.

---

2   Mays, *Amos*, 123-27은 환상 보고문에 관한 탁월한 요약을 제시하고 있다.

앞을 볼 수 없는 사람들

성경의 독자들은 엘리 가문의 몰락을 잘 알고 있을 것이다. 그러나 당신은 엘리 가문이 몰락한 진정한 이유를 말할 수 있는가? 늙어서 더 이상 앞을 "볼 수" 없었고 소리를 "들을 수" 없었던 제사장 엘리, 성경 저자가 그를 책망하는 것은 단순히 그의 육체적 무력감이나 노쇠함 때문이 아니었다. 누구든지 나이를 먹으면 육체가 쇠약해지는 것은 당연하지 않은가! 성경 저자가 엘리 이야기를 통해 우리에게 들려주려는 메시지는 무엇인가? 그것은 하나님의 음성을 들을 수 없었고 천상의 일들을 볼 수 없었던 이스라엘의 지도자 밑에서 이스라엘의 미래는 이미 불행한 방향으로 결정되었다는 사실이다. 블레셋에 의해 패퇴하는 것은 당연한 귀결이었다. 이스라엘은 언약궤를 소유하고 있다는 사실만으로 그들에게 자동적으로 구원이 보장되는 것은 아니라는 사실을 매우 비싼 값을 들여 배웠다(삼상 1-5장).

아모스가 본 환상은 심판의 점진성과 심각성을 보여준다. "왕이 풀을 벤 후"라는 문구는 왕궁의 식량과 왕궁의 말들을 먹이는 데 필요한 곡물을 거두어들이기 위한 일차 추수를 가리킨다(참조. 왕상 18:5). 사무엘 시대부터 왕궁 사람들은 들판의 첫 번째 곡식을 추수해 들여갈 수 있는 특권을 부여받았다(참조. 삼상 8:15). 처음으로 거두어들인 햇곡식을 왕궁과 관청에 들여간 후에야 비로소 일반 농부들의 추수가 뒤따르게 된다. 본문에 묘사되고 있는 메뚜기 떼들은 일반 농부들이 추수를 시작하려는 시기에 출몰한다. 달리 말해 왕과 그의 신하들이 이미 자신들의 곳간과 처마에 양식을 쌓아둔 후에 등장한다. 그러나 일반 백성들은 양식을 곳간에 들여놓지 못했다. 따라서 심각한 기근과 배고픔이 그들을 기다리고 있었다. 왕의 신하들이 일차 추수 때 남겨둔 것을 이제 메뚜기 떼가 먹어치우기 시작한 것이다.

진정한 왕이라면 백성들의 배고픔과 고난을 자신의 일처럼 여겼을 것이지만, 이스라엘의 부패한 정권은 자신들의 곳간이 채워져 있는 한 백성들의 텅 빈 배에 대해서는 관심이 전혀 없었다. 권력과 힘은 봉사하기 위해 주어진 것이지 결코 자신의 영리와 영달을 위해 주어진 것이 아니라는 사실을 옛날에나 지금에나 기득권층들은 잘 알지 못하는 것 같다.

이제 예언자 아모스는 참된 제사장과 예언자들이 그렇게 행하는 것처럼 백성을 위해 하나님께 중보의 간구를 드리기 시작한다.[3] 본 환상 기사는 앞으로 등장하게 될(암 7:10-17) 벧엘 제사장 아마샤의 등장에 앞서서 적어도 정치적 공동체로서 자기 민족이 아닌 북이스라엘 백성을 위해 하나님께 탄원하고 간구하는 남유다 출신 아모스의 모습을 보여줌으로써 북이스라엘 왕국의 고위층 종교 지도자 아마샤를 통해 북이스라엘 왕국의 제사장 제도가 얼마나 자기 보존적 성향을 지니고 있었는가와 또한 당시의 정권과 서로 얼마나 밀착해 있는가를 우회적으로 질타한다.

주여, 불쌍히 여기시옵소서!

우리의 예언자 아모스는 이스라엘 백성을 위한 자신의 간청이 하나님께 수납될 때까지 무릎을 꿇고 있었다.[4] 그는 먹고사는 일을 위해 호국 종교의 예언자 노릇하기를 거절했다. 그는 하나님으로부터 부르심을 받은 확고한 소명의 소유자였기 때문이었다. 그가 두 손을 모았을 때 한 나라의 운명과

---

3 물론 왕과 제사장도 중보 사역을 담당하기는 하였으나(삼하 21:1; 24:17; 왕상 2:22ff.; 왕하 19:14ff.), 특히 중보 사역은 예언자 직분을 특징짓는 중요한 기능이다. 예. 창 20:7; 왕상 13:5f.; 17:20ff.; 왕하 4:33; 사 37:4; 렘 7:16; 겔 13:4f.

4 예언자들의 중보역할에 대한 본문으로는 렘 8:21, 22; 9:1; 14:7-15:18, 특히 15:1; 단 9:16-19; 겔 3:14, 15을 보라.

미래가 그의 손안에 달려 있게 된다. 세계를 통치하시는 하나님의 운영은 자동적인 것이 아니다. 하나님은 자신의 종들이 부르짖을 때 들으시고, 자신의 자녀들의 울음은 그분의 가슴을 움직인다. 그분은 넉넉한 손으로 세상의 사건들을 운영하신다.

우리는 자신의 주위에서 얼마나 많은 중보 기도 소리를 들을 수 있는지에 대해서 솔직히 회의적이지 않을 수 없다. 자신과 직접적인 이해관계가 되는 경우에는 혹시 중보 기도를 드릴지 모른다. 그러나 우리와 직접적인 관계가 없는 것처럼 보이는 일들을 위해─그것이 타인이건, 다른 교회이건, 다른 사회이건, 다른 국가이건, 다른 민족이건 상관없이─중보 기도를 드리는 경우가 얼마나 있는지! 여러분은 중보 기도에 전적으로 헌신된 교회와 회중들을 찾아볼 수 있는지? 왜 공적인 중보 기도가 이렇게도 우리 시대에 희귀해졌는가?

아모스는 먼저 하나님께 죄의 용서를 간구한다. 그는 이스라엘이 받아야 할 형벌이 당연한 것임을 인정했지만, 동시에 하나님만이 그들을 용서할 능력을 소유하신 분임을 알았다.[5] 그는 이스라엘의 미래가 먼저 하나님의 용서하심 속에 달려 있음을 고백한다. 하나님께서 자신의 형벌을 집행하시면 이스라엘은 결코 살아남을 수 없음을 인식했기 때문에 아모스는 하나님의 주권적 자유성에 전폭적으로 이스라엘의 운명을 의탁한 것이다. 도저히 구제 불능한 이스라엘로부터는 그 어떠한 회개나 뉘우침, 속죄의 대가도 있을 수 없음을 알았기 때문에, 예언자 아모스는 전적으로 하나님의 자비하심과 긍휼에 호소한다. 아모스의 계속되는 탄원은 매우 특이하다. 아모스는 수사학적 질문을 통해 하나님의 자비에 이스라엘의 구원

---

5   "용서하다"라는 의미를 가진 "살라흐"(סלח)라는 히브리어 동사는 구약성경에서 야웨 하나님만이 이 동사의 주어로 사용된다.

을 기대고 있다. "연약하고 미약하온데 어찌 야곱이 견딜 수 있겠습니까?" 수사학적 질문에 대해 기대되는 대답은 "없다!"이다. 아모스는 모든 청중이 한결같이 "야곱이 견딜 수 없습니다!"라고 외치는 것 외에 다른 길이 없는 자명한 대답에 대해, 이제 하나님께 동일한 대답을 요청한다. 하지만 그는 하나님께 대답을 강요하지 않는다. 오히려 그는 자명한 대답을 통해 하나님께 절박하게 호소한다. "그는 야웨 하나님이시여! 연약한 야곱을 치신다면 그는 존재할 수 없습니다! 제발… 제발…"이라고 절규한다.

그의 기도 속에 "야곱의 미약함"이 언급되고 있는 것은 매우 의미심장하다. 물론 아모스는 북이스라엘 왕국을 가리켜 "야곱"이라는 개인적 인명으로 즐겨 불렀다(암 3:13; 6:8; 8:7; 9:8). 아모스의 선포에 등장하고 있는 "이스라엘"은 매우 강하고 완고하며 자만한 민족이었다. 그들은 정치적·경제적으로 매우 오만한 자들이었다(참조. 암 6:2). 그러나 그들은 스스로를 속이는 자들이었다. 아니, 스스로 속고 있는 자들이었다는 것이 더욱 정확한 표현일 것이다. 자신들이 불치병에 걸렸다는 사실을 인식하지 못하는 영적 불감증에 걸려 있던 중증의 환자들이었다.

연약한 야곱

그러나 아모스의 눈에 비친 야곱은 매우 미약한 백성이었다. 타인을 속임으로써 많은 것을 취하려고 했으나 결국 그것이 스스로를 속이는 어리석은 일이라는 것을 뒤늦게 알았던 인물이 아니었던가? 아모스는 이스라엘을 야곱으로 알 수밖에 없었다. 이스라엘은 자신의 이름이 어떻게 주어졌는지를 알아야만 했던 민족이었다. 이스라엘 자손들은 그들이 하나님과의 사투에서 승리를 얻은 것은 자신의 힘과 기만이 아닌 하나님을 절실하게

제3부 환상 보고문

붙잡음으로써였다는 사실을 알아야만 했다. 아모스는 이스라엘 민족을 부르면서 다시금 옛 이름 야곱을 사용한다. 이것은 결코 우연이 아니다. 예언자는 이스라엘이 하나님에 의해서 다시금 철저한 패배를 맛보아야만 하는 보잘 것 없는 존재임을 알았다. 아모스는 그들이 하나님의 강력한 심판의 태풍 속에서 결코 견딜 수 없음을 알았다. 아니, 야곱은 누구이던가? 자만하고 방자해서 하나님과 겨루던 자가 아니었던가! 하나님에 의해 허리가 꺾이고 환도뼈가 골절된 사람이 아니던가! 그는 한평생 절룩거리며 살던 자였다. 야곱은 하나님을 만난다는 것이 매우 무섭고 두려운 경험이라는 것을 잘 알았다(창 32:22-31). 그는 "위대한 패배"(The Magnificent Defeat)를 맛본 자가 아니었던가![6] 아니, 이미 아모스는 이스라엘에게 두렵고 무서운 "야웨 하나님 만나기를 예비하라!"(암 4:12)고 경고하지 않았던가?

아모스는 하나님께 야곱의 연약함을 연상시킴으로써 하나님의 자비와 긍휼에 이스라엘의 운명과 미래를 맡긴다. "아모스가 알고 있는 야웨는 약자와 가난한 자와 힘없는 자들을 애정을 갖고 돌보시는 하나님이셨다."[7] 남은 것이라고는 하나님의 자비밖에 없다. 심판과 재앙의 때를 견디는 일은 오로지 하나님의 자비와 은총에 달려 있을 뿐이다. "혹시의 은총"만이 심판 안에서 구원의 빛을 가능케 하는 원인이다. 하나님께서 우리를 불쌍히 여기시고 심판의 날에 남겨 두실는지 누가 알겠는가(참조. 암 5:15) 하는 애절한 바람이 "혹시의 은총"을 기다리는 사람들의 모습이 아닌가!

---

6   "위대한 패배"(The Magnificent Defeat)는 미국의 저명한 문필가인 Frederick Buechner의 탁월한 설교집 제목인 동시에 그 안에 실려 있는 설교 한 편의 제목이기도 하다. 창 32:22-31을 본문으로 삼은 설교다. Frederick Buechner, "The Magnificent Defeat," in *The Magnificent Defeat* (San Francisco: HarperCollins, 1966), 10-18. 이 설교문은 다시금 최근에 Thomas G. Long & Cornelius Plantinga, Jr. (eds.), *A Chorus of Witnesses: Model Sermons for Today's Preacher*(Grand Rapids: Eerdmans, 1994), 3-11에 실렸다.

7   Mays, *Amos,* 129

구약에 나타나는 중보 기도는 매우 담대하면서도 당돌한 행동이다. 왜냐하면 그것은 죄지은 자가 회개하여 돌아올 것을 전제로 해서 올리는 기도가 아니라 전적으로 하나님의 성품과 자유에 근거한 용서를 당돌하게 구하는 행위이기 때문이다(예. 출 34:9; 민 14:19-20; 단 9:19).[8] 아모스 역시 그러했다.

아모스의 중보 기도는 일차적으로 하나님의 응답을 얻었다. 하나님께서 자신의 뜻을 돌이키셨다! 그리고 그분은 "이것을 이루지 아니하리라!"고 친히 말씀하셨다. 뒤에 나오는 환상에도 동일하게 적용되겠지만, 하나님의 용서는 죄를 제거하는 것과 죄책을 무효화시키는 것을 의미하지 않는다. 본 환상에서 말하는 하나님의 용서는 연약한 자를 향한 하나님의 긍휼과 자비를 나타내는 또 다른 표현이다. 연약한 야곱을 다시금 불쌍히 여기사 심판을 연기하고 그가 집에 돌아올 때까지(homecoming) 기다리겠다는 은총의 표현이기도 하다.[9]

하나님께서 마음을 "바꾸시다", "돌이키시다"[10]라는 표현은 구약에 종종 등장하는 전형적인 신인동형론적 표현법(anthropomorphism)으로, 하나님을 인간적인 입장에서 묘사하는 히브리 문학에서 사용되는 관용적인 표현이다. 하나님께서 마음을 바꾸신다는 것은 그분이 자신의 결정에 대해 후회하시거나 잘못된 결정이었음을 인정한다는 의미가 아니다. 하나님

---

8   Thomas M. Raitt, "Why Does God Forgive," *HBT* (1991): 38-58.

9   참조. D. F. O'Kennedy, "'It Shall Not Be': Divine Forgiveness in the Intercessory Prayers of Amos (Amos 7:1-6)," *Old Testament Essays* 10 (1997): 92-108.

10 "니함"(נחם)이라는 히브리어는 일반적으로 "목적을 바꾸다"를 의미한다. 사람이 이 단어의 주어로 사용된 경우는 출 13:17; 삿 21:6, 15; 욥 42:6; 렘 7:6; 31:19이 있다. 이 단어가 "죄로부터 돌이키다" 혹은 "회개하다"라는 의미로 사용된 경우로는 렘 8:6, 욥 42:6에만 나타난다. 자세한 논의는 다음을 보라. H. J. Stoebe, "נחם, nḥm," in E. Jenni, C. Westermann (eds.), *TLOT*, vol. 2 (Peabody, MA: Hendrickson, 1997): 734-39. 또한 BDB 636b; *HALOT* 2:688a; *ThWAT* 5:366-84; *TWOT* 1344; *NIDOTTE* 5714.

의 "돌이키심"은 하나님이 결코 냉혹하거나 차디찬 법의 집행자가 아니라 심장이 박동하는 "정념의 신"(God of pathos), 자식을 향한 애끓는 듯한 가슴을 갖고 자신의 백성을 대하시는 분이라는 것을 드러낸다. 그분은 생각하실 뿐만 아니라 "느끼시는" 분이시기 때문이다. 곧 기꺼이 중보의 간청을 들으시고 응답하실 수 있는 능력을 가진 분임을 보여준다.

제16강

두 번째 환상: 불

암 7:4-6

7:4 주 야웨께서 또 내게 보이신 것이 이러하니라. 주 야웨께서 명하여 불로 징벌하게 하시니 불이 큰 바다를 삼키고 육지까지 먹으려 하는지라.

5 이에 내가 부르짖기를 "주 야웨여, 제발 그치소서! 야곱이 미약하오니 어떻게 견딜 수 있으리이까?" 하매

6 주 야웨께서 이에 대하여 뜻을 돌이키시고 말씀하시기를 "이것도 이루지 아니하리라" 하시니라.

또다시 간청합니다!

시들어가는 농작물을 보고 가슴 아파하면서 이스라엘의 장래와 운명을 걱정하던 아모스는 하나님의 은총을 얻게 된다. 사실상 그의 중보 덕분이라기보다는 하나님의 일방적인 은총의 결과로 메뚜기 재앙은 멈추게 된다. 그러나 치명적인 타격은 이미 이스라엘 땅 위에 이루어졌다. 이제 우리는 이스라엘의 반응을 기대하게 된다. 물론 본문은 이스라엘이 그러한 재앙에 관해 어떻게 반응했는지에 대해 전혀 언급하지 않는다. 만일 어떤 학자들의 주장처럼[1] 아모스의 환상들이 일련의 역사적 발생 사건을 순차적으로 반영한다고 전제한다면, 이스라엘은 메뚜기 재앙에 대해 온당하게 응답하지 않은 것처럼 보인다. 그렇다면 본 환상 보고문의 기능은 이스라엘의 완고함을 통한 하나님의 심판의 불가피성과 정당성을 확보하는 것이다.

이제 하나님은 아모스에게 두 번째 환상을 보여주신다. 환상의 내용에 관해 학자들 간에 의견이 분분하다. 예를 들어 몇몇 학자들은 본 환상을

---

1   예. Watts, *Vision and Prophecy in Amos*, 27-31.

"가뭄 환상"으로 명명한다.[2] 그 이전의 환상이 농작물과 관련이 있기 때문에, 본 환상에서는 앞서의 재앙에서 남은 농작물들이 가뭄에 의해 다시금 심각한 타격을 입는 것으로 묘사된다는 주장이다. 특히 이 환상에서 언급되는 "불"은 가뭄을 표현하는 단어라는 주장이다(예. 욜 1:19, 20). 그러나 본 환상 자체 안에 "불"이 곧 가뭄을 가리킨다는 주장은 그리 설득력이 높지 않다.

아모스서에는 하나님께서 "불을 보내신다"는 표현이 관용구처럼 등장한다. 특히 열국 심판 신탁 안에서 이러한 표현구가 자주 사용되었다(암 1:3, 7, 10, 12, 14; 2:2, 5; 특히 이스라엘에 관해서는 5:6). 그렇다면 본 환상은 야웨 하나님의 심판의 도구로서 등장하는 불의 엄청난 파괴력과 공포를 초자연적으로 묘사하는 것으로 보는 것이 자연스럽다.

우리가 환상이라는 독특한 장르를 염두에 둔다면, 본 환상이 반드시 역사적이고 사실적인 것이어야만 한다고 이해할 필요는 없다. 특히 본 환상에 등장하는 몇몇 단어들은 초역사적이고, 신비스럽기까지 하다. 예를 들어 "큰 바다"로 번역된 히브리어(תְּהוֹם רַבָּה, 테홈 랍바)는 문자적으로 "엄청난 깊음"을 의미한다. 이 단어는 히브리적 사고의 세계에서는 종종 "우주적 바다"를 가리킨다. 고대인들의 세계관에 의하면 이 바다는 평평한 지구의 밑에 있는 엄청난 크기의 바다나 대양을 가리킨다(창 1:1; 7:11; 시 36:6; 사 51:10).[3] 그렇다면 아모스의 표현은 불의 세력이 엄청나게 커서, 그 파괴력이 해저에 유유히 흐르는 엄청난 양의 물들과 거대한 대양마저도 말려 삼켜버릴 정도로 뜨겁고 가공하다는 뜻이 된다.

---

2   예. Cripps, *A Critical and Exegetical Commentary on the Book of Amos*, 222-24; Mowvley, *The Book of Amos & Hosea*, 75-76.

3   히브리인들의 우주관에 대해서는 다음을 보라. Luis I. J. Stadelmann, *The Hebrew Conception of the World: A Philological and Literary Study*, Analecta Biblica 39 (Rome: Biblical Institute Press, 1970).

파괴적인 불의 위력이 해저 바다를 말려버린다면, 해저 바다에서 물을 공급받는 것으로 여겨지는 지상의 우물과 연못 그리고 강들은 자연히 말라버릴 수밖에 없게 될 것이다. 그렇다면 사람이 거주할 수 있는 땅과 가축들을 기를 수 있는 목초지들은 모두 말라버려 사막이 되어버릴 것이다. 하나님의 불은 "육지"까지 삼키기 일보 직전이다. "육지"로 번역된 "헬레크"(חֵלֶק)라는 히브리어는 "지정된 땅"으로 번역될 수 있다. 일반적으로 이 단어는 이스라엘의 영토(미 2:4)를 가리키거나 아니면 야웨의 몫인 이스라엘 자체를 가리키기도 한다(신 32:9). 어느 경우든지 간에 하나님의 심판의 불은 이스라엘을 초토화시킬 것이라는 선언이다. 이 환상은 하나님께서 자신의 창조세계를 불로 뒤집는 대변혁을 보여줌으로써 이스라엘을 향한 그분의 심판의 위력을 극대화시키고 있다.

첫 번째 환상과는 달리 두 번째 환상에서 예언자 아모스는 하나님께 이스라엘을 위한 "죄의 용서" 간구를 생략한다. 그는 단순히 야곱의 미약함을 들어 하나님의 자비에 호소한다. "야웨 하나님이시여, 제발, 멈추어주소서. 야곱이 미약하오니 어떻게 견딜 수 있단 말입니까!" 본 환상에서 죄의 용서가 생략된 것은 이스라엘을 향한 죄의 용서가 이미 기회를 상실했을 만큼 이스라엘의 죄의 심각성과 그에 대한 하나님의 심판의 결심이 확고한 사실로 굳어져가고 있음을 암시한다. 하나님은 불 심판이 다시금 이루어지지 않을 것이라고 말씀하신다.

[부가적 설명 3: 아모스는 "재앙의 예언자"인가?]

아모스서의 전체적인 음조는 상당히 어둡다. 반복된 심판 선언의 강도는 갈수록 심화된다. 이스라엘의 죄는 결코 용서받을 수 없을 만큼 심각했다. 일말의 희망의 광선도 보이지 않을 정도로 하나님의 심판 결심은 확고하고 불변하다. 이러한 측면에서 볼 때, 예언자 아모스는 철저한 심판과 파멸을 알리는 재앙의 선포자라고 할 수 있다. 그러나 우리가 조심스럽게 생각해야 할 사항은 이러한 심판 선고의 목적이 무엇이었겠는가 하는 질문이다. 따라서 우리는 "심판 선고"와 "심판 선고의 목적"을 매우 조심스럽게 구별할 필요가 있다. 우리는 이에 대해 적어도 세 가지 입장을 구별할 수 있다. 물론 독자들은 이 문제에 접근하는 방법과 관련해서 아래처럼 단순하게 세 가지 부류로 나눌 수 없음을 알 것이다. 왜냐하면 후자의 경우, 소위 회개를 촉구하는 말처럼 들리는 구절들을 대부분 후대의 삽입으로 돌려버리기 때문이다.

(a) 첫 번째 입장: (포로기 이전) 예언자의 선포의 목적은 다가올 하나님의 심판을 선고하는 것뿐이다("미래 선고"[Announcement of Future Judgement; Zukunftsgewissheit/Unheilsankündigung]). 왜냐하면 그들의 청중들은 이미 회개할 기회를 놓친 자들, 따라서 오직 하나님의 심판밖에는 아무것도 그들을 기다리는 것이 없는 자들이기 때문이다. 심판의 선고는 단순히 위협이 아니라 현실이다. 이러한 심판으로부터 피할 자는 아무도 없을 것이며, 이러한 심판이 유산될 그 어떠한 조건도 없다. 아니 그러한 조건이 있었더라도 그것은 이미 지나간 경우다.[4]

---

4 예. H. W. Wolff, "Das Thema 'Umkehr' in der alttestamentlichen Prophetie," *ZTK* 48 (1951): 129-48; idem, "Das Kerygma des deuteronomistischen Geschichtswerks," *ZAW* 73 (1961): 171-86 = "The Kerygma of the Deuteronomistic Historical Work," *The Vitality of Old Testament Tradition*, trans., Frederick C. Prussner, eds., Walter Brueggemann and Hans Walter Wolff (Atlanta: John Knox Press, 1975), 83-100; idem, "Prophecy from the Eighth through the Fifth Century," *Interpretation* 32 (1978): 17-30; Gene M. Tucker, *Form Criticism of the Old Testament* (Philadelphia: Fortress, 1971), 62; Donald E. Gowan, *Reclaiming the Old Testament for the Christian Pulpit* (Atlanta: John Knox, 1980), 125-26; 차준희 (편저), 『구약

(b) 두 번째 입장: (포로기 이전) 예언자의 선포는 심판 선고를 통해 청중들에게 회개의 기회를 주기 위함이다("회개 촉구"[Exhortation to Repentance; Umkehrforderung]). 또한 그들의 회개는 임박한 심판을 유산시키거나 돌이킬 수 있다. 그렇다면 예언자 아모스는 외형적으로는 심판의 선언자였지만 그 목적에 있어서는 청중들을 돌이켜 회개하도록 함으로써 임박한 심판을 취소시키는 것이다.[5] 대표적인 학자 두 명의 의견을 인용하면서 이 입장을 살펴본다. 한 명은 마르틴 부버요, 다른 한 명은 아브라함 헤셸이다.

> 참 예언자는 변경될 수 없는 숙명적인 사실을 사람들에게 알리지 않았다. 그들은 그 시점에서 사람들로 하여금 결단을 내릴 수 있도록 하기 위해서 말한 것이었고, 그들이 전한 심판 메시지는 이 결단에 좌우될 성질의 것이었다.…예언자가 미래의 심판을 예언하는 것은 이같은 자기 결단의 힘에 호소하기 때문이다.…예언자의 말은 단지 인간의 마음속에 뚫고 들어가서 회개라는 궁극적 행위에 이르게 하는 것이다.[6]

> 참으로, 재앙에 관한 모든 예보는 그 자체가 회개로의 권고다. 예언자는 책망하기 위

예언서 이해』 신학사상 문고 20 (천안: 한국 신학 연구소, 1996), 65-93을 보라. 특히 84쪽의 각주 45번을 참조하라.

5 Cf. M. Buber, *Der Glaube der Propheten* (München und Heidelberg, 1964); idem, *The Prophetic Faith* (New York: Harper and Brothers, 1960). 『예언자의 신앙』(서울: 대한기독교 출판사, 1977); A. S. Kapelrud, "New Ideas in Amos," SVT 15 (Leiden: Brill, 1966): 193-206; S. Amsler, "Amos, prophète de la onzième heure," *ThZ* 21 (1965): 318-28; G. Fohrer, *Die Propheten des Alten Testaments I: Die Propheten des 7. Jahrhunderts* (Gütersloh: Gerd Mohn, 1974); H. W. Hoffmann, *Die Intention der Verkündigung Jesajas*, BZAW 136 (Berlin: de Gruyter, 1974); Th. M. Raitt, "The Prophetic Summons to Repentance," *ZAW* 83 (1971): 30-49; F. Huber, *Jahwe, Juda und die anderen Völker beim Propheten Jesaja*, BZAW 137 (Berlin: de Gruyter, 1976); O. Keel, "Rechttun oder Annahme des drohenden Gerichts?: Erwägungen zu Amos, dem frühen Jesaja und Micha," *BZ* 21 (1977): 200-18; Greidanus, *The Ancient Text and Modern Preacher*, 128-29, 235. 참조. 차준희 (편저), 『구약 예언서 이해』, 70-84을 보라.

6 마르틴 부버, 『예언자의 신앙』(서울: 대한기독교출판사, 1977), 163-64.

해서 보냄을 받았을 뿐만 아니라, "약한 손을 강하게 해주고 떨리는 무릎을 굳게 하여 주기 위해서도"(사 35:3) 보냄을 받았다. 모든 예언자들은 책망과 징계와 함께 위로와 약속과 화해의 소망을 가지고 온다. 그는 "재앙의 메시지"로 시작하지만, "소망의 메시지"로 끝을 맺는다.[7]

(c) 세 번째 입장: (포로기 이전) 예언자의 선포는 분명히 다가올 하나님의 심판을 선언하는 것이었다. 이것은 언약의 재강화자로서 예언자들은 언약 파기자들(언약 백성들인 유다와 이스라엘)에게 언약적 저주(심판)를 선언하는 임무를 충실히 담당하는 자들이다. 따라서 그들은 이스라엘의 반응에 따라 하나님의 심판이 유기되거나 취소되리라고는 생각하지 않았다. 왜냐하면 이스라엘은 이미 회개의 기회를 놓친 자들이었기 때문이었다. 하나님의 심판은 철저할 것이다. 이런 의미에서 아모스는 재앙의 선포자였다. 그러나 예언자들은 자신들의 심판 선포가 실제적으로 실현된다 하더라도 이스라엘 중 몇몇 사람들 — 소위 "남은 자"(remnant)라고 나중에 불리게 되는 자들 — 에게는 그 심판이 "넘어가게" 될 것을 말하고 있다. 아모스 역시 하나님의 철저한 심판과 아울러 남은 자에 대해 언급한다. 하나님의 역설적인 "철저한 파멸"이다.[8] 심판 가운데서도 생존한 사람들은 악한 이스라엘 무리 중에서 야웨 하나님

---

7   Abraham J. Heschel, *The Prophets* (New York: The Jewish Publication Society of America, 1962), 12. 『예언자들』(삼인 역간).

8   Paul R. Noble, "The Remnant in Amos 3–6: A Prophetic Paradox," *HBT* 19 (1997): 122–147. 이 논문에서 Noble은 하나님의 철저한 심판과 남은 자 사상이 역설적이라고 말한다. 다시 말해서 남은 자에 관한 언급은 하나님의 심판이 철저하지 않음을 말하는 것이 아니라고 주장한다. 즉 문자 그대로 철저한 재앙 선언이 아모스의 심판 선언이라는 것이다(이 주장은 그의 논문, Noble, "Amos' Absolute 'No'": 329–40에 피력되어 있다). 그럼에도 그는 아모스서가 "남은 자 사상"에 대해 말하고 있다는 사실을 두고 "예언자의 역설"이라 부른다. 한편 Max E. Polley는 자신의 아모스 연구서에서 한 장을 "아모스와 회개 촉구"라는 제목을 붙이면서, 암 4:4–13과 5:21–24에서는 회개 촉구를 발견할 수 없다 하더라도 암 5:4–5, 6, 14–15; 7:1–6에서는 회개 촉구의 흔적을 발견할 수 있다고 주장한다. 다음을 보라. Polley, *Amos and the Davidic Empire*, 139–60.

에 대한 신앙을 저버리지 아니한 "남은 자들"이다. 따라서 예언자의 선포는 그들로

하여금 다시금 신앙을 추스르게 하고, 그들의 길들을 다시금 돌아보게 하며, 심판에

날에 그들로 하여금 하나님의 구원의 은총을 기다리게끔 하는 역할을 한다. 그들은

심판의 날 곧 야웨의 날에도 불구하고 그분 안에서 보호하심을 받게 될 사람들이며,

그들의 "남아 있음"은 동시에 하나님의 은총의 표시이기도 하다.[9]

---

9 Ryou, "Exhortation/Admonition in the Old Testament," in *Zephaniah's Oracles Against the Nations*, 331-35. 특히 아모스서의 경우와 관련해서는 다음을 보라. Hasel, *Understanding the Book of Amos*, 105-20 ("Amos' Future Hope and Eschatology").

제17강

세 번째 환상: 다림줄

암 7:7-9

7:7 그[주 야웨]가 다음과 같은 것을 내게 보여주셨다. 보라! 주께서 다림
줄을 띄우고 벽을 향하여 서 계셨다. 그리고 그의 손안에 다림줄이
있었다.

8 그가 내게 물으시기를 "아모스야, 네가 무엇을 보느냐?" 내가 대답하기
를 "다림줄입니다." 그때 주께서 말씀하시기를 "자, 내가 다림줄을 내
백성 이스라엘 가운데 베풀고, 내가 다시는 그들을 지나쳐 넘어가지 아
니하리라.

9 이삭의 산당들이 폐허가 되며
    이스라엘의 성소들이 파괴될 것이며
내가 여로보암의 집을 향하여
    칼을 들고 일어나리라."

담장 곁에 서 계신 야웨 하나님

이제 "사건 환상"에서 "물건 환상" 혹은 "언어유희 환상"으로 넘어가자. 일
반적으로 물건 환상의 경우 하나님이 예언자에게 환상 가운데 그 물건 자
체로는 아무것도 의미하지 않는 어떤 특정한 물건을 보여주시고 예언자에
게 질문하신다. "네가 무엇을 보느냐?"[1] 예언자는 갑작스러운 물건의 출현
에 대해 아무런 해석도 하지 못한다. 그는 야웨 하나님께서 물건 환상의 해
석을 제공할 때까지 담담하게 기다릴 뿐이다. 본 환상[2]의 경우는 두 가지

---

1   하나님께서 예언자에게 물건 환상을 보여주신 후에 "네가 무엇을 보느냐?"라고 질문하신 일
    은 예레미야에게도 있었다(렘 1:11-14).
2   아모스의 세 번째 환상 해석에 대한 집중적 연구로는 다음을 보라. W. Beyerlin, *Bleilot,*
    Brecheisen oder was sonst? Revision einer Amos-Vision, OBO 81 (Freiburg and Göttingen,
    1988).

효과를 동시에 수반하고 있는데, 하나는 물건을 통해 비유적으로 이스라엘의 현재적 상태에 대해 말하는 것이고, 또 다른 하나는 물건의 이름과 유사한 다른 단어를 연상시키는 기법이다.

하나님께서 아모스에게 보여주신 물건은 무엇인가?(암 7:7) 이 물건을 가리키는 히브리어 단어는 "아나크"(אֲנָךְ)로서 전통적으로 "다림줄"(plumb-line)로 번역된다. 그러나 이 단어는 구약성경 가운데 단 한 번 이곳에만 등장하는 단어다(hapax legomenon). 따라서 이 단어의 정확한 의미를 두고 학자들 사이에 많은 논의가 있었다.[3] 우선 7절 전체를 문자적으로 번역해보면 다음과 같다. "이렇게 그[주 야웨]가 나에게 보여주셨다. 보라! 주께서 '아나크'의 벽을 대항하여 서 계신다. 그리고 그분의 손안에 '아나크'가 있다."[4] "아나크"의 벽은 무엇을 의미하는가? "아나크"로 만든 벽이란 말인가? 그리고 하나님께서 "아나크"를 손에 들고 계신다는 말은 무슨 의미인가? 한 가지 분명한 것은 환상 보고문에 관한 서론적 고찰에서 살펴본 것처럼 이 환상이 이스라엘을 향한 하나님의 심판을 묘사하기 위한 것이라면, 하나님께서 "아나크"의 벽에 "대항하여"(עַל) 서 계시는 모습은 분명히 이스라엘을 향한 하나님의 심판과 관련이 있는 것이라고 추정해야 한다는 점이다.[5] 심판 선언 문맥 안에서 벽이 이스라엘을 가리키고 있다면, "아나크"는 무엇일까? 수수께끼와 같은 "아나크의 벽"에 대해 수많은 제안과 연구들이 발표되었다. 그중 가장 중요한 발견으로 알려진 사실은 전통적으로 "납"(lead)으로 알려진 "아나크"라는 히브리어는 인접 언어

---

3 구약성경에 단 한 번 나오는 이 단어(אֲנָךְ, 아나크)에 관한 해석사를 다룬 방대한 논문으로는 다음을 보라. Michael Weigl, "Eine 'unendliche Geschichte': אנך (Am 7:7-8)," *Bib* 76 (1995): 343-87.

4 כֹּה הִרְאַנִי וְהִנֵּה אֲדֹנָי נִצָּב עַל־חוֹמַת אֲנָךְ וּבְיָדוֹ אֲנָךְ.

5 다섯 번째 환상을 소개하는 암 9:1에도 동일한 전치사구가 등장한다. "제단을 '대항하여'(עַל) 서 계신 주를 내가 보았다."

인 아카드(Akkad)어에 근거해서 볼 때 철의 일종인 "주석"(tin)을 가리킨다는 것이다.[6] 알려진 바에 의하면, 주석은 강도가 매우 약한 금속이지만 구리 같은 다른 금속과 합성하면 동(銅)과 같은 강한 금속이 되어 무기를 제조하는 데 사용된다. 그렇지 않을 경우 주석 자체로는 별로 쓸모없다. 그렇다면 7:7의 "아나크의 벽"은 두 가지 의미를 지닐 수 있다. 첫 번째 경우는 하나님께서 주석처럼 연약한 이스라엘을 향해 심판을 행하실 것이며, 쓸모없는 이스라엘이 야웨의 심판의 손안에 들어 있다는 뜻이 된다. 두 번째 경우는 주석을 구리와 같은 다른 금속과 섞어 사용하면 강력한 무기를 만들 수 있듯이, "아나크" 벽은 난공불락의 견고성을 가리킨다는 것이다(참조. 렘 1:18; 15:20). 그리고 하나님께서 자신의 수중에 "아나크"를 갖고 있다는 것은 그분이 심판의 무서운 무기를 지니고 계신다는 의미다.[7]

위의 의견들이 보여주듯이, "아나크"의 정체가 결정되었다고 해서 환상의 의미가 분명해지는 것은 아니다. 더욱이 위에 상정된 의견들마다 각기 난점들을 포함하고 있다.[8] 따라서 우리는 다음과 같이 본 환상을 이해하는 것이 현재로선 가장 합리적이라고 생각한다. 먼저 하나님이 예언자 아모스에게 보여주신 물건은 그 당시 대부분의 사람이 잘 알고 있었던 건축

---

6 B. Landsberger, "Tin and Lead: The Adventures of Two Vocables," *JNES* 24 (1965): 285-96.

7 G. Brunet, "La vision de l'étain: réinterpretation d'Amos vii 7-9," *VT* 16 (1966): 387-95. Gese, "Komposition bei Amos," 74-95; Hayes, *Amos The Eighth-Century Prophet*, 204-6. Hayes는 본 환상을 전쟁에 관한 것으로 해석하면서 첫 번째 "아나크"의 벽은 이스라엘을 침공하는 적대적 연합국들을 가리키며, 이스라엘 안에 있는 것으로 보고된 두 번째 "아나크"는 이스라엘 안에서 발생하는 소요 사태를 가리킨다고 주장한다.

8 난점들에 대한 자세한 논의와 아울러 상세한 반론을 제기하면서 전통적인 견해인 "다림줄"을 주장하는 견해로는 H. G. M. Williamson, "The Prophet and the Plumb-Line: A Redaction-Critical Study of Amos vii," *OTS* 26 (1990): 101-21을 참조하라. "다림줄" 번역을 지지하면서 다림줄이 단순히 공간을 측정하는 도구일 뿐만 아니라 시간을 측정하는 도구로도 이해할 수 있다면 본 환상이 시간과 공간을 주관하시는 하나님의 우주적 통치를 더욱 강조하게 된다는 주장이 있다. Dalene Heyns, "Space and Time in Amos 7: Reconsidering the Third Vision," *Old Testament Essays* 10 (1997): 27-38.

에 관계된 물건이었다. "아나크"가 앞서 언급한 것처럼 금속의 일종인 주석이든지 아니면 납이든지 관계없이 이러한 금속이 벽과 관계를 맺을 수 있는 가능한 상황은 "다림줄"이라고 할 경우다. 즉 (납이든 주석이든 상관없이) 쇠붙이를 달아맨 줄을 연상하는 일이다. 그렇다면 "다림줄"이라고 번역될 수 있는 "아나크"는 일종의 건축 도구라 할 수 있다. 이 도구는 일반적으로 담을 쌓아갈 때 그 수직을 유지하기 위해 사용되는 납줄(錘, 추)의 일종이다. 즉 그것은 목수나 미장이들이 집을 지을 때 납을 줄에 매달아 담의 수직을 측정하는 도구를 말한다. 그러나 그것은 담을 세울 때뿐만 아니라 담이 견고한지를 조사하고 헐어야 할지 말지를 결정할 때도 사용되었다(왕하 21:13; 애 2:8; 사 28:17). 하나님께서는 "다림줄"이라는 "연결고리 단어"(catchword)를 사용하여 아모스에게 이스라엘을 향한 자신의 메시지를 암시적으로 제시하고 계신다. 아모스는 진정한 비유 해석자가 있기까지 물건 비유의 의미를 알지 못했다.

기울어진 담(암 7:7-8a)

하나님께서 건물의 견고함을 측정하는 도구인 다림줄을 자신의 백성 이스라엘 가운데 드리우실 것이다. 이제 아모스는 그 의미를 어느 정도 이해하기 시작한다. 하나님께서 자기 백성이라고 부르는 이스라엘에 대해 언약 백성으로서의 자격 기준과 무게를 달아보실 것이다. 그것은 이스라엘을 측정하는 기준이 다름 아니라 그들의 정체성, 즉 언약 백성이라는 정체성이 바로 그들을 측정하는 기준이 될 것이라는 선언이다(참조. 암 3:2). 그들은 언약 백성의 특권에 대해 자만했고 자랑했다. 그들은 하나님이 자신들의 하나님이시고, 자신들은 하나님의 백성이라고 외쳐댔다. 그들은 언약적 관계가 자동적으로 자신들의 안녕과 행복 그리고 미래를 보장한다고 믿었던 사람들이었다. 그러나 그들은 그러한 언약적 권리와 특권에는 반드시 지켜야 할 언약적 의무 조항들이 있음을 왜 몰랐을까? 잊어버렸단 말인가? 아니다! 그들은 단지 망각한 것이 아니라 아예 무시하고 산 무례한 사람들이었다. 그것은 마치 기울어진 담과도 같았다. 처음에 나오는 두 개의 환상이 하나님의 심판을 묘사하고 있다면, 본 환상은 이스라엘의 상태에 초점을 맞추고 있다. 이스라엘은 다시 세울 수 없을 만큼 기울어졌다. "벽"이 이스라엘의 성벽이나 혹은 성전 벽을 가리킨다면, 그것은 하나님께서 이스라엘이 그토록 의지했던 군사력이나 미신화된 종교를 부서뜨릴 것이라는 암시이기도 하다.

다림줄의 사용 용도를 통해 이스라엘을 향한 예언자의 메시지의 의미가 분명해졌을 뿐만 아니라 "언어유희" 측면도 부각된다. 다림줄이라는 단어가 본 환상 가운데 4번 반복적으로 나온다. "아나크"(אֲנָךְ)라고 읽히는 이 단어는 유사한 발음을 가진 또 다른 히브리어 단어들인 "아나흐"(אנח)와 "아나크"(אנק)를 연상시킨다.[9] 두 단어는 "한숨", "신음", "부르짖음"이라는 의미와 연관을 맺고 있다. 그렇다면 하나님은 아모스에게 물건 환상을 통해 심판의 고통 속에서 절규하고 신음하며 한숨 지을 수밖에 없는 이스라엘의 절망적인 결국을 우회적으로 암시하고 계신 것이 아닐까! 하나님과 맺은 언약의 다림줄로 재어보니 이스라엘이라는 담장은 이미 기울 대로 기울어졌다. 이제 엄청난 붕괴의 시간만이 기다리고 있다. 성벽의 붕괴는 곧 한 국가와 도시의 멸망을 의미하는 것이고, 약탈로 인해 성 안에서는 통곡과 신음 소리만이 들리게 될 것이다. 이날은 야웨의 날이며, 어둠과 흑

---

9   Horst, "Die Visionsschilderungen der alttestamentlichen Propheten," 193-205(201); Gese, "Komposition bei Amos," 74-95; Gowan, "The Book of Amos," 407.

암의 날이다. 예언자는 이러한 날의 도래에 대해 이미 여러 번 언급했다(암 3:14-15; 4:12; 5:2, 16-17, 18-20). 예언자 아모스보다 1세기 후에 등장한 또 다른 예언자 스바냐는 무시무시한 야웨의 날을 다음과 같이 회화적으로 묘사한다.

> 그날은 분노의 날이니,
> 환난과 고통의 날이요,　　폐허와 파괴의 날이요,
> 암흑과 어두움의 날이요,　구름과 흑암의 날이요,
> 전쟁의 나팔과 군사들의 외침의 날이니,
> 견고한 도시들과 우뚝 솟은 요새들을 대항[하는 전쟁의 날이라](습 1:15-16).

이날을 견디어낼 자가 누구랴! 하나님 앞에 설 자가 누구랴! 야웨 하나님을 이러한 시간에 이러한 방식으로 만나고 싶은 자가 누가 있으랴! 그러나 이미 때는 늦었고, 해는 기울어져 갔다. 그렇지만 우리는 심판의 와중에서도 하나님이 이스라엘을 "나의 백성 이스라엘"(참조. 암 7:15)이라고 부르고 계신다는 사실을 기억할 필요가 있다. 그들은 누구던가? 하나님께서 이집트에서 불러내어 구원한 백성이 아니던가? 그들은 누구던가? 언약을 맺어 자기의 백성을 삼으신 백성이 아니던가?(참조. 암 3:2) 바로 이러한 특별한 관계 때문에 그들의 형벌과 심판이 더욱 위중할 수밖에 없는 것이다.

더 이상 "지나쳐 넘어가지" 않으리라!(암 7:8b)

이제 하나님은 이스라엘 백성을 그대로 지나쳐버리지 않으실 것이다. 이것은 그분이 그들을 그대로 넘어가지 않으시겠다는 말이다. 개역개정에는 "다시는 용서하지 아니하리라"(암 7:8하)라고 번역되어 있으나, 히브리어 원문을 직역하자면 "내가 다시는 그들을 지나쳐 넘어가지 아니하리라"이다. 하나님께서 언약의 요구 조건들을 기록한 다림줄로 재어보니 이스라엘의 집과 담들은 이미 기울어질 대로 기울어졌다는 것이다. 이는 그들이 하나님의 심판을 피하지 못할 지경에 이르렀음을 의미한다. 따라서 하나님께서는 이러한 이스라엘을 그냥 지나치지 않겠다는 강한 의지를 표명하고 계신다. 그것도 유월절을 배경으로 한 언어를 사용하시면서 말이다. "내가 너희를 그냥 넘어가지(유월[pass by, pass through, pass over]) 않으리라!" 하나님께서 이집트에서 이스라엘을 불러내실 때, 먼저 이집트의 장자들을 치셨다. 그러나 문설주에 양의 피를 바른 이스라엘 민족의 집은 죽음의 사자가 넘어갔다. 이것을 기념하는 절기가 유월절(逾越節)이었다(출 12장). "하나님께서 지나쳐가신다" 혹은 "하나님께서 넘어가신다"라는 문구는 이스라엘에게 구원의 은총과 생명의 유지를 의미했다. 하나님께서 그런 특혜의 수혜자였고 사랑의 수요자였던 이스라엘에게 지나쳐 넘어가지 않으시겠다는 것은 곧 죽음을 의미했다. 그분이 자신의 대적자인 이집트를 치신 것처럼 이스라엘을 치시겠다는 것이다. 이스라엘은 하나님의 대적자, 원수가 된 것이다. 이보다 더 큰 불행이 어디에 있겠는가? 누가 이러한 불행의 원인을 제공했는가? 누가 이 지경까지 만들었단 말인가? 이스라엘은 입이 열 개라도 할 말이 없을 것이 아닌가!

우리는 하나님의 "지나가심"에 관한 언어유희를 이미 앞서 살펴보았다(암 5:16-17; 참조. 8:3, 10). "모든 포도원에서 통곡의 소리가 들리리니, 이는 내가(야웨) 너희 가운데로 지나갈 것이기 때문이다"(암 5:17). 추수하는 기쁨의 절정은 포도원에서 즐거운 노랫소리가 들릴 때다. 그러나 기쁨의 장소여야 할 바로 그곳에서 장례식의 애가가 울리고 통곡 소리가 메아리치기 시작한다. 적군의 침략과 찬탈 때문인가? 아니면 가뭄으로 인한 흉작 때문인가? 병충해로 인한 피해 때문인가? 아니다! 다름 아닌 "야웨 하나님께서 그들 가운데로 지나가시기 때문이다!" 하나님께서 죽음의 사자로 이스라엘 가운데를 지나가면서 사방에 애곡을 일으키실 것이다.

아모스는 5:17과 이곳 7:8에서 동일한 히브리어(עָבַר, 아바르["건너다", "지나가다"라는 의미])를 사용하면서도 유월절을 암시한다. 그러면서도 그는 두 곳에서 서로 다른 의미를 미묘하게 전달한다. 이러한 미묘한 의미 전달은 한글에도 잘 나타나 있다. "지나가다"라는 말은 "가운데로 통과하다"는 뜻도 있지만, "옆으로 지나쳐가다"는 의미로도 사용된다. 이와 같은 언어의 뉘앙스가 아모스 5:17과 7:8에서 나오는 "아바르"(עָבַר) 사용에 잘 반영되어 있다. 5:17에서의 "지나간다"는 것은 "통과한다"(pass through)는 뜻으로 죽음의 심판을 가리킨다. 이는 하나님께서 이스라엘을 통과하면서 그들을 죽이실 것이라는 심판 선언이다. 그러나 7:8에서 "지나간다"는 것은 "지나쳐간다"(pass by)는 뜻으로 "구원하다"는 의미를 가리킨다. "내가 이스라엘을 다시는 지나쳐가지(구원하다) 않을 것이다." 역으로 말하자면, 하나님께서 이스라엘을 지나쳐가지 않으시고(암 7:8), 반드시 통과하시겠다(암 5:17)는 의미다.

그렇다면 하나님께서 이스라엘을 지나쳐가지 않으시고 그들 가운데로 통과하시겠다는 것은 무슨 의미인가? 본문에서 "지나쳐가신다"는 말은 아마도 "용서", "사죄"를 가리키는 표현일 것이다.[10] 하나님께서 이스라엘

---

10   예. Harper, ICC, 166; Cripps, *Amos,* 226; Würthwein, "Amos-Studien," 30. 한글역도 "용서"

의 죄를 "다시는 결코"[11] 지나쳐버리지 않으시겠다(용서치 않는다!)는 것이다. 용서받을 기회를 상실한 이스라엘에게 남아 있는 것은 무엇일까? 아모스는 하나님의 단호한 결심에 대해 할 말을 잊어버린다. 앞의 두 환상 보고문의 경우, 예언자는 이스라엘을 위해 대담한 중보의 간청을 드렸다. 그리고 심판의 유보를 얻어냈다. 그러나 이번 경우는 다르다. 예언자가 더 이상 당돌한 간청을 드릴 수 없을 만큼 하나님의 결심은 너무나 단호했고 그분의 마음은 이미 돌아섰다.

왕궁과 성소는 파멸되리라(암 7:9)

성소와 왕궁은 이스라엘의 삶을 규정하고 유지시켜주는 두 개의 중추적 기관이었다. 그것은 "성"(제의 장소로서 성소)과 "속"(정치의 본산으로서 왕궁)에 대한 또 다른 표현이었다. 이스라엘 백성들은 성소를 통해 자신들의 언약적 삶을 다시금 확인했고,[12] 왕궁을 통해 법과 사회의 질서를 세워나갔다. 그러나 이스라엘의 성소와 왕궁은 철저히 부패했고 원래의 목적에는 벗어난 지 매우 오래되었다. 이스라엘의 성소들(예. 벧엘, 단, 길갈, 브엘세바)은 명목상으로는 공식적인 성소들이었지만 실제로는 가나안 종교의 영향

라고 번역했다. 참조. 미가 7:18; 잠 19:11.

11 "결코 다시는 그것을 지나치지 않을 것이다"(לֹא-אוֹסִיף עוֹד עֲבוֹר לוֹ)라는 문구는 하나님의 강한 결심을 표현하는 관용어로서 네 번째 환상인 8:2에도 동일한 문구가 나온다. 세 번째 환상과 네 번째 환상이 연결되어 있다는 또 다른 언어학적 증거이기도 하다.

12 본 절에 언급된 "산당들"이나 "성소들" 등은 공인되지 않은 불법적 제의 장소들을 가리키는 것이 아니다. 히스기야와 요시아의 종교개혁(왕하 18:3-6; 22-23장) 이전에는 이스라엘 온 지역에 합법적인 희생제사 장소, 즉 성소들이 있었다. 이런 곳에서 야웨께 희생제사를 드린 기록도 있다(삼상 9:12; 왕상 3:4). 따라서 본 절에서 비난하는 내용은 성소들의 불법성이 아니라 왜곡된 종교 제의에 대한 것으로 보아야 한다.

아래 이교화된 노천 산당(open air high places)이었다. 성소에서는 야웨의 이름이 공식적으로 불렸고 예배 시간에는 신앙고백이 낭송되긴 했으나, 드리는 예배 후의 삶은 탐욕과 방탕, 악독과 착취로 특징지어졌다. 심지어 성소에서 예식 중에는 가나안 바알 종교(fertility cult)의 풍속을 따라 음란한 성적 행위가 공공연히 자행되기까지 했다(참조. 암 3:14; 4:4-5; 5:5-7, 21-24). 한편 이스라엘의 왕궁에서는 더 이상 정의와 공의의 법은 흘러나오지 않았고, 이스라엘의 궁정에서는 더 이상 가난한 자들과 약한 자들에 대한 민원이 처리되지 않았다. 따라서 성과 속의 대명사인 성소와 왕궁의 파멸, 다시 말해서 이스라엘의 삶 전체를 철저하게 파멸시키겠다는 하나님의 단호한 결심은 당연한 귀결일 수밖에 없는 것이다. 이제 예언자는 하나님의 결심을 어찌 할 수 없게 된 것이다.

> 이삭의 산당들이 폐허가 되며(암 7:9Aa)
>
> 이스라엘의 성소들이 파괴될 것이니(7:9Ab)
>
> 내가 여로보암의 집을 향하여 칼을 들고 일어나리라(7:9Ac).

위의 시적 배열이 보여주듯이 "이삭의 산당"과 "이스라엘의 성소"가 서로 평행구를 이룬다. 아모스는 다른 곳에서(암 7:16) "이삭-이스라엘"을 한 쌍으로 다시 사용한다. "이삭의 산당"이란 어떤 학자들이 주장하듯이 이삭이 야웨께 경배했던 브엘세바 지역을 가리키거나(창 26:25)[13] 혹은 창세기 31-33장의 전승에 따라 이스라엘의 요단강 동편 지역을 가리키는 것이 아니라,[14] 그것의 평행구인 "이스라엘의 성소"가 분명하게 밝히듯이 이스

---

13 예. Wolff, *Amos*, 302.

14 A. van Selms, "Isaac in Amos," *Studies on the Book of Hosea and Amos*, Die Ou Testamentiese Werkgemeenskap in Suid Afrika, 7th and 8th Congresses (Potchestroom: Rege-Pers Beperk,

라엘 전역의 공적 예배 장소를 가리킨다. 한마디로 하나님은 그 존재 가치와 의미를 상실한 이스라엘의 모든 종교 기관을 없애버리겠다고 결심하셨다.[15]

새롭게 배우지 못하는 어리석은 사람들

하나님께서는 이스라엘을 철저하게 부패시킨 장본인인 여로보암 2세의 집, 즉 북이스라엘 왕조를 멸절하시겠다고 결심하셨다. 하나님께서 일어나실 때 그분 앞에 설 자가 누구리요! 우리는 이스라엘의 역사를 통해 여로보암 왕조가 어떻게 종말을 고하게 되었는가를 알고 있다(왕하 15:10). 그리고 우리는 북이스라엘이 국가로서 지구상에서 자취를 감춰버리게 된 최후의 날이 예언의 말씀처럼 마침내 도래했음을 알고 있다. 하나님은 다메섹 저 너머의 북쪽에서 무서운 군대를 동원해 이스라엘을 지면에서 쓸어버리셨다(암 2:13-16; 3:11-12; 4:2-3; 5:27; 6:8-14; 왕하 17:1-6). 그렇다! 옛 이스라엘들은 왕과 국가의 미래, 주권자와 민족의 운명이 전적으로 야웨 하나님께 달려 있음을 망각했다. 남유다 역시 이 사실, 즉 역사의 주인이 야웨 하나님이라는 사실을 너무나 뒤늦게 알지 않았던가! 그들은 북이스라엘의 멸망을 통해서 아무것도 배우지 못했다. 또한 오늘날의 "이스라엘"(하나님의 백성이라고 자부하는 우리!)은 옛적 이스라엘이 아모스서의 메시지를 바빌론 그발 강가에서 눈물을 머금고 다시금 뼈저리게 읽어야만 했다는 사실

1964-1965): 157-65.

15 "이삭"의 의미가 "웃음"이라는 데 착안해 "이삭의 산당"이란 문구 안에 조소(嘲笑)의 의미가 깔려 있다고 말하는 사람들이 있다. 그들은 "이삭의 산당"을 "조소의 산당"으로 이해한다. 그러나 그럴 경우 평행구인 "이스라엘의 성소"는 "하나님을 이겼다"(이스라엘의 의미)는 내용의 반어적 문구로 이해해야 할 것인가? 글쎄, 나는 그것이 지나친 풍유가 아닌가 생각한다.

을 기억하고 있는지? 북이스라엘의 불행한 이야기는 단순히 옛날 이야기가 아니라 오늘 새롭게 들려야 할, 아니 지금 처음 듣는 것과 같은 긴박성과 긴장감을 가지고 들려야 할 하나님의 부르짖음이다. "이스라엘들이여, 들으라!"

이제 우리는 왜 아모스서의 유일한 3인칭 내러티브(암 7:10-17)가 세 번째 환상인 본 단락 다음에 놓이게 되었는가를 이해할 수 있을 것이다. 본 환상 보고문이 이스라엘의 성소와 왕궁의 비참한 최후를 예언하고 있다면, 그다음 단락인 "아모스-아마샤" 대결을 다루고 있는 3인칭 내러티브는 이스라엘 성소의 대표격인 벧엘 성소와 그곳의 제사장 아마샤 그리고 이스라엘의 왕 여로보암을 등장시킴으로써 앞 단락의 예언에 대한 생생한 한 예를 독자들에게 들려주면서 그들이 직면하게 될 비참한 최후들을 환기시켜준다.

두 왕국 간의 충돌

암 7:10-17

7:10 벧엘의 제사장 아마샤가 이스라엘 왕 여로보암에게 다음과 같은 메시지를 전하였다. "아모스가 이스라엘 족속 중에 다니면서 당신을 대항하여 음모를 꾀하니 이 나라가 그의 모든 말을 견딜 수 없나이다.

11 아모스가 이처럼 말하더니이다.

'여로보암은 칼에 죽겠고

이스라엘은 정녕 사로잡혀

그 본토에서 추방당할 것이다.'"

12 그때 아마샤가 아모스에게 말하기를, "선견자야, 당신은 어서 빨리 유다 땅으로 떠나라! 거기서나 벌어먹고 살라! 그리고 거기서나 예언하라!

13 그러나 다시는 벧엘에서 예언하지 말라! 왜냐하면 이곳은 왕의 성소요 민족의 성전[1]이기 때문이라."

14 이에 대해 아모스가 아마샤에게 대답했다. "나는 예언자가 아니며 예언자 종단의 일원[2]도 아니요, 목자[3]요 뽕나무 열매를 배양하는 자[4]요.

---

1 개역개정은 "나라의 궁궐", 표준번역은 "왕실"로 번역했다. 그러나 두 가지 이유 때문에 "민족 성전"(state temple)으로 번역하는 것이 타당할 것 같다. 첫째, 이스라엘의 궁궐은 오직 사마리아에만 있었던 것으로 알려졌고, 둘째, 앞의 구("왕의 성소")와 시형적 평행구를 이루기 때문에 "나라의 궁궐"보다는 "민족(왕국)의 성전"이 적절하다. Hammershaimb, *Amos*, 116; Cripps, *Amos*, 232; Wolff, *Amos*, 306; Rudolph, KAT, 249; Smith, *Amos*, 238. NIV; NRSV("temple of the kingdom").

2 히브리어 원문(בֶּן־נָבִיא)의 문자적 번역은 "예언자의 아들"이다. 그러나 본문에서 아모스는 자신의 아버지가 예언자였다는 뜻으로 말한 것이 아니다. 이 문구는 이스라엘 안의 예언자 종단 (prophetic guild)을 가리키는 관용어로 사용된다(예. 왕상 20:35; 왕하 2:3-15; 4:1,38; 5:22; 6:1; 9:1).

3 암 7:14에 "목자"라고 번역된 히브리어는 "보케르"(בּוֹקֵר)로, 암 1:1에 "목자"로 번역된 "노케드"(נֹקֵד)와는 다르다. "보케르"의 어근은 항상 "소떼를 치다"는 뜻을 지니고 있다. 그런데 아모스는 양떼를 치고 있다고 암 7:15이 말하고 있기 때문에 학자들은 "보케르"를 "노케드"로 수정할 것을 제안하곤 한다. 그러나 "노케드"가 소나 말이나 양들을 포함하는 포괄적인 목축업자를 가리키는 단어이기 때문에 아모스가 양과 염소뿐만 아니라 소떼도 거느리고 있었다고 해도 전혀 이상할 것이 없다.

4 "뽕나무"로 번역된 나무(שִׁקְמִים, 쉬크밈)는 우리가 일반적으로 생각하는 뽕나무가 아니다. 이 나무는 커다란 잎사귀에서 직접 무화과 열매 비슷한 열매를 맺는다. 뽕나무 열매를 "배양"한

15 그러나 양떼를 따르고 있을 때에 야웨께서 나를 데려다가 내게 말씀하
    였소이다. '가서 내 백성 이스라엘에게 예언하라.'

16 자, 이제 당신은 야웨의 말씀을 들으시오. 당신이 말하기를,
        '이스라엘을 쳐서 예언하지 말며
            이삭의 집을 대항하여 설교하지 말라.'

17 그러므로 야웨께서 이같이 말씀하십니다.
        '당신의 아내는 성읍의 창녀가 될 것이요.
            당신의 자녀들은 칼에 쓰러지며,
        당신의 토지는 척량줄로 나누일 것이며,
            당신은 부정한 나라에서 죽을 것이요.
        이스라엘은 정녕 사로잡혀
            그 본토에서 추방당할 것이다.'"

아모스서 편집과 본 단락에 관한 학설들

현재의 단락(암 7:10-17)은 세 번째 환상(암 7:7-9)과 네 번째 환상(암 8:1-3)
사이에 끼어 있는 내러티브로서 아모스서 편집 과정에 관심을 기울이는
학자들 사이에 집중적인 연구의 대상이 되어왔다.[5] 예를 들어 왓츠에 따르

다는 것은 열매가 빨리 익게 하기 위해 열매를 주무르거나 약간의 균열을 내거나 하는 작업을
말한다. 열매의 사용처에 대해서는 의견이 분분하다. 아마 가축의 사료로 사용되었을 가능성
이 높다. Hayes, *Amos,* 237-38; Wright, "Amos and the 'Sycamore Fig,'" *VT* 26 (1976): 362-
68을 참조하라. 뽕나무는 요단 계곡이나 지중해 해변 저지대에서 자라기 때문에 드고아와 같
은 고지대에서는 자라지 않는다(왕상 10:27; 시 78:47; 대하 27:28). 아모스는 이리저리 돌아
다니면서 목축업과 뽕나무 열매 재배를 병행했던 것 같다.

5   대표적인 논문들로는 다음과 같은 것이 있다. A. J. Bjoerndalen, "Erwägungen zur Zukunft
    des Amazja und Israels nach der Überlieferung Amos 7:10-17," *Werden und Wirken des*

면,[6] 내러티브 본문이 환상들 가운데 삽입된 것은 아모스서의 최종 편집자가 예언자 아모스 당시에 발생한 일련의 사건들의 역사적 발전 과정을 반영시키고자 했기 때문이다. 그에 의하면, 아모스는 자기가 받은 세 개의 환상을 벧엘에서 선포했고, 그러한 환상에 대한 선포가 벧엘에서 강력한 저항을 받으면서 벧엘의 제사장 아마샤에 의해 북이스라엘 왕국에서 추방당했다. 그리고 일 년 후 즈음에 아모스는 네 번째 환상을 첨가해 자신이 받은 환상들을 어떤 유대 지방의 성소에서 다시 말하기 시작했으며, 다시금 일 년 후에 다섯 번째 환상을 첨가해 이전의 환상들과 함께 선언하기 시작했다는 것이다. 이렇게 함으로써 아모스는 그가 앞서 받은 환상들에 대한 확증과 확인 작업을 거치면서 반복적으로 환상들을 메시지 보고문으로 낭독했다는 것이 왓츠의 주장이다. 왓츠는 이런 식으로 아모스 1:1에 언급되어 있는 "지진 발생 이 년 전"에 관한 언급을 결국 마지막 환상인 아모스 9:1에 기록되어 있는 "성소 파괴"의 예언이 성취된 것으로 간주한다. 물론 이러한 역사적 재구성이 상당한 추측과 상상력에 근거하고 있다는 사실은 말할 것도 없다.

한편 내러티브 본문이 "환상 시리즈"의 흐름을 차단한다는 판단 아래 여러 학자가 내러티브 본문이 본래적으로 위치했을 곳을 추측해서 자연

Alten Testaments: Festschrift für Claus Westermann zum 70 Geburtstag, ed. R. Albertz and et al. (Göttingen: Vandenhoeck & Ruprecht, 1980): 236-51; G. Pfeifer, "Die Ausweisung eines lästigen Ausländers: Amos 7:10-17," *ZAW* 96 (1984): 112-18; L. Rost, "Zu Amos 7:10-17," *Festgabe für Theodor Zahn* (Leipzig: Deichert, 1928): 229-36; H. J. Stoebe, "Noch einmal zu Amos VII,10-17," *VT* 39 (1989): 341-54; G. M. Tucker, "Prophetic Authenticity: A Form-Critical Study of Amos 7:10-17," *Interpretation* 27 (1973): 423-34; H. Utzschneider, "Die Amazjaerzählung (Am 7:10-17) zwischen Literatur und Historie," *BN* 41 (1988): 76-101; Williamson, "The Prophet and the Plumb-Line," 101-21.

6 Watts, *Vision and Prophecy in Amos,* 27-50; idem, "The Origin of the Book of Amos," *ExpTim* 66 (1955): 109-12. 이와 비슷한 견해는 다음과 같다. R. Gordis, "The Composition and Structure of Amos," *HTR* 33 (1940): 247ff.; Jeremias, *Amos,* 2-3, 124-26.

스러운 위치를 제안하곤 한다. 예를 들어 바이저(Weiser), 루돌프(Rudolph), 소진(Soggin)과 같은 주석가들은 본문을 다음과 같은 순서로 재배열한다. 7:1-9(첫 번째, 두 번째, 세 번째 환상), 8:1-3(네 번째 환상), 9:1-6(다섯 번째 환상), 7:10-17(아모스와 아마샤의 만남), 8:4-14(아모스의 메시지), 9:7-10(아모스의 메시지).[7] 물론 아모스-아마샤 간의 대립에 관한 설화체 본문의 소위 "원래적 위치"에 대한 제안도 다양하다. 학자들은 아모스서의 서론 부분인 1:2 바로 직후나,[8] 아모스 3장 끝[9]이나 혹은 아모스 6장 끝[10] 아니면 아모스서 마지막 부분이[11] 본 내러티브의 원래 위치일 것이라고 추측한다.

또한 본문과 연관해 소위 역사적 아모스에 관한 수많은 학설과 제안들이 제시되었다.[12] 아모스가 어떻게 예언자로 부르심을 받았으며,[13] 그의 출신 지역은 남쪽인가 북쪽인가, 예언자와 선견자에 관한 용어 논쟁, 즉 두 용어는 교체적인가 아니면 특정한 지역에서만 사용되는 단어인가?(예를 들어 특정한 예언 집단을 가리키는 전문적인 용어로서 "선견자"는 남유다에서, 그리고 "예언자"는 북이스라엘에서 사용되었다는 주장) 여기에 기록된 사건 이후 아모

---

7   Weiser, *Zwölf kleinen Propheten*, 180-205; Rudolph, KAT, 228-78; Soggin, *Amos*, 112-45.

8   K. Budde, "Zur Geschichte des Buches Amos," in K. Marti (ed.), *Studien zur semitischen Philologie und Religionsgeschichte*, Festschrift für J. Wellhausen, BZAW 27 (Giessen, 1914): 65-77; H. Gressmann, *Die älteste Geschichtschreibung und Prophetie Israels* (*Von Samuel bis Amos und Hosea*) (SAT 2/1; Göttingen: Vandenhoeck & Ruprecht, 1921), 77

9   Cripps, *The Book of Amos*, 311.

10   A. Van Hoonacker, *Les douze petits prophètes*, Ètudes bibliques (Paris), 261, 267; B. Duhm, "Anmerkungen zu den Zwölf Propheten, I. Buch Amos," *ZAW* 31 (1911): 1-18.

11   Sellin, *Das Zwölfprophetenbuch*, KAT, 253; Weiser, *Das Buch der zwölf kleinen Propheten*, 130; Rudolph, *Joel-Amos-Obadja-Jona*, KAT, 252; Hayes, *Amos*, 231 (9:11-12이후).

12   참조. Reventlow, *Das Amt des Propheten bei Amos*, 14-23.

13   본 단락에 대한 Wolff(*Amos*)의 해석은 결과적으로 본 단락이 예언자의 소명에 관해 말하고 있다는 인상을 강하게 심어준다.

스는 남방 유다로 추방되었을까[14] 아니면 스스로 돌아갔을까[15] 아니면 순교했을까 등과 같은 서로 관련이 있는 많은 질문을 제기했다. 이상과 같은 문제들은 각기 상당한 관심과 연구의 대상이 될 것임에 틀림없다. 그러나 이상과 같은 질문은 가장 중요한 문제를 간과하고 있다. 가장 중요한 문제란 본 단락이 근접한 문맥 가운데서 담당하는 기능과 역할이다. 본 단락을 단순히 환상 보고문 시리즈의 흐름을 차단하는 "이질적 요소"로 바라보고, 우연히 현재의 위치에 놓이게 되었다고 주장하는 대다수 학자들의 견해에 대해, 우리는 언어학적으로 볼 때 그리고 다루고 있는 주제의 빛 아래서 볼 때 본 단락이 앞의 환상 보고문과 매우 긴밀하게 연결되어 있다고 생각한다. 최근 예레미아스가 자신의 아모스 주석에서 잘 지적하고 있듯이, "본문(암 7:10-17)은 본 단락 마지막에 등장하는 하나님의 신탁(암 7:17)을 향해서, 그리고 이와 동시에 앞서의 다림줄 환상 안에 나타난 아모스의 신탁(암 7:9)을 향해서 방향을 잡고 있다."[16] 그는 한 걸음 더 나아가 7:9-17을 하나의 문학적 단위로 간주한다. 반면에 7:7-17을 수사학적으로 통일성을 이루는 문학적 단위로 간주하는 스미스(G. V. Smith)는 다음과 같이 주장한다. "이 단위 안에서 7:9의 역할은 매우 중요하다. 만일 7:9이 없다면 7:7-17의 통일성은 무너질 것이다."[17] 앞의 다림줄 환상 본문과 본 설화체 본문 간에 언어학적 연결 표시들이 많다[18]는 것은 본 내러티브가 앞의 환상 보

---

14   A. S. Kapelrud, *Central Ideas in Amos* (Oslo: Aschenoug, ²1961), 11; R. R. Wilson, *Prophecy and Society in Ancient Israel* (Philadelphia: Fortress, 1980), 270.

15   Weiser; Wolff; Rudolph.

16   Jeremias, *Amos*, 136-37; Smith, *Amos,* 229-33; Williamson, "Prophet and the Plumb-Line," 456ff. 한편, 아모스의 소명이 여기에(암 7:10-17) 언급되고 있는 것은 이스라엘을 향한 아모스의 심판 선언(앞의 환상 보고문)에 무게를 더하게 위함이라는 주장은 이미 오래 전에 제안되었다. Würthwein, "Amos-Studien," 10-52, esp. 19-24, 28-35.

17   Smith, *Amos,* 229-33. 그는 7:9-17을 수사학적 통일체(rhetorical unity)라고 부른다. 참조. Rudolph, KAT, 236-37; Mays, *Amos*, 124.

18   예. 두 단락간의 반복구들로는, "여로보암"(암 7:9 // 7:10, 11); "나의 백성 이스라엘 가운

고문과 별개로 이해될 수 없음을 의미한다. 따라서 우리는 "아모스-아마샤" 내러티브는 우연에 의해서나 아니면 최종 편집자의 무책임 때문에 현재의 위치에 끼어든 것이 아니라는 것을 기억할 필요가 있다. 본 단락이 세 번째 환상과 네 번째 환상 사이에 삽입된 것은 첫 두 개의 환상에서 보여주듯이 두 번에 걸친 아모스의 간청은 성공적이었으나, 세 번째 환상 안에서는 왜 아모스의 중보 기도가 침묵하고 있는지를 후대 독자들에게 보여주기 위함이다. 동시에 본 단락은 왜 이스라엘이 다가오는 하나님의 심판을 피하지 못할 수밖에 없는가에 대한 이유를 보여주고 있다.[19] 그러므로 "아모스-아마샤" 내러티브 본문은 단순히 두 사람(혹은 아모스)에 대한 자서전적 자료를 제공하고 있는 것으로만 이해되어서는 안 된다. 오히려 그 목적은 이스라엘의 영적 상태, 즉 다림줄로 재어본 결과 기울어질 대로 기울어진 이스라엘의 상태가 엄청난 붕괴로 이어질 것이며, 이러한 이스라엘의 상태를 반영해주는 것이 본문에 등장하는 벧엘의 제사장 아마샤라는 것을 보여주는 것이다. 아마샤는 이스라엘의 소우주 혹은 축소판 이스라엘이라고 할 수 있다.

데"(7:8) // "이스라엘 족속 중에"(7:10); "이스라엘은 정녕 사로잡혀 그 본토에서 떠나리라"(7:11 // 7:17); "나의 백성"(7:8 // 7:15); "칼"(7:9 // 7:11, 17); "이삭"(7:9 // 7:16); "성소"(7:9 // 7:13); "다림줄"(7:7-8) // "줄"(7:17); "내가 더 이상…"(7:8) // "너는 더 이상…"(7:13). 그리고 본 단락과 다음 환상 사이의 연결구들로는 "내가 더 이상…"(8:2) // "너는 더 이상…"(7:13). 자세한 논의는 다음을 보라. H. Utzschneider, "Die Amazjaerzählung (Am 7:10-17) zwischen Literatur und Historie," *BN* 41 (1988):76-101.

19 Jeremias, *Amos*, 137.

"아모스-아마샤 단락"의 구조

본 단락은 아모스와 벧엘의 제사장 아마샤의 만남에 관한 3인칭 내러티브로서, 아모스서에는 유일하게 보존되어 있는 예언자에 관한 전기(傳記)부분이다. 아마 예언자가 아닌 제 삼자에 의해 쓰였을 가능성이 높은 본 단락은 정교하게 상응하는 대칭형 구조(symmetry)를 이루고 있다.[20]

A(암 7:10, 11): 아마샤가 <u>그의 왕에게</u> 메시지를 <u>전달한다</u>.

   1. 아마샤는 아모스가 왕에 대하여 음모를 꾸미고 있다고 고발한다.

   2. 아마샤는 아모스가 선언한 심판을 그의 왕에게 보고한다.

     "여로보암은 칼에 죽겠고 <u>이스라엘은 정녕 사로잡혀 그 땅에서 떠나겠다</u>(וְיִשְׂרָאֵל גָּלֹה יִגְלֶה מֵעַל אַדְמָתוֹ)."

B(7:12, 13): 아마샤가 아모스를 직접 상면한다.

   1. 아마샤가 아모스에게 고향에 돌아가 예언자 직을 계속하라고 말한다.

   2. 아마샤가 아모스에게 벧엘에서 예언하지 말라고 경고한다.

B′(7:14, 15): 아모스가 아마샤에게 대답한다.

   1. 아모스는 아마샤에게 자신의 직업은 목축이라고 말한다

   2. 아모스는 아마샤에게 야웨께서 자신에게 이스라엘을 향해 내리치는 예언을 하라고 시키셨다고 알린다.

---

20   암 7:10-17을 하나의 문학적 단위로 잡는 일에 대해 앞서의 몇몇 학자들은 다른 의견을 표한다. J. Jeremias(*Amos,* 135)는 7:9-17을 Smith(*Amos,* 227)와 Allen R. Guenther, (*Hosea, Amos,* Believers Church Bible Commentary [Scottdale, PA; Waterloo, Ontario: Herald Press, 1998], 335)는 7:7-17을 문학적 단위로 설정한다. 그러나 아래에서 보여주듯이 7:10-17은 완벽한 대칭 구조를 이루고 있다. 특히 이러한 구조에 관해서는 Stek 교수의 아모스서 강의에 많은 빛을 지고 있음을 밝힌다.

A′(7:16-17): 아마샤가 "왕"으로부터 메시지를 받는다.

1. 아모스는 아마샤에게 왕의 이름으로 야웨의 예언자를 잠잠케 하는 일이 잘못임을 지적한다. 즉 예언자를 잠잠케 하는 일은 진정한 왕이신 야웨에 맞서 음모를 꾸미는 일임을 암시한다.

2. 아모스는 야웨의 심판을 아마샤에게 선언한다.[21]

"네 아내는 성읍 중에서 창기가 될 것이요, 네 자녀들은 칼에 엎드러지며 네 땅은 줄 띄워 나누일 것이며 너는 더러운 땅에서 죽을 것이요. 이스라엘은 정녕 사로잡혀 그 땅에서 떠나리라" (וְיִשְׂרָאֵל גָּלֹה יִגְלֶה מֵעַל אַדְמָתוֹ).

위의 구조가 보여주듯이 7:10-17은 문학적 단위를 형성한다. (1) 앞의 단락(암 7:7-9)과 본 단락에 뒤이어 나오는 단락 역시 문학 장르상 "환상"(vision)에 속하나 본 단락은 3인칭 "내러티브"에 속한다. (2) 본 단락은 수미쌍관이라는 문학 장치를 통해 문학적 단위를 형성한다. "이스라엘은 정녕 사로잡혀 그 땅에서 떠나겠다"는 문구가 본 단락의 처음 부분과 마지막 부분을 장식한다.

A. 누가 진정한 왕인가?(A // A′)

구조를 통해서 나타나듯이 본문은 크게 두 개의 주제를 중심으로 구성되어 있다. A와 A′에서 다루는 주제와 B와 B′를 중심으로 다루는 주제가 그 것들이다. 첫째로 대칭을 이루고 있는 A와 A′에서는 누가 진정한 왕인가를 보여준다. 벧엘 성소를 책임지고 있는 제사장 아마샤는 자신의 주인이

---

21 아모스의 대답은 제사장을 향한 심판 신탁이며, 개인을 향한 심판 신탁으로는 아모스서에서 유일한 부분이다. Mays, *Amos*, 134.

여로보암이라고 생각한다. 그는 하나님의 음성을 귀담아 듣는 훈련 대신에 지상적인 임금의 명이나 눈치를 보는 위인으로 묘사된다. 그는 제사장으로 부르심을 받았을 때의 소명감을 상실한 채 이제는 생존과 안전을 위한 방편으로 성직을 수행하고 있는 자처럼 보인다. 그의 눈은 모든 제사장이 반드시 그래야만 하는 것처럼 율법에 고정되어 있지 않았다. 그 대신 아마샤는 사마리아의 궁궐을 향해 귀를 기울이고 있었다. 그는 육신을 따라 사는 사람처럼 지상의 임금을 두려워했으며, 보이지 않는 진정한 왕은 그의 안중에도 없었다. 그러나 이것은 아마샤 자신뿐만 아니라 그의 가족과 민족을 위해서도 매우 큰 불행의 서주였다. 아마샤는 자기 인생과 미래를 책임져줄 사람은 사마리아의 궁궐에 앉아 있는 이스라엘의 왕 여로보암이 아니라 하늘과 땅을 지으셨고, 자신의 조상들을 이집트에서 인도하셨으며, 광야에서 만나로 그들을 먹이셨고, 바위에서 샘물을 내어 마시게 하셨던 위대한 왕 야웨 하나님이라는 사실을 저버리고 말았다. 그는 자기가 권력에 줄을 대고 있으므로 자신의 아내가 부를 누리고 명예와 존경을 받는다고 생각했으며, 그가 이스라엘 왕의 충성스런 신복이기 때문에 자신의 자녀들이 벧엘 사람들의 칭찬과 부러움을 얻는다고 생각했다. 이스라엘 최고의 종교 지도자였던 아마샤는 자신과 가족의 운명이 하나님에 의해 보장되고 인도된다는 사실을 왜 몰랐을까? 그는 제사장이 되기 위해 신학 교육을 받지 않았던가? 교인들을 가르치기에 충분히 잘 준비된 신학, 탁월한 제사 집전으로 정평이 나지 않았던가? 그런데 어찌하여 그는 속물처럼 권력에 기생해서 사는 초라한 지도자로 전락했던가?

그러나 아마샤가 그렇게 힘들여 세운 모든 인간적인 연결이 그 자신과 가족들의 미래를 보장하지는 못할 것이다. 왜냐하면 사람의 장래를 보장하고 유지하는 것은 그가 얼마나 좋은 인간적 후원자나 "연줄"(connection)을 가지고 있느냐에 달려 있지 않기 때문이다. 인간사의 전개와 보전에 대한 최종 결정권자는 하나님이시기 때문이다. 아마샤는 자신과 가족의 운명이 하나님의 손에 달려 있다는 중대한 신학적 가르침을 신학교의 시험을 치르기 위한 문제로, 제사장 자격을 취득하기 위한 구술 시험의 정답으로는 알았지만 살아 있는 신앙고백으로는 받아들이지는 못했다. 이러한 아마샤가 종국에 치러야 할 값은 너무나도 컸다. 진정한 "왕"이신 야웨 하나님께서 무서운 심판을 선언하셨기 때문이다. "네 아내는 성읍의 창녀가 될 것이요, 네 자녀들은 칼에 엎드러지며, 네 땅은 줄 띄워 나누일 것이며, 너는 더러운 땅에서 죽을 것이라!"(암 7:17)

B. 누가 진정한 왕의 대리자인가?(B // B′)

둘째로 B와 B′는 누가 진정한 왕의 대리자인가 하는 문제를 다룬다. 따라서 아마샤와 아모스의 만남은 그들이 대표하고 있는 두 왕과 두 왕국 간의 충돌이기도 하다. B와 B′는 이 사실을 위한 일화를 제공한다. 아모스와 아마샤는 모두 종교적인 사람들이었지만 그들은 너무나 상이한 배경을 지니고 있었다. 한 사람은 공식적인 신학 훈련을 전혀 받지 않았던 사람이었지만, 다른 한 사람은 탁월한 신학과 교리로 무장한 성직자였다. 한 사람은 무명의 평신도였고, 사회적 수용의 척도로 볼 때 또 다른 사람의 위엄 있는 성직에는 견줄 만하지는 못했다. 반면에 다른 한 사람은 근엄한 종교 지도자이자 탁월한 신학자였다. 그가 입는 제사장 예복은 많은 평신도의 존경과 부러움을 자아내기에 충분했다. 하지만 우리는 사람의 눈과 하나님의 눈이 다르다는 사실을 안다. 그들을 진정한 하나님의 사람으로 특징짓는 가늠자는 외형적 조건이나 사회적 인지도 혹은 공식적인 신학 훈련의 유무가 아니었다. 많은 신학 훈련이 그들을 하나님의 사람으로, 종교 제도권 안에서의 양육 배경이 그들을 하나님의 종으로 만든 것이 아니었다. 문제는 하나님으로부터 "부르심"을 받았는지의 여부였다. "신의 소명"이라는 지고지순(至高至純)의 요소가 한 사람을 진정으로 "하나님의 사람"이 되게 하는 유일한 자격 기준이라는 사실이다. 우리는 주님의 강권적 부르심을 거절할 수 없어 자신의 모든 것을 뒤로하고 그분을 따르는 것을 가리켜 참된 "제자도"라고 말하지 않는가? 하나님으로부터 부르심을 받고 그분이 주관하시는 천상의 어전 회의에 직접 참석해본 경험이 있는 사람만이 진정으로 하나님의 대변자가 될 수 있고, 그분의 뜻을 자신 있게 전달할 수 있다. 이스라엘이 불행한 종말을 맞이하게 되었던 것도 결국 그들에게 진정한 하나님의 사람이 없었기 때문이다. 소돔과 고모라가 의인 열 명이 없어서 망한 것처럼, 이스라엘의 멸망은 그들에게 막강한 군사력이나 탁월한 정치력 혹은 튼튼한 경제력이 없어서가 아니라 참된 하나님의 사람들이 없었기 때문이다. 떡을 위해 사는 벧엘의 제사장 아마샤의 영성이 이것을 서글프게 증명하고 있다!

예언자와 제사장의 충돌

본문은 아모스가 자신의 예언자 경력상 가장 심각한 위기를 맞이했을 때의 단편을 제공한다. 적어도 그것은 북이스라엘 왕국의 벧엘 지역에서 아모스의 활동이 종결되는 상황을 보여준다. 물론 그 후로 아모스가 어떻게 되었는지에 관해서는 알려진 바가 없다. 곧 그가 이스라엘에 남아서 하나님의 심판을 계속적으로 전파하고 다녔는지 아니면 고향인 유다 땅으로 돌아갔는지에 관한 것이다. 이 사건을 기록한 사람이 누구인지를 확실하게 알 수는 없으나 아마 이 사건을 직접 목격한 사람이거나 이 이야기를 들었던 사람이 아닐까 생각된다. 벧엘의 제사장 아마샤의 말을 통해서 볼 때, 아모스의 사역과 선포 활동이 이미 상당 기간 동안 이스라엘 전 지역을 통해서 계속되었던 것 같다. "너의 모든 말을 이 나라가 견딜 수 없도다"(암 7:10). 또한 아마샤는 아모스를 어느 정도 잘 알고 있었던 것 같고, 그가 남유다 출신임도 알고 있었던 것 같다.

예언자와 제사장 간의 충돌은 그 후 예레미야와 바스훌 간의 격렬한 마찰과 충돌에서도 이어진다(렘 20:1-6). 이러한 현상은 이스라엘의 종교적 삶에, 종종 영적 지도자(예언자들)와 기득권을 지닌 기관들(제사장들) 사이의 기나긴 긴장의 역사에 속한 단편이라고 말할 수 있다. 물론 모든 예언자가 신실한 영적 지도자였고, 모든 제사장이 타락한 종교 지도자들이었다는 말은 아니다. 예언자 중에는 호구지책으로 성직에 임한 직업적 전문가들도 많이 있었을 것이며, 반면 제사장 가운데는 하나님의 율법을 가르치고 백성들을 위해 희생제사를 드렸던 신실한 자들도 있었을 것이다.[22] 그러나 우리가 구약성경의 증언을 통해 확인할 수 있듯이, 제사장들은 종종 정형화된 종교 의식의 집행자들로 전락했고, 정권의 안전을 위한 호국 종교의 유지자들이나 주창자들로 나설 때가 많았다. 예언자들 역시 백성들의 기대와 소원을 이용해서 기복적 신앙을 부추겼으며 그로부터 나오는 불의한 이익을 탐하기도 했다. 또한 그들 역시 정권 유지와 왕권 수호를 위한 관변 단체로 전락한 경우가 있었다(왕상 22:5ff.; 렘 26:8-15). 이러한 사전 지식을 가지고 본 단락의 구성과 의미를 살펴보는 것이 좋으리라.

우리는 본문을 이해하기 위해 먼저 북이스라엘 왕국이 수립된 역사적 배경을 잠깐 살펴보는 것이 좋을 것 같다. 솔로몬의 통일 왕국이 남북으

---

22 제사장의 네 가지 중요한 기능과 임무는 신탁을 받는 것과 율법을 가르치는 것, 제사 의식을 집행하는 일과 공동체의 정결을 유지하기 위한 보건 소장 역할이었다(예. 신 33:10; 호 4:6; 습 3:4). 참조. Richard D. Nelson, *Raising up a Faithful Priest: Community and Priesthood in Biblical Theology* (Louisville, Ky.: Westminster John Knox Press, 1993); Joseph Blenkinsopp, *Sage, Priest, Prophet: Religious and Intellectual Leadership in Ancient Israel* (Louisville, Ky.: Westminster/John Knox Press, 1995).

로 갈라설 때, 여로보암은 북쪽 지방의 열 지파를 중심으로 독자적인 국가 체계를 확립하고 결속력을 강화해나가기 시작한다. 그는 이러한 계획의 일환으로 남쪽의 종교 센터인 예루살렘의 제의와 경쟁하기 위해 북쪽 지역의 두 곳을 선정해서 종교 중심지로 만들어 "성역화"하기 시작했다. 그 결과 벧엘과 단(왕상 12:26-33)이 북쪽의 대표적 성소가 되었다. 그리고 그는 북이스라엘의 제의적 상징물로서 금송아지 상을 제작해 세웠다. 이것은 종교를 조작하여 정치 권력을 유지하고 안정시키려는 "국가 종교"(state religion)의 모습 바로 그것이었다. 우리는 이것에서 현대적 의미로 "시민종교"(civil religion)의 모습을 엿볼 수 있다. 그리고 레위 지파 출신들만이 제사장이 되는 전통을 폐지하고 일반인들을 중심으로 제사장들을 선출했다. 이 또한 매우 민주적인(?) 방식처럼 보였으며, 이러한 일련의 정책은 북이스라엘 왕국 백성들의 마음을 사로잡을 뿐만 아니라 정치적·사회적 결집력을 공고하게 하는 강력한 수단이 되기도 했다. 여로보암은 왕권 강화를 목적으로 전통적인 "가을 축제일"(autumn festival)을 남쪽과는 다른 날짜로 정하고 그 자신이 벧엘에서 희생제사를 친히 집전하기도 했다. 이 모든 일은 정치적 안정과 국가적 안위를 위한 야심찬 계획의 일환들이었다. 바로 이런 계획과 맞물려 돌아갈 수밖에 없었던 영역이 종교였다.

아마샤가 자신의 왕에게 메시지를 전달하다(암 7:10-11)

국가 안보와 안녕을 통한 정권 유지를 치국의 제일 목적으로 삼았던 후대의 왕들 역시 강력한 왕정의 이념 아래 국가가 운영되기를 바랐다. 현저한 번영을 구가하던 여로보암 2세의 치세 아래에서 심상치 않은 일이 발생했다. 그 일은 남유다 왕국에서 온 한 유랑 예언자의 출현으로 말미암은 것이었다. 마치 금방이라도 종말이 올 듯한 그의 폭발적인 심판의 메시지는 이스라엘 전역을 소용돌이 속으로 휘몰아가기에 충분했다. 특히 예언자의 심판 예고(선언) 발언은 종종 정치적 반란과 민중 봉기로 이어졌던 경우가 있었기 때문에[23] 아모스라 불리는 유다 출신 예언자의 심판 설교는 이스라엘 정치권에 심각한 위협을 던졌으며, 이스라엘 사회에 천파만파의 파장을 일으키기에 충분했다. 이에 이스라엘의 성소가 위치한 벧엘의 제사장 아마샤는 전령을 왕에게 보내어 아모스가 이스라엘의 백성들 가운데 다니면서 왕을 모반하는 "역모"[24]를 꾸미고 있으며(קָשַׁר, 카샤르, 7:10), 그가 선포하는 심판의 메시지가 온 이스라엘의 땅이 견디어낼 수 없을 정도로 강렬하다고 전했다.

우리는 여기서 예언자 아모스를 통한 하나님의 메시지가 매우 "정치적인" 사건으로 받아들여지고 있다는 사실에 주의를 기울일 필요가 있다. 아모스의 심판 선포, 다시 말해서 실제적으로는 "종교적 사건"이라 할 수 있는 예언자의 심판 선포 행위가 벧엘의 제사장 아마샤에 의해 매우 심각한 "정치적 사건"으로 간주되고 있으니 말이다. 물론 정치와 종교가 밀접한 관계를 맺고 있었던 당시 상황 아래서 이것은 별로 이상한 일이 아닐지도 모른다. 하지만 우리는 이 시점에서 예언자들의 메시지가 "신-정치

---

23 예. 왕상 11:29ff.; 19:15ff., 왕하 8:7ff.; 9:1ff.

24 북이스라엘 왕국에서는 종종 왕을 죽이고 정권을 무너뜨리려는 음모가 있었으며 이러한 행위와 계획들을 가리키는 데 종종 이 단어가 사용되었다. 그리고 이러한 궁중 모반이 성공할 경우 왕당파에 속했던 모든 남자를 죽였던 일들이 있다(예. 왕상 15:27; 16:9; 왕하 10:9; 15:10). 한편, 아모스가 기소된 죄목이 "모반"이었다는 사실에 근거해 Stanley N. Rosenbaum("Northern Amos Revisited: Two Philological Suggestions," *Hebrew Studies* 18 [1977]: 132-48)은 아모스가 북이스라엘인이었다고 주장한다. 그에 의하면 오직 한 국가의 국민만이 모반죄에 해당할 수 있기 때문이다. 그는 아마샤가 아모스에게 말한 "벧엘에서 예언하지 말고 유다로 도망하라"(참조. 암 8:12)는 문구 중 "도망"이라는 단어가 아모스가 북이스라엘 출신임을 증명하고 있다고 주장한다. 자세한 주장은 다음의 책에 잘 피력되어 있다. Rosenbaum, *Amos of Israel*, 29-50. 그러나 그의 주장은 설득력이 없다.

적"(theopolitical)이라는 점을 기억해둘 필요가 있다. 예언자들은 누구던가? 그들은 천상의 왕이신 야웨 하나님의 지상적 특사들이었다. 그들은 언약 백성으로서 이스라엘과 유다가 자신들의 왕 야웨 하나님의 뜻과 의지를 존중하며 받들어 살 것을 권고했다. 특히 지상의 왕으로 세움을 입은 자들은 자신들이 섬기는 언약 백성들을 위해 천상의 왕이신 야웨 하나님의 정의와 평화를 땅에 실현하도록 부르심을 입은 자들이기도 했다. 마치 목자가 양떼들을 돌보고 인도하듯이, 왕들은 자신들에게 위탁된 하나님의 백성들을 정의의 지팡이로 인도하고 공의의 막대기로 보호하며 그들에게 샬롬의 삶을 누리도록 위임된 자들이었다. 그러한 목적을 이루기 위해 천상왕의 지상적 사환들(servants)로 부르심을 받은 자들이 이스라엘의 "왕"들이었다. 신의 대리인으로서 지상의 왕들은 군림하는 자가 아니라 봉사하는 "하인"으로 부르심을 받은 자들이었다. 그들은 백성을 위해 있는 자들이었지, 백성 위에 있는 자들이 아니었다. 그들이 백성 위에 군림하면서 정의와 공법을 무너뜨릴 경우 그들을 세우신 천상의 왕 야웨 하나님은 결코 침묵하지 않으실 것이기 때문이다.

따라서 하나님께서 이스라엘의 정치에, 특히 왕과 왕조에 관심을 두신 것은 지극히 당연한 일이었다. 이스라엘은 열국 중에 제사장의 나라로서 특별히 부르심을 받아 만방의 빛이 된 민족이었다. 그들은 세계 만방 가운데 심긴 하나님의 "의의 나무"였고, 그들의 삶과 행위는 하나님 나라가 이 땅에서 어떻게 실현되고 있는가를 보여주는 증언록 자체였다. 그들을 인도하는 왕과 관리들은 하나님의 신실한 충복이 되어서 정의와 공의로 나라를 다스리고 평강으로 백성들을 채워야 할 높은 소명을 받았다. 따라서 하나님께서 이스라엘 안에서 일어나는 모든 일—그것이 종교적 문제든, 정치적 사건이든, 사회적 이슈든, 교육에 관한 것이든 상관없이—에 지극한 관심을 두신 것은 매우 자연스러운 일이었다. 이스라엘은 하나님의 언약 백성이었고, 그들의 왕들은 야웨 하나님의 사환들이었기 때문이었다.

하늘의 왕 야웨는 불의한 종과 하인들을 처벌하시려고 예언자 아모스를 통해 입을 여셨다. 불의한 종과 하인들은 하나님께서 자신의 종 예언자 아모스를 통해 지상의 불의한 왕들을 폐위시키려 하자 하늘의 왕 야웨 하나님께 맞서 "반역"한다. 이스라엘의 왕 여로보암 2세는 "아모스 사건"을 좁은 의미에서 "정치적인" 사건으로 해석했는지는 몰라도, 천상의 왕 야웨 하나님은 자신의 "신-정치적" 관점에서 이 사건을 진정한 의미의 "정치적인" 사건으로 보고 계신다. 그분의 통치와 지배의 영역에서 제외될 인간사도 한치도 없다는 사실을 이스라엘의 권력자와 벧엘의 종교 지도자들은 몰랐던 것이다. 우리는 무슨 의도에서 아마샤가 아모스의 심판 선언 발언을 반체제적 정치 문제로 간주했는지에 관해서는 잘 알 수 없다. 추측하건대, 그는 아모스 사건을 정치적인 문제로 전환시킴으로써 자신의 종교적 영역 바깥으로 던져버리려 했거나, 그렇게 함으로써 종교 지도자로서 자신의 책임에 대한 부담을 줄이려고 했는지 모른다. 아니면 아모스의 종교적 선동이 민란이나 소동으로 이어지는 중대한 책임을 모면하기 위한 방편일 수도 있을 것이다.

좌우간 벧엘의 제사장 아마샤는 아모스의 말을 직접 인용하면서 자신의 주인 여로보암 왕에게 다음과 같이 보고한다. "여로보암은 칼에 죽겠고 이스라엘은 정녕 사로잡혀 그 본토에서 추방당할 것이다." 아마샤는 여로보암에게 매우 자극적인 언어를 아무런 여과 없이 전달한다. 우리는 아마샤가 여로보암에게 보고한 말이 여로보암에 대한 과잉 충성에서 기인했는지, 아니면 잘 계산된 추측, 다시 말해서 아모스를 제거함으로써 자신이 궁정과의 관계에서 누리고 있던 독점적 위치를 강화하기 위해서였는지 잘알 수 없다. 예언자 아모스는 앞의 환상 보고문(암 7:7-9)에서 여로보암의 "집"(왕조)이 하나님의 칼에 망하게 될 것이라고 예언한 일이 있었다. 그러

나 아마샤는 아모스의 말을 인용하면서, 여로보암이 "칼"(전쟁)에 죽게 될 것이라고 전한다.[25]

아마샤가 아모스의 말을 잘못 인용했는지에 관한 진위 문제는 그리 중요하지는 않다. 한 가지 분명한 사실은 아마샤가 하나님의 음성을 식별할 수 있는 영적 예민성을 상실한 지 오래되었다는 것이다. 세상적인 명예의 추구와 자기 안전을 위해 살았던 그의 영성은 이미 둔해진 지 오래였다. 여로보암의 하수인으로서 그는 아모스의 말을 정치적 선동으로 인식하는 탁월한 판단력은 보였지만, 제사장으로서 그는 아모스의 말을 하나님의 말씀으로 인식할 수 있는 통찰력은 보여주지 못했다. 가장 예민한 영성을 유지하고, 하나님의 세미한 음성을 들을 수 있어야만 하는 그가 큰 소리로 외치는 하나님의 음성을 들을 수 없었다는 것은 그의 영혼의 귀가 청력을 상실한 지 상당한 세월이 흘렀음을 보여준다. 주님의 전에서 하나님의 율법을 읊조리고 성소에서 그분의 음성을 듣는 일을 평생의 영광스런 책무로 생각해야 하는 제사장이 하나님의 음성을 외면하고 무시했다는 것은 자신이나 그의 가족 그리고 이스라엘 민족에게도 여간 불행한 징조가 아니었다. 그는 자신의 대선배인 늙은 엘리 제사장처럼 (삼상 3장) 하나님의 음성을 구별해낼 만한 영적 청력 및 하늘의 결정 사항을 볼 수 있는 영적 시력을 상실했다. 한 걸음 더 나아가 아마샤는 적어도 자신의 이름, 다시 말해서 "신적 이름"(theophoric name)[26]에도 못 미치는

---

25   왕하 14:29에 의하면, 여로보암은 자연사한 것으로 기록되어 있다. 그러나 여로보암의 아들 스가랴는 즉위한 지 여섯 달 만에 살룸의 모반으로 피살되었다(왕하 15:10). 적어도 아모스의 예언에 대한 아마샤의 말이 성취되지 않았다는 것은 분명하다. 그러나 아모스서의 최종 편집자 역시 아마샤의 말을 수정하거나 고쳐야 할 필요성을 느끼지 않았던 것 같다.

26   "신적 이름"(theophoric name)이란 이름 안에 신명(神名)을 담고 있는 이름을 가리킨다. 예를 들어, 사무엘("하나님께서 들으신다"), 엘리멜렉("나의 하나님은 왕이시다"), 이사야("야웨는 구원자시다") 등이 그런 경우다.

삶을 살고 있던 위인이었다. "야웨는 강력하시다"는 의미를 가진 아마샤(אֲמַצְיָה)의 이름은 그 뜻에 걸맞지 않게, 하나님의 능력 대신에 세상의 권력에 기생해서 산 불쌍한 종교 지도자였음을 역설적으로 꼬집어준다. 그에게는 야웨가 왕이 아니었다. 부패하고 위선적인 여로보암이 그의 왕이었고 주인이었다. 벧엘의 제사장인 그에게 제사장의 핵심 임무인 율법 교훈과 제사 집전은 그리 중요한 것이 아니었다. 그는 항상 하늘의 왕보다는 지상의 왕을, 성전보다는 궁정을 향해 얼굴을 들고 있었다. 오늘날 우리의 종교 지도자들이라고 자처하는 자들은 지금 어디를 향해 그들의 얼굴을 들고 있는 것일까?

아마샤가 아모스를 직접 대면하다(암 7:12-13)

벧엘의 제사장 아마샤가 이스라엘의 왕 여로보암에게 아모스 사건의 진상을 보고한 후 얼마간의 시간적 간격이 있었던 것으로 보인다. 그 사이 그는 아모스를 찾아가서 북이스라엘을 떠나라고 권고한다. 우리는 이러한 권고가 동료 의식(종교적 일에 종사한다는 직업적 동료 의식)의 발동에서 기인한 권고인지 아니면 왕의 칙령이나 자신의 종교적 권위에 기반을 둔 추방 명령이었는지 대해 정확한 대답을 제공하기 어렵다. 아마샤는 아모스를 부를 때 "선견자"(חֹזֶה, 호제)라고 부른다. 환상이나 이상을 보는 자란 의미다(예. 암 1:1; 사 1:1; 겔 12:27). 어떤 학자들은 선견자라는 호칭이 조롱 섞인 낮춤말이라고 주장하기도 한다.[27] 이럴 경우 아모스에 대한 아마샤의 태도는

---

27 K. Marti, *Das Dodekapropheton erklärt*, KAT 23 (Tübingen: Mohr [Siebeck], 1904), 212; S. Cohen, "Amos Was a Navi," *HUCA* 32 (1961): 177; J. L. Crenshaw, *Prophetic Conflict: Its Effect upon Israelite Religion*, BZAW 124 (Berlin: Töpelmann, 1971), 67. 참조. "예언자"(נָבִיא,

매우 오만 방자한 것임에 틀림없다. 그러나 선견자라는 칭호 자체에는 경멸적 어감이 포함되어 있지 않고, 또한 "예언자"와 "선견자"는 종종 교체적으로 사용되고 있기 때문에(예. 삼상 22:5; 삼하 24:11; 사 29:10) 그러한 주장은 설득력이 없다. 그리고 아모스가 자신을 선견자라고 부르는 아마샤에게 대답한 말을 보면, 아모스는 자신이 선견자임을 부인하는 것이 아니라 예언자임을 강력하게 부인한다는 점에 미루어보건대, 선견자와 예언자라는 두 용어가 교체적으로 사용되고 있음이 간접적으로 암시되고 있다.[28] 좌우간 아마샤가 어떤 의도를 갖고 그렇게 불렀는지 정확하게 알 수는 없어도 이러한 호칭은 아모스에게 매우 적절해 보인다. 우리는 아모스가 "말씀의 예언자"인 동시에 "환상의 선견자"이기도 했다는 사실을 아모스서의 구성을 통해서도 이미 확인했기 때문이다.[29]

오히려 본문 안에서의 분위기로 볼 때, 아마샤는 매우 정치적이고 외교적인 인물처럼 보인다. 그런 아마샤가 아모스를 심하게 다루었거나, 경멸적 어투를 사용했다고 보기는 어렵다. 좌우간 아마샤는 자신이 벧엘 성소의 제사장으로 그 지역에서 일어나는 사건들에 대한 책임감을 갖고 아모스를 대면하고 있음이 틀림없어 보인다. 아모스를 향한 그의 "권고"는 두 가지 내용을 담고 있다. (1) 고향으로 돌아가 거기서 예언자 직을 계속하라. (2) 벧엘에서는 더 이상 예언하지 마라.

추측하건대, 이러한 경고가 아마샤가 여로보암에게서 받은 명령에 의

나비)는 북이스라엘에서만 사용된 호칭이고, "선견자"(חזה, 호제)는 남쪽 유다의 궁정 예언자를 가리키는 호칭이라고 주장하는 학자들이 있다. 예. D. L. Petersen, *The Roles of Israel's Prophets* (Sheffield: JSOT, 1981), 56-57; Z. Zevit, "A Misunderstanding at Bethel: Amos VII:12-17," *VT* 25 (1975): 784-90.

28　Mays, *Amos*, 136; Rudolph, KAT, 255; Wolff, *Amos*, 358; Paul, *Amos*, 241.

29　아모스서의 전반부가 이스라엘을 대항하여 선포된 "말씀 시리즈"(암 3-6장), 후반부가 "환상 시리즈"(암 7-9장)로 구성되었다는 사실은 우연이 아닐 것이다. 참조. Mays, *Amos*, 136; Harper, ICC, 170; Cripps, *Amos*, 230.

존한 것 같지는 않다. 여로보암이 자신에게 비참한 죽음을 예고하고, 민중 봉기를 선동해서 정권을 넘어뜨리려 한 남방 출신의 떠돌이 예언자를 정중한 경고로 돌려보내려 했을 것이라고는 생각되지 않기 때문이다.[30] 우리는 아마샤가 왜 이렇게 일견 친절하게까지 들리는 어조로 아모스에게 피신할 것을 권했는지에 대한 속내를 알지 못한다. 그가 아모스를 종교적 동료로 의식했기 때문인지 아니면 자신의 내면적 소리가 아모스의 말의 진실성에 더 이상 저항할 수 없었기 때문인지, 우리는 그저 추측할 뿐이다. 모름지기 아마샤는 아모스의 심판 선포를 매우 심각하게 들었을 것이다 (예. 암 3:14; 4:4-5; 5:4-6, 21-27).

양식을 위해 사역하는 불쌍한 성직자들이여!

아모스를 향한 아마샤의 말 이면에서 우리는 아마샤로 대표되는 당시 종교 지도자들의 "성직관"(聖職觀)을 엿볼 수 있다. "선견자야, 어서 빨리 유다 땅으로 떠나라! 거기서나 벌어먹고 살라! 그리고 거기서나 예언하라!"(암 7:12)[31] 이는 고향에서 예언 활동을 하면 더 많은 돈을 벌 수 있을 터인데, 왜 굳이 타향의 적대적 환경 아래서 돈을 버는가 하는 빈정대는 말투이기도 하다. 떡을 위해 설교하라니! 그렇다면 아마샤는 먹고살기 위해

---

30 참고로 미가야를 투옥시켰던 아합의 경우(왕상 22장)나, 예레미야의 선포에 대해 심한 불쾌감을 예레미야의 두루마리를 잘라 불에 태우는 일로 표현했던 여호야김의 경우(렘 36장)를 기억할 필요가 있다.

31 아마샤가 아모스에게 명한 세 가지 명령 중("가라", "먹어라", "예언하라") 두 번째 명령의 히브리어 원문은 문자적으로 "거기서 너의 떡을 먹어라"(אֱכָל־שָׁם לֶחֶם)이다. 그러나 이 문장은 "거기서 벌어 먹어라"는 관용적 표현으로 이해해야 한다. 현대의 몇몇 영어번역본은 "거기서 너의 양식을 벌라"("earn your bread there", NIV; NRSV)로 번역한다.

서 율법을 가르치고 제사를 집행했단 말인가? 돈을 위해서 예언자(성직자)가 되란 말인가? 그는 누구인가? 벧엘의 제사장이 아니던가! 백성들의 죄를 대신해 탄식하며 중보 기도를 드리는 사람이 아니던가! 그러나 그는 오랫동안 쌓아온 자신의 권위와 인기가 위협받고, 벧엘에서 자신의 평판이 손상될까 걱정하던 성공 지향적 세속인이었다. 가장 불행한 형태로 성과 속이 그 영혼 안에서 공존하고 있었던 야누스적(Janus-faced) 인물이었다. 그는 하나님의 백성의 영적 상태나 장래에 대해서는 눈곱만한 관심이나 애착도 없었던 자기 지향적 이기주의자였다. 불쌍하구나, 이런 인간을 영적 지도자로 의지하고 살았던 벧엘의 사람들이여!

금전적 이익을 위해서 예언을 했다는 예들이 구약성경에 여러 번 나타난다. 요즈음 말로, 교인들을 심방해서 예배를 드려주고 그 가정을 위해 축복 기도를 해준 후 그 가정에서 감사의 표시로 "봉투"를 내놓으면 자신의 안주머니 속에 깊이 넣는 경우를 말한다. 물론 모든 경우를 싸잡아서 매도하려는 것은 아니다. 그러나 그런 것에 맛이 들린 일부 종교 지도자들이―목사건 전도사건 누구건 상관없이―성직을 그렇게 더럽힌 것이다. 소위 "예배"를 드려주거나 아니면 "예언"을 해주고 받는 대가는 다양했다. 한 세겔의 1/4 정도에서부터(삼상 9:8), 빵 열 덩이와 과자 몇 개와 꿀 한 병(왕상 14:3) 혹은 보리 떡 이십 덩이와 자루에 담은 신선한 곡물(왕하 4:42), 심지어 낙타 사십 마리에 가득 실은 다메섹의 풍성한 물품들(왕하 8:9)에 이르기까지 천차만별이었다. 그러나 고전적 예언자들(성경에 그들의 이름으로 책명이 붙여진 예언자들, 예를 들어 아모스, 호세아, 이사야, 미가, 예레미야, 에스겔 등등)은 신탁의 대가로 돈을 받았다는 기록이 없다. 반면에 거짓 예언자들이 예언을 해주고 대가를 받았다는 예는 여러 곳에서 발견된다(예. 미가 3:5; 겔 13:19).

이러한 타락한 성직관이 어찌 옛날 벧엘의 종교 지도자들만의 전유물이겠는가? 오늘날도 하나님을 만나본 경험도 없이, 그분으로부터 온 소명감도 없이, 그분의 말씀을 친히 보지도 듣지도 못한 상태로—이것은 참 예언자의 자격 요건이라고 하지 않았는가![32]—단순히 먹고살기 위한 생존의 수단으로 성직에 들어온 자들이 혹시 있지는 않은지? 교권에 눈이 어두워지고, 돈에는 고개를 수그리며, 권력에는 아부하고, 각종 "장"(長) 자리는 목을 빼고 사모하는 어리석은 종교 지도자들이 이 땅에 없다고 누가 말할 수 있겠는가! 그들은 거룩한 것을 신성모독적인 것으로 만드는 사람들이다. 그들로부터 신의 말씀을 전파하겠다는 강렬한 정념과, 구원을 필요로 하는 사람을 향한 뜨거운 애정과 긍휼을 발견한다는 것은 거의 불가능하다. 있다면 그들의 은행구좌로 들어오는 "돈"의 액수에 쏟는 예민함과 각종 명절에 들어오는 "선물"과 "봉투"에 바쳐지는 관심만이 있을 뿐이다. 아니 종교적 권위와 위선을 다 동원해서라도 육신적 삶의 안일함을 추구하고 사회적 명예를 추구하는 일에만 관심이 있을 뿐이다. 불쌍한 "이스라엘"의 현실이여!

아마샤는 아모스에게 다시는 벧엘에서 예언 활동을 하지 말 것을 엄하게 명한다. 벧엘이 왕의 성소요 민족의 성전이 있는 곳이기 때문이라는 것이다. 우리는 이스라엘을 향한 아모스의 심판 신탁에서(암 2:6-16) 아모스가 이스라엘의 죄들 가운데 그들이 "예언자에게 명하여 예언하지 말라"(암 2:12)고 한 죄를 지적한 것을 기억하고 있다. 예언자를 박해하는 일은 그를 보내신 분을 배척하는 일이다. 예언하지 말라는 것은 하나님의 말씀을 거절하는 행위다. 이스라엘의 평신도들부터 그들의 종교 지도자들에 이르기까지 모두가 한결같이 하나님의 말씀을 무시했던 것이다. 사마리아에서, 벧엘에서 가장 잘 팔리는 종교 상품은 그들의 구미에 맞게 길들여진

---

32   본서 초두에 실려 있는 "예언서 이해: 에세이"를 참조하라.

"복음"이었다. 그들은 스스로 만들어낸 "하나님들"을 섬기고—실제로는 조작하는 것이었다—듣고 싶은 "복음들"을 반복적으로 들었던 것이다. 만일 아모스의 메시지가 이스라엘에 임하는 하나님의 심판에 관한 것이 아니라 "번영과 건강의 복음"(gospel of wealth and health)에 관한 것이었더라면, 그리고 벧엘의 제사장 아마샤를 대회장(大會長)으로 모시고 대규모 집회를 벧엘의 공설 운동장에서 개최했다면 아모스가 이처럼 냉대를 받지 않았을 것이다. 그들은 자신들이 듣고 싶은 것과 들어야만 하는 것 사이에 깊은 간격이 있다는 사실을 알지 못했던 자들이었다. 마치 민족적 질병처럼 이스라엘의 범죄는 머리부터 발끝까지, 큰 자부터 작은 자에 이르기까지, 종교 지도자부터 평신도에 이르기까지 온 국토를 병들게 했다. 특히 하나님의 대변자로 온 예언자 아모스가 올바로 말씀을 전파할 수 있도록 온갖 도움과 지원을 아끼지 않아야 할 당사자가 협력은커녕 앞장서서 하나님의 말씀을 가로막고 있는 것이었다. 그것도 종교조직과 정치기관의 힘을 빌려 그렇게 하고 있다는 사실이 우리를 서글프게 한다. 이는 이스라엘의 비참한 결과와 운명을 미리 예견케 하는 대목이기도 하다. 아마샤는 이스라엘의 국가 종교의 공적인 대표자이기 때문이다.

추측하건대, 아모스는 벧엘 성소에서 이스라엘을 향한 하나님의 심판 신탁을 강력하게 외쳤던 것 같다. 그리고 그러한 외침이 적지 않은 소동과 혼란을 일으켰던 것 같다. 아모스를 향한 아마샤의 예언 중지 요청의 이면에는 아모스가 국가 모반이라는 심각한 범죄를 저지르고 있다는 암시가 있다. 이것은 아마샤가 종교 지도자로서 할 수 있는 가장 강력한 협박이기도 했다. 다시금 우리는 아마샤가 지상 왕의 꼭두각시였는지는 몰라도 천상의 왕이신 야웨를 받드는 종은 아니었다는 사실을 확인하게 된다. 누가

당신의 진정한 주인인가?[33]

아모스가 아마샤에게 대답하다(암 7:14-15)

예언자 아모스는 아마샤의 추방 협박에 맞서 자신이 이곳 벧엘에 와서 심판 신탁을 선언하지 않으면 안 될 이유를 들기 시작한다. 먼저 그는 아마샤에게 자신의 직업은 예언자가 아니라 목축업자라고 말한다. 다시 말해서 당신과 같이 처음부터 성직자로 훈련받은 사람이 아니라는 것이다. "아모스가 아마샤에게 대답하여 가로되 '나는 예언자가 아니며 예언자의 종단 일원도 아니요, 나는 목자요 뽕나무 열매를 배양하는 자입니다'"(암 7:14).

a. 두 개의 시상: 과거형인가 현재형인가?

아모스 7:14의 "나는 예언자가 아니며 예언자 종단의 일원도 아니요, 나는 목자요 뽕나무 열매를 배양하는 자입니다"라는 히브리어 문장은 문법상 번역하기 어렵다. 적어도 네 개의 명사 문장으로 구성되어 있는 히브리어 본문에는 시상(tense)을 가리키는 동사가 없다. 명사문이기에 동사가 없지 않은가! (1) 나는 선지가가 아님, (2) 나는 예언자의 아들이 아님, (3) 나는 목자임, (4) 나는 뽕나무를 재배하는 자임. 히브리어 문법상 네 개의 명사문은 현재형으로든지 과거형으로든지 번역될 수 있다. 따라서 이 문장의 시상에 관해서 학자들 사이에 의견이 둘로 나뉜다. 어느 경우든 네 개의 문장이 동일한 시상으로 일관성 있게 번역되어야 한다. 예를 들어, 현재형으로

---

33   승용차 뒤편 범퍼에 붙이고 다니는 스티커(bumper sticker) 중 다음과 같이 재치 있는 문구가 있다. "My Boss is Jewish Carpenter!"("나의 주인은 유대인 목수입니다!").

번역할 경우에는 "나는 현재 예언자가 아니며, 나는 현재 예언자 종단의 일원도 아니오, 나는 현재 목자며, 나는 현재 뽕나무 열매를 배양하는 자다." 반면에 과거로 번역할 경우에는 "나는 과거에 예언자가 아니었으며, 나는 과거에 예언자 종단의 일원도 아니었다. 나는 과거에 목자였고, 나는 과거에 뽕나무를 배양하는 자였다."

두 가지 경우, 그 문맥상 의미 역시 달라진다. 예를 들어 현재 시상으로 번역할 경우("나는 [지금] 예언자가 아니다"),[34] 아모스는 자신이 아마샤가 생각하는 종류의 그런 직업적 예언자가 아니라는 것을 천명하는 것이다. 즉 그것은 돈을 벌고 생계를 유지하기 위해 직업으로 택한 예언자 직이 아니라는 발언으로, 특히 아마샤로 하여금 강한 부끄러움을 느끼도록 하는 완곡한 비아냥거림일 수 있다. 지금 아모스가 행하고 있는 예언자 역할은 돈벌이나 생계유지를 위해서 하는 일이 아니라는 것이다. 그는 지금도 "세속적인 직업"(목축업)을 갖고 있다고 아마샤에게 당당하게 말하는 것이다.

그러나 과거 시상으로 번역하면("나는 [과거에] 예언자가 아니었다"),[35] 야웨가 그를 부르시기 전까지만 해도(암 7:15) 그는 예언자가 아니었다는 말이다. 그러나 이제는 "하나님이 부르신 예언자"가 되었다는 의미다. 그가

---

34 현재 시상을 선호하는 학자들은 다음과 같다. Hammershaimb, *Amos*, 117; Cripps, *Amos*, 233; Wolff, *Amos*, 306, 312-13; Harper, ICC, 171; Rudolph, KAT, 249-50; Smith, *Amos*, 239-40; A. S. van der Woude, "Three Classical Prophets: Amos, Hosea, Micah," *Israel's Prophetic Tradition: Essays in Honor of P. R. Ackroyd*, ed. R. Coggins, *et al.* (Cambridge: Cambridge University Press, 1982): 36.

35 과거 시상을 선호하는 학자들은 다음과 같다. H. H. Rowley, "Was Amos a Nabi?" *Festschrift für Otto Eissfeldt*, ed. J. Fück (Halle: Niemeyer, 1947): 191-98; A. H. J. Gunneweg, "Erwägungen zu Amos 7:14," *Zeitschrift für Theologie und Kirke* 57 (1960): 1-16; Reventlow, *Das Amt des Propheten bei Amos*, 16-20; R. E. Clements, *Prophecy and Covenant*, SBT 43 (London: SCM, 1965), 36-39; Mays, *Amos*, 136-38; A. S. Kapelrud, *Central Ideas in Amos* (Oslo: Aschenoug, 1961), 7; R. Smend, "Das Nein des Amos," *EvT* 23 (1963): 416-18; Soggin, *Amos*, 128; Paul, *Amos*, 238.

예언자 활동을 하게 된 것은 자신의 선택에 의한 것이 아니라 하나님의 절대 절명의 이니셔티브에 의한 것이며, 이러한 하나님의 부르심은 자신의 삶에 근본적인 변화를 가져오게 되었다는 고백이다. 이러한 주장은 아모스가 자신의 예언 활동이 하나님의 부르심을 받지 않고 예언자 직을 수행하는 대부분의 세속적인 예언자들과는 근본적으로 다르다는 차별성을 강조하는 것이다.

b. 누구의 권위로 말하는가?

우리는 두 가지 의견 중 어느 것을 아모스가 진짜로 염두에 두고 말했는지에 대해서는 확신 있게 대답할 수 없다. 두 가지 제안 모두 설득력과 난점을 지니고 있기 때문이다. 지금까지 수많은 학자가 설득력 있는 제안과 해결책들을 제시했지만 아직도 의견의 일치를 보고 있지 않다는 사실은 이 문제가 결코 쉽게 풀리지 않을 것임을 암시한다.[36] 당분간 이 문제는 풀리지 않는 숙제로 남아 있을 것 같다. 아마도 장차 천국에서 아모스의 대답을 직접 듣기 전까지는 그럴 것이다!

우리가 지금 할 수 있는 최상의 일은 본문에서 강조하려는 주제가 무엇인지를 찾아내는 것이며, 이렇게 하는 것이 가장 자연스러운 해석으로 가는 길이라고 믿는다. 그렇다면, 아모스와 아마샤가 서로 충돌하게 된 근본적인 문제는 무엇인가? 두 사람은 왜 서로 충돌하고 있는가? 두 사람의 대화는 실제로 발생한 일들에 대한 각자의 의견을 묘사하고 있는 것이 아니라 누구의 이름으로, 누구의 권위로, 누구의 위임을 받고 각자가 행동하는가에 관한 문제를 묘사하고 있다. 그들은 각기 누구를 대신하고 있는 자들인가? 누구의 권위로 말하는 자들인가? 누구의 권위로 누구의 행동을

---

36 다양한 제안에 대한 자세한 논의를 위해서는 Paul, *Amos*, 244-47을 보라.

억제하는가? 천상의 왕 야웨 하나님의 권위로 말하는 자인가 아니면 지상의 왕 여로보암의 권위로 말하는 자인가? 아모스와 아마샤는 서로 다른 "권세"에 의존해서 말하고 행동한다. 단적으로 말해서, 두 왕국의 "권위" 문제가 본 단락의 저변에 흐르는 본질적 주제인 것이다.[37]

아모스는 자신이 예언자가 아니라고 말한 다음에 바로 이어서 자신은 목축업자라는 사실을 언급한다. 즉 성직으로서 예언자 직과 세속적인 직업으로서 목축업을 대비하고 있다. 일차적으로 본문이 말하려는 것은 아모스 자신은 전혀 예언자 직분과는 관계를 맺지 않고 있었으며, 예언자가 되려는 의향도 전혀 없었다는 것이다. 그저 그는 일상의 삶을 위해서 자신이 오랫동안 해왔던 일, 즉 양떼를 기르는 목축일과 뽕나무 열매 재배와 같은 농업에 종사한 사람이었으며 아직도 생활의 영위는 그것으로 한다는 것이다. 요즈음 말로 중산층에 속한 평민이라는 것이다. 그런데 지금 사마리아를 포함해 북이스라엘 왕국의 전 지역을 돌아다니면서 하나님의 메시지를 선포하게 된 것은 전적으로 하나님의 강권적 부르심 때문이다. 하나님이 부르시는데 어찌 거절할 수 있으며, 하나님께서 세우시는데 어떻게 "아니오"라고 대답할 수 있겠는가! 아모스는 자신이 다른 예언자들처럼 정상적인(?) 신학 교육 과정을 이수한 것도 아니고, 예언자의 종단에 속해 안수받은 것도 아니며, 선배 예언자들에 의해 예언자로 활동할 수 있는 자격증을 취득한 일도 없음을 안다. 하지만 그는 자신이 입을 열어 하나님의 말씀을 선포하지 않으면 안 되는 절박한 이유를 하나님의 긴급한 소명

---

37 참조. Jeremias, *Amos*, 137 ("The complexity of these discourses derives from the fact that the two dialogue partners are rather [being portrayed] in connection with *the authority* in whose name and commission they are acting in the first place."); Bruce C. Birch, *Hosea, Joel, and Amos*, Westminster Bible Companion Series (Louisville: Westminster John Knox Press, 1997), 240 ("Thus, the issue is not the place of Amos's speaking but *the authority* by which Amos speaks"). 강조는 덧붙여진 것임.

때문이라고 담담하게 대답하고 있다. 이에 대한 폰 라트(G. von Rad)의 말은 핵심을 찌른다. "야웨가 농부들 가운데서 한 사람을 물색해내야 했다는 것은 아모스의 소명이 야웨의 긴급한 대책이었음을 말한다. 소명은 그 어떤 토론도 불허하는 하나의 사실이다!"[38] 하나님께서 자신에게 찾아오셔서 말씀을 위탁하시며 환상을 보여주셨기 때문에 입을 열어 그분의 말씀을 선포하지 않으면 안 되게 되었다고 확신 있게 말하는 아모스! 우리는 하나님의 권위가 세상의 그 어떤 권위보다 앞선다는 사실을 반드시 기억해야 할 것이다.

c. 떡을 위해 예언자가 된 것은 아닙니다!

자신이 예언자가 아니고 예언자의 종단에 속한 자도 아니라고 말한 아모스의 대답은 어느 정도 아마샤의 경계의 눈빛을 누그러뜨릴 수 있었으리라. 이는 아모스가 종교 문제와 관련해서는 자신이 아마샤에게 필적할 만한 대적자가 되지 못한다는 것이다. 성과 속의 구별이 유별났던 당시의 시대적 상황을 염두에 둔다면, 아모스와 아마샤 간의 대결 국면은 처음부터 일방적인 것이었다. 물론 우리는 아모스가 어떤 의도로 이러한 발설을 했는지에 관해서는 정확하게 알 수가 없다고 이미 말한 바 있다. 그러나 아모스가 아마샤에게 자신의 직업은 목축업이라고 말한 것이 앞의 단락에서 아마샤가 아모스에게 고향에 돌아가서 예언자 직업을 계속하라고 말한 것에 대한 정면 대응이라는 점을 기억하면,[39] 우리는 아모스의 말을 이렇게 현재의 위치에 놓고 있는 아모스서 저자의 의도를 어느 정도 추론할 수 있다. 아모스는 아마샤에게 다음과 같이 응수한다. 곧 "당신은 내가 돈을 벌

---

38 폰 라트, 『구약성서신학 2권』, 131.
39 본 단락의 구조에서 B1("아마샤가 아모스에게 고향에 돌아가 예언자 직을 계속하라고 말하다")과 B′1("아모스는 아마샤에게 자신의 직업은 목축업이라고 말하다")을 대조해보라.

어 먹고살기 위해 예언자 직을 직업으로 선택하고 있는 줄 알고 있구려! 천만의 말씀이라오! 그것은 당신이 나를 잘못 알고 있는 것이오!" 그는 적어도 의식주의 해결을 위해서는 자기 직업이 따로 있다는 것이다. 이것은 성직에 종사하는 아마샤에 대한 아모스의 우회적이지만 정곡을 찌르는 비난이기도 하다.[40]

d. 누구의 명을 들을 것인가?

아모스는 자기가 세속적인 직업에 종사하고 있었을 때 갑작스럽게 삶의 급격한 변화를 겪게 되었던 사건을 아마샤에게 이야기한다. 그것은 하나님께서 자신을 불러 이스라엘에 대해 예언하라는 명을 받게 된 사건이었다. 이것은 앞서 아마샤의 말, 즉 "더 이상 벧엘에서 예언하지 말라"는 금지에 대한 대답이기도 하다.[41] 아마샤는 아모스가 예언 활동을 할 수 있는 장소와 없는 장소를 정하는 최종적인 결재권이 자신에게 있다고 주장했다. 그는 국가의 이익을 신의 의지보다 앞세웠던 자였다. 그러나 아모스는 이에 대해 예언 활동을 하고 안 하는 것, 또 어디에서 할 것인가에 관한 것은 아마샤로 대표되는 종교 제도권의 결정 사항이 아니라 전적으로 야웨 하

---

40 북이스라엘에서 아모스의 선교 사역이 얼마나 오랫동안 지속되었는지는 알 수 없지만, 그가 사역 기간 동안에 어떤 종류의 "사례금"도 받지 않았을 것이라고 추측할 수 있다. P. C. Craigie 는 자신의 논문("Amos the *noqed* in the Light of Ugaritic," *Studies in Religion* 11 [1982]: 29-33)에서 말하기를, "아모스는 단순한 목동이 아니다. 그는 목축업을 하며 양떼들을 관리하는 매니저였다. 아마 양털(모직)과 고기를 시장에 공급한 사업가였을 것이다. 그는 사업상 북이스라엘의 시장에 갔을 것이며 그곳에서 양털을 팔았을 것이다. 그리고 이러한 일들이 그의 짧은 선포 사역을 위한 장을 마련해주었을 것이다." 상상하건대, 아모스는 문서 예언자 중 최초의 자비량 설교자(!)가 아니었을까 생각된다. 물론 독자들은 이러한 잠정적 결론을 앞세워 현대의 사역자들이 사례금을 받는 것에 대한 성경적 반론의 근거로 사용해서는 안 될 것이다.

41 본 단락의 구조 안에 B2("아마샤가 아모스에게 벧엘에서 예언하지 말라고 경고한다")와 B′2("아모스는 아마샤에게 야웨께서 자신에게 이스라엘을 향하여 내리치는 예언을 시키셨다고 알린다")를 대조해보라.

나님께 달려 있다고 정면으로 응수한다. 그는 하나님의 권위에 대한 분명하고도 확신 있는 대답을 하고 있다. 아모스는 적대적 환경과 악조건 아래서도 하나님의 명을 받들어 이스라엘을 향한 그분의 메시지를 남김없이 전파했던 것이다(참조. 암 3-6장). 종교 제도권의 고위층이라고 자부하는 사람들—그것이 교단장이건 노회장이건 시찰장이건 아니면 당회장이란 명칭 사용이 만족감을 준다고 생각하는 사람들이건 상관없이—가운데 자신들에게 주어진 지위나 권세로 하나님의 일들을 대적하고 그르치는 어리석은 현대판 아마샤들은 없는지? 영적 지도자들의 본연의 임무는 무엇이었던가? 백성들로 하여금 하나님을 만나도록 예배를 집전하고, 연약한 사람들을 돌보며, 그들을 위해 중보 기도를 드리는 일이 아닌가? 그런데도 그런 일들을 뒷전으로 팽개치고, 힘 있는 자리를 탐하며, 사람들의 존경과 명예를 받는 일에 앞장서고, 개인적 명예나 금전적 이익에 눈이 먼 종교 지도자들이 우리 가운데 있다면, 아니 그런 것을 추호라도 마음에 꿈꾸고 바라는 자들이 우리의 젊은 신학도들 가운데 있다면 우리 조국 교회에는 미래가 있을 수 없다. "부름 받아 나선 이 몸 어디든지 가오리다"라는 찬송을 감격스럽게 불렀던 젊은 시절의 확신과 열정은 다 어디로 가고 이제는 안정된 목회(종교) 행위 안에서 스스로 만족감(complacence)을 느끼고 사는 현대판 "벧엘(하나님의 집)의 아마샤들"이 너무나 많은 것은 아닌지 모르겠다. 우리가 좋아하는 찬송 "부름 받아 나선 이 몸 어디든지 가오리다"[42]를 아모스가 알았더라면—불행하게도 이 유명한 찬송을 몰랐다는 것은 여간 애석한 일이 아니다!—그는 벧엘의 성소에서, 사마리아의 거리에서 뜨거운 심장으로 이 찬송을 불렀을 것이다!

---

42 이 찬송은 이호운 목사가 1950년경 미국 유학 때 작시한 것으로 알려졌으며, 곡은 1967년에 이유선 박사가 붙였다. 신학생들이 가장 많이 부르는 찬송 중 하나로 추정된다.

(1) 부름 받아 나선 이 몸 어디든지 가오리다 괴로우나 즐거우나 주만 따라 가
오리니 어느 누가 막으리까 죽음인들 막으리까 어느 누가 막으리까 죽음
인들 막으리까?

(2) 아골 골짝 빈들에도 복음 들고 가오리다 소돔같은 거리에도 사랑 안고 찾
아가서 종의 몸에 지닌 것도 아낌없이 드리리다 종의 몸에 지닌 것도 아낌
없이 드리리다.

(3) 존귀 영광 모든 권세 주님 홀로 받으소서 멸시 천대 십자가는 제가 지고
가오리다 이름 없이 빛도 없이 감사하며 섬기리다 이름 없이 빛도 없이 감
사하며 섬기리다.

아마샤가 "왕"으로부터 메시지를 받는다(암 7:16-17)

지금까지는 아마샤가 아모스에게 일방적으로 명했으나, 이제부터 그는 아
모스의 말을 들어야만 한다. 아모스는 자신을 변호했던 방어적 입장에서
벗어나 이제 공격적인 자세로 아마샤에게 다음과 같이 말한다. "자, 이제
너는 야웨의 말씀을 들어야만 한다." "너"라는 강조형 대명사와 시간을 알
리는 "지금"이라는 부사가 눈에 띈다. 아모스가 말하는 "너"는 누구인가?
물론 아마샤다. 그러나 히브리어 원문에 의하면, 강조형 대명사 "너" 다음
에 곧이어 "너"를 수식하는 분사형을 사용함으로써[43] "너"가 누군지를 묘

---

43 대부분의 학자들은 여기에 나오는 분사(אֹמֵר)를 현재형 정동사로, 바로 앞에 나오는 단어
"너"(אַתָּה)를 주어로 취급한다. Paul, *Amos,* 238; NIV; NRSV ("you say"); Smith, *Amos,* 231
("you are saying"). 그러나 나는 대명사 "너"를 호격으로 취급하고, 그다음에 나오는 분사는 호
격 "너"를 수식하는 것으로 이해한다. 그렇다면 의미는 다음과 같다. "'이스라엘을 쳐서 예언
하지 말라, 이삭의 집을 대항하여 설교하지 말라'고 말하는(אֹמֵר) 너(אַתָּה)! 너는 이제 야웨의
말씀을 들으라!"

사하고 있다. 아모스가 얼굴을 대면하여 말하는 상대자 "너"는 누구인가? 그는 이스라엘을 쳐서 예언하지 말며 이삭의 집에 대항하여 예언하지 말라고 "말하는 자"(분사형, אֹמֵר, 오메르)다. 히브리어 원문의 의미를 살려서 번역하자면, "자, 이제 너는 야웨의 말씀을 들어야만 한다. 이스라엘을 쳐서 예언하지 말고 이삭의 집에 대항하여 예언하지 말라고 '말하는 자' 바로 너 말이다! 너야말로 야웨 하나님의 말씀을 들어야 할 장본인이다!"[44]

흥미 있는 사실은 앞 절에서 아모스가 자신이 하나님의 부르심을 받은 사건을 이야기할 때, 하나님께서 그에게 "가라, 나의 백성 이스라엘 '에게'(אֶל, 엘) 예언하라"고 말씀하신 것으로 보고하고 있다는 점이다. 그러나 아모스는 아마샤가 자기에게 "이스라엘을 '쳐서'(עַל, 알) 예언하지 말며 이삭의 집에 '대항하여'(עַל, 알) 예언하지 말라"고 말한 것으로 보고하고 있다. 하나님은 이스라엘을 가리켜 "자기 백성"이라고 부르면서 심판 신탁을 선언하셨다. 이것은 연민과 긍휼에서 비롯된 채찍의 심판이었음을 보여준다. 전치사 "엘"(אֶל)은 일반적으로 중립적 의미인 "…에게"로 번역된다. 그러나 전치사 "알"(עַל)의 경우 심판의 문맥에서는 "대항하여" 혹은 "쳐서"라는 의미를 지닌다. 하나님은 이스라엘을 향해 애끓는 듯한 부성적 심정으로, 그것이 아니라면 적어도 담담한 심정으로 심판의 메시지를 선포했지만, 아마샤는 그 메시지를 매우 부정적으로 여길 뿐만 아니라 이스라엘 왕권에 대한 역적모의를 꾸미는(קָשַׁר, 카샤르, 암7:10) 일로까지 매도한다.[45]

벧엘의 제사장 아마샤는 아모스에게 벧엘에서 예언하지 말 것을 명했고 그것이 이스라엘 왕에 대한 정면적인 도전이라고 위협했다. 하지만 아모스는 아마샤에게 왕의 이름으로 야웨의 예언자를 잠잠케 하는 일이 잘

---

44   암7:16의 "이스라엘-이삭"에 관한 평행적 문구는 본 단락(암7:10-17)이 바로 직전의 환상 보고문(특히 암7:9, "이삭-이스라엘")과 연결되어 있음을 보여준다.

45   Wolff, *Amos*, 315; Smith, *Amos*, 241.

못임을 지적한다. 즉 예언자를 잠잠케 하는 일은 진정한 왕이신 야웨께 대항하는 "음모" 내지는 "모반"을 꾸미는(קשר, 카샤르) 일임을 암시한다.[46] 이스라엘 왕에 대한 음모는 사형이나 국외 추방으로 응징될 것이다. 그러나 천상의 왕이신 야웨 하나님께 대한 음모, 즉 그분의 말씀을 억압하거나 그분의 대변자의 입을 막아버리는 행위는 훨씬 더 중대한 결과를 초래한다는 사실을 기억해야 할 것이다. 무엇이 중대한 결과인가? 아마샤의 말을 직접 인용하는 형식을 취하면서(암 7:16) 그의 죄를 기소하는 아모스는 곧이어 전령자 양식을 사용("야웨께서 이같이 말씀하시느니라."[암 7:17a])하면서 선언될 심판의 확실성과 위중성을 천명한 후 마침내 천상의 왕이신 야웨 하나님의 형벌을 준엄하게 선고한다. 그는 일련의 언약적 저주를 아마샤와 그의 가족과 이스라엘 위에 가차 없이 퍼붓고 있는 것이다.

네 아내가 성읍 중에서 창기가 될 것이요(암 7:17Aa),

네 자녀들이 칼에 엎드러지며(7:17Ab)

네 땅이 줄 띄워 나누일 것이며(7:17Ba)

네가 더러운 땅에서 죽을 것이요(7:17Bb)

이스라엘이 정녕 사로잡혀 그 땅에서 떠나리라(7:17C).

---

46 본 단락의 구조표에서 A1("아마샤는 아모스가 왕에 대해 음모를 꾸미고 있다고 고발하다")과 A′1("아모스는 아마샤에게 예언자의 입을 막는 것은 진정한 왕이신 야웨께 대하여 음모를 꾸미는 일이라는 것을 암시하다")을 대조해보라.

운명의 반전

아마샤의 운명은 급전(急轉)하게 된다. 그는 더 이상 기득권층의 안전과 안일, 종교 지도자로서의 명예와 존경을 향유할 수 없게 된 것이다. 삶의 모든 성취가 하루아침에 안개처럼 사라져버릴 것이다. 그 대신 그는 수치와 모욕, 경멸과 멸시, 소외와 허무, 가난과 추방으로 이어지는 일련의 비극의 주인공이 될 것이다. 누가 아마샤의 운명이 이렇게 곤두박질하리라 생각했겠는가? 그러나 이러한 비극은 오래 전부터 그 생명을 잉태하고 있었다. 오늘의 아마샤는 어제의 아마샤들이 모인 결정체이기 때문이다. 하나님의 심판은 임의적이거나 즉흥적이지 않다. 그분이 얼마나 부지런히 자신의 종들과 예언자들을 보내었던가! 이른 아침부터 저녁 늦게까지 예언자들을 보내어 자신의 백성들이 집으로 돌아오기를 호소하지 않았던가? 그러나 그들 중 아무도 돌아오라는 부르짖음에 응답하지 않았다. 다시 고쳐 세우기에는 너무나도 기울어진 담(암 7:7-9의 다림줄 환상)처럼 아마샤와 이스라엘도 막다른 골목까지 온 것이다. 엄청난 붕괴의 카운트다운이 시작되었다. 이스라엘과 그의 타락한 지도자 아마샤는 이제 하나님의 인내에도 한계가 있다는 사실을 가장 고통스런 방식으로 배우게 될 것이다. 아마샤와 그의 백성들이 다시는 돌아올 수 없는 다리를 건넜기 때문이다.

위에 배열된 것처럼, 3행으로 구성된 아모스의 저주시는 모두 다섯 가지 내용의 저주를 담고 있다. 아마샤는 하나님의 계획과 의도를 방해한 죄로 인해 하나님의 저주의 표적이 된 것이다. 본 저주시를 히브리어 구문론의 안목으로 바라보면, 우리는 저주의 표적들로 등장하는 사람과 대상들("너의 아내", "너의 자녀", "너의 토지", "너", "이스라엘")이 모두 각 문장의 첫머리에 사용되고 있음을 알 수 있다. 즉 그 저주시는 명사형 주어를 문장의 맨 앞에 위치시킴으로써 그것들의 운명을 강조한다.[47] 다음과 같은 번역이 이 점을 잘 반영해줄 것이다. "성읍 중에서 창녀가 될 사람은 다름 아닌 네 아내고, 칼에 엎드러지며 죽게 될 자들은 바로 네 자녀들이며, 줄 띄워 나누일 것은 다른 사람의 땅이 아니라 바로 네 땅이고, 더러운 땅에서 죽게 될 사람은 바로 너일 것이며, 반드시 포로 되어 그 땅에서 추방당하게 될 대상은 이스라엘이니라."

아마샤의 비참한 마지막 순간들

아마샤가 당하게 될 첫 번째 저주는 자신의 아내가 공창(public harlot)이 된다는 것이다. 그것도 벧엘에서 말이다. 무슨 사건을 통해 그렇게 되었는지에 관해서는 알 수 없다. 종종 적국의 침공으로 가옥과 농작물들 그리고 아내와 자녀들이 비참한 지경에 이르게 되는 경우가 있었다(참조. 렘 6:12). 좌우간 아마샤의 아내는 먹고살기 위해 공개적으로 몸을 파는 창녀 직업을 갖게 될 것이다. 아마샤는 먹고살기 위해서 종교 활동을 했던 성직자가 아니던가? 그러나 그가 쌓아놓은 모든 재물들은 오래가지 못할 것이다. 아내의 창녀 직업을 통해 생계를 꾸려나갈 정도라면, 말이 사는 것이지 이보다 더 가혹한 지옥이 어디 있겠는가!

두 번째 저주는 아마샤의 아들들과 딸들이 "칼에 의해"[48] 죽게 된다는

---

47 학자들은 이것을 소위 "복합 명사절"(complex nominal clause)이라고 부른다. 히브리어 구문론에서 절(clause)을 구별할 때는 크게 세 가지로 분류한다. (1) 동사절(verbal clause, Verbalsätze); (2) 단순 명사절(simple nominal clause, Nominalsätze); (3) 복합 명사절 (complex nominal clause, Zusammengesetzte Nominalsätze). 이러한 용어에 대한 정의와 설명은 W. Schneider, *Grammatik des Biblischen Hebräisch* (München, 1989), §44.1을 보라.

48 "칼로"(בְחֶרֶב, 암 7:17Ab)라는 전치사구는 "아모스-아마샤 갈등" 단락(암 7:10-17)이 바로

것이다. 아마샤의 대(代)는 자녀들의 비참한 죽음으로 끊길 것이다. 앞서의 다림줄 환상에서 아모스가 하나님께서 칼로 여로보암의 집(왕조)을 칠 것이라고 선언했듯이, 여기서는 칼로 아마샤의 집(가문)을 칠 것이라고 저주한다. 왕궁(정치)과 성소(종교)가 이스라엘의 삶을 구성하는 중요한 두 기관이었다는 사실을 기억한다면, 하나님은 철저하게 심판하실 것이며, 왕과 함께 제사장 가문을 제거해버리실 것이다. 하나님의 뜻을 거역하는 종교 지도자들이 무슨 소용이 있겠는가? 그들은 하나님의 백성들의 헌금만을 축내는 식충들이며 연약한 교인들의 혈세만을 착취하는 흡혈귀다. 그들 스스로 먹고살기 위해서 종교 활동을 한다고 말하지 않았던가! 아모스의 독설은 하나님의 저주일 뿐이다. 하나님의 심판 예언을 가볍게 여기거나 경홀히 여기는 어리석은 자들이 우리 가운데 있지는 않은지?

세 번째 저주는 아마샤의 토지를 향한다. 자신의 토지와 재산을 상실한다는 것은 유업이 끊기게 된다는 것이다. 바로 앞의 저주가 상속자의 끊어짐을 말한다면 본 저주에서는 상속받은 재산의 상실을 말한다. 유산 상속자와 유산이 함께 사라져버린다면 남겨진 유산은 누구의 것이 되겠는가? "하나님이 없다고 말하는" 어리석은 자처럼(시 14편), 천상의 왕이신 야웨 하나님의 말씀을 업신여기고 마치 안중에도 없는 것처럼 그분을 무시하던 이 어리석은 "실제적 무신론자" 아마샤의 쌓아둔 재산과 통장, 부동산과 보석들은 누구의 것이 되겠는가? 아마샤는 자신의 재산들이 차압되고, 토지들이 다른 사람의 수중에 넘어가는 것을 마지막까지 남아서 쳐다보아야만 하는 비극을 경험하게 될 것이다.

아마샤에게 선고된 저주들의 순서를 보면 이 사실이 더욱 비극적으로

직전의 "다림줄 환상" 단락(암 7:7-9)과 언어학적으로 연결되어 있음을 보여준다. "다림줄 환상" 단락 안에도 "칼로"(בֶּחָרֶב, 암 7:9)라는 동일한 전치사구가 나온다.

들릴 것이다. 중년의 남자에게 가장 소중한 우선순위가 있다면 무엇일까? 논란의 여지는 많겠지만, 아내와 자녀 그리고 재산이 아닌가! 아마샤는 먼저 아내의 비참한 모습을 무기력하게 목도해야만 한다. 창녀 노릇을 해가며 가족의 목숨을 유지해야 하는 아내의 모습을 보고 있던 아마샤는 무슨 생각을 했을까? 한때는 벧엘에서 가장 존경받고 풍요롭게 살았던 가족, 많은 여성의 선망이 되었을 아내, 그러나 이 모든 것은 이제 한갓 일장춘몽(一場春夢)이 되었다. 비극은 여기서 끝나지 않는다. 다시금 아마샤는 자녀들의 비참한 죽음을 초점 잃은 눈으로 바라보아야만 했다. 우리는 어찌 할 수 없는 무력감에 절망하면서도 사랑스런 자녀들이 하나둘씩 칼에 맞아 죽는 모습을 보아야만 했던 아마샤를 향해 동정의 눈물을 함께 흘려야 할 것인가? 그렇게 하기에는 아마샤가 너무나도 큰 범죄를 저지른 것이다. 그의 범죄는 무엇이었던가? 자신의 진정한 왕이시며 주인이신 하나님을 무시하고 그분의 말씀을 대적한 것이 아니었던가? 그렇기에 그는 한평생 쌓아 놓은 "모든 것"을 잃게 될 것이다.

네 번째로 선언되는 저주는 아마샤 자신에 관한 것이다. "너는 부정한 땅에서 죽게 될 것이다"(암 7:17Bb). "부정한 땅", "더러운 땅"은 이스라엘의 하나님 야웨께서 계시지 않는 이방 땅을 가리킨다.[49] 짐승처럼 더럽다고 생각된 이방 민족의 땅에서 죽게 된다는 저주는 특히 제사장에게는 너무도 치욕적인 저주였다. 한평생 성결과 거룩, 정함과 깨끗함을 추구하며 사는 자가 제사장이었기 때문이다. 특별히 구별된 사람으로서 먹을 것과 먹지 말아야 할 것, 만질 수 있는 것과 만져서는 안 될 것, 가야 할 곳과 가지 말아야 할 곳을 분별하고 살아왔던 사람이 제사장이었다. 제사장이 반드시 할 것이 있다면 부정한 것과 더러운 것이었다. 제사장에게는 자신을

---

49   참조. 신 4:28; 수 22:19; 삼상 26:19; 호 9:3; 렘 16:13; 겔 4:13; 시 137:4.

오염시키고 부정하게 하는 것 외에 달리 피해야 할 것이 없기 때문이다. 죽음으로써 피해야 할 것이 "더러움"이었다. 레위기를 읽어본 독자들이라면 정결법이 제사법의 핵심인 것을 알 수 있을 것이다. 차라리 죽는 것이 명예로울 만큼, 부정한 땅에서 부정한 음식을 먹는 수치는 제사장에게는 상상할 수 없는 일이었다. 이러한 수치스러운 저주가 지금 아마샤에게 선언되고 있었다. 이렇게 해서 아모스의 소명이 이루지는 것을 방해하려고 했던 아마샤는 자신의 소명 그 자체를 박탈당하게 되었다. 이 얼마나 "완벽한 보복"인가![50] 하나님의 보복하시는 능력을 혹시라도 의심하는 자들이 있다면, 아마샤에게 내린 하나님의 완벽한 저주 능력을 기억해보라.

앞의 환상들에 등장한 다양한 저주와 형벌들—전쟁과 포로, 적국의 침략과 강제 추방—은 민족으로서 이스라엘을 향한 것이었다. 그러나 본 단락에서는 아마샤와 그의 가족을 향한 하나님의 저주가 집중되고 있다. 이스라엘 민족의 영적 지도자로서, 종교 제도권의 공식적인 대표자로서 아마샤는 이스라엘의 소우주이기도 했다. 우리는 아마샤 안에서 이스라엘의 영적 현주소를 알 수 있기 때문이다.[51]

마지막 다섯 번째 저주는 네 번째 저주 안에 포함되어 있는 아마샤의 포로 됨을 민족으로서 이스라엘의 포로 됨과 연결시켜주고 있다. 아마샤는 이스라엘이 하나님의 축복 선물로 주어진 약속의 땅에서 추방되어 머나먼 타국으로 다시는 돌아올 수 없는 먼 길을 떠나야 한다는 최후 통첩을 아모스로부터 듣고 있다. "이스라엘이 정녕 사로잡혀 그 땅에서 떠나리

---

50   Rudolph, KAT, 259("상응하는 형벌"[Entsprechungsstrafe]).

51   바로 앞의 "다림줄 환상"이 이스라엘의 영적 상태, 다시 말해서 이미 기울어진 담장과 같은 상태를 보여주고 있다면, 본 단락인 "아모스-아마샤 충돌" 사건 보고문은 아마샤를 통해 이스라엘의 상태를 다시금 조명하고 있다. 한 인물의 이야기를 통해 한 민족의 이야기를 하려는 기술은 성경 저자들의 탁월한 문학적 기교 중 하나다. 예를 들어, 출 2장의 모세 출생과 구원 이야기를 통해 출애굽을 미리 예견케(foreshadowing) 하는 기술이 그것이다.

라"(암 7:17C).[52] 아마샤의 비난으로 시작된 본 단락(암 7:10-17)은 아모스의 말로 끝을 맺는다. 이는 예언자의 말이 항상 최종적인 세력을 지니고 있다는 것이다. 하나님만이 "최종적 말씀"(last word)을 갖고 계신다는 사실을 기억해야 할 것이다.

새롭게 들어야 할 옛 이야기

"아모스-아마샤 갈등" 보고문은 아모스 당대를 넘어 훗날 이스라엘과 유다의 사람들에게 새롭게 읽혔으리라 생각된다. 특히 아모스의 선포(기원전 760년경)가 있은 지 한 세대 후에 찾아온 북이스라엘의 멸망과 사마리아의 함락(기원전 722년)은 전쟁 난민이 된 이스라엘인들에게 아모스서라 불리는 뼈저린 독서 과제를 안겨주었을 것이다. 이스라엘인들은 아시리아 군대에 의해 폐허가 된 들판에서, 가옥에서, 성채 위에서 "아모스-아마샤 충돌" 이야기를 한숨과 아쉬움 그리고 부끄러움과 분노 가운데서 읽었을 것이다.

또한 거의 2세기 후 바빌로니아 제국의 침공으로 이역만리 타국에 유배되었던 유다 백성들 역시 이 사건이 결코 북이스라엘에게만 한정된 지엽적 사건이 아니었음을 뼈저리게 깨닫게 되었을 것이다. 그들 역시 하나님의 예언자들의 말씀들을 거역하고, 하나님의 율법을 멸시한 채 보이는 종교 제의에만 집착하면서 종교 우상화의 길에 들어섰던 자신들의 모습을 기억하면서 이 옛 이야기를 새롭게 읽고 있었을 것이다. 살아 계신 하나님

---

52 이 문구는 본 단락의 초두(본 단락의 구조에서 A2를 보라)에서도 사용되었고, 본 단락의 문학적 단위를 결정해주는 문학적 기교인 수미쌍관법으로 기능한다.

을 찾는 대신에 종교 제도권 안에서 자만했고 안일했던 대가를 단단히 치르고 있음을 새롭게 절감했을 것이다. 물론 돌이키기에는 이미 너무 늦은 시간이었지만 말이다. 사람들은 언제라도 역사의 커튼이 내려질 수 있다는 사실을 왜 모르는 것일까? 그들은 태양이 내일 다시 떠오른다고 생각하는 어리석음에서 언제쯤 벗어날 수 있단 말인가? 아모스의 이야기는 여러 세대를 거치면서 지속적인 가치와 무게를 더해만 갔다. 그리고 그러한 가치는 지금도 계속되고 있다. 오직 "듣는 자"에게만 그럴 것이다.

네 번째 환상: 여름 과일 광주리

암 8:1-3

8:1   주 야웨께서 내게 보여주신 것은 이것이라. 보라, 여름 실과 한 광주리
　　　로다!

2   그가 묻기를 "아모스야 네가 무엇을 보느냐?" 내가 대답하기를 "여름
　　　실과 한 광주리입니다" 하매, 야웨께서 내게 말씀하시기를

3   "나의 백성 이스라엘에게 '마지막 때'가 다가왔도다. 내가 다시는 그들
　　　을 지나쳐 넘어가지 않으리라. 그날에 왕궁의 노래하는 여인들이 비명
　　　을 지를 것이라."[1]

　　　　　　　　　　　　　　　　　　　　　　　　　　- 주 야웨의 말씀이라. -

수많은 시체들! 사방에 널려졌구나! 쉿! 조용히![2]

---

[1]   히브리어 원문의 문자적 번역은 "궁궐(성전)의 노래들이 통곡하리라"다. 그러나 이는 어색
한 표현이기에, 번역자들은 종종 의역해서 "궁궐(성전)의 노래들이 통곡(부르짖음)으로 변하
리라"로 번역한다. 원문의 "헤칼"(הֵיכָל)은 "성전"이나 "궁전"을 가리킨다. 문맥상 궁전이 적
합하다. Hayes(Amos, 208)는 Gordis("Studies in the Book of Amos," 256-57)의 제안에 따
라 "노래들"(שִׁירוֹת, 쉬로트)을 "벽들"(שׁוּרוֹת, 슈로트)과 동의어로 읽는다. "왕궁/성전의 벽들
이 부르짖는 비명 소리들로 떨릴 것이다." 그러나 최근의 연구들은 "궁궐의 노래하는 여인들
이 그날에 통곡(부르짖다)하리라"로 번역한다. 전통적으로 "노래들"이라고 번역된 히브리어
שִׁירוֹת(쉬로트)는 구약성경에서 이곳에 단 한 번 나오는 단어다. 학자들은 이 단어를 שָׁרוֹת(샤
로트)로 변경해 "여자 가수들"로 의미를 얻어낸다(예. Rudolph, KAT, 238; Wolff, Amos, 317;
Soggin, Amos, 118; Hammershaimb, Amos, 120). 그러나 현재의 본문을 그대로 유지하면서도
"여자 가수들"이라고 번역할 수 있다고 주장하는 Shalom Paul(Amos, 254-55)의 의견도 설득
력이 있다. 한편, 본 절에 대한 특이한 문법적 이해가 J. L. Mays(Amos, 140)에 의해 제안된다
("They shall wail the hymns of the temple"; "그들이 성전의 찬미가들을 통곡할 것이다"). 대
부분의 학자가 본 절을 동사(V) + 주어(S)로 읽는 반면, Mays는 동사 + 목적어로 읽는다.

[2]   암 8:3의 마지막 행(רַב הַפֶּגֶר בְּכָל־מָקוֹם הִשְׁלִיךְ הָס)의 번역은 문법적으로 어떻게 분절할 것인
가, 특히 마소라의 히필형인 הִשְׁלִיךְ(3인칭 남성 단수 완료형)를 어떻게 다룰 것인가에 따라 달
라진다. 마소라의 모음 표기를 그대로 따를 경우 의미가 통하지 않기 때문에, 마소라 본문을
수정하여 הֻשְׁלִיכֻם으로 읽고(BHS 비평 각주 참조) (1) 히필형의 비인칭 수동형으로 해석하거
나("그들[시체들]이 버려진다", 예. Mays, Amos, 140); (2) 히필형의 비인칭 능동형 + 3인칭
목적 접미사로 읽는다("그들이 그들[시체들]을 버린 것이다", 예. NASB, "they will cast them
forth in silence"). 아니면 대부분의 학자들은 히필형(הִשְׁלִיךְ, 히슐리크)을 호팔형(הֻשְׁלַךְ, 호슐
라크)으로 바꾸어 읽기를 제안한다. "시체들이 많다, 시체[들]가 사방에 널려 있다." 이럴 경
우, 마지막 단어(הָס)는 영탄사("쉿!")로 읽는다. 한글표준역은 자유롭게 번역한 듯하다. "수많

늦 열매와 추수(암 8:1-2)

하나님은 네 번째 환상을 통해 아모스에게 무엇인가를 보여주시며 그가 무엇을 보느냐고 물으신다. 아모스는 광주리에 담긴 여름 과일을 보고 있다고 대답한다.[3] 그가 야웨의 질문에 대답하기 위해 사용하고 있는 "카이츠"(קיץ)라는 히브리 단어는 "여름"을 가리키는 동시에(창 8:22; 사 28:4; 렘 8:20; 시 32:4; 암 3:5), 그 계절에 나는 "과일"도 의미한다(삼하 15:1). 그러자 야웨께서 아모스에게 아래와 같이 말씀하신다. 그것은 환상에 대한 해석을 가미하신 말씀이기도 하다. 히브리 성경(BHS) 편집자는 야웨의 말씀을 다음과 같이 시형으로 배열한다.

> 나의 백성 이스라엘에게 "마지막 때"(קץ, 케츠)가 무르익었도다.
>> 내가 다시는 그를 지나쳐 넘어가지 않으리라.
> 그날에 왕궁(가무단)의 여인들이 비명을 지를 것이라.
>> 야웨의 말씀이라.
> 수많은 시체들이 사방 각처에 널려져 있으리로다.
>> 쉿! 입을 다물고 조용할 지어다!

하나님이 "나의 백성 이스라엘에게 '케츠'(קץ)가 왔다"고 말씀하신다. "케츠"란 단어는 "마지막", "끝", "한계점" 등의 뜻을 지니고 있다. 직전의 다림줄 환상처럼 여기서도 분명히 물건의 의미와 단어를 통한 언어유희가 동시에 전달되고 있다. 일반적으로 여름 과일 광주리(카이츠)는 팔구월의

은 시체가 온 땅에 널리고, 아무 소리도 들리지 않을 것이다."
3   유대인들의 영어 번역 성경인 NJPSV(New Jewish Publication Society Version)는 "무화과 열매들"(figs)로 번역한다. 이것은 아모스의 직업인 "뽕나무 열매 재배"를 염두에 둔 것이다.

여름 끝에 추수하는 싱싱한 무화과 열매들을 가리킨다. 그러나 우리는 아모스가 보았던 여름 과일이 풍성하고 알찬 열매들이었는지, 아니면 내다 팔거나 먹기에는 너무도 빈약한 과일이었는지에 관해 잘 알 수 없다. 한 가지 분명한 것은 광주리에 담긴 여름 과일은 추수 때가 도래하고 있음을 가리키는 사인(sign)이다(참조. 렘 8:20). 본 환상이 이스라엘을 향한 하나님의 심판 환상인 것을 감안할 때, 추수 때는 신의 타작마당에서 이스라엘의 운명을 키질할 마지막 때가 다가오고 있음을 의미하기도 한다. 동시에 그것은 이스라엘이 자신의 힘으로 더 이상 버틸 수 없는 한계점에 다다르게 되었다는 의미하기도 한다.[4] 더욱이 "마지막"으로 번역된 "케츠"라는 히브리어가 단순히 "종말"을 가리키는 용어라기보다는 농사를 위한 달력(Gezer Calendar)의 여덟 번째 마지막 달을 가리키는 용어라고 한다면,[5] 아모스의

---

[4] 욥이 자신의 친구들을 향해 한 말 중에 "내가 무슨 기력(מַה־כֹּחִי, 마-코히)이 있기에 기다리겠느냐, 나의 마지막(קִצִּי, 키치)이 어떠하겠기에 오히려 참겠느냐?" 여기서 "마지막"으로 번역된 "케츠"(קֵץ)는 사람이 자신의 힘(כֹּחַ, 코아흐)으로 견딜 수 있는 한계를 가리킨다.

[5] 게셀 달력은 1908년 팔레스타인의 에젤(Tell Jezer)지역—아마 삿 1:29에 나오는 게셀 지역으로 추정된다—에서 발견된 자그마한 석회암 토판을 가리킨다. 이 돌판 달력은 길이가 10cm, 넓이가 7cm 정도의 크기로 그 위에 농사를 위해 일 년을 8개의 기간으로 구분하고 있다. 연대는 기원전 925년경으로 추정된다. 본문은 다음과 같다(괄호 안의 달은 현재 우리가 사용하는 달을 말한다).

그의 두 달은 (올리브) 추수.	(9월/10월), (10월/11월)
그의 두 달은 (곡물) 파종.	(11월/12월), (12월/1월)
그의 두 달은 늦은 파종.	(1월/2월), (2월/3월)
그의 한 달은 삼(아마, 亞麻)밭을 맴.	(3월/4월)
그의 한 달은 보리 추수.	(4월/5월)
그의 한 달은 추수와 축제.	(5월/6월)
그의 두 달은 포도나무 손질.	(6월/7월), (7월/8월)
그의 한 달은 여름 열매.	(8월/9월)

참조. Jack Finegan, *Handbook of Biblical Chronology: Principles of Time Reckoning in the Ancient World and Problems of Chronology in the Bible,* Revised Edition (Peabody, MA: Hendrickson, 1998), 29-30; K. Roubos, *Feesten in Israel: ten Tijde van het Oude Testament,* Bibliotheek van Boeken bij de Bijbel (Baarn: Bosch & Keuning, 1960), 9-13; S. Talmon, "The

의도는 이스라엘에게 이미 "종말"이 도래했다고 말하는 것이 아니라 그들이 "마지막 날들" 안에 살고 있다는 것을 선언하는 것이다. 또한 이것은 "종말"은 어느 순간에라도 닥쳐올 예비 된 운명이라는 것이다. 최후의 시간은 도래하고 있고 저주의 날들이 다가오고 있다. 우리는 이스라엘에 임할 운명이 천상에서 이미 결정되었다는 사실을 본서의 초반부에서 살펴본 일이 있었다.

여기서 우리는 다시금 예언 선포의 목적에 대해 언급해야 할 필요성을 느낀다. 왜냐하면 몇몇 중요한 학자들은 아모스 8:2을 중심으로 예언자의 선포 목적을 천명하기 때문이다.[6] 그들에 의하면 예언자의 선포는 이스라엘이 하나님께로 돌아오게 하는 데 있지 않고 이스라엘에 임할 피치 못할 심판과 종말을 선언하는 데 있다.[7] 예언자의 선포는 철저히 심판의 메시지임에 틀림없다. 그러한 선언은 단순한 협박이나 위협이 아니라는 것도 확실하다. 그러나 우리는 기억한다. 그러한 심판 결정은 결정론적 운명이 아니라는 점이다. 그렇다! 비록 다가오는 심판 자체를 유산시키거나 번복시키지는 않는다 하더라도—왜냐하면 이스라엘의 죄는 이미 하나님의 인내의 한계점을 넘어섰기 때문이다—그 심판을 피할 수 있는 길은 마지막까지 열려 있다는 사실도 기억해야 한다. 하나님의 은총은 인간의 마지막 순간을 초월해 있는 구원의 능력이기 때문이다. 예언자들의 심판 선언

Gezer Calendar and the Seasonal Cycle of Ancient Canaan," *JASS* 83 (1963): 177-87; B. D. Rahtjen, "A Critical Note on Amos 8:1-2," *JBL* 83 (1964): 416-17; R. B. Coote, "Ripe Words for Preaching: Connotative Diction in Amos," *Pacific Theological Review* 8 (1976): 13-19; J. H. Hayes, *Amos The Eight-Century Prophet*, 208.

6   예를 들어 Wolff, *Die Stunde des Amos.* 『예언과 저항: 아모스서 연구』, 28-50; W. H. Schmidt, *Zukunftsgewissheit und Gegenwartskritik: Grundzüge prophetischer Verkündigung*, Biblische Studien 64 (Neukirchen-Vluyn, 1973); J. Jeremias, "Die Vollmacht das Propheten im Alten Testament," *EvT* 31 (1971): 305-22; idem, *Amos*, 134 ("Through the third and fourth visions, Amos has become a prophet of death").

7   참조. 차준희 편저, 『구약 예언서 이해』, 57-62; 85-93.

의 목적은 이스라엘 중 얼마라도 다시금 돌이켜 야웨께로 돌아올 수 있었으면 좋겠다는 하나님 아버지의 애절한 의도에서 찾아야 한다. 우리는 진노 중에도 긍휼을 잊지 않으시는 하나님을 기억해야 한다. 아니, 우리는 인간의 절망스런 최후의 순간에서라도 구원의 가능성을 열어 놓고 계신 하나님을 기억하기 때문이다.

우리는 아모스 시대 이후에 살고 있기 때문에 이스라엘이 어떻게 반응했는지를 잘 알고 있다. 슬프게도 그들은 자신들이 마지막 날들 안에 살고 있으면서 그리고 최종적으로 종말이 그들에게 닥쳐왔을 때 아무도 "숨김을 받거나" "남은 자"가 되지 못했다는 사실을 슬프게 생각한다. 우리는 소돔과 고모라에 와서 그 도시들의 "종말"을 외쳐댔던 그 "두 사람"을 아모스와 함께 기억한다. 그제도 어제도 한결같았던 그들의 푸른 하늘에서 유황불이 비 오듯 쏟아진다는 두 나그네의 말에 소돔과 고모라 사람들은 동의할 수 없었다. 그들은 진화론적 사고방식을 지니고 있었던 사람들이었기 때문이었다. 사전에 아무런 징조도 없이 종말이 온다는 사고는 그들의 진화론적 사고방식에는 어울리지 않았기 때문이었다. 하지만 그러한 선포가 있은 후 그다음 날 소돔과 고모라는 지구상에서 사라져버리지 않았는가!(창 19장)[8] 예수님의 열 처녀 비유가 이 사실을 잘 지적하고 있지 않은가!

본 환상은 매우 비극적일 수밖에 없는 역설을 보여준다. 잘 익은 과일은 환희와 기쁨의 상징이며 다가오는 가을 축제를 알리는 전령이기도 하다. 그런데 이렇게 기쁘고 즐거워야 할 계절이 슬픔과 애곡의 절기로 바뀌

---

8   은혜의 시간은 항상 우리에게 열려 있다고 생각하는 그리스도인들을 향해 "내일은 없다!"는 역설적 메시지를 전하는 Willimon의 탁월한 설교문을 기억해볼 필요가 있다. William H. Willimon, "What Time is It?," in *A Chorus of Witnesses: Model Sermons for Today's Preacher*, ed. Thomas G. Long, & C. Plantinga, Jr. (Grand Rapids: Eerdmans, 1994), 102-109.

게 된다. 아모스는 그날이 어디서부터 올는지, 어떤 방식으로 실행될는지에 대해 구체적으로 말하고 있지 않다. 두려움과 긴장이 더욱 고조될 뿐이다.

야웨 하나님은 "마지막 날들" 안에 살고 있는 이스라엘에게 "마지막 날", "최후의 날"이 임하는 이유에 대해 다음과 같이 말씀하신다. "내가 다시는 저를 지나쳐 넘어가지 않기 때문이다"(암 8:2b).[9] 이 문구는 아모스의 세 번째 환상인 다림줄 환상에서도 동일하게 사용된 적이 있다(암 7:8). 하나님이 이스라엘을 "넘어가신다"는 것은 그들의 구원 역사에서 유월절을 기억나게 하는 유명한 용어였다. 하지만 그것은 이제 이스라엘이 그러한 구원을 기대할 수 없다는 말이다. 그것은 유월절로 인해 맺어진 하나님과 이스라엘의 관계가 더 이상 지속될 수 없음을 말하는 비장한 하나님의 음성이기도 하다. 하나님이 이스라엘을 넘어가지(구원하지) 않으신다면, 그분은 이스라엘을 지나쳐버리지 않겠다는 말이기도 하다. 즉 그들의 죄들과 악행들을 더 이상 방치하거나 방관하지 않겠다는 강한 결심의 표시이기도 하다. 하나님께서 죗값을 추징할 것이며, 그 값은 죽음으로써만 지불될 수 있는 중대한 죄라는 것이다.

잔치집이 초상집으로(암 8:3)

"그날"이 오면 무슨 일이 일어날 것인가? 본 환상의 문맥 안에서 볼 때, 일차적으로 "그날"은 이스라엘에게 환희와 즐거움의 날이고, 축제와 추수의 날이며, 포도주와 춤의 날이기도 하다. 그들은 오랫동안 이 추수의 날들을

---

9   참조. "내가 다시는 그를 용서하지 아니하리라"(개역개정; 한글표준역); "내가 다시는 저희를 남겨두지 않으리라"(NASB; NIV, "I will spare them no longer"); "내가 다시는 그들을 지나쳐 버리지 않을 것이다"(NRSV, "I will never again pass them by").

기다리지 않았는가! 그러나 이러한 날들이 변해 "그날"은 이스라엘에게
바로 "그날"(The Day)이 될 것이다. 다시는 돌이킬 수 없는 하나님의 심판의
날, 최후의 날, "야웨의 날"이 될 것이다(암 2:16; 8:9, 13; 9:11). 즐거움의 노
래가 통곡으로 변할 것이고, 환희의 춤이 변해 아수라장이 될 것이며, 잔칫
상의 포도주는 붉은 피로 바뀔 것이고, 포도즙을 내기 위해 만들어놓은 커
다란 틀은 시체들로 채워질 것이다. 축제로 나오라는 망대 위의 나팔 소리
는 애곡자를 초청해 묵념을 요청하는 진혼곡을 울릴 것이다. 궁궐에서 날
마다 열렸던 연회석은 어느 날 갑자기 들이닥친 적군의 군화에 아수라장
이 될 것이고, 왕궁 가무단(歌舞団)의 여인들의 노랫소리는 적군의 칼에 피
를 토하고 쓰러지는 왕과 신하들 앞에서 비명의 "부르짖음"으로 변할 것이
다. 이제 그녀들은 왕궁 가무단의 가수들이 아니라 자신들이 상전으로 모
셨던 자들의 시신 앞에서 통곡하는 애곡자(mourner)로 변할 것이다(참조. 암
5:16-17). 출애굽 시에 이집트의 장자들을 치시던 하나님, 죽음의 사자를
보내어 이집트 전역을 지나가시던(pass through) 하나님께서 이제는 이스라
엘의 궁궐을 넘어가지 않으시고 지나가실 것이다. 장자의 죽음 때문에 이
집트 궁전에서 들렸던 애곡 소리가 이제는 사마리아의 궁궐 안에서 들리
게 될 것이다. 그들을 하나님의 대적 이집트처럼 간주하시겠다는 그분의
무서운 결심을 이스라엘은 가볍게 들을 것인가!

　　이스라엘이 그렇게도 사모하고 기다렸던 "야웨의 날"(암 5:18)은 그들
이 예측한 것과는 전혀 다른 모습으로 도래할 것이다. 아모스는 이 사실을
다음과 같이 스타카토식으로 표현한다. "수많은 시체들! 사방에 널린 시
신들!" 그래서 아모스는 독자들에게 입을 다물라고 소리친다, "'쉿'! '조용
히!'"라고.[10] 사마리아가 죽음의 도시로 변한 것이다. 침묵만이 도시에 가

10　Mays(*Amos*, 141)는 이 구절("수많은 시체들!" "사방에 널려진 시신들!" "쉿!" "조용히!")이

득하다. 죽음의 사신들만이 거리를 조용히 걷는다. 그러나 아무도 그들을 볼 수는 없다. 이제는 곡하는 사람들마저 없어졌다. 그들마저 죽었기 때문이다. 이스라엘은 침묵 속에서, 죽음 속에서 하나님의 준엄한 말씀을 경청해야 한다.

암 8:3 상반절에서 언급하고 있는 애곡 혹은 비명(부르짖음)의 인용문이라고 생각한다.

제20강

탐욕스런 종교 위선자들이여!

암 8:4-8

8:4 이 말을(זֹאת) 들으라.

　　궁핍한 자를 짓밟고,

　　　　땅의 가난한 자를 망케 하려는 자들아!

5　너희가 말하기를

　　"월삭이 언제나 지나서

　　　　우리가 곡식을 팔 수 있으며,

　　안식일이 언제나 지나서

　　　　우리가 밀을 낼 수 있을 것인가?"

　　에바는 작게 하고

　　　　세겔은 크게 하며

　　　　거짓 저울로 속이며

6　은을 위해 가난한 자를 사며

　　　　신 한 켤레를 위하여 궁핍한 자를 사는구나.

　　그리고 "우리가 밀 껍질을 팔자" 하는구나.

7　야웨께서 야곱의 자랑을 향하여 맹세하기를 "내가 저희의 모든 행위를
　　두고두고 잊지 아니하리라" 하셨다.

8　"이와 같은(זֹאת) 이유 때문에

　　　　어찌 땅이 흔들리지 않겠는가?

　　　　　　어찌 땅 위에 있는 모든 사람들이 애곡하지 않겠는가?

　　　　어찌 온 땅이 나일강처럼[1] 솟아오르지 않겠는가?

　　　　　　어찌 애굽의 나일강같이 불어 오르다 가라앉지 않겠는가?"

1　MT(마소라 본문)는 "빛처럼"(כָּאֹר)으로 읽힌다. 그러나 대부분의 주석가들이 동의하듯이 그
　다음 평행 구절("애굽의 나일강같이")에서처럼, 그리고 암 9:5("애굽의 나일강같이")에서처
　럼 이 단어에도 히브리어 자음인 "요드"(י)를 삽입해 "나일강처럼"(כִיאֹר)으로 읽어야 한다.

들으라! 너 악한 자들이여!

무서운 메시지를 담고 있는 네 번째 환상 이후, 아모스는 왜 이스라엘에게 그러한 참혹한 종말이 임하지 않으면 안 되는가에 대해 좀 더 자세한 설명이 필요했던 것으로 보인다. 따라서 본 단락은 하나님께서 이스라엘에게 내리실 죽음의 형벌에 대한 이유를 좀 더 자세히 설명하고, 그에 따른 최종적인 형벌 선언을 담고 있는 신탁으로 간주된다.[2] "들으라"로 시작하는 신탁은 아모스 3:1, 4:1, 5:1의 "들으라"를 연상케 한다. 아모스의 비난과 고발의 대상자들은 종교를 빙자해 가난한 사람들을 기만하고 착취하는 자들이다. 예언자 아모스는 그들의 말을 근거로 해서(암 8:5-6) 그들의 잘못과 악한 행위들을 고발한다(참조. 암 2:12; 4:1; 6:13; 7:16; 8:14; 9:10).

지금까지 아모스는 이스라엘 사회 안의 불법과 불의, 뇌물 관행과 약한 자에 대한 착취, 가진 자들의 오만과 약한 자들에 대한 성적 농락 등을 매우 중대한 범죄로 취급했었다. 한마디로 그는 이스라엘 사회의 정의 실천 수준이 얼마나 최저였는가를 폭로했다. 그리고 그는 이러한 일들이 하나님과 관계가 없이 단순히 세속적인 문제로만 치부될 수 없음을 보여주었다. 하나님은 이스라엘 사람들이 당신은 이스라엘 사회 안에 정의가 파괴되는 것이나 약자들의 부르짖음이 외면받는 것을 더 이상 참지 못하는 정의로운 분이심을 알기를 원하셨다. 하나님에게는 어리석은 자들의 "이원론"이 존재할 수 없다. 그분은 "성"과 "속"을 나누어 "성" 안에서만 거주하시는 피안의 신이 아니시다. 그분은 이스라엘의 삶 전체를 요구하는 분이시다.

---

2   본 단락을 하나의 문학적 단위로 구분할 수 있는 근거 중 하나는 지시 대명사("이것")의 수미 쌍관적 사용이다. 암 8:4에서 사용되고 8:8에서 사용된다.

"탐욕"과 미다스를 섬기는 사람들(암 8:4-5)

예언자 아모스는 좀 더 구체적으로 이스라엘의 죄목들을 재차 열거하며 신랄하게 그들의 악한 양심들과 위선적 종교심을 성토하기 시작한다. 마치 아모스 2:6-8의 말을 다시 반복하고 있는 듯한 인상을 받는 아모스의 질타는 이스라엘 사회에서 가장 약한 자들, 즉 "빈궁한 자들"(אֶבְיוֹן, 에브욘)과 "가난한 자들"(עֲנָוִים, 아나빔)을 발로 밟고도 아무렇지도 않은 듯이 사마리아의 거리를 활보하고 벧엘의 성소를 드나드는 자들을 향하고 있다. 그들은 어떠한 자들인가? 정부의 도량형 표준국에서 권하는 표준 됫박을 사용하는 척하면서도 가난한 자들이 먹는 보리나 밀가루를 되팔 때는 기술적으로 교묘하게 됫박을 줄이는 일들이 사마리아 시장 안에서는 흔한 일이었다.[3] 그들은 싸게 사들여서 비싸게 팔아먹는 악덕 상인들이었고, 눈을 속여 가며 저울에 적게 달아주고 값은 많이 매기는 수법으로 부를 축적한 저질의 사람들이었다. 고기를 팔 때도 역시 저울 눈금을 속이는 일은 대부분의 정육점에서 하는 관행이었다. 상표를 도용하는 일, 싸구려 상품을 명품으로 둔갑시켜 폭리를 취하는 일 등은 매일 일간 신문에 떠오르는 단골 기삿거리이기도 했다. 쌀이나 보리에 겨를 섞어 파는 것은 양곡 도매상에서는 보통 일이었고, 이런 일을 신고받고도 관할 경찰서나 관청은 눈감아 주기 일쑤였다. 그들도 이미 적지 않은 상납금을 관할 지역 담당자로부터 받았기 때문이었다. 최소한의 상도덕, 요즈음 말로 "기업 윤리"는 부재했다. 그들은 자신들의 배를 채우고, 부를 축적하는 데는 재간과 사교술을 포함한 온갖 수단을 동원했다. 시장에서는 설교자가 필요 없다고 생각한 것이었다. 아니, 그들의 설교자 역시 그렇게 생각했다. 이스라엘 대부분의 사

---

3   "에바"는 약 39ℓ 정도, "세겔"은 11g 정도의 무게 단위들이다.

람이 이러한 이중 잣대를 갖고 살고 있었다. 시장에서는 도덕심이나 윤리는 전혀 어울리지 않는 상품이었다. 오히려 사람들은 그런 것들 때문에 장사가 되지를 않는다고 믿었다. 정의, 공평, 정직, 친절 등과 같은 단어들은 교회에서 필요한 것들로 설교의 주제들은 될지언정, 일상생활에서, 시장에서, 회사에서, 사업장에서는 거추장스런 걸림돌처럼 간주되었다. 왜 그렇게 되었는가? 그들에게 이원론적 세계관이 자리 잡고 있었기 때문이다. 오늘날의 많은 그리스도인처럼, 그들도 이 세상은 하나님 나라와 세상 나라로 구별된다고 믿었던 것 같다. 주일과 각종 종교 집회는 하나님 나라와 관계를 맺는 것이고, 소위 비종교적 영역은 하나님의 간섭이나 통치와는 상관없는 세상 나라에 속한 것이기 때문에 그들은 그 나라에서 통용되는 가치 체계를 따르면 된다고 생각한 것이다. 교회에 가면 그리스도인처럼 행세하고, 사회에 나가면 세속의 사람들처럼 생각하고 행동하는 일이 당연한 것처럼 되었다. 남다르게 살아야 할 이유, 아니면 "튀게" 살아야 할 이유, 아니면 "성자처럼" 살아야 할 이유가 그리스도인들의 당연한 추구요 바람직한 목적임에도 불구하고, 그들은 그렇게 사는 것을 어리석은 생각으로 간주하거나, 아니면 세상 물정을 모르는 어수룩한 행동으로까지 경멸한다. 그리스도인들은 교회에서 전파되는 것은 그저 전파되는 것이고, 성경에서 듣는 것은 그저 듣는 것이지, 그런 것들이 자신들의 일상생활을 변혁시키는 힘이라고는 전혀 생각지 않았다.[4] 더욱이 그들의 신학에 의하면 그런 것들은 이 세상에서는 적용될 수 없는 것으로, 천국이라 불리는 장차 죽어서 갈 이상적인 사회의 도덕이나 규범일 뿐이다.

---

4   거짓 추와 속이는 저울에 관한 규정과 언급(예. 레 19:35-36; 신 25:13-16; 겔 45:10-12; 잠 11:1; 16:11; 20:10, 23)이 교회 안에서 적용되는 것이라고 생각하는 어리석은 사람이 있는가? 그런 것들은 일상생활에 적용되는 원리들이 아닌가? 그런데 왜 그리스도인들은 그런 것들이 있다는 사실조차도 모르는가? 아니면 탐욕에 눈이 어두워 무시했던가?

이 세상에서는 뭐니 뭐니 해도 "머니"(money)가 제일이라고 믿는 미다스(Midas)의 후손들이 교회 안에 상당수 있지 않을까? 하나님과 재물을 함께 숭상하는 다산(多産) 숭배 사상이 교회 안에 깊이 스며들어 있지 않은가? "돈이 말한다"(money talks!)는 속담을 만들어낸 현대의 배금주의, 향락적 소비문화는 현대의 바알(Baal)들이기도 하다.

다시금 질문한다. 무엇이 사람을 그렇게 만들어가는가? 마치 탄탈로스(Tantalus)의 목마름과 같은 "탐욕"(greed)때문이리라![5] 우리의 경험이 이사실을 잘 말해주고 있지 않은가? 그러나 탐욕은 결국 우리 자신을 철저하게 파괴한다는 사실을 기억해야 한다. 미다스의 손을 사모하는 현대인들은 그의 운명이 어떻게 되었는가도 역시 생각해야 할 것이다. 우리는 그리스 신화의 한 토막인 미다스에 관한 이야기를 기억하고 있다. 바쿠스(Bacchus)가 미다스에게 그가 원하는 소원 한 가지를 말하면 들어주겠노라고 했을 때, 그는 자기 손이 닿는 모든 것을 금덩어리로 변하게 해달라고 요구했다. 미다스의 소원대로 그의 손이 닿는 것마다 전부 금으로 변한다. 얼마나 좋으랴! 그러나 그는 즉시 자기가 먹어야 할 음식도 금으로 변하게 되었다는 사실을 알게 된다. 얼마나 기막힌 운명인가!

---

5   기독교 전통에서 탐욕은 일곱 가지 죄악 중 하나로 지목된 죄악이다. 관심 있는 독자들은 기독교 전통의 일곱 가지 죄들을 현대적으로 명쾌하게 조명해주고 있는, Henry Fairlie, 『현대의 일곱 가지 죄』(서울: 기독교문서선교회, 1989), 158-80("탐욕"에 관한 부분)을 읽어보라. 또한 신원하, 『죽음에 이르는 7가지 죄』(서울: IVP, 2012)도 보라.

위선적 종교인들(암 8:5-6)

아모스가 지적하고 있는 핵심 문제는 "종교적 위선과 탐욕"에 관한 것이었다. 예언자의 질타를 받고 있는 대상들은 그들의 종교적 성일(聖日)―축제일, 매월 초순에 열리는 집회(월삭),[6] 안식일[7] 등―을 위선적으로 지키던 자들이었다. 그들은 모두 종교인이었고, 교회를 다니는 신자들이었다. 아니 그들 중에 상당히 많은 사람이 교회에서 오랫동안 봉사한 경력을 자랑하는 직분자들이었고, 복음의 내용보다는 교회의 정치와 관행에 정통한 법통적 신자들이었다. 물론 그들은 십일조를 "정성껏" 냈고―이 길만이 쌓을 곳이 없도록 터질 듯한 더 많은 재물을 얻는 길이며, 또한 그들은 확신하건대, 하나님이 이러한 축복을 약속하지 않으셨던가!(말 3:10)―많은 사람의 칭송의 대상으로 부러움을 한 몸에 받는 인물들이었다. 그들은 하나님과 재물을 동시에 섬기고 있었던 자들이었다. 그들은 부활의 능력을 믿지 못하고 신앙 생활하던 자들이었다(마 6:19-34). 그러나 겉으로는 각종 절기와 집회를 잘 지키는 듯하면서도 속으로는 안절부절하던 사람들이었다. 교회당에 앉아 있으면서도 편안한 마음으로 예배를 드릴 수가 없었다. 그들은 "우리나라에는 종교적 휴일이 너무도 많단 말이야!" "가게 문을 열지 못하도록 하니 열 수도 없고…시간이 돈인데!" 하면서 내일 사업할 생

---

6   "월삭"(月朔)으로 번역된 집회로서 새 달(초승달, new moon)의 시작을 가리킨다. 아마 이날을 집회로 모이는 공휴일로 정했던 것 같다. 월삭을 종교적 집회일로 지키는 일에 대해서는 민 10:10; 28:11-15; 29:6; 삼상 20:5,18, 24, 27, 34; 왕하 4:23; 사 1:13-14; 66:23; 겔 45:17; 46:1,3,6; 호 2:11; 시 81:4; 느 10:34; 대상 23:31을 참조하라.

7   본 절에 안식일을 지켰다는 기록은 안식일 성수에 관한 최초의 기록 중 하나가 아닌가 생각된다. 구약의 안식일에 관한 연구서는 다음을 보라. N.-E. A. Andreasen, *The Old Testament Sabbath: A Tradition-Historical Investigation*, SBLDS 7 (Missoula: Scholars, 1972). 신약의 안식일 문제를 마태복음을 중심으로 다루고 있는 한국인 신약학자로는 양용의가 있다. Yong Eui Yang, *Jesus and the Sabbath in Matthew's Gospel*, JSNTSup 139 (Sheffield: Sheffield Academic Press, 1997), esp. 21-52.

각을 하고, 가게 문을 빨리 열어 돈을 좀 더 많이 벌겠다는 생각을 하고 앉아 있었다. 주일이나 각종 집회가 너무나 지겹게 느껴졌지만 체면과 형식 때문에 솔직하게 표현할 수도 없었던 모양이다. 탐욕과 위선이 함께 손을 잡고 그들의 삶을 인도하고 있었다.

또한 돈 많은 사람들이 제네시스를 타고 벧엘의 성소에, 벤츠를 몰고 서울의 교회당에 나타나면 예배 안내자를 비롯해 성직자들 역시 반갑게 맞이했다. 이것은 아모스 당시에도 사실이었고, 초기 교회 당시에도 널리 퍼진 불행한 현실이었던 것 같다. 사도 야고보의 말을 들어보자.[8] 그는 먼저 가정적(仮定的) 상황을 상정해서 말한다.

> 만일 너희 회당에 금가락지를 끼고 아름다운 옷을 입은 사람이 들어오고, 또 남루한 옷을 입은 가난한 사람이 들어올 때에 너희가 아름다운 옷을 입은 자를 눈여겨 보고 말하되 "여기 좋은 자리에 앉으소서" 하고 또 가난한 자에게 말하되 "너는 거기 서 있든지 내 발등상 아래 앉으라" 하면 너희끼리 서로 차별하며 악한 생각으로 판단하는 자가 되는 것이 아니냐?(약 2:2-4)

이와 같이 가정적 상황을 제시하고 그것의 부당성을 설득력 있게 말한 사도 야고보는 이제 매우 직설적인 어법으로 수신자를 질타하기 시작한다.

> 내 사랑하는 형제들아, 들을지어다.…너희는 도리어 가난한 자를 업신여겼도다.…만일 너희가 사람을 차별하여 대하면 죄를 짓는 것이니 율법이 너희를 범죄자로 정죄하리라!(약 2:5-6, 9)

---

8   야고보서에 관한 좋은 해설서로는 채영삼, 『지붕 없는 교회: 야고보서의 이해』(서울: 이레서원, 2012)를 보라.

예언자 아모스는 그 당시 양곡 장사의 예를 통해 이스라엘의 상도덕이 얼마나 타락했는가를 보여준다. 그리고 그러한 불의가 바로 이스라엘 내의 상권을 가진 자들에 의해 저질러지고 있으며, 한 걸음 더 나아가 그들이 정기적으로 종교 행사에 참여하는 신자들이었다는 사실을 집중적으로 폭로한다. 특히 아모스 8:6에 기록된 비난은 매우 악질적인 범죄였던 것 같다. "은을 위해 가난한 자를 사며 신 한 켤레를 위하여 궁핍한 자를 사는구나!" 마치 아모스 2:6의 비난의 말을 다시금 반복하는 듯한 이 구절은 돈을 벌기 위해서라면 악랄한 수법을 마다하지 않는 갑질 부자들을 가리킨다. 그들은 단순히 노예 매매 상인들이나 불의한 곡물 판매상들이 아니다. 가난한 자들에게 곡물을 대여해주고 그들이 그 차용금을 못 갚을 경우, 가차 없이 그들을 "빚-노예"(debt-slaves)로 삼았던(참조. 출 21:2; 22:24; 레 25:39-42) 악질 부자들이었다. 일단 가난한 자들이 자기들의 집에 부리는 노예로 들어오면 온갖 정신적·육체적 학대와 착취를 서슴지 않는 자들이었다. 그들은 "채무-노예"가 된 양민들의 신발을 벗겨 그것으로 빚을 졌다는 증거물로 취하기도 했다.[9] 얼마나 못된 인간들인가!

집요하게 추적하시는 하나님(암 8:7-8)

정의로운 하나님께서 이런 인간들을 그대로 놔두실 것인가? 예언자 아모스는 신랄하게 이스라엘의 죄악들을 지적(암 8:4-6)한 후에 하나님의 맹세를 언급하면서까지 이스라엘이 받아야 할 죄의 형벌을 확증하려 한다(참조. 암 4:2; 6:8). 하나님은 자기 자신을 걸고 맹세하시거나(창 22:16; 암 6:8),

---

9   Rainer Kessler, "Die Angeblichen Kornhandler von Amos VIII, 4-7," *VT* 29 (1989): 13-22.

자신의 거룩을 걸고 맹세하시거나(암 4:2), 자신의 위대한 이름을 걸고 맹세하시거나(렘 44:26), 혹은 자신의 오른손을 걸고 맹세하신다는(사 62:8) 기록들이 구약 안에 보존되어 있다. 그렇다면 야웨께서 "야곱의 긍지"(pride of Jacob)[10]를 가리켜 맹세했다는 의미는 무엇일까? 학자들 사이에서 대충 세 가지 해석이 제시되었다.

(1) "야곱의 긍지"를 하나님 자신을 가리키는 문구로 이해하는 해석이 있다. 이 경우 야웨 하나님은 야곱의 자랑이며 긍지라는 것이다. 따라서 그 것은 야곱의 긍지(자랑)이신 야웨 하나님께서 말씀하신다는 뜻이 된다.[11] 즉 야곱이 항상 하나님을 자랑스럽게 생각하고 긍지로 삼았던 것처럼, 그러한 야곱의 긍지와 자랑이신 야웨 하나님께서 맹세하신다는 말이다. 하나님께서 이스라엘을 그렇게 부르신 것은 그들이 하나님을 자신들의 자랑으로 생각하도록 하기 위함이라는 것이다.[12] 그러나 이러한 해석은 문맥상 어색하게 들린다. (2) 또는 역설적 의미로 사용되었다는 의견도 있다. 곧 그것은 이스라엘의 오만을 더 이상 고칠 수 없는 것처럼 야웨의 맹세 역시 변경될 수 없다는 의미다.[13] 아니면 야웨가 야곱을 자랑으로 삼아서 맹세한다는 의미다. 이 경우도 역설과 냉소적 유머를 전제한다.[14] (3) 또 다른 의견에 의하면, "야곱의 긍지"는 하나님 자신의 또 다른 이름, 즉 별명을 가리킨다.[15]

---

10 "야곱의 긍지"(גְּאוֹן יַעֲקֹב)라는 문구는 나 2:3과 시 47:5에도 나온다.

11 예. Marti, *Das Dodekapropheten erklärt*, 217.

12 Hammershaimb, *The Book of Amos,* 125.

13 예. Wolff, *Amos,* 328; Rudolph, KAT, 264; Paul, *Amos,* 260; R. Fey, *Amos und Jesaja: Abhändigkeit und Eigenständigkeit des Jesaja*, WMANT 12 (Neukirchen-Vluyn: Neukirchener Verlag, 1963), 37.

14 김정준, 『정의의 예언자』, 347-48("야웨는 야곱을 자랑 삼으시기에 맹세하여 말씀하신다"); Guenther, *Amos,* 349("the phrase tastes of bitter sarcasm… . Even in the display of anger, God preserves a sense of humor").

15 예. Mays, *Amos,* 145. 삼상 15:29에는 "이스라엘의 영광"(נֵצַח יִשְׂרָאֵל)이란 문구가 신명(神名)의 대명사로 사용되었다는 점을 감안해 본 절에 나오는 "야곱의 긍지(자랑)"(גְּאוֹן יַעֲקֹב)를 그

예언자 아모스는 6:8에서 사마리아 도시를 가리켜 "야곱의 자랑"(야곱의 영광)이라고 부른 일이 있다. 그는 장대한 도시와 성채들 그리고 견고한 군사 요새를 자랑하며 교만하게 굴던 모습을 가리켜 "야곱의 자랑", "야곱의 영광"이라는 표현을 사용한 일이 있었다. 부정적이고 비아냥대는 투로 표현한 것이다. 본 구절이 속한 주변 문맥이 이스라엘에 대해 부정적으로 말씀하고 있다는 사실을 감안한다면, 이 구절은 하나님께서 야곱의 자만을 "걸고" 맹세하신다기보다는 야곱의 자만에 "관하여" 혹은 야곱의 긍지에 "대하여" 혹은 야곱의 오만을 "쳐서" 맹세하신다는 것으로 보는 것이 자연스러울 것이다. 그렇다면 하나님께서 하신 맹세의 내용은 무엇인가? 곧 눈에 보이는 것이 없는 듯 방자히 행동하고, 자신들의 업적과 성취들을 신뢰하며, 자신들의 언약의 하나님을 잊어버린 이스라엘 백성을 결코 잊지 않으시겠다는 맹세다. 우리가 기억하는 대로, 하나님께서 이스라엘을 "잊지 않겠다" 혹은 하나님께서 그의 백성을 "기억하시겠다"는 문구는 이스라엘의 신앙 역사에서 가장 감동적이고 따스한 위로의 원천이 되는 약속이었다.[16]

그러나 이제는 전혀 다른 종류의 "하나님의 기억"이 될 것이다. 이것은 아모스의 청중들에게는 충격이었다. 아니, 아모스는 전통적으로 받아들여지고 이해되는 일반적인 용법을 뒤집어엎어 사용함으로써 그 말의 의

에 평행되는 구절로 이해한다.

16 구약에는 여러 번에 걸쳐 하나님께서 이스라엘과 맺은 언약 관계를 "기억하신다"는 내용이 나온다(레 26:45; 시 105:8; 106:45; 115:5; 비교 창 9:15; 출 32:13; 신 9:27; 대하 6:42). 한편 하나님께서 인간의 죄를 "기억하지 않으신다"(잊으신다)는 말은 곧 "용서"한다는 의미이기도 하다(시 25:7; 렘 31:34). "기억"의 반대 개념으로 "망각"(잊어버림)이 성경 안에 종종 등장한다. 특히 시편에 나오는 탄식시 안에는 "하나님의 잊어버림"에 대한 탄식이 많이 등장한다. 그러나 이러한 탄식시는 긍정적으로 "하나님의 기억하심"에 호소하기도 한다(예. 시 13:1; 42:9; 44:24; 애 5:20). 하나님께서 "잊지 않으셨다"(기억하셨다)는 말은 종종 하나님의 구원에 대한 확신을 가리키기도 한다(신 4:31; 삼상 1:11; 시 9:12; 10:12; 74:19, 23; 사 49:15).

미에 특별한 무게를 싣는다. "하나님의 기억"은 항상 자신의 약속을 기억하시겠다는 은총의 의미를 둔 구원사적 용어였다. 그러나 아모스는 이러한 의미를 역전시켜서 이제는 하나님께서 자신의 약속이 아니라 백성들의 죄—그것도 그들이 저지른 "모든 행위들"—를 결코 잊지 않겠다는 강한 의미로 사용한다.[17] 이렇게 함으로써, 예언자는 이스라엘을 향한 심판의 당위성을 선언하고 있다. 하나님은 야곱의 모든 행위를 두고두고 잊지 않으시겠다는 것이다. 그들은 하나님과 맺은 언약 규정들을 형편없이 무시했을 뿐만 아니라 자신들의 삶 전부를 오염시키고 부패시켰던 방자한 백성들이다. 가정생활을 비롯해 상거래, 사업, 정치, 법정, 사회, 종교의 영역까지 일그러지고 구부러지지 않은 곳이 하나도 없었다. 이대로 그냥 놔두어야 할 것인가? 그러나 기억하라! 하나님은 죗값을 반드시 치르도록 하실 것이다. 그분은 정의롭고 공평하신 분이 아니시던가! 하나님의 심판 결정에 대해 이의를 제기할 자가 있을 것인가? 하나님의 분노의 정당성과 심판의 당위성을 확보한 예언자는 이제 수사학적 질문을 통해 분노하시는 하나님의 심정을 청중들에게 알린다. 히브리어의 구문을 그대로 살려 번역하자면 다음과 같다.

이와 같은 이유로 인하여
어찌 땅이 흔들리지 않겠는가?(암 8:8Aa)
어찌 땅위에 있는 모든 사람들이 애곡하지 않겠는가?(8:8Ab)
어찌 온 땅이 나일강처럼 솟아오르지 않겠는가?(8:8Ba)

---

17 "잊다"(שָׁכַח, 샤카흐)는 의미론적으로 "기억하다"(זָכַר, 자카르)와 같은 유의 용어다. "하나님께서 잊지 않으신다"는 것은 "그분이 기억하신다"는 뜻이다. 그러나 이스라엘을 향한 하나님의 "기억"(잊지 않음)이 항상 긍정적인 의미로 사용된 것은 아니다(렘 14:10; 호 7:2; 8:13; 9:9).

어찌 애굽의 나일강같이 불어 오르다 가라앉지 않겠는가?(8:8Bb)

우리 가운데 이러한 질문에 대해 "네, 그렇습니다!"라고 대답하지 않을 자가 어디 있겠는가? 심지어 이스라엘 자신들도 이제는 꼼짝없이 자신들의 유죄 선언에 대해 "네 그렇습니다"라고 대답할 수밖에 없게 되었다. 그들은 자신들의 자만과 위선, 불의와 압제, 인권 유린과 착취 같은 죄들에 대해 부인할 수 없다는 사실도 알고 있다. 이제 남은 것이라곤 그들에게 선언되고 있는 심판을 두려움 가운데 듣는 일뿐이다.

2행 시구로 구성되어 있는 아모스의 재앙 선언은 마치 천지개벽과 같은 엄청난 재난을 포함하고 있다. 여기서 묘사되고 있는 재난이 정확히 무엇을 가리키고 있는지에 관해서는 의견이 분분하지만,[18] 우리가 보건대 분명히 대규모 지진에 관한 언급임에 틀림없다.[19] 하나님께서 지진과 같은 자연재해를 심판의 도구로 삼아 사용하신다는 내용은 종종 성경에서 발견된다.[20] 이제 이스라엘은 전무후무한 대재앙을 당하게 될 것이다. 지축이 흔들리며 땅이 갈라지고, 건물들이 갈라진 틈 속으로 무너져내리며, 행인들의 비명소리와 사방에서 일어나는 불길들로 온 거리가 아비규환의 혼돈 속에 빠지게 될 것이다. 마치 천지가 개벽하는 듯한 장엄한 심판의 서주가 시작된 것이다. 아모스의 후배 예언자인 이사야는 자신의 "소 묵시록"(little

---

18 예. Hayes(*Amos*, 209-210)는 나일강의 범람이 여러 달에 걸쳐 일어나고 있기 때문에 여기서 언급된 재난은 지진일 수 없다고 말한다. 그 대신 그는 상당 기간 지속되는 사회적 소요 사태와 혼란을 가리킨다고 주장한다. 그리고 그는 이스라엘 사회에서 이러한 소요와 사회적 혼란 시기를 왕하 15장에 기록된 살룸과 베가의 궁중 쿠데타와 연결한다.

19 예. Gowan, "The Book of Amos,", 417; Paul, *Amos*, 260; Mays, *Amos*, 145; Hammershaimb, *The Book of Amos*, 125. 종종 지진은 암 8:8Aa에서 사용된 "라가즈"(רגז, "흔들리다", "요동하다")라는 히브리어를 통하여 묘사되곤 한다(삼상 14:15; 욜 2:10; 시 77:19; 잠 30:21).

20 예. 합 3:6; 슥 14:4, 5.

제3부 환상 보고문

apocalypse)[21]에서 묵시론적 종말을 다음과 같은 "지진 표상"으로 그린 적이 있다.

> 위에 있는 창문이 열리고 땅의 기초가 진동한다. 땅이 깨지고 깨지며 땅이 갈라지고 땅이 흔들리고 흔들리며 땅이 취한 자같이 비틀비틀하며 엉성한 판잣집같이 흔들린다. 이는 그 위에 죄악이 무겁기 때문이다. 그것이 일단 쓰러지면 다시는 일어나지 못할 것이다(사 24:18b-20).

아모스의 재난 예언 중 특별히 우리의 관심을 끄는 것은 나일강의 범람과 지진을 비교하는 대목이다. 아마 이스라엘인들은 나일강의 연례적 홍수와 범람에 관한 소식을 익히 알고 있었던 것 같다. 또한 아모스는 여름 내내 말랐던 유다의 계곡들이 우기의 집중 폭우로 인해 범람하는 대하처럼 변하는 것을 몸소 경험했을 것이다. 휘몰아치는 물살에 나무 한 그루 없는 유다 계곡의 흙더미가 무서운 속도로 쏟아져 내려오는 것을 목격하는 것은 무서운 경험이었을 것이다.

하나님이 부르짖으실 때 산천초목이 떨고, 그분이 진노하실 때 땅이 흔들리며, 그분이 심판을 명하실 때 막을 자가 없는 것을 알아야 할 것이다. 안일에 빠진 흥청댐과 가무단의 흥겨운 노래는 더 이상 사마리아에서 찾아볼 수 없고, 온 국토가 죽음의 사자로 인해 신음하면서 애곡할 뿐이다.[22] 이스라엘에게는 더 이상 미래의 소망이 있을 수 없게 된 것이다. 하나님께서 등을 돌리시면 그럴 수밖에 없으리라!

---

21 사 24-27장을 일명 이사야의 "소 묵시록"이라 부른다. 이에 대한 해설은 류호준, 『이사야서 I』, 356-411을 보라.

22 암 8:8Ab에 사용된 "애곡하다"(אָבַל, 아발)라는 단어가 암 1:2, 5:16, 8:10, 9:5에도 사용되고 있다.

제21강

최후의 날은 오리라!

암 8:9-10

9   "그날이 이를 것이다."

– 주 야웨의 말씀이다. –

"내가 태양으로 대낮에 지게 할 것이며,

　　내가 백주에 땅을 어둡게 할 것이며,

10   내가 너희의 축제일들을 애곡으로 바꿀 것이며,

　　내가 너희의 모든 노래들을 애가로 변하게 할 것이다.

내가 모든 사람의 허리에 베로 띠를 두르게 할 것이며,[1]

　　내가 모든 머리를 대머리가 되게 할 것이다.

내가 그것을 외아들을 위한 애곡처럼 만들 것이며,

　　내가 그것의 마지막을 비탄의 날처럼 만들 것이다."

그날이 오면(암 8:9)

이곳은 이스라엘에게 찾아올 암울과 절망의 상태를 극적으로 묘사하는 단락이다. 본 단락에서 일어나는 모든 행동의 이니셔티브는 철저하게 야웨 하나님이 잡고 계신다. 위의 시적 배열이 보여주듯이 "내가"라는 강력한 주어가 본 단락을 압도한다.

"그날이 오면"이라는 문구를 통해 새로운 단락이 시작되었지만 본 단락은 문맥상 앞의 것과 연속성을 지니고 있다. "그날"은 언제인가? 이스라엘에게 다가올 심판과 형벌의 날이다(암 2:16; 8:3, 13). 앞의 단락이 지형(즉

---

1   한글표준역은 "굵은 베옷을 입힌다"로 번역한다. 히브리어 원문은 "허리에 베를 놓는다", 즉 "베로 된 띠로 허리를 묶다"는 의미다.

지진)에 관계된 재앙을 묘사하고 있다면 본 단락은 천체의 무서운 변화를 묘사함으로써 심판의 우주적 측면을 강조하고 있다. 대낮에 해가 지고 온 천지가 흑암으로 돌변한다면, 종말론적 징조임에 틀림없다. 예언자 아모스가 활동하던 기원전 8세기경에 태양 일식 현상이 있었다는 증거가 있다. 기원전 763년 6월 15일에 이스라엘 지역에서 부분 일식 현상이, 784년 2월 9일에 전체 일식이 있었다. 따라서 아모스의 청중들은 대낮에 태양이 어두워지는 현상을 잘 알고 있었으리라고 생각된다.[2]

대낮에 해가 어두워지고 땅이 깜깜해지는 것은 "야웨의 날"이 왔다는 또 다른 표현이기도 하다. 그날이 어떤 날인가? 우주의 질서가 뒤집어지고 빛이 흑암으로 변하는 공포의 날이다.[3] 마치 "창조의 전복"(reversal of creation)처럼 보이는 우주적 혼돈의 상태가 도래한다는 것이다(렘 4:23).[4] "샬롬"의 나라로, 의의 국가로 이 땅에 심긴 언약의 나라 이스라엘에 혼돈과 혼란, 소요와 재앙의 도래는 하나님께서 창조 질서를 뒤집어엎으시는 종말론적 심판을 연상케 한다. 지진과 천체의 이변으로 아수라장이 된 이스라엘에는 아무것도 남아 있는 것이 없다. 각종 종교 절기와 축제들은 탄식과 애곡의 집회일로 바뀔 것이다. 한때 집회 시마다 두 손을 높여 불렀던 찬양 소리는 더 이상 들리지 않을 것이다. 모든 소리가 초상집의 애가로, 장례식장의 조가로 바뀌었기 때문이다(암 8:10Aab). 온 국민이 국가적 재앙 아래 초상을 당했기 때문에 모두 베옷을 입고 곡할 것이고, 머리와 수염을 밀고 재 가운데 앉아 탄식하며 절망할 것이다.

---

2 자세한 내용은 Paul, *Amos*, 262-63을 참조하라.
3 다음 구절을 보라. 암 5:18; 사 13:10; 24:23; 34:4; 50:3; 겔 32:7-8; 욜 2:10, 31; 미 3:6.
4 Millard & Stek, "Notes on Amos 8:9," in *NIV Study Bible*.

초상집의 애곡 소리는 들리고(암 8:10)

여기에 그려지고 있는 애곡 현장은 우리나라의 전통적 상가(喪家)를 연상케 한다. 상을 당한 상주와 가족들이 두건을 쓰고 베로 허리를 동여매고 곡하는 예식이다. 이스라엘의 상가 예식도 이와 비슷했다. 국가적 재난을 당할 때 온 국민이 머리를 밀고 허리에 베끈을 두른 채 함께 탄식하는 의식(rite)이 그것이다.[5] 그 땅에 찾아온 고통과 비참을 가장 극적으로 묘사하는 부분은 대를 이어갈 외아들을 잃은 부모의 탄식과 통곡을 그려주고 있는 마지막 행이다(암 8:10Cab). 자식의 죽음은 부모가 가슴 속에 품고 죽을 때까지 견뎌내야 하는 고통이며 살아 있는 것이 고통 자체다. 아들의 비극적 죽음 앞에서 통곡하는 다윗의 절규인 "압살롬! 압살롬!"은 인류 역사상 가장 극적인 절규이기도 하지 않은가! 이제 독자를 잃은 부모들의 절규는 사마리아의 황량한 거리를 유령처럼 맴돌 것이다(참조. 렘 6:26; 슥 12:10). 그러나 아무도 함께 울어줄 사람이 없다. 모두가 절망 속에 넋을 잃고 있기 때문이다. 아무리 천재지변이 일어난다 하더라도 자신의 가족이 무사하다면 그보다 더 큰 다행은 없을 것이다. 그러나 하나님의 심판이 더욱 비극적 양상을 띨 수밖에 없는 것은 고귀한 어린 생명들이, 그것도 독자들이 무참하게 죽어간다는 사실에 있다. 사랑하는 자녀와 식구들의 시체 앞에서 통곡하지 않을 사람이 어디에 있을 것인가! "비탄의 날"일 뿐이로다(암 8:10Cb). "야웨의 날"에 하나님이 심판의 칼을 들고 친히 이스라엘을 치시는데 누가 감히 그 앞에 설 수 있으리오. 그분이 친히 형벌을 집행하시겠다는데 누

---

5   국가적 재난과 불행이 닥쳤을 때 왕으로부터 백성에 이르기까지 모든 국민이 허리에 굵은 베옷을 입고 머리를 미는 예식을 행한 기록이 있다(사 3:24; 15:2-3; 22:12; 렘 48:37; 겔 7:18; 27:31).

가 막을 수 있단 말인가! 하나님의 집요한 심판에 두려워질 뿐이다![6] 다시금 "유월절의 반전"처럼 보이는 비극의 현장이다. 하나님의 사자가 이집트의 장자들을 칠 때 이집트 전역이 부모들의 절규와 곡성으로 물들었다. 그러나 고센 땅에 거주하던 이스라엘만은 안도의 한숨과 숨죽인 기다림 안에서 하나님의 연민과 긍휼을 경험했다. 그러나 이제 유월절의 기억을 잊어버린 이스라엘에게 다시금 비극적인 "유월절 반전"이 임한 것이다. 그들의 사랑스런 외아들이 비명에 죽어갔기 때문이다. 유월절의 은총에 감사와 보은으로 응답하지 않았던 이스라엘, 오히려 그것을 당연한 임금(賃金)으로 여겼던 이스라엘에게 유월절은 구원사의 기원이 아니라 멸망사의 근거가 되었다. 들을 귀가 있는 자는 들을지어다!

---

6   본문의 시형 배열에서 볼 수 있듯이 하나님은 여덟 번에 걸쳐 "내가 ~할 것이다"를 선언하신다. 천재지변을 통한 심판의 주체가 하나님 자신이라는 것이다.

제22강

말씀의 기근: 양식을 얻을 수 있을 것인가?

암 8:11-14

11   "보라! 날들이 다가온다."

                                    – 주 야웨의 말씀이다. –

        "내가 기근을 땅에 보내리니,

            양식이 없어 주림이 아니며,

            물이 없어 목마름이 아니요,

        야웨의 말씀을 듣지 못하기 때문에

            주리고 목마르게 될 날이다.

12   야웨의 말씀을 구하려고,

            사람이 이 바다에서 저 바다까지 비틀거리고 다니며,

        북에서 동까지 헤매고 다녀보지만

            그것을 얻지 못할 것이다."[1]

13   그날에 아름다운 처녀들과 젊은 총각들이

            다 목이 말라 지쳐 쓰러질 것이다.

14   사마리아의 수치[인 우상]를[2] 가리켜 맹세하는 자들,

---

1   암 8:12은 히브리 성경(BHS)의 편집자(K. Elliger)가 시형적으로 잘 배열했듯이 다음과 같
    이 읽힌다("[그들이 이 바다에서 저 바다까지 비틀거리고 다니고 // 북쪽에서 동쪽까지 그들
    이 헤맬 것이다] [이는 야웨의 말씀을 찾기 위함이지만, // 그러나 그들은 그것을 찾지 못할 것
    이다"). 8:12에 대한 Paul(*Amos,* 265)의 구문법적 이해는 정당치 못한 것 같다. 그의 번역을
    보라. "They Shall stagger from sea to sea, // and from north to east. They shall roam all over,
    seeking the word of the Lord, // But they shall not find it." 보다시피, 두 의견 모두 8:12을 동
    일한 2행시로 이해하지만 콜론을 나누는 것과 관련해서는 의견을 달리한다.
2   히브리어 원문은 "사마리아의 수치"다. 많은 학자가 "사마리아의 수치"(אַשְׁמַת שֹׁמְרוֹן)에서 "수
    치"(אַשְׁמַת, 아슈마트, 아슈마의 연계형)를 변경하여 "아쉬마"(אֲשִׁימַת, "아쉬마트", "아쉬마"
    의 연계형. "아쉬마"라 부르는 이방 여신)로 읽을 것을 제안하거나(예. NRSV) 아니면 "아세
    라"(אֲשֵׁרַת[아세라트], 아세라의 연계형)로 읽을 것을 제안한다. "아쉬마"는 북이스라엘이 기
    원전 721년에 멸망한 후 하맛 사람들이 그 땅에 들어와 다시 정착하면서 들어온 이방 신의 이
    름이고, 이러한 제안을 따를 경우 이 구절은 종종 후대의 삽입으로 간주된다(예. J. L. Mays,
    Amos, 149). 아세라는 바알에 상응하는 여신 이름이다(왕상 16:33; 왕하 13:6은 아합 시대에
    아세라 상을 세웠고 그것이 여로보암 2세 때에도 남아 있는 것으로 기록하고 있다).

그리고 '오, 단이여 너의 신의 생존을 가리켜 맹세하노라' 하는 자들,

'브엘세바의 길을[3] 두고 맹세하노라' 하는 자들,

그들은 모두 쓰러지고

다시는 일어나지 못하리라."

말씀의 기근(암 8:11-12)

앞 단락처럼 본 단락도 야웨께서 예언자의 입을 통해 1인칭으로 친히 말씀하신다. 본 단락은 야웨의 심판이 집행될 때의 "상태"를 묘사한다. 하나님의 자비와 도움이 전혀 발견될 수 없는 상황에 이르게 된다는 것이다. 이스라엘에 내려질 비극과 불행이 무엇인가? 지금까지 예언자 아모스는 봄 녘 들판에 출현해 농작물을 파괴하는 메뚜기 재앙, 한여름에 작렬하는 태양으로 인한 가뭄과 한발(旱魃), 가을을 불행하게 하는 실(實)하지 못한 작물 추수 상황, 전무후무한 대지진, 일식과 같은 놀랄 만한 천체 변동 등 자연 재해를 통한 불행들이 이스라엘에 임할 것이라고 선언했다. 물론 이런 불행들은 종국적으로 "죽음"을 의미했다. 그러나 예언자에게 비극은 그런 것들에만 국한된 것이 아니었다. 이스라엘이 직면할 불행 중 가장 비참한 것이 있다면 그것은 "기근"이다. 기근이 가장 비참한 불행이라니? 지진보다 더한가? 천재지변보다 더 비참하단 말인가? 왜 아모스는 지진과 같은 가장 무서운 자연재해를 말한 후 갑자기 기근에 대해 말하는가? 아모스의 심

---

3   히브리어 원문은 "브엘세바의 길"이다. 개역개정은 "브엘세바가 위하는 것"으로 애매하게 번역했다. 표준역의 "브엘세바야, 너의 신은 살아 있다"는 자유스런 번역인 듯하다. "사마리아의 수치"와 "브엘세바의 길"에 관한 본문비평적 문제와 다양한 제안에 대해서는 Barstad, *The Religious Polemics of Amos*, 144-91을 보라.

판 선언 전개는 반절정적(anti-climax)인가?

　　먹지 못해 굶주려 죽는 일처럼 비참한 지경이 또 어디 있을까? 고대 농경 문화권에서 살던 사람들은 하늘만 바라보고 농사를 지었다. 하늘이 문을 닫아 비를 내리지 않을 경우 식량 부족으로 인한 기근은 불을 보듯 뻔한 일이었다. 이런저런 기근을 경험했던 아모스나 그의 청중들은 가뭄으로 인한 기근의 불행이 얼마나 고통스럽고 견디기 힘든 것인가를 피부로 느낄 수 있었을 것이다. 하나님께서 바로 그러한 기근을 이스라엘에게 보내시겠다는 것이다. 그러나 그분이 재앙으로 보낼 기근은 단순한 자연 재해가 아니다. 그랬더라면 아모스의 심판 선언은 그 힘과 세력을 상실한 "반절정적" 선언이 되었을 것이다. 그러나 그는 보통 사람들이 생각하던 그런 기근에 대해 말하려고 한 것이 아니었다. 그는 전혀 다른 종류의 기근에 대해 말하고 있다. "하나님의 말씀의 기근", "영적 기근"이 찾아올 것이라는 선언이다. 예언자는 "기근"이라는 모티프를 사용해 이스라엘에게 내릴 가장 큰 불행이 "하나님 말씀의 기근"이라는 점을 힘들여 강조하고 있다.

　　문제는 이스라엘 백성들이 "하나님의 말씀"을 진정으로 갈급하게 찾은 적이 있었던가? 그들이 하나님의 말씀이 없었다고 해서 배고파하고 목말라했던 일이 있었던가? 사막에서 생존하기 위해 양식을 사모하듯이, 광야에서 목이 말라 물을 애타게 찾듯이, 그렇게 하나님의 말씀을 사모하고 애타게 찾았던 적이 있었던가? 하는 것이다. 아모스는 이스라엘 백성들이 그렇게 하나님의 말씀에 목말라하고 배고파하듯 사모했던 것처럼 말하고 있는 듯하다. 아모스는 지금 이스라엘을 정확히 파악하고 있는 것일까? 그는 아직도 이스라엘이 어떤 종류의 사람들인지 모르고 있단 말인가? 우리가 아는 것처럼─그리고 아모스도 인정하겠지만─아모스는 자신의 신랄한 메시지를 통해 하나님의 말씀에 대해 전혀 관심이 없었던 이스라엘을 그려주고 있지 않았던가? 그들은 예언자들의 입을 막고, 하나님의 말씀 전파를 방해한 자들이 아니던가?(암 2:12; 7:13, 16) 그렇다면 아모스는 이스라엘이 얼마나 파렴치하고 부패한 민족인가를 모르지 않았을 터인데 왜 그는 이스라엘 사람들이 하나님의 말씀에 대해 애타게 목말라하고 허기진 사람처럼 주의 말씀을 기대하는 듯이 말하고 있는 것일까?

사람은 무엇으로 사는가?

아모스는 이스라엘의 입장에 서서, 다시 말해서 그들의 현재의 영적 상태의 관점에서 이 말을 하는 것이 아니다. 그는 "모든 이스라엘"이 듣고 알아야 할 가장 중대한 진리를 선언하고 있다. 그들이 부인하든 안 하든 상관없다. 진리는 사람들의 동의 여부에 달려 있지 않기 때문이다. 그들이 인정하든 안 하든 예언자 아모스는 가장 중요한 진리를 "온 이스라엘"에게 외치고 있다. 바로 당신을 포함한 하나님의 모든 백성에게 말하고 있다! 그 진리란 무엇인가? 하나님의 백성이 받아들여야 할 가장 중요한 진리가 무엇인가? 그것은 "사람이 떡으로 사는 것이 아니라 하나님의 말씀으로 산다"는 사실이다. 이 사실을 "원(原)-이스라엘"이 매우 값비싸게 배우지 않았던가! 다시 말해서 출애굽한 이스라엘 백성들 말이다. 이스라엘은 자신의 구원 역사 중 출애굽 사건을 가장 중요한 신앙의 역사로 간직하고 있었다. 그리고 그들은 특별히 광야 사십 년간의 삶을 자신들의 정체성을 확립하는 중요한 시기로 인식했다. 광야에서 하나님이 그들과 언약을 체결하여 하나님의 백성으로 삼으신 후에, 그들에게 가르치려 했던 가장 중요한 과목은 "사람이 무엇으로 사는가?"였다. 그들은 척박한 사막에서, 생존이 매 순간의 급절한 문제일 수밖에 없는 광야에서 "누가 우리의 삶을 유지시켜 줄 것인가?"라는 실존적 문제에 대한 대답을 얻어야 했다. 다시 말해서, 그들은 광야에서 생존의 의미, 삶의 가치 그리고 생명은 어떻게 유지되는가에 관한 원초적이고도 중대한 실존적인 교훈을 배워야만 했다. 동물적 목숨을 포함하는 인간 "삶"의 전부에 관해 사십 년간 반복적으로 배우고 배웠던 것이다. 물론 그들은 너무나도 분명하고 확실한 사실을 경험하면서도 제대로 배우지 못한 어리석은 자들이었지만 말이다. 이스라엘 백성들은 목숨을 유지하기 위한 최소한의 먹을 양식과 마실 물조차 없는 사막과 황야에서 사람의 생명이 어떻게 유지될 수 있는가를 "온몸"으로 배우지 않았는가? 심지도 아니하고 거두지도 아니했지만, 그들은 광야에서의 사십 년 동안 하늘로부터 오는 만나를 먹었고, 광야에서는 전혀 기대할 수 없었던 메추라기 고기를 먹지 않았던가? 기적적으로 반석에서 샘이 터지게 하여 목마른 이스라엘을 마시게 하지 않았던가? 누가 그렇게 했단 말인가? 하늘과 땅을 지으신 전능하신 하나님, 우리가 주일 아침이면 마치 주문 외우듯이(!) 암송하는 사도적 신앙고백의 그 하나님이 아니던가! 능력의 팔로 이집트의 장자를 치시고, 권능의 손으로 이집트의 철 병거를 갈대 바다(홍해) 속에 수장시키신 하나님이 아니던가! 창조주이시자 구원자이신 바로 그분이 그들을 먹고 마시게 하지 않았던가! 더욱이 이스라엘은 이런 하나님을 신뢰한다고 자신들의 신앙고백적 찬미시에서 외치지 않았던가?(참조. 출 15장; 시 121편)

이스라엘을 이집트에서 구원하시고 광야에서 그들의 생명을 보호하시고 유지시켜주신 분은 다른 신들이 아니라 야웨 하나님 자신이었다는 사실을 하나님이 친히 말씀하셨으며 이에 대해 이스라엘도 전적인 "예"로 응답하지 않았던가! 모세는 이스라엘의 광야 사십 년 유랑 생활을 결산하면서 이 사실을 명확하게 천명하지 않았던가? 신명기의 한 대목은 이 사실을 다음과 같이 호소력 있는 어조로 보고한다.

네 하나님 야웨께서 이 사십 년 동안에 네게 광야 길을 걷게 하신 것을 기억하라. 이는 너를 낮추시며 너를 시험하사 네 마음이 어떠한지 그 명령을 지키는지 지키지 않는지 알려 하심이라. 너를 낮추시며 너를 주리게 하시며 또 너도 알지 못하며 네 조상들도 알지 못하던 만나를 네게 먹이신 것은 사람이 떡으로만 사는 것이 아니요 야웨의 입에서 나오는 모든 말씀으로 사는 줄을 네가 알게 하려 하심이니라(신 8:2-3).

특히 우리의 관심을 끄는 대목은 절망적 상황의 대명사인 광야에서 이스라엘이 보호받고 그들의 생명이 유지될 수 있었던 것은 "하나님의 말씀" 때문이었다고 하는 점이다. 하나님이 그들을 광야에서 보호하셨다고 말씀하시는 대신에 "하나님의 말씀"이 그랬다고 말씀하는 것은 매우 의미심장하다. 하나님의 말씀은 배고픔으로 인해 지쳐 죽을 수밖에 없는 광야의 사람들에게 살 수 있는 길을 제공해주고, 목마름으로 인해 기진한 사막의 횡단자들에게 살아남아 여정을 계속할 수 있는 방법을 알려주는 유일한 길이라는 말이다. 이처럼 하나님의 말씀은 진정한 "길"이고 확실한 삶의 "방법"이며 참된 생명을 유지하는 "원천"이다.[4]

이와 같은 이스라엘 신앙사의 "광야 전통"에 익숙한 예언자 아모스는 이스라엘의 살길이 하나님의 말씀밖에는 없다는 사실을 알았다. 그는 진정한 의미에서 "말씀의 신학자"였고 "말씀의 설교자"였다. 사람이 "산다"는 의미를 언제 진정으로 알게 되는가? 그것은 그의 삶과 생명을 가능케하고 유지시켜주는 유일한 원천이 "하나님의 입으로 나오는 말씀"인 것을 알 때다. 이러한 장엄한 "말씀의 신학"에서 바라볼 때, 이스라엘에게 내려

---

4   참고로 히브리서 저자의 논의(히 3:7-4:13)는 하나님의 말씀과 광야에서의 삶이 필연적으로 연결될 수밖에 없다는 매우 중요한 신학적 관점을 제공해준다. 이 부분에 관한 성경신학적 해설로는 류호준, 『히브리서』, 119-150을 보라.

질 가장 비참한 불행이 있다면 "하나님의 말씀의 기근"일 수밖에 없다는 것이 아모스가 경험한 하나님의 선언이었다.

아모스 8:11b이 암시하듯이, 이스라엘이 하나님의 말씀을 듣지 못했었는가? 그들이 하나님의 말씀을 들을 기회가 없었단 말인가? 아니다. 그들에게는 잘 꾸민 성소와 위용을 자랑하는 교회당들이 있었고, 수많은 "하나님의 제사장"과 "주의 종들"이 있었다. 일 년에도 수없이 많이 배출되는 예언자와 목사후보생들이 이스라엘의 도처에 깔려 있었다. 그들이 너무나 많아 무임 목사들, 무임 예언자들이 즐비했고, 그러다 보니 생계를 위해 거짓 복음을 전하면서 사람들의 마음을 미혹하기까지 한 것이다. 이스라엘이 하나님의 말씀을 들을 기회가 없었다고? 천만의 말씀이다. 그들은 각종 축제일, 안식일, 월초모임, 철야기도, 삼일집회, 새벽기도회, 연례 부흥회 등등 수많은 종교 집회에 참석하는 열성적인 그리스도인들이 아니었던가! 그러나 그들은 귀를 막아놓고 있었던 사람들이었다. 아니, 자기들이 듣고 싶어 하는 말씀만을 들으려고 귀를 열어놓은 자들이었다. 그들은 자기들이 듣고 싶어 하는 설교들을 목사들에게 은근히 강요했고, 그에 부응해 어리석은 종교 지도자들은 청중들의 구미에 맞는 설교를 준비했다. 종교개혁 시대의 유명한 명제인 "오직 말씀"(*Sola Scriptura*)과 "전체 말씀"(*Tota Scriptura*)을 모두 잃어버린 악한 세대였다.

말씀의 부재는 하나님의 부재

한마디로 하나님의 말씀은 이스라엘 가운데 존재하지 않았다. 하나님의 말씀이 이스라엘 안에 없다는 것은 곧 하나님께서 얼굴을 다른 쪽으로 돌리시고 이스라엘을 버리신다는 것을 의미하기도 했다(시 74:9; 애 2:9; 렘

37:17; 겔 7:26). 다시 말해서 그것은 "하나님의 부재"인 것이다. 그러나 "하나님의 말씀의 부재" 자체가 이스라엘에게 치명적 재난이라고 생각한 사람들이 얼마나 되었을까? 본 단락에서 그려주고 있는 "말씀의 기근" 현상(암 8:12-13)은 말씀을 찾아 헤매는 사람들이 있음을 보여주는 것이 아니다. 이스라엘에게 내려진 재난은 다름 아닌 하나님의 말씀의 희귀 현상이라는 것이다. 말씀을 무시하고 배척하는 곳에서 하나님이 더 이상 그곳에서 말씀하셔야 할 이유가 없기 때문이다. 참 예언자들이 이런저런 이유로 그곳을 떠나야 한다면(예. 암 7:12-13), 그들이 지니고 있었던 하나님의 말씀 역시 떠날 수밖에 없지 않은가? 거짓되고 왜곡된 말들로 가득 찬 사회에서 참 하나님의 말씀이 설 자리를 잃게 되었다는 말이기도 하다. 한 교회가, 한 사회가, 한 국가가 당할 수 있는 비극 중에 이것보다도 더 큰 비극과 재앙이 또 어디 있을 것인가! 한 국가의 미래는 정치적 안정과 경제적 번영, 발달된 과학과 탁월한 교육 제도에 달려 있지 않다는 사실을 우리 교회들은 잊고 있는 것이 아닌가? 하나님의 말씀이 올바로 전파되고 추구될 때 그 가정과 사회와 민족에게 미래가 있다는 사실을 기억해야 할 것이다.

우리는 하나님의 말씀이 떠나버리면 남는 것은 오직 기근과 가뭄과 죽음밖에 없다는 사실을 엘리야의 일화를 통해 잘 알고 있다(왕상 17:1-24). 엘리야를 거절한 이스라엘은 더 이상 하나님의 말씀을 소유할 수 없었다. 하나님 말씀의 담지자인 "말씀의 예언자" 엘리야가 이스라엘을 떠났던 것이다. 그가 떠나자, 아니 하나님의 말씀이 떠나자 그곳에 기근과 흉년이 대신 찾아들었다. 삼 년 육 개월 동안의 가뭄이 그것이었다. 그러나 하나님의 말씀을 받아들였던 시돈 지방(악녀 이세벨의 고향이 아닌가!)의 사르밧에 살던 한 이방 과부는 기근 중에서도 떡과 포도주를 지속적으로 공급받았으며 그 결과 먹고 마시며 생존할 수 있었다. 이 얼마나 꼬이는 역설인가! 하나님의 말씀을 받아들이면 비록 그곳이 적국의 영토라 할지라도 생명이 활기차게 움틀 것이다. 그러나 하나님의 말씀을 받아들이지 않으면 비록 그곳이 하나님의 백성이라고 자처하는 자들의 영토, 약속의 땅이라 할지라도 기근과 죽음밖에는 없다. 이스라엘은 이 일화를 수없이 읽었을 것이다. 그러나 왜 그 의미를 몰랐던 것일까! 아니, 지금도 그 이야기를 성경 안에서 읽으면서도 왜 우리는 뼈저리게 깨닫지 못하는 것일까? 덮어놓고 믿고, 덮어놓고 읽어서 그렇겠지!

다시금 반복한다. 예언자는 이스라엘이 진정으로 살 수 있는 길이 하나님의 말씀 안에만 있다고 확신한다. 물론 그렇다고 해서 그가 이스라엘에게 지금 하나님의 말씀을 찾으면 살 것이라고 말하는 것은 아니다. 말씀의 예언자 아모스는 하나님의 말씀이 희귀하게 된 현상이 하나님의 심판과 저주 그 자체라고 말한다.[5] 하나님의 말씀을 그 어느 곳에서도 찾을 수 없다는 "철저한 희귀성"은 예언자 아모스의 다음과 같은 말속에 잘 나타나 있다. "야웨의 말씀들을 구하려고 사람이 이 바다에서 저 바다까지 비틀거리고 다니며 북에서 동까지 헤매고 다녀보지만 그것을 얻지 못할 것이다"(암 8:12). 여기에 사용된 두 개의 동사(נוע, "흔들리다", "떨다", "진동하다"; שוט, "헤매다", "배회하다")는 술 취한 사람이나 소경이 길을 걸어가는 모습을 묘사할 때 사용된 일이 있다.[6] 술 취한 자가 방향 감각을 잃어버리고 비틀거리거나, 장님이 앞을 보지 못해 넘어지거나 또는 이리저리 배회하는 것처럼, "하나님의 말씀"(道)이 없으면 삶의 방향 감각을 상실하고 "길"(道)을 잃어버릴 뿐만 아니라 인생을 무익하게 배회하게 된다는 것이다. 이러

---

5   성경은 "예언 희귀 현상"을 종종 하나님의 진노의 표현으로 이해한다. 삼상 14:37; 28:6, 15-16.

6   예. 사 24:20에는 묵시론적 지진을 묘사하면서 "땅이 술 취한 자처럼 비틀거린다(נוע)"고 묘사하며, 사 29:9에 "그들이 취한 것은 포도주 때문이 아니며, 그들이 비틀거림(נוע)은 독한 술 때문이 아니다"라고 말한다. 또한 애 4:14에서, "저희가 소경같이 길에서 방황하도다(נוע)"라고 말한다.

한 허무와 방황은 본 절(암 8:12)의 이중적 의미(*double entendre*)를 통해 묘하게 드러난다. 설령 그들이 목마름을 해소하기 위해 이리저리 찾아다닌 끝에 간신히 바닷물에 도달했더라도 그들의 "목마름"을 해갈할 수 없게 된다는 것이다.[7] 물에 도달해서도 목마름을 해갈할 수 없다니! 왜 사람들은 비틀거리고 방황하는가? 삶의 목마름과 배고픔을 채우려고 이리 뛰고 저리 뛰지만 오히려 뛰면 뛸수록 배고픔과 목마름은 더해갈 것이다. 마치 탄탈로스(Tantalus)의 영원한 목마름처럼 그럴 것이다.[8] 사르밧 과부가 그랬고 (왕상 17:1-16) 수가성 여인이 그랬으며(요 4:1-15) 막달라 마리아가 그랬고 (눅 7:36-50) 우리가 그러하지 않았던가! 언제까지 그러했다는 말인가? 하나님의 말씀이 도착하기 전까지, 즉 "하나님의 말씀"이신 예수 그리스도가 그들의 삶 속에 오시기 전까지, 아니 "수고하고 무거운 짐 진 자들아, 다 내게로 오라" 하시던 그분이 그들을 포옹하시기 전까지 그러하지 않았던가!

이사야서 후반부에는 아모스의 후배 예언자였던 이사야의 간곡한 외침이 다음과 같이 보존되어 있다.

> 너희 목마른 자들아, 물로 나오라. 돈 없는 자도 오라. 너희는 와서 사 먹되 돈 없이 값없이 와서 포도주와 젖을 사라! 너희가 어찌하여 양식 아닌 것을 위하여 은을 달아주며 배부르게 못할 것을 위하여 수고하느냐? 나를 청종하라, 그리하면 너희가 좋은 것을 먹을 것이며 너희 마음이 기름진 것으로 즐거움을 얻으리라. 너희는 귀를 기울이고 내게 나아와 들으라, 그리하면 너희 영혼이

---

7   Shalom Paul, *Amos*, 266.
8   "탄탈로스"는 그리스 신화에 나오는 제우스 신의 아들로서 형벌을 받아 지하 세계의 물속에 갇히게 된다. 작렬하는 태양 아래 목이 말라 물을 마시려 하지만 그럴 때마다 물이 그의 턱 밑으로 내려가 마실 수 없게 된다. 그리고 그의 머리 위로는 팔이 닿을 만한 거리에 과일나무가 있으나 닿을 수 없어 먹지 못한다. 여기서 나온 관용어가 "탄탈로스의 목마름" 혹은 "탄탈로스의 깊음"(tantalizing depth)이다.

살리라(사 55:1-3a).

말씀의 예언자들은 한결같이 외친다. "하나님의 말씀만이 살길이다!"라고.
옛날 한 성도의 다음과 같은 진실한 고백을 들어보라. "하나님의 말씀은 내
발에 등불이요, 나의 가는 길에 빛이십니다!"(시 119:105)

젊은이들의 비참한 최후(암 8:13)

아모스가 "양극 대칭식 표현"[9]으로 사용한 "이 바다에서 저 바다로, 북에
서 동으로"라는 표현구가 정확히 어느 곳을 가리키는지에 관해 많은 의견
이 제안되었다.[10] 그러나 한 가지 분명한 사실은 하나님의 말씀을 찾아 사
방 천지를 두루 다니지만 발견하지 못하고 결국 기진하여 죽게 된다는 것
이다. 예언자 아모스는 이 사실을 극명하게 드러내기 위해 하나의 예를 든
다. "그날에 아름다운 처녀들과 젊은 총각들이 다 목이 말라 지쳐 쓰러질
것이다"(암 8:13). 죽음과는 전혀 동떨어진 혈기왕성한 청춘남녀들이 사막
에서 물을 찾아 헤매다가 쓰러져 죽어가는 모습을 상상해보라. 그리고 아
모스 8:14 마지막 문장은 자연스럽게 그 결과를 묘사한다. "그들이 쓰러지
고 다시는 일어나지 못하리라"(암 8:14b).[11] 이는 마치 아모스 5:2에 묘사된

---

9   일명 *merismus* 혹은 polar expression이라 부른다. 자세한 설명과 성경적 예들로는 다음을 참조
    하라. Watson, *Classical Hebrew Poetry*, 321-24.
10 "이 바다"와 "저 바다"는 각기 "지중해"와 "사해"(욜 2:20; 슥 14:8) 혹은 "지중해"와 "갈릴리"
    혹은 "지중해"와 "홍해" 혹은 "지중해"와 "페르시아만"(일명 걸프만)을 가리킨다고 주장되었
    다. 참조. Paul, *Amos,* 266.
11 이런 이유 때문에 몇몇 학자들은 암 8:14의 마지막 문장("그들이 쓰러져서 다시는 일어나지
    못하리라")을 8:13 뒤에 놓자고 제안한다(예. Marti, KAT, 219; Nowack, HKAT, 163; Sellin,
    KAT, 215; Robinson & F. Horst, HAT, 102; Rudolph, KAT, 268). 그러나 본 단락의 절정으

장례식장의 애곡을 다시 듣는 듯하다. "처녀 이스라엘이 쓰러지고 다시는 일어나지 못하리라." 누가 사막에서 쓰러진 그들을 위해 애곡할 것이며, 누가 그들을 땅에 묻어줄 것인가?

종교적 열정이 너희를 구원하지 못하리라!(암 8:14)

왜 이스라엘에게 이런 비참한 불행이 임하게 되었는가? 무슨 이유 때문에 하나님의 심판이 이스라엘에게 닥치게 된 것인가? 예언자 아모스는 그 이유를 다음과 같이 설명한다. "사마리아의 수치[된 우상]를 가리켜 맹세하는 자들, 그리고 '오! 단이여, 너의 신의 생존을 가리켜 맹세하노라' 하거나 '브엘세바의 신을 두고 맹세하노라' 하는 자들"때문이다. 그들은 누구인가? 어떤 종류의 신앙을 가진 자들인가? 그들은 종교 혼합주의자들인가 아니면 잘못된 방식으로 야웨를 섬기는 자들인가? 다시 말해서 여기에 언급된 신(우상)들은 야웨 신앙이 왜곡된 형태로 나타난 "유사 야웨주의"인가(예. 왕상 12:28-29; 호 8:6)[12] 아니면 혼합주의로 인해 섬기게 된 이방 신들을 가리키는 것인가?(예. 수 23:7; 렘 12:16; 습 1:5)

사마리아는 북이스라엘의 정치적 수도로 왕궁이 있었던 곳이며, 단은 벧엘과 더불어 북이스라엘의 국가 성소(state temple)가 있는 곳이다(왕상 13:29). 한편 브엘세바는 남유다 지경에 있었던 성소로 북이스라엘 사람들이 종종 순례하러 내려가던 유명한 곳이기도 하다(암 5:5). 북이스라엘의 사마리아(벧엘에 있는 사마리아의 국가 성소)와 단에 대한 언급은 그곳에 건립

로서 8:14의 마지막 문장은 현 위치에서 가장 자연스럽다.

12 예. E. Hammershaimb, *The Book of Amos,* 127-30; Paul, *Amos,* 268-72; Gowan, "The Book of Amos," 419.

된 금송아지 상 앞에서 야웨께 제사를 드리던 왜곡된 형태의 우상숭배를 가리키는 듯하다(왕상 12:28-29). 예언자는 그것을 "사마리아의 수치"라고 부른다.[13] 한편 "브엘세바의 길을 두고 맹세한다"는 문구는 북이스라엘 사람들의 종교적 열심과 광신적 열광주의를 지칭하는 말로, 국경을 넘어 남유다 영토 안에 있는 브엘세바 성소들—아마 아브라함과 이삭과 연관을 맺고 있는 유서 깊은 성소들인 듯하다—까지 종교적 순례를 하던 것을 가리킨다(암 5:5). 그들은 열정적으로 야웨 하나님의 이름을 찬송하며 순례하지만, 아모스의 눈에는 그런 모습이 굴절되고 부패한 종교 행위에 불과했다. 한결같이 하나님을 예배하는 동기나 목적, 과정과 집행 등이 모두 자신들의 종교심을 만족시키는 것이거나 자신들의 유익을 위한 것이었지, 하나님 중심적이지 못한 것이었다. 따라서 아무리 많은 집회를 열고, 열정적으로 찬양과 경배를 드리며, 성지순례를 다니고, 십일조를 드리고 온갖 집회에 참석하더라도 하나님이 경배받기를 원하는 방식으로가 아니라면 결국 그 예배 행위는 자기봉사며 자기섬김이지 하나님 섬김이 아니다. 하나님께서 원하는 방식대로가 아니라 자신들의 종교적 열정이나 욕구를 채우기 위해서라면, 그리고 그러한 목적을 이루기 위해 자신들이 고안하고 각색한 방식대로 하나님을 경배한다면, 이것이야말로 가장 가증스런 죄악이고 종교적 위선이자 자기기만이 아니라면 무엇이란 말인가![14]

　　이스라엘 백성들이 이스라엘 북쪽의 단 지역으로부터 중앙의 사마리

13　암 8:14에서 "사마리아의 수치"라고 부른 것은 아마 호 8:5이하에 나오는 "사마리아의 [금]송아지 [상]"을 가리키는 듯하다.

14　Hammershaimb(*The Book of Amos*, 130)는 이 사실을 다음과 같이 잘 표현한다. "따라서 그들이 예배하고 맹세한 하나님은 참되신 야웨가 아니라 자신들의 욕구를 위해 그들이 만들어낸 하나님일 뿐이다"(The god that they worship and swear by is therefore not the true Yahweh, but a god that they have fashioned to their own desires).

아 지역 그리고 남쪽 유다의 브엘세바에 이르기까지[15] 모든 성소를 찾아 다니면서 하나님의 말씀을 구하지만, 왜곡된 신앙 행태와 위선적인 종교 행위로 철저하게 부패한 그들의 눈에 하나님과 그분의 말씀이 발견될 리가 만무하다. 그러므로 "그들이 쓰러질 것이요 다시는 일어나지 못할 것이다!"(암 8:14하) 완전 파멸이로구나!

---

15 북쪽의 단과 남쪽의 브엘세바에 대한 언급은 또 다른 "양극 대칭식 표현법"의 예로, "전체성"(totality)을 가리킨다(참조. 삼상 3:20).

다섯 번째 환상: 성전 파괴

암 9:1-6

9:1 내가 보니 주께서 제단 곁에 서서 말씀하시더라.

"기둥머리들을 쳐서 문지방들이 움직이게 하라.

그것들로 부서뜨려 사람들의 머리 위에 떨어지게 하라.

남은 자들은 내가 칼로 죽일 것이니,

그들 중에 아무도 도망하지 못할 것이며

그들 중에서 아무도 피하지 못할 것이다.

2 그들이 땅을 파고 음부로 내려갈지라도

내 손이 거기서 그들을 끄집어 올릴 것이요

그들이 하늘로 올라갈지라도

내가 거기서 그들을 끄집어 내릴 것이다.

3 그들이 갈멜산 꼭대기에 숨을지라도

내가 거기서 찾아내 잡을 것이다.

그들이 내 눈을 피하여 바다 밑에 숨을지라도

내가 거기서 바다뱀을 명령하여 물게 할 것이다.

4 그들이 그들의 원수들 앞에서 사로잡혀 갈지라도

내가 거기서 칼을 명령하여 죽이라 할 것이다.

내가 그들을 주시할 것이니

복이 아니라 재앙을 내리기 위함이다."

5 만군의 주님 야웨,

그분은 땅을 주물러 녹이시며

땅에 거하는 자로 애곡하게 하시는 분이시다.

온 땅이 마치 나일강이 범람하듯 솟아오르게 하다가

다시 애굽의 나일강같이 낮아지게 하시는 분이시다.

6 그분은 하늘들 안에 그의 궁궐을 만드시고

그 기둥(기초)들을 땅위에 세우시며(깔며)

바닷물을 불러내어

　　지면에 쏟아붓는 분이시다.

보라, 그분의 이름은 야웨로다.

본 단락은 다시 세 부분으로 나뉠 수 있다. 아모스 9:1, 9:2-4, 9:5-6. 일반적으로 다섯 번째 환상으로 알려진 본 단락은 앞에 나오는 네 개의 환상 보고문과는 달리 여러 면에서 독특한 양상을 보인다. 앞의 환상들에는 한결같이 하나님께서 아모스에게 무엇인가를 보여주시고, 그에 대한 질문을 던지시면 예언자가 답하는 대화체 형식이 사용되었지만, 본 환상 보고문은 아모스가 "보는" 것으로 시작한다. 또한 본 환상은 앞의 네 개의 환상처럼, 해석이 첨부된 사건 환상(첫 번째 두 개의 환상)이나, 아니면 언어유희를 보여주는 물건 환상(두 번째 두 개의 환상)이 아니다. 그저 예언자가 한 특정한 사건을 볼 뿐이다. 즉 하나님이 제단 곁에 서서 말씀하시는 것을 보고 있는 환상이다. 본 단락의 서론 부분("내가 보니 주께서 제단 곁에 서서 말씀하시더라"[암 9:1A])을 제외하면 본 단락이 환상 보고문이라는 흔적은 찾아볼 수 없다. 또한 이 환상 보고문은 본질적으로 이스라엘 위에 내려질 심판 신탁이지만 앞의 환상 보고문들과 달리 심판의 이유를 담고 있는 구절들이 발견되지 않는다.

또 다른 특징은 하나님께서 누구를 향해 하신 말씀인가 하는 문제다. 앞의 환상들과 달리 하나님의 독백을 기록하고 있는 본 환상에서 청중의 정체는 분명하게 밝혀지지 않고 있다. 하나님이 정체불명의 그 누군가에게 말씀하시는 것으로 나타난다. 그분은 누구한테 "성전 기둥머리를 쳐서 무너뜨리라"는 명령을 하신 것일까? 예언자 아모스일 것이라고 생각하는 학자들이 있다.[1] 아니면 하나님이 단순히 수사학적 효과를 나타내기 위해 자기 자신에게 하신 말씀이라고 생각하는 학자도 있다.[2] 그러나 하나님께서 아마 천군 천사 중 하나(heavenly being)에게 말씀하신 것이 아닌가 추측한다. 앞에서도 누누이 언급했지만 예언자는 천상의 왕 야웨이신 하나님의 "어전 회의"에 참석하는 영광과 특권을 가진 사람이었다. 그들은 그곳에서 일어나는 일들을 참관하고 결정 사항을 알 수 있는 특권을 가진 자들이었다(참조. 왕상 22:22). 그리고 그곳에서 명을 받은 내용을 그가 보냄을 받은 지상의 사람들(민족, 국가)에게 하나 남김없이 전달하는 특사이기도 했다. 그렇다면 예언자 아모스는 환상 중에 보았던 천상에서 일어난 사건을 지금 보고하는 것으로 생각하는 것이 가장 자연스럽다. 물론 예언자가 의도적으로 말씀 수신자의 정체를 숨김으로써 독자들에게 문학적 기법으로서 "모호성"(ambiguity)을 통한 긴장을 고조시켰다고 볼 수도 있다.[3]

제단 옆에 서 계신 야웨 하나님(암 9:1)

내가 보니 주께서 그 제단 곁에 서서 말씀하시더라(암 9:1A).

"기둥머리들을 쳐서 문지방들이 움직이게 하라(9:1Ba).

그것들로 부서뜨려 사람들의 머리 위에 떨어지게 하라(9:1Bb).

남은 자들은 내가 칼로 죽일 것이니(9:1Ca),

그들 중에 아무도 도망하지 못할 것이며(9:1Cb)

그들 중에서 아무도 피하지 못할 것이다(9:1Cc).

---

1 예. Reventlow, *Das Amt des Propheten bei Amos*, 50.

2 Mays, *Amos*, 153; Gowan, "The Book of Amos," 421.

3 Hayes, *Amos*, 216.

좌우간 예언자는 하나님께서 성전 제단 옆에 서 계시는 것을 보고 있다. 제단 "옆에"라는 구절은 제단을 "대항하여"라는 부정적 의미를 지니고 있다. 다시 말해서 하나님께서 지금 성전을 부서뜨리려고 서 계신 모습이다. 우리는 아모스가 환상 안에서 보고 있는 이 제단이 어느 곳의 제단인지 정확하게 알 수는 없다. 극소수의 학자들은 예루살렘의 제단을 가리킨다고 주장한다.[4] 그러나 본문에는 정관사를 사용하여 "그 제단"으로 기록된 것을 고려한다면, 그리고 지금까지 아모스 메시지의 전반적인 흐름에서 이해한다면, 본문에 등장하는 제단은 아마 북이스라엘의 성소가 있는 벧엘 성소의 제단이 아닌가 생각된다(참조. 암 3:14).[5] 하지만 특히 본문의 환상이 여러 면에서 다림줄 환상과 유사한 점이 많았다고 한 점을 기억한다면 그 제단은 이스라엘 지역에 흩어져 있는 수많은 산당과 성소들을 포함하는 것으로 보아야 할 것이다(참조. 암 7:9). 다림줄 환상은 이스라엘이라는 "성벽"이 기울 대로 기울어져 엄청난 붕괴로 이어질 수밖에 없다는 것을 강조하면서, 그들이 스스로 만족하면서 그릇된 안전감을 얻었던 화려한 궁궐들, 철벽 요새들, 그들이 일구었다고 생각하는 온갖 업적과 성취들이 무너져 내리는 것이 초읽기에 들어갔다는 것을 보여주었다. 이제 이스라엘의 또 다른 자만의 근거이고, 자기기만의 불행한 원인이며, 위선을 가리는 보호막처럼 사용되었던 종교 센터들이 하나님의 심판의 마지막 대상이 되어야 하는 것은 너무나 당연한 귀결이 아닌가 생각된다.[6] 이스라엘의 삶은 "왕

---

4 예. Calvin, *Commentaries on the Twelve Minor Prophets*, 383-84; O. Procksch, *Die Kleinen Prophetischen Schriften vor dem Exil* (Stuttgart: Deichert, [2]1929); Weiser, *Die Profetie des Amos*, 188; 타르굼 등.

5 대부분의 주석가가 동의한다. 예. Hammershaimb, *The Book of Amos*, 131; Mowley, *Amos*, 85; Paul, *Amos*, 274; Hayes, *Amos*, 216; Mays, *Amos*, 154.

6 예를 들어, Jean Ouellette("The Shaking of the Thresholds in Amos 9:1," *HUCA* 43 [1973]: 23-27)는 아모스의 환상은 심판을 피하기 위해 사람들이 벧엘 성소에 모여 들었을 때 하나님께서 그 성소 건물을 쳐부수는 광경을 그리고 있다고 주장한다.

궁과 성소"로 축약할 수 있다. 하나님은 그것들("왕궁과 성소") 안에서 온갖 위험천만한 장난질을 하고, 스스로를 기만하며, 정의를 굽게 하고, 종교적 위선으로 하나님을 경멸했던 이스라엘에게 어떻게 대응하실 것인가? 먼저 그들의 "성벽"을 무너뜨려 폐허가 되게 하실 것이다(다림줄 환상). 그리고 그분은 성 안 중심부에 자리 잡고 있는 "성소"를 치실 것이다(본문의 환상). 성소 안에서도 먼저 제단에 서실 것이고 그곳으로부터 파멸을 집행하실 것이다. 제단이 어떤 곳인가? 하나님이 이스라엘 백성에게 말씀을 주시던 곳이 아닌가? 그분이 이스라엘의 모든 죄를 용서하시고 자비를 베푸시는 곳이 아닌가? 그곳에서 이스라엘의 탄원과 간구, 부르짖음과 애원을 들어주시겠다고 약속하신 곳이 아니던가? 마치 이스라엘의 보호벽이 되시는 하나님이 이스라엘의 벽을 허물기 위해 대항해 서 계셨던 것처럼, 이제는 자신의 백성 이스라엘을 제물 삼아 그들의 죗값을 지불하시도록 하겠다는 것이다.

하나님의 최후의 심판은 성소에서부터 시작될 것이다. 그리고 그분의 심판은 매우 철저할 것이다. 하나님은 하나도 남김없이 싹 쓸어버리실 것이다. "기둥머리에서 문지방까지"(암 9:9Aa)라는 표현 속에 이러한 심판의 온전성과 철저성이 담겨 있다.[7] 동시에 이 문구는 성전에서 종사하는 높은 직책의 사람(대제사장)부터 성전을 관리하는 말단 직원에 이르기까지 모두 재앙을 당할 것이라는 의미도 지닌다. 그뿐 아니라 제사하기 위해 성전에 드나드는 사람까지도 재앙의 피해자가 될 것이다(암 9:9Ab).

혹시라도 재난 가운데서 살아 남는 자가 있을지라도 하나님의 심판은 그들을 끝까지 추격해 칼로 죽이겠다는 것이다. 앞서 제안했듯이, 심판의

---

7   또 다른 "양극 대칭식 표현법"이다. 이것은 양쪽 극단을 언급함으로써 전체를 포함시키는 표현법이다.

집행자가 하나님의 천사 중 하나라고 치자. 그가 성전을 흔들어 완전히 무너뜨렸다고 하자. 그리고 그러한 붕괴로 인해 성전에 속한 사람과 제사하러 온 사람들 모두가 죽었다고 하자. 그럼에도 어찌된 영문인지 한두 사람이 그 와중에 살아남았다고 하자. 그들은 억세게 재수가 좋은 사람들인가? 불행 중 다행이라며 안도의 한숨을 쉴 것인가?

하나님은 말씀하신다. "만일 천사가 실수해서 놓친 사람이 있다면, 그 사람은 마지막까지 내가 추적해 칼로 죽여 없애버릴 것이다! 아무도 도망할 수도 없고 피할 수도 없다." 무시무시한 하나님의 "갚음"이로다!

하나님의 집요한 추적(암 9:2-4)

만일(אִם) 그들이 땅을 파고 음부로 내려갈지라도(암 9:2Aa)

내 손이 거기서 그들을 끄집어 올릴 것이요(9:2Ab),

만일(אִם) 그들이 하늘로 올라갈지라도(9:2Ba)

내가 거기서 그들을 끄집어 내릴 것이다(9:2Bb).

만일(אִם) 그들이 갈멜산 꼭대기에 숨을지라도(9:3Aa)

내가 거기서 찾아내 잡을 것이다(9:3Ab).

만일(אִם) 그들이 내 눈을 피하여 바다 밑에 숨을지라도(9:3Ba)

내가 거기서 바다뱀에게 명령하여 물게 할 것이다(9:3Bb).

만일(אִם) 그들이 그들의 원수들 앞에서 사로잡혀 갈지라도(9:4Aa)

내가 거기서 칼에게 명령하여 죽이라고 할 것이다(9:4Ab).

내가 그들을 주시할 것이니(9:4Ba)

복이 아니라 재앙을 내리기 위함이다(9:4Bb).

아모스는 9:2-4에서 시적 과장법(hyperbole)을 사용해 심판의 철저성과 집요함을 강조한다. 그는 "만일"이라는 가정법을 다섯 번에 걸쳐 사용하면서 하나님의 집요한 추적을 강조하고 있다. 아무도 그분을 피할 자가 없을 것이다. 하나님의 절대 주권은 온 천지에 이르고, 그분의 눈은 만물의 움직임을 일일이 주시하신다. 특히 성소에 나와 예배하는 자들은 천지 안에 하나님의 존재와 현존이 알려지지 않은 곳이 아무 데도 없다는 사실을 고백하곤 했다. 이스라엘의 예배자들은 하나님의 무소부재(omnipresence), 즉 어느 곳에라도 계시는 하나님의 임재에 대해 경이로움으로 찬양하곤 했다. 시편 139:7-12은 이러한 하나님의 무소부재를 노래하는 찬미시 중 하나다.

> 내가 주의 신을 떠나 어디로 가며(시 139:7Aa)
>> 주의 앞에서 어디로 피하리이까?(1399:7Ab)
> 내가 하늘에 올라갈지라도 거기 계시며(1399:8Aa),
>> 음부에 내 자리를 펼지라도 거기 계십니다(139:8Ab).
> 내가 새벽 날개를 치며(139:9Aa)
>> 바다 끝에 가서 거할지라도(139:9Ab)
> 곧 거기서도 주의 손이 나를 인도하시며(139:10Aa)
>> 주의 오른 손이 나를 붙드십니다(139:10Ab).
> 내가 혹시 말하기를 "흑암이 정녕 나를 덮고(139:11Aa)
>> 나를 두른 빛은 밤이 되리라" 할지라도(139:11Ab)
> 주에게서는 흑암이 어둠이 아니며(139:12Aa)
>> 밤이 낮과 같이 비춰나니(139:12Ab)
>> 주에게는 흑암과 빛이 일반이기 때문입니다(139:12Ac).

시편 139편은 하나님을 향한 자신의 진실과 헌신을 확신하면서 하나님께서 자신을 감찰해보시라는 간구다. 시인은 자신의 삶과 영혼을 철저하게 살펴보라는 요청을 통해 하나님을 향한 자신의 헌신과 성실함을 확신하고 있다. 그가 고백하는 하나님, 자신의 모든 것을 철저히 살피며 조사해보라고 간청한 그 하나님은 어떤 분이신가? 시의 일부분인 139:7-12은 이와 같은 질문에 대한 신앙고백적 대답, 즉 당신으로부터 숨을 수 없다는 고백이다. 이것은 단순히 신의 무소부재에 관한 추상적인 교리적 진술이 아니라 인간은 어떤 경우든 하나님을 피할 수 없다는 고백, 다시 말해서 두려움과 경외감으로부터 우러나온 실존적 고백이다.

이스라엘 백성들이 성소에서 이 시편을 낭송하고 하나님의 장대하심과 무소부재하신 현존에 대해 고백했다면, 아모스는 바로 이 시구를 상기시킴으로써 그들의 불행한 운명을 역설적으로 선언한다. 하나님을 피해갈 수 있는 곳이 어디인가? 아모스는 다시금 "양극 대칭식 표현법"을 사용해서 하나님의 무소부재를 강조한다. "음부와 하늘"(암 9:2), "갈멜산 꼭대기와 바다 밑"(암 9:3)이 그런 표현법이다.

> 만일 그들이 땅을 파고 음부로 내려갈지라도(암 9:2Aa)
>> 내 손이 거기서 그들을 끄집어 올릴 것이요(9:2Ab)
> 만일 그들이 하늘로 올라갈지라도(9:2Ba)
>> 내가 거기서 그들을 끄집어 내릴 것이다(9:2Bb).

이스라엘인들의 사고에 의하면, 히브리어로 "스올"(שְׁאוֹל)이라 부르는 음부는 일종의 "우주적 무덤"(universal grave)으로 사람이 죽으면 들어가는 지하 세계로 생각되었다(창 37:35; 전 9:10; 사 14:9-15; 38:10; 겔 32:17-32). 그곳은 우리가 죽은 자들의 세계 혹은 혼령들의 세계라고 부르는 곳에 해당한다고 할 수 있다. 물론 이러한 표현은 실제적인 장소를 가리키기보다는 사람들에 의해 잊히고 버림받은 상태 혹은 죽음이 지배하는 절망적인 상태, 아니면 영원한 고독과 유폐(幽閉) 상태를 가리키는 정서적 표현이라고 할 수 있다. 이런 이유로 어떤 시인은 "스올"에서는 하나님을 찾을 수 없다고까지 탄식한다(예. 시 6:5; 사 38:18).[8]

"스올"과 "하늘"(암 9:2)은 산 자가 가는 곳이 아니다. 예언자의 과장법은 만에 하나라도 인간이 스올이나 하늘에 가서 숨는다고 하더라도 하나님이 찾아내신다는 것을 의미한다. 왜냐하면 하나님의 주권이 미치지 않는 곳이 천상천하 어느 곳에도 없기 때문이다.

아모스는 하나님의 집요한 추적에 대해 계속해서 시적으로 표현한다.

> 만일 그들이 갈멜산 꼭대기에 숨을지라도(암 9:3Aa)
>> 내가 거기서 찾아내 잡을 것이다(9:3Ab).
> 만일 그들이 내 눈을 피하여 바다 밑에 숨을지라도(9:3Ba)
>> 내가 거기서 바다뱀에게 명령하여 물게 할 것이다(9:3Bb).

"갈멜산 정상이나 바다 밑에도"(암 9:3) 하나님의 주권이 미치고 있기 때문에 누구라도 하나님을 피해 도망갈 수 없다는 것이다. 이스라엘의 북서쪽에 자리잡고 있는 갈멜산은 울창한 숲과 많은 동굴로 유명하며, 서쪽으로는 지중해가 한눈에 내려다보이는 곳이다. 이런 이유 때문에 아모스는 갈멜산과 아울러 "바다"(지중해)를 한 쌍으로 언급한 것 같다. "높은 산과 깊은 바다"에 관한 언급 역시 "전체성"을 표현하는 시적 기교(poetic device)다.

---

8   자세한 연구는 다음을 참조하라. Nicholas J. Tromp, *Primitive Conceptions of Death and the Netherworld in the Old Testament*, Biblica et Orientalia 21 (Rome: Biblical Institute Press, 1969). 스올을 보통 한글로 음부로 번역한다. 하지만 사용되는 한자어에 주의를 기울여보라. 보통 어두운 곳이라는 의미에서 음부(陰部)를 사용하지만, 성경신학적으로는 어둠의 세력이 지배하는 곳이라는 의미에서 음부로 이해해야 한다.

예언자의 논조는 매우 분명하다. 아무리 높고 깊은 산중에 들어가 숨을지라도, 아무리 깊은 바다 속에 들어가 피신한다 하더라도 하나님의 집요한 추적을 따돌릴 수는 없다.

특히 "바다뱀"에 관한 언급(암 9:3Bb)은 이스라엘 사람들로 하여금 그들의 야웨 하나님이 우주의 주권자이시며 만물의 통치자이심을 재차 기억케 하는 구절이다. 이스라엘이 위치하고 있었던 고대 근동의 다른 문화권에는 바다와 관계된 "창조 신화들"(creation myths)이 있었다. 예를 들어 바빌로니아 창조 신화에서는 마르두크(Marduk) 신이 태고의 바다 괴물인 티아마트(Tiamat)를 이기고 세상을 창조했다고 한다. 또한 가나안의 신화 중 특히 우가리트(Ugarit) 신화에는 우리가 많이 들어서 알고 있는 바알(Baal)이 주신(主神)이다. 이 바알 신화는 바알이 바다 신으로 알려진 "얌"(יָם)을 이기고 땅의 질서를 회복한다는 내용이 주를 이룬다. 이에 따르면 처음 세상이 창조될 때, 천지가 혼돈과 암흑으로 가득 찼고, 바다가 무섭게 출렁거렸다. 이 창조 신화는 암흑 가운데 출렁거리는 바다를 마치 머리가 많이 달린 바다 괴물처럼 묘사하고 있으며 고대 근동의 창조신이 이 괴물을 죽이고 세상의 질서를 수립하게 되었다고 전한다. 가나안 신화들에 의하면 "바다"(יָם, Yam)와 "죽음"(מוּת, Mot)은 땅의 주(主)로 불리는 바알의 가장 무서운 두 적수이기도 하다. 폭풍으로 출렁거리는 바다의 무서운 위용에 압도되었던 고대인들로서는 "바다의 모습"이 바다 괴물처럼 보였던 것이다.[9]

이스라엘인들은 이러한 이교의 창조 신화에 대항하여, 그리고 그것을 이용하여 역으로 자신들의 창조주 하나님을 찬양했다. 그들은 바다 괴물을 무찌르고 죽인 것은 바알이 아니라 하늘과 땅의 창조주이시며 홍해를

---

[9] 바닷가 사람들이 한해의 풍성한 어획을 위해 바다 용왕께 제사를 지내는 풍습이 우리나라에도 있음을 기억하면 이러한 신화들은 인류 보편적인 현상인 것 같다.

가르고 이스라엘을 구원해내신 야웨 하나님이시라고 고백한 것이다.[10] 이제 아모스는 바로 그 신앙을 고백했던 이스라엘인들에게 말한다. "너희가 바다 밑에 가서 숨을지라도 하나님께서는 바로 그 바다뱀에게―혹시 너희들 가운데 바다뱀이 바다를 지배한다고 믿는 자들이 있다면―명령하여 너희를 물어 죽게 할 것이다." 바다뱀은 "순종하는 뱀"(예. 시 104:26)으로서 하나님의 심판의 도구로 사용될 것이다.

이스라엘에게 내리는 심판의 철저성과 하나님의 집요한 "갚으심"은 아모스 9:4에서도 계속된다. 전쟁 포로가 되는 일은 이스라엘이 상상할 수 있는 가장 비참한 운명이었다(암 4:3; 5:27; 6:7; 7:11). 그러나 어찌 보면 전쟁에 패하여 포로가 되는 일은 그나마 불행 중 다행이다. 목숨을 부지했기 때문이다. 그러나 그렇게 끝나지는 않을 것이다. 하나님은 그러한 "사치"를 허용하지 않으실 것이다. 이방 땅에 끌려가서 목숨을 부지할 것이라고 생각하면 커다란 오산이다. 하나님이 반드시 죗값을 치르게 하실 것이기 때문이다. 이방 땅에서라도 칼에 맞아 죽게 될 것이다!

예언자 아모스는 다섯 개의 "만일…한다면"의 문체에서 벗어나 마지막 문장을 새롭게 쓴다. "내가 그들을 주시할 것이니 복이 아니라 재앙을 내리기 위함이다"(암 9:4B). 앞 문장을 히브리어 원문에서 직역하자면 "내가 나의 눈을 그들 위에 놓았다"이다. 아모스는 매우 역설적으로 이 말을 사용한다. 일반적으로 "누구 위에 눈을 두다"라는 말은 호의를 베풀거나 깊이 생각해준다는 긍정적인 표현구다(창 44:21; 렘 24:6; 39:12; 40:4; 욥 7:19-21). 하나님께서 이스라엘을 쳐다보실 때는 그들에게 구원과 도움을

---

10   예. 시 74:12ff.; 89:10ff.; 104:5ff.; 욥 9:13; 26:12; 38:8ff.; 사 27:1; 51:9ff. 성경에 나타난 바다 괴물 표상과 전사로서의 야웨 하나님을 고대 근동을 배경으로 해서 연구한 저서는 다음을 보라. Mary K. Wakeman, *God's Battle with the Monster: A Study in Biblical Imagery* (Leiden: Brill, 1973); John Day, *God's Conflict with the Dragon and the Sea: Echoes of a Canaanite Myth in the Old Testament* (Cambridge: Cambridge University Press, 1985).

주기 위한 모습이다. 하지만 그렇게 기대한다면 커다란 오산이다. 하나님은 증오의 눈빛, 파멸의 눈으로 이스라엘을 바라볼 것이다. 이스라엘은 그분의 진노하시는 눈동자 속으로 빨려 들어갈 것이다. 그분이 쳐다본 것은 이스라엘의 행복과 안녕을 위함이 아니라 불행과 재난을 부과하기 위한 파멸의 눈동자였다. 누구도 하나님의 무서운 눈빛을 바꿀 수 없을 것이다.

하나님의 집요한 추적에 대한 회화적인 묘사를 기원전 7세기의 예언자인 스바냐의 글 가운데서 발견할 수 있다. 스바냐는 영적 자만(spiritual complacence)과 무사 안일주의를 남몰래 즐기면서도 겉으로는 진실한 종교인들처럼 행동했던 당시의 이스라엘 백성들, 그리고 다른 사람들을 향해서는 전혀 책임감을 느끼지 않은 채 자신의 이익을 위해 남을 착취하고 압제하던 사람들을 향해 그들의 숨겨진 위선과 영적 자만을 하나님께서 반드시 찾아내실 것이라 말한다. 등불을 들고 예루살렘 거리를 구석구석 찾아다니시는 하나님의 집요한 추적에 대한 그의 묘사를 들어보자.

> 그때에 내가 등불을 들고 예루살렘에 마치 포도주 찌끼같이 가라앉아서 심중에 스스로 이르기를 "야웨께서는 복도 내리지 아니하시며 화도 내리지 아니하시리라" 하는 자들을 두루 찾아 벌할 것이다(습 1:12).

등불을 들고 사람들을 찾으러 대낮에 거리를 활보하는 하나님을 생각해 보았는가? 고대 그리스의 금욕주의 철학자인 디오게네스(Diogenes, 기원전 412-323)가 대낮에 등불을 들고 다녔다는 사실을 아는 사람들은 많아도 그보다 몇 세기 전에 하나님이 유다의 예언자 스바냐를 통해 등불을 들고 사람을 찾으러 다니셨다는 것을 아는 평신도들, 신학도들, 목회자들은 얼마나 되는지! 소위 "실제적 무신론자"는 기원전 8세기 아모스의 시대나 기원전 7세기의 스바냐 당대뿐만 아니라 지금도 우리 가운데 얼마나 많은지 모르겠다. 그들은 하나님이 계신다는 것을 입으로는 고백하고, 주일에는 사도신경을 낭송하며 주기도문을 외우지만 실제로는 자신들의 삶 속에 하나님께서 활동하고 다스리고 계신다는 것을 부인하는 사람들이다. 그들의 생각에 하나님은 천상의 궁정 속에 조용히 계신 분이지 인간의 역사 속에 들어와 우리들의 삶을 일일이 간섭하고 주관하는 분이 아니시라는 것이다. 이러한 신앙을 가진 자들에게 삶의 기준과 척도는 자신일 뿐이다. 이스라엘의 수많은 종교적 불의와 도덕적 타락, 사회 정의의 몰락과 같은 문제들은 모두 이러한 잘못된 "신관"(Doctrine of God), 즉 "올바른 신학"[11]의 부재로부터 기인됐다.

야웨 찬미시(암 9:5-6)[12]

만군의 주님 야웨(9:5A),

그분은 땅을 주물러 녹이시며(암 9:5Ba)

땅에 거하는 자로 애곡하게 하시는 분이시다(9:5Bb).

온 땅이 마치 나일강이 범람하듯 솟아오르게 하다가가(9:5Ca)

다시 애굽의 나일강같이 낮아지게 하시는 분이시다(9:5Cb).

그분은 하늘들 안에 그의 궁궐을 만드시고(9:6Aa),

그 기둥(기초)들을 땅위에 세우시며(깔며)(9:6Ab),

바닷물을 불러내어(9:6Ba)

---

11 "올바른 신학"을 "정통신학"(orthodox theology)이라 부른다. 흔히 "정통신학"이란 단어를 부정적 의미로 사용하는 경향이 있지만, 이것은 매우 좋지 못한 언어 습관이다. 정통이란 "올바른 가르침"이란 의미다.

12 본 구절에 관한 자세한 주석과 내용 분해는 Berg, *Die sogenannten Hymnenfragmente im Amosbuch*, 301-13을 보라.

지면에 쏟아붓는 분이시다(9:6Bb).

보라, 그분의 이름은 야웨다(9:6C).

앞의 단락의 사상적 흐름을 끊는 것처럼 보이는 본 단락은 일명 "야웨 찬미시 단편"으로 알려져 있다.[13] 그러나 아모스 4:13의 찬미시 경우처럼 현재의 위치에서 본 단락이 보여주는 기능은 이스라엘에게 심판을 선언하신 하나님의 위대한 능력을 상기시키는 일이다. 아모스서 초두에 여러 번 등장했던 "온 땅이 나일강과 같이 범람하다"(암 9:5C; 참조. 암 8:8)라는 문구나 "애곡하다"는 단어(אָבַל, 아발[암 9:5Bb]; 참조. 암 1:2; 5:16; 8:8, 10)를 다시 사용함으로써 한때는 독립적으로 존재했던 "야웨 찬미시 단편"을 자연스럽게 현재의 문맥 속에 배치해서 사용하고 있는 것이다.

그렇다면 이 찬미시가 묘사하는 하나님은 어떤 분이신가? 그분이 땅을 떡 주무르듯이 주무르시자 땅이 진동하며 갈라지고 뜨거운 열기를 내뿜는다. 마치 지진을 연상케 하는 표현이다. 땅이 솟아오르다가 가라앉는 모습을 나일강의 홍수에 비견하면서 그러한 자연재해 현상을 하나님이 친히 행하신 위대한 능력의 표현이라고 말하는 것은 자연 현상에 대한 "비신화화 선언"(demythologizing announcement)이기도 하다. 자연을 신격화했던 고대인들에게 이러한 선언은 다시금 하나님의 위대한 능력을 알리는 선포 행위이기도 했다. 자, 누가 이러한 하나님 앞에 설 수 있단 말인가?[14]

야웨 찬미시는 계속해서 하나님의 위엄과 권능을 묘사한다. 하나님은 하늘들 안에 자신이 거할 궁궐들을 만드시고, 궁궐의 기둥들은 지상

---

13 아모스서에 사용되고 있는 "야웨 찬미시 단편"으로는 암 4:13; 5:8-9; 9:5-6이 있다. 암 4:13 해설 부분과 부가적 설명 부분을 보라.

14 Berg(*Die sogenannten Hymnenfragmente*, 312)는 본 찬미시 안에 "신의 현현 표현구가 재앙 선언과 세계 창조 표현구와 함께 나란히 서 있다"고 말한다("Theophanieaussagen mit Unheilscharakter und Schöpfungsaussagen sind nebeneinander gestellt").

에까지 내려서 박아놓는 분이다. 한마디로 상상을 초월하는 우주적 궁궐을 만드는 장대하고 장엄한 능력의 신이시다. 마치 접시의 물을 쏟아붓듯이 바닷물을 육지에 쏟아붓는 천지의 주재시요, 만물의 주관자이시다(Pantokrator). 그분이 분노 가운데 일어나시고, 진노의 잔을 쏟아부으신다면 누가 감히 그 위력을 견딜 수 있단 말인가! 그는 누구신가? 예언자 아모스는 외친다. "보라, 그분의 이름은 야웨로다"(암 9:6C). 더 이상 그분의 이름이 이스라엘에게 구원과 해방을 의미하지 않게 되었다(참조. 출 3:14). 이스라엘의 대적자인 이집트의 왕 바로를 치셨던 야웨라는 신이 이제는 자신의 백성 이스라엘을 치시기 위해 서신 것이다. 하나님의 은혜와 구원을 당연한 것으로 여기고 잘못된 "선민사상" 가운데 자만했던 이스라엘이여! 그분을 경홀히 여기고 그분의 말씀과 훈계들을 무시하고 산다면, 당신에게 주어졌던 그 금 촛대들—구원과 은총—을 언제라도 거두어가신다는 사실을 두려운 마음으로 기억해야 할 것이다. 우리는 "너희가 유대인이라고 자만하느냐? 내가 능히 길거리의 돌들을 들어서 아브라함의 자손을 만들 수 있느니라!"고 하시던 예수님의 말씀을 기억해야 할 것이다. "네가 목사, 장로, 집사라고 자만하느냐? 네가 지닌 전통이 너를 구원할 것이라고 말하느냐? 그러면서도 하나님의 말씀에 복종하지 않고 그분의 다스림 앞에 무릎을 꿇지 않느냐? 그렇다면 언제라도 너에게 주어진 그 구원과 축복을 거두어갈 것이다!"라고 지금도 말씀하시는 것이다. 당연히 받을 것으로 생각하는 장자(큰아들) 같은 사람에게는 그 주어진 것을 빼앗아갈 것이지만, 상 위에서 떨어지는 음식 부스러기라도 간절한 마음으로 기다리는 자에게는 생명과 구원이 "갑작스런 선물"(surprise gift)로 주어질 것이다.

제24강

진노 중에도 긍휼을 잊지 않으시는 하나님

암 9:7-10

9:7　　　"이스라엘 자손들아,

　　　　너희는 내게 구스인들 같지 아니하냐?"

　　　　　　　　　　　　　　　　　　　　　　– 야웨의 말씀이다. –

　　　"내가 이스라엘을 애굽 땅에서,

　　　　블레셋 사람을 갑돌에서,

　　　　아람 사람을 기르에서 불러내지 아니하였느냐?"

8　　　"반드시 주 야웨 하나님의 눈이

　　　　범죄한 나라를 주목할 것이다.

　　　내가 그 나라를

　　　　지면에서 멸할 것이다.

　　　그러나 내가 야곱의 집은

　　　　철저히 멸하지는 아니할 것이다."

　　　　　　　　　　　　　　　　　　　　　　– 야웨의 말씀이다. –

9　　　"자, 보라! 내가 명령을 내려

　　　　이스라엘 집을 만국 중에서 흔들 것이니,

　　　마치 곡식을 체로 흔드는 것과 같을 것이다.

　　　그러나 돌멩이는[1] 땅에 떨어지지 아니할 것이다.

1　개역개정은 "알갱이"로 번역해 마치 곡식알인 듯한 인상을 준다. 그럴 경우 본문의 해석은 긍정적인 음조를 띠게 된다. 즉 선한 자(알곡)는 결코 버려지지 않을 것이며, 심판의 와중에서도 보호될 것이라는 뜻이 된다. 그러나 "알갱이"로 번역된 히브리어(צְרוֹר, 체로르)는 "자갈", "돌멩이"다(삼하 17:13; 잠 26:8). 한글표준역과 NIV, NRSV등은 모두 "돌멩이"(pebble)로 번역했다. 한편 Hayes(*Amos*, 198, 222)는 "돌멩이"가 문맥상 어색하고 의미가 통하지 않는다는 이유로 그리고 본문의 전후 문맥상, 이 단어는 "연결된 점(돌?)들"(bonded joint)이 땅에 떨어지지 않을 것이라는 의미로 이해한다. 즉 그는 건물이 무너지면 벽과 벽, 혹은 건물의 각과 각을 이어주었던 "연결점(돌)들"이 떨어지는데, 철저하게 부서지기 때문에 연결된 상태 그대로 떨

10 그러나 내 백성 가운데 '재앙이 우리를 사로잡지 아니할 것이다'라고
    말하는

      모든 죄인들은 칼에 맞아 죽을 것이다."

잘못된 신학과 잘못된 행위의 관련성(암 9:7-8a)

예언자 아모스는 이스라엘의 방자함과 타락의 근저에는 잘못된 신념과 신학이 깔려 있다는 사실을 알았다. 아니, 하나님은 이스라엘의 부패와 방종의 이유가 그들의 잘못된 여론과 대중적 확신 가운데 있음을 직시하신 것이다. 그것이 무엇인가? 하나님의 선택에 대한 잘못된 이해에서 출발한 민족적 우월감이었다. 그들은 출애굽 때문에 자신들이 하나님 앞에서 다른 민족들과는 다른 특별한 위치를 차지하고 있다고 믿었다. 그들은 세상 나라 중 자기들만이 하나님의 특별한 호의와 사랑의 대상이라고 확신했고, 이러한 확신은 잘못된 민족적 우월주의와 선민사상으로까지 확대되었다. 하나님의 특별한 호의와 선택은 이스라엘의 편에서 감사와 순종으로 응답되어야 함에도 불구하고, 그들은 자랑스런 훈장으로, 자만스런 배지로 여긴 것이다. 자기중심적이고 자기도취적인 사고방식 가운데 살면서, 눈을 아래로 내리 깔고 다른 사람들을 우습게 여기며, 다른 민족은 영원히 하나님의 저주 아래 놓인 버려진 백성들이라고 여기기까지 했다. 그들은 하나님의 특별한 취급을 당연한 권리로까지 이해한 것이다. 그들은 하나님이 우리와 함께 계시니 전쟁에서의 승리, 사업의 번영, 자식의 출세 등이 보장되었다고 확신하기도 했다. 불행하게도 이러한 확신을 더욱 강화시킨 자

어지지는 않는다는 뜻으로 해석한다.

들은 당대의 "신학자들"이었다. 소위 직업적 예언자들, 관변 단체로 전락한 제사장족들이 그들이었다. 그들이 가르쳐주는 신학에 따르면, 하나님의 선택은 매우 배타적인 것이기 때문에 온 지구상에서 오직 "우리 이스라엘만"이 택함을 받은 민족이었다. 이러한 패턴은 지금도 우리 안에 지속되고 있는지 모른다. 마치 야생 짐승들을 "길들여" 가축으로 사용하듯이, 적지 않은 목회자와 신학자들이 하나님과 그분의 주권적이고 자유스런 선택을 자신들의 이익에 맞게 조작하고 "길들여" 사용하고 있는지 모르겠다.

이러한 잘못된 민족주의, 선민의식, 선택 사상 등은 그들의 국가적 행위 형태와 사회적 행동 규범 그리고 개인의 일상적 행동 위에 엄청난 영향을 끼쳤다. 올바른 신학과 올바른 삶(orthopraxis)의 필연적 관계성은 아모스서에 나타난 이스라엘의 행동 양식을 통해서도 잘 반영되고 있다. 하나님에 대한 잘못된 이해가 그들로 하여금 사회적 죄들을 허용하도록 하는 이론적 장치가 되었던 것이다.

아모스는 앞에서도 여러 번 그러했듯이(암 3:3-8; 5:20; 6:2, 12; 8:8), 다시금 "수사학적 질문"을 사용해 이스라엘의 잘못된 신념을 스스로 인정하도록 유도한다. 마치 법정에서 원고를 대신한 검사가 피의자를 놓고 "논쟁"을 벌이는 듯한 인상을 받는다.

"오, 이스라엘 자손들이여,
너희는 내게 구스인들(에티오피아인) 같지 '아니하냐?'"(הֲלוֹא)

-야웨의 말씀 -

"내가 이스라엘을 애굽 땅에서 불러내지 '아니하였느냐?'"(הֲלוֹא)
"블레셋 사람을 갑돌에서 불러내지 '아니하였느냐?'"(הֲלוֹא)

"아람 사람을 키르에서 불러내지 '아니하였느냐?'"($הֲלֹא$)[2]

이스라엘은 이러한 질문들에 대해 무엇이라고 대답하겠는가? 먼저 첫 번째 질문에 대해서는 놀라움과 함께 유보적 대답을 했을지도 모른다. "우리가 구스인들(에티오피아인들)과 같다니? 무슨 소리인가?"[3] 이것은 이스라엘인들에게는 충격적인 선언이기도 했다. 학자들 사이에는 이스라엘 백성을 에티오피아인들과 대조해 말하는 것을 마치 이스라엘에 대한 경멸과 조롱을 담고 있는 언사로 이해하곤 했다. 역으로 말해서 그들의 검은 피부색 때문에 경멸의 대상으로 불리는 인종으로서 에티오피아인이란 단어를 사용한 것으로 이해했다는 말이다.[4] 그러나 이러한 해석은 현대의 인종차별주의(racism)와 같은 시야로 성경 본문을 이해하기 때문에 발생한 왜곡이다. 구약에서 "에티오피아"란 용어는 대부분 "매우 먼 나라"라는 의미로 사용되었다(에 1:1; 8:9; 사 18:1; 겔 29:10; 습 3:10). 따라서 아모스가 이스라엘을 에티오피아에 비견하는 것은 그가 이스라엘에게 하나님이 어떤 분이신지를 보여주고 있는 것이다. 다시 말해서 그는 그들의 잘못된 신관을 비판하

---

2   히브리어 원문에는 첫 번째 두 개의 문장 앞에만 "부정의문사"($הֲלֹא$, 할로)가 들어 있다. 그러나 히브리 시의 생략법에 의해 나머지 두 개의 문구에도 부정의문사와 더불어 동사($הֶעֱלָה$[알라], "불러내다")를 삽입해서 문장으로 읽을 수 있다.

3   "구스"(Cush)는 나일강 상류 남부 지역을 가리키는 지명으로 그들의 왕들은 기원전 8세기경에 이집트의 대부분 지역을 통치했다. 후에 그리스 저자들은 구스를 에티오피아와 그 아래 지역을 가리키는 지명으로 사용했다. 구약에서 구스는 보물들과 금광으로 잘 알려진 곳으로 소개된다(욥 28:19; 겔 30:4). 구스에 관한 자세한 내용은 다음을 보라. R. H. Smith, "Ethiopia," in *ABD*, 2:665-66; T. O. Lambdin, "Ethiopia," in *IDB*, 2:176-77; O. Wintermute, "Cush," in *IDBSup*, 200-201. 한편 시내 반도에 살았던 조그만 부족의 이름도 구스로 알려져 있다(합 3:7; 대하 14:9-15; 21:16; 삼하 18:21-23,31-32를 참조). 이러한 이유로 Hayes(*Amos*, 219)는 본문에서 어느 구스를 말하고 있는지 확정지을 수 없다고 주장한다.

4   민 12:1을 보라. 그들이 검은 피부색의 인종이거나 아니면(렘 13:23) 노예였기 때문에(삼하 18:21; 렘 38:7) 경멸당했다는 주장이다. 예. Wellhausen, *Die Kleinen Propheten übersetzt und erklärt*, 94.

고, 하나님은 단순히 특정한 민족의 신이 아니라 온 세상의 하나님이시고 열국의 주시라는 것을 천명한다.[5] 이것은 아모스서의 커다란 첫 부분을 이루고 있는 열국 심판 신탁(암 1-2장)에서 잘 드러난 사상이기도 했다. 물론 그가 하나님이 이스라엘을 택해 특별한 언약 관계를 맺고 있음을 부인하는 것은 아니다(암 3:2). 아모스가 본 단락에서 천명하고자 하는 바는 하나님은 이스라엘을 포함한 모든 민족, 심지어 지구의 가장 멀리 있는 나라도 (그 당시에는 에티오피아라고 생각함) 주관하시는 역사의 주권자시라는 것이다. 이스라엘이 이 사실을 알았더라면 그들이 그처럼 방자히 행하거나 잘못된 선택 사상과 민족적 우월주의 안에서 자만하지 않았을 것이다. 이제 아모스의 논조는 분명해졌다. 이스라엘의 특권 의식은 정당화될 수 없다! 하나님이 보실 때 "그놈이 그놈이기 때문이다."

일단 이스라엘의 청중들에게 그들이 하나님과 특별한 관계를 지닌 백성이긴 해도 그것이 자동적으로 그들에게 다른 민족에 대한 특권 의식이나 우월 의식을 보장하지는 않는다는 것을 말한 후에, 아모스는 계속해서 이 주장을 좀 더 깊게 전개해나간다. 이스라엘이 이집트로부터 나온 것이나, 블레셋인들이 크레타섬으로부터 팔레스타인 지역에 와서 살게 된 것이나,[6] 아람인들이 메소포타미아의 키르 지역으로부터 이주해서 현재의 지역에 살고 있는 것이나,[7] 모두 동등한 차원에서 이해된다는 것이다. 한마디로 하나님은 이스라엘 사람을 블레셋 사람들이나 아람 사람들과 동일하게 취급하고 계신다는 것이다. 이것 역시 이스라엘 청중들에게는 큰 충격이 아닐

---

5   예. H. E. W. Fosbroke, "The Book of Amos," in *Interpreter's Bible,* 848; Vollmer, *Geschichtliche Rückblicke und Motive,* 31(각주110번); Soggin, *Amos,* 143; Rudolph, KAT, 273-74; Paul, *Amos,* 282; Gowan, "The Book of Amos," in *The New Interpreter's Bible,* 424.

6   블레셋에 관해서는 Trude Dothan, "Philistines," in *ABD,* 5:326-33을 보라.

7   아람인들에 관해서는 R. A. Bowman, "Arameans," in *IDB,* 1:190-93; A. R. Millard, "Arameans," in *ABD,* 1:345-50을 보라.

수 없었다. 그러나 그들은 그러한 역사적 사실을 부인할 수가 없었다. 그것은 너무나도 명백한 사실이었기 때문이었다. 이제 이스라엘은 이러한 수사학적 질문에 대해 하나님께 절대적인 "예스", "그렇습니다! 맞습니다!"라고 대답하지 않을 수 없게 된 것이다. 아모스의 논점은 이스라엘을 하나님과의 특별한 관계로부터 좌천시켜 결국 이스라엘이 하나님의 선택받음에 해당되지 않는다고 주장하려는 것이 아니다. 그렇다고 모든 나라가 하나님과 산술적으로 동일한 관계를 형성하고 있다는 보편주의를 주장하기 위함도 아니다. 아모스가 힘들여 선언하는 것은 단순하고도 분명하다. 하나님은 이스라엘의 하나님 그 이상이라는 것이다. 그분은 한 국가에 종속되는 민족 신이 아니라 온 우주의 창조자이자 역사의 주관자로서 주권자 하나님이시라는 선언이었다. 아모스서에 등장하는 "야웨 찬미 단편시들"(암 4:13; 5:8-9; 9:5-6)이 이 사실을 웅변적으로 드러내주고 있지 않은가!

이제 말씀의 핵심은 분명해졌다. 이스라엘이 하나님 앞에서 특별한 권리를 주장하지 못한다면, 그들이 저지른 죄들에 대한 형벌 역시 면제될 수 없다. 하나님의 눈은 지금까지 범죄한 나라들을 눈여겨보았다(암 1-2장). 하나님은 "복도 내리지 않고 화도 내리지 않는 신이라"고 생각한 자들(참조. 습 1:12)은 이제 그것이 큰 오산이었음을 가장 고통스런 방식으로 알게 될 것이다. 신의 심판은 그런 "실제적 무신론자들"을 위해 축적되어왔으며, 그들은 자신들의 머리 위에 재앙의 숯불을 차곡차곡 쌓아왔다.[8] 하나님의 불꽃 같은 눈은 사람의 행위와 중심을 보신다. 예언자는 확신 있게 말한다. 그분은 죄 많은 나라의 구석구석을 들여다보시고, 그들의 일거수일

---

8   예를 들어 시편에서 발견되는 "하나님이 없다"고 방자히 말하는 자들(시 14편; 53편)은 이교 신이나 다른 종교를 믿는 자들을 가리키는 것이 아니다. 오히려 그들은 이스라엘 백성들이며, 하나님의 성회에 참석하는 그리스도인들을 가리킨다. 그러나 그들은 하나님의 백성이라고 자처하면서도 하나님이 실질적으로 자신들의 삶 가운데 역사하고 있다고는 믿지 않는 자들이다. 이들을 가리켜 전문적인 용어로 "실제적 무신론자"라 부른다.

투족을 지켜보신다(암 9:8a). "범죄한 나라"가 이스라엘을 가리키는 것인지 아니면 모든 나라를 포함하는 것인지는 확실치 않다. 그러나 앞의 문장들의 흐름 아래서 볼 때 후자인 것 같다. 이는 지구상에서 범죄한 나라를 쓸어버리시겠다는 하나님의 단호한 심판 선언이다. 여기서 제외될 민족이 없다는 하나님의 절대 주권적 선언이기도 하다. 아모스 9:8에 관한 샬롬 폴의 다음과 같은 관찰은 핵심적이다.

> 온 우주에 대한 절대 주권을 지니신 이스라엘의 주님은 엄격한 도덕적 기준에 따라 모든 민족의 운명들을 결정짓는다. 그분의 윤리적 기준에 따라 살지 않는 그 어느 나라와 민족도, 설령 "구원 역사"를 지니고 있다고 하더라도 그와 상관없이 완전히 말살될 것이다.[9]

진노 중에 자비를(암 9:8b)

그러나 전 세계를 드리우는 암흑 가운데 희미한 한줄기 광선이 비추인다. 그것은 놀랄 만한 하나님의 긍휼로부터 흘러나온다. 철저한 심판과 돌이킬 수 없는 재앙 가운데서도—그것이 이방 민족 전체를 향한 것이든, 아니면 이스라엘을 향한 것이든—"야곱의 집"을 완전히 멸망시키지는 않겠다는 약속이 그것이다. 절대적 심판의 도래를 선언하는 와중에서도 아모스는 "혹시나…" 하는 하나님의 은총을 소망한 예언자였고(암 5:15), 진노의 날 가운데서라도 몇몇 소수라도 살아남기를 기다린 희망의 예언자였다(암 3:12; 5:3). 비록 그럴 확률이 거의 보이지 않는 순간에도 그는 이스라엘

---

9   Paul, *Amos*, 284.

을 향한 하나님의 애정의 불꽃이 완전히 사그라지지 않았음을 알았다. 이스라엘을 향한 심판 선언 가운데서도 하나님은 이스라엘을 "나의 백성"이라고 부르고 계신다는 사실을 알았기 때문이다(암 7:8, 15; 8:2; 9:10; 참조. 암 3:2). 그리고 그는 두 번에 걸쳐 하나님께 이스라엘을 위한 중보의 간청을 드리지 않았던가!(암 7:1-6) 누가 아모스를 재앙의 예언자, 심판 선고의 예언자로만 이해했단 말인가![10]

체질하시는 하나님(암 9:9)

앞서 우리는 등불을 들고 무언가를 찾아 예루살렘 거리를 다니시는 하나님에 관해 들어본 기억이 있다(습 1:12). 이제 우리는 다시금 놀라운 하나님의 모습을 발견하게 된다. 그것은 체를 들고 무언가를 흔들어 대시는 하나님의 모습이다. 농업에 익숙했던 아모스[11]는 체를 흔드시는 하나님의 모습으로서 이스라엘에 임할 심판을 은유적으로 표현한다. 우리가 알다시피, 체질은 한 동작 안에 두 가지 기능을 함께 담고 있다. 즉 굵은 지푸라기나 흙덩이들 혹은 돌멩이 등은 걸러내지만 벼나 보리 알, 옥수수 알 그리고 가느란 모래알들은 체 밑으로 빠져 내려간다. 하나님께서 체질하시는 것은 이스라엘 백성을 세상 나라들이 보는 앞에서 심판하시는 것을 가리키는

---

10 재앙을 선언한 입에서 동시에 구원이나 미래를 말할 수 없다는 입장은 계몽주의적 이상주의에 근거한 발상이다. 이러한 입장을 주장하는 학자들은 아모스서 안에 미래나 구원의 가능성을 말하고 있는 부분들을 대부분 후대(포로기나 포로기 이후)의 삽입으로 돌려버린다. 구약에 관한 한, 독일을 중심으로 한 역사비평학계의 대다수 학자들이 이러한 추세를 따른다. 아모스서의 경우 Wolff (*Amos*)와 Jeremias (*Amos*)가 대표적인 학자다. 그러나 같은 역사비평학적 방법을 사용하면서도 자료적인 근거를 갖고 이들의 주장을 논박하는 경우로는 Hayes, *Amos*, 220-21을 보라.

11 암 2:13; 3:3-5,12; 6:12.

것이다. 그러나 이 표현이 이스라엘이 강대국에 포로로 잡혀가 열국 가운데 "흩어지게" 되는 것을 가리킨다고 말하기에는 무리가 있는 것 같다. 왜냐하면 체질할 때 흔드는 것은 곡식을 흔들어 "흩어버리기" 위함이 아니기 때문이다. 체질하는 것은 알곡과 쭉정이, 알곡과 거친 돌멩이나 흙덩이를 갈라내기 위함이다. 아모스 9:9 하반부가 말하듯이 "돌멩이라도 땅에 떨어지지 않으리라"는 문구는 심판의 철저성으로 인해 악인들이 체 속에 갇혀 도망치지 못한다는 것을 묘사하는 회화적 표현이다. 따라서 본 절은 이스라엘이 심판을 받아 다른 나라의 포로가 되어 열국 중에 흩어지게 되는 것을 가리키는 것이 아니라[12] 돌멩이로 표현된 악인 하나라도 하나님의 심판의 체질 가운데서 피할 자가 없을 것이라는 말씀이다.[13]

"내일"은 없다!(암 9:10)

그러나 이스라엘에 임한 하나님의 심판과 재앙이 무차별적이며 전체적인 것은 아니다. 물론 아모스는 그분의 형벌을 묘사함에 있어서 매우 포괄적인 선언을 했다. 온 이스라엘이 고통당할 것이며, 피할 자가 하나도 없다는 선포였다. 그러나 그분이 주시하고 제거하려는 대상은 항상 한정되어 있다는 사실 역시 잊지 말아야 할 것이다. 악인의 멸망에 의인마저 포함시키는 그러한 무자비한 하나님이 아니시기 때문이다. 마지막 절(암 9:10)은 누가 하나님의 심판의 대상인가를 보여준다. 그것은 "모든 죄인"이라고 말한다. 본 단락의 앞부분에서 하나님이 범죄한 국가를 주목하시며 지면에

---

12 예. Paul, *Amos*, 286.

13 Gowan, "The Book of Amos," 424-25; Mays, *Amos*, 161-62 ("The primary point of the metaphor is catching the undesirable"); Hayes, *Amos*, 222.

서 제거해버리겠다고 하신 말씀을 우리가 기억한다면, 그리고 9:10에서도 하나님의 심판의 칼날이 임할 대상이 "모든 죄인"이라고 지명하고 있다는 사실을 기억한다면, 우리는 아모스서 전반에 흐르고 있는 하나님의 성품을 엿볼 수 있다. 그것은 그분이 "죄"를 미워하신다는 사실이다. 그것이 어떤 종류의 죄이든, 어떤 형태를 지닌 죄든 상관없다. 그것들이 종교적 위선이나, 사법적인 불의, 사업상의 속임수나 인권 유린, 성적 타락이나 차별 행위, 국가 간의 범죄 행위나 사회적 구조악, 영적 자만이나 육체적 학대 등 상관없이 하나님의 정의와 공의의 기준에서 벗어날 때 그분은 분노하시며 불타는 증오로써 그들을 보복하실 것이다. 그분은 거룩하시기 때문에 불의가 그분 앞에 설 수 없기 때문이다. 한마디로 요약한다면 하나님께 대한 저항과 그분의 말씀에 대한 무시와 배척은 용서받을 수 없는 죄이며, 누구도 그것으로 인한 치명적 결과를 피할 수 없을 것이다.

예언자 아모스가 가리키고 있는 "죄인"은 누구인가? 그는 "재앙이 우리를 사로잡지 아니할 것이다"라고 말하는 자들이다. 하나님의 말씀—아모스를 통해 전달된 심판의 말씀—을 우습게 여기거나 가볍게 여기는 자들이다. 그들이 "죄인들"이다. "사마리아의 정치가 안정되고, 벧엘의 성전이 수많은 사람들로 가득 차며, 이스라엘의 경제적 전망은 매우 밝고, 막강한 군사력은 국가 안보를 보장해주며, 우리의 자녀들은 건강하게 잘 자라는데, 종말은 웬 종말! 종말이 임한다고!" 이런 식으로 사람들은 아모스가 천기뿐만 아니라 세상 돌아가는 것도 읽을 줄도 모르는 무식한 자임에 틀림없다고 입을 모아 조롱하며 연민의 눈으로 쳐다보기까지 했다.

그들은 "하늘이 저처럼 푸른데 갑자기 홍수가 나서 온 지구를 쓸어버리겠다고?" "어제 뜬 해가 오늘 아침에도 떴는데 내일은 그 대신 유황불이 하늘에서 떨어진다고?" "저렇게 말하고 돌아다니는 저 사람은 정신병자거나 미치광이임에 틀림없을 거야!"라고 말하는 자들이었다. 누가 그렇게 말했던가? 노아 시대의 사람들이 아니었던가! 소돔과 고모라의 사람들이 아니었던가! 아모스 당시의 대다수의 이스라엘 종교 지도자들과 백성들이 아니었던가! 그렇다! 오늘날 대부분 그리스도인들도 여기 포함될지 모른다. 우리 가운데 "내일은 있을 거야", "태양은 내일 다시 뜬다"라고 말하는 자들이 있다면 아모스의 외침을 기억해야 할 것이다. "내일이 없을 수도 있다!" 그들은 이스라엘의 종말을 선언한 하나님의 말씀을 빈정대는 어투로 "재앙이 우리를 사로잡지 않을 것이다!"라고 일축한 것이다.

이스라엘은 하나님의 말씀을 다시금 귀담아 들어야 한다. "내 백성 가운데 '재앙이 우리를 사로잡지 아니할 것이다'라고 말하는 모든 죄인들은 칼에 맞아 죽을 것이다!"라는 말씀을. 이 선언은 다른 민족에게 하신 말씀이 아니다. 하나님은 심판 전야에 패역하고 반항적인 이스라엘을 아직도 "내 백성"이라 부르신다. 재산을 탕진하고 창녀와 놀아난 "그"를 가리켜 "내 아들"이라고 부르시던 "그 아버지"가 생각난다(눅 15:24). 심판의 마지막 순간에도 잠을 이루지 못하시며 이스라엘을 "내 백성"이라 부르시던 하나님께 이스라엘은 왜 그처럼 행동했을까? 아니, 오늘의 이스라엘인들도 그처럼 반복적으로 고집부리는 것은 아닌지! 누가 이스라엘인가? 당신은 알 것이다.

이스라엘을 향한 하나님의 심판 선고는 그대로 실행되었다. 사마리아의 최후의 날은 다가왔다. 기원전 722년! 우리는 북이스라엘의 멸망의 해를 기억한다. 이제 우리는 시간을 갖고 조용히 생각해보자. 아모스가 그처럼 목놓아 외쳤던 "그날"이 지난 후, 사방에 뿔뿔이 흩어져 살아야만 했던 "옛 북이스라엘인들"은 어떤 마음으로 아모스서를 읽고 있었을까? 북이스라엘의 불행한 역사를 타산지석으로 삼지 못한 어리석음을 범했던 남유다 사람들 역시 기원전 586년 이후 바빌로니아의 그발 강변에서 무슨 생각을 하면서 아모스서를 읽고 있었을까? 아니면 지금 이 글을 읽고 있는 여러분은 어떤 심정으로 아모스서를 읽고 있는가? 글쎄, 오직 하나님만이 아실 것이다!

제25강

이스라엘에게 미래가 있는가?

암 9:11-15

본 단락은 크게 두 부분으로 나뉜다. 9:11-12과 9:13-15이다. "시간을 알리는 도입구 양식들"—"그날에"(9:11)와 "보라, 날들이 오고 있다"(9:13)—이 소 단락을 열고 있다. 그러나 두 부분은 내용에 있어 같은 주제를 서로 다른 측면에서 묘사하고 있기 때문에 하나의 단락으로 취급한다. 전반부가 다윗 왕국의 회복에 관해 초점을 맞춘다면, 후반부는 회화적 묘사를 통해 하나님의 구원이 가져다줄 번영과 샬롬을 마치 에덴적인 사회처럼 그린다.

우리는 지금까지 길고도 어두운 밤을 지나왔다. 그리고 마지막으로 우리는 이스라엘에게 내려진 최후의 선언이 비참한 파멸이었다는 사실을 들었다. 막강한 외국 군대의 침공이나 자연재해에 의한 파멸이 아니라 그들이 하나님이라고 불렀던 바로 야웨에 의해 최후를 맞이하게 된 것이다. 심각한 독자들로서, 그리고 스스로를 영적 이스라엘이라고 생각하는 우리로서는 아연실색하지 않을 수 없다. 출애굽의 하나님이 자신의 "친(親) 백성"을 이렇게 끝내실 것인가? 우리는 다음과 같은 심각한 질문에 직면하지 않을 수 없다. 북이스라엘에게 미래가 있을까? 심판과 진멸은 이스라엘을 향한 하나님의 마지막 말씀인가? "죽음"이 이스라엘에게 선언된 최종적인 말씀인가?(참조. 창 50:26; 고전 15:55) 아모스서는 "칼과 피"로 끝을 맺어야만 하는가?

이와 같은 질문은 아모스서를 연구하는 학자들에게 매우 중요한 질문으로 남겨져 왔고, 대부분의 학자들은 한결같이 "예. 그렇습니다"라고 대답한다. 그들에 의하면 불행하게도(?) 아모스는 철저하게 재앙 선포의 예언자였다.[1] 정말 그럴까? 동시에 이러한 질문들은 아모스서를 지금까지 읽

---

1   이런 이유로 본 단락은 아모스서의 이차 자료로서의 후대 삽입이라 주장된다. 이제는 학계에서 명언이 된, Wellhausen(*Die Kleinen Propheten*, 69)의 "아모스 9:11-15은 '피와 철(鐵) 대신에 장미와 라벤더 꽃'(Rosen und Lavendal statt Blut und Eisen)이다"라는 말은 이러한 사

어왔던 우리에게도 무척이나 중대한 질문으로 다가온다. 단순히 상아탑 안에서 대답되는 질문만이 아니기 때문이다. 이에 대한 대답은 매우 실존적인 신앙의 문제와 직결되어 있다. 왜냐하면 이러한 질문들은 "하나님은 어떤 분이신가"라는 중대한 물음과 뗄 수 없는 관계를 맺고 있기 때문이다.

하나님의 회복 프로그램(암 9:11-12)

9:11 "그날에

내가 다윗의 쓰러진 초막을 일으킬 것이다.

내가 그 깨어진 틈들을 고치며

그 무너진 잔해들을 다시 일으키고

그것을 옛날처럼 다시 세울 것이다.

12 그들로 에돔의 남은 자와

내 이름으로 불리는 모든 나라들을 소유하게 할 것이다."

이 일을 행하시는 야웨의 말씀이다.

심판과 구원, 채찍과 싸맴, 징계와 용서, 죽음과 생명, 분열과 회복, 파괴와 건설, 뽑음과 심음, 이런 것들은 하나님의 창조세계의 일정한 패턴이라고 지혜자(코헬레트)는 일찍이 말하지 아니하였던가?(전 3: 1-8) 아모스서의 마지막 부분이 전혀 예기치 않은 회복과 미래의 약속으로 끝을 맺는 것은 결코 우연일 수 없다. 치신 분이 야웨 하나님이시라면 싸매실 분도 그분이시

상을 단적으로 표현하고 있다.

기 때문이다.[2]

아모스는 하나님께서 다윗의 무너진 초막을 일으키며 그 틈을 막고 그 퇴락한 것을 일으켜서 옛적과 같이 세우실 날이 올 것이라고 말한다. "그날"이 언제인가? 어떤 사람들이 생각하듯이, 그것은 단순히 종말론적 미래를 가리키는 말이 아니다. 이 용어는 하나님의 심판이 마쳐진 후의 날들을 가리킨다.[3] 죗값을 지불한 후에 은총이, 심판의 날이 지난 후에 회복의 때가 찾아온다는 말이다. 죄의 고백이 없는 용서, 징계가 없이 주어진 사죄는 "값싼 은총"(cheap grace)이라고 누군가 말하지 않았던가?[4]

하나님이 이스라엘을 심판하신 후에 이루실 일이 무엇인가? 그것은 "쓰러진 다윗의 초막"을 다시 일으켜 세우시겠다는 하나님의 결심이다. 이 구절이 정확히 무엇을 가리키는지에 관해 학자들 사이에 많은 논란이 있었다. 그 이유는 여러 가지 복잡한 해석상의 문제와 연관을 맺고 있기 때문이다. "다윗의 초막"이라 번역된 "수카트 다비드"(סֻכַּת דָּוִיד)라는 히브리어 표현은 구약성경에서 유일하게 이곳에만 사용되고 있다.[5] 쓰러진 다윗의 초막은 무엇을 가리키는 말일까? 다윗의 도시 즉 예루살렘을 가리키는 것일까? 다윗의 통치가 미치는 영역 전체를 가리키는 것일까? 다윗 계보의 왕국을 가리키는 것일까? 이상적 왕조의 출현 및 그 왕조에 의한 궁극적

---

2   참고로 화행 이론(Speech Act Theory)과 수사학을 암 9:7-15에 적용하면서, 이 단락이 단순히 후대의 삽입이 아니라 아모스 자신의 말이라고 주장하는 연구가 있다. Karl Moller, "Rehabilitation eines Propheten: Die Botschaft des Amos aus rhetorischer Perspektive unter besonderer Berucksichtigung von Am 9:7-15," *Europian Journal of Theology* 6 (1997): 41-55.

3   참조. Sang Hoon Park, *Eschatology in the Book of Amos*, 216-17을 보라.

4   나치 정권에 저항한 독일 고백교회의 목사이며 신학자인 Bonhoeffer의 저서 *Nachfolge*(영역은 *Cost of Discipleship*, 한글역은 『나를 따르라』[서울: 복있는사람], 29-51)에서 유래한 명구다.

5   사 16:5에 "다윗의 천막"에 대해 말하고는 있지만 다른 히브리어(천막, אֹהֶל, 오헬)가 사용되었다. 물론 삼하 6:17; 7:2과 삼하 11:11을 비교해보면 두 용어("초막"[수카]과 "천막"[오헬])가 서로 교체적으로 사용되었다는 사실을 알 수 있다.

통치를 가리키는 것일까? 종합해보건대, 아마 다윗 시대의 통치를 연상케 하는 은유적 표현이라고 보는 것이 가장 자연스러울 것이다.[6]

또 다른 해석의 문제는 "다윗의 초막"이 현재 남유다 왕국의 형편을 가리키는 지시어인지, 아니면 과거의 통일 왕국 시대를 가리키는 지시어인지에 관한 것이다. 이에 관한 대답은 "무너진 초막"이란 문구 중 "쓰러진" 혹은 "무너진"으로 번역되는 히브리어(הַנֹּפֶלֶת, 한노펠레트) 분사의 시제를 어떻게 취급하느냐에 달려 있다. 현재형으로 해석하는 학자는 아모스 당시에 남유다가 힘을 상실한 채 몰락해가고 있는 상태를 가리키는 것이라고 주장한다.[7] 한편 과거형으로 해석하는 학자들은 다시금 두 갈래로 나뉜다. 첫 번째 부류는 본문을 후대의 삽입(바빌로니아 포로기 이후)으로 보는 사람들의 견해로, 그들은 "쓰러진 다윗의 초막"을 기원전 586년 바빌로니아 제국에 의한 예루살렘의 함락을 가리키는 구절이라고 생각한다.[8] 두 번째 부류는 본 구절을 기원전 8세기 예언자 아모스의 말이라고 생각하면서 "쓰러진 다윗의 초막"이 다윗 왕국이 남북으로 갈라졌던 과거의 역사적 사실을 말하는 것으로 생각한다.[9] 물론 다윗 왕국이 쓰러졌지만 완전히 멸망

---

6   예. Wolff, *Amos*, 353 ("the city of David"); Mays, *Amos*, 164("the umbrella of David's rule"); E. Hammershaimb, *The Book of Amos*, 140("the Davidic dynasty or kingdom"); Cripps, *Amos*, 320("the ultimate reign of an ideal dynasty"); Hayes, *Amos*, 224("the rule or kingdom of the Davidic house reigning in Jerusalem"); Mowvley, *Amos*, 90("Jerusalem").

7   예. Hayes, *Amos*, 224. Hayes는 "쓰러지다"란 히브리어 분사를 현재형으로 이해한 후에, 아모스 당시의 남유다가 정치적으로 매우 불안하게 흔들거리던 역사적 상황들을 역사서의 자료를 중심으로 재구성한다.

8   예. Smith, *The Books of the Twelve Prophets*, 202; Harper, ICC, 195f.; Weiser, ADT, 202; Robinson, HAT, 107; Cripps, *Amos*, 167-77; Wolff, *Amos*, 352-53; U. Kellermann, "Der Amosschluss als Stimme deuteronomistischer Heilsoffnung," *EvT* 29 (1969): 169-93; Gowan, *The Book of Amos*, 427; Jeremias, *Amos*, 162,166.

9   예. Paul, *Amos*, 290; G. F. Hasel, *The Remnant: The History and Theology of the Remnant Idea from Genesis to Isaiah*, Andrews University Monograph Studies in Religion 5 (Berrien Springs, MI: Andrews University, 1972), 211. 본 단락이 아모스의 말이라고 주장하는 학자들도 그 근거를 서로 다른 곳에서 찾는다. Hayes(*Amos*, 223)는 다음과 같이 요약해준다. (1) 본 단락

한 것은 아니라는 것을 기억해둘 필요가 있다.

우리는 마지막 견해가 본문의 문맥상 가장 적합하다고 생각한다. 아모스가 꿈꾸고 있는 이상은 하나님께서 북이스라엘 왕국을 향한 심판을 내리신 이후에 다시금 이스라엘을 위한 회복 프로그램을 그리는 것이다. 즉 다윗 당시의 황금시대로 회복되어 통일 왕국을 이루겠다는 하나님의 계획, 다시 말해서 이스라엘을 위한 그분의 장엄한 "회복 프로그램"말이다.[10] 이스라엘의 오대 절기 중 "초막절"이 있다. 레위기 16장에 기록된

___

이 아모스 예언자가 벧엘에서 추방당한 후 유다에 있을 때 구성된 부분이라는 주장이다(예. Gordis, "Studies in the Book of Amos," 249-53; Watts, *Vision and Prophecy in Amos*, 48-50); (2) 본 단락은 언약 갱신 예식에 근거를 둔 일반적인 예언자적 메시지의 한 예다(H. G. Reventlow, *Das Amt des Propheten bei Amos*, 90-110); (3) 본 단락은 고대 다윗 왕국 이념을 반영하고 있다(A. Carlson, "Profeten Amos och Davidsriket," *RelBib* 25 [1966]: 57-78; J. Mauchline, "Implicit Signs of a Persistent Belief in the Davidic Empire," *VT* 20 [1970]: 287-303); (4) 여로보암 2세의 통치에 대한 비판으로 본 단락을 이해한다(K. Seybold, *Das davidische Königtum im Zeugnis der Propheten*, FRLANT 107 [Göttingen: Vandenhoeck & Ruprecht, 1972], 17-19, 60-67); (5) 여로보암 정권에 대한 반란을 조장하기 위함이다 (S. Yeivin, *World History of the Jewish People* 4/1, 164-65); (6) 낙관적인 단락들은 예언자 내면에 상존하고 있는 심리적·신학적 긴장을 반영하고 있다(V. Maag, *Text, Wortschatz und Begriffswelt des Buches Amos* [Leiden: Brill, 1951], 246-51; E. Hammershaimb, *The Book of Amos*, 135-39).

10 김정준 교수(『정의의 예언자』, 395-408)는 본 단락이 아모스의 조국 통일 사상과 밀접한 관계가 있다고 전제하면서 본 단락의 정통성을 주장한다. 그의 주장이 흥미롭고 관심을 끄는 이유는 그를 포함해 분단 조국의 현실을 경험하고 있는 우리가 본 단락(다윗 왕국의 회복)의 신빙성과 중요성을 서양 학자들(특히 본문의 신빙성을 의심하는 학자들)보다 더욱 잘 이해할 수 있을 것이라고 주장하는 데 있다(특히, 425-26을 보라). 그는 암 9:11-15에 대한 강론 제목을 "조국 통일의 꿈"으로 붙이고 있다. 그의 말의 일부분을 들어보자. "필자는 우리나라가 남북으로 분단된 역사적 실정에서 조국 통일의 염원에서 볼 때, 아모스도 분단된 조국을 가진 사람으로서…같은 역사, 같은 언어, 같은 신앙 전통을 가졌기 때문에 남과 북으로 갈라진 정치적 사건을 민족 양심으로나 야웨 신앙으로는 결코 어느 하나만이 선민이라 내세울 수는 없다.…그러므로 서구의 주석가들이 아모스 예언의 문학적인 문제를 지나치게 문학비평의 원칙에만 집착한 나머지 예언자 자신이 분단된 나라의 역사적 사정 아래 민족 통일 의식을 그의 신앙과 신학 속에 가지고 있었다는 것을 보지 못함은 그들 해석의 약점을 드러내는 것이다"(425쪽). 한편 본 단락이 아모스 자신의 말임을 주장하는 Shalom Paul(*Amos*, 288ff.) 역시 본문이 남북 왕조의 통일을 이상으로 삼는 다윗 왕조의 재건을 가리킨다고 말한다. 그가 다윗 왕국의 실질적 실현을 소망하는 유대인 주석가라는 점에서—이것은 나의 추측이다—김정준의 입장

"대속죄일"("욤 키푸르")이 지난 지 닷새 후부터 시작되는 절기로서 지금의 10월 중순에 해당한다.[11] 초막절은 무엇을 기념하기 위한 절기던가? 이스라엘이 이집트에서 나와 가나안 땅을 얻기 전까지 광야에서 생활하던 기간을 회상하기 위한 절기였다(레 23:43). 이스라엘인들은 초막절을 지키는 칠일 동안 종려나무와 같은 나뭇가지와 잎새로 초막을 지어 그 안에서 생활했다. 또한 그들은 예식에 참여하는 자녀들에게 조상들의 광야 역사를 다시 이야기해줌으로써, 하나님께서 그들을 어떻게 보호하시고 인도하셨는가를 깊이 회상하고 기억하는 시간으로 삼았다. "초막"(סֻכָּה, 수카)은 이처럼 이스라엘의 위험천만했던 삶의 실존을 가리키는 동시에 하나님의 보호하심을 경험하는 기간을 연상케 하는 상징물이기도 하다. 따라서 예언자 아모스가 "다윗의 초막"이라고 부른 것은 결코 우연이 아니다. 그것은 옛 이스라엘이 홍해에서 죽음의 심판을 은혜로 통과하여 새로운 하나님의 백성으로 탄생했고, 광야에 사는 동안 적대적 환경 아래서도 하나님의 은총과 보호하심으로 생존할 수 있었던 것처럼, 아모스가 다윗의 초막을 언급하면서 하고자 하는 말은 이스라엘이 비록 하나님의 심판의 형벌 아래 죽지만 그 가운데서 남은 자를 통해 새로운 미래를 열어주시겠다는 것이다. 그것은 비록 그들이 연약하고 쓰러지는 듯한 초막 같지만, 그리고 그들이 처하게 될 환경이 비우호적이고 적대적인 광야라 할지라도 하나님의 보호하심 아래서 새롭고 찬란한 왕국을 재건할 것이라는 약속이다.

초막을 일으켜 세워 위대한 왕국을 회복하시겠다는 하나님의 약속은 예기치 못한 은총이자 파격적인 선물이기도 하다. 계획과 실행의 이니셔티브는 전적으로 하나님 자신일 것이다. 역시 구원은 전적으로 하나님으

과 여러 면에서 유사성과 평행선을 보여주는 듯하다.
11   레 23:33-43; 민 29:12-40; 신 16:13-15을 보라.

로부터 온다는 사실을 다시금 생각하게 된다. 그분의 회복 프로그램은 다시 세 부분으로 구성되어 있다. 즉 아모스는 다윗의 무너진 초막을 세우는 일을 세 가지 측면에서 자세하게 확대 설명한다. (1) 내가 "그것들의" 깨어진 틈들을 고치고, (2) 내가 "그의" 무너진 잔해들을 다시 일으키며, (3) 내가 "그것을" 옛날처럼—마치 다윗 왕국의 이상적 시대를 회상하는 듯한(미 7:14)[12]—다시 세우겠다는 것이다. 여기 사용된 "그것들의"(3인칭 여성 복수형), "그의"(3인칭 남성 단수형), "그것을"(3인칭 여성 단수형)이 동일한 것을 가리키는 대명사들(접미형)인지, 아니면 각각 다른 것들을 가리키는 대명사들인지에 관한 많은 논란이 주석가들 사이에 있다. 대명사들의 선행사로 여겨지는 "초막"이 여성 단수 명사이기 때문에 대명사들과 성과 수가 일치하지 않는다. 이러한 불일치성 때문에 해석상의 문제가 발생한다.[13] 그러나 아모스가 말하는 다윗의 "초막"은 집단적 단체를 가리키는 은유적 표현으로 볼 수 있기 때문에, 여성 단수형 "초막"은 첫 번째 접미형 대명사(3인칭 여성 복수형)가 보여주듯이 집단적 복수형으로 표현될 수 있다.[14] 한편 두 번째 접미형 대명사(3인칭 남성 단수형)는 어려움 없이 "다윗의 초막"에서 다윗을 가리키고, 마지막 대명사(3인칭 여성 단수형)는 자연스럽게 "초막"을 가리킨다.

다윗 집에 대한 아모스의 호의적인 태도는 단순히 그가 남유다 사람

---

12   예. Mays, *Amos,* 164; Paul, *Amos,* 290-91; Niehaus, "Amos," 491.

13   (1) 내가 "그것들의"(their) 깨어진 틈들을 고치며, (2) 내가 "그의"(his) 무너진 잔해들을 다시 일으키고, (3) 내가 "그것을"(it) 옛날처럼 다시 세우겠다는 약속에서 세 가지 대명사가 각각 무엇을 가리키는지에 관한 자세한 문법적인 논의는 다음을 보라. J. D. Nogalski, "The Problematic Suffixes of Amos IX 11," *VT* 43 (1993): 411-18; idem, *Literary Precursors to the Book of the Twelve,* BZAW 217 (Berlin: de Gruyter, 1993), 106; Park, *Eschatology in the Book of Amos,* 197-201. 한편 대부분의 주석가들과 달리 Hayes(*Amos,* 225)는 이러한 상이한 대명사 사용의 중요성을 지적하면서, 각각의 대명사가 지시한다고 믿는 특정한 역사적 상황을 재구성해 본문 해석을 시도한다.

14   예. 창 30:43; 삼상 25:18; 민 27:17. *GKC,* §132g, §145c을 보라.

이었기 때문에 기인한 것으로 보면 안 된다. 즉 그것은 다윗 가문에 대한 호의적 편견에서 출발한 것이 아니다.[15] 하나님의 예언자는 좁은 의미에서 편협한 민족주의자가 아니다. 그가 진정한 의미에서 민족주의자라면 그에게는 통일된 민족으로서의 "이스라엘"에 대한 희망만 있을 뿐이다. 다윗 집에 대한 언급은 정치적으로 갈린 남유다 왕국을 가리키는 표현이 아니라 통일된 이스라엘, 즉 옛적 다윗 시대처럼 하나의 국가로 존재하면서 번영과 축복을 누리는 것을 보여주는 청사진이다. 다윗에게 약속된 언약의 내용(삼상 7장)은 하나의 통일된 이스라엘 왕국이었다. 따라서 아모스는 단순히 한 국가에 종속된 국가 신학의 주창자가 아니라 하나님의 메신저였다는 사실을 기억할 필요가 있다.

그러나 좀 더 정확하게 말하자면, 이스라엘 역사에서 황금기라 불릴 수 있는 다윗-솔로몬 시대의 "다윗 왕국"의 재현은 아모스의 개인적 희망이나 소원에서 출발한 것이 아니라 하나님 자신에게서 출발했다는 사실을 기억할 필요가 있다. 그분의 가슴 속에는 남과 북으로, 이데올로기에 의해서나 정치적 이념과 종교적 헤게모니에 의해 나뉜 두 나라가 있을 수 없다. 남북이 모두 그분의 나라들로 남아 있을 뿐이다. 우리는 마치 집에 있는 큰 아들이나 집을 떠났던 둘째 아들이나 모두 자신의 아들임을 고통스럽게 경험하던 그 아버지를 연상하게 된다(눅 15: 11-32). 하나님께는 두 아들 모두 자신의 아들일 뿐이며 두 나라 모두 자신의 나라일 뿐이다. 따라서 북이스라엘의 심판 후에 영화롭던 옛 다윗 왕국의 재건을 말씀하시는 것은 하나님의 부성적 바람의 표현이다. 나뉘지 않은 상태로 모두 한 집에서 한 식탁에 둘러앉아 한 아버지를 모시고 살 수 있다면, 이것이야말로 진정한 의

---

15 von Rad는 아모스가 남유다 사람으로서 친다윗적 성향을 보이고 있다고 주장한다. von Rad, *Old Testament Theology*, Vol. II, 138.

미에서 회복이고, 구원이며, 샬롬이 아니겠는가!

　다윗 왕국의 재현이라는 약속은 전 세계적이고 좀 더 가시적인 표현을 포함한다. 그것은 하나님의 회복 프로그램 속에 "에돔의 남은 자"와 "열국의 남은 자들"을 포함하는 일이다(암 9:12). 물론 에돔에 대한 언급은 갑작스러워 보인다.[16] 왜 많은 열국 중 유일하게 에돔을 지적하는 것일까? 하나님의 백성을 향한 적대감이 유별나게 강했기 때문인가? 그리고 에돔의 "남은 것"은 영토를 가리키는 것일까 아니면 에돔 사람들을 가리키는 것일까? 그리고 "열국의 남은 자"[17]는 누구인가? 아모스 9:12의 주어인 "저희들" 혹은 "그들"은 누구인가? 누가 이러한 남은 자들을 소유한단 말인가? 이스라엘인들인가? 아니면 장차 등장할 미래의 다윗 왕조의 통치자들인가? 아니면 이스라엘의 남은 자들을 포함한 새로운 "이스라엘"인가? 아니면 아무런 의미 없이 사용되는 비인칭 주어로서 "그들"인가?

　에돔과 열국에 대한 언급은 이스라엘의 가장 가까운 나라에서 가장

16　70인역(LXX)과 신약성경(행 15:17)은 마소라 원문의 "에돔"(אֱדוֹם)을 "사람"(ἄνθρωπος = אָדָם, 아담)으로 읽는다. "이후에 내가 돌아와서 다윗의 무너진 장막을 다시 지으며 또 그 퇴락한 것을 다시 지어 일으키리니 이는 그 남은 '사람들'(ἄνθρωπος)과 내 이름으로 일컬음을 받는 모든 이방인들로 주를 찾게 하려 함이니라"(행 15:16-17). 70인역과 마소라 본문 간의 문제에 대해서는 다음을 보라. W. C. Kaiser, Jr., "The Davidic Promise and the Inclusion of the Gentiles(Amos 9:9-15 and Acts 15:13-18): A Test Passage for Theological Systems," *JETS* 20 (1977): 97-111; idem, *The Uses of the Old Testament in the New* (Chicago: Moody, 1985), 182-94; M. A. Braun, "James' Use of Amos at the Jerusalem Council: Steps Toward a Possible Solution of the Textual and Theological Problems," *JETS* 20 (1977): 113-21; D. M. King, "The Use of Amos 9:11-12 in Acts 15:16-18," *ATJ* 21 (1989): 8-13. 아모스서의 용어를 자신의 보편주의적 시각에 맞추어 변경하고 있는 누가의 입장에 관해서는 Ben Witherington III, *The Acts of the Apostles: A Socio-Rhetorical Commentary* (Grand Rapids: Eerdmans, 1998), 457-60을 보라. Bruce는 아모스서의 히브리 본문(MT)에 대한 70인역의 "영해"(spiritualization)라고 부른다. F. F. Bruce, *The Book of Acts*, NICNT (Grand Rapids: Eerdmans, 1988), 294을 참조하라.

17　"열국" 대신에 "열국의 남은 자"라고 번역한 구문법적 이유에 대해서는 Andersen, Freedman, *Amos*, 890을 보라.

먼 나라에 이르기까지 모든 사람과 민족을 통칭하는 "양극 대칭식 표현"이다. 에돔은 하나님 나라를 대적하는 세상의 적대적 세력을 집약적으로 표현한 상징적 표현일 수도 있다.[18] 열국들 역시 하나님의 다스림에 반하여 자신들의 세력과 힘으로 살아가는 집단들이었다. 그러나 에돔의 남은 자와 만국의 남은 자들, 즉 하나님의 이름을 부르는 모든 남은 자들이 다윗 왕국의 우산 아래 모이게 될 것이다. 그들 역시 하나님의 축복을 향유할 수 있는 특권을 누리게 될 것이다. 다시금 아모스는 "남은 자"에 대한 하나님의 은총을 강조하고 있다. 아모스 9:12에 나오는 에돔의 남은 자와 만국의 남은 자들이 이스라엘의 남은 자들의 소유가 된다는 말은 부정적인 의미라기보다는 이스라엘의 남은 자들에게 주어진 하나님의 놀라운 축복을 강조하는 동시에 이방 민족 가운데서 남은 자가 누리게 될 축복을 간접적으로 가리킨다.

누구를 위한 회복인가?

누구를 위한 회복인가? 하나님의 장엄하신 회복 프로그램의 수혜자는 누구인가? "남은 자"를 위한 것이다. 그들은 심판 가운데서도, 환난과 비탄의 날 가운데서도 끝까지 하나님을 신실하게 따른 자들이다. 그들은 자신들이 살고 있었던 세상과 사회의 가치관에 대항해가면서, 그리고 그러한 삶의 방식 때문에 박해와 조롱을 받아가면서도 하나님이 보여주신 세계관을 포기하지 않고 끝까지 추구했던 신실한 사람들이다. 그들은 아모스가

---

18 예. Smith, *Amos*, 281-82; J. A. Motyer, *The Day of the Lion: The Message of Amos*, The Bible Speaks Today Series (Downers Grove: InterVarsity Press, 1974), 204. 70인역("사람"으로 번역)과 신약(행전 15:17)의 이해가 그렇다.

지적한 악인들, 죄인들, 오만방자한 사람들과는 전혀 다른 소수의 사람들이었다. 악인의 꾀를 따르지 아니하고 죄인의 길에 서지 아니하며 오만한 자의 자리에 앉지 않았던 사람들이었다(시 1:1). 그들은 야웨의 규례를 지키는 겸허하고 가난한 자들이었으며, 공의와 겸손을 추구하던 자들이었다(참조. 습 2:3). 하나님은 바로 이러한 자들을 위해 심판 이후에 새로운 미래를 약속하신 것이다. 따라서 우리는 징계를 위한 징계나 형벌을 위한 형벌이 결코 예언자들의 이상이 아니라 심판 뒤에 있을 미래의 구원이 그들의 최종적 이상이었다는 사실을 기억해야 한다. 그리고 이러한 구원이 특별히 "남은 자"를 위한 것이라는 사실을 잊지 말아야 할 것이다. 이 점에 관한 샬롬 폴의 말은 경청할 만하다.

> 예언자의 채찍과 징계는 미래의 회복 시기를 향한 전이적(轉移的) 단계를 의미한다. 이 미래의 회복의 때는 모든 사람을 위한 것이 아니라, 최소한 심판으로부터 살아 생존한 "남은 자"를 위한 때다. 앞 단락이 "겨로부터 알곡을" 걸러내는 것을 묘사하고 있기 때문에, 이제 축복과 구원에 대한 일련의 무조건적 약속들이 이어지는 것이다. 즉 칼에 의해 멸망하지 않을 자들의 행복한 미래를 그려주고 있는 문학적 장르의 특성들을 망라하는 약속들이다. 아모스는 자신의 약속들을 더 이상 5:15의 "혹시"에 의존하지 않는다. 왜냐하면 본 단락의 예언이 주어지는 대상은 하나님의 심판의 징벌과 환난의 때를 견디고 살아남은 자들이기 때문이다. 회복은 남은 자로부터 출발한다.[19]

---

19   Paul, *Amos*, 289.

회복은 하나님의 은총이라!

회복은 남은 자를 위한 하나님의 은총의 행위다. "예언자가 앞을 내다볼 수 있는 그 어떠한 미래의 희망도 없는 상태 속에서 하나님의 심판을 견디어 낸 신실한 남은 자들을 그저 내버려두었을 것이라고는 도저히 생각할 수 없다."[20] 본 단락은 이처럼 "남은 자"에게 베푸시는 하나님의 무한한 사랑과 은총의 선물을 묘사한다. 그러나 기억해야 한다. 하나님의 회복과 경이로운 축복은 결코 남은 자들의 신실한 행위에 대한 보상이 아니라는 사실을 말이다. 본 단락에서 누누이 강조하고 있는 것은 심판 뒤에, 다시 말해서 아무것도 기대할 수 없는 절망 속에서 새로운 이니셔티브를 시작하시는 분이 하나님 자신이라는 선언이다. 이것이야말로 진정한 의미에서 "무로부터의 창조"가 아니고 무엇이겠는가? 이런 하나님을 우리가 고백하는 것이 아닌가? 아니 이것이 "하늘과 땅을 창조하신 하나님을 믿습니다"라고 고백하는 진정한 의미가 아니고 무엇이겠는가? 그렇다! 오히려 남은 자를 남겨놓았다는 사실 자체가 하나님의 은총의 실체다. 남은 자의 생존 자체는 하나님에게는 죽음과 심판이 "최종적 언어"가 아니라는 것을 강렬하게 보여주는 "살아 있는 증거물들"이기도 하다. 이러한 위대한 일을 행하시는 분은 누구인가? "야웨"라고 불리는 하나님이시다! 그분이 말씀하신다. 그분의 말씀은 반드시 이루어질 것이다!

---

20 Park, *Eschatology in the Book of Amos*, 183. 박상훈은 자신의 학위 논문에서 논리적으로 "회복 개념"은 "남은 자 개념"에서 시작할 수밖에 없다고 주장한다("The logical conclusion to the prophet's teaching on the remnant necessitates a time of future blessing for those who survive God's judgment"(183). 그의 아모스서 이해는 세 가지 모티프를 중심으로 한 주제적 독서 방법에 기초하고 있다. (1) 심판 모티프(암 5:18-20), (2) 남은 자 모티프(암 5:14-15), (3) 회복 모티프(암 9:11-15).

그날이 오면(암 9:13-15)

9:13 "보라, 날들이 오고 있다!"

  - 야웨의 말씀이다. -

"밭가는 자가 곡식 베는 자의 뒤를 이으며 포도를 밟는 자가 씨 뿌리는 자의 뒤를 이으며 산들은 단 포도주를 흘리며 작은 언덕들이 단 포도주로 적시리라.

14 내가 내 백성 이스라엘의 행운을 회복하리니[21] 그들이 황무한 성읍을 건축하고 거하며 포도원들을 심고 그 포도주를 마시며 과원들을 만들고 그 열매들을 먹을 것이다.

15 내가 그들을 그 본토에 심으리니 그들이 내가 그들에게 준 땅에서 다시는 뽑히지 아니할 것이다." 너의 하나님 야웨의 말씀이다.

아모스서의 마지막 단락은 찬란하고 영화로운 미래를 그리고 있다. 불행과 재앙이 하나님의 마지막 말씀이 아니라 회복과 구원, 번영과 평화가 그분의 마지막 말씀이라는 것은 우리에게 큰 소망을 준다. 그것은 "샬롬"이라는 포괄적 용어 속에 담을 수 있는 하나님의 약속이다. 매우 목가적인 풍

---

21 히브리어 원문 וְשַׁבְתִּי אֶת־שְׁבוּת עַמִּי יִשְׂרָאֵל에 대해 개역개정은 "내가 내 백성 이스라엘의 사로잡힌 것을 돌이킬 것이다"로 번역하고 있으나, שׁוּב שְׁבוּת라는 히브리어 표현은 "이전 상태로 복원되는 것"을 의미한다. 예를 들어 억울한 누명으로 권리를 박탈당한 사람이 정당한 판결로 복권되는 것, 즉 권리의 회복이나 정죄 받았던 자들이 명예를 회복된다는 의미다(예. 호 6:11; 습 2:7; 욥 42:10). 이 표현구에 관한 중요한 연구들로는 다음을 보라. E. L. Dietrich, שׁוּב שְׁבוּת, *Die endzeitliche Wiederherstellung bei den Propheten*, BZAW 40 (Giessen: T"pelmann, 1925); W. L. Holladay, *The Root Subh in the Old Testament, with Particular Reference to Its Usages in Covenantal Context* (Leiden: E. J. Brill, 1953); J. M. Bracke, "Šûb Šᵉbût: A Reappraisal," *ZAW* 97 (1985): 233-444; I. Willi-Plein, "Šwb Šbwt - eine Widererwägung," *Zeitschrift für Althebräistik* 4 (1991): 55-71.

경을 그리고 있는 본 단락(암 9:13-15)은 에덴의 상태를 연상시킨다. 아모스는 종말론적 문구처럼 들리는 "날들이 오고 있다"는 선언으로써 샬롬의 시대를 열고 있다. 그 시대에는 밭을 갈고, 추수하며, 포도 틀을 밟고, 파종하는 일들이 쉴 새 없이 계속된다. 넘치는 수확으로 인해 온 나라가 신선한 포도주로 흠뻑 적셔지게 될 것이다. 예언자 아모스는 과장법을 통해 신의 풍요로운 축복을 시적으로 그리고 있다. 다음과 같은 시형적 배열은 의미의 파악을 훨씬 용이하게 한다.

밭 가는 자가 곡식 베는 자의 뒤를 이으며(암 9:13Ba)
　　포도를 밟는 자가 씨 뿌리는 자의 뒤를 이으며(9:13Bb)
　산들은 단 포도주를 흘리며(9:13Ca)
　　작은 언덕들이 단 포도주로 적시리라(9:13Cb).[22]

다음 추수를 시작하기 전에 아직 이번 추수를 마치지 못할 정도다. 엄청난 풍작이다. 가을이 되면 포도를 따서 커다란 틀 속에 붓고 그 안에 들어가 사람들이 노래하며 포도를 밟는다. 풍성한 포도즙을 얻기 위함이다. 그런 작업을 시작한 지가 언젠데 벌써 씨 뿌릴 봄이 돌아온다. 산들이 신선한 포도주를 흘리며, 작은 언덕들이 단 포도주로 흠뻑 적셔지게 될 것이다.

이러한 번영과 풍요보다 더욱 감동적인 장면이 그다음 절(암 9:14-15)

22　Paul(*Amos*, 294)은 본 시의 구조를 ABB′A′형의 대칭 구조(chiasm)로 이해한다(9:13Ba // 9:13Ca, 13Bb // 9:13Cb). 대칭 구조에 근거해서 9:13Cb는 "작은 산들이 곡식들로 넘칠 것이다"라고 번역한다. 9:13Cb에 상응하는 9:13Bb가 곡식에 관한 내용을 담고 있기 때문이다. 그러나 본 시는 ABA′B′(교차 대구, alternating pattern)로 읽혀야 한다. 특히 "산"(암 9:13Ba) 과 "작은 언덕"(암 9:13Bb)은 구약성경에서 한 쌍으로 여러 번 나온다(예. 신 35:15; 사 30:17; 41:15; 54:10; 렘 4:24; 욜 4:18; 미 6:1; 나 1:5; 합 3:6; 시 114:4, 6; 잠 8:25; 아 2:8; 4:6).

에 묘사된다. 이스라엘이 이전에 잃어버린 행운들을 하나님께서 회복시켜주시겠다고 약속하는 장면이다. 개역개정에 "내 백성 이스라엘의 사로잡힌 것을 돌이키시리라"고 번역된 히브리어 원문은 "내 백성 이스라엘의 행운들을 회복시킬 것이다"로 번역된다. 이는 포로로 잡혀갔던 곳에서 고국으로 귀환한다는 말이 아니다. 이스라엘의 불행을 되돌려 전화위복으로 만들겠다는 하나님의 의지 표명이다. 이스라엘은 잃어버린 옛적 관계를 회복하게 될 것이다. 상실한 모든 것들을 다시 얻게 될 것이다. "하나님 야웨께서는 당신의 자비하심 때문에 분노로(암 5:11) 몰수했던 모든 혜택을 다시 당신의 백성에게 되돌려주신다. 그분은 옛 열조에게서와 같이 당신 백성에게 조국을 되돌려주시며, 다시는 더 그 땅을 빼앗지 않을 것이다."[23] 하나님께서 돌려주시기 때문이다. 하나님께서 친히 이니셔티브를 취하시고 그들의 비참한 운명을 백팔십도 뒤바꿔놓으실 것이다. "운명의 반전"(reversal of fortune)은 전적으로 하나님의 이니셔티브에 의존할 것이다.

살아 숨 쉬는 마을이 눈에 들어온다. 폐허가 된 성읍들 안에서 연장 소리들이 들린다. 부서진 지붕들, 내려앉은 다리들, 짓밟힌 농장들, 쓰러진 오두막들, 허물어진 담들, 인적이 끊긴 거리들, 버려진 가옥들, 이것들은 더 이상 오늘의 모습이 아니다. 사람들의 왕래가 잦아지고, 생기발랄한 젊은 이들이 삼삼오오 일터로 나간다. 목수들, 미장이들, 건축자들, 선생들, 상인들, 농부들이 모두 마을을 새롭게 단장한다. 떠났던 새들이 마을 뒷동산에 다시 돌아오고, 들녘은 온통 푸르러진다. 오랫동안 버려진 들판에 밭을 가는 농부들이 보이기 시작한다. 철조망들이 포도밭에 다시금 쳐지고, 새로운 포도나무들을 심는다. 사방에서 흥겨운 노랫소리가 들리고, 사람들의 얼굴에는 생기가 돈다. 남녀노소 할 것 없이 모두가 기쁨에 겨워한다. 그들

---

23   서인석, 『하느님의 정의와 분노: 예언자 아모스』(왜관: 분도출판사, 1982), 227.

은 노래할 이유가, 즐거워해야 할 이유가 충분히 있기 때문이다. 그들을 나의 백성이라 부르시는 그들의 하나님이 계시기 때문이다. 더 이상 고향과 조국을 떠나야 할 이유가 없기 때문이다. 그들이 새로운 마음으로, 기쁨의 눈물로 포도나무를 자신들의 밭에 심듯이, 하나님이 자기 백성인 이스라엘을 자신의 밭에 심고 계시기 때문이다. 그분은 아마 눈물을 흘리면서 그들을 심고 계시는지도 모른다. 그분은 결심하신다. "내가 저희를 그 본토에 심으리니 저희가 나의 준 땅에서 다시 뽑히지 아니하리라!"

아모스서의 마지막 문구는 하나님의 최종적인 말씀으로 끝을 맺고 있다. "네 하나님 야웨께서 말씀하시니라." 시온에서 부르짖던 그 사자(암 1:2)가 이제 마지막에 "위대한 사자"(Lion King)로 변한 것이다. 위대한 왕, 자비로운 사자 "아슬란"(Aslan)으로 변하신 것이다.[24] 위대한 사자이신 그분 앞에 온 천하 만물이 엎드리어 경배와 찬양을 돌릴 것이다. 사도 요한은 자신의 마지막 책인 요한계시록에서 가장 순수하고 영광스러운 예배에 관해 묘사한 일이 있다. 하늘의 문이 열리고 그 사이로 보좌가 보였는데(계 4장) 하나님께서 보좌에 좌정하시고 스물네 명의 장로와 네 생물들이 둘러서 있었다. 그들은 보좌에 앉으신 분을 향해 끊임없는 찬양과 영광을 돌리고 있었다. 사도 요한은 이러한 광경 안에서 하나님의 손안에 인봉된 두루마리가 있는 것을 보게 된다. 천상천하에 그 인봉된 두루마리를 열 자가 아무도 없었다. 역사의 비밀들을 담고 있는 두루마리를 열 자가 없음을 보고 사도 요한은 마침내 울음을 터뜨린다. 인간 역사 가운데 하나님의 목적을 성취할 자가 아무도 없었기 때문이었다. 그때 스물네 명의 장로 중 한 명이 요한을 위로하며 "울지 말라! '보라! 다윗의 '뿌리', 유다 지파의 '사

---

24 영국의 문호이며 기독교 작가인 C. S. Lewis의 7권으로 된 작품인 나니아 연대기(*The Chronicles of Narnia*)에 등장하는 위대한 사자 "아슬란"이다. 특히 제2권 『사자와 마녀와 옷장』을 보라.

자'(Lion)가 승리하셨도다! 그가 두루마리와 일곱 인을 뗄 수 있으리라!"(계 5:5)고 말한다.[25]

"악한 자"의 계략을 쳐부수시고, 인간의 죄악으로 오염된 세상을 심판하시며, 은혜와 진리로 자신의 왕국을 새롭게 하시는 위대한 왕 야웨 하나님은 자신의 아들 예수 그리스도를 통해 궁극적인 승리를 쟁취하실 것이다. 스스로를 "죽음"에 내어놓음으로써, 죽음을 이기신 위대한 왕, 위대한 사자(The Great Lion King)는 지금 천상의 보좌에서 다시금 우렁차게 포효하고 계신다. 우리의 위대한 왕, 그분에게 영광과 존귀와 권세가 영원히 있을지어다![26]

---

25   "유다 지파의 사자"는 창 49:9에, "다윗의 뿌리"는 사 11:1, 10에 근거하고 있는 명칭들이다.

26   참조. Daniel Timmer, "Amos 9 and Jesus Christ's Kingship," *Puritan Reformed Journal* 9/1 (2017) 15-26.

아모스서 사역(私訳)

아래 아모스 한글 본문은 히브리어 원문(BHS)을 내가 직접 번역한 것이다. 나는 아모스서를 통일된 하나의 작품으로 읽기 위해 독자들에게 한자리에 앉아서 처음부터 마지막까지 단숨에 아모스서를 읽을 것을 권한다. 본문을 현재처럼 배열한 것은 의도적이다. 아모스서의 경우 상당 부분이 시문 형태로 이루어져 있다. 물론 히브리어의 경우 시문 형태와 산문체 사이의 구별이 분명치 않다는 사실을 기억하면서, 가능한 한 시처럼 읽혀야 할 부분은 시형으로 배열했다. 시형일 경우 히브리 시의 특징인 "평행법"(대부분 한 시행이 두 부분으로 구성되어 있고 두 부분 사이에는 내용상 반복과 대조가 일정하게 나타나는 현상)을 염두에 두고 배열했다. 참고로 시형 본문에서 오른쪽으로 들여 쓴 줄은 그 앞에 왼쪽으로 나온 줄과 하나의 시행을 이룬다(암 1:2을 보라).

1장

1   유다 왕 웃시야의 시대 곧 이스라엘 왕 요아스의 아들 여로보암의 시대에 발생한 지진 이년 전에 드고아 출신 목자 중 아모스가 이스라엘에 대하여 본 환상 가운데 받은 말씀이다.

2   그가 말하기를,

"야웨께서 시온에서부터 부르짖으시며

　　예루살렘에서부터 소리를 발하시니

목자의 초장이 시들고

　　갈멜산 꼭대기가 마를 것이다."

3   야웨께서 다음과 같이 말씀하신다.

"다메섹의 세 가지 죄들 때문에

　　네 가지 죄들 때문에 내가 '심판 결정'을 철회하지 아니할 것이다.

저희가 철 타작기를 가지고

　　길르앗을 압박하였기 때문이다.

4   내가 하사엘의 집에 불을 보낼 것이며

　　벤하닷의 요새들을 불태워 삼킬 것이다.

5   내가 다메섹의 성문 빗장을 부서뜨릴 것이며

　　내가 아웬 골짜기에 앉아 있는 왕을 죽일 것이며

벤 에덴에서 왕권(지휘봉)을 잡은 자를 멸절할 것이다.

　　그러므로 아람 백성이 키르에 사로잡혀 갈 것이다."

　　　　　　　　　　　　　　　　　　　　　　　－ 야웨께서 말씀하셨다. －

6   야웨께서 다음과 같이 말씀하신다.

"가사의 세 가지 죄들 때문에

　　네 가지 죄들 때문에 내가 '심판 결정'을 철회하지 아니할 것이다.

그들이 포로 된 모든 자들을 끌어다가

　　에돔에 팔아넘겼기 때문이다.

7   그러므로 내가 가사의 성벽들에 불을 보낼 것이며

　　그 요새들을 불태워 삼킬 것이다.

8   내가 아스돗의 왕을 끊을 것이며

아스글론에서 홀 잡은 자를 끊을 것이다.

내가 에글론을 향하여 나의 손을 들어 치리니

블레셋의 남은 자들이 멸망할 것이다."

- 주 야웨께서 말씀하셨다. -

9   야웨께서 다음과 같이 말씀하신다.

"두로의 세 가지 죄들 때문에

네 가지 죄들 때문에 내가 '심판 결정'을 철회하지 아니할 것이다.

그들이 포로 된 모든 자들을 에돔에 팔아넘겼으며

형제의 계약을 기억하지 아니하였기 때문이다.

10   그러므로 내가 두로의 성벽들에 불을 보낼 것이며

그러면 그 요새들을 불태워 삼킬 것이다."

11   야웨께서 다음과 같이 말씀하신다.

"에돔의 세 가지 죄들 때문에

네 가지 죄들 때문에 내가 '심판 결정'을 철회하지 아니할 것이다.

그가 칼을 들고 그 형제를 쫓아가며

그 여인들을 죽였기 때문이다.

그리고 그의 노가 계속해서 맹렬하며

그의 분노가 끝없이 타오르기 때문이다.

12   그러므로 내가 데만에 불을 보낼 것이니

보스라의 요새들이 불태워 삼킬 것이다."

13   야웨께서 다음과 같이 말씀하신다.

"암몬의 세 가지 죄들 때문에

네 가지 죄들 때문에 내가 '심판 결정'을 철회하지 아니할 것이다.

그들이 길르앗의 아이 밴 여인의 배를 갈랐으며

그들이 자기들의 국경을 넓히고자 했기 때문이다.

아모스서

14   그러므로 내가 랍바의 성벽들에 불을 놓을 것이며

        그 요새들이 불태워 삼킬 것이다.

    전쟁의 날에 군사들의 외침 속에서

        폭풍의 날에 거센 바람 속에서 그리될 것이다.

15   그리고 그의 왕이 사로잡혀 갈 것이며

        그와 그 신하들이 함께 그리될 것이다."

                                    – 야웨께서 말씀하셨다. –

2장

1   야웨께서 다음과 같이 말씀하신다.

    "모압의 세 가지 죄들 때문에

        네 가지 죄들 때문에 내가 '심판 결정'을 철회하지 아니할 것이다.

    그가 에돔 왕의 뼈를

        불살라 회를 만들었기 때문이다.

2   그러므로 내가 모압에 불을 보낼 것이니

        그러면 그리욧의 요새들이 불태워 삼킬 것이다.

    모압이 소요 가운데에 죽을 것이며

        전쟁의 함성과 전쟁을 알리는 나팔 소리 중에 죽을 것이다.

3   내가 그중에서 재판장을 칠 것이며

        내가 모든 모압의 방백들을 그와 함께 죽일 것이다."

            야웨께서 말씀하셨다.

4   야웨께서 다음과 같이 말씀하신다.

    "유다의 세 가지 죄들 때문에

        네 가지 죄들 때문에 내가 '심판 결정'을 철회하지 아니할 것이다.

그들이 야웨의 율법을 멸시하며

그들이 그 율례를 지키지 아니하고

거짓 것들에 미혹되었기 때문이다.

그것들은 그들의 선조들이 따라가던 것들이었다.

5   그러므로 내가 유다에 불을 보낼 것이니

예루살렘의 요새들이 불태워 삼킬 것이다."

6   야웨께서 다음과 같이 말씀하신다.

"이스라엘의 세 가지 죄들 때문에

네 가지 죄들 때문에 내가 '심판 결정'을 철회하지 아니할 것이다.

그들이 의인을 은으로 팔며

궁핍한 자를 한 켤레 신발로 팔고

7   또한 그들이 가난한 자들의 머리들을

마치 땅의 먼지를 밟는 것 같이 밟고

압제받는 자들을 부당하게 취급하였기 때문이다.

아비와 자식이 한 여인에게 드나들며

내 거룩한 이름을 더럽혔도다.

8   그들이 모든 제단들 옆에 누웠으니

저당 잡힌 옷들 위에 누웠도다.

그들이 그들의 신들의 집에서

벌금으로 받은 술을 마시는도다.

9   나는 그들이 보는 앞에서 아모리 사람들을 멸망시켰다.

비록 그들의 키가 백향목같이 크고

그들의 힘은 상수리나무처럼 강하였어도 말이다.

나는 위로는 저들의 열매를

아래로는 그 뿌리를 망하게 했다.

10   나는 너희를 애굽 땅에서 이끌어냈고

사십 년 동안 광야 길로 인도하여

아모리 사람의 땅을 차지하게 했다.

11   또한 나는 너희 자녀들 중에서 예언자를 세웠고

너희 청년들 중에서 나시르 사람을 일으켰다.

오, 이스라엘 사람들이여! 이것이 사실이 아닌가?"

– 야웨의 선언 –

12   "그러나 너희는 나실인들로 하여금 술을 마시게 하였고

예언자들에게는 예언을 하지 말라 하였도다.

13   보라, 이제 내가 너희를 밟아 누르리니

마치 곡식을 실은 수레가 누르듯이 그리하리라.

14   민첩한 자도 도피하지 못할 것이며

힘센 자라도 그 힘을 쓰지 못하고

용사라도 자신의 생명을 건질 수 없을 것이다.

15   활을 쏘는 자도 견딜 수 없고

발이 빠른 보병이라도 빠져나갈 수 없고

마병이라도 자신의 생명을 건질 수 없을 것이다.

16   심지어 가장 용맹한 전사들이라도

그날에는 벌거벗은 채로 도망칠 것이다."

– 야웨의 선언 –

3장

1   이스라엘 자손들아! 야웨께서 애굽 땅에서 인도하여 올리신 온 족속, 즉 너희들을 쳐서 이르시는 이 말씀을 들으라. 그가 말씀하시기를,

2   "오직 너희만을 내가 알았으니

　　　땅의 모든 족속 중에서다.

　　그러므로 내가 너희를 '방문'(심판)하리니

　　　너희 모든 죄악을 들고 찾아가리라."

3   어찌 두 사람이 함께 동행할 수 있겠는가?

　　　서로가 뜻을 합하지 않는다면.

4   어찌 그가 수풀에서 부르짖겠는가?

　　　사자가 움킨 것이 없다면.

　　어찌 그가 굴속에서 소리를 지르겠는가?

　　　젊은 사자가 잡은 것이 없다면.

5   어찌 새가 땅 위의 "덫"에 내리 덮치겠는가?

　　　덫에 놓인 "미끼"가 없는데.

　　어찌 덫이 땅에서 뛰어 오르겠는가?

　　　정말로 아무 것도 잡을 것이 없다면.

6   만일 뿔 나팔 소리가 성읍 안에 울려 퍼진다면

　　　사람들이 놀라지 않겠는가?

　　만일 재앙이 성읍에 임한다면

　　　야웨께서 그렇게 만드신 것이 아니겠는가?

7   정녕코 주 야웨는 일을 행하시지 않으신다.

　　　자신의 계획을 나타내시지 않고는

　　　그의 종들인 예언자들에게.

8   사자(獅子)가 부르짖은즉

　　　누가 두려워하지 않을 것인가?

　　주 야웨께서 말씀하신즉

　　　누가 예언하지 않겠는가?

9   너희는 아스돗의 궁궐들에 알려라

　　　　애굽 땅의 궁들에 널리 알려라.

　　너희는 사마리아의 산에 모이라.

　　　　그리고 그 성중에서 얼마나 큰 요란과 학대가 있나 보라.

10   그들은 옳은 일을 행할 줄 알지 못하노라.

　　　　　　　　　　　　　　　　　　　- 야웨의 선언 -

　　"그들은 자기 궁궐들에서 포악과 겁탈을 쌓는 자들이라."

11   그러므로 주 야웨께서 이같이 말씀하신다.

　　"원수가 이 땅을 짓밟을 것이라.

　　　　그가 너의 성채들을 무너뜨릴 것이요

　　　　너의 요새들을 약탈할 것이다."

12   야웨께서 이같이 말씀하신다.

　　"마치 목자가 사자 입에서

　　　　양의 두 다리나 귀 조각을 건져냄과 같이

　　　　이스라엘 자손이 건져냄을 받을 것이다.

　　즉 사마리아의 침대 머리나 침대 다리 몇 개가

　　　　건져냄을 받는 것과 같으리라.

13   너희는 들으라! 그리고 야곱의 집에 증거하라!"

　　　　　　　　　　　　　　- 주 야웨 만군의 하나님의 말씀이다. -

14   "내가 이스라엘의 모든 죄들 때문에 '방문'(심판)하는 날에

　　　　내가 벧엘의 단들을 '심판'(방문)할 것이다.

　　그 제단의 뿔들이 잘림을 당할 것이니

　　　　땅 바닥에 굴러떨어질 것이다.

15   내가 겨울 궁을 칠 것이며

　　　　여름 궁을 칠 것이다.

상아로 치장된 집들이 파괴될 것이며

저택들이 무너질 것이다."

- 야웨의 선언 -

4장

1   이 말을 들으라.

사마리아 산에 거하는 바산의 암소들아,

너희는 가난한 자들을 학대하며

궁핍한 자를 압제하는 자들이다.

그리고 너희 남편들에게 말하기를,

"술을 가져오시오, 우리가 마시려 합니다" 하는구나.

2   주 야웨께서 자기의 거룩함을 가리켜 맹세하시되,

"때가 반드시 너희에게 임할 것이다.

사람이 갈고리로 너희를 끌어가며

낚시로 너희의 남은 자들을 그리할 것이다.

3   너희가 성 무너진 곳을 통과하여

각기 앞으로 바로 나갈 것이며

하르몬에 던져질 것이다."

- 야웨의 말씀이다. -

4   "너희는 벧엘에 가서 범죄하며

길갈에 가서 죄를 더 범하라.

아침마다 너희 희생제사를 드리고

삼일마다 너희 십일조를 바치라.

5   누룩 넣은 떡을 불살라 감사제사를 드리며

자발적 제사에 대해 자랑하라.

그것들에 대해 선전하고 다녀라. 너 이스라엘 자손들아,

이것이 너희가 즐겨하는 일이 아닌가!"

– 주 야웨의 말씀이다. –

6   "또 내가 너희 모든 성읍에서 너희 이를 한가하게 하며

너희 각처에서 양식이 떨어지게 하였으나

너희가 내게로 돌아오지 아니하였다."

– 야웨의 말씀이다. –

7   "또 추수하기 석 달 전에

내가 너희에게 비를 멈추어

어떤 성읍에는 내리고

어떤 성읍에는 내리지 않게 하였더니

땅 한 부분은 비를 얻고

다른 한 부분은 비를 얻지 못하여 말랐더니

8   사람들이 물을 얻기 위해 이 성읍 저 성읍으로 비틀거리지만

만족히 마시지 못하였으나

너희가 내게로 돌아오지 아니하였다."

– 야웨의 말씀이다. –

9   "여러 번 내가 너희의 정원들과 포도원들을 쳤다.

내가 풍재와 깜부기 재앙으로 그것들을 쳤다.

메뚜기가 너희의 무화과나무 열매와 감람나무를 다 먹게 하였으나

너희가 내게로 돌아오지 아니하였다."

– 야웨의 말씀이다. –

10   "내가 너희 중에 염병이 임하게 하기를

애굽에서 한 것처럼 하였으며

내가 칼로 너희 청년들을 죽였으며

　　너희의 노략한 말들을 함께 죽였다.

내가 너희 군대 막사의 악취로 코를 찌르게 하였으나

　　너희가 내게로 돌아오지 아니하였다."

- 야웨의 말씀이다. -

11　"내가 너희 중의 성읍 무너뜨리기를

　　하나님인 내가 소돔과 고모라를 무너뜨림과 같이 하였다.

너희가 불붙는 가운데서 빼낸 나무 조각같이 되었으나

　　너희가 내게로 돌아오지 아니하였다."

- 야웨의 말씀이다. -

12　"그러므로 이스라엘아, 내가 이와 같이 네게 행하리라.

　　내가 이것을 네게 행하리니

　　이스라엘아, 네 하나님 만나기를 예비하라."

13　산들을 지으신 자

　　바람을 창조하신 자

　　자기 뜻을 사람에게 보이시는 자

아침을 어둡게 하는 자

　　땅의 높은 데를 밟는 자

만국의 하나님 야웨가 그의 이름이라.

5장

1　이스라엘 족속아, 내가 너희에게 대하여 애가로 지은 이 말을 들으라.

2　"처녀 이스라엘이 엎드러졌음이여

　　다시 일어나지 못하리로다.

자기 땅에 던지움이여

일으킬 자 없으리로다."

3   주 야웨께서 이스라엘 민족에게 말씀하신다.

"천 명이 나가던 성읍에는

백 명만 남고

백 명이 나가던 성읍에는

열 명만 남으리라"

4   야웨께서 이스라엘 민족에게 말씀하신다.

"너희는 나를 찾으라!

그리하면 살리라!

5   벧엘을 찾지 말며

길갈로 들어가지 말며

브엘세바로도 나아가지 말라!

길갈은 정녕 사로잡히겠고,

벧엘은 허무하게 될 것임이라."

6   너희는 야웨를 찾으라!

그리하면 살리라.

그렇지 않으면 그가 불같이 요셉의 집을 멸하시리니

벧엘에서 그 불들을 끌 자가 없을까 한다.

7   공법을 쓰디쓴 독초로 변하며

정의를 땅바닥에 던지는 자들아!

8   묘성과 삼성을 만드시는 자,

사망의 그늘로 아침이 되게 하시는 자,

백주로 어두운 밤이 되게 하시는 자,

바닷물을 부르시는 자,

그것을 지면에 쏟으시는 자,

그 이름이 야웨시니라!

9 그가 갑작스러운 패망을 요새 위에 임하게 하시며,

철저한 파멸을 산성에까지 미치게 하시느니라.

10 그들이 성문에서 책망하는 자를 미워하며

정직히 말하는 자를 싫어하는도다.

11 그러므로 너희가 가난한 자를 밟고

저에게서 밀의 부당한 세를 취하였은즉

너희가 비록 다듬은 돌로 집을 건축하였으나

거기 거하지 못할 것이요.

아름다운 포도원을 심었으나

그 포도주를 마시지 못하리라.

12 왜냐하면 내가 너희의 허물이 많은 것을 알고

너희의 죄악이 중함을 알기 때문이다.

의인을 학대하며 뇌물을 받는 자들아!

바로 그들이 성문에서 궁핍한 자를 억울하게 하도다.

13 그러므로 이런 때에 지혜자가 잠잠하나니

이는 악한 때임이니라.

14 너희는 살기 위하여 선을 추구하고

악을 추구하지 말지어다.

만군의 하나님 야웨께서

너희의 말과 같이 너희와 함께 하시리라.

15 너희는 악을 미워하고 선을 사랑하며

성문에서 공의를 세울지어다.

만군의 하나님 야웨께서

혹시 요셉의 남은 자를 긍휼히 여기시리라.

16 그러므로 주 만군의 하나님 야웨께서 말씀하신다.

"사람이 모든 광장에서 울겠고

모든 거리에서 '아이고! 아이고!' 하겠으며

농부를 불러다가 애곡하게 하며

울음꾼을 불러다가 울게 할 것이며

17 모든 포도원에서도 울리니

이는 내가 너희 가운데로 지나갈 것임이니라."

– 야웨의 말씀이다. –

18 아이고! 너, 야웨의 날을 사모하는 자여!

너희가 어찌하여 야웨의 날을 사모하느뇨?

그날은 어두움이요 빛이 아니다.

19 마치 사람이 사자를 피하다가

곰을 만나거나

혹 집에 들어가서 손을 벽에 대었다가

뱀에게 물림 같도다.

20 야웨의 날이 어찌 어두워서 빛이 없음이 아니며

캄캄하여 빛남이 없음이 아니냐?

21 "내가 너희 절기를 미워하여 멸시하며

너희 성회들을 기뻐하지 아니하나니

22 너희가 내게 번제를 드릴지라도 그렇도다.

내가 너희의 소제를 받지 아니할 것이요,

너희 살진 희생제물의 화목제도 내가 돌아보지 아니하리라.

23 네 노랫소리를 내 앞에서 그칠지어다.

네 비파 소리도 내가 듣지 아니하리라.

24 　오직 공법을 물같이,

　　　　정의를 하수같이 흘릴지로다.

25 　너희가 내게 희생과 소제물을 드렸느냐?

　　　　이스라엘 족속아, 사십 년 동안 광야에서 말이다.

26 　너희가 너희 왕 식굿과

　　　　너희 우상 기윤을 지고 가리라!

　곧 너희의 신들의 별 형상을,

　　　　즉 너희가 너희를 위하여 만든 것을 지고 가리라!

27 　내가 너희를 다메섹 밖으로 사로잡혀 가게 하리라."

　　　　　－ 이는 만군의 하나님이라 일컫는 야웨의 말씀이니라. －

6장

1 　아이고! 시온에서 스스로 만족하고 있는 자들이여,

　　　　사마리아 산에서 마음에 안일함을 느끼고 있는 자들이여,

　곧 열국 중에서 으뜸이 되어 유명한 자들이여,

　　　　이스라엘 족속이 따르는 자들이여,

2 　너희는 갈레에 건너가서 보라.

　　　　거기서 대 하맛으로 가고

　　　　또 블레셋 사람의 가드로 내려가 보라.

　그곳들이 이 나라들보다 나으냐?

　　　　그 토지가 너희 토지보다 넓으냐?

3 　너희는 재앙의 날이 멀다 하면서

　　　　강포한 자리로는 가깝게 가는 자들이로다.

4 　너희는 상아 상에 누우며

침상에서 기지개 켜며

양떼에서 어린양을 취하여 먹고

우리에서 송아지를 잡아먹고

5 비파에 맞추어 헛된 노래를 지절거리며

다윗처럼 자기를 위하여 악기를 제조하며

6 대접으로 포도주를 마시며

최상의 향유를 몸에 바르면서

요셉의 파멸을 인하여는 근심치 아니하는도다.

7 그러므로 그들이 포로된 자들 중에 우두머리가 되어 사로잡혀 가리니

길게 누운 자들의 흥청대는 주연(酒宴)이 그치리라.

8 주 야웨가 자기를 가리켜 맹세하였노라!

만군의 하나님 야웨의 선언이라!

"내가 야곱의 자랑을 혐오하며

그 궁궐들을 싫어하므로

이 성읍과 그 안에 있는 모든 것들을 대적에게 넘길 것이다.

9 한 집에서 열 사람이 남는다 하여도 다 죽을 것이다.

10 죽은 사람의 친척 곧 그 시체를 불사를 자가 그 뼈를 집 밖으로 가져 갈 때 그 집 내실에 있는 자에게 묻기를 '아직 너와 함께한 자가 있느냐?' 하는데 그가 대답하기를, '아무도 없소이다!' 하면 그가 또 말하기를 '쉿! 조용히 하시오! 우리가 야웨의 이름을 불러내어서는 안 된다' 할 것이다."

11 보라! 야웨께서 명령하신다.

그가 큰 집을 쳐서 산산조각 낼 것이며

작은 집을 내리쳐 가루로 만들 것이다.

12 말들이 바위 위를 달리는 것을 보았는가?

사람이 소로 바다를 가는 것을 본 일이 있는가?

그런데 너희는 공법을 쓸개로 변하게 하며

정의의 열매를 쓰디쓴 쑥으로 바꾸었도다.

13 너희는 '로-다바르' 정복을 기뻐하는 자들이며,

"우리 힘으로 '카르나임'을 취하지 아니하였느냐?" 하는 자로다

14 만군의 하나님 야웨께서 말씀하신다.

"이스라엘 족속아,

내가 한 나라를 일으켜 너희를 칠 것이다.

그들이 '레보 하맛'에서부터 아라바 계곡까지

너희를 학대하리라."

7장

1 주 야웨께서 내게 보이신 것이 이러하니라. 왕이 풀을 벤 후 풀이 다시 움돋기 시작할 때에 주께서 메뚜기를 지으시매

2 메뚜기가 땅의 풀을 다 먹은 지라. 내가 부르짖기를 "주 야웨여, 청컨대 용서하옵소서! 야곱이 미약하오니 어떻게 견딜 수 있으리이까?" 하매

3 야웨께서 이에 대하여 뜻을 돌이키시고 말씀하시기를 "이것이 이루지 아니하리라" 하시니라. 주 야웨께서 또 내게 보이신 것이 이러하니라.

4 주 야웨께서 명하여 불로 징벌하게 하시니 불이 큰 바다를 삼키고 육지까지 먹으려 하는지라.

5 이에 내가 부르짖기를 "주 야웨여, 제발 그치소서! 야곱이 미약하오니 어떻게 견딜 수 있으리이까?" 하매

6 주 야웨께서 이에 대하여 뜻을 돌이키시고 말씀하시기를 "이것도 이루지 아니하리라" 하시니라.

아모스서

7　　그[주 야웨]가 다음과 같은 것을 내게 보여주셨다. 보라! 주께서 다림줄을 띄우고 벽을 향하여 서 있었다. 그리고 그의 손안에 다림줄이 있었다.

8　　그가 내게 물으시기를 "아모스야, 네가 무엇을 보느냐?" 내가 대답하기를 "다림줄입니다." 그때 주께서 말씀하시기를 "자, 내가 다림줄을 내 백성 이스라엘 가운데 베풀고, 내가 다시는 그들을 지나쳐 넘어가지 아니하리라.

9　　이삭의 산당들이 폐허가 되며

　　　　이스라엘의 성소들이 파괴될 것이며

　　내가 여로보암의 집을 향하여

　　　　칼을 들고 일어나리라."

10　　벧엘의 제사장 아마샤가 이스라엘 왕 여로보암에게 다음과 같은 메시지를 전하였다. "아모스가 이스라엘 족속 중에 다니면서 당신을 대항하여 음모를 꾀하니 이 나라가 그의 모든 말을 견딜 수 없나이다.

11　　아모스가 이처럼 말하더니이다."

　　　　'여로보암은 칼에 죽겠고

　　　　　　이스라엘은 정녕 사로잡혀

　　　　　　그 본토에서 추방당할 것이다.'"

12　　그때 아마샤가 아모스에게 말하기를 "선견자야, 당신은 어서 빨리 유다 땅으로 떠나라! 거기서나 벌어먹고 살라! 그리고 거기서나 예언하라!

13　　그러나 다시는 벧엘에서 예언하지 말라! 왜냐하면 이곳은 왕의 성소요 민족의 성전이기 때문이라."

14　　이에 대해 아모스가 아마샤에게 대답하였다. "나는 예언자가 아니며 예언자 종단의 일원도 아니요. 목자요 뽕나무 열매를 배양하는 자요.

15　　그러나 양떼를 따르고 있을 때에 야웨께서 나를 데려다가 내게 말씀하였소이다. '가서 내 백성 이스라엘에게 예언하라.'

16 자, 이제 당신은 야웨의 말씀을 들으시오. 당신이 말하기를,

'이스라엘을 쳐서 예언하지 말며

이삭의 집을 대항하여 설교하지 말라.'"

17 그러므로 야웨께서 이같이 말씀하십니다.

"당신의 아내는 성읍의 창녀가 될 것이요,

당신의 자녀들은 칼에 쓰러지며

당신의 토지는 척량줄로 나누일 것이며

당신은 부정한 나라에서 죽을 것이요,

이스라엘은 정녕 사로잡혀

그 본토에서 추방당할 것이다."

8장

1 주 야웨께서 내게 보여주신 것은 이것이라. 보라, 여름 실과 한 광주리로다!

2 그가 묻기를 "아모스야, 네가 무엇을 보느냐?" 내가 대답하기를 "여름 실과 한 광주리입니다" 하매, 야웨께서 내게 말씀하시기를

3 "나의 백성 이스라엘에게 '마지막 때'가 다가왔도다 내가 다시는 그들을 지나쳐 넘어가지 않으리라. 그날에 왕궁의 노래하는 여인들이 비명을 지를 것이라."

— 주 야웨의 말씀이다. —

수많은 시체들! 사방에 널려졌구나! 쉿! 조용히!

4 이 말을 들으라.

궁핍한 자를 짓밟고,

땅의 가난한 자를 망케 하려는 자들아!

5   너희가 말하기를,

"월삭이 언제나 지나서

    우리가 곡식을 팔 수 있으며,

안식일이 언제나 지나서

    우리가 밀을 낼 수 있을 것인가?

에바는 작게 하고

    세겔은 크게 하며

    거짓 저울로 속이며

6   은을 위해 가난한 자를 사며

    신 한 켤레를 위하여 궁핍한 자를 사는구나.

    그리고 우리가 밀 껍질을 팔자" 하는구나.

7   야웨께서 야곱의 자랑을 향하여 맹세하기를 "내가 저희의 모든 행위를 두고두고 잊지 아니하리라" 하셨다.

8   "이와 같은 이유 때문에

어찌 땅이 흔들리지 않겠는가?

    어찌 땅 위에 있는 모든 사람들이 애곡하지 않겠는가?

어찌 온 땅이 나일강처럼 솟아오르지 않겠는가?

    어찌 애굽의 나일강 같이 불어 오르다 가라앉지 않겠는가?

9   그날이 이를 것이다."

– 주 야웨의 말씀이다. –

"내가 태양으로 대낮에 지게 할 것이며

    내가 백주에 땅을 어둡게 할 것이며

10   내가 너희의 축제일들을 애곡으로 바꿀 것이며,

    내가 너희의 모든 노래들을 애가로 변하게 할 것이다.

    내가 모든 사람의 허리에 베로 띠를 두르게 할 것이며

내가 모든 머리를 대머리가 되게 할 것이다.

내가 그것을 외아들을 위한 애곡처럼 만들 것이며

내가 그것의 마지막을 비탄의 날처럼 만들 것이다.

11 보라, 날들이 다가온다!"

– 주 야웨의 말씀이다. –

"내가 기근을 땅에 보내리니

양식이 없어 주림이 아니며

물이 없어 목마름이 아니요

야웨의 말씀을 듣지 못하기 때문에

주리고 목마르게 될 날이다.

12 야웨의 말씀을 구하려고

사람이 이 바다에서 저 바다까지 비틀거리고 다니며

북에서 동까지 헤매고 다녀보지만

그것을 얻지 못할 것이다.

13 그날에 아름다운 처녀들과 젊은 총각들이

다 목이 말라 지쳐 쓰러질 것이다.

14 사마리아의 수치[인 우상]를 가리켜 맹세하는 자들,

'오, 단이여 너의 신을 두고 맹세하노라' 하는 자들

'브엘세바의 길을 두고 맹세하노라' 하는 자들,

그들은 모두 쓰러지고

다시는 일어나지 못하리라."

9장

1 내가 보니 주께서 제단 곁에 서서 말씀하시더라.

"기둥머리들을 쳐서 문지방들이 움직이게 하라.

그것들로 부서뜨려 사람들의 머리 위에 떨어지게 하라.

남은 자들은 내가 칼로 죽일 것이니,

그들 중에 아무도 도망하지 못할 것이며

그들 중에서 아무도 피하지 못할 것이다.

2   그들이 땅을 파고 음부로 내려갈지라도

내 손이 거기서 그들을 끄집어 올릴 것이요

그들이 하늘로 올라갈지라도

내가 거기서 그들을 끄집어 내릴 것이다.

3   그들이 갈멜산 꼭대기에 숨을지라도

내가 거기서 찾아내 잡을 것이다.

그들이 내 눈을 피하여 바다 밑에 숨을지라도

내가 거기서 바다뱀에게 명령하여 물게 할 것이다.

4   그들이 그들의 원수들 앞에서 사로잡혀 갈지라도

내가 거기서 칼에게 명령하여 죽이라 할 것이다.

내가 그들을 주시할 것이니

복이 아니라 재앙을 내리기 위함이다."

5   만군의 주님 야웨,

그분은 땅을 주물러 녹이시며

땅에 거하는 자로 애곡하게 하시는 분이시다.

온 땅이 마치 나일강이 범람하듯 솟아오르게 하다가

다시 애굽의 나일강같이 낮아지게 하시는 분이시다.

6   그분은 하늘들 안에 그의 궁궐을 만드시고

그 기둥(기초)들을 땅위에 세우시며(깔며)

바닷물을 불러내어

지면에 쏟아붓는 분이시다.

보라, 그분의 이름은 야웨로다!

7 "이스라엘 자손들아,

　　너희는 내게 구스인들 같지 아니하냐?"

　　　　　　　　　　　　　　　　　　　- 야웨의 말씀이다. -

"내가 이스라엘을 애굽 땅에서,

　　블레셋 사람을 갑돌에서,

　　아람 사람을 기르에서 불러내지 아니하였느냐?

8 반드시 주 야웨 하나님의 눈이

　　범죄한 나라를 주목할 것이다.

내가 그 나라를

　　지면에서 멸할 것이다.

그러나 내가 야곱의 집은

　　철저히 멸하지는 아니할 것이다."

　　　　　　　　　　　　　　　　　　　- 야웨의 말씀이다. -

9 "자, 보라, 내가 명령을 내려

　　이스라엘 집을 만국 중에서 흔들 것이니,

마치 곡식을 체로 흔드는 것과 같을 것이다.

　　그러나 돌멩이는 땅에 떨어지지 아니할 것이다.

10 그러나 내 백성 가운데 '재앙이 우리를 사로잡지 아니할 것이다'라고
말하는

　　모든 죄인들은 칼에 맞아 죽을 것이다.

11 그날에 내가 다윗의 쓰러진 초막을 일으킬 것이다.

　　내가 그 깨어진 틈들을 고치며

그 무너진 잔해들을 다시 일으키고

그것을 옛날처럼 다시 세울 것이다.

12 그들로 에돔의 남은 자와

내 이름으로 불리는 모든 나라들을 소유하게 할 것이다."

이 일을 행하시는 야웨의 말씀이다.

13 "보라, 날들이 오고 있다!"

- 야웨의 말씀이다. -

"밭 가는 자가 곡식 베는 자의 뒤를 이으며

포도를 밟는 자가 씨 뿌리는 자의 뒤를 이으며

산들은 단 포도주를 흘리며

작은 언덕들이 단 포도주로 적시리라.

14 내가 내 백성 이스라엘의 행운을 회복하리니

그들이 황무한 성읍을 건축하고 거하며

포도원들을 심고 그 포도주를 마시며

과원들을 만들고 그 열매들을 먹을 것이다.

15 내가 그들을 그 본토에 심으리니

그들이 내가 그들에게 준 땅에서

다시는 뽑히지 아니할 것이다."

- 너의 하나님 야웨의 말씀이다. -

열두 예언서에 관한 최근 연구 동향(I)

서론적 고찰

지난 30년 동안 열두 예언서에 관한 연구는 그 방법론에 있어서 매우 큰 변화를 겪어왔다. 그중에서도 가장 중요한 변화를 꼽자면, 열두 예언서를 구성하는 개개의 책들을 각론 수준에서 연구하던 과거의 방법론을 뛰어넘어, 열두 예언서 전체를 하나의 이야기 내지는 한 권의 책처럼 통전적으로 읽고 이해하는 해석의 틀이 마련되었다는 점이다. 기존의 연구들은 통시적 방법론(diachronic methodology)과 공시적 방법론(synchronic methodology) 중 어느 한 가지 방법론만을 취하는 경향이 짙었다. 그래서 전자를 채택한 연구들은 주로 열두 예언서 각 권의 형성 역사 및 역사적 정황을 추적한 데 반해, 후자를 선택한 연구들은 대부분 예언서 각 권의 문학적 구조와 신학적 메시지를 추적하는 일에 집중했다. 그러나 최근에 대두된 새로운 방법론은 앞서 언급한 두 가지 방법론을 통합함으로써 열두 예언서 전체를 "유기적으로 통일성 있게 기록된 한 권의 책"이라는 거시적인 관점으로 읽고 해석한다.[1]

---

1   Marvin A. Sweeney는 이러한 연구 방법론의 변화를 "과거의 문학적·비평적 패러다임"(the

선행 연구들

열두 예언서를 연구하는 이 새로운 방법론은 1960년대 후반에 브레버드 차일즈(Brevard S. Childs)가 주창한 정경에 대한 이해를 기초로 한다.[2] 이미 많은 사람이 알고 있는 것처럼, 차일즈는 19세기 말부터 본격적으로 진행되어온 역사비평학적 연구 경향에[3] 획기적인 변화를 가져온 인물이다. 그는 기존에 다양한 형태로 시행되던 통시적 연구들이 그 자체로 유의미함을 인정하면서도, 그것만으로는 정경의 최종적인 형태를 이해하거나 신학적 의미를 도출해내는 데 충분하지 않다고 주장했다.[4] 그래서 차일즈는 앞에 언급한 역사비평학적 방법론들을 토대로 통시적 연구를 먼저 시행한 다음, 그 결과들을 다시금 정경의 최종적인 형태에 입각해 공시적인 차원에서 논하고, 마지막으로 그 신학적인 의미를 모색하는 방법론을 제시했는데, 그것이 바로 정경적 접근법(canonical approach)이다.

아론 샤르트(Aaron Schart)는 차일즈의 정경적 접근법이 한스 볼프(Hans W. Wolff)와 오딜 스텍(Odil H. Steck) 등이 시도한 연구 결과를 거쳐 열두 예

---

older literary-critical paradigm)에서 "새로운 문학-비평적 패러다임"(the newer literary-critical paradigm)으로의 전환으로 설명한다. Sweeney의 "Sequence and Interpretation in the Book of the Twelve," in *Reading and Hearing the Book of the Twelve*, eds. James D. Nogalski, Marvin A. Sweeney, SBLSS 15 (Atlanta: SBL, 2000), 49-50을 보라.

2 Aaron Schart, "Reconstructing the Redaction History of the Twelve Prophets: Problems and Models," in *Reading and Hearing the Book of the Twelve*, 34.

3 여기에 언급한 역사비평적 연구 경향이란 19세기 말 Graf-Wellhausen에 의해 꽃을 피운 자료비평(source-criticism)과 1910-30년대를 거쳐 Hermann Gunkel이 발흥시킨 양식비평(form-criticism), 그리고 1940년대 이래로 Gerhard von Rad를 포함해 많은 학자에게 각광을 받아온 전승사비평(tradition-criticism)과 편집비평(redaction-criticism) 등의 방법론에 입각한 연구들을 의미한다.

4 Brevard S. Childs, *Introduction to the Old Testament as Scripture* (Philadelphia: Fortress, 1979), 69-82, 96-9 그리고 305-10을 보라.

언서의 최종 형태에 대한 관심으로 귀결된 것으로 판단한다.[5] 물론 볼프와 스텍도 역사비평학적 방법론을 사용하는 다른 학자들과 마찬가지로 열두 예언서에 포함된 각 권들이 저마다 다른 시대에 다양한 형태로 전승된 구절과 단락들이 최종 편집자에 의해서 수렴 및 기록된 것으로 간주했다. 요컨대, 예언자들이 선포한 [주로 구전 형태의] 신탁들(oracles) 및 예언자들이 활동하던 당시 하나님의 말씀을 선포하는 예언자들과 그 말씀을 들어야 할 청중들 사이에 벌어진 갈등과 충돌을 묘사한 산문체 기사들(narratives)이 오랜 전승을 거쳐 후대의 편집자에 의해 최종 기록되었다는 것이다. 그럼에도 볼프와 스텍 모두 정경을 최종 형태로 기록하기 이전의 자료들과 그 메시지들을 재구성하는 일이란 불가능하다는 점을 인정했다.[6]

제임스 노갤스키가 새롭게 제시한 연구 방법

19세기부터 진행되어온 역사비평학적 방법론과 20세기 중반 이후부터 본격화된 공시적 방법론을 수렴하여 열두 예언서에 관한 새로운 연구 방법을 본격적으로 발전시킨 인물은 제임스 노갤스키(James D. Nogalski)다. 노갤스키는 1970년대부터 앞에 거론한 차일즈와 볼프 외에도, 마이클 피쉬베인(Michael Fishbane), 발터 침멀리(Walther Zimmerli), 에르하르트 게르스텐버거(Erhard S. Gerstenberger) 같은 학자들의 해석학적 전제들과 학문적 성과

---

5 Schart, "Reconstructing the Redaction History of the Twelve Prophets," 34. Schart가 참고한 Wolff와 Steck의 저서는 다음과 같다. Wolff, *Hosea*, vol. 1 of Dodekapropheton, BKAT 14/1 (Neukirchen-Vluyn: Neukirchener, 1961), xxv; *Joel and Amos*, 3rd ed., vol. 2 of Dodekapropheton, BKAT 14/2(Neukirchen-Vluyn: Neukirchener, 1985), 129-38; and Steck, *Die Prophetenbücher und ihr theologisches Zeugnis: Wege der Nachfrage und Fährten zur Antwort* (Tübingen: Mohr, 1996), 124.

6 Ibid., 34-5.

아모스서

들을 발판 삼아 열두 예언서 전체에 대한 정경적 이해를 확장시켜왔다. 그뿐 아니라 그는 열두 예언서를 구성하는 각 권들 사이에 존재하는 상호본문성/간본문성(inner-or inter-textuality) 연구에도 박차를 가했다.[7] 그런 끝에 열두 예언서 전체를 한 권의 책으로 읽고 해석해야 한다는 거시적이면서도 획기적인 해석학적 관점을 내놓았다.[8]

　　노갤스키는 열두 예언서를 해석하는 가장 중요한 전제와 기준을 열두 예언서 자체에서 찾는다. 특히 그는 열두 예언서를 해석함에 있어서 기존의 역사비평학적 방법론들을 사용한다. 따라서 그는 열두 예언서가 오랜 기간 동안 "보존, 수집, 배열, 통합 그리고 수정"(preservation, collection, ordering, combining, and updating)[9]의 과정을 거쳐 정경으로서의 최종 형태를 갖추게 되었다고 이해한다. 따라서 노갤스키는 정경 공동체의 일원이었던 저자와 최종 편집자가 처했던 역사적 정황 역시 열두 예언서를 해석하고 그 신학적 의미를 파악하기 위한 중요한 근거로 작용한다고 주장한다.[10] 노갤스키는 이러한 해석학적 전제를 바탕으로 다음 세 가지의 논제를 제안한다.

7　　Nogalski는 최근에 출간된 자신의 저서 서문에서 자신이 어떤 학자들의 도움으로 누구와 함께 무엇을 공부했으며, 또 어떤 학자들의 무슨 연구를 통해서 영향을 받았는지를 직접 밝히고 있다. 이를 위해서는 Nogalski의 "Introduction to *The Book of the Twelve and Beyond: Authorial Reflections*," in *The Book of the Twelve and Beyond: Collected Essays of James D. Nogalski*, Ancient Israel and Its Literature 29 (Atlanta: SBL, 2017), 1-10을 보라.

8　　Nogalski는 열두 예언서 연구를 위한 자신의 해석학적 전제와 방법론을 설명하면서 자신의 은사인 Steck의 *Bereitete Heimkehr: Jesaja 35 als redaktionelle Brücke zwischen dem Ersten und dem Zweiten Jesaja*, SBS 121 (Stuttgart: Katholisches Bibelwerk, 1985)을 가장 적절한 예로 제시한다. Nogalski의 "Introduction to *The Book of the Twelve and Beyond*," 9-10을 참조하라.

9　　Nogalski, "Introduction to *The Book of the Twelve and Beyond*," 11.

10　　James D. Nogalski, "One Book and Twelve Books: The Nature of the Redactional Work and the Implications of Cultic Source Material in the Book of the Twelve," in *The Book of the Twelve and Beyond*, 83-114. 이 점에서 Nogalski의 방법론과 제안은 Childs와도 구별된다고 말할 수 있다.

첫째, 열두 예언서를 구성하는 열두 권의 책을 개별적인 편집의 결과물로 이해하기보다는, 열두 예언서 전체가 한 권의 책으로 편집된 것으로 해석해야 한다.[11]

둘째, 열두 예언서는 "호세아서-아모스서-미가서-스바냐서"와 "학개서-스가랴 1-8장"으로 이루어진 두 개의 선집이 먼저 형성되었으며, 나머지 책들이 정경에 최종적으로 포함될 때까지 계속해서 편집 및 기록되었다.[12]

셋째, 열두 예언서를 구성하는 책들의 순서는 70인역(LXX) 대신에 마소라 사본(MT)을 따르는 것이 바람직하다.[13]

에훗 벤 즈비를 비롯한 일련의 반대 의견들

모든 학자가 열두 예언서 전체를 한 권의 책으로 읽고 해석해야 한다는 제안에 동의하는 것은 아니다. 노갤스키를 비롯한 많은 학자가 제기하고 또 시도하려는 연구 방법에 대해 반론을 제기하는 이들 중 가장 주목할 만한 인물로는 에훗 벤 즈비(Ehud Ben Zvi), 데이빗 피터슨(David L. Petersen), 배리 존스(Barry A. Jones), 케네스 쿠피(Kenneth H. Cuffey) 등의 학자들이 있다. 이들은 비록 노갤스키 등 일련의 학자들이 제기한 새로운 해석학적 접근 덕분에 열두 예언서에 대한 학문적 관심도가 높아지게 된 상황을 환영해 마지않으면서도, 기존의 역사비평적 전제들과 연구 방법론들을 그대로 고수하려 한다.

---

11   Nogalski, "One Book and Twelve Books," 83-4.
12   Ibid., 85-7. Nogalski는 이 두 개의 선집을 "preexisting corpora"라고 칭한다.
13   Nogalski, "One Book and Twelve Books," 84-5.

그래서 그들은 이사야서, 예레미야서, 에스겔서와 마찬가지로 열두 예언서에 포함된 열두 권의 예언서들은 각각의 "저작 및 편집 역사"(compositional and/or redactional history)와 개별적 메시지에 따라 독립적으로 연구해야 한다고 주장한다.[14] 이들이 제기하는 구체적인 논지들을 요약해서 정리해보면 다음과 같다.

첫째, 열두 권의 예언서들이 하나의 두루마리 안에 기록되던 전통은 아무리 빨라도 기원전 150년경에 이르러서야 후대 [신앙] 공동체들에 의해 수립되었다(Achaemenid period 혹은 그보다 더 이른 시기). 그런데 그때는 예언서들이 기록되고 편집된 이후다. 따라서 열두 권의 예언서들이 한 권의 책으로 최종 편집되었다는 노갤스키의 주장은 본래 고대의 유대인 저자와 독자들이 열두 예언서들을 읽고 해석하는 방식이 아니었다.[15]

둘째, [노갤스키 및 일부 학자들이 주장하는 것처럼] 열두 권의 예언서들이 하나의 두루마리 안에 기록된 전통이 발견되었다고 하더라도, 그것이 꼭 열두 권의 예언서들을 한 권의 "책"이나 "모음집" 혹은 "선집"과 같이 통일된 문학 단위로 읽어야 한다는 것을 의미하지는 않는다.[16]

---

14 Ehud Ben Zvi, "Twelve Prophetic Books or 'The Twelve': A Few Preliminary Considerations," in *Forming Prophetic Literature: Essays on Isaiah and the Twelve in Honor of John D. W. Watts*, eds. James W. Watts and Paul R. House, JSOTSup 235 (Sheffield: Sheffield Academic Press, 1996),126.

15 Ben Zvi가 제시한 전제들을 기본적으로 수용한 Kenneth Cuffey도 열두 예언서 각 권의 개별성을 강조한다. 먼저 Cuffey는 열두 예언서 각 권의 영역과 범위가 다름을 인식함으로써 열두 예언서의 유기적 연관성을 열두 예언서를 구성하는 개별적인 책들의 범위를 넘어서는 개념으로 간주한다. 따라서 Cuffey는 "열두 예언서 전체가 하나의 두루마리 안에 기록한" 전승이 그 자체로 열두 예언서들을 해석하는 일과 관련하여 어떤 함의를 갖는지 분명하지 않을 뿐만 아니라 열두 예언서 어디에도 그것을 한 권의 책으로 읽어야 한다는 식의 문헌상의 표지들을 발견할 수 없다고 주장한다. 이에 관해서는 Ben Zvi, "Twelve Prophetic Books or 'The Twelve'," 126-38과 Kenneth H. Cuffey, "Remnant, Redactor, and Biblical Theologian: A Comparative Study of Coherence in Micah and the Twelve," in *Forming Prophetic Literature*, 200-2을 함께 살펴보라.

16 Ben Zvi, "Twelve Prophetic Books or 'The Twelve'," 138-49.

셋째, 사본상—마소라 사본과 70인역을 의미함—열두 예언서에 속한 책들의 배열 순서가 정확하게 일치하지 않는다는 사실도 열두 예언서들을 문학적으로나 신학적으로 통일된 한 권의 책으로 읽어야 한다는 주장을 약화시킨다.[17]

이러한 논지들을 바탕으로 벤 즈비와 의견을 같이하는 학자들은 1) 우선적으로 저자의 차원에서, 열두 예언서를 기록한 개별 저자들이나 편집자들이 예언서 각 권 안에 남겨놓은 "흔적들"(markers)을 토대로 해당 책을 분석하고, 2) 그다음 독자들의 차원에서 "저자들의 의도를 재구성"해야 한다고 결론 내린다.[18]

마빈 스위니의 중재안

우리는 열두 예언서를 한 권의 책처럼 통전적으로 읽고 해석해야 한다는 새로운 해석학적 전제와 방법론을 제안한 학자들의 주장과 그 전제 자체의 문제점들을 인식하고 반대의 목소리를 높이는 이들의 의견을 함께 살

---

17 이 사안과 관련해 Jones도 Ben Zvi와 의견을 같이 한다. Jones는 열두 예언서를 구성하는 책들의 배열 순서가 사본에 따라 다양하며 그 정경화 과정 또한 역동적임을 언급하면서 어떤 사본에 나타난 배열 순서가 다른 사본의 배열 순서보다 우선한다거나 권위가 있다고 보기 어렵다고 주장한다. 그는 요나서가 말라기 3:22-24 뒤에 배열된 쿰란 사본(4QXIIa)을 실례로 들면서 열두 예언서 각 권이 [그것이 기록된 해당 사본상의 배열 순서에 따라] 각각의 문학적 범위와 역사적 정황에 입각해서 해석되어야 한다고 주장한다. 그럼에도 Jones는 고대의 신앙 공동체 안에 열두 예언서 전체가 "하나"임을 강조하는 사본이 존재했음도 함께 인정한다. 즉 그는 열두 예언서에 해당하는 한 권 한 권의 책들이 선택되고 모아지기 위해서는 이미 각 권의 독특한 역사적이고 문학적인 이해는 당연하거니와 열두 예언서 전체 안에서의 각 권의 신학적·주제적·정경적 위치와 그 의미에 대한 해석도 전제되어 있었음을 적절하게 지적해 설명한다. Jones의 논의에 관해서는 Barry A. Jones, "The Book of the Twelve as a Witness to Ancient Biblical Interpretation," in *Reading and Hearing*, 68-70을 참조하라.

18 Ben Zvi, "Twelve Prophetic Books or 'The Twelve'," 138-9.

아모스서

펴보았다. 정경 공동체가 다양한 시대에 저작된 각기 다른 전승들을 최종 선택하고 배열한 열두 예언서를 한 권의 책으로 읽어야 한다는 노갤스키 의 주장은 단연코 시사하는 바가 크다. 그러나 그 정경 공동체가 처한 역사 적 삶의 정황을 추적하고, 열두 예언서 각 권의 문학적 형태와 장르상의 특 성 및 신학적 메시지를 개별적으로 재구성해야 한다는 벤 즈비의 주장도 충분히 일리가 있다.

우리는 이 시점에서 마빈 스위니(Marvin A. Sweeney)의 제안에 귀를 기 울일 필요가 있다. 열두 예언서 각 권의 역사적 정황과 문학적 특성을 개별 적으로 탐구하던 과거의 역사비평적 연구 방법에서, 열두 예언서 전체 맥 락 가운데 각 권이 정경적으로 어떤 위치와 의미를 갖는지를 모색하는 최 근의 연구 방법으로 그 방향을 선회하도록 촉진시킨 사람이 바로 스위니 이기 때문이다. 흥미롭게도 스위니는 열두 예언서에 대한 최근의 연구 경 향이 과거의 연구 방법들을 필연적으로 대체하는 것이 결코 아님을 분명 하게 피력한다.[19] 오히려 그는 벤 즈비를 위시한 일련의 학자들이 지지하 는 연구 방법론에 따라, 열두 예언서를 구성하는 각 권의 형성 역사 및 문 학 장르 그리고 역사적 정황을 추적하는 연구들도 계속 지속되어야 함을 강조한다.[20] 그럼에도 스위니는 과거 히브리 전통에 입각해 "열두 예언서 전체를 한 권의 책"으로 전제하는 것은 열두 예언서를 해석하는 "구성적 요소"(constitutive element in interpretation)가 된다고 주장한다.[21]

그뿐만 아니라 스위니는 마소라 사본과 70인역에 열두 예언서 각 권 이 각각 다른 순서로 배열된 근거와 원리에 대해서도 매우 설득력 있게 설 명한다. 스위니도 대부분의 학자와 마찬가지로 열두 예언서의 배열 순서

---

19   Sweeney, "Sequence and Interpretation," 50.
20   Ibid,
21   Ibid,

부록 열두 예언서에 관한 최근 연구 동향(I)   571

를 결정하는 데 있어 가장 기본적으로 적용된 원리로 "연대기적 차례"를 꼽는다.[22] 그러나 그에 따르면, 이 연대기적 원리는 열두 예언서를 구성하는 각 권의 개별적인 독특성과 함께 열두 예언서 전체를 아우르는 한 권의 책으로서의 전망 안에 흡수된다.[23] 스위니는 이와 같은 이해를 바탕으로 열두 예언서 안에 배열된 각 권들의 정경적 위치와 그 역할에 대해서 구체적으로 설명한다.[24]

우선 스위니는 열두 예언서를 한 권의 책으로 해석하는 데 있어 마소라 사본과 70인역에 반영된 배열 순서가 다름을 인식한다. 하지만 그는 마소라 사본과 70인역 두 가지 사본에 실린 열두 예언서 모두 호세아서로부터 시작해 말라기로 끝난다는 사실에 주목한다. 그와 동시에 열두 예언서의 마지막 여섯 권—나훔서, 하박국서, 스바냐서, 학개서, 스가랴서, 말라기서—의 배열 순서도 정확히 일치한다는 점을 지적한다. 스위니는 이러한 사실을 토대로 마소라 사본과 70인역 모두 "주제적인 관심사"에 따라 배열된 것이라고 주장한다.[25] 그는 앞서 제시한 두 가지 원리에 입각해서 열두 예언서를 구성하는 개개의 책들을 열두 예언서 전체의 맥락에 따라 아래와 같이 유기적으로 읽어낸다.[26]

---

22 Ibid., 52.

23 Ibid., 56.

24 Sweeney는 편집비평적 사안에 대해 답을 제시하고자 하는 "통시적 전제들"이 열두 예언서의 정경적 배열 순서를 밝히는 데 오히려 지나치게 영향을 끼쳤다고 지적하면서 이 문제와 관련해서는 "공시적 관점만 배타적으로" 고려되어야 한다고 주장한다. Sweeney, "Sequence and Interpretation," 55을 보라.

25 Sweeney, "Sequence and Interpretation," 56.

26 아래에 소개된 내용들은 Sweeney, "Sequence and Interpretation," 56-61을 그대로 요약해서 인용하되, 부분적으로 주해적 비평을 달아놓은 것임을 미리 밝힌다.

아모스서

[호세아서]

호세아서는 예언자 호세아와 고멜 사이의 결혼 유비를 통해 하나님과 이스라엘의 언약 관계가 깨어졌음을 선포한다. 그리고 이 선포와 함께 호세아서는 열두 예언서 전체를 여는 의도적인 서론(programmatic introduction)으로 기능한다.[27] 열두 예언서의 서론에 해당하는 호세아서는 다음 두 가지 사안에 천착한다.[28] 첫째, 열방을 통해 하나님의 심판을 받게 될 이스라엘의 회복과 둘째, 하나님과 이스라엘 사이의 [언약] 관계가 궁극적으로 어떻게 복원될 것인가? 하는 점이다.

우리는 호세아서를 열두 예언서의 결론으로 기능하는 말라기서와 함께 연계해서 해석할 경우 새롭게 창출되는 신학적 함의와 맞닥뜨리게 된다.[29] 왜냐하면 말라기서는 이혼에 대한 불쾌감을 드러내며 특히 하나님과 이스라엘의 언약 관계의 회복을 요청하기 때문이다.

마소라 사본과 달리 70인역에는 호세아서 바로 뒤에 아모스서와 미가서가 배열되어 있다. 이러한 순서는 연대기적 원리보다는 주제에 따른 배열이다. 아모스서는 공평과 정의의 차원에서 여로보암이 벧엘과 단에 세웠던 왕의 성소들이 파괴될 것과 북이스라엘의 멸망을 예견한다. 그뿐만 아니라 다윗의 자손이 다시 온 이스라엘을 통치하고 다스리게 될 것을 선언한다.[30] 이어서 미가서는 아모스와 유사한 관점으로 북이스라엘의 사마

---

27 Sweeney, "Sequence and Interpretation," 59. Sweeney는 호세아서와 요엘서가 열두 예언서 전체의 주제와 신학적 흐름을 고려한 "의도적인 서론"을 형성한다고 주장한다. 그에 따르면, 호세아서는 이스라엘과 하나님 사이의 [언약적] 관계가 깨어진 것을 성토하고 이스라엘의 회개를 촉구하는 반면에, 요엘서는 이스라엘이 이름이 분명하게 밝혀지지 않은 적국에 의해 파멸당할 위기에 처한 상황을 제시하는 동시에 야웨의 날에 하나님께서 적국의 위협을 파하고 예루살렘을 회복시킬 것을 내다본다.

28 Ibid., 56.

29 Ibid., 56-57.

30 Ibid., 57.

리아와 남유다의 예루살렘이 모두 하나님께 심판을 받게 될 것을 기정사실화한다. 그러나 미가서는 그 심판이 마무리된 후에 남은 자들이 시온으로 돌아와 다윗의 자손을 구심점으로 하여 이방 세력을 무찌르고 유다를 회복시킬 것을 기대한다.[31]

[요엘서]

요엘서는 예루살렘 성전의 붕괴와 메뚜기 재앙에 대한 경고 때문에 이스라엘 백성이 통곡하는 내용으로 시작한다. 요엘서에는 유다와 예루살렘을 적대시하는 신원이 정확하지 않은 어떤 대적이 반복적으로 제시됨과 더불어 "야웨의 날"이라는 주제가 전면에 부각된다. 그런데 공교롭게도 열방 나라들을 무찌르셨던 하나님께서 바로 그 야웨의 날에 다름 아닌 예루살렘과 유다를 치기 위해 임재하신다. 과거 이스라엘과 유다에게 임한 구원의 날로 간주되었던 야웨의 날이 그들의 심판의 날이 된 것이다. 그럼에도 하나님은 장차 하나님의 창조세계 및 유다와 예루살렘의 존재를 위협하는 대적을 제거하실 것이라고 선언하신다.[32] 이처럼 요엘서는 그 책 안에 포함된 예언의 적절한 시대적 배경과 정황을 유다와 이스라엘의 역사 전체로 확대시킨다.[33]

---

31 Ibid., Sweeney는 이러한 논의에 입각해 70인역에 열두 예언서를 시작하는 세 권의 책이 호세아서-아모스서-미가서 순서로 배열된 점을 하나님과 이스라엘의 [언약] 관계가 "훼손과 회복"을 거쳐, 궁극적으로 예루살렘 성전과 다윗의 자손을 중심으로 이스라엘의 통일과 회복이 성취될 것이라는 기대가 반영된 것으로 이해한다.

32 Ibid., "Sequence and Interpretation," 58.

33 Ibid.

[아모스서]

아모스서는 호세아서와 요엘서가 제시한 열두 예언서 전체의 서론적 의미와 역할을 그대로 이행해나간다. 아모스서는 사회 정의와 공의는 외면한 채 거짓된 제의로 치장된 베일을 들춰냄으로써 북이스라엘의 신성모독과 우상숭배를 성토한다. 아모스서는 벧엘 성전의 파괴와 여로보암의 죽음을 훗날 북이스라엘의 멸망과 연결시킨다. 그러나 궁극적으로는 다윗의 왕권과 통치가 굳건해질 미래를 예견한다. 그러면서 아모스서 말미에는 에돔 족속에 관한 신탁이 선포된다. 이는 기원전 8세기에 주변 국가들을 정복하는 일과 관련한 유다의 관심 사항을 언급한 것인데, 이 신탁을 통해서 주제와 신학적인 관점에서 오바댜서로의 "적절한 전환"이 이루어진다.[34]

[오바댜서]

요엘서와 달리, 오바댜서는 예루살렘에 위협을 가하는 존재로서 "에돔"을 구체적으로 명시한다. 오바댜서가 바빌로니아 포로기를 역사적 정황으로 상정하는 것 같긴 하지만, 그것은 요엘서와 마찬가지로 야웨의 날이라는 주제를 사용해서 예루살렘의 적인 열방(에돔을 포함해)을 향한 야웨 하나님의 심판을 선언한다.[35] 이러한 사실은 우리의 논의에 꽤 중요한 함의를 제공한다. 왜냐하면 열두 예언서의 마지막 책인 말라기서가 야곱을 향한 야웨 하나님의 사랑과 에돔의 파멸(말 1:3-4)을 서로 연관된 것으로 전제하면서 이스라엘에게 하신 "하나님의 경고"(말 1:1)로 시작할 뿐만 아니라 시온의 회복과 주변 나라들의 정복을 염원한다는 차원에서 스바냐서 및 스가랴서와도 그 궤를 같이하기 때문이다.[36]

---

34 Ibid., 59.
35 Ibid., 58-60. 요엘서 역시 그 책의 배경이 되는 역사적 정황을 추적할 만한 증거가 부족하다.
36 Ibid., 58.

[요나서-미가서]

요나서에서는 이스라엘을 정복한 아시리아의 수도 니느웨의 백성들이 야웨 하나님께 긍휼히 여김을 받는다. 오바댜서에서는 이스라엘의 대적인 에돔이 요나서에 묘사된 니느웨 백성들처럼 하나님께 용서를 받는다.[37] 그러나 미가서는 이스라엘의 회복이 아시리아의 패망에서 시작하는 것으로 인식한다. 나아가 미가서는 시온의 궁극적인 회복을 바빌로니아 포로기의 종식과 이스라엘 백성이 약속의 땅으로 귀환하는 것에서 찾는다.[38]

[나훔서]

나훔서는 미가서처럼 아시리아의 패망을 이스라엘의 회복의 전조로 전망한다. 그러나 나훔서는 "유다-이스라엘의 회개"와 그에 상응하는 "하나님의 용서"와 같은 주제들을 전면에 부각시키지 않는다.[39] 대신에 나훔서는 태초에 온 우주를 창조하시고 창조세계를 다스리시는 야웨 하나님의 주권 아래에 있는 이방 나라들인 아시리아와 에돔을 포함시킨다. 이는 매우 이례적인 특징이다. 왜냐하면 이 두 나라는 요엘서와 오바댜서 그리고 미가서에서 [상징적인 차원으로] 이스라엘의 대적으로 종종 제시되었기 때문이다.[40] 달리 말하자면, 하나님께서 그 대적들인 아시리아[와 에돔]를 사용해 유다를 벌하셨다는 뜻이다. 그럼에도 나훔서는 야웨 하나님께서 유다와 이스라엘을 유린한 아시리아도 벌하심으로써 궁극적으로 이스라엘을 회복시키실 것을 예언한다.[41]

---

37 Ibid.
38 Ibid., 60.
39 Ibid., 58-9.
40 Ibid., 60.
41 Ibid., 58-9.

[하박국서]

앞서 약술한 나훔서는 신바빌로니아 제국의 발흥과 더불어 아시리아의 패망을 내다보며 유다를 향한 경고의 메시지를 선포하는 하박국서로 이어진다.[42] 하박국 예언자는 하나님께서 잔악한 이방 나라인 바빌로니아 제국을 사용해서 유다를 벌하시려는 것을 깨닫고 하나님께 신정론의 문제—과연 하나님께서 시행하려고 하시는 그 계획과 나아가 하나님이 정의롭다고 할 수 있는가를 묻는 문제—를 제기한다. 하나님은 하박국의 질문에 대해 바빌로니아 제국을 들어 사용하실 것이지만 그들의 지나친 잔혹함과 교만에 대해서도 공의와 정의에 입각해 책임을 물을 것이라고 분명히 대답하신다. 이를 토대로 하박국은 백성들에게 야웨께서 잔악무도한 악행을 일삼는 적들을 물리치시기까지 믿음과 인내로 견뎌낼 것을 촉구한다.[43]

[스바냐서]

유다 왕 요시야 시대를 역사적 배경으로 하는 스바냐서도 하박국서와 마찬가지로 예루살렘과 유다로부터 죄악이 제거되어야 한다고 촉구하는 동시에 열방 나라들의 패망과 예루살렘의 회복을 기대한다. 그러나 스바냐서는 야웨의 날이라는 핵심적인 표현을 사용해 바빌로니아 제국이 열방은 물론이거니와 예루살렘과 유다마저 멸망시킬 것을 예견한다. 스바냐서의 이러한 예언적 담론은 포로기가 시작됨과 함께 무너져내린 성전이 포로기 이후에 재건될 것과 예루살렘의 회복을 집중적으로 진술하는 학개서와 연결될 뿐만 아니라, 말라기 4장에서도 다시금 요약적으로 진술된다. 이러한 특징들은 스바냐서가 그 앞과 뒤에 놓인 열두 예언서들의 해석학적 맥락

---

42   Ibid., 60.
43   Ibid., 61.

에 따라 "종말론적 이해"가 가능함을 뜻한다.[44]

[학개서]

이미 앞서 언급한 것처럼, 학개서는 포로기 이후 예루살렘 성전의 회복을 중점적으로 다룬다. 그런데 이 예언적 담론은 다음 두 가지 사건을 전제한다. 첫째, 열방들이 야웨가 하나님이심을 인식하게 될 것이다. 둘째, 이스라엘이 바빌로니아에서 약속의 땅으로 귀환할 것이다.

학개서는 이 모든 예언적 선언의 역사적 성취를 위해 선택된 인물로 유다 총독 스룹바벨을 주목한다. 그는 "인장"(印章, signet ring)이라는 은유적 명칭으로 불린다(학 2:24). 이는 열두 예언서 도처에 깔려 있는 신학적 기조, 즉 장차 다윗의 후손이 의로운 통치를 실현할 것이라는 이해를 토대로 한 것이다.[45]

[스가랴서]

스가랴서는 학개서의 논조에 따라 다윗의 후손이 실현할 의로운 통치와 다스림을 종말론적으로 그려낸다. 즉 예언자 스가랴가 예견한 성전 회복은 우주적 차원의 의미를 갖는다. 스가랴서가 야웨 하나님의 우주적인 왕권을 상징적으로 드러내는 이유도 그 때문이다. 특히 스가랴 4장은 열방이 이스라엘과 함께 시온으로 나아올 것이며, 야웨의 왕권과 다스리심을 종말론적으로 성취할 새로운 왕이 등극해 온 우주의 변화를 이끌게 될 것을 집중적으로 조명한다.[46]

---

44   Ibid.
45   Ibid.
46   Ibid.

아모스서

[말라기서]

말라기서는 열두 예언서의 가장 마지막을 장식하는 책으로서 새롭게 갱신
된 야웨 하나님과의 언약을 신실하게 준수할 것을 촉구한다. 따라서 말라
기서는 그 앞에 위치한 열한 권의 책들이 이미 다루었던 여러 주제와 모티
프들을 다시 언급하면서 성전과 제사장들의 부패와 타락 그리고 야웨의
날 등의 주제들을 중점적으로 다룬다. 이러한 맥락에서 야웨 하나님께서
이스라엘과 언약을 체결하실 때 하사해주셨던 토라를 성실하게 준수하라
는 말라기의 요청은 미가서 4장을 연상시킨다.[47] 결론적으로 말라기서는
열두 예언서에 함께 포함되어 있는 다른 책들과의 상호본문성을 바탕으
로, 첫째, 이스라엘이 하나님께 회개하고 돌아올 때 요엘서와 오바댜서에
등장하는 여호사밧에 관한 예언적 함의들이 연결되어 있는 엘리야의 출현
을 예견하는 한편, 둘째로 열두 예언서의 첫 번째 책인 호세아서에 제시되
었던 중요 주제로 회귀하는 방식으로 열두 예언서에 관한 전체 논의를 마
무리한다.[48]

지금까지 우리는 열두 예언서를 읽고 해석하는 과거의 연구 방법들과
더불어 새로운 해석학적 전제를 바탕으로 한 최근의 연구 경향들을 살펴
보았다. 열두 예언서를 구성하는 개별 책들을 별도로 연구해오던 과거의
경향과 달리, 열두 예언서 전체를 거시적인 전망으로—즉 거대한 한 권의
책으로—읽고 해석하는 새로운 방법은 일부 독자들에게는 창의적이다 못
해 충격적으로 느껴졌을 수도 있을 듯하다. 그러나 이 새로운 독법은 과거
에 진행되어온 열두 예언서 각 권에 관한 독자적인 연구를 중지시키거나

---

47   Ibid., 62.

48   Ibid.

대체하지 않는다. 그럼에도 이 새로운 독법이 정경의 한 축을 형성하는 열두 예언서 전체를 통전적으로 읽고 해석할 것을 촉구한다는 것만큼은 부인할 수 없는 분명한 사실이다. 그런 차원에서 열두 예언서의 구성 원리—연대기적 원리와 주제적인 관심—에 따라 예언서 전체를 분석한 스위니의 해석은 좋은 지침이 될 것이다. 다음 장에서는 열두 예언서의 구성 원리 중 하나인 주제적인 차원에 입각해서 열두 예언서를 해석한 최근 연구들을 계속해서 살펴본다.

아모스서

열두 예언서에 관한 최근 연구 동향(II)

핵심 주제어들에 입각한 신학적 이해

우리는 앞 장(열두 예언서에 관한 최근 연구 동향 I)에서 열두 예언서를 연구하는 두 가지 방법론에 관해 살펴보았다. 그리고 그 두 가지 방법론—1) 열두 예언서를 구성하는 각 권의 독특한 역사적 정황과 문학적 특징이라는 한계 범위 내에서 해당 책을 분석하는 통시적 연구법과, 2) 각 권이 갖는 특수성을 넘어서서 열두 예언서 전체를 커다란 한 권의 책처럼 읽고 해석하는 공시적 접근법—을 균형 있게 사용해야 한다는 점도 피력했다. 이러한 이해를 바탕으로 이번 장에서는 열두 예언서 안에 빈번하게 사용된 평행 본문과 인용구들 그리고 비슷한 주제들을 주목해보고자 한다.

앞서 언급한 평행 본문과 인용구들 그리고 유사 주제어들은 열두 예언서 전체를 한 권의 책으로 읽고 해석해야 함을 넌지시 가리키는 문헌상의 표지로 기능한다. 학자들이 이러한 주장과 관련해서 매우 중요하게 언급하는 몇 가지 핵심 주제가 있다. 예를 들어 노갤스키는 "야웨의 날", "[약속의] 땅의 비옥함", "이스라엘 백성의 운명" 그리고 "신정론"이라는 네 가지 주제를 종말론과 연계해서 하나님의 심판과 회복이라는 관점으로 비중 있게 다룬다.[1] 롤프 렌토르프(Rolf Rendtorff)도 "야웨의 날"이라는 주제를 열두 예언서 전체를 아우르는 가장 핵심적인 주제로 상정해 집중적으로 다룬다.[2] 흥미롭게도 레이몬드 밴 루웬(Raymond C. Van Leeuwen)은 신정론에 천착한다.[3] 그리고 존 왓츠(John D. Watts)는 "이스라엘을 향한 하나님의 사랑"이라는 주제를 열두 예언서를 열고 닫는 책인 호세아서(특히 1-3장)와 말라기서를 아우르는 해석의 틀로 제시한다.[4] 마지막으로 폴 하우스(Paul R. House)는 열두 예언서를 한 분이신 야웨 "하나님의 성품"이 이스라엘이 처한 시대별 역사적 정황에 따라 다르게 묘사된 것으로 인식한다.[5]

앞서 간단히 소개한 논의들은 포로기 내지는 포로기 이후 신앙 공동체가 매우 역동적인 편집 활동을 거쳐 열두 예언서의 최종적인 형태를 확정했음은 물론 거기에는 다양한 신학적 관점이 포함되어 있음을 시사한다. 이처럼 열두 예언서 안에 녹아 들어 있는 핵심 주제들을 상세히 들여다보는 작업은 열두 예언서를 구약성경에 포함된 정경의 일부로 전수받은 신앙 공동체의 후예들인 우리에게 이루 말할 수 없을 만큼 유익한 일이다. 그러나 지면의 한계로 인해 이번 장에서는 [많은 학자들의 의견을 수렴하겠지만] 렌토르프와 노갤스키가 시도한 "야웨의 날"에 관한 사례 연구만을 요약적으로 소개한다.

---

1   Nogalski, "Recurring Themes in the Book of the Twelve," 181-94.
2   Rolf Rendtorff, "How to Read the Book of the Twelve as a Theological Unity," in *Reading and Hearing the Book of the Twelve*, 75-87.
3   Raymond C. Van Leeuwen, "Scribal Wisdom and Theodicy in the Book of the Twelve," in *In Search of Wisdom: Essays in Memory of John G. Gammie*, eds. Leo G. Perdue, Bernard Brandon Scott, William Johnston Wiseman (Louisville: Westminster/John Knox Press, 1993), 31-49.
4   John D. Watts, "A Frame for the Book of the Twelve: Hosea 1-3 and Malachi," in *Reading and Hearing the Book of the Twelve*, 209-17.
5   Paul D. House, "The Character of God in the Book of the Twelve," in *Reading and Hearing the Book of the Twelve*, 125-45.

아모스서

야웨의 날(יֹום יהוה) : 요엘서와 아모스서를 중심으로

"야웨의 날"이라는 주제는 이사야서-예레미야서-에스겔서를 비롯해 열두 예언서 도처에서 발견되는데,[6] 그 어구의 형태는 꽤 다양하게 나타난다. 렌토르프는 이러한 특징을 토대로 "야웨의 날"이라는 주제가 열두 예언서 전체를 포괄하는 약속 내지는 언약 개념을 형성한다고 주장한다.[7] 그는 한 걸음 더 나아가 "야웨의 날"이라는 주제가 호세아서부터 말라기에 이르기까지 열두 예언서 안에서 어떻게 유기적으로 기능하는지를 구체적으로 조망한다.

노갤스키에 따르면, "야웨의 날"이라는 주제는 열두 예언서를 여는 첫번째 책인 호세아 2장과 9장에서 중요한 역할을 담당한다. 익히 잘 알려진 바대로 호세아서는 하나님과 북이스라엘의 관계를 남편과 아내의 관계로 은유적으로 설정해 북이스라엘을 향한 심판과 회복의 메시지를 선포한다. 이를 위해 호세아 2장은 "날"(יֹום)이라는 단어를 반복적으로 사용해(호 2:2, יֹום יִזְרְעֶאל, 히브리 사본 [1:11], 18, 20, 23) 야웨의 "신적 개입 기간"을 상정하는데, 18, 20, 23절에서 야웨의 날을 가리키는 "그날에"(בַּיֹּום הַהוּא)라는 어구를 사용해 정치와 종교 및 모든 영역에 걸쳐 미래에 실현될 궁극적인 회

---

6   Nogalski는 야웨의 날과 관련해 정형화된 어구인 יֹום יהוה 이외에도 יֹום לַיהוָה(사2:12; 겔 30:3; 슥 14:1)와 흔히 내러티브 구문이나 후기 예언서 본문에서 특정한 과거 시점("그때에"; 예. 느 6:17; 13:15, 23:2)을 지칭하는 것과 달리 열두 예언서 안에서 야웨 하나님의 역사하심으로 도래하게 될 종말론적 시점("그날에"; 예. 사 38:1; 렘 3:16, 18; 5:18; 31:29; 33:15, 16; 50:4, 20; 겔 38:17; 욜 3:2; 4:1; 슥 8:6, 23)을 가리키기 위해 반복적으로 언급된 בַּיֹּום הַהֵם 그리고 이전 어구와 매우 유사한 방법으로—때로는 과거 시점을 때로는 미래의 종말론적 시점을 가리키는 "그날에"(בַּיֹּום הַהוּא) 어구가 사용된 수많은 용례들도 함께 자세히 소개한다. 해당 어구들이 열두 예언서에 사용된 용례들을 확인하기 위해서는 Nogalski, "The Day(s) of Yahweh in the Book of the Twelve," 158-62을 참조하라.

7   Rendtorff, "How to Read the Book of the Twelve," 78.

복을 예견한다.[8] 또 노갤스키는 호세아 9:7과 9:9에 사용된 어구들—"형 벌의 날"과 "보응의 날" 그리고 "기브아의 시대"—이 야웨께서 열방을 들 어 북이스라엘을 치실 심판의 날이 임박했음을 선포하는 일과 관련이 있 는 것으로 이해한다.[9] 게다가 그는 위 구절에서 사용된 "형벌"과 "보응"이 라는 두 단어가 미가 7:3-4에서 남유다의 예루살렘을 향한 하나님의 심판 신탁 안에 다시 한번 사용되었음을 지적한다.[10] 요컨대 야웨의 날이라는 주제를 통해 북이스라엘을 향한 호세아서의 신학적 논조가 호세아서 바로 뒤에 오는 요엘서(2:11; 3:12, 3-5; 4:14-16)와 아모스서(특히 3:14)를 거쳐 미 가서까지 이어지되 그 대상이 남유다로 전환된다는 것이다.

렌토르프는 호세아서 바로 뒤에 오는 요엘서를 "야웨의 날에 관한 다 양한 관점의 모음집"으로 지칭한다.[11] 노갤스키가 인식했던 것처럼, 요엘 서는—열두 예언서에 포함된 다른 책들과 마찬가지로—야웨의 날이 임 하게 될 "대상"과 "때" 그리고 그것을 실현하게 될 "매개와 방법"까지 다양 하게 설정하기 때문이다.[12] 이 대목에서 요엘 2장과 4장 사이에서 야웨의 날이 어떻게 전환되는지 노갤스키의 설명을 들어보자.

요엘 2장

요엘 2:1-11에서는 유다와 예루살렘이 임박한 야웨의 날에 심판을 받게 될 대상으로 묘사된다. 그 백성이 회개함으로써 야웨 하나님의 마음을 돌이키지

---

8   Nogalski, "The Day(s) of Yahweh," 163-4.

9   Ibid., 164-5.

10 Ibid., 165. 엄밀히 말하자면 Nogalski가 주장한 바와 달리 호 9:7에 언급된 "보응"이라는 단어 는 미 7:3-4에 다시 나오지 않는다. 그러나 그가 피력한 바대로 호 9:7의 "형벌의 날"과 "보응 의 날"이라는 두 어구에 의해 창출되는 평행적 의미가 미 7:3-4에서 하나님의 심판 신탁의 기 본 논조로 전제되는 것은 틀림없는 사실이다.

11 Rendtorff, "How to Read the Book of the Twelve," 78.

12 Nogalski, "Recurring Themes," 182.

아모스서

못한다면 [야웨의 날이 임하게 될] 그때가 곧 닥치게 될 것이다. 마지막으로 야웨께서 야웨의 날에 심판하시는 수단으로 [이방의] 군대들을 친히 진두지 휘하여 이끌어오실 것이다(욜 2:11). 이와 반대로 요엘 4장은 야웨의 날을 더욱 먼 미래의 어떤 날을 가리키되, 야웨께서 유다와 예루살렘을 회복시키기 위해 주위 국가들을 심판하는 날로 상정한다. 이러한 전환은 회개를 촉구하는 하나님의 부르심에 긍정적으로 반응했을 때 얻게 되는 회복에 관한 약속으로 이해할 수 있다(욜 1장; 2:12-17). 환언하자면, 하나님의 백성이 회개하면 야웨께서 그 땅의 풍요함까지 회복시키실 것이다. 예루살렘은 그렇게 다시 한번 야웨께서 창조하신 이 세계의 중심이 될 것이다.[13]

요엘 4장[한/영역 3장][14]

그러나 요엘 4장에 등장하는 야웨의 날은 요엘서 마지막에 이르기까지 결코 구체적으로 실현되지 않는다. 오히려 요엘서 뒤에 오는 다른 책들로 그 관점이 확대되는 것으로 보는 것이 타당할 것이다. 요엘 4장에 묘사된 먼 미래에 있을 야웨의 날은 스가랴 1장에 언급된 임박한 사건들의 토대와 배경으로 자리매김한다. 스가랴 1:2-6은…[포로지에서 약속의 땅으로 다시] 귀환한 백성들에게 회개할 것을 촉구한다(슥 1:6). 그 후에 스가랴의 첫 환상에서 야웨는 예루살렘과 시온을 위해 크게 질투하신다(슥 1:14). 요엘서에서 회개에 대한 야웨의 반응으로 시작되는 중심 구절(욜 2:18)과 어법이 꽤 유사하다. 이 환상은 안일한 열국에 임하게 될 야웨의 진노(슥 1:15)와 예루살렘과 유다를 향한 야웨 하나님의 긍휼(슥 1:17)에 초점을 맞춘다.

---

13 Ibid.
14 마소라 사본과 영어 및 한글 역본은 요엘서의 장수가 각기 다르다. 먼저 마소라 사본은 요엘서가 4개의 장으로 이루어져 있다. 영어 및 한글 역본의 2:28-32은 마소라 사본의 3장(3:1-5)에 해당하고, 영어 및 한글 역본의 3장이 마소라 사본 4장에 해당한다.

나의 성읍들이 넘치도록 다시 풍부할 것이라!

야웨가 다시 시온을 위로하며,

다시 예루살렘을 택하리라!

이처럼 하나님의 작정하심에 관한 투사가 먼 미래에서 가까운 미래로 전환된다. 이러한 전환을 통해 열두 예언서를 읽는 독자들은 "유다와 예루살렘 편에 서서 싸우시는 야웨 하나님은 스가랴 1:6이 함의하는 바와 같이 그 백성이 회개한 후에야 역사에 개입하실 것"이라고 결론을 내리게 된다. 비록 야웨의 날이라는 표현이 명백하게 사용된 것은 아니지만, 야웨께서는 당신의 메신저를 보내셔서 유다와 예루살렘을 위해 역사하시겠다고 말씀하신다. [그러나] 어떤 의미에서 열두 예언서를 읽는 독자들은 예루살렘에 대한 야웨의 회복을 곧 열국을 향한 경고로 간주하게 된다.[15]

요엘 4장에서 이스라엘뿐만 아니라 열방을 향한 야웨의 개입을 천명한 야웨의 날에 관한 주제는 아모스서 첫 장(1:1-2:3)에서 이스라엘 주변 국가들에 관한 야웨의 심판 메시지와 연결된다. 렌토르프는 아모스 1:2 — "야웨께서 시온에서 부르짖으시며" — 이 요엘 4:16(히브리 성경)을 상기시킨다고 말하면서, 1:14에 등장하는 "전쟁의 날"에 주목한다. 이 야웨의 날에 유다(욜 2:4-5)와 이스라엘도 심판을 받게 될 것이기 때문이다(욜 2:6-16).[16] 이어서 렌토르프는 야웨께서 직접적으로 역사에 개입하시는 날(욜 3:14), 즉 이스라엘을 심판하는 날인 야웨의 날에 대한 요엘서의 함의를 전제해야만 아모스서를 제대로 이해할 수 있다고 주장한다.[17] 실제로 이러한 양상은

---

15   Nogalski, "Recurring Themes," 182-3.

16   Rendtorff, "How to Read the Book of the Twelve," 80.

17   Ibid., 80-1.

아모스 5장에서 더욱 구체화된다. 렌토르프와 노갤스키에 따르면, "야웨의 날"이라는 표현이 직접 사용된 아모스 5장은 예루살렘과 유다의 앞날(야웨께서 이스라엘의 적들을 물리치실 날)을 종말론적으로 예견한 요엘 4장과 깊이 관련이 있다(암 5:9-20).[18] 그런데 흥미롭게도 아모스 5장은 북이스라엘의 사회 정의와 공의를 신랄하게 비판하면서 그 상황을 야웨의 날과 연계시킨다.

> 너희의 허물이 많고 죄악이 무거움을 내가 아노라. 너희는 의인을 학대하며, 뇌물을 받고, 성문에서 가난한 자를 억울하게 하는 자로다. 그러므로…이는 악한 때임이니라. 너희는 살려면 선을 구하고 악을 구하지 말지어다. 만군의 하나님 야웨께서 너희의 말과 같이 너희와 함께하시리라. 너희는 악을 미워하고 선을 사랑하며 성문에서 정의를 세울지어다. 만군의 하나님 야웨께서 혹시 요셉의 남은 자를 불쌍히 여기시리라(암 5:12-15).

렌토르프는 위에 인용한 마지막 두 구절(암 5:14-15)이 하나님의 백성으로 하여금 야웨께 돌아올 것을 촉구한 요엘 2:12-14을 상기시킬 뿐만 아니라, 아모스 5:15에서 사용된 희구형 부사 אוּלַי(혹시)와 요엘 2:14에서 사용된 מִי יוֹדֵעַ(누가 알겠느냐?)라는 구문이 상호 연관되어 있는 것으로 간주한다. 따라서 렌토르프는 다음과 같이 결론을 내린다.

> 이스라엘을 심판하러 오시는 야웨 하나님과 "선을 구하고 악을 구하지 말라", 즉 악을 떠나고 회개하라는 요청은 아모스서를 해석하는 데 필요한 보다

---

18   Ibid., 81; Nogalski, "The Day(s) of Yahweh," 170; idem., "Recurring Themes," 182-3 그리고 189.

광범위한 배경을 제공해주는 요엘서에 묘사된 야웨의 날에 대한 맥락에 [이미] 포함되어 있다.[19]

이에 더하여, 노갤스키는 야웨의 날이 갖는 함의와 관련이 있는 단어들인 "어둠"(חֹשֶׁךְ)과 "빛"(אוֹר)이 사용된 요엘 2:2[이 구절에서는 "어둠"만 사용됨]과 아모스 5:18-20이 서로 연계성이 있을 가능성을 타진한다.[20] 그리고 그 연계성이 갖는 세 가지 추가적인 의미에 대해서도 아래와 같이 설명한다.

첫째, 독자들은 아모스 5:18-20 바로 앞에 위치한 5:16-17에서 농부들의 부끄러움(비교. 욜 1:10-11)과 모든 나무의 시듦(비교. 욜 1:12)이 주제면에서나 어휘면에서 연계되어 있음을 기억해야 한다.[21]

둘째, 아모스 5:18-20의 맥락에서 아모스 5장은—이전 단락[암 4:4-13]에서 "너희가 내게로 돌아오지 아니하였느니라"[암 4:6, 8, 10, 11]라는 후렴구를 사용해 북이스라엘이 거듭 하나님께로 돌아오기를 거절했음을 알리는 하나님 자신의 선언에 뒤이어—장송곡(dirge)과 같은 애가로 시작한다. 이는 "너희는 이제라도…내게로 돌아오라"(욜 2:12)고 촉구하는 요엘 2:12을 상기시킨다.[22]

---

19 Rendtorff, "How to Read the Book of the Twelve," 81.

20 Nogalski는 열두 예언서 중에 암 5:18-20이 욜 2:2 그리고 습 1:15과 함께 "야웨의 날"과 관련해 "어둠"과 "빛"이라는 단어가 함께 사용된 세 개의 본문을 구성한다고 주장한다. Nogalski, "The Day(s) of Yahweh," 170.

21 Ibid.

22 Ibid., 170-1. Rendtorff 역시 Nogalski와 비슷한 근거를 바탕으로 암 4장과 욜 2장 간의 연관성을 주장한다. 특히 Rendtorff는 암 4:9에 사용된 "팥중이"(새번역: "메뚜기", NIV: locusts)에 해당하는 히브리어 단어 חָסִיל이 욜 2:1-27에 묘사된 메뚜기 재앙을 연상시킬 뿐만 아니라 욜 4:15-17에 사용된 여러 단어와 구문들도 아모스서에 그려진 야웨의 날이라는 주제와 연계되어 있다고 판단한다. 이에 관해서는 Rendtorff, "How to Read the Book of the Twelve," 80을 보라.

셋째, 아모스서 전체 맥락은 장송곡(암 5:1)과 임박한 야웨의 날에 대한 선언을 이스라엘의 파멸(특히 벧엘과 길갈에 대한 언급, 암 5:5)과 연계시킨다.[23]

노갤스키의 제안대로 호세아서, 요엘서, 아모스서를 순서대로 읽어나가면 꽤 흥미로운 점을 발견할 수 있다. 요컨대 호세아서는 북이스라엘 왕국을 향해 회개를 촉구하는 열린 결말로 끝나는 반면에, 요엘서는 야웨의 날이 이르기 전에 남유다 왕국과 예루살렘이 회개할 것을 촉구하는 것으로 시작한다. 아모스 5:18-20에 언급된 야웨의 날은 다시금 북이스라엘을 향한다. 그날은 심판의 날로서 북이스라엘이 야웨께로 돌아오기를 거절한 데서 촉발된다. 반대로, 시온은 야웨의 날이 당도하기 전—즉 요엘 2:2에 이미 경고의 말씀이 주어졌던 것처럼 예루살렘 역시 [북이스라엘과] 똑같은 운명을 맞이하고 고통을 당하게 될 것임을 스바냐 1:1-15이 선언하기 전까지—일시적으로나마 심판 집행이 유예될 것이다(참조. 미 7:8-20).[24]

이어서 노갤스키는 야웨 하나님의 거룩한 신적 개입이라는 맥락에서 "날"(יוֹם)이라는 단어가 아모스 8장에 무려 여섯 번(3절, 9절×2, 10절, 11절, 13절)이나 사용되었다는 사실에 주목한다. 왜냐하면 8:3에서 확인할 수 있듯이 "그날에"(בַּיּוֹם הַהוּא)라는 어구가 임박한 이스라엘의 "심판의 날"을 가리키기 때문이다. 특히 8:9-10에 사용된 "날"(יוֹם)이라는 단어는 야웨의 날을 지칭하는 것으로서 "곤고한 날"로 다시 표현되는데, 이 표현은 스바냐 1:14[-15]과도 가장 근접한 평행 관계를 형성하다. 그뿐만 아니라 스바냐 1:14은 아모스 5:18-20과 요엘서(특히 2장을 보라) 사이의 연계에도 중요한 기능을 담당한다.[25] 노갤스키는 이 연계에 대해서 다음과 같이 말한다.

---

23   Ibid., 171.

24   Ibid.

25   Ibid.

아모스 8:9에 사용된 "그날에"(בַּיוֹם הַהוּא)라는 표현은 5:16-17, 18-20과 요엘서에 이미 반영된 모티프들을 설명해준다. 해당 구절에서 사용된 대낮에 땅이 깜깜하게 되는 "그날에"라는 표현은 아모스 5:18, 20을 상기시키며, 8:10의 "[너희] 절기를 애통으로, [모든] 노래를 애곡으로 변하게 하며"라는 구절 역시 아모스 5:21-23을 떠올리게 한다…이 절(8:9)에서 확인할 수 있는 구절상의 연관성은 아모스서와 관련해서 보다 큰 맥락이 있음을 암시해준다.… [결론적으로] 아모스 8:9-10은 아모스 5장의 맥락에서 야웨의 날을 언급한 것이며, 호세아서, 미가서, 스바냐서에서 사용된 몇몇 어휘들을 함께 공명하고 있는 셈이다.[26]

노갤스키는 아모스서의 마지막 장인 9장에 대해서도 꽤 자세히 논의를 이어간다. 아모스 9장(특히 9:11-15)도 8장과 마찬가지로 "그날에"(בַּיוֹם הַהוּא)라는 표현을 사용해서 야웨의 직접적인 개입을 묘사한다. 그런데 노갤스키는 아모스 8장에 언급된 "그날"이 주로 야웨의 심판의 날을 투사하는 것과 달리 아모스 9:11은 동일한 어구를 사용해 야웨께서 장차 이루실 (이스라엘의) 미래의 회복을 다룬다고 주장한다.[27] 이러한 기조는 이어지는 아모스 9:12-15에서 한 명의 통치자에 의해 이스라엘의 통일 왕국이 회복될 것이라는 약속으로 확장된다. 그뿐 아니라 노갤스키는 아모스 9:12이 "에돔의 남은 자"와 "내 이름으로 일컫는 만국"마저도 회복된 왕국의 기업이 될 것임을 선언함으로써 이스라엘의 회복이 남 왕국과 북 왕국의 통일을 초월할 것임을 예견한다는 점을 눈여겨보아야 한다고 제언한다.[28] 왜냐하면 노갤스키는 아모스 9:12 ─ 그리고 이어지는 13-15절을 포함해 ─ 이 에돔의

---

26 Ibid., 172.
27 Ibid., 172-3.
28 Ibid., 173.

파멸을 선언한 오바댜 1:1-15과, "야곱의 족속"과 "요셉의 족속"이 하나로 연합해 에서의 족속을 무찌르고 다윗 계열의 왕국을 회복하게 될 것을 예견한 메시지(옵 1:18)를 아우르는 것으로 이해하기 때문이다.[29] 이를 토대로 노갤스키는 아모스 9:11-15이 [음란한] 이스라엘을 향한 하나님의 사랑을 묘사한 호세아 2:2-25[한글/영역 1:11-2:23]과 주제상 연결되어 있을 뿐만 아니라, 아모스서 앞에 위치한 요엘서는 물론이거니와 아모스서 뒤에 오는 오바댜서와도 어휘상으로 연계되어 있다고 이해한다.[30] 결론적으로, 노갤스키는 아모스서의 결론부를 형성하는 9:11-15은 야웨의 날이라는 주제—즉 야웨 하나님이 이 세상의 역사에 개입하시는 날—가 열두 예언서 전체를 포괄해 신학적인 의미를 형성하는 핵심적인 구성 요소라고 결론 내린다.[31]

---

29 Ibid. 이 점은 Rendtorff의 해석과도 일맥상통한다. 특히 Rendtorff는 요엘서와 아모스서에 야웨의 날과 관련하여 야웨 하나님이 거주하시는 "거룩한 산"인 시온(ציון)을 이스라엘 백성이 "이방 사람(들)"(זרים)을 피할 "피난처" 내지는 요새로 종종 언급하는데(욜 4:17, 21 [한역 3:17, 21], 암 6:1), 욜 3:5[한글/영역 2:32])—"시온산, 곧 예루살렘 안에는 피하여 사는 사람이 있을 것인데"—에 사용된 "구원"에 해당하는 히브리어 פליטה(펠레이타)가 욜 1:17에도 함께 나타난다는 사실을 근거로 요엘서-아모스서-오바댜서의 정경적 연관성을 주장한다. 이와 관련된 상세한 설명은 Rendtorff, "How to Read the Book of the Twelve," 82을 참조하라.

30 Ibid., 173-4. Nogalski는 암 9:13이 욜 4:18[한역 3:18]을 인용한 것으로 단언하면서도, 아모스의 결론부를 형성하기 위한 목적으로 욜 4:18이 인용되었을 것이라고는 생각하지 않는다. 그는 오히려 아모스 9:11-15이 요엘서보다는 호세아의 아들들의 이름이 [남]유다 자손과 [북]이스라엘 자손이 정치적으로 함께 모이게 될 것과 멸망, 거친 들로 추방될 것 그리고 나서야 비로소 회복될 것을 약속한 호세아 2:1-25[한역 1:10-2:23]과의 주제상의 연계성을 제안한다.

31 Ibid., 174. Nogalski는 아모스서의 결론부인 암 9:11-15이 다양한 측면에서 아모스서를 초월하는 열두 예언서의 맥락과 연계되어 있음을 주장한다. 또 그는 야웨 하나님이 당신의 백성을 위해 역사에 개입하실 때 일어나게 될 사건들과 관련된 여러 가지 이미지들을 통합해 그려낸다는 차원에서 암 9:11-15이 "혼성모방"(pastiche)된 것 같은 느낌을 갖는다고 말하기도 한다.

야웨의 날: 요나서와 오바댜서를 중심으로

독자들은 요나서를 읽으면서 앞서 살펴본 책들이 설파하는 메시지와 모순적인 담론에 부딪치게 된다. 가령 오바댜서는 오직 야곱 족속과 요셉 족속이 대표하는 이스라엘 민족만 구원을 얻게 될 것을 선언한다. 그러나 요나서는 이방 족속들도 회개하고 야웨께 돌아오면 구원을 얻을 수 있다는 메시지를 내러티브 형식으로 그려낸다(욘 1장과 3장이 형성하는 평행 구도를 참조할 것). 이런 차원에서 렌토르프는 오바댜서에 투영된 일방적인 메시지에 대해 요나서가 "비판적인 언급"(critical reference)을 제시한 것으로 이해한다.[32] 공교롭게도 요나서 3-4장은 패역한 니느웨 백성이 그렇게 야웨께로 돌아오는 과정을 묘사하지만(욘 3:9을 보라), 아모스 4장은 정작 북이스라엘이 고집스럽게 하나님께 돌아오지 않는 모습을 꼬집어 비판한다(암 4장). 이에 렌토르프는 요엘 2:14에 사용된 "누가 알겠느냐"(מִי יוֹדֵעַ)라는 어구—앞서 언급한 것처럼, 아모스서에 특징적으로 사용된 "혹시"(אוּלַי)에 상응하는 표현—에 주목한다.[33]

> 주께서 혹시 마음과 뜻을 돌이키시고 그 뒤에 복을 내리사 너희 하나님 야웨께 소제와 전제를 드리게 하지 아니하실는지 누가 알겠느냐?(욜 2:14)

---

32 Rendtorff, "How to Read the Book of the Twelve," 82.
33 Ibid., 83. 히브리 원문에는 "누가 알겠느냐"에 해당하는 어구가 해당 구절 제일 앞에 배치되어 있으나 한글 번역본들에는 그 구절의 제일 뒤에 위치해 있다.

야웨의 날: 나훔, 하박국, 스바냐, 말라기를 중심으로

흥미롭게도 앞서 렌토르프가 오바댜서와 요나서의 관계를 설명하면서 "비판적인 언급"이라는 표현을 사용했었던 것과 비슷한 상황이 요나서와 나훔서 사이의 관계에서도 발견된다.[34] 요나서에서 니느웨 백성은 자신들이 저지른 죄를 놓고 국가적으로 금식을 선포하고 회개하며 야웨께 돌아온다 (3-4장). 그러나 나훔서에서 니느웨 백성은 "질투하시며 보복하시는 하나님"(나 1:2)이 보내신 "파괴하는 자"에 의해 침략을 당하고(나 2:1), 약탈과 노략을 당하며(나 2:2), 모두 도망하고(나 2:8-9), 마침내는 땅에서 끊어져야 할(나 2:13) "악을 꾀하는 족속"(나 1:11) 내지는 "피의 성"이라고 불린다(나 3:1). 요컨대 나훔서는 니느웨를 야웨 하나님께 심판받아 마땅한 대상이라고 선언한다.[35] 렌토르프는 이와 같이 나훔서에 언급된 니느웨에 대한 비판적인 입장을 토대로 열두 예언서를 이해하는 새로운 해석의 틀을 얻을 수 있다고 주장한다.

> 나훔서와 오바댜서는 이스라엘이나 유다가 범죄한 상황을 고려하여 한 가지 면만을 일방적으로 제시한다…[그러나] 열두 예언서를 읽는 독자들은 오바댜서를 오바댜서 자체의 맥락보다 더 크고 넓은 [열두 예언서 전체의] 틀 안에 배치시키고 그 틀에 따라 오바댜서를 읽고 해석함으로써 오바댜서만의 일방적인 관점을 교정해주는 몇 가지 다른 관점들을 [열두 예언서 안에서] 발견하게 된다.[36]

---

34   Ibid., 82.
35   Ibid., 83.
36   Ibid., 84.

나훔서 뒤에 위치한 하박국서는 아모스 예언자가 북이스라엘에 종교-사회적 정의가 결여되었음을 질타한 논조를 계속 이어나간다. 그런데 하박국서는 부패한 이스라엘을 심판할 도구로 아시리아 제국 대신에 갈대아 사람들을 언급한다. 바빌로니아 제국의 갈대아 사람들은 예루살렘을 철저히 파괴하고 함락시킬 것이다. 하지만 그 이후에 그들 역시 야웨 하나님께 심판을 당할 것이다. 렌토르프가 잘 포착한 것처럼 이러한 구도는 유다와 예루살렘의 죄를 고발하는 스바냐서에도 반복된다. "하박국서와 스바냐서 두 권은 나훔서가 제시한 전망에 대응되는 또 다른 해석의 틀을 제공한다."[37] 야웨의 날이라는 주제는 스바냐서의 내용 전개와 신학적 전망을 더욱 효과적으로 부각시킨다.[38] 스바냐서는 특히 예배의 중심지라고 간주됐던 유다가 이웃을 유린하는 참상이 벌어지는 현장임을 성토하면서, 이 고발에 따르는 "거룩한 신적 반응"으로서 야웨의 날에 하나님이 그들을 심판하실 것임을 선포한다. 렌토르프는 이와 관련해서 다음과 같이 말한다.

> 요엘서는 이처럼 [즉 스바냐서처럼] 구체적으로 [이스라엘의 부패상을] 성토하지는 않았다. 그러나 야웨의 날이라는 주제를 상기하면서 예언서를 끝에서 시작해서 첫 부분까지 역순으로 읽어보면, 이스라엘의 죄악이야말로 임박한 재앙을 불러올 가장 결정적인 이유라는 것이 자명하게 드러난다.[39]

---

37 Ibid.

38 Ryou, *Zephaniah's Oracles against the Nations*, 196-207. 류호준은 앞서 Rendtorff가 언급한 바와 같이 북이스라엘에 종교적·사회적 정의가 결여되었음을 고발한 예언자 아모스의 질타(암 5장)와 회개의 종용 그리고 요엘서의 종말론적 야웨의 날의 이해(2:14[1:4; 2:15; 3:11])가 나타난 야웨의 날을 야웨의 "분노의 날"이 될 것이라고 선포하는 스바냐서(2:1-3)와 연계되어 있음을 피력한다.

39 Rendtorff, "How to Read the Book of the Twelve," 84.

그뿐만 아니라 렌토르프는 스바냐서에 야웨의 날을 지칭하는 어구들이 다양한 형태로 사용되었다는 점을 들어 스바냐 2:1-3과 아모스서 및 요엘서와의 연계성을 다음과 같이 제시한다.

첫째, 스바냐 2:2-3에 사용된 "주께서 진노하시는 날"이라는 어구는 야웨의 날을 지칭한다.[40]

둘째, 스바냐 2:3을 구성하는 세 개의 구문—"너희는 주를 찾으라", "올바로 살도록 힘쓰라", "겸손하게 살도록 힘쓰라"—에 사용된 동사는 모두 "바크슈"(בַּקְּשׁוּ, 찾으라)로서, 아모스 5:14의 "선을 구하라"라는 구문의 "디르슈"(דִּרְשׁוּ)와 문법적인 형태와 의미가 유사하다.[41]

셋째, 공교롭게도 스바냐 2:3의 세 개의 구문 뒤에 "울라이"(אוּלַי, 혹시)라는 단어가 사용되었는데, 아모스 5:15에도 사용된 이 희구형 부사는 앞서 요엘 2:12-14(특히 "미 요데아"[מִי יוֹדֵעַ, 누가 알겠느냐?])과 아모스 5:14-15의 연계성을 따질 때 고려되었던 근거였다.[42]

렌토르프는 앞서 살펴본 사안들을 토대로 "야웨의 날"이라는 주제가 열두 예언서 전체를 하나로 묶는 데 매우 중요한 역할을 한다는 차원에서 부차적인 함의를 이끌어낸다. 그에 따르면, 열두 예언서를 구성하는 책들 중 요

---

40   Ibid. Rendtorff는 스바냐서에 야웨의 날을 지칭하는 일반적 명칭인 "야웨의 날"(습 1:7, 14; 2:2, 3)과 더불어 "야웨께서 분노하시는 날"(습 1:18), "야웨께서 진노하시는 날"(습 2:2, 3), 그리고 야웨의 날에 대한 일반적인 명칭 다음에 그날을 설명하는 동격에 해당한 다양한 형태의 날들을 습 1:15-16에서 아래와 같이 명명한다. 습 1:15에선 "환난과 고통을 겪는 날", "무너지고 부서지는 날", "캄캄하고 어두운 날", "먹구름과 어둠이 뒤덮이는 날", 습 1:16에선 "나팔이 울리고 전쟁의 함성이 터지는 날"로 표현한다. 습 2:1-3의 구문론적 분석과 문학적 이해를 위해서는 Ryou, *Zephaniah's Oracles against the Nations*, 206-7을 보라.

41   Rendtorff, "How to Read the Book of the Twelve," 84. Cf. Ryou, *Zephaniah's Oracles against the Nations*, 200, 199-203.

42   Ibid., 84-5. Cf. Ryou, *Zephaniah's Oracles against the Nations*, 200, 202-3.

엘서와 아모스서 그리고 스바냐서는 야웨의 날이 곧 임박했음을 알리는 동시에 회개와 그에 따르는 합당한 삶을 촉구함으로써 혹시라도 야웨 하나님께서 자기 백성을 향해 다시금 자신의 귀를 기울이시고 그들을 심판하시고자 하는 뜻을 그치시거나 구원의 손길을 내미실 것을 기대한다. 따라서 렌토르프는 요엘서와 아모스서 그리고 스바냐서 이 세 권이 열두 예언서 안에서 수행하는 독특한 정경적 역할에 대해 아래와 같은 결론을 내린다.

> 이런 의미에서 열두 예언서 전체를 통전적으로 해석하되, 그 안에 포함된 요엘서와 아모스서 그리고 스바냐서를 연계하여 읽는 것은 매우 중요하다. 왜냐하면 이 세 권의 예언서는—[말라기를 통해 전체적인 결론에 도달하기까지]—열두 예언서 도처에서 발견할 수 있는 "야웨의 날"이라는 주제가 갖는 의미상의 범위를 대변해주는 동시에 그 특유의 방식으로 열두 예언서 전체의 메시지를 제공해주기 때문이다.[43]

열두 예언서의 마지막이 "야웨의 날"이라는 주제로 끝난다는 사실을 알고 있는 사람들은 그리 많지 않다. 다시 말하자면, 구약성경이 오경과 역사서 그리고 예언서 순서로 배열되어 있음을 고려할 때, 구약성경 전체가 야웨의 날이라는 주제를 바탕으로 형성된 신학적 담론으로 그 마지막 장을 장식한다는 것이다.[44] 열두 예언서 마지막 책의 마지막 장인 말라기는 "용광로 불같은 날"과 "그 이르는 날"이라는 어구로 시작하고(말 4:1[3:19]), "야

---

43 Ibid., 85.
44 히브리 성경의 영어 및 한글 번역본들은 말라기를 4개의 장으로 나눠놓았지만 히브리 성경에는 말라기가 3개의 장으로 구성되어 있는데, 영어 및 한글 번역본의 4:1-6은 히브리 성경에 따르면 3:19-24에 해당된다.

웨의 크고 두려운 날"이라는 보다 구체적인 이름과 더불어 야웨의 날에 대한 담론으로 그 끝을 맺는다(말 4:5[3:23]; 4:5-6[3:23-24]는 말라기의 마지막 두 절이며, 열두 예언서 및 구약성경의 마지막 두 절이다).[45]

렌토르프는 말라기 3장 서두에 "그가 임하시는 날"(말 3:2)이 언급되어 있음을 지적한다. 요컨대 말라기 3-4장이 말라기 3:2에 제기된 질문을 토대로 열두 예언서의 전반부에 야웨의 날과 관련해 전개된 신학적 담론을 집약적으로 보여주는 요엘 2:11을 상기시킨다는 것이다.[46]

> 야웨의 날이 크고 심히 두렵도다 당할 자 누구이랴?(욜 2:11)

> 그가 임하시는 날을 누가 능히 당하며,
> 그가 나타나는 때에 누가 서리요?(말 3:2)

렌토르프의 주장대로라면, 말라기 3:2-5은 열두 예언서 전반부의 논의를 다시 상기시키는 3:2을 시작으로 종교적·사회적으로 부패한 유다와 예루살렘을 그들의 행위에 따라 처단할 심판의 날을 선포하고 있는 셈이다. 그럼에도 말라기 3:16-17은 "그때에"(אָז) 야웨 하나님은 "야웨를 경외하는 자와 자신의 이름을 존중히 여기는 자를 위해 야웨 앞에 있는 기념책(סֵפֶר זִכָּרוֹן)"에 기록하시고(말 3:16), 또 야웨께서 **"정한 날에"**(לַיּוֹם) 그들을 **"나의 특별한 소유"**(סְגֻלָּה)로 삼으실 뿐만 아니라 그들을 아끼실 것(חָמַל)이라고 선언하신다(말 3:17).[47] 렌토르프는 말라기 3:16에 거론된 "야웨를

---

45 말 4:1[3:19] "용광로 불같은 날", "그 이르는 날"; 말 4:5[3:23] "야웨의 크고 두려운 날"
46 Rendtorff, "How to Read the Book of the Twelve," 85. 즉 Rendtorff는 요엘 2:11과 말라기 3:2에 제기된 두 질문은 열두 예언서 전체의 수미쌍관을 형성한다는 주장한다.
47 Ibid.

경외하고 그분의 이름을 존중히 여기는 자"에 관한 주제는 공교롭게도 요
엘 2:23[3:5]와 스바냐 3:9, 12에서도 신학적 담론을 형성하고 발전시켜
나가는 데 중요한 역할을 담당했던 주제였다고 적절하게 지적한다.[48] 말
라기 4:1[3:19]은 "교만한 자와 악을 행하는 자"를 지푸라기처럼 사르는
"용광로 불같은 [그]날(הַיּוֹם בָּא בֹּעֵר כַּתַּנּוּר)이 올 것을 선언한다. 렌토르프
의 안내를 따르자면, 우리는 말라기 4:1[3:19]의 선언을 통해 "야곱 족속
은 불이 되고 요셉 족속은 불꽃이 되어 지푸라기가 된 에서 족속을 불사를
것"이라는 오바댜 1:18의 신탁 내용 중에서 그 심판의 대상이 전환된 것을
확인할 수 있다.[49]

끝으로, 말라기 4:4-6[3:22-24]은 예언서와 구약성경 전체를 닫는
마지막 구절들이다. 그런데 이 구절들에서도 야웨의 날과 관련해서 신학
적으로 매우 중요한 맥락이 제시되어 있다는 것은 특이할 만한 사실이 아
닐 수 없다. 렌토르프는 말라기 4:4-5[3:22-23]에 모세와 엘리야가 나란
히 호명된 것을 두고 해당 구절들이 토라(오경)와 예언서 전체를 연계하
는 것을 고려한 것으로 간주한다.[50] "야웨의 크고 두려운 날이 이르기 전
에"—즉 야웨의 날이 이르기 전에 야웨 하나님이 "엘리야를 너희에게 보
내리니"(4:5[3:23])—라는 선언은 요엘 2:31-32[3:4-5]의 주요 표현과 그
내용들을 상기시킨다.[51] 나아가 말라기의 제일 마지막 절인 4:6[3:24]은
앞서 진행된 논의들을 바탕으로 모든 사람의 깨어진 관계가 회복될 것을
최종적으로 예견하는데, 이러한 회복은 종말론적으로 임할 심판을 피하기
위해서, 다시 말해 "종말론적 구원"을 위해서 반드시 필요하며 이 또한 요

---

48   Ibid.
49   Ibid.
50   Ibid., 86.
51   Ibid., 86.

엘서가 종말론적으로 선포한 것과 다르지 않다(욜 2:32[3:5]?).[52]

---

52   Ibid. Rendtorff는 마지막 사안과 관련해 요엘서 본문을 구체적으로 밝히진 않는다.

약어표

AnBib	Analecta Biblica
AB	Anchor Bible
ABD	*Anchor Bible Dictionary*
AJSL	*American Journal for Semitic Languages and Literature*
AJT	*American Journal of Theology*
AOAT	Alter Orient und Altes Testament
ATD	Das Alte Testament Deutsch
ATJ	*Ashland Theological Journal*
AUSS	*Andrews University Seminary Studies*
BASOR	*Bulletin of the American Schools of Oriental Research*
BAT	Die Botschaft Des Alten Testaments
BHS	Biblia Hebraica Stuttgartensia
BN	*Biblische Notzien*
BTFT	*Bijdragen Tijdschrift voor Filosofie en Theologie*
BZ	*Biblische Zeitschrift*
BZAW	Beihefte zur Zeitschrift für die Alttestamentliche Wissenschaft
CBC	Cambridge Bible Commentary
CBQ	*Catholic Biblical Quarterly*
COT	Commentar op het Oude Testament
CTJ	*Calvin Theological Journal*
CurTM	*Currents in Theology and Mission*
DSB	Daily Study Bible Commentary
EB	Echter Bibel
EvT	*Evangelische Theologie*
ExpTim	*Expository Times*
FAT	Forschungen zum Alten Testament
FRLANT	Forschungen zur Religion und Literatur des Alten und Neuen Testamentes
GKC	*Gesenius's Hebrew Grammar*

아모스서

HAT	Handbuch zum Alten Testament
HBT	*Horizons in Biblical Theology*
HUCA	*Hebrew Union College Annual*
HSM	Harvard Semitic Monograph Series
HTR	*Harvard Theological Review*
NewIB	*New Interpreter's Bible*
ICC	International Critical Commentary
IDB	*Interpreter's Dictionary of the Bible*
IDBSup	*Interpreter's Dictionary of the Bible Supplementary Volume*
ISBE	*International Standard Bible Encyclopedia*
ITC	International Theological Commentary
JAOS	*Journal of the American Oriental Society*
JBL	*Journal of Biblical Literature*
JETS	*Journal of the Evangelical Theological Society*
JSOTSup	Journal for the Study of Old Testament Supplement Series
JSOT	*Journal for the Study of the Old Testament*
JSS	*Journal of Semitic Studies*
KAT	Kommentar zum Alten Testament
KHCAT	Kurzer Hand Commentar zum Alten Testament
KJV	*King James Version*
LXX	Septuagint
MGWJ	*Monatsschrift für Geschichte und Wissenschaft des Judentums*
MT	Masoratic Text (BHS)
NEB	Neue Echter Bibel
NICNT	New International Commentary on the New Testament
NICOT	New International Commentary on the Old Testament
NIDOTTE	*New International Dictionary of Old Testament Theology and Exegesis*
NIV	*New International Version*
NJPS	*New Jewish Publication Society*
NRSV	*New Revised Standard Version*
NTTS	*Nederlands theologisch tijdschrift*
OBO	Orbis Biblicus et Orientalis
OTE	*Old Testament Essays*
OTL	Old Testament Library
OTS	*Oudtestamentische Studiën*

POT	Prediking van het Oude Testament
SBLDS	Society Biblical Literature Dissertation Series
SBLMS	Society of Biblical Literature Monograph Series
SBLSP	*Society Biblical Literature Seminar Papers*
SBT	Studies in Biblical Theology
SEÅ	*Svensk Exegetisk Årsbok*
SJT	*Scottish Journal of Theology*
SOTSMS	Society of Old Testament Studies Monograph Series
SuBib	Subsidia Biblica
TDOT	*Theological Dictionary of the Old Testament = ThWAT*
TLOT	*Theological Lexicon of the Old Testament = THAT*
TOTC	Tyndale Old Testament Commentary
ThZ	*Theologisches Zeitschrift*
TWOT	*Theological Words Book of the Old Testament*
THAT	*Theologisches Handwörterbuch zum Alten Testament = TLOT*
ThWAT	*Theologisches Wörterbuch zum Alten Testament = TDOT*
VT	*Vetus Testamentum*
VTSup	Supplement to Vetus Testamentum
WBC	Word Biblical Commentary
WMANT	Wissenschaftliche Monographien zum Alten und Neuen Testament
ZAW	*Zeitschrift für die Alttestamentliche Wissenschaft*
ZAH	*Zeitschrift für die Althebräistik*
ZTK	*Zeitschrift für Theologie und Kirche*

참고 문헌

아모스서에 관한 참고 문헌 소개서

Thompson, Henry O., *The Book of Amos: An Annotated Bibliography*, ATLA Bibliographies 42 (Lanham, MD / London: Scarecrow, 1997).

van der Wal, A., *Amos: A Classified Bibliography* (Amsterdam: Free University, ³1986).

Paul, Shalom M., *Amos: A Commentary on the Book of Amos*, Hermeneia (Minneapolis: Fortress Press, 1991), 299–367.

Hasel, Gerhard F., *Understanding the Book of Amos: Basic Issues in Current Interpretations* (Grand Rapids: Baker Book House, 1991), 121–166.

M. Daniel Carroll R., *Amos - The Prophet & His Oracles: Research on the Book of Amos* (Louisville London: Westminster John Knox Press, 2002)

중요한 아모스서 주석서들

Achtemeier, E., "Amos," *Minor Prophets I*, New International Biblical Commentary (Peabody: Hendrickson Publishers, 1996), 165–236.

Amsler, S., *Amos*, Commentaire de l'Ancien Testament XIa (Neuchâtel, 1965): 157–247.

Andersen, Francis I., & David N. Freedman, *Amos: A New Translation with Introduction and Commentary*, AB 24A (New York: Doubleday, 1989).

Beek, M. A., *Amos: Een inleiding tot het verstaan der profeten van het OT* (Lochem: de Tijdstroom, 1947).

Birch, Bruce C., *Hosea, Joel and Amos*, Westminster Bible Companion (Louisville: Westminster John Knox Press, 1997).

Calvin, J., *Twelve Minor Prophets, Volume 2: Joel, Amos, Obadiah*, trans. John Owen (Grand Rapids: Eerdmans).

Craige, Peter C., *Twelve Prophets*, 2 Vols. DSBC (Philadelphia: Westminster Press, 1985).

Cripps, R. S., *A Commentary on the Book of Amos* (London: SPCK, ²1955).

Deden, D., *De kleine profeten mit de Grondtekst vertaald en uitgelegd,* 2 Vols. De boeken van het Oude Testament XII (Roermond, 1953).

Delitzsch, F., "Amos" in *The Twelve Minor Prophets,* Vol. 1 (Grand Rapids: Eerdmans, 1954), 233–336.

Deissler, A., *Zwölf Propheten: Hosea, Joël, Amos,* NEB (Würzburg: Echter, 1981).

Elliger, K., Das Buch der *Zwölf Kleinen Propheten II* (Göttingen: Vandenhoeck & Ruprecht, 1950).

Finley, T. J., *Joel, Amos, Obadiah* (Chicago: Moody Press, 1990).

Fosbroke, H. E.W., "The Book of Amos: Introduction and Exegesis," in *The Interpreter's Bible* Volume VI (Nashville: Abingdon Press, 1956), 763–853.

Gowan D. E., "The Book of Amos: Introduction, Commentary, And Reflections," in *The New Interpreter's Bible,* Volume VII (Nashville: Abingdon Press, 1996), 339–431.

Guenther, Allen R., *Hosea, Amos,* Believers Church Bible Commentary (Scottdale, PA.; Waterloo, Ontario: Herald Press, 1998).

Hailey, H. A., *A Commentary on the Minor Prophets* (Grand Rapids: Baker, 1970).

Hammershaimb, E., *The Book of Amos: A Commentary* (Oxford: Basil Blackwell, ³1970).

Harper, W. R., *A Critical and Exegetical Commentary on Amos and Hosea,* ICC (Edinburgh: T. & T. Clark, ⁴1953)

Hayes, J. H., *Amos the Eighth-Century Prophet: His Times and His Preaching* (Nashville: Abingdon Press, 1988)

Henderson, E., *The Book of the Twelve Minor Prophets* (Andover, MA: W.F. Draper; New York: Sheldon, 1846).

Hubbard, D. A., *Joel and Amos,* TOTC (Downers Grove: InterVarsity Press, 1989)

Hyatt, J. P., *Peake's Commentary on the Bible: Amos* (Edinburgh, 1962).

Jeremia, Jörg, *The Book of Amos: A Commentary,* OTL (Westminster John Knox Press, 1998).

Keil, C. F., "Amos," *The Twelve Minor Prophets,* Vol. I. Biblical Commentary on the Old Testament (Grand Rapids: Eerdmans, 1967), 233–336.

Limburg, J., *Hosea-Micah,* Interpretation (Nashville: John Knox Press, 1988).

Marti K., *Das Dodekapropheton erklärt,* KHCAT 23 (Tübingen: Mohr [Siebeck], 1904).

Martin–Achard, Robert, *God's People in Crisis: A Commentary on the Book of Amos,* ITC (Grand Rapids: Eerdmans, 1984).

McKeating, H., *The Book of Amos, Hosea and Micah,* CBC (Cambridge: Cambridge University, 1971).

Mays, James L., *Amos: A Commentary,* OTL (Philadelphia: Westminster Press, 1969).

Mowvley, Harry. *The Book of Amos and Hosea,* Epworth Commentary Series (London:

Epworth Press, 1991).

Naastepad, Th. J. M., *Amos, Verklaring van een bijbelgedeelte* (Kampen: Kok, [2]1977).

Niehaus, J., "Amos," in *The Minor Prophets: An Exegetical and Expository Commentary*, ed. T. McComiskey (Grand Rapids: Baker, 1992), 315-494.

Nötscher, F., *Zwölfprophetenbuch order Kleinen Propheten*, EB (Würzburg: Echter, 1958).

Motyer, J. A., *Amos: The Day of the Lion*, Bible Speaks Today Series (Downers Grove: InterVarsity Press, 1979).『아모스서 강해』강성열 옮김 (서울: 두란노, 1987).

Nowack, W., *Die Kleinen Propheten übersetzt und erklärt*, HAT 3/4 (Göttingen: Vandenhoeck & Ruprecht, [3]1922).

Paul, Shalom M., *Amos: A Commentary on the Book of Amos*, Hermeneia (Minneapolis: Fortress, 1991).

Ridderbos, J., *De Kleinen Propheten: Hosea, Joel, Amos* (Kampen: Kok, 1932).

Robinson, T. H., & F. Horst, *Die Zwölf Kleinen Propheten*, HAT 1/14 (Tübingen: Mohr [Siebeck], [3]1964).

Rosenbaum, Stanley N., *Amos of Israel: A New Interpretation* (Macon, GA: Mercer University Press, 1990).

Rudolph, W., *Joel-Amos-Obadja-Jona*, KAT 23/2 (Gütersloh: Gerd Mohn, 1971).

Sellin, E., *Das Zwölfprophetenbuch übersetzt und erklärt*, KAT 12 (Leipzig: Deichert, [3]1930).

Soggin, J. A., *The Prophet Amos: A Translation and Commentary* (London: SCM Press, 1987).

Smith, G. A., *The Book of the Twelve Prophets*, 2 Vols. The Expositor's Bible (London: Armstrong, [2]1928).

Smith, G. V., *Amos: A Commentary*, Library of Biblical Interpretation (Grand Rapids: Zondervan, 1989).

Stuart, Douglas K., *Hosea-Jonah*, WBC (Waco, TX: Word, 1987). 더글라스 스튜어트, 『호세아, 요엘, 아모스, 오바댜, 요나』WBC 주석 (솔로몬, 2011).

van Gelderen, C., *Het Boek Amos*, COT (Kampen: Kok, 1933).

van Leeuwen, C., *Amos*, POT (Nijkerk: Callenbach, 1985).

Vawter, B., *Amos, Hosea, Micah, with an Excursus on the Old Testament Priesthood*, Old Testament Message Series (Wilmington: Michael Glazier, 1981).

Veldkamp, H., *De Boer van Tekoa* (Franeker: T. Wever, 1940). H. 벨드캄프, 『아모스 강해: 구속사적 성경해석』이일호 옮김 (서울: 개혁주의 신행협회, 1990)

von Orelli, C., *Die Zwölf Kleinen Propheten* (München: Beck, [3]1908).

Weiser, A., *Das Buch der Zwölf Kleinen Propheten*, ATD 24/1 (Göttingen: Vandenhoeck & Ruprecht, [6]1974).

Wellhausen, J., *Die Kleinen Propheten übersetzt und erklärt*, (Berlin: de Gruyter, [4]1963).

Werner, H., *Amos*, Exempla Biblica 4 (Göttingen: Vandenhoeck & Ruprecht, 1969).

Wolff, H. W., *Joel und Amos,* Biblischer Kommentar 14/2 (Neukirchen-Vluyn: Neukirchener Verlag, 1969, [2]1975). *Joel and Amos: A Commentary on the Books of the Prophet Joel and Amos,* Hermeneia (Philadelphia: Fortress, 1977).

선별된 아모스서 연구들

Auld, A.G., *Amos* (Sheffield: JSOT Press, 1986).

Barton, J., *Amos' Oracles against the Nations: A Study of Amos 1:3-2:5,* SOTSMS 6 (Cambridge: Cambridge University Press, 1980).

Barstad, H. M., *The Religious Polemics of Amos: Studies in the Preaching of Amos II 7b-8, IV 1-13, V 1-17, VI 4-7, VIII 14* (Leiden: Brill, 1984).

Bartczek, Günter, *Prophetie und Vermittlung: Zur literarischen Analyse und theologischen Interpretation der Visionsberichte des Amos,* Europäische Hochschulschriften 120 (Frankfurt am Main, Bern: Peter D. Lang, 1980).

Berg, Werner, *Die sogenannten Hymnenfragmente im Amosbuch,* Europäische Hochschulschriften 120 (Frankfurt am Main, Bern: Peter D. Lang, 1974).

Bic, M., *Das Buch Amos* (Berlin, 1969).

Carroll, Mark Daniel R., *Contexts For Amos: Prophetic Poetics in Latin American Perspective,* JSOTS 132 (Sheffield: Sheffield Academic Press, 1992).

Coote, R., *Amos among the Prophets: Composition and Theology* (Philadelphia, 1981). 로버트 B. 쿠트『아모스서의 형성과 신학』우택주 옮김 (서울: 대한기독교서회, 2004).

Crenshaw, James L., *Hymic Affirmation of Divine Justice: The Doxologies of Amos and Related Texts in the Old Testament,* SBLDS 24 (Missoula: Scholars Press, 1975).

Crüsemann, F., *Studien zur Formgeschichte von Hymnus und Danklied in Israel,* WMANT 32 (Neukirchen, 1969).

Frey, Hellmuth, *Das Buch Des Ringens Gottes Um Seine Kirche: Der Prophet Amos,* BAT 23 (Stuttgart: Calwer Verlag, 1958).

Hasel, Gerhard F., *Understanding the Book of Amos: Basic Issues in Current Interpretation* (Grand Rapids: Baker Book, 1991).

Kapelrud, A. S., *Central Ideas in Amos* (Oslo, 1956, [2]1961).

Kellermann, U., "Der Amosschluss als Stimme deuteronomistischer Heilshoffnung," *Evangelische Theologie* 29 (1969): 169-93.

Koch, K., *Amos: Untersucht mit den Methode einer strukuralen Formgeschichte,* AOAT 30, 1-3 (Neukirchen-Vluyn: Neukirchener Verlag, 1976).

Krause, M., *Das Verhältnis von sozialer Kritik und kommender Katastrophe in den Unheilsprophezeignungen des Amos* (Hamburg, 1972).

Maag, V., *Text, Wortschatz und Begriffswelt des Buches Amos* (Leiden: E.J. Brill, 1951).

Markert, L., *Struktur und Bezeichnung des Scheltworts: Eine gattungskritische Studie anhand des Amosbuches,* BZAW 140 (Berlin: de Gruyter, 1977).

Nogalski, J. D., *Literary Precursors to the Book of the Twelve,* BZAW 217 (Berlin: de Gruyter, 1993).

Park, Sang Hoon, *Eschatology in the Book of Amos: A Text-Linguistic Analysis* (diss. Trinity Evangelical Divinity School, Deerfield, IL., 1996).

Polley, Max E., *Amos and the Davidic Empire: A Socio-Historical Approach* (New York, Oxford: Oxford University Press, 1989).

Reventlow, Henning Graf, *Das Amt des Propheten bei Amos,* FRLANT 80 (Göttingen: Vandenhoeck & Ruprecht, 1962).

Schmitt, Armin, *Ein offenes Wort: Das Prophetenbuch Amos fur unsere Zeit erschlossen* (Regensburg: Verlag Friedrich Pustet, 1985).

Vollmer, J., *Geschichtliche Rückblicke und Motive in der Prophetie des Amos, Hosea und Jesaja,* BZAW 119 (Berlin: de Gruyter, 1971).

De Waard, J., and W.A. Smalley, *A Translator's Handbook on Amos: Helps for Translators* (New York: United Biblical Societies, 1979).

Watts, John D. W., *Vision and Prophecy in Amos: Expanded Anniversary Edition* (Macon, GA: Mercer University Press, 1997).

Wolff, H. W., *Amos' geistige Heimat,* WMANT 18 (Neukirche-Vluyn: Neukirchener Verlag, 1964). *Amos the Prophet* (Philadelphia, 1973).

Wolff, H. W., *Die Stunde des Amos: Prophetie und Protest* (München, [5]1981). 한스 볼프, 『예언과 저항』 이양구 옮김 (서울: 대한기독교 출판사, [3]1985).

아모스서 주석 및 강해서(한국어 문헌)

강성구, 『공의로우신 하나님』(서울: 서로 사랑, 1996).

김정준, 『정의의 예언자: 아모스 주석』(서울: 한국신학연구소, 1991).

김희보, 『구약 아모스 주해』(서울: 총신대 출판부, 1984).

박상훈, 『공법을 물같이 정의를 하수같이: 아모스서 강해 설교』(서울: 여일사, 1997)

박철우, 『아모스 오바댜』(서울: 대한기독교서회, 2001)

서인석, 『하나님의 정의와 분노: 아모스』(서울: 분도 출판사, 1982).

조휘, 『사자가 부르짖은즉 누가 두려워하지 않겠느냐: 아모스서 원전 연구 및 주해』(서울: 그리심, 2011)

아모스서
시온에서 사자가 부르짖을 때

Copyright ⓒ 류호준·주현규 2020

1쇄 발행	2020년 7월 29일
2쇄 발행	2023년 9월 27일

지은이	류호준·주현규
펴낸이	김요한
펴낸곳	새물결플러스

편 집	왕희광 정인철 노재현 이형일 나유영 노동래
디자인	황진주 김은경
마케팅	박성민
총 무	김명화 이성순
영 상	최정호 곽상원
아카데미	차상희

홈페이지	www.holywaveplus.com
이메일	hwpbooks@hwpbooks.com
출판등록	2008년 8월 21일 제2008-24호
주 소	(우) 04114 서울시 마포구 신촌로28가길 29
전 화	02) 2652-3161
팩 스	02) 2652-3191

ISBN 979-11-6129-162-8 93230

책값은 뒤표지에 있습니다.